国家体育总局体育哲学社会科学研究成果汇编

（2008年）

国家体育总局政策法规司　编

人民体育出版社

目　录

竞技体育

体育产业

其他研究

宏观调控视野下的体育政策法规理论与实践问题研究

董玉明　李冰强　常鹏飞　刘　建　赵静波　傅　丽
柴　喆　刘　莉　刘子华　李　伟　石丽娟

宏观调控是指国家为实现宏观调控目标，在制定宏观调控政策的基础上，运用宏观调控手段，对国民经济和社会发展进行调节和控制的总称。体育政策和法律（法规）是我国进行体育事业发展调控的两种基本方式或手段，它们各自具有自己的特点，并发挥着不同的作用。

一、体育事业发展宏观调控的基本原理（略）

二、宏观调控视野下体育政策法规之解读（略）

（一）宏观调控视野下的体育政策

（二）宏观调控视野下的体育法规

（三）宏观调控视野下体育政策和法规的协调

三、体育宏观调控法的基本构架

体育宏观调控法基本构架具体如下。

（一）立法宗旨

体育宏观调控法的立法宗旨，所要解决的是体育宏观调控法的立法目的问题。本课题认为，体育宏观调控法的立法目的应反映体育事业的特殊性和宏观调控法的价值取向，具体包括三个方面：即实现体育资源的公平配置；引导体育产业的健康发展；促进体育事业结构的合理化。

（二）调控主体

按照我国宏观调控法的实践，体育宏观调控的主体包括决策主体和执行主体两个部分。其中，在决策主体方面，中共中央处于最高决策主体的地位，由中共中央所作出的体育事业发展的方针、战略决策，是指导体育宏观调控工作的基本依据；而国务院及其所属的相关部门，如发改委、财政部、人民银行等综合的调控部门则既是参与决策的主体，也是贯彻中共中央体育宏观调控决策的执行与调控主体，而现在的国家体育总局，它既是体育行政管理部门，也处于体育宏观调控的专业性主体地位，是我国目前实施体育宏观调控的最主要的机关。

（三）管理（调控）体制与运行模式

关于体育宏观调控体制问题，由于在目前我国的国家体育总局担负着主要的体育行政管理职责，因此，由国家体育总局统一领导，由县级以上政府体育管理部门分级予以管理，构成了我国的体育宏观管理（调控）体制。如果涉及到与相关部门的协调问题，则由国务院统一协调。与此同时，结合目前我国宏观调控的现实状况，由全国人大颁布实施的国民经济与社会发展规划，在我国宏观调控中起着牵头作用，各项宏观调控政策、具体法规措施的制定均以该规划为指导，以保证国民经济与社会发展目标的实现。因此，我国体育宏观调控应以国民经济与社会发展规划为指导，通过财政、金融等宏观调控措施的配合实现宏观调控目标。这是我国市场经济条件下，宏观调控综合模式的具体体现。

（四）被调控主体

被调控主体包括被间接调控主体和被直接调控主体两类。被间接调控主体包括：作为体育市场主体的体育用品生产者、体育运营商、体育消费者；作为社会中介组织的体育行业协会、项目组织等。这些主体主要根据国家体育宏观调控政策和法规的引导，对自己的生产、经营和服务行为独立作出决策，并通过相应市场行为实施，将国家体育宏观调控政策和法规的精神和规定，贯彻于自己的行动之中。就被直接调控主体而言，则包括省级以下各级政府及其体育和相关职能部门。这些部门对于中央的体育政策和法规，负有坚决执行的义务，因而，在宏观调控法上，将其视为被直接调控主体。

（五）基本权利与义务

基本权利与义务包括：调控主体的体育政策和法规的制定权、体育事业发展规划的审批权、体育事业发展的监控权、对被调控主体的监督权、处罚权；被调控主体的参与宏观调控决策的权利、执行宏观调控政策法规的职责、获取宏观调控信息的权利、救济权等。

（六）体育宏观调控制度

按照宏观调控法的原理和实践，体育宏观调控制度应包括两个组成部分：一是国家宏观调控制度在体育调控领域的具体运用，其主要包括体育价格调控制度、体育规划及计划制度、体育产业发展指导制度、体育财政税收制度、体育金融调控制度、体育对外交流与贸易调控制度等；二是体现国家对体育事业发展予以特别调控的制度，如有关体育竞技和体能测试方面的规则与标准制定制度等。

（七）奖励与惩罚

奖励与惩罚相结合，是我国宏观调控法的一个重要的内容。具体到体育宏观调控领域，奖励的范围涉及到所有的体育领域，既包括对于竞技体育活动（比赛）中，取得优异成绩的优秀运动员和组织单位的奖励；也包括对在其他体育工作中取得优异成绩的单位和个人的奖励。在奖励的方式上，既包括以奖金等形式体现的物质奖励，也包括以体育名次及相关荣誉形式体现的精神奖励。而在惩罚方面，则表现为有关法律责任的界定。它包括调控主体与被调控主体在违反体育宏观调控法时应承担的法律责任，责任的形式包括民事责任、行政责任、经济责任、刑事责任。其中，一些法律责任是体育领域所特有的，如竞技运动员在体育竞技比赛中，因严重违反竞技规则被处以罚款或停止参赛若干时期的处罚即是体育领域所特有的。

（八）救济制度

在我国体育宏观调控中，当被调控主体认为其体育宏观调控法上的合法权益受到侵犯或不当处罚时，可以依法通过民事仲裁、诉讼、行政复议、行政诉讼、刑事诉讼活动，维护自身的合法权益，并通过这些活动的开展，实现对体育宏观调控行为的有效监督。

四、体育宏观调控法的运行机制

宏观调控法的运行机制，是指宏观调控法的制定和实施应通过哪些环节得以实现，以及在实现宏观调控法制目标时，各基本要素之间的关系如何。

我国的体育宏观调控法的运行机制，应当合理配置相关的运行要素，并确认其法律地位、协调其相应的关系。从一般的原理来看，立法、守法、执法、司法及法律监督要素的具备和相互协调必不可少；做到“有法可依、有法必依、执法必严、违法必究”，是体育宏观调控法运行机制的应然表现；而使体育宏观调控政策、体育调控基本法律及配套性法律措施的实施协调一致，则是宏观调控视野下体育政策和法规相互协调一致的基本点。这一原理，应当成为判断、评价、检讨我国体育宏观调控政策与法规运行机制是否合理的基本依据和标准。也是本课题分析具体问题的基本路径。

五、法制框架下体育事业发展政策的制定（略）

第一，体育政策的地位和作用

第二，现有的体育政策

第三，体育调控政策的完善

六、体育事业发展计划或规划的依法制定（略）

七、体育事业发展调控基本法律的制定（略）

八、保障体育事业发展政策法律措施的实施

我国体育事业发展调控政策与法律措施的制定与实施，应从总体上把握以下几点：首先，应推进体育政策与法制建设的协调发展，其中，在政策和法律调整的相互关系的处理上，本课题组认为，我国今后体育宏观调控实践中，应当主要运用法律措施推进体育宏观调控目标的实现；在如何推进法制建设协调发展方面，主要包括空间进程上的协调和时间进程上的协调两个方面。在空间进程协调方面，一是表现为体育法制建设的外部关系，即与国家整个法制建设要形成紧密的联结；二是要处理好体育事业的内部关

系，做到体育法制建设与体育改革发展的相互促进。在时间进程方面，首先，处理好超前引导与渐进发展的关系问题。其次，完善体育配套立法，构建完备的体育法规体系。再次，强化体育执法和执法监督检查，完善体育执法监督体系。最后，加大体育法的宣传力度，增强依法治体观念，提高体育队伍的法律素质。

与此同时，在对各类体育事业发展政策法律措施的探讨方面。在大众体育领域的主要措施包括：加强对大众体育的宣传，增强国民参与大众体育的意识；具体规定大众体育政策法规的执行办法，加强政府对发展大众体育的监督；建立健全大众体育发展的激励机制和法律纠纷解决机制。在竞技体育领域的主要措施包括：完善竞技体育的计划调控政策和法律；完善竞技体育的财政调控政策和法律；完善竞技体育的金融调控政策和法律。而在体育产业领域的具体措施则包括：保障体育本体产业发展的措施和保障体育相关产业发展的措施两个方面。

九、对我国体育事业发展宏观调控及其法制建设不足的分析

从宏观调控视野分析，我国体育事业发展从总体上主要存在的不足之处：一是体育资源缺乏且配置不公；二是体育事业发展的结构性矛盾突出；三是体育精神与体育道德的缺失。而在各类体育事业发展中，我国大众体育存在的问题主要体现在以下几方面：一是参加体育运动的人数所占比重较低，且参与形式较松散；二是体育运动场地不能满足广大群众的健身需求；三是社会体育指导员发展滞后。在竞技体育方面，存在的主要问题：一是竞技体育的发展资金过度依赖政府投入，社会化程度低；二是体育人才不能够得到合理的配置和流动，退役运动员缺乏基本的社会保障。在体育产业发展领域的问题：一是我国体育产业发展的市场机制尚不健全；二是我国的体育产业发展存在不协调、不平衡的问题；三是奥运会之后，“举国体制”的改革成为发展体育产业的必然要求。

在体育事业调控法制方面的不足，从总体上看，一是体育事业调控法制内容不完善；二是体育事业调控的规范性法律文件的法律位阶较低；三是体育事业调控的规范性文件缺乏相关的配套措施；四是体育法律法规效力低下，未被社会认同和信赖；五是立法过于原则，配套立法欠缺；六是体育执法工作有待加强。从各类体育事业调控法制看，大众体育法制的不足表现：一是目前我国还没有专门的发展大众体育的基本法律；二是相关配套的法律法规的缺失已不能满足现实发展的需要；三是保障大众体育发展的法律配套措施的不完善和法制环境的欠缺。竞技体育法制的不足表现：一是竞技体育宏观调控政策和法律尚未形成一个完整的法律体系；二是少数民族地区体育立法少，效力低；三是民族体育的规定过于原则化。体育产业法制的不足，主要问题是数量少、效力层级低、体系性差。其中，在宏观上，我国仍然缺乏对体育产业的总体法律调控：一是我国计划到2010年，基本建起以产业政策为主要调控手段的体育产业宏观管理体制，实现体育产业优化和资源合理配置。但至今我国尚未制定统一的体育产业及其项下各个行业的总体产业发展规划调控法律制度，以保障该计划的有效实施。二是市场主体制度不健全。体育产业实行市场化运作，就意味着不同形式、不同所有制主体，甚至不同国籍的市场主体均可在我国投资举办体育产业，随之而来的便是市场准入和退出的法律机制问题、不同主体在体育市场中的法律地位问题、资源在不同主体间一发流动的问题以及市场主体的内、外部管理机制问题等，还有体育产业发展过程中特有的俱乐部类的市

场主体，长期缺乏统一发展和管理的调控规范，这些问题如不能得到妥善解决，将成为制约我国体育产业发展的重要因素。三是缺乏对于体育产业发展监督的法律体制。监督应当包括国家相关管理机关的监督、产业、行业的自我监督和消费者及舆论的监督。国家监督应包括含在国家对体育产业的管理行为当中；行业监督应当形成长效机制，充分发挥行业协会的作用；消费者和舆论的监督在体育产业中应当突出体育消费的特色，切实保障消费者权益。这些问题如不能得到妥善解决，体育产业中的各类主体，如投资者、经营者、中介机构等的权利、义务划分便没有相关的法律依据，从业人员，如运动员、教练员等的权利缺乏保障，在市场运作中流动也缺乏法律规制，导致矛盾的产生与激化，造成了不良的影响。

十、完善我国体育调控政策法规应坚持的基本原则

完善我国体育调控政策法规应当坚持以下六项基本原则，以作为今后体育政策法规制定和实施的总的指导方针或方向。

第一，体育事业发展应坚持提高全民身体素质的原则

第二，体育事业发展应坚持大体育的原则

第三，体育事业发展应坚持市场和计划相结合的原则

第四，坚持国外经验借鉴和保护民族特色相结合的原则

第五，坚持发挥社会力量的原则

第六，坚持把社会效益放在第一位的原则

与此同时，本课题强调坚持体育事业发展的社会效益，并不排除在特定的历史时期，根据经济与社会形势的发展，着重强调体育事业发展的政治效益或经济效益的发挥。

项目编号：1112ss07069

改革开放以来的中国体育研究

贾志强　刘海英　杨鹏飞　马潇曼　郭　美

一、竞技体育发展模式与演进特征

改革开放 30 年，我国竞技体育改革经历了一个渐进积累与逐步深化的发展过程。总体上看，我国的竞技体育改革大体经历了三个发展阶段。

第一阶段：逐步深化发展阶段

国家体委于 1979 年 2 月在北京召开了全国体工会议，工作重点从过去集中抓政治运动转到抓体育业务工作上来，实现体育工作重点的转移。1979 年 11 月，中国奥委会在国际奥委会中的合法地位得到恢复，体育开始新的局面。按照“思想一盘棋、组织一条龙、训练一贯制”的要求，对优秀运动队、业余体校和学校运动队按照一、二、三线运动队进行了调整，逐渐建立和健全了按比例发展、层层衔接的训练网络。在 1992 年的第 25 届奥运会上获得 16 枚金牌、22 枚银牌和 16 枚铜牌的佳绩，位居金牌榜和奖牌榜第 4 位。并在游泳、田径两个项目上实现了奥运史上金牌“零”的突破。

第二阶段：深化发展阶段

1993 年，国家体委制定了《关于深化体育改革的意见》，确定了新时期我国体育改革的总目标与总任务。1994 年全国足球职业联赛开始举行，随后篮球和排球相继于 1995、1996 年步入职业化征程。1995 年颁布的《中华人民共和国体育法》标志着中国体育开始步入法制化的转道，同期制定的《全民健身计划纲要》、《奥运争光计划纲要及实施方案》等都在体育法制规划之内颁布实施。1997 年成立了 20 个管理中心管理着 41 个单项协会和 56 个运动项目。各省、自治区、直辖市体育运动委员会也先后进行了与之相配套的改革。1998 年，改组后的国家体育总局成为国务院直属机构。由此，为我国竞技体育在已有基础上实现快速腾飞注入了强大动力。

第三阶段：落实奥运战略阶段（2000 年至今）

2000 年悉尼奥运会上，我国共得金牌 28 枚，银牌 16 枚，铜牌 15 枚，在金牌榜和奖牌榜上仅次于美国和俄罗斯名列第 3 名。时隔八年，2008 年在北京奥运会上，中国体育代表团共获得 51 枚金牌、21 枚银牌、28 枚铜牌，奖牌总数 100 枚，创 4 项世界纪录。金牌总数超越美国，奖牌总数超越俄罗斯，位居奥运会金牌榜第一，奖牌榜第二。中国体育代表团所获得金牌已扩大到 15 个大项，获奖牌过达到 20 个大项 85 个小项，进入前 8 名的项目扩大到 26 个大项，136 个小项，有 16 枚金牌是中国参加奥运会历史上从未获得过的。获奖面的拓宽，反映出中国竞技体育整体实力的全面提升。

改革开放以来的竞技体育发展面临的主要问题：首先，竞技体育内部要素间发展不协调，缺乏核心竞争力。在这种政府主导的体制创新中，政府处于权力顶端，单向度地自上而下通过纵向隶属的行政系统发布命令，很难真正作到简政放权，项目管理中心很大程度上成为新的政府官僚机构的一部分；从而无法从根本上突破计划经济下的体育管理模式，解决对政府过分依赖的实际问题。作为一个复杂的系统，我国的竞技体育管理体制的改革是始终伴随着社会发展而发展的，由单一模式走向多元化模式，它必然受到政治、经济以及竞技体育自身发展等多种因素的影响。从竞技体育管理体制看，政事不分，管办一体，统管过死，抑制了社会办体育的积极性，造成资金投入渠道单一，宏观调控不力。在市场经济条件下，竞技体育发展至少有国家的投入、社会资源的配置、体育产业的经营等三大投资渠道。至于三者的权重究竟是多大才合理化，它们之间的关系是怎样的等问题，还有需要我们进一步探索。目前在“奥运战略”、“全运战略”实施上都采用“缩短战线，保证重点”策略，造成项目发展结构性矛盾突出。“唯金牌主义”现象导致运动员培养过程中目标单一，权益问题突出。竞技体育不少优势项目成绩滑坡的重要原因之一就是人才短缺。究其原因：一是单一的选才模式；主要走“业余体校——省市专业队——国家队”模式。我国的奥运冠军有90%来自业余体校。二是培养训练理念和管理落后。我国教练员队伍大多是退役运动员走过来的，与国外教练员相比无论训练理念，还是管理方式都有一定差距。三是运动员社会保障体系不完善。其次，竞技体育竞赛项目发展不平衡，优势项目饱和，潜优势项目开发缓慢。

二、群众体育发展演进特征

第一阶段：群众体育初步发展阶段

1978 年 6 月，国家体委召开了城市体育工作调查会，并在同年 9 月转发了《关于加强城市体育工作的意见》。要求工矿企业、事业单位与政府机关恢复广播操、工间操制度，积极开展小型多样的体育活动，并在开展群众体育活动的基础上，举办不同层次的职工体育竞赛。

第二阶段：全面发展阶段

1984 年 10 月，中共中央下发了《关于进一步发展体育运动的通知》，《通知》明确提出了：“建设社会主义体育强国”的目标，肯定了业已实施的竞技体育优先发展战略。1986 年国家体委制定的《关于体育体制改革的决定（草案）》中明确指出，改善体育领导体制的核心，就是实现群众体育发展向社会化转变。

第三阶段：深化改革阶段

《1993 年国家体委关于深化体育改革的意见》重申了 80 年代群众体育发展的总体思路：即“在体育行政部门领导、协调、监督下，群众体育实行国家办和社会办相结合并以社会化为突破口，调动社会多渠道、多层次、多形式办体育的积极性的方针，各行业、系统、部门的体育工作，由其主管部门负责，提倡、支持社会团体、集体或个人办群众体育”。新时期群众体育的一项重要工程是实施“全民健身计划”。这是一项中华民族体质建设的宏伟规划，是国家支持、全民参与、依托社会的跨世纪的全民健身系统工程。2006 年，群众体育工作提出“全民健身与奥运同行”，组织了一系列大型群众体育活动，全面启动、实施了农民体育健身工程和学校体育场地开放的试点工作。这些重要举措凝结着我们对群众体育规律的探索和思考，也是体育工作落实科学发展观的具体体现。

当前最为突出的矛盾：（1）需求与供给之间的矛盾。即人民群众日益增长的旺盛的多样化的体育需求与薄弱的群众体育物质基础与紧缺的群众体育资源之间的矛盾。这也是当前我国群众体育事业的基本矛盾。(2) 管理与现实之间的矛盾。即滞后的群众体育管理与快速发展变化的群众体育现实之间的矛盾。(3) 平等与保障之间的矛盾。即全体公民具有平等的体育权益与保障公民平等享受这些权益的供给之间的矛盾。不同地区群众体育事业发展不平衡，导致不同地区公民在享有基本体育权益的不公平。不同地区群众体育事业发展不平衡，使不同地区之间、不同群体之间的供需矛盾更为突出，源于计划经济体制的行政性配置，城乡分割和基本公共服务的不均衡。

当前制约群众体育事业发展的瓶颈问题主要有：公共体育场地严重欠缺；公共体育设施用地面积严重不足；公共体育设施数量严重短缺；城镇的公共体育设施欠缺更加严重；群众体育事业经费严重短缺；体育事业费逐年增长，而群众体育事业费在全部体育事业费中的比例逐年下降的趋势。

三、学校体育发展与演进特征

改革开放 30 年，我国学校体育改革与发展取得了显著的成就，其主要经历了三个主要发展阶段。

第一阶段：学校体育改革的探索阶段

这一时期学校体育改革发展的主要特点，是以 1979 年教育部等 4 部委联合召开的扬州会议为主要标志，提出了一整套学校体育改革的重大措施，使学校体育在改革开放初期就有了良好发展的开端，并为改革、探索做了准备，明确提出学校体育工作应以增强学生体质为主的指导思想的同时，也提出了“主体教学”、“竞技体育”、“技能体育”、“快乐体育”、“全面发展”等观点，理论争鸣呈现出多元化的良好态势。

第二阶段：学校体育改革的全面发展阶段

这一时期学校体育改革发展的主要以 1985 年 5 月党中央、国务院召开全国教育工作会议并做出《中共中央关于教育体制改革的决定》、1986 年 7 月全国人大颁布并实施《中华人民共和国义务教育法》为重要标志。这一时期学校体育改革的主要特点，是对学校体育在教育思想、教育内容、教育方法、管理体制等进行了全面的改革，学校体育进入了一个发展与提高的新阶段。

第三阶段：学校体育改革的深化发展阶段

以 1992 年 10 月党的十四大召开为标志，中国进入了建立社会主义市场经济体制的新阶段，教育改革、发展也进入了一个新的时期。2006 年 12 月 23 日，新中国成立以来的第一次全国学校体育工作会议召开。教育部和国家体育总局联合下发《关于进一步加强学校体育工作，切实提高学生健康素质的意见》，颁布了《关于开展全国亿万学生阳光体育运动的决定》。2007 年，总局和国家发改委、财政部共同制定下发了《“十一五”农民体育健身工程建设规划》，投入资金 1.8 亿元，其中体育彩票公益金投入 9500 万元，在中西部 9277 个行政村建设农民体育健身工程。截至 2007 年底，中央共投入资金 2.8 亿元，其中体育彩票公益金 1.8 亿元，共建设“农民体育健身工程”15000 多个。

目前学校体育发展进程中存在的主要问题：

(1) 学校体育教学理论体系尚不够完善。(2) 在学校体育科学研究方面上，缺乏长期稳定的整体实验性研究，研究方法论水平较低，经验性总结与文献类研究仍多，研究成果的实用价值不高，科研横向联系不够，缺少重大改革性系列性研究课题。(3) 体育的课程和教材建设仍不适应素质教育的需要。体育教学内容的选择及体系结构仍未完全摆脱传统束缚，教学方法的科学化、现代化水平仍需大力提高。（4）学生身心健康方面仍然存在问题。（5）运动场地、器材设施匮乏，体育经费投入少。（6）课外体育锻炼不能落实。（7）相关体育法律、法规执行不力。

四、研究主要结果

1. 改革开放以来中国体育事业的发展与中国社会、政治、经济、文化、科技等的发展紧密相关，具有阶段性的特点，经历了 80 年代初的改革阶段、80 年代至 90 年代初的发展阶段、90 年代中期至今的快速发展阶段。2. 政治经济发展的体制决定体育发展的模式。3. 我国政府管理体育过程中存在着管理权限过度集中、各级组织权责不清、管理法规、制度及资金保障体系不健全等缺陷。新时期政府职能转变的主要动力是市场经济的发展，从纵向型管理组织结构逐渐向扁平型组织结构转变。4. 竞技体育的发展应把握项目制胜规律、细节规律、系统规律等规律。5. 群众体育的发展及学校体育的发展，具有明显的地域性差异，它们是体育运动普及提高以及发展的基础和重点。群众体育面临资源规模严重不足等主要问题。6. 生活化、社会化、法制化、产业化、科学化将成为群众体育发展的主要趋势。7. 多元化投资将是后奥运时代的主要投资模式。

五、建　议

（一）从经济社会协调发展、树立和落实科学发展观和全面建设小康社会的高度，充分认识做好新时期体育工作的重要作用和意义。

（二）政府精简机构，加强内部协调和资源利用，能够市场化的部分交给市场管理，政府切实承担起公共服务职能，保证市场竞争的公平有序。

（三）进一步深化体育体制改革，将事业单位和事业型体育协会向社团性协会转变；健全体育法规，形成国家办和社会办相结合的良性运行机制。

（四）改革和完善人才培养体制，形成竞技体育、群众体育、学校体育协调健康发展的局面，加快农村体育事业的发展。

（五）大力发展体育俱乐部，加强对群众体育和学校体育的投资，促进群众体育运动和学校体育运动的发展，最终有利于体育自身的发展，形成良性循环的局面。

（六）加强社区体育场馆的建设，促进社区体育的发展。公共体育场馆实行两权分离的改革思路，切实实现经营权与管理权的有效分离。

（七）进一步深化学校体育教学思想改革，培养学生的终身体育观念，分担培养运动后备人才的任务。

（八）调整利益关系。

（九）体育产业站在国民经济大局中寻求发展，转变体育彩票的运行机制。

项目编号：1132ss07089

关于中国体育实施“中国文化走出去”战略的研究

袁大任

中国是世界上唯一具有五千年文明历史而且延续至今的伟大国家。中华民族勤劳、勇敢、智慧，富于创造精神，不仅创造了灿烂悠久的历史文化，也在创造着独具特色的当代优秀文化，其中，也包括丰富多彩的优秀的民族传统和当代体育文化。

改革开放以来，中国体育界根据历史发展的经验和新时期的实践，总结出以“为国争光、无私奉献、科学求实、团结协作、遵纪守法、顽强拼博”为主要内容的中华体育精神，它突出体现了中国文化的特色，是当代中国体育的文化结晶。

今天，以武术、气功、龙舟、围棋等独具中华文化魅力的优秀民族传统体育文化，仍然受到中国人民和世界上许多国家人民的喜爱，有着非常广泛的国际影响。

当前，我国正处在对外开放、和平崛起、和谐发展的社会历史背景下，迎来了新的发展机遇。在党的十七大提出文化建设要大发展、大繁荣和国家提出“中国文化走出去”的文化发展战略中，体育界责无旁贷。

一、历史回顾

新中国成立以来，特别是改革开放以来，我国派出了大批体育团队，带着中国人的特有的民族精神和文化特色，走出国门，走向世界，赢得了世界的广泛赞誉和认同，产生了积极的国际影响。其中，以武术、气功、围棋、龙舟等具有民族体育特色项目的出访团队最具中国文化代表性。它们在世界各地广泛传播中华体育文化，收到了很好的效果。

我国先后有多人在国际奥委会等国际体育组织中任职，积极宣传和推广中国体育文化。

与此同时，我国还派出了大批体育援外教练，他们在受援国广泛传播了中国体育文化。

此外，我国还利用在国内举办的各种国际性的体育赛事活动，广泛宣传中国的地域文化、城市文化、民族文化等等。

二、存在的问题

通过分别举行的总局部分司、中心（如宣传、外联司，武术、气功、水上、乒羽等中心）负责人及专家座谈会、中外体育学者座谈会（曲阜）等，我们了解到，目前主要存在以下问题。

1. 受传统狭隘体育观念的影响，我们对于体育的认识停留在只关注提高运动成绩上，面对“中国文化走出去”的文化战略，体育界尚没有给予充分的认识。对体育文化的学习、理解和认识，对新时期中国体育文化新形象深刻认识、设计和包装均有待提高。

2. 总局以往的体育团队出访，尤其是近年来出访的团队，任务单一，仅仅是为了完成各项体育赛事任务，很少派出大型的体育文化宣传团队，包括奥运会、亚运会这类大型体育代表团中也几乎没有体育文化宣传的人员和活动安排。

3. 缺乏对中国民族传统体育，包括非物质文化遗传中民族传统体育文化的挖掘、整理和推广、传播。

4. 缺乏与文化、民族、教育、旅游等部门协调，利用各自的优势和所主办的各种国际活动宣传中国体育文化的行动。

5. 缺乏体育文化工作的管理、协调机构，体育文化工作处于缺乏规划性、计划性的局面，各司局、中心以及各省市举办的体育文化活动分散无序。

6. 体育文化工作是一项十分重要的工作，但目前缺乏必要的资金和人才等方面的保证。

7. 缺少有质量的体育文化宣传品，如表现中国传统体育文化的高质量的宣传画册、光盘等等。

8. 少数教练员、运动员文化素质不高，缺乏基本的文化修养。如在雅典奥运会上，个别运动员获奖后被授予花环，但走下领奖台他们就将橄榄叶花环丢弃了。他们扔掉的不仅仅是一束花环，而是希腊的奥林匹克文化传统，是竞技者的文化素质。

9. 中国体育文化的声音在国际上不大、不响亮，我国派往国际体育组织任职，尤其是担任高级职务的人不多。以往派往国际体育组织的人员多数只熟悉相应的体育业务，但缺少全球化的视野，很难为中国体育文化的发展寻求利益。这也反映出我们对于派往国际体育组织人员数量、质量工作的不足。

三、对策与建议

1. 加强对“中国文化走出去”的研究，提高对体育文化的认识。在当今世界的各种竞争中，文化竞争是一个重要领域。胡锦涛总书记曾指出，要“大力发展涉外文化产业，积极参与国际文化竞争”。体育说到底就是一种文化。体育的文化竞争绝不仅仅是运动技术水平的竞争，它也包含着文化观念、文化品牌，乃至文化体系的竞争。体育与文化、教育相结合也是《奥林匹克宪章》明确倡导的宗旨。

体育对外交流活动是“中国文化走出去”文化战略的重要组成部分，体育界对此应有充分的认识，并要以全球化的视野、时代的眼光、创新的观念，自觉融入国家文化发展大战略中。

2. 建议授权体育文化发展中负责协调总局各司局、中心以及各省市的体育文化工作，增加对体育文化中心的经费投入，积极开展对外体育文化交流。比如，利用“中国年”、“中国节”，到奥运会、亚运会举办城市，或欧美国家举办各种体育文化展示活动等。

3. 建议给予体育文物出境展览通关便利，以便使其能够发挥展示中国体育文化的积极作用。

4. 加快中国体育博物馆的建设，发挥其搜集、整理、研究、展览、宣传体育文化的功能；制定民族传统体育（包括非物质文化遗产中的民族体育活动）的挖掘、整理规划，将那些适宜当代推广的体育娱乐健身项目逐步规范，推向世界，如太极拳等。

5. 文体不分家，古今中外历来如此。体育与文化艺术活动从来就是一体的。奥运会、世界杯有文化艺术的参与，“文化年”也有体育活动助兴。体育部门应与文化、民族、教育、旅游等部门加强合作，利用其资源和主办的各种国际性活动，融入其中，积极参与推广具有中国文化特色的体育活动。近年来，少林寺借助音乐、舞蹈、宗教等非竞技体育模式将少林武术推向世界即是一例。

6. 利用各种国内外举行的大型体育活动，广泛宣传中国体育文化。比如，利用奥运会、亚运会的机会举办相应的体育文化展览宣传活动等。国内举办的大型国际赛事，如F1、环青海湖自行车赛等，应多利用主办地的文化特色，包括节庆活动，营造良好的文化环境。除赛事安排外，应考虑增加体育文化宣传展示活动，并鼓励各个承办城市宣传当地的特色文化。接待单位也可以安排外国参赛团队参观当地的名胜古迹、品尝饮食文化、欣赏具有民族文化特色的文艺演出。

7. 建议出访体育团队在服装、饰品、标志、礼品等方面讲究中国文化特色，事前应多方面考虑，精心设计。参加大型体育赛事尤其需要重视中国文化特色的表现和整体形象设计。

8. 因“生存”理念、文化内涵以及活动方式不同，中国民族传统体育文化走向世界、影响世界的方式不同于现代体育流行于世界的固有模式（如运动会、比赛等），这是我们需要给予充分认识的。建议武术、气功、棋牌、社体等中心注意加强文化建设，出访团队不应局限于参加正式比赛，也可以专门组织双边交流和多边交流的互访，尤其应注意加强传统体育文化的交流。比如，组织国内知名的传统武术代表人物到国外巡回访问等。

9. 在发展体育产业过程中要注意“文化品牌”的建设。长久以来，我们一直在学习西方的体育，如从项目到竞赛方式，但学习的根本目的在于消化、吸收、创造。中国的许多方面都面临着同样的问题，如汽车制造业、电影业、图书出版业等，呈巨大的“文化赤字”。

我们的CBA联赛制度，在很大程度上也是借鉴了NBA的模式。重要的是，我们要发展自己的，适合国情的、适合中国观众口味的体育项目和运作模式。经济走出去已经初见成效，但我们不仅要出口电视机，还要输出电视节目内容。我们不仅要“输出”武术，还要找到和“输出”不同于西方运动会的比武形式和评判标准。

每一个国家，都应该有自己的体育文化项目和体育文化品牌。中国人必须打造自己的体育文化项目（如提到橄榄球和篮球，人们自然会与美国联系起来一样），打造自己的体育文化品牌，进而走向世界，就如同NBA一样。没有自己的体育文化品牌，就不可能影响世界。建议考虑（与国家民委一起）改造民运会，并在此基础上，逐步举办东亚，乃至世界性的民族传统体育大会。

我们还可以推动国际奥委会在奥运会（包括冬奥会）、青运会之后，推出奥运会的“亚洲版”、“欧洲版”、“非洲版”，致力于奥林匹克运动文化多样性的实现。

10. 人是文化的载体。运动员不仅是体育文化（运动技艺、技能）的载体，也是文化的载体。提高运动员、教练员和体育团队的文化素养，是“中国文化走出去”的重要一环。因此，有必要对运动队和教练员等进行文明礼仪的教育，提高他们的文化素养。

11. 大力开发和精心设计一批样式新颖、内涵丰富的体育文化产品，包括各项目管理中心（协会）的徽标、纪念章、集邮纪念品、礼品、宣传画册、折页、影视短片等等，以备出访团队使用。

12. 建议各类体育传媒不要仅仅关注比赛和运动成绩，更要关注优秀体育文化的传播，包括从思想观念，到实践活动。

13. 把选派优秀的熟悉体育业务的人士推荐进国际体育组织当做一项重要的任务，抓紧抓好。让那些具有文化知识底蕴，具备较强公关交际能力，熟悉体育业务，同时拥有全球化眼光的中青年人士进入到各类国际体育组织中发挥作用，尤其要注意让他们发挥宣传中国体育文化的作用，并要适时地提出中国人的体育文化发展主张。

14. 加强体育人社会科学研究，从根本上改变国人对体育价值观的认识。长期以来，许多人认为，现代体育是舶来品，其运动原理、运动方式、竞技规则等等都是外来的，是国际惯例、国际标准，我们只要学习、引进、掌握、提高就行了。他们很少关注如何根据中国的国情和民众的需要而消化、吸收和改造、创新，也就是“本土化”的问题。

正是由于这种思维，我们对于中国传统的体育文化关注较少。它们往往因为不是奥运会项目，没有国际性大赛，没有功利性的奖牌等，所以得不到与奥运会项目同样的政策和人、财、物的支持。所谓“中国文化走出去”（党的十七大对中华文化作了定性，指出它在时间上属于传统文化范畴，在主体上包括中华各民族，在结构上具有基础性，并与社会主义先进文化共同构成我国当代文化现实）主要是指那些具有中国文化特色的项目，具有一定的民族性、地域性。而事实上，中国民族传统体育文化并不缺少健身性、娱乐性、竞技性，它们在今天仍然具有强大的生命力，仍然受到广大中国民众乃至世界人民的喜爱，如太极拳、武术等。它们应该为世界体育文化的繁荣贡献自己的力量。

东西方体育文化理念的差异、中国传统体育文化的当代价值、中国体育文化的理念和传播方式、中国传统体育文化不同于西方体育以竞技运动成绩影响世界、中国传统体育文化影响世界体育文化和影响人们生活的独特方式等，都是亟待研究解决的课题。

只有以全球化的视野，从大文化发展的角度，转变对体育价值观的认识，我们才能看到中国民族传统体育文化在当代的文化价值，才能自觉地将它们推向世界。

“中国文化走出去”是一项国家文化发展的系统的大战略，体育界责无旁贷。体育界的各种对外文化交流活动应当自觉融入这种战略中，并有所作为。要转变对体育文化功能的认识，充分认识中国民族传统体育的当代文化价值，给予必要的研究和政策支持，包括人财物的支持，以保证这项战略的顺利实施。

项目编号：1161ss07118

新时期我国体育资源配置方式及相关问题研究

姚 峰 丛湖平 郑 芳 罗建英 何陪生 蔡景台 陈志坚

一、新时期我国体育资源配置方式的实现机制及存在的问题

（一）体育资源配置方式的实现机制

1. 政府计划配置与市场配置体育资源的信息机制

体育资源配置的合理与否，取决于资源拥有者及时而准确的信息。在信息不足的情况下，资源配置的浪费与使用的低效是无法避免的。国家行政计划能够按计划充分实现对体育资源合理有效的配置，其前提是必须能够充分了解和掌握体育需求及变化。但体育市场状况是复杂多变的，要全面、及时、准确地掌握体育市场各种信息，这在实践中是难以实现的。在现实社会中，信息是不完备的、分散的、不确定的、是需要成本的。市场机制能够更有效地配置和开发有限的体育信息资源，能够通过价格机制来确定并灵活地反映体育资源的稀缺程度以及动态变化，能够以较低的成本及时地解决体育资源的定价问题。市场价格信号对体育企业经营有着直接的刺激作用，体育产品可以通过市场竞争来达到供需均衡，从而使体育资源得到有效的配置。

2. 政府计划配置与市场配置体育资源的决策机制

政府配置体育资源的决策是完全集中的。体育资源由政府行政组织根据其制定的计划强制分配。在计划体制时期，体育被视为一种福利事业，体育产品非商品化、体育部门非生产性特征非常明显，各种体育资源不能自由进出市场，指令性价格不能灵活、客观地反映各类体育资源的稀缺程度。排斥体育的商品属性造成经营严重不足，企业缺乏动力和约束机制，抑制了社会办体育的积极性，造成资金投入渠道单一。在市场条件下，体育资源配置的决策是分散的，所有经济决策都是由企业和家庭在微观层次上作出的结果，这就可以解决政府计划配置条件下信息分散与决策相对集中的矛盾，使决策结构与信息结构相协调。

3. 政府计划配置与市场配置体育资源的竞争机制

政府在配置体育资源的过程中，在不同层面其竞争是不同的。首先，在各行政区政府之间，由于各地区政府都是利益的主体，因此，各地区政府之间存在着竞争。在与其他政府争夺各种体育资源的过程中，为了本地区的利益，政府会设置各种障碍，在目前情况下主要表现为部门主义和本位意识。这种竞争在利益分配的博弈中存在着很高的交易费用，从而影响了我国体育资源配置的总体效率。其次，政府内部在配置体育资源的过程中又是缺乏竞争的，体育政府部门的工作大多具有一定的垄断性，垄断了公共体育物品的供给，缺乏竞争就有可能导致政府提供的公共体育物品不能与社会需要相适应，

造成供给不足或过剩。

市场配置体育资源的竞争程度显然要高于政府计划配置，通过竞争能够促进技术创新和生产率的提高，因此，在一般情况下，体育市场竞争能使体育资源得到最好的利用，达到优化配置。

（二）新时期我国体育资源配置中存在的主要问题

1. 体育资源配置结构失衡

我国目前在群众体育与竞技体育投入之间、各省市运动项目资源配置及体育设施建设等方面都存在着失衡。多年来采取的政府计划配置方式，使国家过于重视竞技体育的社会价值和文化价值。行政主管部门在资金方面偏重于对竞技体育的成本性投入，使新时期我国竞技体育的发展仍具有一定的超前性，从而使得竞技体育与群众体育难以协调发展。另外，奥运战略与全运会战略由于在目标上不完全整合，导致体育资源配置的不合理，特别是全运会战略思想的影响，各省市都画地为牢，阻碍了人才交流，突出表现在各省（市）、地区在运动项目的布局上，都根据全运会的项目设置来发展本地区的运动项目，搞大而全，浪费了大量的资金。另外，竞技体育资源闲置，而社会体育资源不足等现象也大量存在。

2. 体育事业的投入产出效益不高

国家财政支持下的竞技体育往往被视为纯消费性的福利事业，造成了竞技体育忽视对投入产出比的考虑，单纯追求“产出量”，形成了以金牌数作为衡量体育水平的主要指标，不仅运动员自身付出了代价，国家和社会也付出了很高的代价。我国体育投入产出的低效益，不仅在于资源的低投入、资金和人才的缺乏，更在于其低利用率，在于其对体育资源配置的不合理，突出表现在各省、市、地区在运动项目的布局上。在运动训练场地的建设上也存在训练基地重复建设、功能单一等问题，降低了这些设施的利用率。

3. 传统体育产权制度刚性影响

我国新时期采用的仍是一种较集中的体育产权制度。与原计划经济伴随而行的国家所有制下形成的国有产权是一种模糊产权，各经济行为主体的权利与责任之间具有一种不对称结构。体育产权的运行往往取决于政府官员的意志和能力，这无疑增大了资源配置的盲目性和随意性。体育产权在实际运行中被各级政府及其部门所把持，形成“部门所有”和“地区所有”，导致纵向条块分割，并人为阻碍国有体育资源跨地区、跨部门、跨行业的流动。产权与政权合一，使得政府官员手中的行政权力很容易在所有者监督缺位的情况下变成一种“权力资本”，这就为政府官员的“寻租”活动提供了条件。由于产权高度集中在政府手中，体育经营单位只是政府的行政附属物，权力很小，也不对盈亏负责，即国家和企业之间无明确的产权界定，两者之间不存在严格的产权激励和约束，容易带来体育经营单位缺乏自我约束，于是体育资源配置中市场的自我制约作用就无从发挥。因此，体育资源的利用是以粗放式和低效率为特征的。

二、新时期我国体育资源配置与产权制度建设问题

在以政府配置体育资源的职能逐渐转移的过程中，需要解决的问题有很多，但最关键的问题之一是产权问题，是体育市场化发展到一定程度所必然产生的问题。在体育资

源配置方式调整的过程中，产权越清晰，就越会向市场方向过渡。产权制度是资源配置方式的基础和前提，一定的资源配置方式要求一定的产权制度与之相适应，资源配置方式的改变必然要求改革既定的产权制度。

（一）产权与体育资源配置的关系

产权的基本属性有排他性、有限性、可交易性、可分解性和行为性。产权的排他性规定了特定产权主体是唯一和垄断的，否则，产权主体不可能拿产权去交易。产权的有限性规定了任何产权都必须是有边界、可计量的对象。产权交易是指产权在不同主体之间的转手和让渡，产权的可交易性是产权的内在属性，是使产权发生作用、实现其功能的手段，是以产权的排他性和有限性为前提的。产权的可分解性，是指对特定财产的各项产权可以分属于不同的主体。产权明晰是市场机制有效运行的必要条件，产权还必须能够自由交易和转让，产权一旦清晰界定后，产权价值的实现必须通过自由交易和转让。

科斯第一定理表明，只要交易费用为零，不论产权初始安排如何，市场机制会自动地驱使人们进行权利的交易，使资源配置实现帕累托最优。而现实之中，市场交易是存在费用的。因此，科斯第二定理认为，如果交易费用为正，产权的初始安排也就影响着资源配置的效率，为了使权利交易能够进行，产权的界定应该是清楚的、易于转让的。市场是资源配置的重要形式，但市场配置资源是存在交易费用的，而资源配置本质上是产权交易。清晰界定的、可转让的产权可降低交易费用，提高市场配置效率。因此，一个社会所选择产权和产权制度也就影响着资源配置及其利用的效率。一个有效的产权制度，产权界定要明晰，市场主体应具有独立的产权，产权能分解化，并且产权主体多元化，产权流通市场化。

（二）体育产权制度改革面临的约束

由于我国两千多年封建集权制形成的“大一统”文化积淀，以及几十年的计划经济体制的影响，在新时期人们还存在着对政府的过分依赖思想，“一切靠政府”已经成为人们普遍的思维习惯和生活习惯，“政府万能”的观念仍然根深蒂固。在进行体育资源配置时，决策者会不断地涉及到有关体育的价值判断，而目前我国体育的政治性还很强，对体育服务的商品性、体育功能的多样性、体育管理的社会性认识不足。一方面，由于较多意识形态资本的剥出损失太大，而使一些人不愿放弃国家包办一切体育事业的传统理念，一定程度上阻碍了我国体育产权制度的创新；另一方面，由于我国体育体制改革的时间和产业化进程毕竟太短，缺乏必要的经验和制度基础，人们无论在观念意识上还是在实践经验上都无法将产业化的体育和公共事业的体育截然分开，无论政府还是社会，都将职业体育与竞技体育混为一谈，导致人们对社会办体育的信心不足。许多产权问题的根源来自国家决策部门关于体育产业化的基本认识和在此认识下形成的制度安排。因此，意识形态刚性加大了体育产权制度改革的成本。

（三）体育产权制度建设的方向

1. 体育产权主体结构多元化

在今后很长一段时间内，我国体育事业的发展仍将以国家兴办为主，所要改变的只是国家管理体育的方式。应逐步建立以多元公有制为主体，其他多种体育经济成分并存、协调发展的新的混合型体育产权结构。应坚持“谁投资、谁受益”的原则，按照“市场能有效配置的，政府不要干预”的思路，合理划分各类体育投资的领域和范围，使个体、私营、外资等各种非国有体育经济组织有更大的发展空间，成为丰富社会体育文化生活、满足大众体育健身娱乐需要的重要力量，并从内部改革公有体育产权制度。政府拥有体育产权可能有利于社会效益的实现，各级组织和个人拥有产权可能偏重于经济利益的追求，形成多元化的产权主体可以造成一种激励和竞争机制，可以有效地调动教练员、运动员和管理者等一切体育工作者的积极性，解放体育生产力，真正实现体育资源的合理优化配置。

2. 体育产权清晰化、流动化

应清晰地界定体育产权，严格界定投资各方的产权归属，并以契约或法律的形式确定所有者和经营者，通过划分产权，明确不同体育产权主体的权利与责任，建立有效的激励和约束机制，规范产权交易，优化体育产权制度结构，从而降低交易成本。按照产权明晰、权责明确、政企分开、管理科学的原则，组建并大力发展在社会主义市场经济下运作的体育俱乐部，在经营机制上，做到自主经营、自负盈亏、自我发展、自我约束。建立俱乐部制的核心是确立俱乐部拥有包括国家在内的出资者形成的全部法人财产权，使其成为享有民事权利、承担民事责任的法人实体。这样，国家管理体育资源的方式由资产实物形态的管理转变为资产价值形态的管理。另外，要按照国家的法律和有关协会的章程组建与发展体育协会，大力推进全国各单项运动协会的实体化进程，使其真正成为产权独立、权责分明的法人实体。并通过协会实体化来推进赛制改革，特别是全运会改革，充分发挥竞赛对优化体育资源配置的基础作用。

在体育产权制度建设过程中，不仅要界定、保护产权，还必须打破体育产权的刚性结构，让市场成为配置体育资源的基本手段。应通过市场评价的方式，使投资主体的实物资产形态转换为价值形态的资本权利，使产权结构能在市场交易过程中分解、转让、重组和优化，允许并促进体育产权自由合理的流动，以确保产权能够在市场竞争中实现其价值最大化。在市场经济条件下，体育产权进入市场交易，根据利益最大化原则，在价格信号引导下流向价格最高，也就是体育资源最稀缺的地方，实现资源的优化组合，提高体育资源的配置效率。

3. 积极转变政府职能

体育产权关系明晰化是实现体育部门政事分开、政企分开的关键，也是体育部门转换职能，从办体育转向管理体育的必然要求。体育行政部门的职能也应由直接管理为主，转向以间接管理为主；由事无巨细的微观管理为主转向宏观管理为主；由行政管理为主，转向以经济、法律手段管理为主；体育资源的配置由行政调拨为主转向以市场配置为主导、政府调拨为辅的新的配置方式。因此，体育产权制度改革要纳入规范化、法制化的轨道，改革措施出台时，不但要依赖行政力量，更要依靠法治，改革措施尽可能以法令法规形式推出，从而促进市场平等竞争，限制、杜绝行政特权进入市场。只有积极转变政府职能，才能使体育产权关系明晰化。

项目编号：1120ss07077

我国《体育法》修改的若干问题研究

王小平 马宏俊 张笑世 张 淼 程 远 余 俊
武 珏 王红娟 胡荣梅 卜 君

我国现行的体育法即1995年全国人大常委会通过的《中华人民共和国体育法》，它是我国体育领域的基本法律。

一、现行《体育法》存在的问题与修改的必要性

在基本概念方面：1995年颁布的《体育法》距今实施已十多年。随着我国社会主义市场经济体制的稳步确立，社会经济结构发生了巨大的变化。由于体育与经济客观存在的密切联系，我国的体育事业随着市场经济的发展，出现了诸如职业体育、体育产业等新的发展途径和形式。同时，也自然产生了许多新的体育主体和体育社会关系、从而萌生新的体育基本概念。新的体育社会关系更有待法律的规范和确立，并形成新的体育基本制度。《体育法》对体育概念的宏观定义非常重要，而现阶段已存的许多体育参与主体在法律中没有任何条款的规定，这将使我国的体育事业处于无序的状态，阻碍其持续、稳定、健康的发展。《体育法》的修改势在必行，对众多体育参与主体的概念进行法律上的界定意义重大。因此，在《体育法》修改时，应对体育的基本概念、基本制度及基本行为重新界定，夯实我国体育事业发展的法律基础，保证其有序运行。

在立法宗旨方面：以人为本是现代法治的基本价值理念，公民体育权利应是《体育法》首要和基本的内容。总体而言，西方发达国家的体育立法经过长时间的制定和完善，有其鲜明的特点：首先突出群众的体育运动权利，特别是运动员的权利和义务，这些规定涉及诸如职业联赛中运动员的转会、人身保障、教育保障等，均体现了以人为本的立法理念。而中国的《体育法》制定之时，社会管理体制和经济运行模式仍处在传统方式之下，在制度设计上偏重于政府管理职能的发挥，在具体条文上表现为管理性规定多服务性规定少，没有明确体育是公民的权利，在应然层面上针对公民体育权利的实质性规定很少，其条款中更多地强调国家、学校、政府的体育管理责任。事实上，国家和社会更应当承担的主要是义务而非权利，因为人民群众是体育事业的承载主体，确保人民群众能够拥有和享用体育运动权利是体育立法的灵魂。市场经济是以权利为本位的法治经济，权利本位应该在体育立法中居于核心和领导的地位，只有这样才能使人民的体育权利得到基本的保障。

在体育行政组织方面：《体育法》第四条规定："国务院行政部门主管全国体育工作。县级以上地方各级人民政府体育行政部门或本级人民政府授权的机构主管本行政区域内的体育工作。"此类规制带有明显的国家管体育的计划经济特征，在实践中很难做到市场主体责、权、利的结合。随着社会政治经济体制改革的不断深入和现代法治观念的确立，这种以管理为主的立法思路已经不符合社会发展的实际需要，体育法已不能完全适应体育事业日益发展的形势。当前，体育社团的兴起，从政府的角度看，是体育行

政部门转变职能的根本要求；从个人的角度看，可有效满足个人的多元体育需要，制约体育行政部门的权力、保护公民的体育权利；从社会发展的角度看，它是现代体育的主要组织形式，也是“治理”体育的载体。现行体育法对体育社团的性质、地位及其在体育工作中的职能、与体育行政管理部门的关系等都没有明确的规定，束缚了体育社团的发展。此外，体育社团成立的政府选择性、体育社团性质的官民二重性是当前中国体育社团存在的特有问题，而中国体育社团现实问题的法律根源是：严格的准入制度造成了众多体育社团的“非法”地位；控制型的社团管理制度剥离了体育社团的民间性，限制体育社团的发展；法律救济机制不健全导致体育社团内部纠纷难解。

在社会体育、学校体育方面：1. 随着社会对健康的普遍需求和大众健身意识的增强，社会体育在体育工作中的地位越来越关键和重要。如何有效开展社会体育工作，充分保障大众体育健身权利，是体育法需要解决的关键问题之一。但目前体育法对各级政府及相关部门在社会体育工作中应当担负的职责缺乏明确界定，关于社会体育的内容又规定得比较原则，与体育法中竞技体育有关规定相比，内容更显薄弱，操作性不强。2. 社会和学校存在重智育、轻体育的倾向；体育设施和条件不足，学生体育和体育活动时间难以保证，学校体育活动中出现的意外伤害问题，也成为制约学校体育发展的一个重要因素。地域学校体育发展不平衡，尤其是在农村和西部地区，体育法中关于学校体育的规定更加难以落到实处。

在竞技体育方面：由于竞技体育运动具有一定的风险，而目前国家对竞技体育进行保险方面的法律制度还几乎是空白，以至于发生运动伤害甚至死亡事故时没有法定的救济渠道。此外，我国专业运动员的运动训练与文化教育没有很好地结合，退役运动员进入社会就业面临越来越多的困难，这些直接影响到体育后备人才的发掘和培养。

在体育市场方面：随着社会主义市场经济的日益完善，体育产业作为一项新兴产业正在蓬勃发展并产生了巨大的经济效益，这不仅能够满足体育自身发展的需要，而且还能提供大量的就业机会，为国家做出贡献。其中，特别是以体育项目为内容的经营活动的开展，为群众参与体育健身休闲提供了重要途径，也成为发展体育产业的一项重要内容。现阶段我国体育产业的立法活动主要存在的问题是：体育产业立法的效力等级较低，缺少高层次立法，中央级的体育产业立法速度十分缓慢，尚未出台高层次的体育产业行政法规，只在体育法中对体育经营做了一般性和概括性的论述。虽然地方立法多于中央立法，但效力等级较低的地方性法规文件在处理复杂问题时，由于缺乏高等级法规的支持而导致解释与执行上的障碍。我国体育产业法规立法还不具备内容和谐一致、形式完整统一的有机整体。

在体育纠纷解决机制方面：在许多国家，司法程序被引入到体育事件的处理中，并且已经相对比较完善。我国体育法并未规定司法解决途径，仅规定竞技体育活动中发生的纠纷，由体育仲裁机构负责调解、仲裁。但究竟哪些纠纷适用于仲裁解决，体育法并没有予以明确，体育纠纷解决制度一直没有真正建立，导致大量的体育纠纷难以得到解决。

二、修改思路

（一）明确体育的基本概念

体育概念包含两个范畴：一是作为行业或产业的体育概念；二是作为人的行为的体

育概念。前者重在强调体育的社会属性，一般没有非常明确的范围，人们可以根据自己的认识去理解和把握。而后者必然要考虑行为上的合法性，即是否为法律行为，这是《体育法》必须要回答的问题。只有《体育法》明确了体育的概念，人们在实施体育行为时，才可能依据《体育法》的规定去思考行为的后果及可能要承担的法律责任。通过对体育概念进行法律界定，明确《体育法》所维护和保障的基本范围，为人们清楚地认识各类社会关系主体在体育领域形成的法律关系打下坚实的基础。本课题组认为：体育是指为促进身心健康发展而进行的体育锻炼和竞技比赛，各种与体育相关的活动亦属于体育法的调整范围之内。这样定义体育概念在适应时代发展要求的同时，为制定各种体育法规细则提供了依据。

（二）修改立法宗旨

《体育法》的修改应以宪法为指导，体现宪法精神与宪政理念，贯彻宪法的基本原则。本课题组建议：修改后的体育法应当明确规定体育是公民的权利，国家和社会对于群众的体育运动权利负有保障义务。将保障公民的体育权利作为体育事业发展目标，区分增强人民体质和提高竞技运动水平这两个目标的主次地位。贯彻群众体育与竞技体育协调发展的方针，确立全民健身组织管理体系，明确各级政府及相关部门职责，明确国家保障人民群众健身权利的基本措施；另外，要进一步明确国家体育宏观管理的职能，真正做到体育行政部门管理权与经营权分离，履行宏观管理职能。在授权体育行政部门对体育的行政管理权力的同时，要将政府权力向社会组织进行转移，推动体育社会组织的自治。至始至终贯彻以人为本、以保障人民权利为本的现代法治理念。

（三）制定和完善体育行政组织法和体育社团法

如前所述，体育行政部门的职能应当重点由管理群众的体育活动转变到服务大众的体育生活上来，创设体育行政组织法，界定和调整公民体育权利与国家体育行政权力之间的关系，同时确认和巩固体育行政体制改革的最新成果，有力推进体育行政法治建设。体育行政组织法为确保体育行政权力依法行使和公民体育权利的充分实现，促进和谐体育秩序的构建，在法律上提供了根本保障。体育行政职能需要转变行政体制改革的内涵，主要包括政府职能的转变、权力配置的调整、运行规则的确立和法律保障的完善等四个方面。我们认为，我国政府体育管理职能的转变应从几方面入手：精简机构，适应市场化形势；从以直接参与体育事业发展为主向以为体育事业发展提供服务为主转变；将政府体育管理部门的公共服务职能市场化；从体育资源配置职责向管理体育发展秩序职责转变；大力培育体育中介组织，建立健全体育经纪人制度。本课题组对完善体育行政组织法有如下对策：设立专章规范体育行政组织，对目前各类体育行政主体的种类、职能、职权、机构等内容进行专章规范；确认和完善多元化的体育行政体制。

由于体育社团的兴起不仅有利于政府职能的转变，更有利于保护公民的体育权利，符合体育法的立法宗旨。因而修改体育法，应当明确体育社团的性质、地位、职能及其与体育行政管理部门的关系。关于健全中国体育社团立法体系，我们建议尽快制定《社团法》、改进现行《社会团体登记管理条例》等行政法规并加强社团配套法律法规建设。这些措施以明确体育社会团体的法律地位、性质、职责和权利等有关制度，解决体育社团的准入问题，转变控制型的社团管理制度、提供相关的法律救济机制，支持体育社团的发展。

（四）完善有关全民健身部分的规定，明确公民的体育权利

社会体育是竞技体育发展的基础，竞技体育的发展有赖于通过全民健身水平的发展和提高而源源不断地输入优秀的竞技体育人才。竞技体育水平的继续提高和全民健身事业的迅速发展无疑将有助于增强人民体质，培养人们勇敢顽强的性格意志，带动社会经济的发展，促进我国综合国力的提高。本课题组建议：增加体育法中社会体育的相关内容，提升社会体育在体育法中的地位，从制度上保障大众体育健身权利，明确各级政府及相关部门在社会体育工作中应当担负的职责；从制度上抑制学校目前存在重智商、轻体育的倾向，国家财政应加大对体育设施、尤其是对不发达地区学校体育设施的投入，学校应保证学生的体育活动时间，并为中小学生参保意外伤害险。

（五）完善竞技体育相关制度

针对竞技体育运动的高风险性，国家应健全保险方面的法律制度——增加有关体育保险的条款；增强专业运动员的文化教育投入、提高运动员的文化素质，培养运动员必须将严格、科学、文明的体育训练与文化教育结合起来；加强对退役运动员劳动技能的培养、充分保障运动员享有的各种权利，使我国竞技人才的选拔进入良性循环发展的轨道。

（六）增加体育产业方面的法规

由于体育产业发展的不平衡性，本课题组建议在《体育法》修改过程中宜做原则性和概括性的规定，各地方可依据《体育法》并结合本地体育产业发展的实际情况在制定相应的配套法规以完备体育产业立法。在体育产业和体育经营管理方面，确立体育市场管理的相关制度，加强和改善社会主义市场经济条件下体育产业行规、体育经营管理制度、体育经营法规。

（七）构建体育纠纷裁决制度

本课题组对体育的司法解决途径和体育仲裁解决方式进行了具体的分析。我们认为在体育领域中引进司法解决途径具有正当性，但司法介入体育行会内部纠纷必须要有一定的限度，应依靠技术事项例外原则、用尽内部救济原则、仲裁协议效力原则三个原则对司法介入行业内部纠纷进行限制。体育仲裁部分在借鉴了国际体育仲裁解决的现有经验中，对我国体育仲裁的法律的完善作了建议，我们认为体育仲裁的范围应当包括：竞技体育活动中的人身权纠纷、合同和其他财产权益纠纷以及由体育组织的纪律处罚所引发的纠纷适用体育仲裁；而对裁判员的临场判罚不服等一般技术性纠纷、行政争议的纠纷、内部行为以及由体育经营行为所引发的纠纷不适用于体育仲裁。体育仲裁具体的程序规定应当包括“申诉与受理—组成仲裁庭—仲裁的审理与裁决”。此外，我们需要依据体育法将各种制度落到实处，制定详细的实施细则，成立相关的纠纷裁决机构，减少纠纷解决的行政干预，方能保证各类主体权利的实现。

（八）细化现有法律的规定

现行《体育法》中对于奖惩的相关法律条款规定的过于原则。（1）奖励条款中的

主体规定不细。《体育法》第八条规定："国家对在体育事业中做出贡献的组织和个人，给予奖励。"这个条款的立意原则上是清楚的，但在实践生活中仅侧重于对参加竞技体育而获得荣誉的运动员及相关的部门给予奖励，而很少对群众性体育工作中做出贡献的组织和个人给予奖励。必须以法规的形式制定奖励主体的适用范围，切实提升群众体育的地位，昭明公民的健身权利与义务，真正运用法律手段来调节公民的健身行为，进一步推进全民健身的不断发展。(2) 惩治竞技体育中违规现象的规定不细。在《体育法》五十一条中规定："在体育运动中使用药物和方法的，由体育社会团体按照章程规定给予处罚;对国家工作人员中的直接责任人员，依法给予行政处分。"此类规定，虽在宏观上使竞技体育在运作上有法可依，但却过于笼统，没有细则可寻，既侵害了运动员和体育团体的平等权、公正权等合法权益，也在很大程度上影响了竞技体育的健康发展。

当然，《体育法》作为体育领域的基本法所设定的制度具有宏观性和普遍性，不可能事无巨细。为了更好的落实它，必须加强配套法规建设。所以有关机构须尽早着手建设与《体育法》配套的规定，相应的操作细则也应与《体育法》同时起草。做好体育立法工作，努力提高体育立法的工作质量：体育立法必须以体育改革和体育事业发展为中心，服从并服务于体育改革和体育事业发展的大局，为体育事业全面、协调、可持续发展提供有力的法律保障，创造良好的法制环境。体育法制工作是一项复杂的系统工程，它既要与社会发展同步，与体育改革和体育事业发展协调推进，也要保持自身的协调发展。这是切实转变政府职能、不断深化体育改革的需要，更是新时期体育事业全面、协调、可持续发展的需要。推进体育法的修改工作，下大力气完善体育法配套立法。

新修订的体育法的体例为：第一章：总则；第二章：社会体育；第三章：学校体育；第四章：竞技体育；第五章：体育行政组织与体育社会团体；第六章：体育产业；第七章：体育纠纷解决及法律责任；第八章：附则。

项目编号：1124ss07081

附（略）：

一、体育法体例修改建议

二、总则立法建议稿

第一章　体育行政组织立法研究

附：体育行政组织立法建议稿

第二章　体育社会团体立法研究

第三章　"全民健身"立法研究

第四章　竞技体育立法研究

第五章　关于在《体育法》的修改中增加体育产业相关立法的建议

附：体育产业立法建议稿

第六章　体育纠纷的解决立法研究

附：体育仲裁立法建议稿

第七章　关于法律责任一章的修改

第八章　关于其他一些问题的思考

全民健身问题立法难点研究

朱苏力　龚文东　凌　斌　刘　丹　洪晨叶　黄晓霞　汪闻超　朱　萌

一、简析《全民健身条例》（征求意见稿）及地方全民健身条例

《全民健身条例》是全民健身领域的一部综合性法规，它涉及到全民健身组织、活动、设施和服务保障等多个方面，因此目前来看很难将其定位成一部管理法或是促进法。它可以说是兼具这两种作用，但是为了使得立法方向更加清晰，在立法时要处理好两者的关系。从目前条例征求意见稿中的条文来看，条例是以管理作用为主，一是从条文的数量上看，二是从条文的内容上看，体现促进作用的条款多采用"鼓励、支持"等用语，缺少具体的激励规定，而一些强制性的条款又因为缺乏相应的法律责任而效力大减。

目前我国已有一些可适用于全民健身领域的法律、法规和规章，因此《全民健身条例》要处理好与这些已有规范之间的关系。另外，现在已有超过一半的省、市制定了地方全民健身条例，怎样参考和衔接这些地方性法规也是在条例立法中要解决的问题。

从条例的内容来看，还有很多问题需要解决：一些重要名词的定义是否要在条例中规定，怎样规定？全民健身的管理和促进涉及到多个政府部门，一些条文的规定还可能造成在某一事项上主管部门的冲突，怎样协调这些部门之间的关系？一些条文规定得不够明确，可能会导致在实施上的困难；一些条文缺少相应的法律责任，法律规则不够完整，也削弱了法律的执行效果；而对于条例中的具体制度的设计将在下一部分进行讨论。

二、立法难点问题研究

（一）全民健身中的侵权

全民健身中的侵权案件涉及的主体主要包括健身活动组织者、健身活动场馆提供者、健身者和第三人四类。由于我国现行法尚未明文规定"自愿承担风险"这一在逻辑上更加严谨、在英美法中经常被用于处理体育侵权案件的免责事由。法院在实践中主要以过错归责原则为基础，在各方均无过错时兼采公平责任原则，通过比较各方主体相互之间的过失和行为导致损害结果的原因大小，由法官行使自由裁量权、分配损害赔偿责任的比例。

最高法院《人身损害赔偿司法解释》第7条对学校课以对未成年人的教育、管理、保护义务，教育部颁布的《学生伤害事故处理办法》则对学校中的一切学生伤害案件提供了过错判断和责任分担标准。在这方面，健身活动组织者和场馆提供者的权责最为清晰。

同时，《人身损害赔偿司法解释》第6条对营利性机构课以安全保障义务，但尚未

有明确的过错判断和责任分担标准，实践中可以考虑参照《学生伤害事故处理办法》。

而非营利性健身活动的组织者和场馆提供者所应承担的义务，基本上没有法律的明确规定，因此实践中出现了大量争议和纠纷。一般认为，其注意义务应低于营利性主体，但又高于“故意或重大过失标准”。这个“中间地带”很难通过抽象立法来划清相互之间的责任界限，需要我们进行繁琐而艰难的技术性条款的立法工作。

至于健身者之间以及健身者对第三人的侵权案件，法院可以根据各自的比较过失及免责或减责事由，确定相互之间的责任分担比例。

尽管如此，通过典型案例的分析，不难发现即使是有条文较为抽象概括的部门规章明确规定责任认定标准的校园伤害案件，其在个案的判断中，也同样会存在过错与因果关系认定上的困难与分歧。这既是技术性条款作为成文法所固有的在周延性、精确性和时效性上的局限，也是侵权法固守过错责任原则所必然会引发的争论。

也正是因此，以一定损害限度内的“全额补偿”为原则，甚至不再追究是否存在过错进而构成侵权的各类保险，成为推动法律现代化的重要手段，并引发了全世界范围内“侵权法的危机”。如果两种法律手段能够相互结合，合理运用，对全民健身活动参与者和第三人的保护就会更加周延和完善。

（二）全民健身中的保险

随着我国全民健身事业的发展，参与全民健身运动的民众日益增多。但由于我国健身场所设施管理手段不完善，侵权责任分配、赔偿以及相关法律制度不健全，诉讼制度程序繁复等原因，在全民健身引发的相关纠纷呈现上升趋势的同时，遗留下来的问题也是非常多的。相较于侵权赔偿或者是国家赔偿的请求权，保险制度对于解决全民健身过程中的赔偿与损失弥补，乃至减轻政府负担，是能够起到相当大的作用的。然而我国的体育保险制度还不发达，全民健身市场的需求却是广阔的，因此应该试图寻找出一条适合中国国情的全民健身保险制度的道路。

首先，简单介绍保险方面重要的且与全民健身相关的原理。

然后，通过与世界各国全民健身保险制度的比较，发现了全民健身保险制度的一些规律。并分析了这些制度与我国国情的适应情况，以此为基础探寻我国相关制度的必经之路。

接下来，通过了解我国现在的全民健身情况以及相关的体育保险制度现状，充分分析了我国保险法和各项保险制度对全民健身的保障情况以及全民健身保险制度的必要性、建设情况、制度缺陷以及未来发展道路。核心问题是否需要专门设立有关的全民健身保险制度。

再次，根据我国的实际情况，试图选择一种适合我国当前乃至将来一段时间内国情的体育保险制度模式。通过分析政府、企事业单位（包括保险公司）、社会团体以及公民个人在全民健身保险制度中的角色（包括权利与义务），进而合理分析了险种的选择与互补，以及各个险种适用的领域、范围以及对于不同情形和对象的适用方式和互补机制。同时，在论述各角色的过程中，重点阐述了保险与其角色发挥的联系，进一步强调了保险制度对于全民健身的重要性。

另外，还讨论了如何处理好政府与市场的关系问题以及如何调整好保险法与侵权损害赔偿以及国家政策性福利、补偿制度之间的关系。提出在现有的侵权法与国家相应政策起作用的基础上，要以保险制度来弥补全民健身中出现的难以解决问题。

最后，以天津市学生保险的相关规定为例，具体说明了上文中设计的制度如何运行。

（三）全民健身中的行政许可

作为事前控制风险的一种方式，行政许可制度与侵权、保险制度共同构成了全民健身的风险应对过程。《行政许可法》第18条规定了“设定行政许可，应当规定行政许可的实施机关、条件、程序、期限”，再反观《全民健身条例》（征求意见稿）第19条的规定，其内容为设定一项行政许可。该条内容里已经明确指明了行政许可的实施机关是县级以上体育行政部门，规定了四项条件，程序和期限的规定也可以在第二款和第三款中找到答案。因此，对第19条内容的讨论是不必要的，因为它是符合相关的法律规定的。设定行政许可最关键的问题在于《行政许可法》第19条的规定：“起草法律草案、法规草案和省自治区、直辖市人民政府规章草案，拟设定行政许可的，起草单位应当听取听证会、论证会的形式听取意见，并向制定机关说明设定该行政许可的必要性、对经济和社会可能产生的影响以及听取和采纳意见的情况。”就行政许可本身的性质而言，它本身就是对公民权利的一种限制。本来公民是享有行动自由的，但是一旦对某一事项设定行政许可后，公民在这个领域内的活动就必须获得行政机关的许可才能自由进行。因此，对行政许可的设定就必须慎重，正如《行政许可法》第19条提到的，必须论证其必要性。只有在要不要设定行政许可上面得出了一个确定的答案，那么具体的行政许可的实施主体、程序、条件和期限才有必要，并且这些具体内容属于技术性事项，只要根据相关的许可原理，就可以得到很好地解决。基于上述考虑，研究重点就放在了论证全民健身活动中涉及的三项行政许可设定的必要性上来。

这部分主要采用演绎推理的方式论证该三项行政许可的必要性。首先就是介绍行政许可的基本理论，诸如行政许可的概念性质、原则、功能以及产生原因，接下来介绍行政许可存在的一些制度性缺陷，然后梳理国外的行政许可制度，最后再介绍中国的行政许可制度。对中国行政许可制度的介绍也主要是按照《行政许可法》的规定来介绍行政许可设定的事项范围。在介绍完前述理论的基础上，再联系全民健身活动中涉及的有关专业性强，技术要求高，涉及人身安全的体育活动和体育设施许可以及社会指导员制度三项许可，具体分析该三项许可的必要性。不管是从行政许可的概念、性质、功能、原则或原因中的哪个方面，我该三项许可都是符合行政许可的基本法理的，同时从中国行政许可制度规定的事项范围来看，该三项许可也是符合中国的行政许可法律制度的。对于行政许可制度本身所带的缺陷，该三项许可也需要注意并尽可能避免，即根据行政许可的原则和相关制度以及政府理念转变等，来尽可能解决这些缺陷。

三、全民健身事业的促进

前面的两部分的重点是集中在《全民健身条例》的文本和具体的法律问题上，并且更加偏重于对全民健身事业的管理，这也恰是法律的一个重要功能所在。而这个部分是总结全民健身的一个总的概况，不局限于以上部分所要解决的问题，同时对策的目标是促进全民健身事业的发展，促进的手段不局限于法律。

《全民健身条例》的重要性在于它的内容关系到整个民族的健康发展，也关系到包括体制改革以及体制改革带来的相关法律制度问题。一方面它涉及到大众健康问题，另一方面，从体育工作、体育事业的发展来讲，又涉及到体育事业发展的重心问题。

目前我国全民健身事业有一定程度的发展，但是还面临许多问题，亟待改善。政府与公益性投入两枝独秀，民间投入不足；全民健身基础设施建设资金投入不足，多数运动场馆功能单一、收费高、利用率低，用于全民健身活动的场地、设施严重缺乏；体育人口结构不合理；弱势群体在全民健身事业中居于劣势地位；健身活动缺乏专业性、科学性的指导；一般健身时所发生的保险理赔区域仍然处于空窗期；健身活动缺乏专业性指导，缺乏科学性；群众健身观念之中尚存在部分误区，对于许多人、尤其是农村居民而言，健身观念不够；健身运动的开展社会化不足；全民健身服务业与全民健身活动的开展差距较大等，都是目前存在的问题，这些问题同时也是我们进步的起点。

针对这些问题，我们将提出若干建议：发展全民健身服务业，鼓励退役运动员向社会指导员转化，促进全民健身活动的产业化；完善体质评价监测系统，从而促进相关部门对于我国国民体质状况的了解，为下一步全民健身活动的实施提供参考性的数据；进一步完善国家的相关优惠政策，保障和促进全民健身事业的进一步发展；完善彩票公益金制度，建立具有造血功能的资金筹集系统；完善体育基金制度，广开全民健身事业资金来源渠道；促进学校体育的发展，完善学校体育设施开放制度。

全民健身事业的发展并不是单靠立法就可以解决的。这需要有关部门、单位的大力支持和人民群众自觉自发的行动，需要广泛开展全民健身运动，努力构建群众性的多元化体育服务体系，从而保障公民参加体育健身活动的合法权益，明显提高全民族健康素质，形成比较完善的全民健身体系，促进社会和谐发展，这也正是《全民健身条例》的立法宗旨所在。

项目编号：1125ss07082

实现公民体育权利法规体系研究

常乃军　高文景　陈远军　李俊明

一、体育权利基本理论研究

我国公民体育权利是在我国现实社会政治、经济条件下，公民享有的不违反我国体育法律和法规规定的权能和利益。公民体育权利应包括以下几个要素：体育利益、体育要求、体育资格、体育权能、体育自由。公民体育权利的本质是体育利益，抓住了体育利益这个本质特征，就最大程度地接近了公民体育权利的终极。公民的体育权利本身采取三种存在形式：应有权利、法定权利、现实权利。体育法律关系主体是一个体系，极为广泛，包括了所有的特定主体。体育法律关系的客体是体育权利和体育义务联系的中介，从表现形态上可以分为物质利益和精神利益，具体应该包括物、人身、精神产品和行为结果等方面。体育法律关系的内容指体育法律关系主体之间的体育权利和体育法务。

从体育权利产生和发展看，体育权利和体育义务二者经历了一个从浑然一体到分裂对立再到相对一致的过程。体育权利本位的法律制度主要有如下特征：一是社会成员皆为体育权利主体，没有人因为性别、种族、语言、宗教信仰等特殊情况而被剥夺体育权利主体的资格，或在基本体育权利的分配上受歧视；二是在体育权利和体育义务的关系上，体育权利是目的，体育义务是手段，法律设定体育义务的目的在于保障体育权利的实现；三是体育权利主体在行使其体育权利时，只受法律所规定的限制，这种限制的唯一目的在于保证对他人的体育权利给予应有的承认、尊重和保护；四是在法律没有明确禁止或强制的情况下，可以（应当）作出体育权利推定，即推定为公民有权利去作为或不作为。

体育权利的法律化，实质上是体育权利从应有权利到法定权利的转化。体育权利法律化是权利发展的产物，是体育权利保护的现实需要，正逐步被国际社会和各国普遍认同。

二、体育权利法规体系制度的立法重点

在中国体育立法和体育法治发展进程中，体育立法质量问题的重要性凸现在我们面前。提高体育立法质量问题就是体育立法的科学化、现代化问题。提高体育立法质量存在于立法观念、立法制度、立法运作技术等一系列方面。

体育立法观念决定体育立法质量。结合我们目前的实际，我们应树立以下体育立法观念：要变“中国特色”的体育立法观念为体育立法内容国际化的体育立法观念、规范和制约权力运行，树立“权力与责任对等”的体育立法观念、建立科学、统一的体育法规体系的体育立法观念、真正树立“程序与实体并重”、“程序公正”的体育立法观念、立足服务体育立法工作实践，树立“立、改、废并重”的体育立法观念、树立原则型立

法转向操作型立法的体育立法观念。《立法法》明确规定了我国体育立法制度，即：一元两级 12 个层次的体育立法体制。以人为本原则在体育立法制度中的贯彻具体包括：就体育立法主体制度而言，社会公众有机会参加立法讨论、参与立法实践；就体育立法程序制度而言，立法机关的活动更加开放、透明；就体育立法监督制度而言，社会公众应积极对体育立法实施监督。创新体育立法制度，防止体育立法腐败措施包括：调查研究制度、公开征求意见制度、专家咨询、论证制度、联系协调制度、推行“立法回避”制度。体育立法的各个方面、各个阶段和环节都受体育立法技术的制约。体育立法运作技术包括：体育立法项目的选择要以社会客观条件为基础，体育立法项目的标题应当具备行政区域、立法的主要内容、体育法律形式三要素，体育立法语言应该达到准确性、严谨性、精炼性、庄重性和平实性，在表述体育法律规范时，要把握好细密性与概括性、稳定性与变化性相结合的度。

三、公民体育权利基本状况与公民体育权利立法现状调查与分析

调查显示，公民体育权利基本情况方面：公民对体育权利很清楚的不足一成，认为自己充分享受体育权利的只有一成多。不同地区（东中西部）公民、不同阶层公民、不同分工公民之间享受体育权利有显著差异，这可推断出我国不同经济区、不同阶层、不同分工公民享受体育权利之间存在不公平现象。我国公民体育权利受侵犯时“期待法律救助”的公民不足三成，对体育权利的自我保护意识还不强。知道体育法很多的公民不足一成，知道一些体育法的公民近 1/2，四成多的公民不知道体育法。有近四成的公民认为“妇女在体力上不如男子”是影响妇女体育权利地位的主要因素，值得推敲。公民体育权利实现方面：调查对象对公民体育权利实现方面急需解决的十二个调查问题中认为“确实需要”的问题有五项占到了调查对象的五成以上，有四项占到调查对象的四成以上，一项占到三成以上，两项占到两成以上。说明我国体育权利实现需要支持面非常广，涉及到加强体育设施开放和加强本地区体育投入加大的需求，以及提供有关社会公共政策的需求最突出。目前实现体育权利迫切需要解决的问题中，认为是实现体育权利迫切需要解决的问题并排第一位的是“加强宣传，突出体育的功能”居所有排在第一位问题之首。在公民体育权利实施中加强社会体育的发展是应该进一步加强的，这是公民体育权利顺利实施的基础之一。我国地方有关体育方面政策、规定、制度的制定仍然满足不了公民对体育权利实现的需要。

四、保障公民体育权利法规体系研究

随着我国体育市场化、产业化、社会化进程的深入，需要法律调整的体育社会关系日益增多。修改《体育法》，应在权利本位的框架下，遵循和谐发展的基本原则，平衡国家、社会、个体的体育权益关系，构筑协调发展的体育秩序；要强化不同体育利益主体特别是公民个体的体育权利，进一步激发体育的个体活力；要针对具体弱势人群的体育权进行特别规定，形成弱势人群体育权的完整体系，凸显出对弱势人群体育权的特别保护；要借鉴国外一些国家的做法，成立体育法庭，专门审理那些必须通过司法程序解决的体育纠纷案件。完成这一转变最好以修正案的方式修订现行《体育法》。

在修改现行《体育法》的基础上，有关部门和地方应加快制定与《体育法》相配套的保障公民体育权利法规体系，如对社会体育指导员技术等级制度进行必要的修订和补

充、尽快建立国民体质监测制度方面的立法、健全体育健身产业法规体系、促进民族民间传统体育发展综合性立法、加强全民健身法制监控制度的建立、建立健全公共体育设施等等方面的法律、行政法规、地方性法规、规章和规范性文件，形成系统的公民体育权利体系，以推动《体育法》更有效地贯彻实施，权力救济既是体育权的保障，又是体育权的一部分，设立体育仲裁、体育调解、行政救济、诉讼等权利救济制度能为体育权的保护提供充分的渠道和法律依据，使公民体育权利在实体与程序上实现对接，保障权利行使的完整性和现实性。

五、结　论

• 公民体育权利的产生和确立，是体育利益、体育主张、体育资格、体育权能和体育自由这五个要素的形成过程。我国公民的体育权利有应有权利、法定权利、现实权利三种存在形式。体育权利本位并不意味着只要体育权利而不要体育义务的本位主义，它只是意味着体育权利的第一位性质。体育权利的法律化，实质上是体育权利从应有权利到法定权利的转化。体育权利是程序性体育权利和实体性体育权利的统一。

• 立法观念、立法制度和立法运作技术直接影响体育权利法规立法质量。体育立法的科学化、现代化要求提高体育立法质量。提高体育立法质量体现在立法观念、立法制度、立法运作技术等方面，主要就是实现立法观念转变、创新体育立法制度、规范体育立法运作技术。

• 调查显示，我国公民对《体育法》了解较少，体育权利享受不多，对体育权利的自我保护意识较弱，不同级别群体的体育权利享有的享受状况存在区别。公民体育权大都处在应有权利和法定权利阶段，现实权利很少。同时调查结果表明，我国地方对体育权利宣传不够，地方有关体育权利方面政策、规定、制度的制定仍然满足不了公民对体育权利实现的需要。

• 体育权利立法活动最核心的法律要素是体育权利，体育权利立法应该实现公民体育权利保障的体系化。构建公民体育权利法规体系包括：修改《体育法》，细化公民体育权利，把体育权利纳入司法范畴；制定加强公共体育设施的规划、建设、使用和管理的立法和体育仲裁制度等配套的体育法规，保护公民体育权利；增加相关程序规范，保障通过程序正义实现实体正义等方面。

六、研究的局限与进一步研究的建议

• 数据的局限：部分样本规模有限，从精确性上来说，仍显不足。

• 方法的局限：课题主要采用社会调查研究的方法，以问卷调查为主，也进行了部分访谈和座谈，但存在统计本身的局限性和实地调查少的问题。

• 视角的局限：公民体育权利的理论研究较为滞后，研究成果很少，因此，本研究缺乏足够的理论基础，部分结果只是尝试性和探索性的，没有进行深入的理论分析。

项目编号：1122ss07079

体育公共服务内涵、目标及运行机制研究

樊炳有　高　军　白永慧　王继帅　张清华

一、体育公共服务的理论分析框架

（一）体育公共服务定位问题

体育公共产品内在的非竞争性和非排他性，决定了政府必须在体育公共服务供给中居于主体地位，这也是我国经济社会发展的必然。政府在体育公共服务供给中的基本职能：一是政府站在消费者的角度，制订体育公共服务政策；二是监管体育公共服务的生产与提供；三是付费，政府通过“付费”保证基本体育公共产品和实现体育公共服务的均等化；四是直接生产和提供某些体育公共服务。

（二）体育公共服务模式、结构

体育公共服务模式与社会经济、历史传统有关。在当前的背景条件下发展体育公共服务，首先必须准确界定政府的体育公共服务职能，其核心在于确定提供公共服务的范围和重点，并不是所有体育公共服务需要政府干预。

体育公共服务结构决定体育公共服务资源的主要投向。体育公共服务的基础设施、体育公共服务法律体系必须由政府提供。体育公共服务其他方面可以由政府直接生产、也可由市场或非政府公共部门生产，政府监管。

（三）体育公共服务机制与体制问题

体育公共服务实践运行机制主要强调在实践中如何保证体育公共服务的效率和公平，并确定什么样的机制来实现这一目的。体育公共服务运行考虑以下几个因素：

第一，体育公共服务的地理范围与政府层级间关系。第二，体育公共服务的受益范围与政府层级间关系。第三，体育公共服务的成本范围与政府层级间关系。第四，体育公共服务的管理范围与政府层级间关系。

体育公共服务在发展政策制定原则上，应当坚持因地因时制宜与整体统筹协调原则，在贯彻基本理念的基础上，更应当分析地方的经济发展水平、特色，与居民生活质量统筹考虑。体育公共服务建设与经济可行性统筹考虑，城市化区域与郊区乡村统筹考虑。

在体育公共服务发展政策制定目标上，应以改善居民生活质量为主，更需要注重健康、持续发展；与此同时，体育公共服务的重点应当面向农村。

（四）体育公共服务管理

体育公共产品与服务的资金来源的发展趋势来看，今后主要依赖于三种方式：即政府出资，服务收费及非政府公共部门参与。大力促进我国体育公共服务供给过程中的公民参与和需求表达，加强制度化建设和公民意识教育，保障公民的参与权力与参与能力；大力培育基层民主与公民社会，进一步发挥扩大民众参与体育投入热情、反映民众诉求方面的积极作用，增强社会自治功能。

二、体育公共服务：主体、工具和过程分析框架

（一）体育公共服务的提供主体

体育公共服务的提供主体是指直接参与体育公共服务提供或生产的实体。按照性质不同，可将提供主体分为政府部门、非政府部门、非盈利部门、私人部门。

（二）可供选择的提供工具

提供工具是指政府采取什么手段或方法来提供体育公共服务，如运用财政资金、公共权力、政府信息、特许经营授权等工具提供服务。

（三）提供体育公共服务的过程

体育公共服务的过程是一个社会公众、政府和各种直接提供者的互动过程，包括社会需求和意愿表达、政府决策和组织安排、直接提供者向社会成员提供一线服务、体育公共服务问责等环节。从国外良好的体育公共服务过程应具备以下特点：公开透明；社会参与；高效、方便、及时、可得；公平、公正、平等、礼貌；惠及贫弱群体；可问责。

三、体育公共服务的含义

（一）体育公共服务概念的界定

体育公共服务就是提供体育公共产品和服务行为的总称，包括加强体育公共设施建设，发展体育公共事业，发布体育公共信息等，为丰富社会公众生活和参与社会体育活动提供社会保障和创造条件。体育公共产品和服务是整个社会共同消费的，由政府和市场协调发展来提供。

（二）体育公共服务的内容

基于较为普遍的认识，并从通常政府施行公共管理的角度来看，一般而言体育公共服务可以包括以下六类服务：健身设施服务、健身组织服务、体质监测服务、健身指导服务、体育活动服务、信息咨询服务。

（三）体育公共服务的分类

由于政府公共服务的分类方法很多，本文结合上述体育公共服务的概念，采用一种

比较实用的分类方法是从体育公共服务的发展过程、理论基础和实际运行过程的角度，将体育公共服务分为维护性体育公共服务、基础性体育公共服务、经济性体育公共服务和社会性体育公共服务四种。

（四）体育公共服务的特性

体育公共服务作为市场经济条件下政府组织提供的公共产品，除了具有理论上公共产品的基本属性外，在实践中通常还具有以下几个特征：公共性、福利性、便利性、多样性、增值性、演进性。

四、体育公共服务理念与发展目标

（一）体育公共服务的发展理念

体育公共服务的出发点：以人为本，体现人文关怀；体育公共服务的价值基础：诚信与正义；体育公共服务的追求目标：团结与凝聚；体育公共服务的发展动因：以需求促供给；体育公共服务发展的均衡点：公平与效率之间的大众共享；体育公共服务实现的基础：完善的体育公共服务体系。

（二）体育公共服务发展目标

体育公共服务总体目标是：以满足社会成员的基本体育需要为目的，着眼于提高居民身体素质和生活质量，既给居民提供基本的体育文化享受，也提供并保障社会生存与发展所必需的体育环境与条件的体育公共产品和服务。

体育公共服务近期发展目标侧重于区域体育公共服务建设与发展，与经济发展特区建设模式类似，部分地区优先发展；主要表现为区域内、区域间的体育公共服务水平的差距明显缩小。

体育公共服务中期发展目标侧重于城乡体育公共服务差距缩小，主要表现为不仅在区域内，而且在各区域城乡之间的体育公共服务水平接近。

体育公共服务远期发展目标是实现全民体育公共服务均等化，主要表现为区域之间、城乡之间、居民个人之间的体育公共服务基本形成均等状态。

五、体育公共服务的运行机制

（一）体育公共服务运行机制原理

良性的运行机制必然有科学理论做支撑。体育公共服务运行的机制原理是指体育公共服务系统的结构、功能及动力关系。体育公共服务是一个系统性实践，整个系统至少包括体育公共服务管理系统、体育公共服务的规划系统、体育公共服务的融资、体育公共服务的提供系统和体育公共服务绩效评估等五个系统节构。

体育公共服务发展的动力要素主要来自两个方面：一是政府自上而下的计划推动；二是居民自下而上的需求拉动。二者必须有机结合起来，才能形成体育公共服务发展的整体动力。

（二）体育公共服务供给的制度安排

体育公共服务供给体制模式主要在以下几个方面：体育公共产品供给主体多元化，体育公共产品供给渠道多元化，体育公共产品供给方式多元化。

体育公共服务体制实践抉择要正确面对城市与农村二元体育公共服务体制的格局，在不同地区实行体育公共服务体制的梯度推进，明确划分不同层级的政府在体育公共服务中的职能权限，逐步过渡到多中心治理的体育公共服务的供求均衡范式。

我国政府公共服务中的制度安排应坚持以下原则：以传统模式为主、以社会化运行为辅；在一定范围内大力推行市场化运行模式；借鉴工商管理的技术方法，转变政府职能，实现服务型政府建设目标。体育公共服务制度安排模式：命令与控制模式，工商管理模式，社会化手段模式，市场化模式。

（三）体育公共服务实践探索的路径选择

从本质上来讲，体育公共服务体制改革是通过政府、企业、第三部门、社区自治组织等多种角色的重新安排，优化它们的功能互补。在体育公共服务领域中引入竞争机制，打破传统的政府垄断地位，构建一个体育公共服务供给方面的多元竞争和新秩序，寻求我国体育公共服务体制改革的解决方案。体育公共服务引入市场机制，引入社会化机制已成为我国政府治理变革的现实需求。

六、研究的基本结论与建议

（一）基本结论

• 按照我国目前的社会发展实际，应使用广义的体育公共服务概念，包括加强体育公共设施建设，发展体育公共事业，发布体育公共信息等，为丰富社会公众生活和参与社会体育活动提供社会保障和创造条件。

• 强化政府提供体育公共服务的内容、体育公共服务的类型，加大投资力度，扩大体育公共服务的覆盖面。

• 政府应采取动态的体育公共服务机制和运行方式，以满足社会多样化的健身需要。体育公共服务机制与运行方式的变革，是政府治理工具、服务理念的变革。目标在于强化政府的核心服务能力，改变政府提供健身服务的弱势现象。

• 体育公共服务机制原理、供给制度安排、实践探索的路径构成体育公共服务运行机制。以政府为主，其他供给主体共同参与，是今后新型体育公共服务供给制度安排。构建体育公共服务的多元参与机制，建立体育公共服务体系多元化的治理结构，是体育公共服务运行的根本保障。

• 科学建立不同层次的体育公共服务近期、中期和远期发展目标，确立体育公共服务理论框架和体育公共服务主体、工具和过程，对指导体育公共服务实践具有重要意义。

• 体育公共服务是一个多目标、多开放系统，这就意味着提供主体、提供内容、运行方式和提供技术的创新问题。实践中，存在利益、观念、管理方式等冲突是不可避免的。这就需要消费者、监管部门、服务提供者之间既独立又制约的组织结构设计。

（二）研究建议

• 借鉴我国学术界对于西方公共服务理论和实践的发展脉络梳理，对于西方公共服务变革的分析，以及对我国建设服务型政府的思考和公共服务领域的研究成果，为体育公共服务的理论研究提供许多有益的参考。

• 我国体育公共服务的研究虽然刚刚起步，但体育作为一项公益性的社会事业，其公共服务职能却并非刚刚开始。因此，了解我国社会结构的变迁，以及伴随着这一变迁过程的体育公共服务的发展脉络，是提供体育公共服务的重要前提。

• 体育公共服务建设必须找准节点。从基层服务着手，由点到线再到面的逐步改进。初步建立宽覆盖，粗线条的提供网格，再进行细分和结构梳理。在动态中不断完善，保持制度设计中的结构平衡，构建一个矩阵式的服务网络。

• 坚持城市和农村二元体育公共服务体制格局，承认体育公共服务发展的区域性，有利于在体育公共服务内容、体育公共服务标准以及体育公共服务方式等方面区别对待，有所侧重，在不同地区实行体育公共服务体制的梯度推进。

• 我国体育公共服务定位是国家层面的，还是地方层面的？体育公共服务能否引入市场机制、社会化机制，还需要进一步实践和理论研究。

• 构建体育公共服务服务体系，怎样在具体的实践工作中把握好服务体系建设的策略与措施，使其更加合乎社会和时代的需要，还有许多的问题需要我们去认真思考。

项目编号：1113ss07070

长三角地区体育公共服务发展现状及对策研究

郑家鲲　张晓龙　肖　锋　高艳丽

体育公共服务是指以政府为主的体育部门和组织提供的、以满足市民基本体育需求为目的、向市民提供的公共体育产品以及相关的公共体育服务。体育公共服务是基本公共服务体系的重要组成部分，只有体育公共部门为市民提供高质量的体育服务，居民才能享受方便、快捷、优质的体育公共服务。

一、长三角地区体育公共服务发展的基本现状

在体育场地设施服务方面，长三角地区市民参加体育锻炼的地点已经多样化，但人均场地和设施非常少。大部分学校的体育场馆已经对市民开放，但开放的力度还不够。政府所提供的公共体育服务设施没有专门的部门来管理，现有的社区体育设施大部分不能得到经常维护和更新；在体育组织服务方面，大部分的市民参加了盈利性单项体育俱乐部、自费组建的体育活动团体和体育会所等盈利性体育组织，而有1/3的市民却没有参加任何类型的体育组织；体育活动服务方面，绝大部分市民经常从事有规律的日常体育锻炼活动项目，对专业的体育比赛、大众体育竞赛表演等活动兴趣不大，一些专业性的或竞技性的业余运动技术等级认证和专业的体育比赛不是市民迫切需求的，市民更关心一些活动强度不大的、活动项目比较简单的日常体育锻炼活动项目；体育指导服务方面，市民最关心锻炼方法指导以及信息咨询与讲座类服务，他们需要有专业的健身指导员对其进行体育健身指导，并为自己制定锻炼计划，也想通过信息咨询与讲座了解更多的体育锻炼方法，但其主动接受体育健身指导类服务的意识还不强；体育信息服务方面，大部分市民希望能提供专业体育信息服务类网站、讲座、培训等活动以及相关音像制品、宣传品等信息服务；体育监测服务方面，市民对定期进行体质监测、建立个人体质健康档案和量身制定健身计划等服务内容的需求较大；市民个性化体育公共服务的需求方面，越来越多的市民开始关心个性化的体育公共服务形式，大部分市民选择了有与健身的朋友交流的地方，绝大多数市民至少选择了两项个性化的体育服务形式。

二、长三角地区体育公共服务发展存在的矛盾

（一）体育公共服务的高质量要求与市民多样性需求不能被满足之间的矛盾：市民希望享受多种体育服务形式，但对体育组织服务、体质监测类服务和场地设施类服务尤为关注。不同年龄段的市民，其体育服务形式的需求也不能被满足。

（二）体育公共服务的公益性要求与服务的有偿性之间的矛盾：全民健身作为一项事关市民健康素质的公益事业，其性质决定了它的发展主要由政府去负责、去管理。从现实情况看，保障广大市民享有基本的体育服务的经费严重短缺，且服务费用较贵，政

府提供的免费的、低廉收费的体育服务还很少。

（三）体育公共服务的公平性要求与覆盖全体市民需求之间的矛盾：公共体育服务和资源要均等公平分配，逐步消除差别，以保障和服务于全体居民的基本定位，保障人人享有基本体育服务。但调查发现，当前针对弱势群体的体育公共服务还不完善，无论是服务的内容、形式、水平、弱势群体的满意度等都还有待提高。

（四）体育公共服务的便捷性要求与市民健身的近距离、经常化需求之间的矛盾：政府提供的体育公共服务是近距离的、经常化的服务，随时随地可以获得，利于满足居民的体育服务需求。但当前市民的居住地去健身场馆的距离还比较远，离各方面要求还有较大的差距。

（五）体育公共服务的互动性要求与市民参与程度不高之间的矛盾：公共体育服务主管部门与市民之间存在某种互动与交流关系，体育主管部门的服务功能才能得到充分的发挥，也能得到广大市民的信任与支持。调查显示很大部分的市民的意见都能被相关体育主管部门采纳，但也有部分市民提出的意见没有得到相关体育主管部门的回应，市民的参与机会还不多。

三、长三角地区体育公共服务需求中存在问题及影响因素

（一）存在的主要问题

长三角地区体育公共服务平台尚未完全建立；市场化程度不高；体育社团的作用还没有充分体现；体育公共产品和服务总量不足，且分布不合理；社会体育指导员队伍总量不足，指导缺乏针对性；相关配套法规还需进一步完善。

（二）主要影响因素

有关体育公共服务的政策、措施较滞后，缺乏长远规划；在经费、体育场地设施、健身指导、宣传等方面得不到充分保障；市民的休闲方式不合理（看电视、看报纸、打牌等占去了大部分余暇时间），呈现消极性，“花钱买健康”的观念还未深入人心。制约市民参与体育锻炼积极性的因素既有市民的自身因素，如健身伙伴、健康状况、兴趣爱好和空余时间等，也有指导人员、健身方法、场地器材、收费价格和路程远近等体育公共服务本身供给不足的因素，但是后者对市民的影响程度比市民的自身因素略高。

四、长三角地区体育公共服务的发展对策

（一）发挥区位优势，打破区域壁垒，加强长三角地区体育公共服务联动发展。要充分发挥两省一市的区位优势，必须打破现有的区域壁垒，运用合作机制配置体育公共服务资源，使影响体育公共服务发展的要素在市场机制的协调下结合在一起，产生资源集聚效应，推进体育公共服务资源在长江三角洲地区的合理流动，按照市场原则构建利益互动的协调机制，在体育公共服务领域形成多层次、宽领域、制度化的长期合作局面，加快长三角地区体育公共服务的联动发展。

（二）加快长三角地区政府职能的转变，改革服务模式。政府要积极地从管理体育的全能政府向服务型政府转变，从多方面满足市民的公共体育产品和服务需求。要加大对体育公共服务的资金投入，尤其是要修建好公共体育场所，提供必需的运动器材、必

要的资金以及加强公共体育服务设施的管理。

（三）健全政策法规体系，加强长三角地区区域体育公共服务政策的对接与兼容。要制定体育公共服务的专项的政策法规，推进依法行政、依法治体，要加强长三角地区区域体育公共服务政策的对接与兼容。首先，应加强长江三角洲地区体育公共服务发展的规划工作，在组织建设、信息服务、健身指导人才的培养以及大众体育赛事的运营上统筹规划，而不是单纯考虑本地区的情况。其次，要建立起区域体育公共服务资源一体化的体制，在体质监测、健身活动、健身信息服务如健身网站、健身讲座、培训以及相关音像制品、宣传品等方面加强合作与共享。第三，要制定协调体育公共服务资源一体化的相关政策。

（四）增加经费投入，积极推动社会参与。政府在构建体育公共服务体系的过程中，应转变思路，转换机制，积极引导、吸引和调动社会体育资源参与体育公共服务，在发挥体育系统力量推进体育公共服务外，通过社会化运作机制吸引社会民间力量参与。

（五）加强评估监督，提高队伍素质。无论是政府部门的工作人员，还是公共体育场馆的指导人员、体育组织服务人员，都要不断加强服务意识，提高服务水平。

（六）整合资源，加强各类体育组织建设。在政府力量不足、难以实现供给多样化公共服务的情况下，要发动社会力量，将部分公共服务委托给非盈利组织的办法，解决公共服务需求。

（七）提高体育公共服务质量，满足市民日益增长的体育需求。做到普及和宣传科学健身知识，组织成员享受定期体质测试，宣传介绍组织情况并报名入会，建立个人锻炼、健身档案；提高体质监测类水平；提高学校的场地设施开放率，及时对社区场地设施进行维护和更新；为特殊人群（老年人、残疾人等）配备特殊体育健身设施。

（八）提高体育公共服务的公平性，积极引导各年龄阶层的市民参与锻炼。首先，要采取切实措施鼓励不同性别的市民参与体育锻炼，继续保持参加体育活动的市民的性别比例平衡；其次，要积极引导中青年人参加体育活动，使体育活动中的“马鞍型”年龄结构得到彻底扭转；再次，要高度重视未成年人（学生）的公共体育（课外体育）活动，并为其形成终身体育观念和习惯创造条件；最后，要提高老年人公共体育服务质量，多提供一些适合老年人活动的健身器材。

（九）以人为本，重视市民的个性化体育公共服务需求。如提供给健身者交流的地方（如座椅、遮阳伞等）；在健身者休息时，为其提供与健身有关的报纸或杂志，并提供方便的交通设施、非体育类的休闲娱乐项目以及餐饮、洗浴和客房等配套服务。要重视吸引女性参与体育活动，促进参加体育活动的男女人数相对平衡。

项目编号：1171ss07128

促进民族自治地方体育可持续发展的法制保障研究

吴文平　李长友　黄亚燕　海　刚　张天成　穆大伟　袁正新

一、法制是民族自治地方体育可持续发展的重要保障

本文认为体育的可持续发展，是指体育在最大地满足不同人群体育需求的基础上的持续发展，在时间上实现人类体育权利的代代际间平等，在空间上实现不同区域和国家之间体育发展机会的平等，使体育满足当代人或本地区的需求，又不影响后代人或其他地区对体育需求能力的发展。其涵义包括：整体性、持续性、公平性、协调性。

法制是民族自治地方体育可持续发展的重要保障。法制主要是指国家的政策法律化。政策体现国家对体育发展的原则和思路，是国家对体育可持续发展调控的手段。法律使政策法制化以保障其相对稳定性，是体育得以可持续发展的重要保障。法制通过其规范功能和社会功能来指引、评价、预测、教育、强制，来调整体育法律关系，通过确定不同利益者的权利及其范围，促进体育文化的发展，以此来维护国家的体育秩序，推行可持续发展政策。

二、民族自治地方体育法制建设分析

（一）民族自治地方体育立法是指民族自治地方有权的国家机关依据《中华人民共和国宪法》、《中华人民共和国民族区域自治法》、《中华人民共和国体育法》和行政法规、部门规章的规定，根据当地体育事业的实际情况和当地民族体育的特点，创制、修改、废止民族自治地方的体育单行条例、地方性体育法规、政府规章的活动。民族自治地方体育法制是体育法律制度，是法制在体育领域中的运用和体现，是由国家机关指定的用以调整、确立体育活动的法律和制度。包括体育法制既指静态意义上的体育法律，又指动态意义上体育法律，即体育立法、体育执法、体育司法、体育守法和对体育法律实施的监督等各个环节构成的一个系统，还指体育活动中依法办事的原则。民族自治地方由于其享有一定的自治权，地方的体育法律制度具有更加宽泛的立法主体，更加丰富的法制内容。

（二）民族自治地方体育法制建设存在的困境

民族自治地方体育立法技术落后。从数量上看，改革开放以后，民族自治地方体育法规和规章名称混乱，如“意见”、“通知”、“条例”、“规定”、“办法”等，很难直接判断其效力、等级和适用范围。同一种名称，有几种不同效力等级的规范性法律文件在同时使用，有时会给适用该法的国家机关，企事业单位和公民判别该法的效力等级方面带来困难。许多规章法律语言不规范，直接搬用政策用语，弹性大，变动性大，可操作性、稳定性差。

民族自治地方体育立法的效力偏低。近年来大量的行政法律法规相继颁布实施。已有的民族自治地方的体育法规、规章所依据的某些上位法出现了立法更新，而民族自治区的体育立法没修改，仍在适用，产生了诸多法律冲突，从而使得其中某些条款失效。

民族体育法制理论研究薄弱。至今我国体育法学尚未形成完整的学科。研究这队伍不断壮大，研究积极性不高，以致出现搞法学的人无暇顾及体育领域或对体育领域不屑一顾，搞体育的人大多又不懂法律的现实。民族体育法制理论研究的薄弱又影响着我国民族体育立法等法制建设。

地方性体育立法忽视了传统民族体育自身的内容。在我国体育法规汇编中，虽有自治区的地方性法规和自治区政府的行政规章，对自治区内体育场地管理、市场管理体育经营等方面作了一些普遍性和一般性的规定，但对内容丰富多彩的民族体育本身却较少有专门规范性文件来规定。

体育法律法规宣传不够，体育法制意识不强。从目前情况看，我国体育法律法规的宣传工作主要根据竞技体育运动项目的需要集中在城市宣传，并且多是一般性的宣传和体育系统内的宣传，完全停留在表面上。在民族自治地区，对体育法律法规宣传的较少，体育管理部门对体育法律法规的宣传工作没有引起足够的重视，政府部门对体育法律法规的宣传经费没有保障到位。

体育法制机构不健全和体育队伍法律素质不高。在许多民族自治地区各级政府内虽设有体育行政主管机关，但是没有设置专门的体育法制机构，也没有配备专门的体育法制工作人员，使民族自治地区的体育法制建设无法落到实处。在民族自治地区，体育系统内普遍存在法制意识不强的情况，依法行政，依法治体的观念根本没有树立起来，人治重于法治、以言代法、重言轻法的现象。民族自治地区一些从事体育工作的管理者自身的法制意识不强，对体育法律、法规及体育政策缺乏了解，体育法律法规的宣传和普及没落实到位。

自治州、自治县体育立法进程缓慢。已有的民族自治地方的体育立法中大部分都是自治区的立法，只有少数自治州政府发布了规章。如《湘西土家族苗族自治州关于加强群众性健身练功活动管理的规定》。县级体育工作是体育工作的基础，上位法中大量的原则都要在基层得到实现，所以基层的立法势在必行。

三、结论与建议

（一）完善民族体育立法

1. 转变民族自治地方体育立法的指导思想

我国未来的体育法在立法宗旨的规定上，应该以《宪法》为依据，纠正现有《体育法》规定上的偏差，强调促进和发展体育事业是国家和政府的责任。在强调发展体育事业提高和增强人民的身体素质作用的同时，还应强调其对公民心身的健康、愉悦的生活方面的作用，强调体育文化的传承和体育精神的弘扬；在体育事业发展的基本方针的规定上，改变《体育法》混淆立法宗旨与体育事业发展方针的做法，在“体育为民”理念的指导下，将“体育工作坚持以开展全民健身活动为基础”，修改为“开展全民健身活动是体育工作的基础和核心”，将“实行普及与提高相结合”修改为“以普及促提高”，在“促进各类体育协调发展”的规定后增加“促进体育事业与经济、社会协调发展”的规定。同时增加体育体制改革和体育制度创新，发展体育产业和培养体育市场，发展体育科技、科学治体、依法治体，保障体育事业全面、协调、可持续发展的规定。

2. 完善体育法律法规体系

做好体育法律法规的清理工作。体育法规体系是一个在层次上均衡有序的系统。各层面上的立法都应当相对丰富、合理、上相呼应、运行顺畅。《立法法》的颁布实施，对各地方政府在立法工作提出了新的要求，民族自治地区应该根据依法行政的要求，清理旧的法规，促进体育市场和经营的法制化发展。其他一些与现行法律，法规相抵触的地方行政法规、规章，也应当及时清理或修改其部分条款。

加强基层体育立法。目前体育的地方立法中单行条例相对较少，使得自治州、自治县的民族传统体育发展受到一定的限制。民族自治区、自治州、自治县应加大社会体育类、竞技体育类、学校体育类、科技教育体育类、保障条件类、市场管理类的单行条例的立法工作。

以保护体育权利为核心内容。我国《体育法》要保障公民的社会经济权利就要让体育产业得到快速发展，让人民充分受益，要保护公民体育自由与发展权利，经济社会文化权利。

对民族传统体育进行立法保护。发挥民族自治地方的自治权，将以保护民族文化为目的一些制度纳入各个民族自治地方的体育单行条例或者文化保护条例。体育部门要多开展扶助西部、支持农村体育的活动，要向民族传统体育倾斜，要通过制定奖励和优惠政策鼓励社会各界资助民族传统体育事业，各级财政要扩大民族传统体育的经费来源。

（二）鼓励民族体育法制理论研究

加强民族体育法制理论研究，国家可以通过立法加以引导，国家体育主管部门要制定鼓励政策和措施。引导民族院校利用自身的优势开展研究民族地区体育法制建设中的理论问题，积极培养既懂民族体育理论又精通民族体育法制理论的复合型研究人才。

（三）做好体育法制宣传，普及体育法律知识

通过法制宣传，提高政府管理者对民族地区体育法制的认识，以便使民族自治地方各级政府能依法加强设施建设，保障民族地区公民体育权利的实现，提高各级体育行政工作人员依法办事的能力和自觉性，增强民族自治地区全民的体育法律意识。

（四）加强民族体育法制工作机构和队伍的建设

必须建立岗位培训、考核持证上岗的制度。采取有效的组织和激励措施，提高法制工作人员的思想和业务素质，将具备思想政治觉悟、有较高法学素养的人才充实到体育法制工作人员队伍中来。通过各种方式，尽快建设一支具有较高素质、能胜任工作需要的民族体育法制工作队伍。

（五）强化民族体育执法监督

在民族体育法制的实现过程中，执法监督非常重要。通过建立健全执法责任制和评议考核制等制度，使民族地区的体育执法固化。体育执法监督的具体形式包括国家权力

机关监督、司法机关的法律监督、政府法制部门和监督部门的行政监督和群众监督、舆论监督。体育行政执法部门应加强与有关部门的联系和协作，特别是要取得权力机关、司法机关和政府法制部门的支持，以确保体育法律法规在民族自治地区得到全面的实施。

项目编号：1119ss07076

大型赛事活动的组织机构管理

——以北京奥组委为例

李圣鑫　张　皓　钟　薇

北京奥组委是为筹办第29届奥运会而专门成立的任务型组织。任务型组织是一种围绕解决某一（些）特定任务而建立起来的组织形式，在任务完成的时候，就应当归于解散。这种组织的突出特点却是"任务导向"。它因任务而设立，也因任务的完成而解散。所以，它是能够在一个社会中充分发挥积极作用的组织形式。据组织设立时所承担的任务类型，把它分为单一任务型组织、多元任务型组织和延展任务型组织。

大型赛事活动因为项目、举办方式和目的、举办城市的政治、经济、文化等制度的差异，具有很大的不确定性，很难按照同样的方法和手段来组织。在赛事目标达到后，很难有重复，属于非常规任务。赛事组委会这类任务型组织是任务导向的，根据任务需要设立的，它所承担的任务可能是单一的任务，或者是多元的任务，甚至是延展性的任务。

根据北京市政府和中国奥委会将立即同国际奥委会签署的《主办城市合同》，以及《申办报告》，北京奥组委承担着北京奥运会和北京残奥会各项筹办任务的组织工作，"是具有独立地位的法律实体，依法享有民事权利，独立承担民事责任。"

一、北京奥组委设立的要素

北京奥组委设立需要三个方面的要素，物质性要素、规范性要素和组织性要素。

物质性要素是组织运行所需要的基本的物质构成，如人、财、物等资源。规范性要素是组织运行所需要的政治命令、法律、法规、政策、科学规范等要素。组织性要素是指组织所赖以启动的外界组织体系。北京奥组委所需要的规范性要素来自以《奥林匹克宪章》为核心的法律体系，包括在国际奥林匹克委员会（国际奥委会）与中国奥委会及北京市政府签署的《2008年第29届奥林匹克运动会主办城市合同》以及在北京2008年奥运会的申办和筹备过程中，与众多国际组织及国际商业企业签署了相关法律文件。

北京奥组委设立的组织性要素是促动该组织产生的催化剂，中共中央、国务院、北京市人民政府、财政部、国家发改委、公安部、国家体育总局等党和国家机关都是北京奥组委开展各类活动必须依托的常规组织机构，与此同时还包括和国际奥委会、各国际单项体育联合会、国家奥委会之间的合作。在奥组委设立中，还有雅典奥组委、伦敦奥组委等任务型组织也是其需要倚重的组织形式。群体间或个人间的关系同样影响组织的运行。

二、北京奥组委的运行过程

北京奥组委在设立过程中需要不断进行任务的确认与调整。任务的确认包括正式设立前的任务确立过程，此时的任务是一个方向性的任务，还不能被视作任务型组织所要解决的实体性任务。任务的确认还包括设立过程中的任务的确认，此时需要聘请相关领域的专家加入北京奥组委，强化其执行任务的成果意识和责任意识。在奥组委设立后，还有任务的调整问题。《主办城市合同》中有很多问题只是一个原则性的规定，需要在筹办过程中根据实际情况做出调整。奥组委设立后，还有任务的撤并问题，既有新的任务出现，也有因为情况的变更撤销的问题。韩国在1986年亚运会结束后，亚奥运会组委会就出现了亚运会组委会的解散问题，这其实就是任务的撤销问题。

奥组委在运行中，还会产生与其他常规组织的冲突。国际奥委会、各单项体育联合会、中国奥委会、北京市政府等常规组织对北京奥组委的任务执行之间的冲突不可避免，主要体现在：北京奥组委的资源获取与中央财政、北京市政府等常规组织的提供能力之间的冲突；北京奥组委解决任务方法的灵活性与常规组织的确定性之间的冲突；北京奥组委的自主性要求与常规组织的控制性取向之间的冲突。奥组委与常规组织之间的上述冲突，追根溯源还是对组织任务完成的可能性和使用方法的可行性上的分歧，是在组织手段上的差异，而不是根本目的上的差异。因此，在设立过程中需要澄清与常规组织的合作关系，确立奥组委与常规组织间的合作和信任关系，建立起有效的沟通机制，并对奥组委任务完成的方式和解散的条件做出明确的标准。北京奥组委在资源获取方式上也有其突出特点。无论是在人力资源的获取、物质资源的获取，还是在权力与法律资源的获取上都有特殊的方式。北京奥组委虽然也具有法人身份，但它终究是一个负责筹办奥运会组织工作的具有临行性权力的任务型组织，在奥运会的整个组织工作结束后，其使命自然终止。解散是奥组委设立的原始构成。解散是对大型赛事活动组织机构的运营规划，解散的存在是对任务最终完成的保障，它不仅提供了组织任务完成的目标，而且提供了评估组织目标实现的标准。设定赛事组织机构的解散其目的是为了有计划地防止任务型组织向常规化渠道的转移，同时也推动任务在规定的最后期限内完成。解散的存在既是任务型组织的构成特征，也是未来任务型组织作为积极组织形式能否得到人们认可的理论前提，更是结束非常规状态的必经程序和手段措施。

三、北京奥组委解散的程序

北京奥组委必然要解散，解散是由人们的社会期待决定的，人们不能忍受非常规状态的无限期存在。解散是实现组织效率的必要手段，它确立了组织的任务边界和活动范围以及时限要求。从宏观上看，解散是恢复组织间关系的重要手段。

完成任务后，奥组委不得不解散，因为任务的独立性和独特性使其寻求新的任务面临依据上的困难，还有组织资源的有限性以及法律授权的终止等外在因素的强制。当然，组织自身也有解散的趋势。因此，任务导向、成员的要求和环境的剧烈变动使北京奥组委有了解散的主动性机制。奥组委在解散中，如有新的任务可以进行，或者部分职能向常规组织回归，如果未来还有更多的需要，可能要进行转化合并，被新的常规组织兼并。

奥组委在解散前，要明确应该采取什么样的标准启动解散程序。根据赛事任务最终实现的情况，可以有三个标准，一是以资源的使用情况作为标准，二是以任务完成的进度作为标准，三是以是否有特定事项的出现作为任务型组织解散程序启动的标准。对北京奥组委而言，完全以资源使用的程度和客观情势的变更作为解散的标准不太适宜，而应把任务本身的完成程度作为可以凭借的最主要的标准。

当任务执行到一定程度，组织就要宣布进入解散程序。北京奥组委存在的实体表现形式就是机构本身的设立和人员的到位，这是组织设立的外在标志。奥组委机构的解散具有至关重要的意义，它证明了其存在的根据是任务，而不是任务从属于机构。而且，机构解散的象征意义非常明显。人员的解散则更具实质意义，是组织进入到实质性解散程序的标志，也是终止组织活动最为有效的手段。

奥组委在解散过程正式开始前需要考虑资源的充足性问题、人员的流向问题以及工作的总结问题，要保证即使进入解散阶段，原来的某些未完成的工作还可以继续完成。在解散程序开始前，需要确定启动主体。解散进程的启动主体可能包括立法机关、司法机关、审计、监察机关等外部主体，由外部主体来实施其解散程序在效力上具有很大的优势，在很大程度上，它可以排除组织成员对任务型组织的特殊情感干扰。而且，由外部主体实施解散在速度上也相对较快，成本的消耗也较低。但缺点也很明显，容易引发组织成员的敌对情绪，要么过早地解散组织，要么是严重滞后的解散。解散启动的内部主体是指组织的解散由奥组委自身提出，它可以是由组织成员一致决策，还可以在组织内部成立由几个人组成专门的解散责任小组。由内部主体决定组织的解散，有利于发挥组织成员的积极性，更具效率，也更具操作性。

在启动解散程序时，可以采用情势变更策略、人员出调策略和资源控制策略。情势变更往往导致组织任务性质的更迭，组织无论是发生任务中止还是向其他组织发生延展，这些都是导致组织进入解散阶段的启动性条件。利用情势变更策略可能会遭遇两大难点，一是赛事组织机构内部主张利用情势变更来解散而主管设立它的常规组织不同意解散，二是常规组织主张解散而赛事组织机构内部不主张解散。这两种情况下出现的不协调主要是对任务本身理解的不同而造成的。在赛事组织机构的解散中，通过人员出调来解散组织是一种极为有效的方式。在解散赛事组织机构时，可以一个一个地或分批地把人员调出组织，直到组织的机构已经成为一个空壳的时候，再宣布组织的解散。这是一种悄悄地解散组委会的策略。

赛事组织机构一般没有独立的组织资源渠道，在它设立时对外界的资源依赖性尤其明显，对法律资源和财政资源的依赖是其组织活动得以开展的前提。资源控制策略基本上是由外部主体来主动或监督实施的，所依据的就是控制组织得以存在的法律依据和财政资源。

奥组委解散责任小组负责解散程序的执行，所承担的主要任务就是对组织的解散工作进行一定的指导和规划。解散责任小组的设立一般是由组织内部成员构成，解散责任小组的成立一般是在组织设立时就已经规划好的，它是组织内部保证组织解散工作顺利开展的组织保证。在组织解散时，为保证组织任务完成过程的透明性，特别是要接受外在于该组织的常规组织的监督和检查，解散责任小组也可能会有政府及其他相关主要部门的成员的参与。

赛事组织机构解散责任小组，必须处理好组织的后期任务工作和解散工作的协调问题。解散责任小组的设立是为了把组织的任务导向坚持到底，是为了防止解散程序启动后组织内的无序状态，它既是任务型组织解散的领导机关，也是协调组织解散和任务完成之间矛盾的中间力量。奥组委解散责任小组应当由组委会的主席、副主席和执委等领导者、专职财会人员、主要协调机构的协调人员、立法、监察部门的成员、组织中的一般成员代表，有时还需要加入其他相关利益人。解散责任小组同样是一个任务小组，在运行方式上同任务型组织一样，也是在信任合作基础上开展的，其活动开展必须发挥包括赛事组织机构在内的全体成员的积极性。

解散工作必须进行任务的检查验收。任务的检查验收要不断地强化组织的任务导向，以此作为组织实施对任务完成过程检查验收的标准。组织的任务完成结果要进行绩效衡量，把实际绩效和组织的任务目标进行比较并作出客观评价，通过检查去发现组织中出现的偏差，然后针对任务执行中存在的各类问题采取应对措施。

奥组委在解散过程中还要进行资源清点和复归。在奥组委的资源耗费中，只有物质性资源的耗费是一次性的，它随着使用而消耗在任务的具体过程中，是一种实质性的消耗，大多数情况下是一次性的，其消耗以单次过程的结束而归于无以复现。而且，在其解散过程中，仍需要一定的物质性资源，造成一定的资源耗费。但是，在赛事组织机构的整个活动过程中，无论是任务型组织本身还是为组织提供支持的其他外在组织，都必须保证这类资源的使用是正当、合理的。这也是对赛事组织资源进行清点核对的理由。

相比较而言，组织性资源和规范性资源可以因任务的需要而产生，在任务结束后，这些资源可以迅速地归位，或者暂时地蛰伏封存起来，对这资源也必须进行有效的清点，做出终止或取消的决定。在组织机构解散过程中，还存在着一个组织资源复归的问题，即让组织资源获取过程中所占用的资源复位、补偿，使剩余资源得到合理合法的处理。在剩余资源的分配上，必须以资源供应者的实际支出来衡量复归的比例，对于因其他原因造成的损坏还要给予一定的补偿。

在解散的最后阶段，还要对任务完成过程进行经验总结，对组织成员进行表彰，对不同类型的组织工作人员的流向做出合理安排。最后才是组织机构的注销。在注销之前，必须对权力的责任义务承担方式作出安排。组织机构撤消后，还有另一种继受方式，那就是出现了新的赛事任务而进行延展，还有一项重要内容是需要关注的，那就是赛事组织必须努力发现那些自己未能解决和不属于自己任务范畴的问题，并提交给常规组织，引起常规组织的重视。

项目编号：1165ss07122

北京奥运会档案管理研究

盛淑英　马　健　吴颖娜　黄　瑛　徐　佳

北京奥运会档案管理工作应最大限度克服片面性思维，弱化个体组成要素，打破组织内部的封闭性研究。为有效实现这一思路，课题组引进了系统管理思想和项目管理理论。系统管理思想是北京奥运会档案管理的世界观，强调运用系统论的观点和方法。尤其是整体论思想，分析组织问题和管理行为，它以全局观点突破了片面性思维，以"关系说"代替"要素说"，以开放观点突破了封闭性研究；项目管理理论是北京奥运会档案管理的方法论，它弥补系统管理思想的不足，人为界定系统的界限，运用项目管理的方法，实施北京奥运会档案管理工作。

一、北京奥运会档案工作实践

基于忠于历史、着眼未来的使命，在对全国大型运动会档案工作调研的基础上，在系统学习项目管理理论的前提下，课题组紧密结合奥运筹办工作的实际，于2007年4月完成北京奥运会档案工作总体规划的制订工作。

（一）总体规划

1. 指导思想

举办一届"有特色、高水平"的奥运会是党中央、国务院确立的总体目标，是实施奥运档案管理工作的指导思想。

⑴ 工作依据。根据《中华人民共和国档案法》和《第29届奥林匹克运动会组织委员会工作规则》的规定，北京奥组委应将北京奥运会筹办过程中直接形成的各种文字、图表、实物、声像等历史记录归档后永久保存。

⑵ 工作目标。收集全面，整理规范，归档及时，移交到位，丰富主办城市档案馆藏，构建举办国家奥林匹克运动记忆工程。

⑶ 工作原则。遵守我国档案工作的法律法规；遵循档案工作规律，实行系统管理、全面收集；结合奥运筹办实际，实行统筹安排、分级管理。

2. 工作重点

⑴ 机构设置。由秘书行政部牵头，北京市档案局（馆）、国家体育总局、京外赛区城市档案局共同参与，形成涵盖各归档机构的档案管理工作网络。即档案工作协调小组、档案管理机构、专兼职档案队伍、残奥会档案队伍、专家顾问队伍。

⑵ 培训督导。档案工作人员培训纳入北京奥组委培训工作体系，采取专业培训、集中培训、操作培训、专项培训方式。

⑶ 建章立制。北京奥运会档案管理制度框架主要包括5个方面：规范不同载体档案的制度；规范不同类别档案的制度；规范文件归档过程的制度；规范档案管理过程的制度；规范不同工作重点的制度。

3. **工作机制**

- 协调沟通机制；
- 通报推动机制；
- 归档责任机制；
- 验收移交机制。

4. **档案归属**

- 不同载体的档案归属
- 不同类别的档案归属
- 案目录的归属
- 京外赛区的档案归属
- 案归属程序与备忘录

5. **时间节点**

2009 年 5 月 31 日完成全部档案的验收、移交工作。

（二）项目时间管理

项目时间管理的目的是：计划项目时间，对项目进行分解，根据总体规划和急缓程度确定任务何时开始与结束；监控项目进度，根据整体任务实际进展，并且参照预期进度进行跟踪，调配资源加强或减少执行某一项任务的力量，以保证任务协调运行；测定工作负荷，根据人力资源数量确定工作负荷，将任务合理地分解到人、月、天；实施检查督导，以期提高效率，按时完成任务。北京奥运会档案项目时间管理实践分为三个部分：编制项目进度表、监控项目进度、实施督导。

1. 编制时间进度表

北京奥运会档案项目采用甘特图的方法编制进度表。在甘特图中，横轴表示时间，纵轴表示活动，线条表示在整个期间上计划和实际的活动完成情况。它直观地表明任务计划进行时间及实际进展与计划要求的对比。管理者由此极为便利地了解一个项目进行的情况，并可评估工作是提前还是滞后，亦或正常进行，是一种理想的控制工具。

为将甘特图更好地运用到北京奥运会档案管理中，我们将甘特图进行变形。

（1）编制横轴。在甘特图中，横轴是一维的时间概念，用月份标注。

北京奥运会档案项目时间管理采用多维的时间概念：第一是年份标注，因为本项目从 2007 年开始，2008 年年底结束，时间跨度为两年；第二是月份标注，是甘特图的标准时间维度；第三是赛事标注，结合奥运筹办工作实际，用图标的方式标注竞赛项目、场馆名称、赛事时间和地点，方便档案员和督导团队更直观地将赛事和档案管理工作结合起来。时间管理横轴如图 1（片段）。

2008 年度												
1 月			2 月			3 月	4 月					
手球 Handball	举重 Weightlifting		游泳 Swimming	跳水 Diving	跆拳道 Taekwondo	水球 Water Polo	射击 Shooting	花样游泳 Synchronized Swimming	排球 Volleyball	击剑 Fencing	田径 Athletics	田径 Athletics
奥体中心	北航	国体馆	游泳中心		北科大	奥体中心	射击馆	游泳中心	北理工	击剑馆	国家体育场	
5–12	20–24	20–26	1–5	19–24	26–29	14–23	10–21	16–20	16–21	18–20	18–19	20

图 1

(2) 编制纵轴。在甘特图中，纵轴表示具体的任务，如图 2。

子项目	工作包
总体规划	规划监控 归档备忘录
制度框架	建章立制 签署责任书 签署备忘录
人员配备	建立档案 工作网络
人员培训	专业培训
	集中培训
	操作培训
	专项培训
档案收集	纸质档案
	实物档案
	会计档案
	合同档案
	主题档案
	资料档案
	声像档案
	电子档案
	京外赛区
督导检查	制定方案 实施督导
档案移交	北京市档案馆
	国家体育总局
	中残联
	档案目录
	全宗指南

图 2

根据北京奥运会档案工作整体管理，第一栏为第一级工作分解为 7 个子项目：总体规划、制度框架、配备人员、人员培训、档案收集、督导检查、档案移交等。

根据第一级工作分解产生的子项目，第二栏为第二级工作分解细化为 26 个工作包：

总体规划：规划监控、归档备忘录；

制度框架：建章立制、签署责任书、签署备忘录；

配备人员：建立档案工作网络；

人员培训：专业培训、集中培训、操作培训、专项培训；

档案收集：纸质档案、实物档案、会计档案、合同档案、主题档案、资料档案、声像档案、电子档案、京外赛区档案；

督导检查：制定方案、实施督导；

档案移交：北京市档案馆、国家体育总局、中残联、档案目录、全宗指南。

(3) 任务内容　在甘特图中，横线线条表示子项目的任务内容和实际活动进行情况。

为将档案管理的具体任务内容在甘特图中体现，对甘特图作了变形，用文字描述代替线条直接进行标注。编制任务内容的步骤是对工作活动结合时间进行分解：一是确定子项目完成的时间节点；二是倒推各项任务包的起止时间；三是根据子项目和任务包确定各项任务内容如图 3（片段）。

2008 年度												
1月			2月			3月	4月					
奥体中心	北航	国体馆	游泳中心		北科大	奥体中心	射击馆	游泳中心	北理工	击剑馆	国家体育场	
5–12	20–24	20–26	1–5	19–24	26–29	14–23	10–21	16–20	16–21	18–20	18–19	20
·第七批京内竞赛场馆专业档案人员到位							·第九批京内竞赛场馆专业档案人员到位					
			·第八批京内竞赛场馆专业档案人员到位									

图　3

北京奥运会档案管理工作任务分解为 223 项，其中 2007 年 95 项，2008 年 128 项。至此，北京奥运会档案工作进度表暨甘特图编制完成。

2. 监控项目进度

(1) 红绿灯机制。为将监控和计划结合起来，课题组将红绿灯机制运用到北京奥运会档案工作甘特图中。在各项任务之前插入一个圆点，对圆点标注不同的颜色代表该项任务完成的情况，已完成的任务用绿色标识，正在进行中的任务用黄色标识，对于在规定时间内尚未完成的任务用红色标识；考虑到计划总是在变动，为方便原计划与新计划的变更对照，在计划外新添的任务用蓝色标识。该机制将项目进度和监控完全结合起来，逐条对照，确保监控的有效和到位如图 4（片段）。

2008 年度												
1月			2月			3月	4月					
奥体中心	北航	国体馆	游泳中心		北科大	奥体中心	射击馆	游泳中心	北理工	击剑馆	国家体育场	
5–12	20–24	20–26	1–5	19–24	26–29	14–23	10–21	16–20	16–21	18–20	18–19	20
●第七批京内竞赛场馆专业档案人员到位							●第九批京内竞赛场馆专业档案人员到位					
			●第八批京内竞赛场馆专业档案人员到位									
							●第九批京内竞赛场馆专业档案人员到位					

图　4

（2）月度预报表。监控是一个闭合的系统，其周期是：实施—反馈—分析—改进—实施。在此过程中，既能对前期任务内容的执行情况进行反馈、督导，又能预报、调整后期的任务内容，确保工作进度如期进行。

为充分发挥监控的作用，北京奥运会档案项目以月为周期进行监控，并编制档案工作月度预报表，对每月档案工作计划的完成情况进行监控。为强调任务内容的归属，将责任落实到人，档案工作月份预报表增加了任务执行者的姓名，即在各项任务内容后面标注承办人的姓名；使红绿灯机制不仅表示该项任务内容的完成进度情况，并且与承办人、承办单位联系起来，增强监控力度。

3. 实施督导

督导的作用是确保按照计划开展工作，将监控落到实处。北京奥运会档案项目的督导工作分为两个层次：一是领导层面的通报，二是工作层面的督办。

（1）通报。各归档机构半年度的档案验收一个月后，在北京奥组委办公会上通报委内部门、竞赛场馆、非竞赛场馆、京外赛区半年度档案工作的执行情况。数据充分、内容翔实的通报带来的效应令人震惊。通报推动机制为归档工作保驾护航。

（2）督办。档案督导团队采用细化分解工作进度和二次验收的督办方式，分别对各归档机构的档案工作进度进行监控，并根据监控结果督办反馈；既统一标准，又取长补短、相互促进，确保各项计划落实到位。

（三）项目风险管理

根据风险管理理论，结合北京奥运会档案管理工作的风险识别，主要实施了三个方面的风险管理：一是针对归档机构，签署归档责任书。二是针对工作人员，制作档案移交确认单。三是针对档案利用，签署档案利用备忘录。

1. 编制归档责任书

归档责任书是包含归档范围目录、由秘书行政部部长与各归档机构档案工作第一责任人（部长或场馆主任）签署的具有行政效力，并依法追究相应行政责任的内部规范。

- 归档责任书的目的；
- 归档责任书的制作。

2. 制作档案移交确认单

- 员工离岗确认程序；
- 档案移交确认单内容。

3. 签署档案利用备忘录

根据《中华人民共和国档案法实施办法》的规定：“经济、科学、技术、文化等类档案，可以随时向社会开放。”北京奥运会档案属于文化类档案，奥运会结束后即向社会开放。因此如何提高奥运档案的利用价值，同时确保档案重要信息保密，是北京奥运会档案项目不可回避的风险。签署档案利用备忘录就是针对档案利用中的信息保密从源头上规避风险因素。

北京奥组委与北京市档案局、国家体育总局办公厅、中国残疾人联合会已于 2008 年 7 月 15 日就档案利用备忘录事宜签署完毕。

二、大型运动会档案管理工作模型

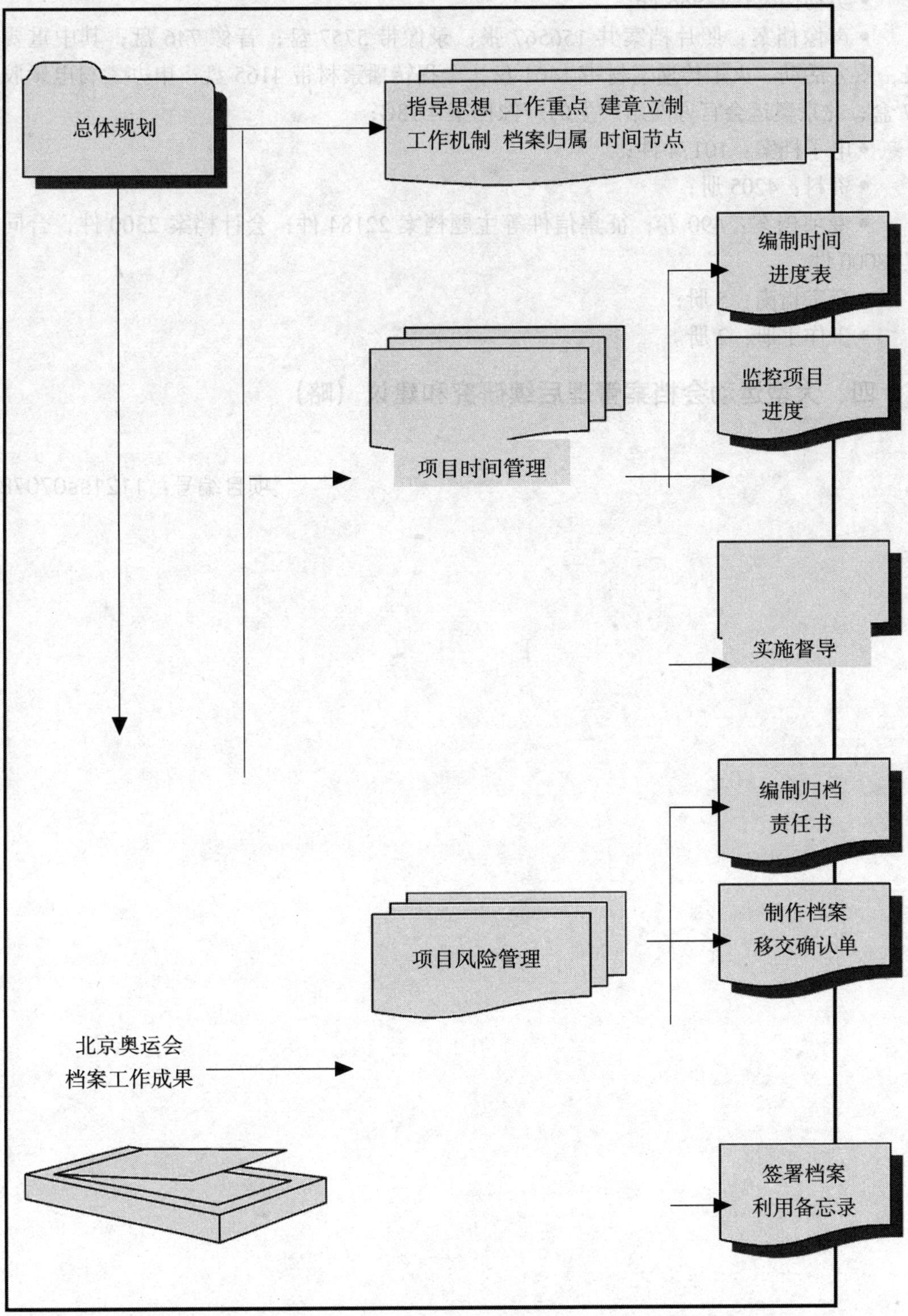

图 6

三、北京奥运会档案工作成果

- 纸质档案：176001 件；
- 实物档案：12988 件；
- 声像档案：照片档案共 156567 张；录像带 5757 盘；音像 746 盘；其中重要会议、重大活动、火炬传递素材带 1461 盘，全程转播素材带 4165 盘；申办素材电影胶片 47 盒；北京奥运会官方网站产生的声像档案 4.18G；
- 电子档案：10174 件；
- 资料：4205 册；
- 专项档案：490 卷；征集信件等主题档案 22184 件；会计档案 2300 件，合同档案 8000 件。
- 全宗指南：5 册；
- 工作手册：2 册。

四、大型运动会档案管理后续研究和建议（略）

项目编号：1121ss07078

中国体育行业风险管理暨体育保险发展

魏纪中　姚庆海　唐　迪　顾灏宁　李晓林　陈　辉
郑玉春　陈　兵　王晓蕾

一、体育行业风险的分类

风险是有关积极或消极结果的不确定性。对于形形色色的体育风险，通常根据风险产生的原因，可以将体育风险分为体育自然风险、体育社会风险、体育经济风险、体育政治风险、体育技术风险。

专项体育运动风险可分类为体育人身意外伤害风险、体育责任风险、体育财产风险、体育净收入风险、体育知识产权风险、体育环境风险、体育人员损失风险、体育管理责任风险。

体育赛事面临的风险可以分为财务风险、运作风险、与人为环境相关的风险、经营的风险、工作失误、管理层的责任风险、组委会因下述原因而遭受的经营损失风险、影响周围环境的风险。

二、我国体育风险管理发展的现状及其原因分析

与我国体育产业飞速发展的现状相对比，国内的体育风险管理目前基本上还处于起步阶段，主要表现为如下特点。

(1) 体育保险法规、制度尚不健全。目前，我国仅出台了《国家队运动员伤残保险事故程度分级标准定义细则》和《国家队运动员伤残保险试行办法》。就整个体育运动来讲，这些显然是远远不够的。

(2) 受保的对象数量少，涵盖面小。目前的规定还仅限于国家队中奥运项目的运动员，除此以外的其他人员皆无缘于此。

(3) 体育保险的险种单一。除了上述的国家队奥运项目的运动员可以受保之外，缺乏更多的保险内容。如体育运动时的责任险、人身意外伤害保险和对重大赛事的保险，都是尚未涉及的新领地。

(4) 缺乏体育保险中介机构或经纪人。一个健全的保险市场，应由三部分组成，即保险人、被保险人、保险中介人。我国目前关于中介人这方面的人员极度匮乏，这必将阻碍和滞后体育保险市场的健康发育。

尽管我国的体育保险市场需求极大，但是国内体育保险发展相当滞后。究其原因，主要包括：

(1) 具有高度专业性与复杂性的体育保险研究在我国起步晚、水平低，缺乏从事体育保险研究和开发的专业人才。比如朱朝晖飞跃黄河，他作为一个非专业运动员，飞跃

活动影响大，却只得到了保险公司20万元的保额，而且这20万元的保险也是一波三折。这说明体育保险无论是从保险产品品种上还是经营者经营意识上都缺乏保险专业人才的眼光，严重滞后于市场的发展。

(2) 保险公司对体育保险市场缺乏研究，主要侧重于死亡和残疾的赔偿，涉及体育的险种少、费率高、条款不明确且缺乏灵活性，无法覆盖种类各异、难度和危险程度不同的体育项目。不能满足不同项目运动员千差万别的要求。体育保险是体育产业的重要组成部分，但是在国内保险公司销售的都是非体育的常规类保险。

(3) 体育保险意识薄弱，旧的管理体制制约了商业化保险在体育领域的推行。我国由于长期受计划经济的影响，运动员已经习惯于一切由国家包下来的做法，认为自己既然是给国家效力，那么公费保险就是天经地义的。除了一些职业化程度较高、商业运作比较成功的俱乐部中一些知名度较高的运动员外，大多数运动员还没有自掏腰包投保的意识。此外，在我国承办体育赛事的单位或者个人投保意识也比较薄弱。一些商业机构，在承办赛事时总是存在着侥幸心理，不愿购买赛事保险。

另外，在我国运动员中富有的只是一小部分人，大多数收入水平都较低，无力购买保险。据测算，如果要投保30万元意外险的话，年缴费额是2760元。这对于月工资仅千余元的运动员来说，在缺乏经济资助的情况下，无疑是一个不轻的负担。

(4) 另外，体育保险宣传力度不够，覆盖面小，保障力度低。目前，运动员投保现状并不乐观，奥运项目的运动员到省一级都有投保，但是非奥运项目运动员的保险就没有保障了。此外，体育保险理赔程序复杂，又不及时，也影响了运动员的投保积极性。国内用于全民健身工程的资金已达十多亿元，可是如何保障健身者的健身安全成了一个新的问题。

三、全国专业运动员的风险管理及保险保障现状

(一) 荣誉背后，健康和未来是后顾之忧

专业运动员伤病现象普遍存在，这已经是不争的事实。66.7%的被访运动员对目前生活中最大的担忧在于伤病对训练的影响。而其他被访运动员的担忧也主要集中在训练或比赛中发生的意外。虽然大多数运动员将退后转行后的工作收入视为自己退役后的生活保障，但被问及对未来退役后生活的担忧时，只有少部分被访运动员选择普通老百姓非常关心的养老、住房和医疗问题，工作和健康问题占据了较大比重，分别是37.2%和43.6%。

我国运动员对退役后生活充满忧虑和迷茫有着深层次的原因。由于运动员从小身处体校环境，对社会环境不熟悉，仅在竞技体育方面有一技之长，身处竞争如此激烈的"文凭"社会，在就业中显然处于劣势地位。在受访的20岁以上的运动员中，45%的人希望购买为退役后的生活提供保障的保险产品。

为了尽可能获得有效的信息，反映运动员的真实态度和想法，本次问卷大多数问题并不限制是单项选择或多项选择。以下各组数据中百分比代表了选择该项的人数在全部样本中的比例。

(二) 缺少保险保障，依赖单位报销

尽管部分运动队让运动员参加了优秀运动员伤残互助保险，或购买了短期的意外

险，但并不能解决运动员的后顾之忧。如果发生了类似“桑兰事件”或“班古拉事件”的意外伤害事故，56.4%的被访运动员认为所需的医疗费用和日后的生活费用应该主要由单位来帮助解决。在受访的运动员中，仅有三人购买了养老金保险产品，而购买了寿险、疾病医疗保险或重大疾病险的人数则为零。

缺少保险保障，依赖单位报销解决医疗费和生活费，既增加了运动队和相关管理单位的经济负担，也不利于受伤运动员的康复和正常生活，更有损于我国体育事业长期的健康的发展。因此，设计出适合专业运动员需求的保险产品就显得尤为重要和紧迫。

（三）保险意识增强，专项保险呼之欲出

随着全社会对专业运动员生活的关注，运动员自身的保险保障意识也在逐渐加强。73.1%的受访运动员表示今后会考虑购买商业保险，为自己的事业和生活提供保障。我们将全部被访运动员根据年龄分为两组，20岁以下一组，20岁及以上为一组。在回答“目前还没有购买保险保障的原因”时，20岁以下组有42.1%的人选择了“从未想过”；而在20岁以上组中，这个数字是10%，其他的几个主要选择和比例分别是：“经济限制”占30%、“没有购买渠道”和“没有合适的保险产品”各占15%。76.3%的20岁以下组的被访运动员表示目前还没有考虑过退役后的生活保障问题。

这说明，随着运动员年龄的增长，保险意识也在渐渐增强。但存在很多因素在限制着运动员获得保险保障。另一方面，绝大多数运动员都认可由运动队统一购买保险的方式，还是说明了运动员对上级管理单位的信任。而关心运动员退役前和退役后的生活、为他们安排合适的保险保障，也是上级管理部门义不容辞的责任。

（四）情况特殊，需要针对设计保险产品

如前所述，运动员最关心的是伤病、健康和退役后的就业问题。针对这种特殊情况，需要设计特殊的保险产品，常规的商业保险套餐，如意外险、医疗险、重疾险或养老年金险的简单组合不能够满足运动员的特殊保险需求。

在运动员的职业运动生涯中，运动损伤是最大的风险；在运动员退役后存在一个向新的职业和生活的过渡期，这个期间的就业和生活很不稳定，其实是一种很大的失业风险。可以考虑设计一种特殊的年金产品，在职业运动期缴费提供“运动损伤保险”，而在退役后的一段时期内提供生存年金，以为其解决就业问题创造条件。

四、我国现有体育保险产品的现状

我国现有正式在中国保险监督管理委员会报备的体育保险产品仅为四个，分别是游泳池、馆公众责任保险、跆拳道专项运动保险系列、登山户外运动专项保险、滑雪运动专项保险系列。这四类都属于针对风险较高的体育运动项目而研发设计的，目的是为这些运动项目的发展起到全面保障作用。我国体育保险发展较晚，从2003年底北京中体保险经纪有限公司成立后，才开始涉及体育保险产品的研究和开发。

我国现有体育保险产品虽然数量较少，但是在所属行业中起到了重要的保障作用，而这些专项保险产品的市场发展不容乐观，由于经营管理者风险意识淡薄，无法形成市场规模，因此赔付率较高给保险公司形成了一定压力。

（一）游泳池馆公众责任保险分析（略）
（二）跆拳道运动专项保险分析（略）
（三）登山户外专项保险承保与赔付情况分析（略）

五、我国体育风险管理制度的整体规划

（一）构建合理而完善的体育保险体系（略）
（二）构造竞争有序的体育保险市场体系（略）
（三）完善体育运动员的风险管理及保险保障（略）
（四）完善体育赛事的风险管理及保险保障（略）
（五）完善体育场馆的风险管理及保险保障（略）
（六）完善体育赛事志愿者的风险管理及保险保障（略）
（七）完善全民健身运动的风险管理及保险保障（略）

六、结论与建议

（一）体育风险管理对我国从体育大国向体育强国的转变具有重要意义和价值

（二）实践积累与创新是体育风险管理目前工作的首要任务

世界上任何一个国家都不存在中国这样举国体制下的体育事业管理制度，因此，我们能够借鉴的、成熟的方式方法非常有限。从现有的资料分析，国外的解决方案一是国家立法，二是市场化管理。

但无论是制定法规还是市场化管理，对国内现有的体育事业来说恐怕都不合适。国内专门针对体育事业进行风险管理和保险方面的立法估计还是遥遥无期，而纯市场化的体育风险管理理念恐怕也很难适应中国体育举国体制下国家参与的现实国情。比如国家三级运动队数万名运动员的医疗和伤病风险恐怕没有任何一个保险公司敢于承担，因为风险非常集中，难以分散；事业单位参加体育比赛组织时利用商业化的风险管理和保险手段恐怕也难以实施，因为其赛事预算中估计难以将风险管理费用直接列支。

所以在目前情况下，体育风险管理工作的实施需要每一个参与单位的不断实践与创新，在体育事业积极发展的同时，管理部门应加强安全和风险管理的培训，具备基础风险管理知识、提前做好风险管理和防范措施，制定相关制度来确保安全和保障。只有实践才能揭示适合中国国情的体育风险管理方式和方法。比如建立风险管理责任制，由总局主编聘请专业的风险管理机构及专家组成团队，编制体育行业安全及应急手册，手册可以进行分类，加强风险管理知识的普及，提高全民对体育运动风险和安全管理的认识，针对大型活动及赛事制提前进行风险评估，研究开发体育专项保险产品等。

（三）现阶段保险是体育风险管理中最直接有效的工具

在国内，目前正规、成熟的体育管理机构或经营单位、公司企业都会对运动员、赛事有成文或不成文的保险要求，无论这些保险要求是否科学合理，这种状况都说明国内体育机构的保险意识还是有的。但谈到风险管理，绝大部分机构都缺乏最起码的认识。因此我们认为，现阶段国内风险管理可能还是以保险为最直接、最有效的风险转移工具。

当然，这些机构的保险需求是否科学、合理另当别论，比如接受运动员的保险不代表接受体育场馆的保险，为运动员制定的保险方案也不见得满足运动员的实际需求。但是，这些机构的保险需求只要适当的因势利导，就可以变为其风险管理工作的一个良好开端。因此，我们认为国家体育总局等有关机构有必要对体育保险方面的工作给予一定的指导性意见，以促进这一涉及体育事业安全发展基础的工作的顺利开展。如对专业运动员的特殊保险需求予以一定的支持和鼓励，针对大型活动及赛事必须要求参与者投保相关人身意外伤害保险，活动或赛事主办单位必须购买公众责任保险，大型活动保单必须有专业的风险管理机构进行审核，避免出现事故后因为保险产品不符合保障条件而发生不必要的纠纷，体育机构拥有的体育场馆应定期进行风险评估，适时安排相应的保险方案和服务计划等等。

（四）体育产业化、市场化发展是体育风险管理发展的前提

（五）体育风险管理必须走商业化发展的道路

我国体育风险管理必须沿着商业化保险的方向发展，这是与发展市场经济和保险商品本身的特点相结合的。保险商品的价值表现为它能向被保险人提供经济保障，是一种保障性商品，它的使用价值表现为：免除恐惧，这是观念上的消费；补偿损失，这是实质上的消费。只要投保人愿意购买，他们在考虑保险费的机会成本上认为值得，买卖双方两厢情愿，就可以达到有效的市场供需结合。

体育保险作为保险的一种形式，资金的交付和运作也与普通保险具有相同的特点。随着我国社会保障制度的改革深入，人们保险意识的逐步加强用发展的眼光看，体育保险最终将从一种福利待遇转化为运动主体自觉自愿的经济行为。最好能够实现政府带头先行，从自身的风险管理和保险保障抓起，为整个体育行业树立正确规范的风险管理榜样。

（六）我国体育风险管理必须制度化、法制化

如同发达国家一样，国家体育主管部门应补充《体育法》及其相关法规，建立以体育法为核心的体育法规体系，包括综合性体育组织管理法规、社会体育法规、学校体育法规、军队体育法规、竞技体育法规、体育专业教育与科技法规、体育保障条件法规、体育经营与市场法规、体育对外交往法规、体育奖惩与争诉法规等。

其中，体育保障条件法规体系的建立是当务之急，体育安全与保险是其重要内容。首先，应确定《体育运动保险条例》的立法，包括体育竞赛团体意外事故保险规定、体育活动人身意外伤害保险法、体育训练竞赛因公负伤致残抚恤办法、举办体育活动安全保卫工作规定以及参照美国的惯例制定医疗照顾计划和医疗救助计划等。在体育保障条件法规体系中，还应明确规定强制保险和非强制保险的范围，如国内大型体育赛事及综合性运动会必须寻求责任保险，所有参赛运动员必须购买人身意外伤害保险。

同时，保险行业主管部门应与体育主管部门合作，对体育风险做出评估，经过科学的衡量后将其制度化。1998 年有关部门起草了《国家队运动员伤残保险事故程度分级标准定义细则》和《国家队运动员伤残保险试行办法》，并设计了《国家队运动员伤残保险体检表》，但这远远不能满足体育保险业务开展的需要。由于体育运动项目之间的差异和对抗激烈程度不等，运动员面临的风险迥然而异，这就使得各个项目的创伤特点

各有不同，即使同一运动项目由于技术特点不同等原因，运动员受创伤的部位也有所不同，所以，必须针对不同运动项目制定出具体的详尽的伤残程度等级标准。另外，体育运动的风险等级标准，体育赛事的风险等级标准等也都需要保险主管部门和体育主管部门合作，尽早将其制度化。

这些体育保障条件法规系列既是体育法的重要组成部分，同时作为规范体育保险的保险关系的法律法规，也形成了一部保险特别法，与《保险法》《保险合同法》等其他保险特别法一起构成完整的保险法。由于体育保险在我国是一个新生事物，必须制定一系列的体育保险运作制度。只有确定了游戏规则，游戏才能有序进行。

（七）我国体育风险管理必须专业化、科学化

（八）加快体育保险强制性立法

（九）完善体育保险中介机构服务体系

在体育保险的经营运作模式里，一个能够提供完善服务的中介机构非常关键，它把体育保险需求和保险公司的承保能力，险种产品联系在一起。首先认可体育保险经纪公司的作用，可以有效的体育组织和利用体育保险资源，培养一支精通体育和保险的经纪人队伍，培育和建立起体育保险市场，解决了一部分人的就业问题，协助保险公司开发出适合不同领域的体育保险产品，而且可以创造出巨大的经济价值。

其次根据我国保险市场逐步开放的需要，建立体育保险经纪人公司，有利于进一步加强和国外保险领域、体育领域的交流合作，同时能够更好的服务于体育产业，取得可观的利润。

项目编号：1098ss07055

大型体育赛事突发事件预警管理研究

刘亚云　钟丽萍　范成文　蔡　艺　李可兴　刘锡梅　吴国斌

一、大型体育赛事突发事件的概述

课题在回顾历届奥运会以及足球发展史上的突发事件的基础上，探讨大型体育赛事突发事件所带来的危害与影响，并对大型体育赛事突发事件进行了概念界定、特点分析和分类。本课题把大型体育赛事突发事件界定为：在大型体育赛事承办期间突然发生的、造成或者可能造成重大伤亡、重大财产损失和重大社会影响、需要采取应急处置措施予以应对的各种突发事件。大型体育赛事具有参与活动人员的多元性、发生情境变异时的难于控制性、处理突发事件过程的艰难性、事件发生的突发性与表现形式的多样性、突发事件结果的危害性、重大突发事件危害与影响的公共性等特点。依据《中华人民共和国突发事件应对法》，将大型体育赛事突发事件分为自然灾害、事故灾难、公共卫生事件、社会安全事件和兴奋剂事件。

二、传统大型体育赛事突发事件管理中存在的问题与不足

传统的赛事突发事件管理存在突发事件管理理念落后、赛场突发事件管理法规不健全、突发事件预案演练的缺乏、大众安全教育宣传教育不够、管理人员有针对性的培训不足、突发事件信息管理系统有待完善等问题。

三、预警管理理论概述

预警管理的基本思想与原理，是以系统论中的系统非优理论和控制论为基础的。预警管理的原理是预警管理人员依据预警目标确立不同的预警监测指标和监测指标标准，并用这些标准对预警管理对象实施控制，通过预警机构或人员获得的检测信息，将预警管理人员对预警指标的实际情况反馈回去，为预警管理人员实施预控对策提供参照依据。管理人员将反馈回来的信息与预警目标加以比较之后，根据两者的差距，纠正标准、改善措施，重新开始新一轮的预警控制过程。通过这样一轮一轮的连续不断的调整、控制，预警管理中的预先控制得以实现，最终使系统的世纪计划逼近计划预警目标，从而使管理对象始终处于安全状态之中。

四、大型体育赛事突发事件预警管理的基础

历史上的大型体育赛事突发事件或是造成运动员、教练员、观众的人身伤害，或是造成主办方的重大经济损失，严重的突发事件甚至引发了社会公共安全。因此，传统意义上的突发事件基于历史经验的突发事件事后应急管理，在竞技体育赛事日益扩大化和

复杂化的形势下，凸显出理论的缺失和实践应用的不足。“9.11”事件以后，加强大型体育赛事突发事件的早期管理成为赛事主办方的共识。本课题从理念、经费、人员、技术与国际支持五个方面研究了在大型体育赛事中应用预警管理的可行性。从预警管理的视角来分析，大型体育赛事突发事件的成因在于赛事参与人员——赛事场馆——赛事的内外环境三因素之间的不和谐。影响大型体育赛事突发事件的主要因素包括：人的因素、环境因素、场馆因素以及管理因素。

五、大型体育赛事预警管理的内容

（一）大型体育赛事预警管理的内涵

大型体育赛事突发事件预警管理是指体育赛事的组织者以相关方针、政策和法律为依据，利用现代化工具和各种技术手段，收集体育赛事举办地自然、政治、经济等各类环境的变化可能、体育赛事投融资的业务经营状况、参赛运动员的身体安全事项以及体育赛事的运作状态等体育赛事可能遇到的各种突发事件的信息与情报，然后对这些有可能给体育赛事带来危机的各种因素进行评估、审核、整理、分析、监测，从而发出不同阶段下的突发事件预警信号。在保证所采集突发事件信号及时准确转达的基础上，通过数据处理将这些信号进行归纳，然后与突发事件安全阀值进行比较，从而做出不同的控制、防范、规避或者应对等行为的决策，最大限度的降低各种可能的突发事件所带来的损失。

（二）大型体育赛事突发事件的预警管理目标

大型体育赛事突发事件的预警管理目标在于赛事的组织者以最小的成本预先防患与控制各类导致突发事件的诱因，预防和减少突发事件带来的损失，保障体育赛事及与赛事有关的各项活动能顺利进行。具体来说，大型体育赛事突发事件的预警管理活动，应以下述目标的实现为目的：对大型体育赛事环境的监测与评价，如赛事举办城市的政治经济及社会环境；对参赛队伍活动状态的监测与评价；对观众活动的监测与评价；对赛事组织部门安全管理活动的监测与评价；设置大型体育赛事突发事件预警管理活动的综合评价指标体系。

（三）大型体育赛事突发事件的预警管理的功能与机制

大型体育赛事突发事件的预警管理具有对突发事件的常规预警、矫正和免疫三大功能。

理想的预警管理机制由风险预警目标、风险评估与分析标准、预警信号与识别、中间控制过程、调节传导机制五个模块构成；大型体育赛事的预警管理过程包括预警分析和预控对策两个部分。

（四）大型体育赛事突发事件预警管理的过程

大型体育赛事突发事件预警管理的活动的过程，由预警分析和预控对策两大任务构成。预警分析是对诱发体育赛事突发事件的各种因素进行监测、识别、分析与评价，并由此做出预示的管理活动。预控对策是根据预警分析的输出结果，对重大突发事件诱因的早期征兆进行及时矫正、避防与控制的管理活动。

依据预警管理原理，大型体育赛事突发事件预警分析包括以下三个分析过程：预警监测、预警识别和预警诊断。监测过程要求把大型体育赛事活动中的重要致灾因素确立为监测对象，并对其进行赛事全程监控。结合课题对大型体育赛事突发事件成因的分析结果，预警管理监测的内容包括对赛事参与人员、体育场馆以及赛事内外环境的监测。场馆的监测包括场馆本体设施系统和场馆配套的硬件设施系统的监测。环境监测包括对大型体育赛事所在城市的自然环境、交通状况、社会治安和公共卫生状况的监测。大型体育赛事预警识别过程的任务是判断哪个赛事活动的环节正在变异，即现实的事故诱因。大型体育赛事中诊断的主要任务是在致错环境中的诸多问题与现象中，提出危险性最高、危害程度最严重的主要因素、并对其进行成因分析和损失评价（包括赛事组织单位的损失和由此导致的社会损害）。

预警管理活动的目标是实现对大型体育赛事突发事件的早期预防与控制，并能在突发事件发生时实施危机管理方式。这种预控对策活动包括组织准备、日常监控、危机管理三个活动环节。

六、大型体育赛事突发事件预警管理指标体系的构建

（一）预警指标构建的指导思想与原则

预警管理的关键在于建立大型体育赛事突发事件预警评价指标体系，确定赛事突发事件的评价指标标准，从而达到科学评价和决策。因此，在研究过程中，必须构建科学、合理的预警评价指标体系。指标必须在测量大型体育赛事突发事件活动方面具有代表性，所选的多个指标的综合必须能够反映大型体育赛事操作中的主要矛盾现象。评价指标要灵敏地反映大型体育赛事活动的发生或发展动向，以及运作的规范程度。指标的任何变动能表明实际赛事安全状况正在发生异动，并具有对赛事活动出现变异趋势的可预测特性。评价指标集中的每一个指标都应有据可查，并易于量化分析，因此可以通过数据处理，使这些指标成为大型体育赛事突发事件预警信号系统的输出信号图，以标示赛事管理活动运行状态所处的安全性、有效性和可靠性的质量。

（二）预警指标构建的思路与步骤

首先，构建大型体育赛事突发事件预警信号系统的首要任务是预警指标的选择，要选择能在全方位反映赛事运作不良活动趋势的预警指标体系。其次，指标体系的构建须以系统科学理论为指导，对所收集的信息进行“非优状态”的分析和综合，找出导致非常现象的原因分布领域和作用范围，使其表述为突发事件趋势的主要特征量。最后，通过综合处理，将这些特征量表述为预警信号系统的输出信号图，并运用科学方法设法找出评价指标的正常区域、可控制区域及危险区域，以指明体育赛事的管理状态是处于安全态、非优态还是危机态。

（三）大型体育赛事预警管理指标体系框架

根据本课题对大型体育赛事突发事件的成因分析可知，在大型体育赛事中预警管理的客体是整个赛事活动的各个环节。鉴于赛事活动环节的复杂性，本课题参照历史上大

型体育赛事突发事件，在实地访谈与调研的基础上，确立大型体育赛事确立赛事参与人员、赛事场馆（场地）、赛事周边环境、赛事安全管理状况、赛事主办城市应急救援状况5个一级预警指标。

赛事参与人员包括观众、运动员、媒体人员、教练员、裁判员、赛场安保人员5个二级指标；场馆安全的二级监测指标体系包括消防安全、疏散通道的数量及结构、场地设施、水电气等生命系统、电视通讯和网络系统等的安全5个。赛事主办方安全管理预警监测指标确立为安全管理组织结构、组织效率、规章制度、管理人员的素质4个二级预警指标。赛事周边环境指标的二级指标主要包括交通状况、污染治理状况、天气情况、社会治安状况、公共卫生5个二级指标。赛事主办城市紧急救援预警监测指标包括紧急救援机构完备率、紧急救援制度的完备率、紧急救援合作效率、紧急救援手段和紧急救援效果5个二级指标。

七、大型体育赛事突发事件预警管理模式的构建

预警管理系统进入大型体育赛事的组织结构，必然导致组织结构的调整与职能重组。通过赛事突发事件预警自身新置功能的介入对原管理系统某些职能的归并，预警管理部门本身在组织结构中成为一个相对独立并且不可或缺的有机组成部分，同赛事原来的战略与执行管理系统形成三位一体的组织功能结构体系。在大型体育赛事中进行预警管理，必然要重构赛事原来的组织机构。依据预警管理组织结构的相关原理，本课题构建由赛事战略管理、赛事执行管理、赛事预警管理三个部门。预警管理部门把原来赛事管理部门中的安保处、监察处、质检处等，纳入本系统新设置的预警部、危机管理小组共同组成一个新的体育赛事职能组织机构体系。

大型体育赛事突发事件预警管理的运作模式如下：建立在预警分析基础上的预控对策会产生两种结果，正确有效的管理活动将保证赛事“安全状态”的维持和失效与错误的管理活动使大型体育赛事突发事件升级。若没有采取有效控制方式和高效的紧急救援对策，将会发生重大体育赛事突发事件。此时，赛事预警系统的直接对象指向“重大突发事件”，在这种状态下采用突发事件应急的管理方式，直至赛事活动恢复至正常状态，其预警与预控活动的成功结果是向良性趋势发展，进入安全状态。若没有得到有效控制和改善，将会导致社会危机。同时，大型体育赛事突发事件预警管理的每个过程的结果与数据，都将反馈到“监测信息系统”中，其信息分析结果将可以合理调整和优化下一循环过程的预警管理活动，使整个大型体育赛事突发事件预警管理活动形成了一个循环，周而复始，维系与加强大型体育赛事运行的安全。

项目编号：1153ss07110

我国竞技体育活动中特殊犯罪及其对策的研究

张厚福　夏　婧　吕　伟　刘礼国　钱　枝　刘艳琳

一、我国竞技体育活动中特殊犯罪的现状与法理分析

（一）我国竞技体育活动中特殊犯罪的现状与主要表现形式

1. 行贿受贿且已经达到刑罚处罚数额。现在竞技体育活动中行贿受贿的形式多样，有向裁判员行贿受贿的，也有向对方运动员、教练员、领队行贿受贿的，甚至有的地方行政部门参与其中。数额大都在几万甚至十多万数十万元。

2. 故意有计划地大量使用兴奋剂。有的公司或体育事业单位为谋取巨大的物质或精神利益有计划、有目的的大量生产、销售或有组织强迫、诱惑青少年运动员使用兴奋剂，或因使用兴奋剂获取了巨大物质和精神利益。

3. 地下竞技体育赌博。极少数社会团伙坐庄，组织体育赌博甚至通过体育团体或领队、教练、运动员操纵体育竞赛结果，扰乱体育公共秩序谋取巨额钱财。有足球运动员、教练员不仅在国内参与受贿赌球，还在新加坡等地参与赌球被判刑。

4. 观众赛场暴力闹事造成严重危害。每年都有多起在足球、篮球赛场出现观众暴力赛场斗殴事件发生。部分观众情绪失控，集众斗殴、寻衅闹事危害人身安全。

5. 赛场故意伤害致人重伤、残废或死亡。时常有足球运动员在赛场被对方故意伤害致残。

6. 其他形式犯罪。如著名运动员、教练员偷税漏税；教练员、领队贪占运动员合法工资奖金等收入数额很大；教练员严重虐待殴打运动员造成残废死亡。

（二）几种主要竞技体育特殊犯罪行为的法理分析

1. 竞技体育行贿受贿，贪赃枉法

竞技体育中向裁判员行贿受贿在有些运动项目中已经是公开的秘密。对这种行为是不是犯罪许多人心存疑虑。主要原因有二，一是认为一般竞技体育行贿受贿的数额不会很大。但了解内幕的人知道，现在足球项目中送几千元红包已经不管用了，动辄上万元，甚至十多万元。二是认为裁判员不是国家公务人员，不具备受贿罪的主体资格。依据《刑法》的司法解释（六）规定，裁判员是作为特殊的主体接受体育组织委派从事体育比赛的管理活动，具备从事公务的特征，属于“国有公司、企业或者其他国有单位中从事公务的人员”。

2. 体育赌博

体育赌博同体育彩票二者有本质的区别。体育彩票是由政府批准发行，体育赌博是

赌博集团私自发行。体育彩票有公开严格的法律规定、公正透明操作程序和严格监督管理办法，赌博是赌博集团控制，暗箱操作缺乏监督。体育彩票的收益用于体育公益事业，体育赌博的收益被少数人侵占瓜分了。

3. 故意和过失严重伤害

如果明显超出技术规范合理范围，恶意侵害，并已经带来严重危害，给受害者造成严重身体伤害和巨大的不可挽回的物质和精神损失，不追究刑事责任不仅对受害者不公平，而且严重毒化竞技体育风气，扰乱竞技体育秩序，妨碍竞技体育的发展，已经构成伤害罪和扰乱公共秩序罪。

4. 恶意制造和使用兴奋剂

禁止使用兴奋剂是在国际体育公约和许多国家体育法律中也都有专门要求或条款，我们不认为只要使用兴奋剂就都是犯罪。运动员偶然使用兴奋剂未达到犯罪的程度，而以营利为目的，大量制造、销售或有组织地大量利诱青少年使用，或因使用兴奋剂获得了巨额物质和精神利益才构成毒品、教唆和诈骗性犯罪。

（三）竞技体育特殊犯罪的法律界定及行业特征

竞技体育特殊犯罪是指竞技体育从业人员和利益相关者在竞技体育的运动训练或竞赛过程中发生的，严重侵害了公共利益及对方的合法权益，扰乱了体育正常的竞赛秩序，严重危害社会，依照法律应当受到刑法处罚的行为。它具有鲜明的行业特征：

1. 犯罪主体是竞技体育从业人员和利益相关者。犯罪主体既有如运动员、教练员、体育团体组织的经营管理人员，也有直接利益相关者，如赞助商、赌博集团。

2. 此类犯罪通常发生在竞技体育各种训练、竞赛、表演活动过程中。有的在竞赛活动前，也有在竞赛活动中，还有在活动后如球迷闹事等。

3. 违法行为侵害了一定的社会关系。竞技体育犯罪使他人的人身权、财产权受到侵害，损害了国家、集体和个人的利益，扰乱了正常的体育秩序。

4. 此类犯罪是竞技体育特有的表现形式，一般只是在竞技体育训练竞赛活动才会出现。兴奋剂用于体育活动中就违反了诚实参赛、公平竞争的基本原则。

（四）竞技体育犯罪的严重社会危害性

1. 严重破坏了公共体育竞赛秩序。它严重违反了竞技体育的客观、真实、公正、平等的原则和体育法律规则的规定，严重扰乱了正常的体育社会秩序。

2. 严重侵害了相对方的合法权益，使受害方人身权、财产权、公平竞争权等合法权益受到严重侵害，伤害终身致残致死给他人带来身体痛苦、经济损失。

3. 严重有悖体育的宗旨和道德。竞技体育犯罪违背了享受运动与乐趣的体育本质，团结、友谊、和平的宗旨，公平竞争的最基本的道德。

4. 在社会上造成严重不良影响。竞技体育是公众广泛关注的社会活动，其犯罪行为负面影响很大，引起社会强烈不满，在青少年中造成不良影响和错误导向。

（五）竞技体育犯罪产生的根源

1. 犯罪主体的主观原因

(1)人生观、价值观的扭曲。将在赛场上获胜作为出人头地，一鸣惊人，谋取巨大的物质和精神利益的最佳时机。(2)法律意识淡薄。对什么是违规、违法、犯罪都不知道。(3)拜金主义横行。受到社会拜金主义的人生价值观及权钱交易等腐败现象的影响。

2. 外部社会的客观原因

(1) 不良的社会风气的影响。体育部分从业者经不起物质和精神诱惑。(2) 竞技体育的过度商业化。体育的运行必须服从某种商业利益的需要，体育沦为了资本的附庸，被少数人所操纵的游戏。(3) 体育的过度政治化。打着为国争光的旗帜违法乱纪骗取社会公众的谅解与宽容。(4) 管办一体的训练竞赛体制，使竞赛涉及到官员政绩，对有些竞技犯罪行为姑息迁就。法律的漏洞对竞技体育中犯罪行为处罚过轻，常以纪律罚或行政处分取代刑事处罚。

二、外国的基本经验及我国存在的主要问题

(一) 国际体育组织和部分国家的基本经验

1. 健全体育刑事立法

(1) 在部分国家明确规定对兴奋剂以制造、贩卖、吸毒定罪。(2) 体育行贿受贿依职务犯罪处罚。(3) 体育赌博、操纵竞赛用赌博罪起诉。(4) 观众暴力闹事按扰乱公共秩序或聚众闹事、故意伤害量刑。

2. 加强对竞技体育犯罪的预防

西班牙体育法中对"体育暴力事件的预防"、"体育惩戒"、"体育的庭外调解"等有关法规很具体；在秘鲁体育法条例中还有关于"体育法庭"的详细规定。

3. 加强对竞技体育犯罪的执法打击

首先是司法部门主动介入。意大利对电话门事件的调查没有通过意大利足球联盟完全是独立地秘密进行调查取证。美国、德国等国对制造、贩卖、使用兴奋剂都是警察机关独立进行搜查，法院直接审理。

其次是注意刑罚的适用。美国琼斯的罪名是伪证、欺诈罪。英国对球迷闹事按危害公共安全定罪。德国对兴奋剂按毒品罪处罚。操纵体育竞赛按赌博罪起诉。

再次是严厉处罚决不手软姑息。意大利法庭对电话门的涉案者没有因为意大利足球队刚刚获得世界杯冠军回国受到英雄般拥戴而隐瞒。

4. 严厉打击竞技体育犯罪得到社会普遍认同和支持

意大利、美国等国对司法机关将著名运动队和运动员犯罪刑事惩罚除感惋惜外认为是很自然现象。

(二) 我国当前打击竞技体育犯罪存在的主要问题

1. 处罚普遍偏轻。我国有对足球裁判员龚建平受贿刑事处罚的判例，但仅此一例。故意伤害致残从未有追究刑事责任判例。在兴奋剂问题上无任何刑事处分案例。操纵竞赛受到刑事追究，在国内尚无先例。

2. 相关立法缺位。体育法在法律责任一章中关于追究刑事责任的规定，缺乏实施细则，也未将兴奋剂列为毒品，操纵竞赛视为犯罪规定。

3. 刑事执法无位。兴奋剂在我国是由体育团体进行检查和处罚。我国没有专门审理体育案件的体育法庭。

4. 观念落后认识不够。现在许多人对竞技体育犯罪现象的严重性尚未认识到已经达到犯罪的程度，熟视无睹。

三、我国打击竞技体育犯罪的对策与思考

（一）加强对竞技体育犯罪执法打击力度

1. 司法机关要主动涉足体育领域对犯罪活动严厉打击。

2. 体育部门要同司法机关密切配合建立健全联动机制。

3. 制定处理竞技体育犯罪突发事件预案。

4. 充分运用现行法律制度实施打击。

5. 注意打击体育领域竞技从业人员的普通犯罪。

6. 加强打击竞技体育犯罪的国际合作。应建立起各国体育从业者和体育团体的不良行为国际档案，资源共享，联手打击和预防各种竞技体育犯罪，特别是有组织的跨国跨地区犯罪。

（二）标本兼治加强竞技体育犯罪的预防

1. 加强体育宗旨、体育伦理道德、法治规则和奥林匹克精神的宣传教育，使他们自觉地抵制不良风气对体育的侵袭。

2. 综合治理，净化社会风气，改善竞技体育生态环境。新闻传媒和社会舆论正确的宣传引导，树立良好的政风、民风，使竞技体育有良好社会生态环境。

3. 纠正体育过分商业化政治化和重竞技体育轻大众体育倾向。

体育商业化是个双刃剑，它的负作用也是显而易见的。竞技体育犯罪的根源之一是过分看重竞赛的胜负，而竞赛结果与巨大的物质和精神利益紧密联系。我们既要注意发挥体育商业化的积极作用，又要最大限度的抑制其负面影响。

体育过分政治化从一定意义上是竞技体育犯罪的保护伞。体育国际化不可逆转地发展趋势告诉我们，思想意识和价值观念要与时俱进。“同一个世界、同一个梦想”理念，应逐步成为我国体育思想和价值观体系新的重要组成部分。

4. 大力开展体育刑事法学的研究。竞技体育犯罪应作为我国刑法学、犯罪学中的重要部分，体育法学界应将其列为重要问题进行深入地研究。

5. 健全体育刑事立法。我国应将此类犯罪行为列入刑法范畴。修改体育法责任一章，对刑事处罚事项的规定要详细具体。

6. 改革体育管理体制和竞赛制度。我国政事不分、管办一体的体育管理模式与国际体育的民间化、社团化及体育的职业化、市场化的运行机制与发展趋势是不相符的。我国竞技体育实行职业化就要用市场化的管理体制，遵守市场规律。

评价体育部门的成绩既要看金牌也要看奖牌，尤其要看起点和进步，只要尽力并有较大进步就有成绩，有突破就是成功。官员政绩要德能勤绩综合评定。

（三）防止打击竞技体育犯罪扩大化

1. 不能将一般性违法甚至是违规违纪行为都视同犯罪

竞技体育有其项目的规则、规程，体育团体内部也有自身组织纪律的处罚办法，还

有仲裁和行政、民事处罚，应用尽以上处罚，在严重到必须用刑罚的时候才用刑罚，竞技体育中一切纠纷争议都用警察、法官代替裁判意味着体育的消亡。

不能将所有使用兴奋剂运动员都定性为犯罪。对运动员自己使用或偶尔使用的体育团体进行处罚即可。区别于以营利为目的故意研究、生产、销售或有组织地组织青少年使用造成严重身心危害，和在国外内产生极其恶劣影响的。

不能将竞赛活动中所有造成严重伤害都认定为伤害罪。只有故意或过失严重超出合理范畴，使受害人肢体残疾、器官严重受损或死亡造成恶劣的社会影响，不追究刑事责任不能平民愤，实现社会公正的，才要追究刑事责任。

不能将所有的体育博彩兑猜活动都视为赌博犯罪。只有非法自行设立赌局，操纵比赛结果的赌博集团、庄家和主要参与者才是犯罪。

观众暴力闹事斗殴一般按治安管理处罚法进行行政处罚即可，只有情节严重，毁坏公共或私人财产损坏并造成重大直接经济损失或直接致人重伤、残疾、死亡，需要追究刑事责任的才是犯罪。

2. 充分认识体育存在不同于其他行业的特殊性

竞技体育就是要挖掘人体的最大运动潜能，许多运动项目需要从幼儿就要早期训练或竞赛。《禁止使用童工规定》规定“可以招用不满16周岁的专业文艺工作者、运动员”，他们职业前途的选择权、天赋发展权和劳动经济权也应受到保护。

竞技体育就是要超越自我、挑战极限。运动员经常需要超负荷身体训练，否则不能攀登运动技术水平的最高峰，创造出最好的竞赛成绩，因此不能将大运动量和极限训练竞赛都一概认为是“残酷”，或称之为“虐待”、“野蛮”、“摧残”运动员。

3. 有的竞赛项目本身含有“合同性伤害”

有的运动项目存在着“无社会危害性的合理性伤害”。如拳击、散打、摔跤、击剑等竞赛双方身体直接接触对抗性很强的运动项目的训练和竞赛。在此类运动训练或竞赛活动中出现伤害应视为“合同性伤害”，不应承担法律责任。

竞技体育训练竞赛本身有一定风险性。许多项目具有直接的身体接触和严重的体能对抗，超负荷的极限训练与竞赛很容易出现伤害。事先已经认识到风险自愿参加训练和竞赛，要视为自愿承担规则合同范围内的“伤害风险”。只有故意超出合理范围、违背参赛者意愿并造成严重恶果影响极坏的才追究刑事责任。

项目编号：1136ss07093

山地户外运动安全风险管理研究

翁家银　俞继英　韩新君　邢立明　许　铭　尚　莹　骆　意

一、山地户外运动安全风险管理概述

山地户外运动安全风险管理就是基于风险发生和控制技术的研究而具体实施的安全管理。通过风险识别、风险评估，并在此基础上优化组合各种风险管理技术，对山地户外运动安全风险实施有效的控制，妥善处置风险所带来的损失，以保护人员在山地户外运动过程中的安全和财产不受损失，以期达到以最低成本获得最大安全保障的目标。

（一）山地户外运动安全风险的特征

山地户外运动安全风险是山地户外运动安全内在规律的外在表现。正确认识山地户外运动安全风险的特征，对于识别和量化风险，加强风险管理，减少损失，圆满地完成目标有着重要的意义。山地户外运动安全风险具有客观性、潜在性、相对性、损益性。

（二）山地户外运动安全风险管理的基本程序

风险管理作为一门系统的管理科学，20 世纪以后，伴随着社会经济、科学技术的迅猛发展而产生并得到广泛而迅速地推广与运用。本文引入风险管理的理论与方法对山地户外运动安全风险进行系统研究，其程序主要包括四个步骤：风险识别、风险评估、风险应对、风险管理效果评价。四个阶段是一个有机整体，体现了山地户外运动安全风险管理的完整周期。对一个项目进行了风险的识别、评估、处理，通过一个反馈的过程，即风险管理效果评价，可以为风险管理积累经验，对以后进行更为有效的风险管理提供指导。

二、山地户外运动安全风险的识别

风险识别的基础是历史数据信息、经验和洞察力。然而山地户外运动每次活动都有所不同，即使是相似的活动，类似的风险也不一定重复发生，这就决定了使山地户外运动安全风险识别达到可接受的准确性在很大程度上依赖于管理人员的经验和洞察力。山地户外运动安全风险识别所需的信息，主要是通过调查、问询、现场等途径获得。山地户外运动安全风险识别具有全程性、全员性、信息性和动态性的特点。

（一）山地户外运动安全风险系统的组成及结构

山地户外运动安全风险系统是由人员、装备和环境共同组成的一个复杂的有机整体，它们在山地户外运动安全中，相互作用、相互联系，从而构成一个特定的相互依赖的系统，其组成和结构如图 1 所示。

山地户外运动安全风险系统是一个由人、装备、环境组成的特殊系统。人、装备与环境的特性变化，安全性也会随之发生变化。山地户外运动的致险因素就是出现在人—人、人—物、人—环境系统的接触和依存的各个交界面上。

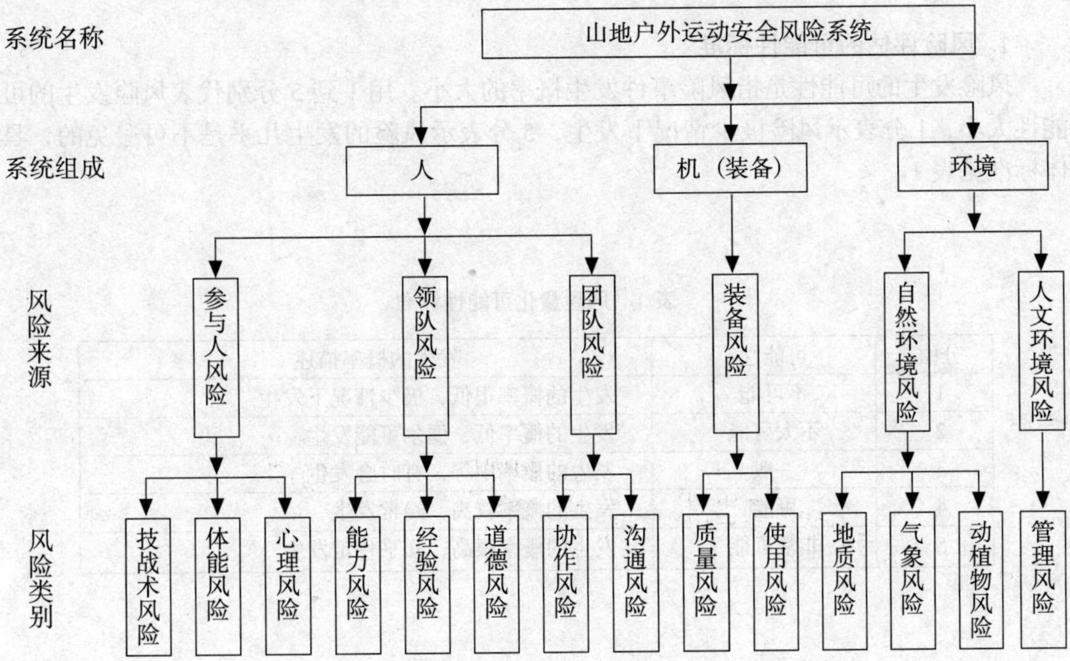

图1　山地户外运动安全风险系统组成及结构图

（二）山地户外运动安全风险识别方法

根据山地户外运动本身的特点及所处环境要求，以及山地户外运动管理人员自身的特点，来选择合适的方法进行风险识别，方法既不宜过于复杂，又要把风险源辨识出来。“核对表法”是进行安全风险检查，发现潜在安全风险的一种实用而简单可行的方法，具有容易被广大山地户外运动管理人员掌握，能够做到识别的系统化、完整化的优点。因此，本文选择 “核对表法”对山地户外运动进行安全风险识别。

运用学者专家的知识、经验和可靠的信息资料，对山地户外运动安全风险进行细化分解来编制安全风险核对表。安全核对表力求能够全面、系统的反应山地户外运动过程中的各种安全风险因素。在编制过程中，综合运用经验法、头脑风暴法、故障树分析法等识别方法来编制核对表内的具体风险项目及内容，使编制的核对表更加全面、科学、合理。

为了保证山地户外运动安全风险核对表的有效性，请有关专家对初稿进行逐项审查，对不适合的条目进行了必要的调整，进而形成山地户外运动安全风险核对表。然后，请山地户外运动教练员、领队及管理人员逐一对表中所列举的风险因素进行“是”与“否”的判断。如果还有未列出的风险因素，请他们做出必要的补充。风险核查表简单易懂、容易掌握，使用核查表可以快捷有效地识别出山地户外运动中所面临的诸多安全风险因素，为进一步的风险评估打下基础。

三、山地户外运动安全风险评估

（一）山地户外运动安全风险评估标准

1. 风险评估的可能性标准

风险发生的可能性是指风险事件发生概率的大小。用 1 到 5 分别代表风险发生的可能性大小，1 分表示风险极少情况下发生，5 分表示风险的发生几乎是不可避免的，具体标准见表 1。

表 1　风险量化可能性标准

分值	可能性	发生的概率描述
1	不可能	发生的概率很低，极少情况下发生
2	不太可能	发生的概率低，偶尔可能发生
3	一般	发生的概率中等，有时会发生
4	可能	发生的概率较高，经常发生
5	非常可能	发生的概率很高，几乎肯定发生

2. 风险评估的严重性标准

风险的严重性尺度反应了风险结果对项目目标影响的严重程度，目的是在风险确实存在时，用一个相对值表达风险对项目目标的影响程度。风险后果的严重性，1 分表示风险的影响可以忽略不计，5 分表示风险的影响非常严重，威胁到人员的生命安全。具体标准见表 2。

表 2　风险量化的后果影响严重性标准

分值	严重性	伤 病	费 用	计 划
1	没影响	皮外擦伤、碰伤 无需恢复时间	小于 2%的费用增长	小于 2%的偏移
2	不太严重	挫伤、扭伤等 一周内恢复	2%~5%的费用增长	2%~5%的偏移
3	一般	流血、骨折等 1~6 周恢复	5%~10%的费用增长	5%~10%的偏移
4	严重	住院治疗 6 周以上恢复	10%~20%的费用增长	10%~20%的偏移
5	非常严重	死亡 或永久性残疾	大于 20%的费用增长	大于 20%的偏移

在风险识别的基础之上编制《山地户外运动安全风险评估表》，请专家在可能性和严重性两个维度上对风险因素进行评分。风险量计算的公式为：R=P＊I

其中：R 为风险量，P 为风险发生的可能性，I 为风险发生对目标影响的严重性。

（二）山地户外运动安全风险评估方法

本研究采用“列表排序法”对山地户外运动安全风险进行评估。列表排序法，是用逐项评分的方法来量化山地户外运动安全风险大小，即按照事先确定的评估标准，由专家对预先识别出来的风险发生的可能性、严重性指标一一打分，然后两个分值相乘，得出不同风险的风险量。风险量越高，表示风险越大。然后再根据每个风险的二维度量值利用“2×2 矩阵法”绘制成矩阵风险地图。风险地图是一个或多个风险的可能性和影响的图形表示法，它能提供更多的直观信息，在风险排序的基础上可以把风险进行归类，确定风险事件处理的优先级别，为风险分析与决策提供了另一个视角。

（三）山地户外运动风险评估结果分析（略）

四、我国山地户外运动安全风险应对策略

在风险识别、评估了风险之后，就应考虑如何有效地控制和处理风险，即选择应采取的各种避免损失和控制损失的对策，分析各对策的成本效益，选择能够使风险处于期望的风险容限以内的应对。图 2 是山地户外运动安全风险应对策略矩阵，山地户外运动安全风险处理的策略主要有以下四种：

（一）风险回避

风险回避即断绝风险的来源。当项目风险潜在风险发生可能性很大，后果也很严重，又无其他策略可用时，主动放弃项目或改变项目目标与行动方案，从而避免风险的一种策略。如天气预报有强风或暴雨，则应推迟或取消活动。

1. 风险控制

风险控制是一种预防或减少风险损失的对策，就是别出的关键风险因素逐一提出技术上可行的、经济上合理的预防措施，以尽可能低的风险成本来降低风险发生的可能性，并将风险损失控制在最小程度。当项目风险潜在风险发生可能性很大，后果也很严重，又无其他策略可用时，主动放弃项目或改变项目目标与行动方案，从而避免风险的一种策略。如天气预报有强风或暴雨，则应推迟或取消活动。

2. 风险自留

风险自留是指山地户外运动主体将运动风险损失留给自己承担。风险自留通常适用于风险损失小，发生频率低的风险，或者是风险发生频率高而损失较小的风险。

3. 风险转移

风险转移是试图将面临的风险转移给他人承担，以避免损失的一种方法。风险转移有两种方式：一是将风险源转移出去，如把风险大的部分项目转交给技术更先进、经验更丰富的户外运动俱乐部；二是把部分或全部风险损失转移出去，如通过投保将风险转移给专业的山地户外运动保险公司。风险转移通常适用于风险发生频率低而损失较大的风险。

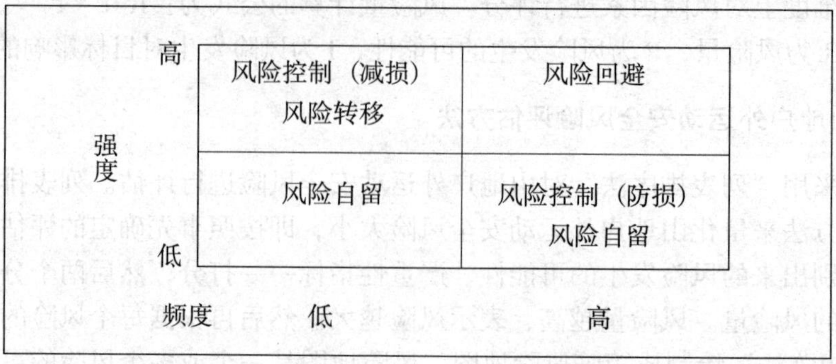

图 2　山地户外运动安全风险应对策略矩阵

五、我国山地户外运动安全保障体系的构建

基于我国山地户外运动安全状况，为保障我国山地户外运动能够安全、健康、文明、可持续发展，构建山地户外运动安全保障体系，对有效地防范山地户外运动安全风险已显得非常必要。按照系统功能山地户外运动安全保障体系应分为：山地户外运动安全政策法规系统、山地户外运动安全预警系统、山地户外运动安全教育系统、山地户外运动救援系统和山地户外运动保险系统五个子系统。山地户外运动安全保障体系的系统构成如图 3 所示。

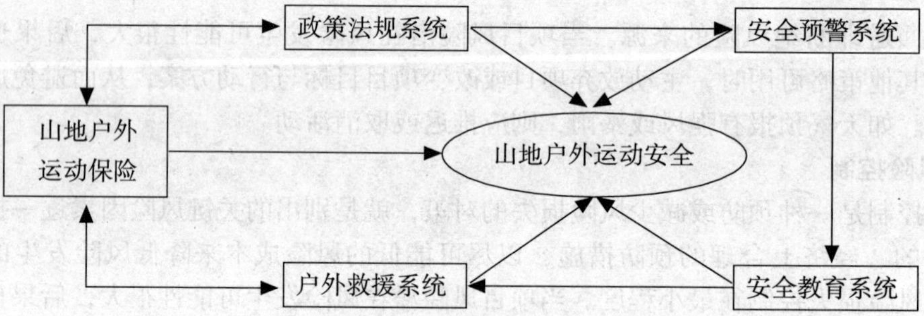

图 3　山地户外运动安全保障系统构成

山地户外运动安全保障体系中，政策法规系统是全局性的保障和管理依据，预警系统和教育系统属于事前的预防和事中的监管体系，山地户外运动保险属于事后的补偿体系，而山地户外运动救援则是事中采取的应急措施。

山地户外运动安全政策法规系统是山地户外运动安全保障系统的基础，为山地户外运动安全风险管理提供法律依据。山地户外运动安全政策法规系统能够从政策法律的权威性和强制性的角度来规范和指导山地户外运动从业人员的行为，强化从业人员的安全防范意识。山地户外运动安全政策法规体系，还能够唤起社会公众对山地户外运动安全问题的关注，从而为山地户外运动安全风险管理创造良好的社会环境。

山地户外运动安全预警是指围绕山地户外运动安全收集相关信息并采取科学的理论和方法对未来的山地户外运动安全做出判断、发出警告的方法。通过山地户外运动安全预警分析，可以发现未来山地户外运动安全可能存在的风险以及风险的程度，并能探明风险产生的原因。因此，山地户外运动安全预警对政府制定未来山地户外运动政策、采取有效措施消除山地户外运动安全隐患具有重要意义。

安全教育系统是山地户外运动安全保障体系中至关重要的一环。通过教育手段增加参与者和从业者的安全意、安全知识与安全技能，强化山地户外运动俱乐部的安全文化建设和职业道德建设，从而规范山地户外运动管理，减少山地户外运动相关人员的不安全行为。

山地户外运动安全救援系统指为实施山地户外运动救援而建立的、涉及到与山地户外运动安全各相关层面的组织机构和包括山地户外运动救援的分工、协作的工作体系。安全救援系统首先要强调各级政府，尤其是体育行政管理部门在风险管理中的主导作用，强化政府在公共管理、公共服务、公共安全等方面的行政职能，成为风险管理及救援工作的主导力量。其次要推动、扶持成立区域性的救援组织，建设有专业素质的、职业和义务结合的救援队伍。另外，有必要尽快制定《救援法》，从救援主体、责任、义务和救援保险等方面予以规范。

保险是在安全事故发生后，保障相关利益主体正当合法权益、补偿损失的重要途径。在当今中国的山地户外运动发展过程中，保险已显得尤为重要。保险对个人来说是风险发生后主要的经济补偿手段，对俱乐部来说是意外事故发生后迅速恢复运转的有力经济支持，而对管理者来说是市场经济条件下整个行业持续健康发展不可或缺的保障机制。实际上，保险是把山地户外运动中的各相关利益主体权益风险转嫁到保险公司身上。由于风险的转移，俱乐部可以有更多的精力投入到加强管理和提高服务上，从而为山地户外运动中整体服务水平的提高解决后顾之忧。

项目编号：1107ss07064

体育经营活动政府规制体系的建设研究

胡利军　陈雪龄　靳英华　顾灏宁　黄希发　安建华

一、政府规制的基础理论

（一）政府规制概念、特点和分类

在市场经济条件下会出现市场失灵，市场需要政府干预和管理经济，以纠正市场失灵，提高市场效率。政府管理市场有两种手段：即宏观调控和政府规制。可见，政府规制是"看得见的手"（即政府干预经济或管理经济的活动）的重要组成部分。

政府规制主要通过规制部门对特定产业和微观经济活动主体进入、退出、价格、投资及涉及环境、安全、生命、健康等行为进行的监督与管理（监管）来实现。也可以说政府规制是政府运用公共权力，通过制定一定的规则，对个人和组织的行为进行限制与调控。

政府规制具有普适性和相对稳定性两大特点。依据政府对微观经济干预政策的性质不同，政府规制可以分为：经济规制、社会规制和行政规制。

经济规制，是指通过制定特定产业的进入、定价、融资以及信息发布等政策对市场主体行为进行有效的调整，以避免过度竞争或竞争不足，资源浪费或配置低效。经济规制主要包括价格规制、进入和退出条件限制、投资管理、质量规制和信息规制等内容。

社会规制，是政府运用行政和法律手段、辅之以经济手段对涉及生产、消费和交易过程中的安全、健康、卫生、环保、提供信息、社会保障等社会行为进行规制，以协调社会成员的利益，增进社会福利，维护社会的公平和稳定。

行政规制，是指为了经济规制和社会规制机构有效地进行规制活动以及规制机构的规制者行为公正、公平、有效、透明，由行政、立法、司法机构、公众、受规制的客体、与规制政策相关的社会团体，根据法律法规对规制政策的制定者和执行者所进行的监督和管理。

（二）政府规制的目标和方法

政府规制的目标：修复市场机制，优化资源配置，提高市场经济效率，增进社会福利，维护正常的市场经济秩序。政府规制的具体目标和作用可以概括为以下几个方面：纠正市场失灵，控制市场垄断提高市场效益，保护消费者利益，协调社会成员的利益分配，提高企业等市场主体信息透明度，保护生态环境，提供社会公共产品，规范市场竞争秩序，维护民族经济利益促进国内产业发展。

政府规制政策范围涵盖市场主体、市场客体和市场载体。政府规制的制度和方法比较多，通常政府规制的主要方法有：价格规制、进入和退出规制、市场运行规制、数量规制、质量规制、融资规制、信息规制、反垄断规制、环境规制、依据WTO反倾销、反补贴、技术性贸易壁垒等。

（三）政府规制理论

一般认为，政府规制的理论源于经济规制理论，在分析微观经济运行中市场机制的作用和缺陷，总结政府经济规制政策成败得失的过程中，逐渐形成了经济规制理论，并在经济规制理论的基础上，派生出社会规制和行政规制的理论。政府规制理论体系的形成与发展有一个漫长的渐进过程，主要的经济规制理论有：公共利益理论、规制俘虏理论、放松规制理论、激励性规制理论和现代规制理论；主要的社会规制理论有：公共产品理论、外部性理论、信息不对称理论、非价值物品论和产权理论；主要行政规制理论有：官僚制理论、管理理论和政府绩效评估理论等。

二、我国体育经营活动的内涵、外延

体育经营活动特指以提供体育服务为内容的经营活动，这也是体育经营活动的内涵。该定义与《中华人民共和国体育法》有关体育经营活动的规定是一致的。《中华人民共和国体育法》第四十四条规定“县级以上各级人民政府体育行政部门对以健身、竞技等体育活动为内容的经营活动，应当按照国家有关规定加强管理和监督。”体育经营活动外延包括提供体育用品的生产经营活动。

本课题所称体育经营活动的政府规制是指政府对体育经营活动内涵的规制，即以提供体育服务为内容的经营活动的政府规制，其本质就是体育服务业政府规制。

三、我国体育经营活动政府规制现状及存在的问题分析

（一）我国体育经营活动政府规制现状

国家规制主要有：产品分类、税率、服务价格、安全生产、体育市场主体的进出等。

行业规制主要有：《体育法》《体育类民办非企业单位登记审查与管理暂行办法》《外国人来华登山管理办法》《健身气功管理办法》《少年儿童体育学校管理办法》《全国体育竞赛管理办法（试行）》《国家体育训练基地（中心）命名暂行办法》《中国体育彩票全民健身工程管理暂行规定》《体育服务认证管理办法》、体育服务标准等。

地方规制主要有：根据我国法律，地方对体育经营活动的管理主要采用综合立法和单项立法管理。如：《重庆市体育市场管理条例》《黑龙江省体育经营活动管理条例》《广东省高危险性体育项目经营管理规定》《北京市体育运动项目经营单位安全生产规定》等。

（二）我国体育经营活动政府规制存在的主要问题

体育经营活动的政府规制与我国体育产业的快速发展不相适应；体育服务经营活动监督管理法规严重缺失，制约体育服务业的发展；我国体育服务贸易政府规制的不完善，影响了我国体育服务贸易的发展；尽管国家颁布了《体育法》和《公共文化体育设

施条例》，但实施其法规的配套规章制度很不完善，体育服务经营活动政府规制薄弱，体育服务市场亟需规范。

四、体育经营活动政府规制体系的构建

（一）体育法律法规、体育技术标准和体育技术法规与体育经营活动政府规制体系

一般来说，法律、法规是管人的（法人、自然人），管的是市场行为主体，因此市场行为主体由国家制定的法律、法规来规范。市场行为客体是商品和服务，主要靠技术标准来规范。

法律法规和技术标准是管理市场经济有序进行的两种必备手段，两者之间不是割裂的、互不联系、互不相交的，而是在一定范围和一定领域中相互依存、相互渗透、相互交叉和相互支持的。其中，相互渗透、相互交叉部分通常被称为技术法规。只有体育市场行为主体遵守法律、法规，体育市场行为客体（体育服务）符合技术标准，体育市场经济才能正常有序运行。

（二）体育经营活动政府规制手段创新

根据政府规制的类型，体育服务经营活动政府规制手段的选择，主要可以考虑三个方面，即经济规制、社会规制和行政规制三个方面的规制政策，我们可以结合体育经营活动的现状、体育服务的特点，以及我国目前所采用的规制措施，在建立和完善我国体育服务经营活动政府规制体系时重点选择。

可供选择的体育服务经营活动政府规制的主要经济政策有：进入和退出规制政策、价格规制政策、质量规制政策、数量规制政策、投资规制政策、激励性规制政策等等；可供选择的体育服务经营活动政府规制的主要社会规制政策有：标准政策、许可证政策、信息披露政策、税费与补贴政策、市场化政策、政府监督和行政处罚等等；可供选择的体育服务经营活动政府规制的主要行政规制政策有：进入规制、程序规制、法律规制、制度规制等等。目前，中国行政规制主要运用行政手段、经济手段和法律手段，以行政手段为主。

五、政府规制体育经营活动的对策与建议分析

本研究主要从以下六个方面分析了政府规制体育经营活动的对策与建议：加强体育服务经营活动的政府规制工作，对我国体育服务业的又好又快的发展具有重要的现实意义；加强体育经营活动的政府规制的法律知识的宣传，提高人们体育服务合法经营法律意识；健全体育服务经营活动宏观管理法规体系；创新规制政策，建立一个多环节和多层面的体育经营活动政府规制体系；加强体育服务标准化和体育服务认证工作，使之成为我国体育服务经营活动政府规制的特色和重要组成部分；建立和加强体育服务政府规制实施的组织保障及人才培养体系。

六、结论

（一）体育经营活动的政府规制是指政府运用公共权力，通过制定一定的规则，对体育服务业的微观经济活动主体进入、退出、价格、投资，以及涉及环境、安全、生

命、健康等行为进行限制与调控。但绝对不是代行市场主体之事，更不是介入其内部活动，或直接干扰市场主体的经营活动。政府是规制政策的主体，制定规制政策的有立法机关、行政机关和司法机关。

（二）体育经营活动的政府规制其实质就是指体育服务业的政府规制，依据政府对体育服务业干预政策的性质不同，体育服务业的政府规制体系主要由体育服务经济规制、体育服务社会规制和体育服务行政规制三方面，以及相应的规制政策构成。

（三）拥有政府规制决策权和执行权的政府规制部门或行政机构是不尽相同的，体育服务经济规制政策决策权和执行权是经济规制部门或机构，国家体育总局属于体育服务社会规制决策权和执行权的政府规制部门。因此，体育服务政府规制的建立，仅仅依靠体育总局是不可能实现的，要充分依靠政府其他相关部分的配合，体育总局体育服务政府规制的重点应放在体育服务的社会规制上，主要依靠标准政策、许可证政策、信息披露政策、税费与补贴政策、市场化政策、政府监督和行政处罚等等社会规制政策。

（四）体育服务经营政府规制的创新关键就是建立和完善体育服务法律法规，体育服务技术标准和体育服务技术法规体系，从而实现政府管理监督体育经营活动的制度创新。要结合体育服务经营活动的特点和我国体育服务政府规制的实际现状，合理选择经济规制政策、社会规制政策和行政规制政策。

（五）完善我国体育经营活动的政府规制的主要措施有：制定《体育服务经营活动管理条例》和《体育服务安全生产监督管理办法》，使我国体育服务管理工作有法可依，为体育服务企业合法经营、组织生产，保护消费者权利，维护体育服务市场秩序提供法律保障；完善体育服务标准规制政策，加强我国体育标准法规体系和体育服务认证法规体系，使之成为我国体育服务经营活动政府规制的特色和重要组成部分；研制公共体育场馆的财政补贴或税收优惠规制政策，对于纯粹体育公共品应由政府财政提供，对于混合性体育公共品在通过市场提供的同时，政府财政适当补贴；建立体育服务信息披露政策，研制体育服务经营企业信息统计和发布行业制度，实现体育服务市场交易双方良好的信息传递。

项目编号：1135ss07092

我国体育信息资源评价探究

——以体育部门、体育协会网站发展特征与规律为视角

司虎克　蔡　犁　王　兴　肖　欣　金　奇　马洪亮

近年来国家体育总局、省市体育局、总局下属各个运动项目管理中心、体育院校与科研所相继加大了对体育信息资源的投入与建设，国家体育总局、地方体育部门、运动项目管理中心、体育院校各自建立的体育信息资源虽然分别隶属于宏观、微观领域，但对于管理人员、教练员、科技人员等用户来讲，其能否带来快捷、便利的真实可靠的体育信息则至关重要。从网站规模、数量与质量现状看，发展还不平衡。因此，在网络环境下如何构建与完善体育信息资源，以及对各类体育网站的建设规模与质量进行系统的理论分析与实证研究，无疑具有重要的理论与实践意义。

一、体育信息资源的构建主体

体育信息资源构建与发展不仅直接涉及到体育管理部门、体育院校和科研所、运动队、行业协会等社会组织，还涉及到在构建过程中的体育信息收集、整合以及信息资源的优化配置等各种社会行为。影响体育信息资源构建的外部环境因素必须经过转换才能进入体育信息资源构建系统，并且构建过程中形成主体要素。所谓体育信息资源构建主体要素实际上就是直接参与构建的能动性要素，即体育信息资源构建的直接参与者，包括体育管理部门、体育院校和科研所、行业协会等组织，只是其各自的参与方式和扮演的角色不同。通过各方的共同参与，可以促使体育信息的现实和潜在的价值得到优化配置、有效利用与实现，更好地满足体育事业发展的需要。

二、体育信息资源构建的动力

在体育信息资源构建活动过程中，需要通过体育工作者不断认识、发现从外界获得信息并向外界反馈信息、进行信息双向交流，并在此基础上把信息加工深化并整合、提升为规律性的认识，然后用以指导体育运动实践。只有通过构建主体相互之间的作用和自身的动力，才能真正发挥作用。由此可见，构建主体的动力起着主要作用。体育信息资源的构建与建设主要侧重于信息传播与交流的便捷，信息资源只有多方面交流和传递，才能在较短的时间内实现较大范围的传播，而信息资源的载体形式和储存方式又是影响体育信息资源构建与发展的重要因素之一。这就意味着构建主体具有了相互作用的性质，而相互作用的过程，便是动力的相互渗透的过程。

三、体育信息对推动体育学科发展的影响

在体育相关学科的发展历程中，我们可以看到由于信息的不断传播、渗透，以及信

息资源的建设与利用，起着十分重要作用，促使体育学科在自身不断积累可持续发展中，进一步推动着体育信息资源建设与发展。

由于体育信息对体育科学或专业的渗透、影响缺乏依托固有的信息传播、扩散的学科平台，就使得各类体育信息的传播强度、远度和速度的效果差强人意。其重要原因就在于缺乏体育信息学科和专业的支撑力量与保障。

由于体育信息学（体育情报学）的缺位，就不可能对其他体育相关学科的建设与发展施加有效的渗透与影响，反之体育相关学科若要获得均衡发展，则应依托必要的体育信息专业平台、科学环境与生存条件，才可能推动体育相关学科的可持续健康发展。

由于体育信息学（体育情报学）的缺位，就无法对其他体育相关学科领域信息规律的系统研究，无法对其他学科的主动式渗透和融合，使得本来属于体育信息学（体育情报学）的研究内容，被其他学科捷足先得，其成果先出现在其他学科，这在某种程度上又极大地限制了体育信息的发展领域和影响力，从而进一步弱化了体育信息在体育相关学科中的学科地位，使得从事体育信息教学、研究人员没能得到其应有的学术尊严和相关学科的尊重。

四、体育协会网站链接特征与分布规律的实证分析

通过对我国体育协会网站的链接分析与研究，在一定程度揭示了体育协会网站建设与发展过程中体现了一定的规模效应，可以说网站所反映出的网页和内部链接体现了网站规模和结构。而各个体育协会网站内部链接数的影响与外部链接数均反映了各自的特点，这对体育协会网站在未来建设与发展无疑具有重要参考价值。当然我国体育协会网站建设还应注重在保证规模与结构完善的基础上，进一步提高网站所提供的信息质量与数量，以吸引更多的用户点击进入各类体育协会网站，最大程度满足其需要的相关体育信息。

五、省市体育局网站链接特征与分布规律的实证分析

体育网站建设作为体育信息化发展中的重要环节，尤其是省市体育局网站，承担着政务信息的高效发布、扩散及其运行，理应进一步得到各省市政府体育部门高度重视。因此，在现阶段应进一步加大对体育网站建设与发展所必需的人、财、物的投入，不断改进与完善网站的内部结构，提高体育信息质量，加大开发与揭示体育信息深度，使我国省市体育局网站所具有的网络影响力与作用对体育事业发展，得以持续不断的充分发挥。

六、 结论

（一）我国体育信息资源构建与发展是一个复杂过程，受诸多因素影响，其中既有体育管理部门、体育院校和科研所、运动队、行业协会等社会组织机构的影响，也有在构建过程中所涉及的体育信息收集、整合以及信息资源的优化配置等各种社会行为影响，还有体育信息与体育相关学科的交叉渗透对体育信息资源构建的影响。

（二）由于历史原因，造成了目前体育信息专业平台、科学环境与生存条件等支撑力量与保障的缺失，使得各类体育信息对其他体育相关学科建设与发展的渗透与影响，受到了很大制约，从而进一步弱化了体育信息研究成果在体育相关学科中的学术地位，

不利于体育信息资源构建与发展。

（三）现阶段我国体育协会网站、省市体育局网站的总体发展趋势与特点，反映了各自网站内部的系统性和引用外部资源的程度都比较稳定，且逐步提高。这为进一步推动体育信息资源构建与发展提供了坚实的基础。

（四）由于不同类型网站自身的影响力和受其他诸多因素的影响，各网站资源被外界引用的程度并不平衡，但在构建体育信息资源基础上所形成的高效、科学的网络系统，对推动体育信息化发展仍然发挥了积极作用。

（五）体育协会网站、省市体育局网站的内部建设程度、网站的扩散能力、获取信息的广度与揭示信息的深度方面以及和外界网站之间的关联都还存在着较大的差距，反映了不同类型网站之间的建设与发展水平还不平衡，仍有进一步完善与拓展空间。

七、建议

（一）从我国体育事业可持续发展角度，依托我国体育院校、科研所的优势与条件，在若干个体育院校先行试点，构建与设置体育信息学或体育情报学的学科与专业，明确其学科发展方向（以体育竞争情报为切入点，逐步以点带面，完善体育信息学），编制与开设体育竞争情报大纲和课程，培养体育相关学科与体育信息的复合型人才。

（二）我国体育协会网站、省市体育局网站建设应以技术性发展为主要方向，在增加信息资源数量的同时，应进一步强化各个不同类型网站的内部结构体系，提高网络数据的系统性和关联性，从而提高各网站的总体影响力。

（三）在推动网站建设与发展过程中，应随时了解用户对网络信息的需求，强化网站与外界的关联程度，以满足用户需求为基本目标，提高网站的信息内容质量，增强信息的组织与发布，从而扩大网站影响力应成为各个网站建设的重要任务。

（四）应建立一整套较完善的具有体育网站特点的评价系统，定期对不同类型网站建设和信息资源的质量进行评价。并以此作为进一步推动网站建设的重要依据，为网站建设和信息资源构建提供正确的方向，有效促进网站不断发展和完善。

项目编号：1150ss07107

我国基层体育社团发展的路障分析与对策研究

王广虎　赵元吉　王花粉　翁　衡

一、我国社团蓬勃发展的现实基础

我国社团在改革开放后迎来了一个新的、快速的发展时期，这种新的、快速的发展有其深刻的现实基础。

首先，第三部门研究的勃兴为社团发展提供了坚实的理论根基。自20世纪80年代起在世界范围内发生了一场全球性的“结社革命”，其标志不仅在于一大批非政府组织和非营利性组织涌现，还在于“第三部门”研究的兴起，以及“公民社会”理论的再度流行。这对于我们重新认识社团的社会功能和社会地位，并致力于社团改革，产生了重大的影响，提供了坚实的理论根基。

其次，公民意识的增强为社团发展提供了有机的社会土壤。改革开放30年，通过对权力与权威的消解和个体权利的伸张，公民不仅摆脱了传统社会关系状态与观念舆论的束缚，而且激发与强化了社会成员的主体意识、权利意识等。社团由此成为了公民社会精神与公民身份意识萌发的沃土，成为构筑中国公民社会的全新平台和组织载体，当代中国社团呈现了前所未有的繁荣。

第三，政治体制改革为社团发展提供了宽松的制度环境。以第十一届三中全会为转折点，中国共产党治国方略发生了重大的转变，从以经济建设为中心到社会主义市场经济的转轨，为我国社团的迅猛发展奠定了经济基础；从以发扬社会主义民主到政治体制改革，为我国社团的迅猛发展奠定了政治基础。

二、体育社团发展的体制规约与不足

在不同体育管理体制下，体育社团所处的地位和所发挥的作用有很大的差异。在国家型体育管理体制中，体育社会团体具有较强的依附性；在国家社会型体育管理体制下，政府与体育社团平等对话，相互协调；在社会型体育管理体制下，体育社团实行管理自治，依存市场经济，走社会化、产业化道路。

随着我国社会转型和经济转轨，资源配置的多元化为社团的独立存在提供了可能性，“总体性社会”的分化为社团的独立活动提供了相对自由和宽广的社会空间。这一变化在体育领域表现得尤为突出。我国体育管理体制开始了由国家型经国家社会型再向社会型的转化。从一定意义上讲，是体育社团根除“总体性社会”所强加的依附性，逐步走向独立和逐渐趋于自治的发展过程。

然而，组织“惯性”所产生的“路径依赖”，使现有的体育社团普遍存在着体制局限或结构性缺陷。从非政府性视角看，体育社团“官办”色彩较浓；从非营利性视角看，体育社团社会捐助较弱；从自治性视角看，体育社团依附性较强；从组织性视角看，体育社团注册门槛较高；从志愿性视角看，体育社团志愿者较少。

三、基层体育社团发展的背景分析

基层体育社团是中国“自上而下”社团组织的最“下”一级基层社团形式，主要包括城市街道办事处辖区生活共同体和农村乡镇辖区生活共同体两种法定性小型社区的体育协会。基层体育社团相对于专业体育社团（体总、行业体协、训练中心），表现为非专业性；相对于事业单位挂靠的体育社团，体现为非单位性；从性质上讲，体现为非竞技性；从动机上讲，体现为自身健身需求；从职业上讲，体现为业余性。

现代公民社会的发展和全民健身计划的实施，催生了大量的“草根”层次的基层体育社团。20世纪80年代以来，我国各种基层体育社团在改革中获得了适当的土壤和气候而迅速成长。基层体育社团在我国的出现与兴起，是体育的发展顺应社会转型和经济转轨双重需要的必然结果，是公民社会发展的必然。

随着市场经济的启动和发展，我国完成了从高度集权的政治、经济体制向更具多元化的社会政治模式转变。政府逐渐由全能政府向有限政府转变。体制改革为基层体育社团的发展提供了活力源泉，而机构改革为基层体育社团的发展开拓了发展空间。基层体育社团在这一体制背景下获得了比以往更多的发展空间。

随着经济与政治体制的变革，社会本身也发生了深刻的变化。民主和法治的理念由于教育和文化事业的大力推进在全社会范围内得以流行和强化。文化背景的变迁为我国基层体育社团的形成和发展提供了可能性。

此外，改革开放以来，我国基层体育社团所面临的另一个重要变化就是政策环境的变化，这为基层体育社团的发展提供了一个宏观的政策背景。方兴未艾的基层体育社团将成为体育发展的主导和主流的趋势得到了较为广泛的认同。

四、基层体育社团发展的路障分析

（一）“路径依赖”的观念问题——基层体育社团发展的体制性障碍

当代基层体育社团具有先天的“自发性”。而基层体育社团存亡兴衰的取舍问题，或何去何从的取向问题，则是我国基层体育社团发展必须面对的现实的选择。现实中存在的大量基层体育社团得不到政府的认可和管理，在这种情况下，基层体育社团的独立性很难完全或完整地表达出来。基层体育社团必须依赖于政府政策的认定，要求在现行体制内找到主管单位，某些社会管理和社会服务职能不过是其主管部门职能的下移，经费依托于该社团组织的挂靠单位。

（二）经费短缺的生存问题——基层体育社团发展的维生性障碍

先天的“自发性”和“草根性”，使基层体育社团表现出了较强的独立性，也决定了基层体育社团不能像全国性体育社团那样“借用”行政事业机构的场地设施开展活动。其开展活动的成本更大，活动经费更匮乏。虽然基层体育社团通过社会渠道获取经费的来源向多元化发展，但从总体上看，基层体育社团经费来源的渠道稳定性较差，总量严重不足，不足以支付正常活动开支。

（三）门槛较高的准入问题——基层体育社团发展的组织性障碍

从总体上说，改革开放以来，中国的宏观制度环境是一种有利于基层体育社团生长的环境，这也是基层体育社团之所以能够在短时期内得以迅速兴起的基本原因。如果说，改革开放以来，中国的宏观制度环境对基层体育社团起到了鼓励作用的话，那么，其微观制度环境则是对基层体育社团的制约。我国基层体育社团登记管理上的业务主管单位的审查许可和登记管理机关的登记许可双重许可制度，造成了基层体育社团的登记困境，导致了大量基层体育组织被排除在合法社团大门之外，面临着合法性困境，严重影响了其可持续发展。

（四）素质不高的能力问题——基层体育社团发展的开拓性障碍

人力资源是保证社团顺利开展活动的基本条件之一。然而，许多基层体育社团负责人的领导水平不高，有的基层体育社团甚至只有兼职人员而无专职人员。相当一部分基层体育社团由于资金或者组织者、管理者等多种原因，常年很少开展活动，甚至有些基层体育社团常年基本不开展活动，在组织和开展各类群众性体育活动的方面，远不能满足广大基层社区群众的体育健身娱乐需求，在公共体育的具体管理事务中，远没有承担起应有的职能，发挥出应有的作用。

（五）立法滞后的监管问题——基层体育社团发展的稳定性障碍

由于我国相应法律对基层体育社团的法律主体地位未作规定，并且已有条例的许多条款具有明显的干预性特点，甚至几乎剥夺了体育社团的自治权力，造成基层体育社团不能通过法律来保护自身的权利，地位得不到认可，自身的利益无法实现。此外，政府行政部门的管理权利虽然很大，但管理能力却很弱，再加上基层体育社团还没有形成完善的行业组织和行业自律机制，造成了基层体育社团的管理体制相对比较宽松，结构松散、管理混乱、经费短缺、财务混乱几乎是普遍现象。以上种种，影响了基层体育社团的稳定发展。

五、清除基层体育社团发展路障的对策性建议

（一）打破“总体性社会”的思维惯性，摆脱“政社不分”的“路径依赖”

草根层次的、自下而上的、以互益为目标的基层体育社团的建立，对于打破自上而下的官办社团的一统局面，推动我国体育社团的转型，具有极大的现实意义。基层体育社团要坚决、彻底地走出困境，首要的任务是打破体育只能由国家办、政府管的旧有观念，树立体育应由社会办、社团管的新观念。只有紧紧地依靠社会并深深地扎根于社会，才能可持续发展，具有无限的生命力；只有在基层体育社团取得相对独立的地位并充分实现自治的管理中，才能更方便、更灵活地满足人们多种的体育需求。

（二）适应社会主义市场经济体制，解决经费不足的生存问题

作为政府，应大力加强对基层体育社团的支持和扶植力度，调整公共资源配置，加大对公共体育场地设施的投入力度，能够在很大程度上解决场馆和经费缺乏问题，从而

为基层体育社团开展全民健身运动和广大社区群众参与体育健身娱乐活动提供经费与物质保障。作为基层体育社团本身，应主动适应社会主义市场经济体制，根据社会主义市场经济的规律，解放思想，广开财路，实现基层体育社团活动经费来源的多元化，解决经费不足的生存问题。

（三）降低准入“门槛”，拓宽基层体育社团的发展空间

随着全面建设小康社会的向前推进，政府可以考虑在适当的时候，允许不登记的基层体育社团也具有存在的合法性。为了使其规范和方便管理，建议把基层体育社团逐渐纳入到社区已注册社团的“二级组织”中，这不失为一种更符合中国国情的策略。此外，政府如能把登记注册制度改为“一重、备案登记制”，即只要符合法律规定的明示条件，社团就可以在一个部门履行只是象征性的或者程序性的登记注册，并减少甚至取消注册巨额资金，来降低基层体育社团的准入“门槛”，这将会给公民成立基层体育社团带来很大的方便。

（四）开拓进取，优化结构，提高素质，改变能力不强的工作现状

基层体育社团应逐步建立健全各项制度，完善内部治理结构，制定内部管理制度，坚持自治、自律和自养，形成民主管理风格，充分发挥服务会员和社会的潜力，以提高整体素质。另外，政府应逐步将基层体育社团组织纳入市场经济条件下社会整体的保障体系，这样，基层体育社团吸引和留住优秀的人才才能成为现实。而基层体育社团内部也需要积极地加强对社团工作人员的培训，提高基层体育社团开展工作的水平和提供服务的质量，以此改变能力不强的工作现状。

（五）加强社会主义法制建设，解决立法滞后的监管问题

政府应尽快以法律的形式明确各类基层体育社团组织的地位，并根据不同类型的基层体育社团组织制定不同的政策；放宽基层体育社团在相同层次内只能有一家性质相近的社团的规定，以鼓励适当竞争；只对基层体育社团组织的活动给出一个法律禁止的底线，凡是法律不禁止的，行政部门不得任意干预。此外，在对基层体育社团的监管问题上，一方面，体育职能部门应对基层体育团体的组织目标、治理结构、资金使用、服务质量提出规范性的要求，同时加强对基层体育社团的监管；另一方面，体育职能部门牵头建立对基层体育社团的社会监督体制。

六、小结

目前，我国基层体育社团的发展依然存在着诸多问题。然而，市场经济、多元治理是社会发展的必然趋势，基层体育社团的进一步繁荣也是历史必然。可以预见，在构建和谐社会的过程和全民健身运动的实践中，基层体育社团将愈来愈发挥重要的基础性作用。

项目编号：1131ss07088

上海体育行政部门角色定位与职能转变的路径研究

张　蓓　于　晨　赵荣善　王才兴　尹晓峰　肖焕禹　刘志民

上海作为一个国际性大都市，对行政管理体制改革非常重视。“十一五规划”明确提出要“依法全面履行政府职能、改进行政管理方式，推进政府管理方式、管理制度和管理方法创新，提高行政效率，促进政务公开，努力建设忧民所忧、乐民所乐的服务政府，务实高效、廉洁勤政的责任政府，依法行政、公正严明的法治政府”。而且由于上海社会经济发展走在全国前列，体育的发展也具有其自身特点，这使得上海体育行政部门的职能与国内其他省市有所区别。因此，现阶段对上海体育行政部门的角色定位以及职能转变的路径问题进行研究很有必要，具有很强的理论和现实意义。

一、上海体育行政管理体制现状

目前上海体育仍然是政府主导型的管理体制，主要表现在以下几个方面：一是上海市体育局几乎包办并直接控制着上海体育事业的运营，这使得上海市体育局一直处于主导地位，而其他各类体育事业单位则要接受上海市体育局的领导，变成市体育局的附属物，从而造成体育事业单位与体育行政单位的一体化，并导致体育事业单位的行政化；二是由于上海体育系统所有制结构的单一化与体育事业活动的非产业化，从制度安排上抑制甚至禁止了私人及其他社会团体兴办体育事业的可能性，造成上海体育事业主体的国营化，这种国营化带来的最直接后果就是上海体育行政部门事业职能的扩大，政府财政负担的增加，同时它还限制了社会办体育的积极性和创造性，阻碍了上海体育事业的健康发展；三是上海体育资源配置的非社会化，体育资源的配置主要依靠政府行政手段，而不是市场机制，这就造成了有限体育资源的不合理配置和大量浪费；四是体育经费的供给化，当前由于体育事业活动的非产业化，体育事业单位的自我生存与发展的能力十分有限，只能依靠政府财政来供养，因此，现阶段上海市的体育事业经费来源更多依赖于政府财政资金的投入，社会力量举办体育的积极性没有有效调动；五是政府不仅是体育事业的主要出资者，还是体育事业的具体举办者，也就是通常所说的“既是裁判员，又是运动员”；六是政府不仅承担宏观管理职能还承担竞赛组织、运动员培养选拔等微观管理职能。

二、未来上海体育行政部门的角色定位

（一）体育产品和服务的提供者

对于上海市体育行政部门来说，理应承担起上海市体育产品和服务提供的责任。就目前上海而言，体育行政部门提供的体育产品和服务包括公共产品和准公共产品两个方

面。对于公共产品，如居民全民健身的公共体育场地设施、体育健身器材，普及性的科学健身知识和锻炼方法，体育科学研究，体育的相关政策、制度以及体育事业的相关信息等等都应该由上海市体育行政部门提供；而对于体育赛事、体育场馆服务等准公共体育产品，政府则可以通过市场供给，或通过经费资助的方式由私人或民间非营利组织来提供。

（二）政策规划的制定者

重视规划与战略管理，不仅是上海市体育行政部门职能转变的重要标志，也是政府职能在真正意义上的复归。政府应从企业界“先有战略、后有企业”中得到更多的启示。

（三）体育行业的监管者

由于上海体育事业的社会化程度还不高，因此，对体育行业的社会性管制着重点还在于对以下几个方面的监管：一是体育场地的侵占问题；二是体育服务安全监督；三是高危性体育项目的监管；四是体育服务认证等。

三、上海体育行政部门职能转变的方向和路径

（一）上海体育行政部门职能转变的方向

上海体育行政部门的职能转变主要应体现在以下几个方面：（1）政府服务以公众或市场为导向；（2）政府重视提供公共服务的效率、效果和质量；（3）政府的管理职能应是掌舵而不是划桨；（4）政府行政中引入市场化模式。在上海市体育行政部门职能转变方向的指导下，上海体育管理体制改革要以适应社会主义市场经济体制要求为指导原则，以上海体育发展的内在需求为依据，以稳步推进，分类指导，分步实施为基本方针，以整合体育资源，提高体育的社会竞争力为突破口，实现行政管理法制化、竞技体育集约化、群众体育社会化、体育协会实体化、体育产业市场化。

（二）上海体育行政部门职能转变的路径

1. 合理确定体育的类别和划分标准，实行分类管理

实行分类管理，首先就是要确定划分标准。根据公益性程度、市场化前景以及公共财政状况的不同，可以把体育事业划分为公共体育、混合型体育和经营型体育。公共体育事业是政府要全力保障的，政府要承担主要投资者的责任；混合型体育事业，可以由政府和社会共同承担投资责任；经营型体育事业，则要通过市场化从社会获得发展所需资金，由社会承担投资责任。

2. 逐步实现政事分开、管办分离

明确上海市体育行政部门在上海体育事业发展中的职责，逐步剥离体育社团对体育行政管理部门的依附，强化政府的宏观监督职能，是上海市体育行政部门职能转变的核心。一是要把体育行政管理机构改革与体育事业单位改革结合起来，以明确和优化职能配置为突破，推进政府与社会组织在体育管理上的合理分工与协作；二是健全体育管理的各项法规和制度，完善体育发展规划，按照建立办事高效、运转协调、行为规范政府

的要求，推进体育行政管理的法制化；三是做好体育事业单位的分类改革，把经营性业务为主的事业单位尽快转企改制，取消财政性直接拨款，建立现代企业制度，实行统一的国有资产监管；最后要把公益性程度较高的事业单位从政府剥离，按照所承担的公益性职能，实行政府购买管理和服务的方式予以资金支持。

3. 推进体育社团实体化改革

在上海市政府的领导下，由上海市体育行政部门整体规划、采取以上海市体育总会率先实现实体化为突破口，以已初步具备实体化条件的体育社团为试点，以先推进社会化程度相对较高的非奥运和群体类协会、后实施专业性较强的奥运项目协会等不同方法，达到突出重点、以点带面、分类实施、有序推进的良好效果。上海体育社团的实体化改革就是要在当前社会主义市场经济条件下促使体育社团实现三大转变，即：从过去过多的依赖政府，依靠行政手段开展工作向依法照章独立运作，自主谋求生存的方向进行转变，使体育社团能够不断健全完善运行机制、提高驾驭项目发展和提高行业管理的能力、拓展自我发展的空间；从过去体育社团官办色彩较浓向社会团体、民间组织真正民间性的方向进行转变，充分依靠社会力量、吸纳体育专业人士和社会贤才共同参与上海体育运动的管理；从过去政府全能管理、包打天下，向管办分离、政事分开、“小政府、大社会”的方向进行转变，帮助体育社团真正承担起不应由政府承担的社会公共职能。

4. 加强体育公共服务

从市民的体育需求看，从保障市民体育权益看，从上海可持续发展对人的素质要求看，从建设和谐社会的任务看，构建体育公共服务保障体系都是增强城市竞争力的内在需要。体育公共服务体系以亲民、便民、惠民为宗旨，以“保基本、广覆盖、可持续”为原则，以社区为基础，以设施为依托，以活动为载体，以机构为桥梁，以派送、购买、评估为主要服务方式。加大投入力度，加快公共体育设施和网络建设，把体育公共服务体系纳入全市经济社会发展规划，建立稳定的增长机制；实施品牌战略，提高体育公共产品和服务供给能力，以群众体育活动品牌的影响力、辐射力带动和促进市民参与体育活动，并在国际上形成品牌效应。

5. 大力培养体育中介组织、建立健全体育经纪人制度

政府职能转变需要中介组织来参与，因为它们是政府职能转变的土壤，离开中介组织，容易出现权力真空，而这会使政府行政体制改革重新走入恶性循环。现阶段虽然上海的体育中介组织数量处于全国前列，且形成了一些规模较大的体育中介企业，如上海久事国际赛事管理有限公司。但不得不承认的是，绝大多数体育中介还存在着运作不规范、组织机构不健全、缺乏强有力的管理和约束，对促进上海体育事业发展所起到的作用还非常有限。上海市体育行政部门应该从制度、法律等方面为社会体育中介组织的发展提供良好的环境和条件。

四、结论与建议

（一）结论

对体育服务与产品属性的认识、对体育事业内涵的认识以及对上海体育发展目标的认识都是影响上海市体育行政部门在体育事业发展中角色定位的重要因素。

当前，上海市体育行政管理体制存在着六大主要问题：一是管理权限过于集中，体育管理组织体系不健全；二是体育资源配置不合理，资源有效利用程度低；三是资金保障力度不够，社会资金进入渠道不畅；四是体育产业政策不完善，发展环境有待优化；五是体育管理法制化程度低，宏观调控能力不强；六是群众体育发展不足，竞技体育社会化基础薄弱。

上海体育行政部门的职能转变主要应体现在以下几个方面：一是政府服务以公众或市场为导向；二是政府重视提供公共服务的效率、效果和质量；三是政府的管理职能应是掌舵而不是划桨；四是政府行政中引入市场化模式。

实现上海体育行政部门职能转变的路径包括：（1）合理确定体育的类别和划分标准，实行分类管理；（2）逐步实现政事分开、管办分离；（3）推进体育社团实体化改革；（4）加强体育公共服务；（5）大力培养体育中介组织、建立健全体育经纪人制度。

（二）建议

加强上海市体育行政部门对体育产业的管理职能，在体育行政部门设立分管体育产业的职能部门。

抓紧研究制定上海市体育事业分类的细化标准，将体育事业中的公共体育、混合型体育和经营型体育做明确细分，这是上海进行体育体制改革的首要任务。

正式发布《上海体育社团实体化发展纲要》，对推进上海体育社团实体化提出总体思路、总体目标、阶段性目标、基本模式、实施方法、政策支持和采取的措施等提出意见。

加快立法步伐，提供体育公共服务法律保障调研制定《上海市社会体育服务保障条例》等法规，从法律和制度上保证体育公共服务保障体系的落实。

采取购买服务、委托管理、权力转移等方式切实转变政府职能。

整合上海市体育行政管理部门下属的体育场馆资源，组建大型体育场馆管理集团。

项目编号：1152ss07109

当代美国体育改革热点探究
——美国社会转型时期体育改革与发展报告

李佐惠 杜可富 李若凡 王晓明 罗昊

结合社会转型的时代背景，对美国体育改革的缘起和演变过程进行研究，就是要具体地揭示不同时期美国体育改革的历史经验与教训，为新世纪中国体育改革与发展提供有益的启示。我们认为在当代美国体育改革与发展的历史进程中，有以下几点值得我们关注。

一、重视体育的教育价值

美国体育的开端深受教育发展的影响。早在殖民地时期，本杰明·富兰克林就在美国的教育中大力倡导体育。20世纪初期，当欧洲大陆国家纷纷建立各种新体操体系之际，美国则根据本国的需要，大力改革欧洲的传统体育。他们进一步把田径、球类等各种竞技性运动和游戏引入学校，建立起“体育是以身体活动为手段的教育”的概念。这一新概念对于现代体育的发展起到了关键性的催化作用，使体育突破了仅局限于上层阶级用来消遣、娱乐的狭小范围。从此，体育在美国被逐渐视为对个人和社会整体都有着重要影响的教育过程。体育家们开始以“进步教育”的新思想来审视体育的教育目标，将本国的学校体育确定为四个方面的教育：机体教育、神经肌肉活动教育、品德教育和智力教育。这里值得一提的是，美国特别重视开展校际间的体育竞赛活动。在美国，校际间的体育竞赛活动已被公认为是中学和高校体育的重要组成部分。他们把校际体育竞赛纳入学校教育之中，把开展校际体育竞赛当做是为学生及全体教职人员提供参与和观赏体育竞赛的一种文化娱乐的途径。美国锐意改革的精神，如此重视体育的教育作用，这是值得我们学习的。

为此，我们建议新世纪中国学校体育改革应重视和加强中学校际和高校校际间体育竞赛活动的开展。目前，我国已有体育传统项目学校25473所，培养后备人才试点校289所，办大学高水平运动队的学校59所，少年业余体校2000多所，培养输送了大批体育人才和体育后备人才。我们有全国大学生运动会，也有全国中学生运动会，甚至还能派遣体育团队参加国际大、中学生体育比赛，取得优异成绩。但是，我们教育系统内的校际间的体育比赛活动开展的还很不够。这里建议的关键，其主旨不是搞精英体育。我们只有广泛的开展各种体育竞赛活动，才能为体育教师或教练员提供机会学习更多关于把体育办成与教育相关性很强的活动的方法，同时让他们有更多机会强调体育训练是“学生发展”而不是“体育发展”的教育活动。

二、重视体操运动的价值

美国对体操运动价值的认识过程应特别值得我们关注。19世纪当德国体操、瑞典体操、法国体操等传入美国时，引发美国究竟需要什么样的体操大争论。结果他们学习百家之长，将各国体操的特点一统化，而且标新立异，还创立了适合自己的“美式”体操。体操在为美国体育打基础的过程中发挥了重要的作用。但是在美国向富裕社会转型的初期，体操却受到了冲击，美国一些体育教育家在改革中错误地运用了杜威的体育哲学思想，片面追求新型的体育运动形式，将体操从学校体育规划中删除，结果导致美国出现大规模的青少年身体健康问题。后来，美国人在反思中找出失误的原因后，又将体操恢复到学校体育规划之中。体操恢复之后，美国不仅体操竞技水平逐渐后来居上，而且美国青少年身体素质各项指标明显得到好转。从此，美国更加重视体操运动的开展。美国人敢于在富裕社会的“健康运动”中大力倡导体操运动，对“健康运动”深层次的理解与做法应值得我们思考。

体操是近代以来最早传入中国的运动项目之一。体操在中国也曾一直受到广大青少年学生的喜爱，特别是新中国成立后，党和政府十分重视学校的体操教育。在历次各级各类学校的体育教学大纲中，体操都占有重要地位，为增强学生体质、增进健康发挥了重要作用。但进入 20 世纪 80 年代中期，体操教育开始受到冷遇，传统的体操教学逐渐减少，体操在学校体育教学中的实际地位显著下降，出现了“冷落”现象。我们对广州分往各省共 51 所中学的 68 名学生进行了调查，结果只有 3 人施教四项器械体操，占总人数的 4.4%，而根本不教器械体操的有 37 人，占总人数的 54.4%。可以预言，在中国尚不发达的地区，体操教育的“冷落”现象还将更为严重。虽然中国学校体育改革发生了重大变化，取得了巨大成就，但中国学生的体质健康状况却不容乐观。1985 年、1990 年、1995 年、2000 年我国对学生的体质健康状况，连续组织了 4 次较大规模的调查。结果表明，我国青少年一些重要的身体素质指标，如力量、耐力、灵敏、柔韧性等呈持续下降趋势。从以上描述看，中国体操教育的“冷落”，美国体操教育的“衰落”，虽然发生的年代不同，程度有别，但导致其发生的历史背景原因和学生健康状况下降的结果极其相似。中国体操教育的“冷落期”，美国体操教育的“衰落期”，都是在本国向富裕社会转型发展的初期，都是在教育面临着某种改革的新形势下发生的。推荐新事物，肯定新思想，实行新举措，是否一定要彻底去除过去的传统项目？从目前情况看，我们的决策还没有犯美国历史的错误。但是在具体的实践过程中，体操教育开展不力，中国体操教育的“冷落期”已有相当长的时间。如果我们的体操教育就这样虚设的话，就等于在犯美国以前历史的错误。对此我们应保持高度的警觉。

为此我们呼吁，新世纪中国学校体操教育急待加强！同时我们建议，要尽快在全国大学生运动会上将体操比赛项目恢复起来。只要我们用好比赛的杠杆和指挥棒的作用，体操教育的专门人才就会多起来。那么，新世纪中国学校体操教育的加强才能得到实现。

三、重视体育社团的作用

纵览美国体育的历史发展，无论是高水平的竞技体育，还是人们广泛参与的大众体育，它的体育社团组织都十分发达。在美国体育运动的初期，只有少数组织在促进和管理体育运动，但到了 20 世纪中期，就有许多协会、俱乐部和联盟。它们关照人们参加的各种体育运动：校内和校外的，业余和职业的，各个年龄的，男的和女的，以及地方、州、地区、国家和国际的各个级别的。正是这些体育社团的强大作用，才使得美国体育得以很好的发展。

改革开放以来，我国体育事业取得了举世瞩目的发展成就。我们在发展中也总结出一条成功的经验：那就是“举国体制”是保证。但是随着发展的广度不断拓展，发展的质量不断提高，我国体育事业发展的成本也在日益增大，发展的配套性要求越来越高。这就需要我们用科学发展观思考问题，如果此时我们能够借鉴一些美国体育社团的发展经验，充分发挥我国各体育社团的作用，加上我们“举国体制”的优势，那么，新世纪中国体育的发展一定会更好。

四、重视“国防体育”教育

美国体育的发展，有一条历史原因应值得我们关注：这就是战争因素对美国体育的发展起着至关重要的影响。因此，美国是非常重视“国防体育”教育的。尽管在未来，娱乐参与型的体育运动形式将会成为一种趋势，但美国仍然会在这些体育活动中强调参与者专注于挑战、自由和身体健康发展的关系。此外，美国在战时将体育人才调到部队为其服务，并将体育视作一种文化，充分发挥体育的娱乐、健身、教育等多种功能，为提高部队战斗力发挥了体育的重要作用。美国如此高度的“国防体育”教育的意识，应值得我们关注。

项目编号：1151ss07108

美国业余体育立法及其对我国的启示

郭树理　刘　进　罗志波　宋佳麟　周小英　谢　潇

二战后，随着经济的发展，美国业余体育运动迅速开展，在参与人数和体育设施数量等方面都有显著提高。在业余体育运动蓬勃发展的同时，体育纠纷也大量涌现，体育矛盾十分突出，这引起了美国各界的广泛关注。为了保障业余体育运动的健康发展，美国国会逐步探寻解决纠纷的良性方案，最终出台了《业余体育法》。该法的内容主要是围绕美国奥委会和国内单项体育联合会展开的，规定了由美国奥委会为主导，国内单项体育联合会为下级的体育社团垂直管理体系。该法授权美国奥委会协调美国业余体育运动，而且规定了国内单项体育联合会的结构和法律地位。到目前为止还没有其他哪个国家为了业余体育而专门制定国家法典，所以该法典在世界范围内是独一无二的。该法典不但对美国参加国际竞赛的相关问题做出了规定，而且调整职业运动员的行为，并对国家体育管理组织的适格性问题作出了规定，同时该法对规划美国现代奥林匹克运动、促进美国体育发展、提高公众体育参与程度等方面起到了决定性作用。

一、对《中华人民共和国体育法》修改的启示

（一）对第四条和三十一条的启示

《中华人民共和国体育法》第四条规定了全国体育和地方体育的主管部门，即“国务院体育行政部门主管全国体育工作。国务院其他有关部门在各自的职权范围内管理体育工作。县级以上地方各级人民政府体育行政部门或本级人民政府授权的机构主管本行政区域内的体育工作。”这只规定了管理体育的机构，但没有说明各自的权限范围和义务范围。虽然其他规定中有相关规定，但如果从法律的高度作出说明，就能更好的规制主管部门的行为，从而更好的保护当事人利益，也是依法治国的需要。而在美国《业余体育法》第220505、220506、220507、220523、220524条中分别规定了美国奥委会和国内单项体育联合会的权力与义务，详细列出了体育管理主体的具体权力和义务。该体育法用5条的大量篇幅说明业余体育管理主体的权力、义务，使得各主体权责更明确。所以，我们认为，应根据我国管理和各管理主体自身的条件、人员配置等需要，从法律角度赋予各行政机关更为具体的权利和义务。

同样，《中华人民共和国体育法》在第三十一条中规定了对体育竞赛分级分类管理的主体，即“全国综合性运动会由国务院体育行政部门管理或者由国务院体育行政部门会同有关组织管理。全国单项体育竞赛由该项运动的全国性协会管理。地方综合性运动会和地方单项体育竞赛的管理办法由地方人民政府制定。”这样的规范也过于笼统，不利于具体实践中的运作，所以要根据情况考虑将这些主体的权力、责任具体化，一方面要针对不同级别的管理机构及其特点，将体育管理权进行合理的分配；另一方面对其权力和责任以法律形式做出具体规定，使得各管理主体和利害关系人有法可循。

（二）对第五条的启示

《中华人民共和国体育法》第五条规定了国家对青年、少年、儿童的体育活动给予特别保障，增进青年、少年、儿童的身心健康；第六条规定国家扶持少数民族地区发展体育事业，培养少数民族体育人才；第十六条规定，全社会应当关心、支持老年人、残疾人参加体育运动，各级人民政府应当采取措施，为老年人、残疾人参加体育活动提供方便。这些规定体现了国家对青年、少年、儿童、少数民族体育人才、老年人和残疾人的关心。但通观体育法全文，我们并没有找到保护妇女进行体育运动的规定。而美国《业余体育法》第220503条第（12）条规定了鼓励妇女进行体育运动，并提供帮助的条款。根据我国国情，体育法应该在法律的高度确定国家对妇女从事体育运动的保护和支持，这也是构建和谐社会的一个不可分割的组成部分。

（三）对第二十二条的启示

《中华人民共和国体育法》第二十二条规定，学校应当按照国务院教育行政部门规定的标准配置体育场体、设施和器材。学校体育场地必须用于体育活动，不得挪作他用。这是对学校体育的保护，保证学生能正常使用运动设施，从事体育活动。美国《业余体育法》第220503条第（9）款也有类似规定，即巩固业余体育运动设备的发展，使现有的体育设备能有效的供业余运动员使用。在实践中，美国奥委会如果不能为业余运动员设立新的运动设备，那么它就会选择说服有相关设施的成员，比如说大学或全国高校体育联合会等，供业余运动员使用。

所以，我国在实践中如果出现了相关运动设备暂时缺位的情况下，也可以采用这样的思路。比如国家体育总局在运动设备相对不足或暂时缺位的情况下，可以进行调查，暂时使用相关体育联合会、企业或个人的运动器械，并给予补偿，等到自己拥有这些设备时，再使用本身的设备，这样才能很好的满足运动员的运动训练需要。虽然在国家一级出现缺少体育运动设备的情况可能比较少，但是在地方缺少运动设备的情况会较多出现。《中华人民共和国体育法》第四十五条规定了地方体育设备的使用问题。对于地方体育运动设备的保障问题也可以尝试这样的思路，以保证运动员训练需要。

（四）对第三十八条的启示

《中华人民共和国体育法》第三十八条规定，中国奥林匹克委员会是以发展和推动奥林匹克运动为主要任务的体育组织，代表中国参与国际奥林匹克事务。这一方面规定了中国奥委会的任务，有高度的概括性。但同时，这种概括性背后却未能很好地体现奥委会的职权。虽然中国奥委会的规章或其他相关法规、规章也有关于中国奥委会的规定，但是应该从法律的高度对其作出规定。而美国《业余体育法》仅在业余体育运动方面就赋予了美国奥委会的权威，以12条的大量篇幅规定美国奥委会的目标、权力、专有权、争端解决等一系列问题。所以，我们认为，应该在《中华人民共和国体育法》中或者在其他法律中对中国奥委会作出详细规定，以体现奥委会的重要作用。

（五）对第四十九条的启示

《中华人民共和国体育法》第四十九条规定，在竞技体育中从事弄虚作假等违反纪律和体育规则的行为，由体育社会团体按照规章规定给予处罚；对国家工作人员中的直接责任人员，依法给予行政处分。这条表明了国家坚决打击体育违法违纪行为的决心，但同时，并没有规定相应的救济程序。试问，如果体育社会团体处罚有误或者过分严厉损害了当事人的实体权利怎么办？美国《业余体育法》第220507、220509条等规定了相关的申诉、仲裁程序，虽然只是对美国国内单项体育联合会的规定，但可以但给我们的思路是可以对我国的体育社会团体进行规制，明确当事人不服内部处罚时的救济方法，不仅仅从管理者的角度考虑保护体育运动问题，也要从保护被处罚人权力的角度考虑。

二、对我国其他体育法律规范的启示

（一）对《中国奥林匹克委员会章程》的启示

《中国奥林匹克委员会章程》第四条规定：根据国际奥委会《奥林匹克宪章》规定，中国奥委会在非营利的活动范围内享有在中国举办的与奥运会和奥林匹克运动有关的活动中使用奥林匹克名称、标志、旗、格言和会歌的权利，并有在中国领土上保护上述奥林匹克名称、标志、旗、格言和会歌不受非法使用的责任与义务。

该条具体规定了中国奥委会的专属管辖权，确定了中国奥委会对专有名称、标志的管辖权。与美国《业余体育法》进行比较研究，其第220506条（a）款也对美国奥委会在特定名称、印章、标记和标志的专有权方面做出了相关规定，但是美国对具体的标志与符号进行进一步强调与明确，详细说明了专有标志的内容；而《中国奥林匹克委员会章程》却规定的相对宽泛，没有具体列明具体标志的内容。这样做的好处是扩大了中国奥委会对标志的确定权，即一方面可以根据国际奥委会的相关规定确定哪些为专有标志，另一方面，在实践中对国际奥委会没有明确规定的标志作出确认。但是，这样的规定在具体实践中不利于保护当事人合法使用权利。如果具体行为人使用了国际奥委会未明确规定的专有标志，那么中国奥委会可以根据情况对这些标志是否是与奥林匹克有关进行扩大或缩小的解释，从而作为当事人是否侵权的重要证据。所以，我们认为应当在《中国奥林匹克委员会章程》中进一步明确哪些是奥林匹克名称、格言等专有标志。就像美国《业余体育法》第220506条（a）款（2）、（3）和（4）项并不是对专有标志的简单重复一样，在《中国奥林匹克委员会章程》列举出专有标志的具体内容并不是一种可有可无的重复，而是进一步明确中国奥委会的权利与义务。值得一提的是，在2000年《中国奥林匹克委员会章程》颁布的两年后，《奥林匹克标志保护条例》对这一问题进行了一定的改善，更加说明应进一步明确专有标志的内容。

同时，《中国奥林匹克委员会章程》第四条中规定中国奥委会在“中国领土上”保护专有标识不受非法使用，而第二条的规定，中国奥委会是唯一有权代表全中国的奥林匹克运动的主体，基于该条赋予中国奥委会的地位。我们认为中国奥委会应成为“在中国举办的与奥运会和奥林匹克运动有关的活动中”非法使用专有标志的保护主体，而不单单是对在中国领土上的侵权行为。对于在中国领土外保护非法使用中国举办的奥运会有关的专有标志的义务，应在《中国奥林匹克委员会章程》规定中国奥委会有当然的权利。这样才能保证当2008年奥运会的专有标志受到非法使用时，中国奥委会有提起诉讼的权利；同时，这样的规定能够保障在2008年以后中国再次举办奥运会时，中国奥委会仍对中国领域外的侵权行为享有诉讼的权利。

（二）对《奥林匹克标志保护条例》的启示

美国《业余体育法》第220506条（a）款的4个条款涉及了名称、印章、标记和标志的问题；而我国《奥林匹克标志保护条例》在第二条中也规定了所要保护的奥林匹克标志。

与美国《业余体育法》相比，我国对奥林匹克标志的保护有着自己的优点和特色。在《奥林匹克标志保护条例》第二条（一）款中多出了对奥林匹克格言、奥林匹克会歌保护的规定，第（三）款中又增加了对国家奥委会标志的规定，这些说明我国立法更加合理，考虑更加周全，保护的范围更加全面；同时，更具有特色的是第（四）、（五）、（六）款是专门针对2008年奥运会的相关标志作出的规定，充分体现了我国为办好第29届奥运会的决心。

但同时，该条例的部分规定有需完善的地方。与美国《业余体育法》第220506条（a）款4项相比，我国《奥林匹克标志保护条例》第二条（二）款也对相关专有名称作出了规定。但有两个方面需要进一步完善：

第一，该条例第二条（二）款规定了专有名称包括奥林匹克、奥林匹亚、奥林匹克运动会及其简称等，但未规定专有名称的英文名称。因为英语是世界通用语，而且奥运会的标志也大量使用英语，所以应该在条例中规定这些专有名称的英文形式，这样才能更好的、全面地保护奥运专有名称。同样道理，美国虽然是英语国家，但在其《业余体育法》中仍对西班牙语描述的专有名称进行了规定，例如对泛美体育组织“America Espirito Sports Fraternite”这一专有名称。在我国保护条例中加入英文专有名称的保护是体育全球化的需要，也是进一步完善我国体育法的需要。

第二，美国《业余体育法》第220506条（a）款4项不但规定了7种名称，而且规定了对这7种名称进行组合形成的名称的问题，而我国《奥林匹克标志保护条例》第二条（二）款中并未规定相关专有名称的组合产生的新名称的问题。虽然在《中华人民共和国商标法》第十条、第十三条中存在相关商标问题的规定，应该在该条例中对专有名称的组合问题进行规定，即对奥林匹克、奥林匹亚、奥林匹克运动会等专有名称的保护及任何这些名称的结合进行保护，这样才能更为明确的保护与奥林匹克有关的专有名称。

（三）对保护奥林匹克标志的启示

在法案颁布之前对奥林匹克（Olympic）标志的优先使用权上，美国《业余体育法》和我国《奥林匹克标志保护条例》均有规定。美国《业余体育法》第220506条（d）款规定了对奥林匹克标志的优先存在使用权和地理优先使用权的问题；我国《奥林匹克标志保护条例》第九条也有类似规定。第九条规定：“本条例实施前已经依法使用奥林匹克标志的，可以在原有范围内继续使用。”这一规定十分凝练，言简意赅，而美国《业余体育法》以三款对此进行了规定。相比较而言，我国对优先使用奥林匹克标志的规定方面更为广泛，包含了已经依法使用的所有奥林匹克标志；美国采用了列举式的方法，规定了奥林匹克标志的优先使用仅限于奥林匹克名称及其组合、商标、商号、标记、符号、规定等方面。同时，美国《业余体育法》还规定了国际残奥会（Paralympic和Paralympiad）标志的保护，而我国的条例似乎未涉及对国际残奥会的保护方面。虽然该条例主要是针对2008年奥运会的，但从保护奥林匹克标志的角度来讲，国际残奥会与奥运会有千丝万缕的联系。所以就保护奥林匹克标志而言，应当增加与残疾人奥运会有关的保护规定。

三、在我国建立体育调查员的设想

体育调查员的设想是由苏格兰斯特灵大学（University of Stirling）的菲利浦·莫里斯（Philip Morris）提出，他认为体育调查员可以通过自己的公平观念与良好的运作来保护运动员；不仅可以对运动员提供救济，还可以利用对申诉的处理来改进体育行业的实践；体育调查员是完全独立于任何体育组织及其利益，有较大的公正性。

为了保护运动员参赛权利、提高美国奥委会的解决纠纷的能力，美国国会在《业余体育法》中规定奥委会要聘请体育调查员，为运动员提供免费的咨询与帮助，调解运动员与奥委会之间的矛盾。具体如下，根据《业余体育法》修正案第220509条b款的规定，设立体育调查员（ombudsman）作为调节各方争议的机构。体育调查员的具体任务规定如下：为运动员提供《业余体育法》和相关管理机构的章程、规章适用条款；提供《业余体育法》和管理机构的章程、规章的争端解决条款；在调节争议时提供帮助；定期向运动员咨询委员会报告。这样做不但可以保护运动员的合法权利和利益，而且节省了大量的时间、金钱和精力。可见，体育调查员制度是一个非常有益的、收效较好的制度。

所以，我们认为可以尝试在中国建立独立的体育调查员制度，作为信访机制、当事人和解机制的一部分。体育调查员只负责运动员的维权问题，以便更好的处理好体育管理机构、体育行会、体育社会团体、俱乐部与运动员之间的争议问题。这样就能对运动员的合法权益给予足够重视，也能使作为被管理者的运动员有法律上的支撑，可以依靠体育调查员进行维权活动。鉴于体育调查员的重要地位，我们认为其应处于中立的地位，这样才能更好的维权。所以体育调查员应该是地位类似于仲裁庭的中立的性质。而对于体育调查员的管理，可以按照群众性组织的相关规定进行管理。

项目编号：1114ss07071

欧洲职业足球联盟的法律规制

裴　洋　黄世席　韩　勇　谢新胜　王青斌

欧洲各国的职业足球联盟代表了当今世界足球最高的经营运作水平和竞技水平，是职业足球联盟的成功典范。欧洲的职业足球联盟之所以成功，其中很重要的一个原因是其法律规制完善、先进，特别是能在适应足球产业本身的特点的基础上与时俱进。

一、俱乐部迁移

与将体育俱乐部完全视为企业、施行完全商业化运作的美国体育模式不同，欧洲体育模式更注重俱乐部在体育场上的竞技水平。在开放式的升降级制度下，即使一个地处小城市的俱乐部，也能通过提高实力来获得比赛的胜利，从而不断提高其地位。而且，传统上欧洲的足球俱乐部在经济和文化上都和其所在的城市在血脉相连，甚至被看作是该城市不可分割的一部分。因此，欧洲职业足球联赛中极少发生俱乐部迁移现象。不过，随着近年来欧洲体育的逐渐“美国化”，俱乐部迁移问题也浮出水面，并且在欧洲体育的金字塔结构之下显现出其独特之处。仅从欧盟法的角度来看，按国家疆界组织联赛并禁止俱乐部跨国迁移，既可能违反了《欧共体条约》中关于开业自由的规定，也有可能构成竞争法上的“分割市场”行为，这是与欧盟统一内部市场的目标背道而驰的，应属无效。

在具有显著的金字塔结构特征的中国足球职业联赛中出现俱乐部迁移，表明其已在一定程度上和欧洲职业联赛一样正经历着“美国化”带来的挑战。但陕西国力队迁往哈尔滨和上海国际队迁往西安这两次迁移之所以比较顺利地得到了批准而未掀起轩然大波，很大程度上是由于中国足球职业联赛既没有欧洲足球联赛体制的传统积淀，又缺乏渗透在美国职业体育联盟企业化运作中的“联盟思维”。

尽管这两起俱乐部迁移事件对俱乐部自身利益来说都有改善作用，但对于整个职业联赛的影响却是截然不同的。国力队是从相对处于“足球真空”的西北地区迁移到中国足球水平最高的东北地区，因此对于职业足球联赛这项产品的长远生产与销售来说，这次迁移是弊大于利；而国际队则是从一个已经过度饱和的市场撤出而去填补一个处于真空状态的市场，更有利于职业足球联赛的整体利益。如果将来中国足球职业联赛也实施俱乐部迁移限制规则，则上述国际队的迁移得到批准的几率较大，而国力队的迁移还需要得到进一步考查。再进一步说，如果因国力队的迁移申请未获批准而引起反垄断执法机构调查的话，那么执法机构应适用合理分析规则，从该迁移促进竞争的方面和限制竞争的方面来对中国足协的规则进行权衡比较，然后做出决定。而职业足球联赛的迁移规则本身只要符合客观、公开、透明等标准，就不应被看作是中国足协滥用支配地位的行为或是限制竞争的横向协议。

二、电视转播权买卖

出售比赛的电视转播权已经成为欧洲职业足球联盟及各个俱乐部最重要的收入来源。欧盟委员会近年来对欧洲冠军联赛及英格兰、西班牙、荷兰等国联赛转播权转让实践的审查和处理表明，由职业联盟或足球协会将各家俱乐部的电视转播权集中起来打包出售是一种合法行为，而独家转播权协议则应被禁止。

与欧洲国家不同的是，在中国足球职业联赛的实践中目前尚没有发生中国足协、各俱乐部以及电视台之间在转播权归属上的激烈争议。特别是各俱乐部对中国足协规定自己是转播权所有人以至收回俱乐部单独开发主场比赛转播权的行为都很少公开提出异议，究其原因，首先是目前中国的经济水平还比较低，足球联赛的吸引力不够，加上付费电视事业不够发达，使得转播权本身价值尚未达到能引起各俱乐部足够重视的程度。其次，有一些俱乐部由于地处不发达地区、本身水平不高，其比赛的转播权几乎无人问津，如果没有中国足协集中出售则很难改善这一困境。再次，由于中国的特殊"国情"，地方政府常常对本地俱乐部出售电视转播权的市场行为进行行政干预，因此有些俱乐部希望将转播权上交中国足协，以省去不小的麻烦。这些情况，使得目前由中国足协统一出售转播权的垄断行为在客观上具有一定合理性。但是，随着今后上述几个制约转播权价值的因素得到逐步改善，对转播权归属的重新认识和争夺将是不可避免的。从《中国足球协会章程》（2005 年版）的规定来看，联赛的电视转播权属于中国足协，中国足协的主要依据是两点，一是"国际惯例"，二是投入产出理论。但事实上，这一"国际惯例"已逐步在各国立法和判例的影响下丧失了其广泛适用性。而根据"企业权利说"，实际上各俱乐部承担了联赛顺利进行所需的主要费用并承担了大得多的经营风险，因此各俱乐部才是转播权的所有者，中国足协至多只能是转播权的共同所有者。

未来如果中国足协继续将中国足球职业联赛转播权进行集中出售，可以认定为是各俱乐部协商一致的结果，因其具有限制各俱乐部间在转播权转让市场上的竞争、减少可供转播的比赛场次等消极影响，从而构成《反垄断法》第 13 条下的横向垄断协议。不过，鉴于集中出售方式不仅有利于塑造中国足球职业联赛的品牌形象，也有助于通过促进各俱乐部间的经济上的平衡来达到维持竞争平衡的作用，只要对集中出售方式做一些修改，比如允许各俱乐部将未能由中国足协售出的有自己参加的比赛转播权自行出售，即有可能根据《反垄断法》第 15 条取得豁免。

而独家转播权协议则不仅有可能导致转播权出售价格远高于其正常的市场价格，从而限制了中小转播机构进入足球转播市场的机会，还有可能导致普通球迷收看比赛的成本增加，因此构成了《反垄断法》第 14 条下的纵向垄断协议，且不能根据该法第 15 条的规定取得豁免。待市场成熟时，中国足球职业联赛也可借鉴欧洲冠军联赛和英超联赛的做法，在转播权出售方式上引入招投标机制，并设计多个转播包，使联赛转播权能为更多的转播机构得到。

三、球员转会

欧洲法院和欧盟委员会对欧洲职业足球联赛中实行对各类足球运动员转会规则进行了审查，如转会费制度、转会窗制度、附有国籍/地域限制的转会规则、工资帽制度等。其处理结果表明，第一，对于纷繁复杂的球员转会制度，采取一刀切的做法是不合适的，而应运用合理分析规则进行个案分析。没有哪一项球员转会制度在未经详尽分析的情况下就能被认定是“天然地”合法或违法，它们都应根据“麦卡-麦迪纳案”确立的原则与方法接受审查。在审查中，对有关规则的促进竞争方面与限制竞争方面进行的衡量与比较是必不可少的。第二，职业足球运动的特殊性，应在对球员转会制度进行法律分析时得到重点考虑。这些特殊性中尤其值得重视的是维持俱乐部间的竞争平衡、鼓励和促进青少年球员的培养，它们使得职业足球界制定的某些鲜见于一般产业的游戏规则具有了合理的存在理由。第三，比起那些直接的、僵硬的、长期的对球员转会的限制来说，间接的、灵活的、短期的限制措施更容易通过法律的审查。这一对比从“3+2”、“6+5”政策被认定为违法而本土培养球员规则被欧盟所接受这一差别待遇上清晰地体现了出来，这应该是未来球员转会规则的发展趋势。

中国足球职业联赛自创办以来施行过的球员转会制度可谓五花八门，但若从现行法律的角度来审视，它们多半难以继续维系。

“倒摘牌”制度的本意是为了在各俱乐部之间更合理地分配球员，防止出现财大气粗的俱乐部垄断优秀球员的局面，维持俱乐部之间的实力均衡，但它却完全忽视了买卖双方俱乐部及球员的自身意愿。从反垄断法的角度来看，“倒摘牌”制度构成了俱乐部间达成的旨在限制对球员竞争的协议，这一协议具有的反竞争效果超过了其促进竞争的一面，应被认定为违反了反垄断法。

目前中国足球职业联赛仍然实行着转会费制度，然而中国足协却始终无法说明收取转会费的合法依据。首先从民法角度讲，合同自由在我国《合同法》第 4 条做了明文规定，就是当事人享受合同自由，任何单位和个人不得限制、不得干预，而转会费就是对他的限制。其次，从劳动法的角度上看，球员也属于劳动者，我国《劳动法》第 3 条规定“劳动者享有平等就业和选择职业的权利”，第 23 条规定“劳动合同期满或者当事人约定的劳动合同终止条件出现，劳动合同即行终止”，这意味着劳动者和用人单位合同解除之后就不应再受用人单位的约束，可以自由选择新的单位，球员作为劳动者当然也应该拥有这项权利。《劳动合同法》第 37 条规定，“劳动者提前三十日以书面形式通知用人单位，可以解除劳动合同”。要是严格遵守这一条，那么球员只需提前 30 天通知俱乐部就可以解除合同，然后寻找另一家愿意接纳自己的俱乐部。从反垄断法角度来看，转会费也构成了对球员出卖劳动力自由和俱乐部在劳动力市场竞争的不合理限制。但或许是由于这项制度由来已久，而且一直是世界各国足球界的通行做法，加之中国仍恪守法律不干预体育界事务的传统观念，转会费制度直到今天仍然“逍遥法外”。因此，合同到期球员的转会费制度应被取消，代之以更为自由的转会制度。

对于中国足协制定并屡次予以修改的“限薪令”，则应一分为二地看待。首先，对球员工资予以一定限制是必要的。为了俱乐部间的竞争平衡、各俱乐部的财政健康和职业联赛的未来发展，应对球员过高的工资给予一定的限制。其次，对球员工资给予具体数额上的限制属于违反反垄断法的行为，而对俱乐部的工资总额进行限制则有可能通过反垄断法的审查。球员个人的工资数额是其自身劳动力价值的体现，高水平球员理应获得更高的工资，中国足协在没有任何客观、合理依据的情况下为球员设置最高工资额是对球员利益的侵犯，也是对俱乐部之间在招募优秀球员上的竞争的限制，属于《反垄断法》第 13 条下的“固定价格”协议。这一制度的初衷尽管是良好的，但其负面影响过大，况且还有比它的限制性更小的措施可供实施，因此不能根据《反垄断法》第 15 条得到豁免。笔者认为，中国足协对俱乐部工资总额进行限制的规定，即类似“工资帽”的制度，就属于比直接设置球员最高工资额的限制性更小的措施。这一标准一方面直接和俱乐部经营状况的健康标准相挂钩，有利于促使俱乐部采取理性的经营行为，另一方面对球员获取经济利益的能力造成的限制仅仅是间接的，因此可以获得《反垄断法》第15条所规定的豁免。再次，如果“限薪令”对球员工资的下限做出规定，该规定应能通过反垄断法的审查。事实上，近年来随着俱乐部普遍采取降薪措施，不少职业球员的收入已经难以维持其生计。由于足球运动员的运动寿命有限，再加上不可避免可能会遇到伤病等原因，因此在中国足坛，大部分队员还是有后顾之忧的。因此如果中国足协如果有朝一日对球员工资的下限做出规定，那么该规定将有助于保障低收入球员的利益，就是从另一个角度促进了职业联赛的稳定性。因此有关球员工资下限的规定对竞争的促进作用远大于其限制作用，从而不构成限制竞争的行为。

四、联赛体制改革

既然中国足球职业联赛毫无疑问已是一项经济产业，就应该按照经济产业的规律去运行，按照经济产业的本质去管理，但目前中国足协还在以一种在我国其他产业领域罕见的行政方式来管理体育产业，自然不可能有好的效果。前述中国足球职业联赛中各种问题的产生，都和目前的管理体制密切相关。而若想改变现行体制，就必须修改《体育法》的有关规定。

从《体育法》的条文规定来看，其始终将体育——无论是社会体育、学校体育或是竞技体育不加区分地通通看作是一项“事业”，而没有注意到竞技体育正逐步发展成一项庞大的经济产业这一事实。如果将体育看作一项经济产业的话，原则上就应该让这项产业中的各个市场主体自主决定其生产和经营活动，并和其他产业一样接受包括反垄断法在内的市场法律规范的调整和监督。然而《体育法》第31条又授予了体育行业协会以法定的体育产业管理者身份，可以说该条已成为中国足球职业联赛蜕变成真正意义上的职业体育联赛的法律障碍，甚至从一定程度上也阻碍了体育产业的进一步加速发展。因此将《体育法》第31条第3款“全国单项体育竞赛由该项运动的全国性协会负责管理”的内容删去，似乎应成为逻辑上的必然。而对于《体育法》第29条规定的“全国性的单项体育协会对本项目的运动员实行注册管理”，由于从实际角度考虑确实存在着对运动员进行注册管理的需要，因此仍可予以保留，只是应将这里的“注册管理”解释为对运动员在年龄、身体、技能等方面具备参加体育比赛的资格的一种认定，而并非将通过注册当做禁止运动员参加其他组织者创设的比赛的理由。

项目编号：1170ss07127

中英两国体育行业国家职业资格证书制度的比较研究

戴俭慧　邱　汝　魏　来　刘　涛　党丽萍　王秋梅　王东梅

一、中英两国体育行业职业资格证书制度建立背景的比较

中英两国体育行业职业资格证书制度的建立都是在本国实行国家职业资格证书制度的背景下，加上体育行业自身发展的需要而建立起来的。

我国体育行业职业资格证书制度的建立最早是从社会体育指导员职业资格证书建立开始的，2001 年《社会体育指导员国家职业标准》的颁布实施是其建立的标志。2004 年国家体育总局职业技能鉴定指导中心的成立，进一步促进了体育行业内国家职业资格证书制度的建立和推行。

1992 年《英国运动、娱乐及相关职业国家职业标准》（The National Occupational Standards for Sport，Recreation，and Allied Occupations）的颁布实施是英国体育行业国家职业资格证书制度建立的标志。

二、中英两国推行体育行业职业资格证书制度管理模式的比较

中英两国有相近的体制导向、相近的工作机制、相似的工作机构，因此在推行体育行业职业资格证书制度中均采用依靠政府权威力量推行的管理模式。这种管理模式权威性高、推广速度快，容易集中统一管理。

三、中英两国体育行业国家职业资格证书等级体系的比较

英国体育行业职业资格分为 5 个水平（Levels 1，2，3，4 and 5），水平 5 是最高等级，但目前水平 5 的标准还没有颁布实施，实际进行认证的等级与我国一样，只有四个等级，没有最高等级。

四、中英两国体育行业国家职业标准的比较

（一）中英两国体育行业国家职业标准制定背景的比较

中英两国体育行业国家职业标准，都是在体育健身产业迅速崛起并快速发展，社会对健身指导专业人才迫切需求的情况下制定的。

英国目前约有 11 万 2 千人获得资格证书，并且近几年获得资格证书的人数在显著增加，证书的社会认可度要高于我国。

（二）中英两国体育行业国家职业标准制定机构的比较

英国体育行业标准的制定更多地是由产业部门推动的，标准更加符合用人单位的要求。我国职业标准是由政府部门制定、推行的，主要依靠专家、学者参与制定，标准缺少一定的实践性、认同性。

（三）中英两国体育行业国家职业标准设计思路的比较

两国标准都具有较高的开放性，凡是想在该领域发展的人员都可以通过考核来取得职业资格证书，没有年龄、职业等方面的限制。而且必须逐级别进行鉴定。

英国的职业标准每隔 3–5 年都要进行重新修订，由于标准的内容繁多（《英国运动、娱乐及相关职业国家职业标准》的电子文档就有一千多页的内容），每次的修订工作都要延续几年才能完成。因此每个水平修订后颁布的时间都不一样，即使是同一水平中，不同工种的职业标准修订的时间也不一样。

我国目前还没有修订后的标准颁布。

（四）中英两国体育行业国家职业标准制定原则的比较

两国体育行业在标准制定中，都力求使标准能够全面反应职业活动要求，使标准具有较强的操作性。相比之下，英国在标准的制定上更加强调与雇主的联系，更能适时的掌握职业发展情况，完善标准内容，保持了标准在发展应用中的可持续性。同时，英国也更注重保持学校与产业发展部门之间的联系。

（五）中英两国体育行业国家职业标准制定方法的比较

中英两国在职业标准制定中均运用了职业功能分析法，即以全面分析职业活动为出发点，以提供产业界和社会对培训对象履行岗位职责所需要的能力为基本原则，强调学员在学习过程中的主导地位，其核心是使学员具备从事某一职业所必需的实际能力。

（六）中英两国体育行业国家职业标准结构体系的比较

英国标准采用单元模块式的结构，在鉴定过程中采用单元认证的方式，没有认证时间限制，可以逐单元进行认证，已完成过的单元在以后的认证中仍然是有效的。我国的标准采取模块式的结构，但每一模块不可进行独立考核。

（七）中英两国体育行业国家职业标准基本内容的比较

1. 中英两国体育行业国家职业标准对从业人员职业功能要求的比较

英国职业功能中不仅注重技术指导、活动领导的能力，而且特别强调从业人员客户服务、团队合作、活动的组织管理等方面的能力。但其功能内容在表述上较为繁琐，很难使人对该职业的核心能力能有比较清晰的认识，同时对于培训、鉴定过程来说也是一项非常复杂的任务。我国体育行业国家职业标准在对从业人员职业功能的划分上概述性较强，仅对从业人员的主要工作范围进行了简单描述。

2. 中英两国体育行业国家职业标准对从业人员工作内容规定的比较

英国标准在对从业人员的工作内容规定上，较为具体，对从业人员在工作前的准备阶段、以及工作后的反馈，对所做工作进行评估，均做出了规定。我国体育行业国家职业标准在对工作内容的规定中仅以工作中的相关要求进行规定，未反应出所做工作前期的准备以及后续的评价。

3. 中英两国体育行业国家职业标准对从业人员技能要求规定的比较

英国体育行业国家职业标准在对从业人员技能要求方面，给出了更多的具体要求和指导，可操作性更强。我国体育行业国家职业标准在技能方面更多体现的是一种原则性的要求，未就具体实施细节进行规定。

4. 中英两国体育行业国家职业标准对从业人员相关知识要求的比较

英国体育行业的国家职业标准在对从业人员相关知识要求上，知识点规定的比较详尽，而且主要强调考生对所给知识的理解、在实际运用中的变通能力，而我国体育行业国家标准在对相关知识的规定仅是对大的知识块进行罗列，未能体现出考生对知识点的理解及运用能力。

五、中英两国体育行业职业技能鉴定系统的比较

（一）中英两国体育行业职业技能鉴定政策法规系统的比较

我国已初步建立起了以《劳动法》《职业教育法》《体育法》为主要依据，以《社会体育指导员国家职业标准》《体育场地工国家职业标准》等为主体的，国家法律、行政法规和部门规章、地方法规衔接配套的政策法规系统。

英国以《新的培训创世力》《青年培训计划》《对职业资格的考察》《证书机构共同协议》《国家资格证书规则和指导》等制度为依据，建立了以《英国运动、娱乐及相关职业国家职业标准》为主体的法规体系，为英国体育行业职业技能鉴定工作提供了重要的政策法规依据。

（二）中英两国体育行业职业技能技术标准与技术支持系统的比较

1. 中英两国体育行业职业标准的比较

结果参见：（四）中英两国国家职业标准的比较研究

2. 中英两国体育行业职业技能培训指导与鉴定规范比较

我国职业技能鉴定的教育培训、技能考核只能在特定机构经过专门的培训基地进行认证，鉴定场所限制非常严格。我国职业技能鉴定采取的第三方认证规则。

英国对从业人员的培训模式、培训场所等没有特殊规定，体育从业人员的鉴定培训采取单元认证考核模式，没有认证时间限制。

3. 中英两国体育行业职业技能鉴定命题与题库比较

我国对技能鉴定的考核采取统一命题技术标准，规范命题方法和步骤。英国采取工作场所现场考核方式进行鉴定，很少设置笔试，鉴定的试题根据考生所选单元的不同而设置不同的内容，命题形式比较灵活。

（三）中英两国体育行业职业技能鉴定组织实施与实际运作系统比较

1. 中英两国体育行业职业技能鉴定组织管理与工作机构比较

国家体育总局职业技能鉴定指导中心具体负责体育行业特有工种职业技能鉴定工

作。

英国体育行业职业技能鉴定的教育考试和资格认证工作由 QCA（资格和课程设置委员会）统一管理，Edexcel 具体负责体育行业职业技能培训与鉴定工作。英国的鉴定站大多设在企业，同时也可以设在大学、学院或单独成立培训中心。

2. 中英两国体育行业职业技能鉴定考评人员比较

中英两国职业鉴定考评人员都必须具备职业技能鉴定的理论知识和考核经验，能够依据国家职业标准的要求，在其能力范围内对被鉴定者进行资格认证和技能鉴定。考评人员均需持证上岗，都采取不定期轮换制，保证鉴定质量。

我国职业技能鉴定考评人员分为考评员和高级考评员两个等级。

英国考评人员主要包括评定员与监督员。

3. 中英两国体育行业职业技能鉴定考务管理比较

我国职业技能鉴定的实施过程中“重知识、轻技能、重理论、轻操作”倾向突出，注重的是鉴定的过程而不是结果，考虑的是被鉴定者是否受过专门的教育和培训。

英国职业技能鉴定工作注重的是被鉴定者的实际操作能力，鉴定结果能够比较真实的反应被鉴定者的工作能力和技能水平。

4. 中英两国体育行业职业技能鉴定方式比较

我国职业技能鉴定的理论考核是在标准教室、技能考核在室内外运动场地进行。英国以工作现场为考核场所，考生的技能操作能力和工作场所岗位要求结合紧密，而且，考核基本上没有时间限制，这与我国不同。

5. 中英两国体育行业职业技能考评方法比较

我国职业技能鉴定大多采用阅卷法、问卷法，注重考生对知识的理解和运用情况。英国技能鉴定看重考生对岗位工作的适应能力，所以经常采用现场观察和现场实际操作法。此外，英国还采用先前学习认证的方法，承认考生过去的知识、经验及技能，有效地避免了多方认证，重复考核的弊端。

（四）中英两国体育行业职业技能鉴定质量保证与证书核发系统的比较

1. 中英两国体育行业职业技能鉴定质量保证系统比较

我国主要是从技能鉴定过程的质量管理和鉴定结果的管理质量上来抓鉴定工作，管理的内容较全面，但操作起来比较困难。

英国的职业技能鉴定考评工作主要由考评员组织实施，考评员的工作又由监督员负责监督检查。因此，英国重点抓好对考评员和监督员的管理工作，以带动其他工作的落实，这样可操作性较强。

2. 中英两国体育行业职业资格证书核发系统比较

英国通过制定一系列法规，对各种证书机构的组织管理都作出了严格的规定，确保考评程序和证书颁发过程的统一性和严肃性。

我国职业资格证书核发系统主要从证书管理机构职责、注册制度、成绩单管理等方面做出明文规定，质量监督等措施还不够规范。

六、建议

（一）建立健全我国体育行业职业资格证书的政策法规体系

健全我国体育行政法规与部门规章、地方法规相衔接的职业技能鉴定政策法规体系，制定新的有关职业开发、推广、资格准入等方面的政策法规。

（二）体育管理部门要加强与产业部门的合作

及时了解产业部门对体育行业职业的需求情况，使职业标准的制定及职业技能鉴定等工作更加适应社会的需求。

（三）不断完善体育行业国家职业标准

1. 标准中要加强对体育专业技能以外能力的规定

加强沟通交流的能力、团队合作的能力、客户服务能力的培养，以提高体育行业整体的服务水平，除专业技能以外的这些能力要求都应在行业标准的制定中加以体现，并得到重视。

2. 注重对从业人员整体工作效果的考核

在标准的制定中注重对从业人员前期的组织工作以及工作后续的反馈情况进行全面的规定，这样有利于从业人员根据工作的反馈情况及时改进工作方法或调整工作内容，提高工作质量。同时，也便于对考生独立组织活动的能力进行综合考查。

3. 标准对技能要求的规定部分，要具体、详细，力求可操作化

要使考生对技能部分的要求有清晰、准确的掌握，这样有利于鉴定工作的实施，避免在鉴定中加入考评人员过多的主观感觉，影响鉴定结果的公正、公平性。

4. 标准在相关知识这部分，应做到精细化

要将关键知识点明确出来，考生可以进行重点知识的理解、把握与运用，避免考生在学习中对相关知识“一把抓”的现象。同时，对相关知识点的规定上还应体现考生对知识点的灵活运用的能力，真正做到学以致用。

5. 考虑职业标准的动态性，定期开展对标准的修订工作

要确保职业标准能根据体育行业技术的发展和职业岗位的需求及时更新，不断提高我国职业标准的可行性及通用性。

6. 在条件成熟时，修订社会体育指导员职业等级

建议由现行的四级修订为五级，增加高级社会体育指导员师这一职业等级。

（四）不断完善体育行业职业技能鉴定工作

1. 通过多种渠道进行教育培训和技能鉴定

充分考虑职业功能、培训场所、培训途径、鉴定方法等一系列问题，加强职业技能培训、鉴定内容、职业标准与体育行业市场需求的紧密度，建立以职业为导向的教育培训目标。

2. 建立一支职业素质优良、掌握技能鉴定理论知识及精通专业技术的考评员队伍

考评员必须是来自企业界的专家或培训机构的资深考评员，他们的职业水平应等同

于制定国家职业资格标准的专家，由他们组成体育行业职业技能鉴定考评委员会，在政府主管部门授权下工作，考核完成后由体育主管部门发给资格证书。

3. 建立以工作现场为考核依据的考评体系，突出国家职业资格考评制度的可操作性

缩小笔试比例，以工作场所考核代替传统的课堂考试，以实际工作成果代替考试成绩，对被考评者以往与所学证书课程的学习经历、在企业工作的经历均应作为取得证书的依据。此外，还要避免多方认证，重复考核的弊端。

4. 严格控制鉴定质量管理环节，完善体育行业职业技能鉴定监督控制体系对质量督导人员实行培训认证制度，并实行全国统一网络化管理。明确政府管理，界定机构职责，实行分级分类管理。

5. 以证书质量为生命，加强证书质量的管理

要提高我国体育行业职业资格证书的质量，必须在社会各界形成证书质量观念，建立证书质量管理体系，建立有效监督机制，确保证书的真实、客观和权威。

项目编号：1149ss07106

俄罗斯体育体制转型及其对我国体育体制改革的影响

黎 莎 邱凌云 潘 华 崔 莉 张 新

从纯理论的角度看，俄罗斯目前奉行的体育体制是过渡时期的体育体制，既有市场经济条件下的西方体育体制的特点，也保留了传统的计划经济条件下体育体制的某些特点，尤其是普京执政后，这种过渡时期俄罗斯体育体制的特点更加凸现（即市场经济条件下的“举国体制”）。因此，俄罗斯的体育体制在一定程度上实践着一种新型的体育体制类型，其结果值得关注。总结俄罗斯体育体制的转型实践对深化我国体育体制的改革具有重要的理论和借鉴意义。

• 首先让我们从前苏联体育体制改革的历史回顾中去探究俄罗斯体育体制转型的逻辑起点

苏联中央体育管理机构的进行过多达 9 次的改组演化。1918—1991 年，前苏联中央体育管理机构发生了巨大的变化，这一系列变化可以划分为以下 4 个阶段：1918—1923 年、1923—1930 年、1930—1948 年、1948—1991 年，每个阶段都形成了各具特色的中央体育管理机构，不同时期起到了不同的作用。

1986 年 4 月，根据最高苏维埃主席团的命令，把苏联部长会议体育运动委员升半格为苏联国家体委，扩大了职权范围。体委、体协的职能全面加强，国家体委对全国体育事业行使资金调度、协调执行、监管评价三大职能，不仅管理各加盟共和国的体育，而且还过问各部委、各系统的体育工作，协调全国的体育器材生产并享有对外贸易权。

“苏联——世界的体育奇迹”，20 世纪 50 年代初到 90 年代初整个世界都这样评价苏联的体育成绩，苏联运动员在许多项目上都代表世界的顶尖水平，如滑冰、冰球、国际象棋、体操和田径。这些成就得益于优质高效的训练竞赛体制的不断完善。

1987 年苏联政府便要求体委系统自筹经费实现自负盈亏。其收入来源主要有作为纯收益的体育彩票收入，自办的体育企业实体所获利润，体育设施有偿服务，比赛活动及体育科研的收入，运动员参加国际大赛、给国外公司做广告所接受的外商赞助，组织退役运动员到国外表演，派教练援外等。从而改变了单一的国家拨款方式，多渠道筹集资金。

• 通过苏联时期的戈尔巴乔夫时代对体育体制的调整改革为俄罗斯体育体制转型的路径选择和政策设计奠定了思想基础

前苏联持续进行的体育改革实践已经部分地说明了俄罗斯进行体育体制转型的原因。解决计划经济体制下国家对体育的不堪重负和体育本身缺乏活力的问题，这是前苏联持续进行体育体制改革的重要原因。因为计划经济体制的固有缺陷无法在计划体制框架内克服，因此，体育体制内改革势必转化为制度模式的转变。

苏联解体后的俄罗斯奥委会在得到国际奥委会承认之后，着手改革国内的体育管理体制。1992 年 6 月《全俄奥林匹克委员会法》和《俄联邦体育教育和运动的管理机制法》正式出台，这两部法律对建立新的管理体制起到了奠基性的作用。新的俄罗斯体育管理机构包括：直属总统领导的体育运动协调理事会，全俄奥林匹克委员会，联邦体育委员会，国家体育运动基金。

苏联解体后，俄罗斯体育管理体制几经周折，由全俄罗斯体育运动委员会、体育运动委员会、体育青年旅游委员会、体育运动与旅游委员会、一直到俄罗斯体育运动协会代理部，其体育管理机构一直处在不断的变动之中。原苏联解体后，俄罗斯在体育管理体制上发生了一些变化，这种变化主要是将原先高度集中的计划经济体育管理体制，加入了市场化的一些运作元素，改变为政府和体育社会团体共同管理的新型的运行机制。

俄罗斯新体育组织可分为总统府附属体育政策提案咨询组织、国家体育组织、民间体育管理组织、体育政党、体育银行、体育关联企业、体育教育和研究机构等。这些组织的最高宏观调控机构为总统府附属体育政策提案咨询组织，通过国家体育组织以最大限度地发挥民间体育管理组织、体育教育与研究机构的积极性和权力，推进全俄罗斯体育事业的发展。

• 俄罗斯体育建立多元化投融资体制

俄罗斯的经济转型可以分为两个阶段：以 2000 年普京当选俄罗斯总统为界，之前是俄罗斯经济转型的阵痛期，之后是俄罗斯经济改革的复兴期。

俄罗斯体育产业政策在转型后的演变历程和俄罗斯其他相关政策的演变历程是密不可分的。其中，财政政策的影响作用是最直接的。俄罗斯经济经历了转轨型危机-萧条式稳定-恢复性增民的转型过程。

俄罗斯 2006—2008 年的财政预算提高了教育、卫生保健和文化事业等社会公共服务领域工作人员的工资，以激励他们提高公共服务的质量。

多元化的投融资渠道为体育筹集资金主要措施有：政府整顿和完善体育彩票发行工作措施；国家采取减免税收政策，扩大国内企业对体育的赞助；俄罗斯联邦体育领域的保护关税政策；开发体育广告市场和公关活动为体育筹集资金；引进外资和吸收实业家（银行家）参与体育经营。

• 俄罗斯体育能够在巨大社会变革面前成功转型且仍然保持世界体育强国地位，与俄罗斯的两位总统——叶利钦和普京是分不开的

叶利钦对俄罗斯体育的贡献正是在于以“休克疗法”让俄罗斯的体育“回归欧洲”，按市场经济要求培育和开发市场，按照经济发展规律导向体育运动的生产者和消费者，使体育运动的财政来源不再主要依靠政府拨款，而是还要依靠社会自我筹集。

在体育领域，首先是调整政府体育事务管理部门的职能。2000 年 7 月将俄体育旅游部重新改为国家体育及旅游委员会，重新将其职能界定为协调和发展体育及旅游方面的工作，不再具备发展贸易的职能，依据国情使体育管理重新回归联邦中央是普京重新振兴俄罗斯体育的新举措。

普京还特别重视、支持青少年体校的改革，深切的认识到“俄少体校的成败关系到俄罗斯体育的未来”、“没有青少年体育，就不会有高水平的竞技运动，更不会有俄罗斯体育的未来”。

• 俄罗斯竞技体育体制的转型

发展尖端体育是前苏联体育运动事业的主线。目前，俄罗斯作为世界体育强国，在

许多项目上仍占有绝对优势。这一点首先得益于俄罗斯从前苏联继承了良好的体育传统和尖端体育运动网。其次是资金保障，主要来源于国家奥委会的拨款、体彩收入、广告商及赞助商、集体或个人的捐款，也可来源于运动基金会的收入。

虽然俄罗斯在竞技体育管理体制上发生了重大变革，但仍然继承了前苏联时期的由青少年体育学校培养优秀运动员的体制。即有培养前途的青少年在放学后或者在假日去就近体育学校进行专门训练。俄罗斯运动员的培养制度与政策得以强化。

尽管俄罗斯体育运动尚未完全脱离国家的支持，在吸引外资上尚有潜力等待挖掘，但是体育职业化和商业化这种新的管理形式在今天的俄罗斯已经为大家所接受。足球、篮球、冰球和跆拳道等项目已采用职业体育的管理形式，职业体育运动日益发展。

俄罗斯竞技体育体制改革中也存在严重的问题，比如训练体制上仍存在矛盾与冲突、运动训练经费短缺、体育人才大量流失等现象。

• 俄罗斯大众体育的转型

苏联解体后的整个 90 年代，俄罗斯由于受社会政治经济变革的影响，国家对体育事业的投入大幅度缩减，致使微弱的经费难以维持原有庞大的大众体育系统，大众体育事业受到严重的冲击。

进入 21 世纪后，政府为了表明对体育的重视，2003 年的政府体育预算为 40 亿卢布，比 2002 年增加了一倍；从 2004 年开始发行体育彩票，俄罗斯未来 10 年内将斥资 1000 亿卢布（约合 36 亿元人民币）建设体育基础设施。按照这项计划，未来 10 年间俄罗斯将修建近 4000 座体育设施，这一规模在世界上也绝无仅有。此外，俄政府还将充分发挥民间体育组织和单项体育协会的重要作用，并以各种积极有效的形式促进大众体育的发展。

• 对转型时期俄罗斯体育体制的评价

苏联解体和俄罗斯实行国家管理民主化改革以后，不仅政权制度发生了变化，而且法律和行政领域也发生了根本性的变动，这些变化必然影响到体育领域。结果主要体现在国家与社会机构之间的权力的重新分配和国家削减对体育的财政拨款两个方面，但俄罗斯继承了前苏联的体育教育体制和竞技体育体制的传统，使俄罗斯仍然保持着世界主要体育强国地位。

• 俄罗斯体育体制转型对我国体育体制改革的启示

1. 体育管理体制转型的启示　俄罗斯对旧体制的改革和新型体育体制的构建，给我们提供了重要的参考依据。即在政府的宏观调控下，积极发展社会体育组织，并最大限度地发挥社会体育组织的积极性和作用，实现体育社会化的改革目标，积极推进体育管理体制的改革，是实现中国体育事业可持续发展的必要途径。将传统的集中型国家行政垂直协调体制的体育发展模式，改为有宏观控制的社会自我协调体制的发展模式，是目前我国体育管理体制改革的目标。

2. 体育产业政策的启示　长远期目标制定向中近期目标计划过渡改变发展体育战略目标的优先制；理顺和完善筹资机制；国家利益至上、承认利益主体多元化；建立和完善多元化投资和筹资机制。

3. 竞技体育体制方面的启示　在我国竞技体育举国体制的基本框架已经基本定型的前提下，要充分实现举国体制的优势，就必须切实加强对整个举国体制运行系统的科学管理。在现有体制条件下，结合我国竞技体育发展的实际，引入现代科学管理的理念、手段和方法，充分发挥支撑我国竞技体育举国体制各个系统和环节的最大效力，使之成为一个有机的整体。

4. 大众体育管理方面的启示 市场经济的发展需要社团的发展，全球信息一体化与我国对外开放的进一步发展，也对社团的发展提出了现实的迫切要求。体育社团组织是实现体育社会化必不可少的一种组织形式，尤其是在政府职能转变之时更加显出它的重要作用。

当前，我们应主动适应社会经济的发展要求，加大对体育社团的宣传力度，提高认识，进一步培育、发展和壮大各级各类体育社团，使个人、企业、事业单位等能够按照自己的意愿加入相应的体育社团组织，发挥自己的作用，推进与市场经济要求相符的社会组织结构的建立，唱响我国体育社团有序发展的主旋律。

结论 通过对俄罗斯体育体制转型的分析，我们可以看出俄罗斯的体育体制在一定程度上实践着一种新型的体育体制类型——即市场经济条件下的“举国体制”，充分调动各种社会力量和社会资源实现“奥运争光计划”与“全民健身计划”协调发展的“举国体制”创新，建设中国特色的体育体制发展道路。总结俄罗斯体育体制的转型实践对深化我国体育体制的改革具有重要的理论和借鉴意义。

项目编号：1133ss07090

关于“《俄罗斯联邦 2006—2015 年体育运动发展》联邦计划纲要”的研究

马忠利　陈　广　孙　林　侯　军

前苏联的解体，导致原有的一系列体育规划、法规、政策寿终正寝，而转型中的俄罗斯体育新政策、措施未能有效实施，整个社会体育运动发展处于危机之中。新千年后，随着经济、政治局势的好转，俄罗斯政策倾向于人本关怀，加大了对体育运动的投入。《俄联邦 2006—2015 体育运动发展计划纲要》（以下简称《十年规划》）就是这种时代背景下的产物。本文拟通过对《十年规划》的指导思想、新举措、新特点的解析，把握俄罗斯体育方针政策的新动向，为开拓中国体育发展的新局面提供参考。

一、《十年规划》的指导思想

《十年规划》开篇指出了制定此规划的出发点：以创立保护、改善公民身体和精神健康为基础，最大限度地促进俄罗斯联邦公民的福利、民族自觉和保证长时间的社会稳定以及吸引广大居民从事体育运动、保证居民的健康状况和国际赛事上的优异成绩。《十年规划》旨在大众、竞技和学校体育等方面都有所作为，更着重于大众体育的发展。创造条件巩固居民健康、发展体育基础设施、扩展大众和职业体育（包括高水平运动），吸引各社会阶层有规律地从事体育运动。

目的反映了《十年规划》的指导思想，反映了新形势下俄罗斯协调大众体育与竞技体育的需要，积极兑现前苏联解体之初向人民还债的夙愿，也是对 1996 年俄罗斯加入欧洲“大众体育”联盟的积极延伸。

二、《十年规划》的具体措施

《十年规划》出台了一些列措施，硬件上投出巨额资金对体育运动基础设施进行建设、修缮和现代化，软件上从联邦中央到联邦主体、地方、市政教育等都制定相应计划措施，始终围绕大众体育和竞技体育两个方向进行。

（一）大众体育方向措施

《十年规划》中关于大众体育方向采取的措施主要有宏观方面的政策制定，微观方面对教育机关和居民小区体育基础设施的建设和修缮。

1. 提升俄联邦各阶层公民从事体育运动兴趣的措施

遵循 2002 年联邦会议指示精神，《十年规划》要求：制定各层次居民体育—健康纲要；保证体育运动措施能为社会各层次居民接受，其中制定和运用优惠措施以及无偿向缺少保障公民、儿童、学生、退休人员、残疾人提供体育设施；组织体育运动宣传，包括发放社会广告，展示体育和健康生活方式；提供比赛照明设备和开放体育中心，网络信息支持，保证高质量体育服务。

2. 建设和修缮教育机构和居民区的大众体育基础设施的措施

教育机构建设1467个多功能体育场馆，733个室内游泳馆和733个运动场。这些建设经过了缜密的布局安排，范围框及国家的各类学校，不但力争逐步改善各类教育机构的体育运动教学工作，而且努力丰富学生的业余文化生活，使俄罗斯青少年儿童能够拥有更好的锻炼环境，从而远离不健康的生活方式。

利用联邦预算和联邦主体预算建设1000个体育中心满足所有阶层居民的体育运动需要。体育中心能开展多种多样的运动项目，人们可以根据自身的年龄、兴趣、技术、技能水平，随时随地从事自己喜欢的体育活动。

（二）竞技运动方向措施

1. 制定科学的兴奋剂监督方法

出于对运动员的人文关怀，充分体现健康民族的优异性，为青少年儿童做出高尚人格表率作用等的考虑，《十年规划》要求国家体育运动科学研究院及各类大中专院校积极发挥科研优势，研究制定科学合理人道的兴奋剂监督检测办法，不断改善监督条件，合理实施监测手段。

2. 发展和改善高水平运动物质技术基地

由于前苏联解体，部分奥运训练基地已归属他国，俄罗斯本国虽留有大部分，但由于年久失修，部分已失去训练功能。近年，俄罗斯竞技体育有所下滑，尤其是转型期的国家更需要竞技体育来恢复其大国强国的民众心理，因此《十年规划》也制定了针对发展高水平运动的物质技术方面的措施：投入资金建设、修缮和现代化7个左右联邦奥林匹克训练基地、20个左右单项体育训练中心以及奥林匹克后备力量教育机构的训练基地。

三、《十年规划》的主要特点

《十年规划》是俄罗斯独立以来颁布的目标最明确、内容最丰富、投资规模最大、配套实施最完整的一套方案。正如普京所说，纲要的制定是体育领域尝试突破的开始。主要特点体现在：

（一）目标明确，措施具体

整个规划体系不仅有统领性的总体目标，又有大众体育和竞技体育等不同领域的政策目标，还有具体的实施目标。《十年规划》的宗旨反映了其总体目标，即“保护和改善公民身体和精神健康基础，最大限度地促进公民的福利、民族自觉和保证社会稳定”。

大众体育的政策目标：“第一，提升俄罗斯联邦公民从事体育运动的兴趣，制定各层次居民体育健康纲要；第二，扩充教育机构和居民区的大众体育基础设施，为民众从事体育活动提供便利条件；第三，建立有效体育教养体系，保证儿童和未成年人的体育教育权”。

实施目标：俄联邦公民系统从事体育运动份额从2004年的11.6%增加到2015年的30%，每年增长约1.5~2个百分点，其中包括学生、妇女、伤残人；提高自愿体育运动组织和体育运动中心的数量，预计2015年达到每10万人口拥有30个活动场所；依据市场需求和要求，到2015年从事专业教练和体育运动组织指导师的数量从87000增加到30万；万人使用的游泳池、体育馆和体育设施密度保障每年增长2%；增加公民平均体育支出；保证每年实现经济成效约130亿卢布（按2006年价格计算）。

高水平运动的政策目标："第一，国际大赛使用兴奋剂剂量降至零；第二，发展物质技术基地，修缮、建设和现代化奥林匹克基地、各单项体育中心以及奥林匹克后备力量教育机构，装备反兴奋剂中心。"

其实施目标：专门体育机构从事运动的公民份额每年比上一年增长1%~2%；俄罗斯运动员接受反兴奋剂检测监督的份额2010年前达到100%，使用兴奋剂的到2012年达到零。

《十年规划》各种目标相互关联，逻辑明晰，环环相扣，目标体系作为一个整体，有始有终。包含宏观、中观、微观3层次，分三个阶段（2005—2007年，2008—2010年，2011—2015年）完成，措施具体，投资意向、建设修缮项目等都计划具体，可操作性强。

（二）投资宏大，来源明晰

鉴于俄罗斯国家上至领导下至普通民众人本关怀意识的提高，以及对国家安全、民族安全、人口安全的担忧，《十年规划》投资规模庞大，涉及到中央、地方，预算内、预算外等多方面。为保证资金的准确到位与合理使用，中央与地方投资阶段、投资方向以及资金使用上有具体政策。

《十年规划》总的财政支出是1066亿5500万卢布（考虑年价格变动），其中联邦预算资金536亿1300万卢布（包括发行彩票收益，268亿9400万卢布）；联邦主体预算资金479亿6200万卢布；预算外资金50亿8000万卢布；资本投放预计为1051亿9200万卢布；用于科学研究和实验设计工作2亿4100万卢布，用于其他开支的为12亿2200万卢布。整个规划国家层面的支持比重相当大，国库财政资金占到1/4强，如果算上联邦彩票收益的投入达到1/2还多。

（三）领域众多，协调全面

《十年规划》的另一个特点是谋求大众体育、竞技体育和学校体育的协调发展。即丰富少年儿童的体育生活，推进学校与区域之间的相互协调；提高国际竞技水平，促进学校与体育团体之间的相互协调。同时，建设和修缮教育机构和居民区的大众体育基础设施，修缮现代化奥林匹克后备力量教育机构等，为大众、竞技和学校体育协调发展提供重要保障。协调发展的无形理念贯穿在有形的配套硬件设施的建设、修缮和装备之中，为真正做到三者的协调发展提供了新思路。

（四）大众竞技，重轻分明

《十年规划》中大众体育的指导思想、政策和目标深刻回应了1999年《俄联邦体育运动法》的初衷，表明新世纪俄罗斯体育已经趋向于人本关怀。对竞技体育，除了强调建设和修缮基地及对后备人才培养外，并未对成绩提出数字性指标，而是制定了兴奋剂零使用率的目标，充分体现了对运动员的人本关怀。

按照规划的最初设计，大众体育投资数额为1013亿8100万卢布，竞技体育投资数额为52亿7400万卢布，大众与竞技体育投资之比约为19:1。随着纲要的实施，经常参加体育锻炼人口继续增长，使用体育运动场馆的青少年儿童逐步增多，俄罗斯对民众健康的考虑已取得一定成效。

竞技体育的基础是大众体育，前苏联竞技体育之所以人才辈出，与其《劳卫制》的实施不无关系。近几年，俄罗斯竞技体育成绩有所下降，与其经济水平下降，以及民众体育基础薄弱有很大关系。随着强调学校体育、竞技体育的协调发展，俄罗斯大众体育人口在逐步增长。

（五）青少体育，重中之重

从普京担任国家总理始，就十分重视青少年体育发展问题。国家曾几次颁布青少年体育发展计划，甚至动用总统储备资金。《十年规划》更是注重这一人群的健康发展，明确要求制定青少年儿童体育发展教养纲要，制定适合各层次学生的科学合理、实用可行的身心健康发展制度，要求为青少年儿童提供方便舒适的体育锻炼场所。2008年在青少年体育发展上更是做出重大举措，制定《2009—2015年青少年运动发展》纲要，纳入《十年规划》之中。

（六）保障配套，工程系统

为保障《十年规划》顺利实施，在管理上，由国家联邦体育运动署牵头的协调委员会得以成立，并配有专门实施重大招投标工作的经营委员会及工作组，订立实施进程定期媒体公布制度。这些工作部门被要求严格执行程序，严肃完成任务，诸多方面合理配套，从而能够保障规划的顺利实施。

《十年规划》内容十分丰富，涉及到体育运动的方方面面。老年人体育、妇女体育、残障人体育、体育科学研究以及反兴奋剂等问题都在《十年规划》的政策视野之中。按照联邦中央文件总体规划的要求，凡是涉及到的领域，都有相应的目标和实现目标的措施，如学生、妇女、残疾人到2015年要求达到的经常参加体育运动人口就分别为35%、23%和16%。国家与联邦主体、地方市政以及地方体育团体的协调、资金的调配与保障、信息的提供与回馈、人才的调配与培养、科研机构的支持、科研成果的应用、经营法人的获得、体育保险的加入、退役运动员的安置、体育产业的运营等问题都会在不同层次的规划中有所表述。《十年规划》紧紧围绕实现终身体育社会、健康公民社会这条主线，将体育的各个领域汇编成一个纵横交错、相互关联的有机整体。

项目编号：1182ss07139

社会主义新农村全民健身活动的发展模式与对策研究

舒为平　杨鸣亮　宋晓东　李静山　李方姝　昝凌峰　刘　香

在建设社会主义新农村的背景下，全民健身活动在农村的发展呈现出了新的理念、新的内容、新的形势和新的氛围，也为实现农村群众体育的快速发展提供了难得的机遇和挑战。本课题从全方位审视当前农村和农民体育健身活动的方式，根据农村传统习惯和场地特征，结合农村的生活规律、劳动特点，探讨和研究具有社会主义新农村特色的全民健身活动新途径，构筑体育健身、提高生活质量的新模式，对促进全民健身活动的发展，提升全民健身活动的水平，加快全面建设小康社会的步伐无疑具有重要的现实意义和深远的历史意义。

一、我国新农村体育健身活动的发展趋势

社会主义新农村建设时期将是我国农村经济快速增长的时期。当前我国新农村体育的发展趋势将呈现出下列特征：

（一）体育社会化进程加快

随着我国社会主义市场经济体制的形成，农村经济的快速发展，农民的科学健身意识提高了。他们越来越要求提供更多的体育技术服务，提高体育锻炼的科学性，从而提高他们的健康水平。人们健康意识的提高，社会办体育的主动性、积极性都将达到一个新的高度，“全民健身工程”将陆续走进每一个人。由此，加快了我国新农村体育的社会化进程。

（二）体育活动趋向经常化

随着新农村的建设，我国农村的生活条件必将得到改善。当自动化程度提高了，劳动强度小了，闲暇时间多了，“健康第一”的意识潜移默化到农民生活中时，他们自然而然的就会进行体育锻炼。并且随着农民对体育价值观念的进一步深入了解，体育活动趋向经常化，从而提高农村体育人口活动的数量和质量。

（三）体育锻炼走向科学化

新农村体育的科学化是提高新农村体育活动质量的关键。在开展农村体育活动时，对身体锻炼和身体娱乐方法手段的挖掘、整理、创新、规范、推荐是科学化的重要一环。这项工作将在体育科学的指导下开展起来，逐步形成一个适合我国农村现状的、具有东方传统健身活动特色、内容丰富多彩、健康的方法手段体系。

（四）体育内容形式多样化

新农村体育活动的多样化是普及化和社会化的必然结果。这主要是由于年龄、性别、职业与社会角色等不同的农村居民对体育有着不同的需求。为了满足不同人的不同需求，提高参与率，新农村体育活动的内容必须丰富多彩，这样农民可以根据自己的具体情况“各取所需”。

（五）体育活动日趋生活化

在活动层次上，随着体育消费热点向娱乐、休闲健身、欣赏方面转变，农村居民的体育活动层次的生活化表现出“高移化”；在组织方面，新农村体育组织形式主要转向宏观上由政府体育行政机构进行调控，微观上主要由各级社会体育部门、各类社会体育团体和社会化体育“市场”机制来协调，基本上由各类体育团体根据当地的民俗、民风和社会化基础及本身的情况自行组织安排。这样可以互相取长补短，使新农村体育组织形式更加多样化，从而推动新农村体育的健康发展。

二、社会主义新农村全民健身活动的机遇与挑战

（一）新农村全民健身活动的发展机遇

近年来国家体育总局相继采取了一系列措施，力图促进农村体育更加快速的发展，使之与整个农村社会的发展相协调。这为发展新农村全民健身活动提供了很好的机遇。

1. 新农村建设为农村全民健身活动提供了有力的政策支持
2. 新农村建设为农村全民健身活动建构了强大的经济保障
3. 新农村建设为农村全民健身活动营造了良好的发展环境
4. 新农村建设为农村全民健身活动奠定了多元的文化基础

（二）新农村全民健身活动面临的挑战

在农村经济改革和我国社会发展过程中，以前我国农村体育尚存的问题并未完全解决，在新的形势下又面临着新的困难。新旧问题的交织，使我国农村体育的发展步履维艰。所面临的挑战主要表现在以下几个方面：

1. 农民体育意识淡漠
2. 区域经济发展失衡
3. 健身主体力量减弱
4. 专业指导人才匮乏
5. 场地设施建设滞后

三、社会主义新农村全民健身活动的发展模式

（一）社会主义新农村全民健身活动发展模式的构建原则

新农村全民健身活动是一项长期而又艰巨的工程，不可能一蹴而就。构建社会主义新农村全民健身活动的发展模式应该从当前农村的民情出发，遵循坚持量力而行，循序

渐进；坚持乡镇为主，梯度发展；坚持模范引路，自觉参与；坚持新旧融合，多元并存等构建基本原则。把握长远性目标和阶段性目标的统一，标准由低到高，切忌顺应形势搞突击、一曝十寒。

（二）社会主义新农村全民健身活动发展模式的设计与构建

任何一次活动、一项事业都有自己相对固定的运行机制和框架模式。那么，农村全民健身的发展模式应该如何构建？课题组以社会主义新农村建设为农村全民健身活动带来的发展机遇与挑战为切入点，全方位审视当前农村和农民体育健身活动的方式，根据农村传统习惯和场地特征，结合农民的生活规律、劳动特点，从调查研究入手，设计了新农村全民健身活动“一体两翼”的发展模式，即：以建设“健身服务体系”为“主体”，以构建“体育生活圈”和打造“特色健身项目”为“两翼”的新农村全民健身活动发展模式，探究具有社会主义新农村特色的全民健身活动新途径。

1. “一体”——以组织建设为重点，健全健身服务体系

新农村全民健身服务体系包含了“体育组织”、“体育经费”和“体育指导”三个子系统。目前我国农村居民的文化素质较低，农民的自我组织、自我管理能力还较欠缺，这就决定了农村的政府体育管理部门还要扮演重要的角色。尤其在新农村建设的起步阶段，全民健身应以组织建设为重点，健全农村各级全民健身体育组织；以经费投入为基础，铸造农村体育硬件环境；以体育指导人才为保障，组织专门队伍和专业人员，对新农村全民健身活动予以指导。

2. “左翼”——以区位环境为参考，构建体育生活圈

在不同的时间状态下，新农村全民健身活动开展的空间范围和活动内容也有所不同。由“日常体育生活”、“农闲体育生活”、“节庆体育生活”构筑而成的“体育生活圈”为新农村全民健身活动的开展提供了时间和空间上的保障，是新农村全民健身活动不可或缺的必要条件。受居住环境的影响，农民体育健身活动的开展一般以居住地为主。因此，以所处区位环境为参考，因地制宜，充分利用农村现有公共设施；以农村平时日常、农闲时令、传统节庆三个相对真空的时间窗为切入点；以村民小组为单位，开辟小型健身场地，建立小型的体育协会，并在此基础上逐步拓展到村、乡镇，由此发展壮大为农民体育健身基地。

3. “右翼”——以科学健身为基础，打造特色体育项目

“特色健身项目”是根据农村传统文化和习惯，以农民兴趣爱好、身体素质为基础，在传统项目、新兴项目和派生项目中有重点、有倾向性进行挖掘、改造和发展而形成的体育健身项目。“特色健身项目”是吸引农民参加健身、保持健身习惯的必要手段，也是新农村全民健身活动可持续发展的重要组成。积极打造一批具有现代气息的全民健身活动精品，以精品推普及，以精品促提高，不断地为我国民族民间传统体育增添活力，全面提升我国全民健身活动的整体水平。

（三）社会主义新农村全民健身活动发展模式的构建步骤

1. 第一阶段：普查测试。结合农村现状，对农民的经济、家庭、人口、身体素质的现状进行综合调查和测试。

2. 第二阶段：建站试点。因地制宜确定体育健身项目和场地；完善体育网络和协会建设。

3. 第三阶段：网络铺设。有步骤、有计划、有目的、按程序完成县级体育网络建设和体育项目及场地的确立。

4. 第四阶段：组织开展。全方位、多角度地组织丰富多彩的体育健身锻炼和竞技活动，真正使农村体育和农民健身活动能健康、持续发展。

四、社会主义新农村全民健身活动发展对策

（一）社会

新世纪以来，中共中央关于全面小康社会、新农村建设以及西部大开发等国家相关方针政策陆续出台，指明了农村改革发展的方向。所以要研究发展社会主义新农村全民健身活动的对策，就应该将农村体育置身于社会发展的大背景中研究，提高认识，用科学发展观指导农村体育事业，注重发展对策的实效性和可操作性。

（二）管理

从管理上说，发展农村全民健身活动需要健全领导组织，加大宣传力度，保证管理切合农村实际；加快建立和完善农村体育组织网络，并加强对实施《全民健身计划纲要》的领导。

（三）经济

经济的增长是农村体育发展的基础，是经济的发展为农村农民体育的发展和消费提供了良好的经济条件。只有大力发展经济，才能为农民参与体育提供必要的物质基础条件。发展农村经济，引导农民树立体育消费观念，并且增加资金投入，改善农村体育健身硬件条件，解决农村社区体育配套设施少的问题，大力开展农民的健身活动。

（四）教育

新农村体育文化事业的发展，离不开有知识、有文化的农村劳动者。农民文化素质的提升，有利于提高农民群众对全民健身的认识水平。因此，从教育的角度来说，提高农民的科学文化素质，强化农村的健身舆论氛围；加强农民健身意识的培养，树立科学健身观念；加强农村体育指导员队伍建设，发挥农村体育教师的作用是发展新农村全民健身活动的关键。

（五）环境

发展农村体育当前最重要、最迫切的工作是解决农村群众体育场地器材匮乏问题。所以，需要通过加强体育场地设施建设，为农民健身活动提供物质保障。另一方面，开发农村特色体育项目，形成体育与经济发展相互促进的局面，也是促进农民进行健身活动的方法。

项目编号：1071ss07028

构建社会主义新农村中农村体育文化的理论与实证研究

徐成立　方春妮　胡庆山　陈元欣　田　静　鲁长芬　关海涛

农村体育作为一种社会形态总是与时代的发展和社会的进步紧密地联系在一起的。在不同的社会发展阶段，它具有不同的社会意义和基本特征，在朝着构建和谐新农村目标迈进的过程中，农村体育在新的社会形势下被赋予新的内涵，同时农村体育作为社会发展的内容之一也必须与社会发展相适应。

一、新时期建设和发展农村体育文化的必要性与可行性

（一）新时期建设和发展农村体育文化的必要性

1. 新农村体育文化建设是和谐新农村建设的重要内容之一。

2. 农村体育文化建设是建设社会主义新农村的内在要求。

3. 农村体育文化建设是提高广大农民群众整体素质的有效途径，是建设社会主义新农村的重要保障。

4. 农村体育文化建设是推动农村体育发展的内在动力，是“全民健身体系”得以实施的重要前提。

（二）新时期建设和发展农村体育文化的可行性

1. 发展农村体育文化有了相关法律和政策的支持，随着国家建设小康社会、和谐社会政策的战略转变，国家和政府意识到体育事业在和谐社会建设中的作用。

2. 北京奥运会是大力发展农村体育文化的历史契机，北京奥运会之后，农民的体育热情和对体育文化知识的渴望空前高涨。但是基层行政部门对农村体育文化建设基本上处于不作为状态。面对如此现状，我们应把握历史契机，采取有力措施促进农村体育文化的快速发展。

3. 农民物质生活水平的提高为农村体育文化的发展提供了物质基础。近年农民的经济状况不断得到改善，农业税的取消，农村免费义务教育的全面实现，都使农民实现了减负增收的目标，农村居民人均纯收入由2002年的2476元增加到4140元。随着农村经济状况的改善，农民物质文化生活水平的提高，农民的健康意识也在不断提高，同时对体育文化需求也更加迫切。

4. 村农民的现实状况迫切需要大力发展农村体育文化。自从国务院颁布《全民健身计划纲要》（以下简称《纲要》）以来，农村体育进入了蓬勃发展的新阶段。但是，农村体育仍然是我国体育事业的薄弱环节，特别是由于基础薄弱，历史以来农村体育文化建设投入较少，农村公共体育场地设施建设严重滞后，城乡差距越来越大。农民日益增长

的体育健身需求同农村公共体育场地设施严重不足的矛盾制约着农村体育活动的开展。

5. 发展农村体育文化有了相关法律和政策的支持。北京奥运会是大力发展农村体育文化的历史契机。

二、农村体育文化的建设与发展的政治经济价值

（一）农村体育文化的政治价值

在构建和谐社会和谐新农村的浪潮中，农村体育文化的建设和发展对和谐新农村的建设具有重要作用。首先其可以提升农村的文明程度，农村体育文化是社会文明进步的产物和象征，农村体育活动是在一定的规则和礼节基础之上完成的，会改变村民平时生活当中的一些粗鲁、莽撞的行为，让他们向文明靠近。还有农村体育文化给农村居民精神文明的支柱是无法代替的，蕴涵着顽强拼搏精神、集体主义精神、爱国主义精神，共同构成了中华民族体育精神，是中华民族精神的重要组成部分。在中华民族伟大复兴的历史进程中，它激励和鼓舞农村居民不断克服前进中的困难，为构建社会主义和谐社会提供强大的精神动力。

（二）农村体育文化的经济价值

农村体育文化的发展一方面促进农村体育活动的进一步繁荣，促进人们体育观念的更新；另一方面也促进农村体育产业的快速发展，农村体育场地设施的建设，农民体育消费行为的养成等等方面都能够促进农村经济的发展。

（三）农村体育文化对改善农民生活方式的价值

农村体育文化的发展促进农民生活品味，丰富农村文化生活，提高农村人生活质量和生活品味。农民通过体育消费来不断改善个人健康状况、优化生活方式、提高生活质量。体育运动充实了农民的生活时间，随着农村生产劳动时间、家务劳动时间的缩短，农民的余暇时间逐渐延长，农村体育文化的发展在积极引导农民善度余暇时间上起着重要作用。另外农民的体育活动不仅可以扩展他们的生活空间，而且还能调节农民的心理健康。

从文化结构论的角度来看，农村体育文化建设在表层文化（器物文化）层次表现出来的是农村体育资源严重缺乏；在浅层文化（制度文化）层次上表现出来的是农村体育组织制度不够健全；在中层文化（行为文化）层次上表现出来是农民体育行为较少；在深层文化（观念文化）方面表现出来的是农民体育观念淡薄。而通过对两省农村体育文化娱乐生活现状的问卷和实地的调查发现，经济发展水平仍是影响农村体育文化建设的根本因素，而农村体育场地设施、农民的健身意识和健康观念、乡镇农村体育职能部门的缺失等严重制约着农村体育文化建设的发展。

三、发展新农村体育文化的对策与建议

（一）加快相关法律法规的制定与完善，加强政策引导和宣传普及

辩证唯物主义认为，物质决定意识，但是意识对物质具有能动反作用，其反过来也

影响着物质，要正视意识的作用，重视精神的力量。我国在毛泽东思想邓小平理论和三个代表的指导下取得的辉煌成就处处体现着意识和精神的力量。我国竞技体育取得的辉煌成就也是一个典型的例子，相对于一些发达国家来说，我国的经济远不如他们，在竞技体育方面我国超越了很多发达国家。因此在以构建和谐社会为主题的今天，我们应该充分社会主义体制优势，加快体育相关法律法规建设，在提供法律保障的基础上充分发挥意识的能动性，培养农民的健康意识、体育意识；加强农村体育文化的宣传力度，增加广播、电视节目中体育频道的播出，增加群众体育的内容。

（二）加强政府对农村体育规划建设的系统化管理

要把农村体育纳入国民经济和社会发展的总体规划，政府对事关农民身体健康和社会发展的体育事业要加强领导，统筹规划，充分发挥政府宏观调控的职能。各级体育局及相关部门如工会、共青团、妇联、民政局、建设局、卫生局等要明确在农村体育发展中的职责，加强公共体育政策的制定和落实以及过程监督环节的调控，将农村体育健身设施建设纳入各地市的发展规划。成立乡镇农村体育协会，促进农村体育组织网络化。市、县（区）体育局要协助指导乡镇成立乡镇体育协会，并逐渐将部分行政的权力放给协会，转而行使政策扶持、资金投入、监督检查的职能，而农村体育协会则利用自身的灵活优势，将农村的单项体育协会、俱乐部、单位、体育活动点等有机联络起来，并加强与总工会、团委、妇联、残联、教育、民政等部门的合作，逐渐形成农村体育组织的社会网络化，将农村体育文化娱乐活动的开展以及受众数量等作为乡村干部政绩的考核指标之一。

（三）加大资金投入力度，广开资金渠道，加强农村体育场地设施建设

农村基础设施匮乏，公共体育设施少，已成为制约农村开展体育活动的“瓶颈”。在国家要加大财政投资的基础上也要广开资金渠道，鼓励企事业单位、社会团体、个人资助体育健身活动，提倡家庭和个人为体育健身投资，形成一种政府拨款，社会筹集和个人投入相结合的多元化资金投入格局。充分利用农村学校现有的场地设施，农村学校拥有体育设施以及企业单位的体育设施始终没能做到有效对外开放。学校、乡镇、单位等各方面需要做大量的协调和管理工作，使有限的农村体育资源得到充分的利用；各级政府职能部门要联合加大执法力度，认真贯彻和执行《体育法》精神，使农村体育社区建设纳入配套建设规划，保护现有的体育设施，任何组织或个人不得侵占、破坏农村体育场地设施；利用好体育彩票公益金，将全民健身工程资助重点转移到农村，帮助农村改善体育场地设施条件。

（四）加快我国体育法规建设步伐，特别是农村农民体育法规制定和农村农民体育保障法规的制定和实施

健全农村体育法制，促进农村体育良性发展。随着农村经济的发展和乡镇机构改革的深化，农村体育发生了巨大的变化，我国原有的部分法律法规已不能完全适应新时期农村体育事业发展的需要。为贯彻实施《全民健身计划刚要》，加快农村体育事业发展步伐，2002 年国家体育总局印发了《农村体育工作暂行规定》，加强农村体育法制建设，尽快建立和健全相关的法律体系，如农村体育的组织管理、农村体育活动的开展，农村体育骨干的培训与管理以及体育产业的发展等相关问题的立法，使农村体育工作有法可依，有章可循，推动农村体育工作向着科学化、规范化、制度化、普及化的方向发展。

（五）加强农村学校体育建设，培养农村体育的主体力量

在新农村建设征程中，加强农村学校体育建设，培养和发展农村体育骨干力量，对新农村体育事业的发展具有积极作用。要充分重视农村学校体育的发展，坚持科学的发展观，以转变观念为先导，以加快发展为主题，以教育创新为动力，以提高办学质量和办学效益为目标，全面促进农村体育教育的健康快速发展。

项目编号：1162ss07119

区县体育工作绩效评估体系建立与辅助管理系统的实现

——以上海为例

顾　红　刘志民　徐　娜　卢高峰　陆英浩　周　艳
魏轶林　宗志伟　陆树兵

一、上海市区县体育部门工作绩效平衡计分卡研究设计

（一）区县体育部门绩效评估体系的构建

1. 区县体育部门绩效评估体系指标构建原则

构建区县体育部门绩效评估指标体系应当遵循以下原则：目标导向性、科学性与可行性相结合的原则，适切性与清晰性相结合的原则，可比性原则，整体性原则。

2. 区县体育部门绩效评估体系指标分析

⑴ 财务方面绩效评估指标的设计

1）资金利用率

区县体育部门应当合理分配，提高资金的利用率。资金的主要用途包括：员工培训进修费用、组织活动费用、学术交流费用等。

2）拓宽融资渠道

除政府给予必要的拨款外，通过体育部门和社会各界的沟通和联系，增加企业商界团体的社会责任感，社会赞助、商业赞助的经费不断增加；同时区县体育部门通过组织各种培训活动，也获得一定数量的合法收入。

3）财务制度规范健全

要严格执行预算项目，业务费、项目经费做到专款专用；原始凭证真实、合法、内容完整、报销审批手续齐全；按有关制度规定核算财务收支，科目运用正确；财务报告真实、完整、上报及时，重大事项在财务报告中披露。

4）控制各项费用

虽然区县体育部门作为政府部门，价值最大化不是首要目标，但仍然需要严格控制好各项成本费用的发生，提高资金的收益率。具体计划：降低资金成本及业务费用；精简员工，控制用人费用等。

⑵ 工作绩效评估指标的设计

根据各区县体育部门的机构设置，工作绩效评估主要包括竞技体育工作绩效评估、群众体育工作绩效评估两个方面。根据这两个方面分别设计相应的具体策略，并以此为基础设计相应的考核指标。

1）群众体育工作

①身体形态及机能

指根据《2005年国民体质监测工作手册》中规定的身体形态、身体机能、身体素质等指标以及达到体质标准人数比例。

②群众满意度

主要是群众对社会体育指导员队伍的数量与质量、健身点设施的配备与管理、健身知识的宣传与普及以及群体活动的组织管理等方面的满意程度，是否能满足社会成员的需求水平。

③价值观及生活方式的影响

主要是体育健康价值与体育精神价值对人思想影响的稳定程度以及体育健身运动是否成为人们生活中不可缺少的一项内容。

2）竞技体育工作

①运动员满意度

主要是各区少年体校的运动员对教练员队伍的数量与质量、训练场地设施的配备与管理等方面的满意程度，运动员的比赛成绩、专项素质等。

②业余训练管理

主要包括选材测试制度、青少年竞赛制度、业余训练运动员注册管理制度和评估制度的建设。

③教练员队伍建设

主要包括教练员的专业技能、运动经历、临场指挥水平、学习能力、创新能力、科研水平、各类训练计划的制定、训练计划的实施、训练课的组织等。

(3) 内部流程方面绩效考评指标设计

1）领导机构

主要包括领导机构的设置是否合理、各项工作制度的制定以及计划规划的制定和执行等。

2）组织管理

区县体育部门对开展各项体育工作的领导重视程度，对规章制度、组织体系建立的重视程度。

3）完善信息系统，提高运营效率与质量

区县各级体育部门当前在运营管理方面的重要任务就是完善管理信息系统，提高信息的利用率，减少信息的重叠；按业务流程调整组织结构；落实责任中心制度，健全岗位责任书，明确业务流程接口。

4）健全管理制度，进行组织结构调整

组织机构调整计划的完成情况说明实施组织结构改革进度情况。

一是业务效率：业务内部流转的时间越短，则说明运营效率越高。

二是各种规章制度落实程度：根据内部控制审计报告，反映各部门的制度落实情况。

(4) 学习与成长方面绩效评估指标的设计

包含培养人力资源与高绩效组织文化及制度的建立两个方面。

（二）区县体育部门绩效评估体系指标的确定

本研究初步选择了区县体育部门工作绩效评估指标 86 项，然后应用 Delphi 法，将上述指标提交给 25 位体育管理领域的专家，向他们进行函询，收到的专家意见进行定量统计归纳；再将结果反馈给专家们，专家再行修订和发表意见；经过两轮咨询，专家的意见趋向一致，确定区县体育部门群体工作绩效评估指标共 61 项、区县体育部门竞技体育工作绩效评估指标共 61 项。

二、区县体育部门绩效评估辅助管理系统的开发与实现

（一）综合描述

SportsManageSystem 是部署于 Windows 操作系统的 B/S 架构的 WEB 系统，采用 J2EE 开发技术，系统整体架构设计为 Struts+Hibernate+Spring 结构，用户界面基于 Jsp 呈现，基于 MVC 的架构体系，采用迭代式的开发模式。

其中，用户界面基于 Jsp 呈现，实现数据展现和收集。SportsManageSystem 是基于 B/S 结构的 J2EE 应用，分别实现了用户权限管理、KPI 评估模型管理（增、删、改）、KPI 指数数据统计分析管理等功能；中间应用层，基于 Tomcat 服务器，MYSQL 企业级数据库服务器；整个系统运行于 Windows Server 系列服务器上。

（二）模块功能设计

主要包括用户管理功能、区县体育数据管理功能、区县体育数据评估模型管理、其他业务系统的接口、其他非功能性等模块。

三、在上海市区县体育部门实施平衡计分卡绩效评估体系的流程

（一）实施流程

1. 实施前进行充分准备

在政府部门实施平衡计分卡需要高层的参与和支持。为此，上海市各区县体育局要成立一个平衡计分卡小组，由局长担任项目的领导者。平衡计分卡小组的目标是确保项目的成功实施，其职责是制定和分析本区县体育发展战略，审批各部门和基层单位的平衡计分卡目标。平衡计分卡小组具体协调实施工作，跟踪项目进展。小组成员一般来自人力资源部门和主要业务部门。

2. 实施平衡计分卡的具体流程

（1）分析宏观环境，形成发展战略

（2）平衡计分卡指标体系设置

（3）平衡计分卡关键绩效指标逐层分解

（4）建立平衡计分卡绩效考评工具

①业绩计划及评估表

②员工绩效计划及评估表

（5）技术支持与相关要求

①以 IT 技术为支撑，构建平衡计分卡数据信息平台

②加强对平衡计分卡的管理控制

③平衡计分卡指标体系不断完善

④平衡计分卡动态管理

（二）体育部门员工个人绩效评估的具体方案

1. 关键绩效指标目标值及权重的设定

员工个人绩效目标设定的步骤：（1）选取关键绩效指标；（2）确定绩效指标的衡量标准、目标值及权重；（3）检验目标之间的关联性；（4）制定绩效计划；（5）员工与直线经理磋商沟通确认绩效目标；（6）签订职位聘用协议。

2. 绩效考核结果等级

员工绩效考核结果划分为以下五个基本等级：显著超出绩效目标（A+）、超出绩效目标（A）、完成绩效目标（B）、绩效需要改进（C）、离绩效目标有较大差距（D）。

四、平衡计分卡在区县体育部门实施中可能出现的障碍及对策

（一）平衡计分卡实施中可能出现的障碍

在上海市区县体育部门实施平衡计分卡时可能会出现的一些障碍分析：战略确定与分解的障碍；沟通、认识的障碍；管理的障碍；资源的障碍。

（二）实施中可能出现障碍的解决对策

针对以上分析可能出现的障碍，提出以下对策：创立以战略为核心的组织，端正对平衡计分卡的认识，加强沟通，克服员工抗拒心理，完善考核机制，加强资源配置。

五、结论

本研究结合平衡计分卡的相关理论，在分析了区县体育部门实行平衡计分卡进行工作绩效评估的可能性后，经过 Delphi 法两轮咨询，确定区县体育部门群体工作绩效评估指标共 61 项，区县体育部门竞技体育工作绩效评估指标共 61 项。

在构建区县体育部门工作绩效评估体系的基础上，本研究进一步设计并实现了部署于 Windows 操作系统的 B/S 架构的辅助管理信息系统。用户可通过该系统进行用户管理、绩效评估的数据管理、绩效评估模型的管理以及与 OA 系统的连接等。在调查研究基础上，以嘉定区体育局为试点单位，对该部门的员工进行问卷调查，对各评估指标的相对重要性进行判断，建立了该部门的群众体育工作绩效评估模型。

最后，本研究又阐述了在上海市区县体育部门实施平衡计分卡的流程，以及实施过程可能出现的战略确定与分解、沟通与认识、管理、资源等方面的障碍，并提出了可采取创立以战略为核心的组织、端正对平衡计分卡的认识，加强沟通，克服员工抗拒心理，完善考核机制，加强资源配置等对策予以解决。

项目编号：1059ss07016

“环太湖体育圈”农民体育健身工程运行机制的研究

邰崇禧　徐勤儿　王家宏　刘江山　汪康乐　钟　华
刘昌亚　赵胜国　朱序伟　陈　超　陆阿明　蔡　庚
戴俭慧　魏　巍　朱　玲　李　强　汪克强

一、“环太湖体育圈”农民体育健身工程实施现状的调查与分析

总体来讲，太湖周边地区农村公共体育场地设施建设和配置情况良好，农民体育健身工程已在绝大多数行政村启动，区域经济社会的发展优势为实施工作提供了良好的外部环境等。但是也存在以下主要问题：各级政府对开展农民体育健身工程的重视程度和支持力度需要加强，实施农民体育健身工程的宣传引导工作不到位，缺乏相应的法规制度，缺乏对农民体育健身锻炼的有效组织与指导，资金投入不足，场地设施的管理与维护不完善，相关配套工作滞后等，这些问题亟待解决与落实。

太湖周边农村地区实施农民体育健身工程的整体效果不明显。影响农民体育健身工程广泛、深入开展的因素较多，其关键是缺乏切实可行的运行机制，在实施过程中难以体现出高度的系统化、组织化、规范化和效益化。

二、影响“环太湖体育圈”农民体育健身工程运行机制建立的外部环境分析

(一) 相关政策法规不断完善的保障作用

近10年来，党和政府出台了一系列发展农村体育的法律法规。苏州市、无锡市、常州市政府结合本区域的具体情况，也制定了促进农村体育、农民体育健身工程开展的政策制度。这为太湖周边地区实施农民体育健身工程及构建运行机制提供了政策性保障。

(二) 农村经济快速发展的推动作用

环太湖地区农村经济快速发展，不仅为农村公共体育场地设施的建设与配置、体育健身服务体系的构建与完善、引导更多的农民参与体育健身活动等提供了良好的物质条件和必需的财力支持，同时也为建立农民体育健身工程运行机制提供了必要的经济推力。

(三) 农村社会环境发展的促进作用

伴随着太湖周边地区农村经济的快速发展，农民生活水平不断提高。一些地区撤村

并镇，这不仅是农村现代化建设的有力举措，也是农村生活城镇化的重要体现，更是农村社会环境发展和进步的重要标志。农村社会环境不断优化，为建立农民体育健身工程运行机制提供了良好的外部环境。

（四）乡村政府组织的引导作用

在机构改革撤并县区体育局的大背景下，充分发挥乡镇政府和村委会的组织引导作用，调动和激发农民参与体育健身的热情和积极性，是构建“环太湖体育圈”农民体育健身工程运行机制必须考虑的外部条件之一。

（五）农村体育基础的影响作用

随着农民体育健身工程的实施，农村体育场地设施条件、体育人口比例、农民体育健身意识、传统体育项目开展、群众性体育比赛特色等都会发生明显的变化，会对形成农民体育健身工程运行机制产生积极的促进作用。

三、“环太湖体育圈”农民体育健身工程运行机制的研究

（一）概念解释

运行机制是农民体育健身工程实施过程中，其内部各构成要素之间相互联系、相互作用、相互制约的具有规律性的运作模式。它涉及到政府服务机制、管理协调机制、组织活动机制、宣传引导机制、保障支持机制、评估激励机制，具有明显的以政府支持为主导，以农民参与为主体，系统化服务相配套等特征。它是促进“环太湖体育圈”农民体育健身活动健康、快速发展的组织程序和根本保证，是确保“环太湖体育圈”农民体育健身工程进一步深入实施的一个有效的工作系统。

（二）农民体育健身工程运行机制的内涵系统

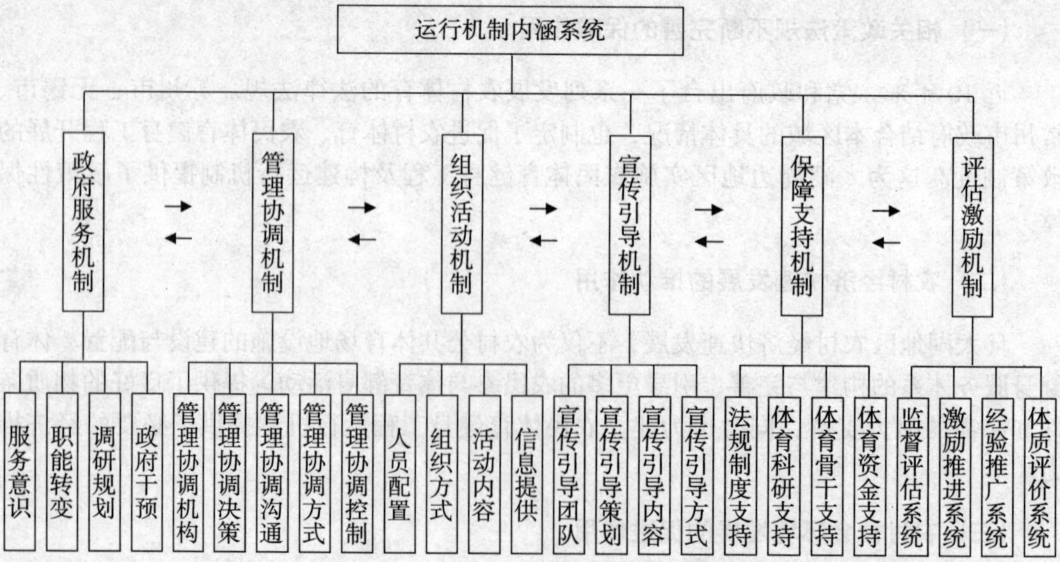

图1　农民体育健身工程运行机制内涵系统结构图

1. 政府服务机制

政府服务机制是指当地政府根据客观需要和实际情况，充分发挥政府的主导作用，通过增强服务意识、加强职能转变、深入调研与规划、加大干预力度等手段，促进农村体育公共服务体系不断完善，推动农民体育健身活动蓬勃发展的一个工作系统。

政府服务机制包括政府服务意识、政府职能转变、加强调研与规划以及政府干预四个内涵系统。

应通过优化宣传方式，加大宣传力度，丰富宣传内容，促进相关部门对实施农民体育健身工程有关政策的了解，提高对实施重要性的认识，不断增强政府服务意识。

强化政府职能和政府职能转变对实施农民体育健身工程具有特殊意义。政府体育管理和服务职能的有效发挥依赖于政府本身的改革。在新时期，体育行政部门必须对传统体制下的政府社会职能进行改革，强化与市场经济体制相适应的政府社会职能，促使政府服务机制有效运转。

要建立实施农民体育健身工程的调研机制，掌握当地农民体育健身工程的开展特点和发展规律，科学地制定当地农民体育健身工程的发展规划，为构建政府服务机制提供依据。

应尽快出台相关政策法规，制定切合本地区实际情况的规章制度，使农民体育健身工程实施工作有法可依、有章可循、有人管事，确保开展农民体育健身活动制度化、经常化，提高政府的干预能力，促进政府服务机制不断完善。

2. 管理协调机制

管理协调机制是指对各种与开展农民体育健身工程有关的要素和来源，如人、财、物和信息等进行合理的计划、组织、控制、协调和沟通，充分挖掘这些资源的潜力，从而实现农民体育健身工程总体目标达成的一种社会活动。

管理协调机制包括管理协调机构、管理协调决策、管理协调沟通、管理协调方式以及管理协调控制五个内涵系统。

建立政府主管部门、村委会和群体社团组织相结合的、分工合理、职责明确、各尽所能的高效率的管理协调机构，是实施农民体育健身工程和加强管理协调的基本要求与发展趋势。

只有通过对农民体育健身工程实施过程中各种情况进行全面分析、判断和发展趋势的科学预测，科学统筹当地经济社会发展以及综合利用资源等各类问题，坚持以农民为本的理念，制定切实有效的管理协调决策，才能更好地为开展农民体育健身工程服务。

要切实加强各管理层面之间的相互沟通，明确沟通的重要作用，创造良好的沟通氛围，准确传递各种信息，及时纠正偏差，进而达到管理协调的目的。

管理协调方式是根据农民体育健身工程开展的态势，在其开展的某一阶段，对有关工作的管理采取相应的协调方法。应采取合理的管理协调方式，结合农民体育健身工程实施的具体情况，有效运用各种管理协调方式，保证管理协调机制发挥最大的功效。

应根据不同的控制对象、内容和条件，借助各种不同的控制方法，切实加强相应的管理协调控制，保证管理协调的过程和实际绩效与管理协调的目标及计划、内容相一致，促进管理协调目标的实现。

3. 组织活动机制

组织活动机制是指通过组织广泛性的体育健身活动让广大农民参与体育锻炼的工作系统，是由满足农民健身、娱乐、休闲、竞赛、教育等公共活动需求的要素构成的有机整体，是为实施农民体育健身工程服务的工作体系，是实现农民体育健身工程总体目标的一种社会活动。

组织活动机制包括人员配置、组织方式、活动内容和信息提供四个内涵系统。

要通过制定用人计划、确定人员来源、选拔合适人员、进行岗前培训、合理配置岗位、对上岗人员的业绩进行考评等加强人员的合理配置。保证农民体育健身工程目标和农民体育健身活动任务的完成。

应采取以村委会、农民体育协会或辅导站的组织为主，以体育骨干带动和自发组织的晨晚练点活动为辅，与当地企业赞助的竞赛活动相呼应的多样化组织方式，带动农村体育组织建设和体育健身活动的开展。

采取坚持体育活动和文化活动相结合、坚持平时锻炼和竞赛表演相结合、坚持“因陋就简、因地制宜、小型多样”等方法，积极开展农民喜闻乐见、参与度高、富有特色的体育健身活动及体育竞赛。

应通过编发简报、开办农村社区网站及利用体育健身场地、文化活动中心等途径，提供丰富、快捷的政策法规宣传、健身知识讲座、健身活动内容、健身方法介绍、健身经验推广、体育竞赛安排等信息和咨询服务，同时加强对体育信息资源的科学管理。

4. 宣传引导机制

宣传引导机制是指通过传播农民体育健身工程有关的政策法规、健身信息等以改变不同层面人员对体育价值的认识，引导他们共同参与农民体育健身工程的建设，是促进农民体育健身工程运行机制不断完善、推动农民体育社会活动广泛开展的工作系统。

宣传引导机制包括宣传引导团队、宣传引导策划、宣传引导内容、宣传引导方式四个内涵系统。

通过对体育宣传人员的培训，明确各自的工作任务。同时加强与相关部门领导、广大农民群众以及内部人员之间的沟通，构建合理、优质、高效的宣传引导团队。

对实施农民体育健身工程现状进行调研，了解目前农民体育健身活动的开展状况，制定相关的宣传引导策略，明确宣传引导所要达到的目的和所要遵循的原则，设计出合理的宣传引导策划。

加大对实施农民体育健身工程的宣传力度，加强对体育政策法规和体育健身重要性的宣传；加强对农民体育健身活动的宣传，引导更多的农民参与体育健身活动；切实做好典型宣传，积极推广经验，以点带面，促使宣传引导内容更具丰富性、针对性和实效性。

采取多样化的宣传引导方式，通过广播、电视媒体、网络、知识讲座、广告宣传、报刊杂志等多种媒介，为政府主管部门与农民提供一个直接互动的平台，为实施农民体育健身工程营造良好的舆论氛围。

5. 保障支持机制

保障支持机制是指保障和支持农民体育健身工程正常运行的一个工作系统，即保证有相关的政策制度、一定的活动资金、合适的体育场地设施、经常性的体育指导以及有组织的农村体育竞赛及群体活动等。

保障支持机制包括法规制度支持、科研支持、体育骨干支持、体育资金支持四个内涵系统。

应尽快建立健全包括农民体育健身工程实施方案以及工作细则和有关条例，实施农民体育健身工程奖励措施，农民体育活动指导工作管理办法，农村体育活动组织管理办法，实施工作先进乡村评选的标准与办法，体育场地设施管理与维护办法，体育资金管理措施等相关法规制度支持体系。

在充分发挥当地体育科研所、体育院校科学研究优势资源和作用的同时，广泛动员社会科研和运行机制内部人员的力量，对农村体育和实施农民体育健身工程的有关问题进行多视角研究，搞好科技开发与服务。

积极动员和鼓励体育专业大学毕业生到基层村委会工作，针对村委会干部、农村中小学体育教师、农村社会体育指导员和农民体育骨干等不同对象，举办不同内容的培训活动。积极培养农村体育骨干，扩大农村体育骨干队伍。

通过拓宽体育资金筹集渠道，明确资金使用要求，采取相应的资金监管措施，确保资金投入和资金使用合理化，完善体育资金支持体系。

6. 评估激励机制

评估激励机制是通过对农民体育健身工程实施过程、产生效果的评估，完成对农民体育健身工程的间接管理。制定一定的激励措施，规范和引导相关组织和人员的工作和行为，从而达到实施农民体育健身工程既定目标的一个工作系统。

评估激励机制包括监督评估、激励推进、经验推广和体质评价四个内涵系统。

应成立监督评估工作组。制定监督评价的内容、标准和方法，抓好监督评估员制度化建设，建立信息反馈制度、定期分析制度、定期检查制度等，构建合理的监督评估系统。

构建精神激励和实物激励相结合的激励推进系统。组织年度总结、评比先进单位和个人，列入村委会年度考核内容，奖励一定的体育经费和健身设施等，促进农民体育健身工程深入实施。

拓宽经验推广方式，包括利用电视、广播和报纸等媒体以及宣传材料和召开现场交流会等；丰富经验推广的内容，包括规范制度、资源分配、组织形式、人员配置、解决现存问题方法等，构建合理的经验推广系统。

通过开发与研制切实可行的农民体质评价标准和测试手段，提高国民体质监测工作人员的业务素质，建立健全农民体质监测网络等措施。同时加强与当地卫生所的紧密合作，促进农民体质评价体系的逐步形成。

构建农民体育健身工程运行机制必须遵循坚持政策法规保障，坚持统筹兼顾和协调运作，坚持以人为本，坚持因地制宜和科学文明，坚持循序渐进等原则。

农民体育健身工程运行机制在运作时应体现出发展规划和谐化、政府作用主导化、组织管理系统化、经费支持制度化、评估标准明确化等特征。

四、“环太湖体育圈”农民体育健身工程运行机制的保障措施

保障措施主要包括加强政府的重视和扶持力度；建立与完善相应的服务体系；研究和制定切实可行的评价指标体系；加强农村公共体育设施的建设和综合利用。

五、对策

全面落实科学发展观，确立政府主导模式；科学组织，合理引导，探索农民体育健身工程的运行模式；系统化服务相配套，确立目标管理模式，是促进“环太湖体育圈”农民体育健身工程运行机制良性运转和不断完善的主要策略。

项目编号：1066ss07023

“西咸一体化”背景下新农村体育文化建设现状研究

——以咸阳市秦都区钓台镇新城区建设为例

陈 珂 刘 任 康 冬 张 杨 龚 军 任海龙 敬继红 杜 晓

“西咸一体化”战略实施以来，西安、咸阳两市在经贸、交通、科技、教育、文化、卫生、体育等领域的互利合作不断扩大，在城建、旅游、电信、环保等方面的对接已经迈出了实质性步伐。

一、制度供给不完善导致的主要问题

（一）新农村体育文化建设中存在“重硬轻软”现象

目前，从我们对钓台街道办的调查来看，在新农村体育文化建设中，存在着严重的“重硬轻软”现象。比如农村体育设施很齐全，但缺乏社区体育指导，虽然秦都区计划安排了送体育知识下乡活动，但由于人员不足等客观条件的限制，实际效果并不明显。缺乏指导的最直接后果是，虽然体育设施建设上去了，但群众并不知道怎么用。这样一来，就出现了两个问题，一是体育设施很齐全，但少有人问津，我们在调查中就发现，很多村庄的体育健身广场经常空无一人；二是容易造成运动伤害，一般来讲，在缺乏指导的情况下，民众往往选择兴趣度高的运动，但对于这种运动是否适合自己，并不太清楚。我们在调查中发现，很多村民对该从事什么样的健身运动很迷茫。

从钓台街道办的实际来看，现在农村体育文化建设不单纯是一个硬件设施的问题。钓台街道办的体育设施很好，否则它也不可能成为全国群众体育工作先进单位。但其较为完善的设施，却经常“门前冷落”，经常去玩的不是成年人，而多是一些在校的中小学生。撇开农村中小学出于各种考虑，不大愿意向社会开放场地不说，即使开放了，以目前的实际情况，也少有农民兄弟去学校里面进行体育健身活动。

（二）新农村体育文化建设中存在以节庆代替日常体育的误区

从调查中我们还发现，在新农村体育文化建设中还存在一个误区，就是用“节庆”代替日常体育工作。不可否认，秦都区举行的农民节体育活动，还有其他一些文化体育节庆上的体育活动对进行体育文化教育、推动钓台街道办新农村体育文化建设有着重要的作用。但我们在调查中也发现，在钓台街道办，实际上已经把农村体育文化建设简化为“体育节庆”了，似乎是每年的农村体育活动就是搞那么一两次节庆活动。我们看到的情况是，在进行“体育节庆”时，轰轰烈烈，热热闹闹，但节庆一过，体育事务再无人问津。就连体育节庆或者农民运动竞赛的参赛者选拔，也基本上不是全民的选拔，没

有很完善的选拔机制。多是在街道办、村组干部小范围内确定，并没有十分有效的通过节庆带动农村体育活动的开展。

（三）出现上述问题的原因

这样做，究其实质，更多的还是出于“政绩”考虑。硬件设施建好了，东西都在那里摆着，很“形象”。搞这节那节，容易产生轰动效应，便于对外宣传，便于总结汇报，在某种意义上讲也是“形象工程”。而对日常体育文化活动的开展，由于是软指标，缺乏有效的考核机制，所以从“政绩”角度出发，地方政府是比较忽视的。

即使在硬件建设上，由于缺乏合理的、科学的规划与指导，也有很多违反规律和不安全的因素存在。例如，我们在调查中发现，虽然村村都建有健身路径，但不少把健身路径直接建在水泥地面上，这是极不安全的，如果健身者不慎从器材上掉下来，后果不堪设想。

其实，钓台街道办出现这些问题，也与宏观环境有很大关系。我国各级与农村体育有关的制度、法规、文件，涉及农村体育的条款多用“应当……”的表述方法，缺乏违规、违法的法则、制度，特别是针对硬件建设之外的诸如活动开展等，缺乏有效的考核机制和办法。

二、钓台街道办新农村体育文化建设的组织管理体系

钓台街道办的上级秦都区与新农村体育文化建设关系较密切的组织主要有三部分，即文体部门、教育部门、新农村建设部门，这三个部门之间分工协调处理秦都区的新农村体育文化建设事宜。从职责上来划分，文体部门主要负责农村体育设施建设、全民健身活动的组织与开展；教育部门主要负责学校体育工作，在如何发挥学校体育在新农村体育文化建设中的特殊与骨干作用方面负有重要职责；新农村建设部门主要是制定包括文化体育在内的新农村建设总体发展规划和考核细则，并对其进行监督、指导。在实际工作中，秦都区新农村建设部门除了在新农村建设的相关规划和文件中就农村体育发展制定了一些要求外，并无其他实质性工作开展。农业主管部门没有专职的农村体育管理人员，有兼职的体育管理人员，但也不是专业体育人士，主要是搞一些文艺、宣传活动，顺带负责一些体育。行业里举行的运动会也多为机关职工运动会，与真正的农民体育是没有多大关系的。秦都区在机构改革过程中，将体育局与文化局合并，这是一个被很多体育圈内人士所不看好的合并方式。在实践中，文体局把更多的精力放在了文化上，体育这一块儿多多少少是被忽视的。秦都区文体局并没有专门负责农村体育的机构，这一块儿事务归口群众体育部门管理，但在实际运作中，群体部门更多关注的是城市职工和离退休人员的活动开展，对农民体育的组织管理是比较薄弱的。教育部门主要负责学校体育的发展，从总的情况来看，秦都区学校体育的基本设施还是有保证的，各校基本上都能在一定程度上贯彻执行《学校体育工作条例》和《学校卫生工作条例》，开设“两课”“两操”“两活动”，并从2007年以来，加大“全国亿万中小学生阳光体育运动”的宣传和实施力度，基本上确保学生每天在校锻炼一小时。但秦都区学校体育的开展和农民体育的开展并没有很好的融合，虽然很多学校地处农村，但对农村体育的促进作用不大。从这个意义上讲，教育部门在新农村体育文化建设方面并没有起到应起的作用。

三、钓台街道办新农村体育文化建设制度落实情况和活动的组织

近年来，钓台办认真组织，采取多种措施，开展了一系列形式多样、内容新颖的全民健身活动，让农民兄弟广泛参与其中，激发他们的积极性，努力使广大农村群众真正做到我运动、我健康、我快乐。

第一，努力加大对农民体育活动的指导。充分发挥秦都区下派到办村进行指导的体育专业人才（尽管人数有限）的作用，加强与有关高校的合作。在刘任主持钓台办工作期间，与陕西师范大学达成了合作意向，就新农村体育文化建设进行合作研究，钓台办为研究提供便利，陕西师大则向钓台镇（办）送体育。虽然刘任于2007年调任其他工作，但钓台办和陕西师大的合作关系保持了下来。近两年来，陕西师范大学由体育学院牵头主要向钓台办开展了以下送体育活动。

(1) 送健康。组织陕西师大体育学院的专家教授和学生，到钓台办所属村组从运动营养角度进行健康咨询、进行体质监测、制定运动处方、指导科学锻炼，组织陕西师大校医院内科和骨科专家就心肺功能、跌打损伤等方面问题开展医疗咨询；

(2) 送活动。陕西师大体育学院派出由研究生带队的学生到钓台办所属村组进行实习和调研。在实习期间，学生们通过自身的体育活动，带动了所在村组群众的体育参与意识，并根据自己专长组织了一系列体育活动；

(3) 送表演。发挥体育学院学生的优势，在钓台办组织了多场高水平体育表演，如英姿飒爽的武术表演、潇洒劲爆的街头篮球表演、动感十足的健美操表演，吸引了众多农民兄弟前来观看，有效的普及了体育文化。

第二，重点抓好体育节庆活动。利用一年一度的秦都区农民节参赛队员选拔活动作为平台，开展丰富多彩的农民趣味体育活动，主要有跳绳、踢毽子、自行车慢骑、背媳妇、背化肥、农民拔河比赛等。由于组织出色，2006年，钓台镇成为了秦都区首届农民节的主会场。钓台办还充分利用各种传统的节庆活动，糅进具有浓厚农家气味的趣味体育活动，如每年正月十五社火活动中的健身秧歌表演等。另外，每年由各村轮流坐庄组织的农民趣味体育比赛也逐渐形成制度，特别是擀面条大赛，切近农家生活，既考察了参赛者的手艺，又锻炼了身体，同时又具有极强的娱乐元素，每次大赛都能吸引到众多的参赛者和观众；同时，利用各种纪念日开展活动之机，组织体育活动，例如，2008年，钓台办为了庆祝建党87周年，开展了一系列文化艺术展演活动，钓台党工委要求各党支部通过举办体育比赛、歌咏比赛、秦腔大赛、文艺汇演等形式多样的文化活动，颂扬党的丰功伟绩，隆重纪念党的生日。

四、关于钓台街道办新农村体育文化制度建设和组织建设的对策建议

（一）加大制度供给力度，提高制度创新水平

首先，我们应当做到以下几点。

(1) 建立完备良善的农村体育管理法律体系，使农村体育管理的组织运行、资金保障、设备管理、人员经费等各个方面均能做到有法可依、有章可循；

(2) 树立公正严格的农村体育执法、考核制度，做到法律执行的主体合法，内容合法，程序合法；

(3) 建立健全的民主监督机制，强化体育行政执法主体作用，充分发挥各级人大、政协的检查和监督作用；

(4) 加大力度宣传体育政策法规，使农民加强对体育政策法规具体内容的认识，提高其法律意识。

我们要明确的是，钓台街道办要想搞好新农村体育文化建设，光靠办事处本级的制度供给是不行的。国家、省、市、区在新农村体育文化建设方面的供给状况和创新水平，直接关乎到钓台街道办新农村体育文化建设的成败。作为上级政府，至少需要在制度供给方面做到如下几点。

(1) 建立完善农村体育事业经费投入的政策法规，确保经费能够真正到位；

(2) 抓紧时间制定《新农村体育发展水平评估指标体系》，该指标体系不仅要包括对硬件投入的考核指标，还应包括对体育文化活动宣传与组织、活动开展、运行机制、群众体质等软件指标。将考核结果同各级相关部门和领导的工作业绩结合起来，制定明确的奖惩措施；

(3) 进一步完善“送体育下乡”制度，将其作为一项长期政策确定下来。要加大对社会体育指导员到农村工作的政策支持力度，使他们收入有保障，工作有成就感；

(4) 建立健全新农村体育文化建设的组织运行机制，从制度、组织层面确保有足够力量投入到新农村体育文化建设中。

作为钓台街道办，需要在制度供给和创新方面做到以下几点：

(1) 制定落实上级相关政策的实施细则，建立体育管理人员岗位责任制，确保政策的上传下达；

(2) 深入农村第一线，考察他们的社会特征，生产、生活状态，特别是他们的体育认知与需求，有针对性针对不同人群制定相应的制度性活动方案；

(3) 在上级方针政策的指导下，确定村级体育文化建设的考核方案；

(4) 建立常态的具有可持续性的，不以领导人更迭而更迭的体育文化建设方案；

(5) 鉴于钓台街道办城市化进程不断加快，钓台街道办应加大对其他已经发展成为城市一部分的“城中村”体育文化建设的考察力度，制定符合新城区建设的、具有一定预见性的制度措施。

村组一级也应建立本村体育文化建设的相关制度、方案。主要应包括：村文化广场管理制度、村民体育活动组织制度及规划等。

作为各级组织，还要注意制定和完善相关政策，大力引导社会力量参与农村体育文化建设，培育农村体育文化市场，鼓励农民台球、旱冰场、歌舞厅、健身房、游泳池等发展；用健康的文化娱乐占领农村文化阵地；用政策支持鼓励一些经营性民间舞鼓、秧歌、歌舞等演出团队发展，通过在各村之间巡回演出、举办比赛等形式，增加农民收入，丰富农村文化生活。

（二）切实加强对农村体育工作的组织领导，建立健全农村基层体育管理服务体系

首先，要提高基层政府对新农村体育工作的认识，要从弘扬社会主义先进文化的角度来认识体育文化建设，将体育文化建设从软、硬两方面纳入新农村建设政绩考核指标。

第二，要加强基层农村体育管理机构建设。作为市、区体育局（文体局）要切实负

起责任来，考核、引导、支持乡镇体育的发展；街道办的可考虑设专人负责体育事务，文化站改建成文体站，改建后的文体站应真正“站起来”，切实担负体育文化建设的重任，形成在街道办领导下由文体站站长负责，体育社团主要责任人和体育指导员参与的镇级体育管理组织；要充分发挥农村村民委员会的组织、带动作用，村委会作为基层的机构，与农村体育发展息息相关，而且村委会还具有管理农村经济事务的职能，具有农村经济的支配权，更有利于组织各种体育活动。要充分认识和发挥村委会在政府与村民之间的纽带作用，使之成为政府宏观指导与农民体育需求的有机联结点。行政村在村干部的设置上可考虑设一名文体主任，也可由某一村干部兼任，或由自愿担任该职的村民来担任，对村里的文体工作负责，并组织村里的文体活动。另外，还要充分发挥宣传、文化、教育、农业、妇女等部门的力量，齐抓共管，为社会主义新农村建设做出贡献。

第三，建设群众性体育组织网络。作为秦都区和钓台街道办，目前的当务之急是进行农民群众性体育组织网络建设。首先建立区农民体育协会，然后在此基础上，建立街道、村的农民体育协会，形成以区——街道——村三级农民体育协会为核心的群众性体育组织网络。引导村组晨晚练点（或体育活动室）建设与完善，探索建立以晨晚练点（或体育活动室）为依托，学校体育教师和民间体育爱好者志愿参与的具有民间社团性质的村级体育服务组织，加强对基层群众体育的组织指导；鼓励各类社会体育组织设立固定活动点（室），配置具体负责人，制定规章制度，提高组织的规范化程度。

第四，抓好农村体育骨干队伍建设。按照逐级管理、分级负责的原则，培养一支农村体育骨干队伍，重点是农村社会体育指导员的培养。要充分发挥农村中小学体育教师和老体育工作者的作用，力争在不远的将来，使大多数行政村都拥有自己的社会体育指导员；要发掘农村现有潜力，村干部带头，引导和动员复员退伍军人、打工回乡青壮年、上学毕业回乡青年及正受高等教育的放假学生等成为为体育积极分子，进而成为农村体育骨干力量，推动农村体育发展；要建立相应的激励机制，可开展“农民体育活动先进户”、“农民体育活动先进个人”等称号的评选活动，以鼓励和培育更多的农民体育骨干，并发挥其模范带头作用。

第五，发挥农村乡镇企业的龙头作用，带动和辐射广大农村，使更多的农民参加到体育活动中来。随着新城区建设的不断深入，钓台办乡镇企业发展迅速，农村越来越多的劳动力集中在乡镇、村办企业中，乡镇、村办企业的体育物资条件相对较好。因此，村乡镇企业是发展农村体育的龙头，通过搞好乡镇企业的体育工作可以带动和辐射广大农村，使更多的农民参加体育活动。首先要在企业中建立体育组织，乡镇、村体育组织要积极主动与乡镇企业建立起合作关系；其次要在企业中经常组织一些体育比赛和体育交流活动，在全乡镇、村的大型活动中邀请企业代表参加，鼓励乡镇企业积极承办本地区的群众性体育活动。

第六，充分发挥学校体育的作用，实现学校体育与农村体育的互动。首先，在确保教学和学校安全的前提下，向村民适度开放学校场地设施，政府可向开放场地设施的学校加大投入，鼓励更多的学校开放场地设施；其次，农村学校体育和社区体育应主动靠拢，学校可不定期或定期（如闲暇、假日、佳节）举行一些符合当地实际的联谊赛，发动全民参与意识，在这些比赛中，农村学校负责技术指导及裁判工作。通过和社会人士的切磋技艺，更是让教师接触和了解了社会，加深了同他们的感情交往，请有一定专业功底和体育知识的体育教师担当农村体育社会指导员。农村学校体育与农村社区体育的结合，能够极大的促进新农村体育文化建设。

第七，加强体育活动载体系列建设。各级体育部门要考虑农村乡土社会的特征，积极组织开展因地制宜、简单易行、喜闻乐见、适合农民特点的体育活动。坚持大与小相结合，以小为主；集中与分散相结合，以分散为主；临时性与经常性相结合，以经常性为主。重在参与，贵在坚持，既激发兴趣，又造成声势，形成规模。

项目编号：1069ss07026

宁沪杭三城市居民社会分层对体育行为影响研究

邹玉玲　张文静　仲　达　张德新　蒋静华　丁苏东　刘　波

社会分层是指根据不同的标准，把人们分成高低不同、上下有序的等级序列或层级的过程。不同层级的人群享有不同的政治权利、经济收入和社会声望。本课题中社会分层采用文化程度、个人收入、家庭收入三方面为测量指标。体育行为包括体育参与行为和体育消费行为。

一、居民体育参与及消费现状

调查结果表明，61.7%居民参与体育锻炼，南京、上海、杭州三城市居民体育参与比例分别为58.8%、55.8%、72.1%。增进健康、娱乐身心是三城市居民参与体育的主要原因。南京和杭州居民不参与体育的主要原因是工作忙、没有时间和家务劳动重。上海居民不参与体育锻炼原因主要是没有兴趣和没锻炼经历。44.1%居民锻炼次数为每两周1~2次。37.8%居民锻炼时间不确定，说明锻炼的随机性，其次在早晨和晚饭后锻炼的居民较多，比例为20.3%、19.1%。居民每次锻炼时间在30~60分钟或30分钟以内，其比例在45%左右。南京和上海居民参与体育活动的场所依次为住宅小区空地，杭州居民体育锻炼地点为公园广场。居民和家人一起锻炼的比例最大，达到44.1%。居民参与体育项目选择，较多的是散步、跑步、羽毛球。经过体育锻炼，居民的体育获益排名前三的是精力充沛、心情变好、生活充实。

64.6%居民花钱购买体育物质产品。个人年消费金额在1000元以下比例较多，占75%，其中200元下、201~500元、501~1000元的比例相当；家庭消费金额比个人消费金额提高一个档次，其中501~1000元、1001~2000元、2001~5000元的比例均达到20%以上。29.7%居民消费过体育服务产品，体育休闲场所门票或会费的比例最多，比例为40.4%，其次为体育比赛门票、体育培训，比例为26.7%、22.9%，体育旅游比例最少，比例为11%。个人消费金额在1000元以下比例较多，占70%；家庭消费金额比个人消费金额提高一个档次。参加消费居民认为体育服务产品比较满意的占47.2%、一般占42%。不太满意和很不满意比例只有2.4%的比例。

二、教育程度与体育行为

教育程度越高，参与体育锻炼比率越高（表1）。卡方检验表明，教育程度和是否参与体育有显著性差异。工作忙没时间是所有居民不参与体育的首要原因，但随着学历的提高，其影响比例也更大。家务劳动重、没钱去健身场所对低学历居民体育参与的影响明显。

教育程度和锻炼次数间不存在显著差异（表2）。30分钟以内和120分钟以上锻炼时间的居民中高中或中专以下学历比例较大，这在一定程度上反映了锻炼时间相对不科学，因为太短和太长时间的锻炼都不符合运动人体科学规律。超过 120 分钟的运动，人体容易疲劳，锻炼效果差。大学以上学历者每次锻炼时间较多在 30~60 分钟、60~120 分钟，相对较科学和合理。检验表明，两者之间存在显著性差异。

表 1　教育程度与参加体育锻炼统计表

			教育程度					
			初中以下	高中或中专	大专	大学	研究生	合计
是否参加	是	计数	192	706	577	783	223	2481
		教育程度%	64.0%	60.2%	66.3%	74.3%	81.1%	67.6%
	否	计数	108	467	293	271	52	1191
		教育程度%	36.0%	39.8%	33.7%	25.7%	18.9%	32.4%
合计		计数	300	1173	870	1054	275	3672
		教育程度%	100.0%	100.0%	100.0%	100.0%	100.0%	100.0%

表 2　教育程度与参加体育锻炼频率统计表

			锻炼次数				
			每两周 1~2 次	每周 1~2 次	每周 3~5 次	每周 5 次以上	合计
文化	初中以下	计数	81	50	33	24	188
		文化的%	43.1%	26.6%	17.6%	12.8%	100.0%
	高中或中专	计数	304	216	123	51	694
		文化的%	43.8%	31.1%	17.7%	7.3%	100.0%
	大专	计数	262	189	89	32	572
		文化的%	45.8%	33.0%	15.6%	5.6%	100.0%
	大学	计数	333	256	130	46	765
		文化的%	43.5%	33.5%	17.0%	6.0%	100.0%
	研究生	计数	97	73	27	21	218
		文化的%	44.5%	33.5%	12.4%	9.6%	100.0%
合计		计数	1077	784	402	174	2437
		文化的%	44.2%	32.2%	16.5%	7.1%	100.0%

三、收入与体育行为

个人收入和家庭收入与参加体育锻炼相关。个人月收入在 2 万以上居民参加体育锻炼比例达 80%以上，个人月收入在 1000 元以下居民参加体育锻炼比例为 60.1%，家庭月收入在 5001 元以上的居民参与体育锻炼比例达 70%以上。个人收入在 3000 元以下、家庭收入在 5000 元以下居民不参与体育运动比例高。

收入与是否有体育物质消费之间相关。随着个人月收入增加，居民花钱买体育物质产品比例达到 70%以上，但月收入达到 5000 元以上出现拐点（表 3）。家庭月收入 5001~7000 元居民购买体育物质产品比例大。

表3　个人月收入与体育物质产品消费统计表

			月收入									
			1000元以下	1000~2000元	2001~3000元	3001~5000元	5001~7000元	7001~10000元	1~2万元	2~5万元	5万元以上	合计
花钱买物质产品	否	计数	133	295	257	203	125	56	33	18	14	1134
		月收入的%	59.1%	39.8%	32.9%	25.2%	28.5%	24.8%	25.8%	26.1%	29.2%	32.7%
	是	计数	92	446	525	602	314	170	95	51	34	2329
		月收入的%	40.9%	60.2%	67.1%	74.8%	71.5%	75.2%	74.2%	73.9%	70.8%	67.3%
合计		计数	225	741	782	805	439	226	128	69	48	3463
		月收入的%	100.0%	100.0%	100.0%	100.0%	100.0%	100.0%	100.0%	100.0%	100.0%	100.0%

四、职业与体育行为

党政机关或事业单位管理者、办事人员的活动频率为每周1~2次或每周3~5次；服务人员和产业工人每两周1~2次；教师、律师、医生、工程师和个体工商户的锻炼时间主要分布在每两周1~2次；每周5次以上的锻炼者中无业、失业、半失业者和其他职业居民较多。无业、失业、半失业者的每次锻炼时间在120分钟以上；党政机关或事业单位管理者每次锻炼次数在60~120；每次锻炼时间在30~60分钟的人群有企业负责人、教师、律师，个体工商户及办事人员的每次锻炼时间在30分钟以内。无业、失业、半失业者的锻炼时间在早晨；党政机关或事业单位管理者、办事人员锻炼时间在中午和晚饭后；企业负责人、教师、律师的锻炼时间不固定。

职业与体育物质消费、体育服务消费之间有显著性差异。企业负责人或管理者购买的体育服务产品最多，其次为党政机关或事业单位管理者。购买较少的是无业、失业、半失业者。

五、结论与建议

(一) 参加体育锻炼及体育消费现状

61.7%的居民参与体育锻炼，增进健康、娱乐身心是三城市居民参与体育锻炼的主要原因。经过体育锻炼，居民的获益主要是精力充沛、心情变好、生活充实。64.6%居民购买体育物质产品，其中42.2%的消费者购买体育服装、鞋帽，25.7%居民购买体育器材。上海居民购买体育报刊杂志比例为16%，较其他两城市高；个人消费体育物质产品金额在201~500元、501~1000元、1001~2000元的比例均为20%左右；家庭消费金额比个人消费金额提高一个档次。三城市居民体育物质产品消费的满意度一致，比较满意和一般的比例均在40%左右。29.7%的居民购买体育服务产品。其中体育休闲场所门票或会费的消费比例最高，三城市比例均超过12%。南京、杭州居民个人消费金额在501~1000元选择比例高，分别为27.2%、32.0%，上海居民个人消费金额200元以下占27.3%。消费者对体育服务产品消费满意度，南京和上海居民较满意比例为48.7%和52.9%，杭州居民满意度一般比例为45.7%。三城市居民首选的影响体育消费因素是产品质量，比例超过30%。

（二）教育程度与体育参与

随着学历提高，居民体育参与比例提高，研究生和大学比例分别为81%、74%。不同学历居民体育参与频率一致。不同学历居民体育锻炼项目是散步、跑步、羽毛球。精力充沛、心情变好、生活充实排在前三位，这是不同教育程度居民共同认可的获益内容。

（三）教育程度与体育消费

随着学历水平提高，购买体育物质产品比例增加。不同学历居民主要购买物质产品一致，主要为体育服装鞋帽、体育器材、体育彩票；研究生购买体育报纸、期刊比例高于其他学历居民。随着学历水平提高，购买体育服务产品比例增加。研究生学历居民中，42.2%居民购买体育服务产品；高中以下居民17.9%购买。高中以下学历居民体育比赛花费高，大专以上学历居民购买体育休闲场所门票会费花费多。体育旅游是各学历居民都有的体育消费。

（四）收入与体育参与

随着个人收入增加，体育参与比例增加。太极拳和散步参与人群中2000元以下收入人群比例多，游泳的参与居民收入在7000~20000元；高尔夫项目也是高收入者参与的运动，月收入万元以上居民参与此项目比例大。

（五）收入与体育消费

随着收入增加，居民体育物质消费比例上升，但收入增加到5000元以上，体育消费比例略有下降，可能是其他因素发挥作用。不同月收入居民购买的物质产品分别为体育服装、体育器材。随着收入增加，居民体育物质消费比例上升。不同收入居民购买的物质产品主要为体育比赛、体育休闲场所门票或会费。月收入低于2000元居民购买体育产品时考虑经济条件。月收入为10000元以上居民的影响因素为以往的体育消费经验。不同收入人群的体育消费因素不同，因而健身场所营销策略应指向目标消费群体；健身产品应有一定的质量和效果保证，同时对体育消费者的感受和体验也应该重视。

（六）职业与体育参与

不同职业居民体育参与不同。以管理者、企业负责人、经商为职业的居民参与率也高，从事服务业、失业职业的居民参与体育比例低。党政机关或事业单位管理者、办事人员的活动频率为每周1~2次或每周3~5次；服务人员、产业工人、个体工商户每两周1~2次；每周5次以上的锻炼者中无业失业半失业者和其他职业居民较多。无业失业半失业者的每次锻炼时间在120分钟以上；党政机关或事业单位管理者每次锻炼时间在60~120分钟；每次锻炼时间在30~60分钟的人群有企业负责人、教师律师，个体工商户及办事人员的每次锻炼时间在30分钟以内。无业失业半失业者的锻炼时间在早晨；党政机关或事业单位管理者、办事人员锻炼时间在中午和晚饭后；企业负责人、教师、律师的锻炼时间不固定。服务人员、产业工人、无业失业半失业人员等弱势职业人员，应在思想上认识体育并不是有钱人、有权利人才能从事的。体育锻炼可从身边着手，选择方便时间和地点，从简单做起。

（七）职业与体育消费

职业为办事人员职员、服务人员、产业工人、无业失业半失业居民是否购买体育物质产品比例低于党政机关或事业单位管理者、个体工商户、教师医生等类职业。办事人员、服务人员、产业工人、无业失业半失业在体育物质消费中处于劣势地位。个体工商户购买的体育物质产品最多，其次为企业负责人或管理者、党政机关或事业单位管理者。购买较少的是服务人员、产业工人。职业与家庭体育物质消费有差异。不同职业间的体育服务产品消费有显著性差异。企业负责人或管理者购买的体育服务产品最多，其次为党政机关或事业单位管理者。购买较少的是无业失业半失业者。

项目编号：1052ss07009

西北中心城市居民体育生活方式问题研究

王飞雄　高元元　杨小帆

一、西北中心城市居民体育生活方式形成的背景

中心城市是一定区域内居于社会经济中心地位的城市，是自然经济区域中经济发达、功能完善，能够渗透和带动周边区域经济发展的行政社会组织的统一体。依据定义将西北地区的中心城市界定为西安、兰州、乌鲁木齐、银川和西宁，本研究的西北中心城市主要指的就是上述五大城市。

（一）城市化及产业结构情况

改革开放三十年及西部大开发战略实施十年以来，西北中心城市（西安、兰州、乌鲁木齐、银川、西宁）由封闭、半封闭型社会向工业社会、开放型社会转变。西安、兰州、乌鲁木齐、银川、西宁城市化率分别为45.65%、59.21%、78.65%、63.32%、45.96%，城市化水平均处于加速发展阶段；产业结构的调整和优化取得较大进展，第二、三产业比重均在40%以上。

（二）经济发展水平状况

2007年，西北中心城市西安、兰州、乌鲁木齐、银川、西宁国内生产总值分别为1737.6亿元、638.47亿元、782亿元、400.3亿元、343.09亿元；人均GDP分别为21017元、22243元、36953元、27280元、16029元；人均收入分别为12662元、10271元、11371元、12185元、10636元，均低于全国城镇居民的13786元；人均消费支出分别为10098元、8050元、8123元、9176元、7636元，除西安消费支出略高于全国的9997元外，其他城市均低于全国水平。其特点是居民消费支出呈递增趋势，但水平较低，与收入水平成正相关；各城市家庭恩格尔系数，基本都在35%左右徘徊，与全国城镇居民家庭的恩格尔系数没有显著的差异，恩格尔系数已进入联合国粮农组织划定的富裕区。

（三）人口数量状况

据资料显示，西北中心城市人口分别为：西安常住人口830.54万人，城镇人口为548.99万人，占总人口的比重达66.1%；兰州总人口为319.28万人，非农业人口198.53万人；乌鲁木齐总人口为211.62万人，非农业人口200.53万人；银川全市总人口为148.79万人，非农业人口94.91万人，西宁市总人口215.36万人，其中城市居民129.24万人。

（四）体育场地设施状况

第五次全国体育场地普查，西北中心城市人均体育场地面积从高往低排序依次为西安（1.79m^2）、乌鲁木齐（1.67m^2）、银川（1.58m^2）、兰州（1.20m^2）、西宁（0.64m^2），除西宁外，其他四个城市人均体育场地面积均高于第五次全国体育场地普查人均体育场地面积的1.03m^2。但由于各系统之间的封闭，大部分的体育场地并不对外开放，实际可利用的体育场地面积并没有如此的高。这也是各城市体育场地无法满足居民体育活动需求的真正原因。这无疑对实现全面小康社会的体育生活方式构成不利影响，应引起管理部门的高度重视。

（五）体育组织、社会体育指导员及体育人口状况

西安市现有社会体育指导员4299名，每万人拥有社会体育指导员为5.17人，晨晚健身站点1600多个，体育人口约占全市总人口的42%；兰州市有3000多名，每万人拥有社会体育指导员约9.4人，各类体育组织1000多个，体育人口比例为35%左右；乌鲁木齐市有社会体育指导员3000余名，每万人拥有社会体育指导员约14.2人，全民健身活动晨晚练点1100余个，体育人口比例约为42%；银川市有610名，每万人拥有社会体育指导员仅为4.586人，体育人口比例约为34%；西宁市体育人口约为27%。

（六）体育法制现状

西北中心城市现有地方性体育法规30余项，各项法律法规在一定程度上对西北各省市体育事业的发展具有较好的指导作用。在政策制度上保障了全民健身运动的顺利实施，对促进全民健身活动的广泛开展具有深刻的影响。但体育法制建设相对滞后的局面仍未彻底改变，距离实现依法行政、依法治体的目标还有较大距离。

二、调查结果与分析

（一）研究数据来源及被调查居民的基本情况

本研究的原始数据来自西北中心城市16岁以上的城市居民的问卷调查，调查于2008年1—7月进行，采用随机抽样调查方法。每个中心城市各400份，其中西安回收384份、兰州391份、乌鲁木齐378份、银川381份、西宁372份，共回收问卷1906份，回收率95.3%，无效问卷共126份，总的有效率为89%。其中，西安有效率为91.75%，兰州有效率为90.25%，乌鲁木齐有效率为91%，银川有效率为86.75%，西宁有效率为85.25%。

调查数据表明，在西北五个中心城市中，西安被调查居民的文化程度最高，其次是乌鲁木齐，再次是兰州、银川、西宁三个城市，后三者之间没有太大的差别；被调查居民收入水平总体上偏低，人数比例主要集中在800—2000元之间，高收入人群所占比例都较小；被调查居民健康评价良好以上的人数比例基本上保持在70%左右，而健康评价一般的人数比例在25%左右，较差和患有疾病的比例在5%左右。

（二）西北中心城市被调查居民的体育生活情况

1. 体育价值观

被调查居民的体育价值观各城市有所不同，但各城市之间无明显的差异性。从总体上看，增进健康是居民的首选，比例在 80%左右；其次是能缓解身心紧张和疲劳，比例在 40%左右；三是能减肥、改善体型和形象 30%左右；四是能满足个人爱好 23%左右；五是能培养人的意志；六是能结交朋友。被调查居民对体育功能的认知度具有较高的水平。

2. 体育态度

被调查居民的体育态度总体上是积极的，体育态度积极的人数比例在 70%左右。他们对体育运动有一定的认识，各中心城市之间没有显著性差异。

3. 体育消费

西安、兰州、乌鲁木齐、银川、西宁被调查居民有体育消费行为的人数比例在 85%左右。月均体育消费额主要集中在 40 元以下，消费 20 元以内的人数比例分别为 47.2%、50.1%、46.9%、51.3%、55.7%，消费额在 21~40 元的人数比例分别为 40.6%、39.2%、41.0%、41.3%、35.0%，40 元以上消费水平的人数比例占总人数的比例都较低。体育消费以实物性为主，人数比例无显著性的差异；观赏性体育消费人数比例具有明显的差异，西安明显高于其他几个城市；活动性体育消费人数比例排名依次是西安、乌鲁木齐、银川、兰州、西宁；体育信息消费人数比例排名依次是西安、银川、乌鲁木齐、兰州、西宁，差异性不是非常明显；体育彩票消费人数比例排名依次是西安、银川、西宁、乌鲁木齐、兰州，人数比例无明显差异。

4. 体育锻炼内容

调查结果显示，西北中心城市居民在运动项目选择上具有多样性，与调查者的年龄、性别等有较大关系。在前八项运动项目的选择上虽然不尽相同，但排在第一位的步行却被大部分人群接受（40%左右），这与步行活动量小、技术含量低、不受场地器材的限制、运动强度可以根据个人情况进行调节等有关。

5. 体育锻炼的时间和频率

根据被调查居民的体育锻炼频率和每次的锻炼时间推算，西安、兰州、乌鲁木齐、银川、西宁被调查居民中体育人口比例分别为 40.8%、37.4%、34.6%、33.7%、34.3%。总体上看，西北中心城市体育人口比例有较大的提高，但与发达地区相比较偏低的现状依然没有得到根本性的改变，与其作为西北中心城市的地位尚存一定的差距，其原因是多方面的。

6. 体育锻炼的场所

被调查居民参与体育活动的场所选择调查数据显示，总体上西北中心城市居民体育活动场所选择主要以免费的、公益性的场所为主，其中以居住地空地为首选。各城市依比例大小依次为西宁 32.3%、兰州 31.3%、银川 29.2%、西安 28.9%、乌鲁木齐 25.8%。而以公园、马路、家里或学校为体育锻炼场所的人数比例，各城市有所不同，西安依次为公园、家里、学校，而其他四个城市则以家里、公园、学校为序。选择以收费场所进行锻炼的人数比例都较少，各城市的比例分别为：西安 9.5%、兰州 4.7%、乌鲁木齐 5.7%、银川 6.9%、西宁 5.9%，西安居首位，是兰州市的两倍多。

7. 体育信息的摄取

被调查居民体育信息摄取的途径主要是电视节目、报刊杂志、图书资料、体育人士、网络，通过讲座途径获取体育信息的人数比例最少。各城市在上述途径中的排序存在一定的差异。体育信息摄取途径呈多样化的趋势，与西北中心城市现代传媒的快速发展有着密切的关系。

8. 闲暇时间及安排

西安、兰州、乌鲁木齐、银川、西宁城市被调查者中余暇时间在2~3小时的人数最多，分别为75.5%、78.4%、79.1%、78.4%、78.5%，各城市之间没有太大的差异。余暇在1小时以内的调查者比例有较大的差异，西安的比例高于其他几个城市，是西宁市的2.3倍，差距最大。而反过来，西宁市被调查者余暇时间在3小时以上的人数比例均高于其他几个城市。这表明西北五个中心城市中，西安市居民的压力是最大的，休闲的时间相对最少。被调查居民余暇时间支配排在前五位主要是看电视、上网、参加体育活动、看书学习、做家务；体育活动在居民余暇时间安排的选择上除兰州市排在第四位外，其他几个城市均排在第三位，说明体育活动越来越受到居民的青睐，对居民体育生活方式的形成具有较好的促进作用。

三、西北中心城市居民体育生活方式形成的影响因素

在社会发展过程中，体育生活方式介入人类生活的程度是受许多因素制约的，有人自身的因素，有政治、经济的因素，有文化教育的因素，还会受到体育运动项目的影响等。

（一）经济发展水平的影响

资金短缺与不到位是困扰西北中心城市群众体育发展的关键问题。经济总量、人均GDP较低，导致地方财政实力不足，对体育事业的投入力度较低，而同时西北地区体育事业自我发展能力也比较弱，社会资金渠道有限，多元化筹集群众体育经费的机制尚未形成，从而影响城市公共体育设施的建设。公共体育设施无法满足居民的体育需求，客观上影响居民的体育行为；个人经济收入有限，体育消费必然处于较低水平，居民只好选择那些花费少或无需费用的体育项目来进行锻炼，或者只能在运动环境较差的地方进行锻炼。这在一定程度上压抑了居民的锻炼热情，阻碍了居民体育生活方式的形成。

（二）自然环境的影响

体育活动与地理环境有着密切的关系。自然环境对体育生活方式形成的影响主要表现在：一是西北五个中心城市除西安、银川地处平原，地理位置较优越外，兰州、乌鲁木齐、西宁三座城市不是地处河谷，就是三面环山，发展空间有限，城市的体育场地设施布局受限，对居民体育生活方式的形成产生不利影响；二是兰州、乌鲁木齐、西宁独特的地理环境使城市的空气循环不畅，空气污染较严重，不利于体育锻炼的开展；三是北方冬季漫长、气候寒冷（特别是乌鲁木齐、兰州、西宁、银川），增加了居民在室外锻炼的难度，而居民的锻炼场所主要以室外为主，在很大程度上影响了居民的体育活动。

（三）体育态度及体育需求的影响

调查情况显示，西北中心城市居民的体育态度总体上是比较积极的，他们对体育运动有一定的认识，但还是有相当部分居民的体育态度比较消极，这些态度将直接影响着他们的体育行为，最终会影响到体育生活方式的选择。根据马斯洛的人类需求理论，体育是人较高层次的需求。人是体育生活方式的主体，体育生活方式是否能成为居民首选的生活方式，居民对体育的需求是最重要的。调查的情况表明，西北中心城市居民具有较强的体育需求，但由于各方面的客观原因（如缺乏运动场地、环境污染等），体育需求不能得到满足，这在一定程度上抑制了居民的体育活动热情，对体育生活方式的形成构成影响。

（四）余暇时间及支配的影响

有充足余暇时间，才能为人们从事体育健身活动提供时间的保证。被调查城市居民每天有闲暇时间 2~3 小时的人数比例为 80%左右，有 3 小时以上余暇时间的人数比例较少。这表明西北中心城市居民的闲暇时间不够宽裕，即使人们有体育运动的欲望，由于没有时间做运动，居民体育生活方式的形成也会受到影响。居民有了闲暇时间如何支配，也会影响到体育生活方式的形成。调查数据显示，体育活动在西北中心城市居民的业余生活中排在前三位的位置，体育活动越来越受居民的青睐，已成为居民的重要活动之一，这为居民体育生活方式的形成奠定了基础。

（五）体育政策法规的影响

政府管理部门对政策法规的制定以及执行体育法规的力度和决心，是人们行使体育权力的重要保证。“把 12 亿人民的体质搞上去”是一件大事，是一项工程，没有强有力的体育法律法规作为后盾，全民健身工程的实现又谈何容易，体育场地设施被侵占的现象又何时能被杜绝，体育场地资源的开放力度和程度以及资源共享又如何实现。这些必将影响到居民体育生活方式的转变。

（六）新闻舆论宣传的影响

体育作为一种社会文化，受新闻舆论宣传的影响更加广泛。据调查，西北中心城市居民体育信息的获取渠道主要来源于各种媒体，占总人数比例的 70%~80%之间，这表明新闻传媒在传播体育文化方面具有其他途径不可比的优势。新闻媒体是大众接受体育科学知识的主要渠道，而新闻传媒恰恰又是城市（特别是中心城市）的优势。通过各种媒体教育和宣传科学的体育生活方式内容，使人们树立“终身体育”思想，并在获得科学锻炼方法的基础上，形成稳定而又健康的锻炼习惯。

四、结论

• 西北中心城市居民体育价值观呈多元化趋势发展，主要表现为增进健康（80%）、缓解身心紧张和疲劳（35%）、改善体形和形象（30%）、满足个人爱好（20%）、培养意志（20%）、结交朋友（13%）等。

• 西北五个中心城市当中，西安、乌鲁木齐城市居民的体育健身意识略高于兰州、银川、西宁三座城市，总体上表现出积极的态势。

• 西安、兰州、乌鲁木齐、银川、西宁城市居民有体育消费行为的人数占总调查人数的比例分别为 89.6%、85.1%、86.5%、89.6%、86.1%；体育消费总水平较低，月人均体育消费额以 40 元以下为主，占有体育消费人数的 80%左右，同经济发达地区相比还存在较大的差距；从消费结构上看，实物性体育消费在消费结构中占绝对优势，观赏性体育消费和参与性体育消费西安高于其他几个中心城市，体育消费在家庭消费中被忽视的现象已有较大的改善。

• 西安、兰州、乌鲁木齐、银川、西宁被调查居民中体育人口比例分别为 40.8%、37.4%、34.6%、33.7%、34.3%。西安、兰州体育人口比例略高于全国平均水平，而乌鲁木齐、银川、西宁体育人口比例略低于全国平均水平，居民的观念开始向健身、休闲方向转化，生活方式具有向体育生活方式转变的趋势。

• 随着西北中心城市财力的增长，在全民健身方面的投资也在不断增加。体现在公共体育场地面积及各路径的分布不断增多，但由于中心城市人口较多，活动场地相对较少，公共体育场地器械匮乏仍是制约西北中心城市居民参与体育活动的一个重要因素。

• 西北中心城市居民的余暇时间不够宽裕，有闲暇时间 2~3 小时的人数占总人数的 80%左右，有 3 小时以上的人数比例不超过 10%。

• 西安、兰州、乌鲁木齐、银川、西宁被调查居民体育锻炼的场所主要选择在小区空地、公园、马路等场所，占总人数的 60%~70%之间。而选择以收费场所进行锻炼的人数比例较少，各城市的比例分别为 9.5%、4.7%、5.7%、6.9%、5.9%，西安市的比例最高。

• 西北中心城市居民在运动项目选择上具有多样性。居民首选的锻炼项目为步行(约为 40%)，其他运动项目依城市的不同而不同。西安主要是乒乓球、羽毛球、慢跑、健身健美操、太极拳（剑）、足球；兰州市主要为健身健美操、慢跑、乒乓球、跳舞；乌鲁木齐市主要为慢跑、骑自行车、羽毛球、跳舞、健身健美操、乒乓球；银川市主要为健身健美操、慢跑、骑自行车、太极拳（剑）、乒乓球、跳舞、羽毛球；西宁市健身健美操、慢跑、跳舞、乒乓球、太极拳。运动项目的选择与调查者的年龄、性别、收入等有较大关系。

五、建议

• 居民体育生活方式的形成依据一定的客观条件（如经济水平、体育场地设施等），但主要源于居民内在的需要和主观愿望。应充分利用中心城市的现代传播媒介（如电视、网络、广播、报刊杂志、手机短信等）优势，加大全民健身的宣传力度，增强人们的健身意识，形成正确的舆论导向，引导居民形成健康、文明、科学的体育生活方式。

• 由城市政府及职能部门整合本市的体育场地资源，合理利用，加大体育场馆向社会开放的力度，特别是教育系统体育场地的开放。努力实现企事业单位、学校、社区、居民生活小区体育设施资源共享，充分开发与利用公园、广场等自然环境资源，改善居民体育活动条件，满足居民体育生活方式和健身、健康的需求。

• 政府部门应做好财政预算，划拨一定的经费支持社会体育指导员的培训，加快培养和建立健全社会体育指导员队伍的速度。尽快使体育社会指导员的比例达到国家“文明城市”的标准，以便满足中心城市居民进行科学有效的体育锻炼需求，为居民体育生活方式的形成奠定基础。

●政府部门应加大对体育事业的投入，做到对体育的投入与地方的经济同步增长。加大全民健身活动方面的资金投入，加强公共体育设施的建设，创新公共体育设施的投融资渠道，改变公共体育设施匮乏的现状，满足居民的健身需求。

●西北中心城市具有较多的体育师资资源，应制定符合本地区的政策，鼓励体育师资服务社会。

●西北中心城市政府在规划建设体育场馆、体育场地、健身路径等公共体育设施时应具有科学发展观的眼光，更科学化、人性化地进行规划和建设，要因地制宜结合城市的实际情况和地理特点来合理布局。

●加强体育法制的建设和执法力度，做到有法可依、执法必严，杜绝体育场地被侵占的事情发生，以维护居民合法的体育权益，为居民体育生活方式的形成营造法律法规环境。

●充分发挥中心城市体育活动站点的聚集效应、辐射功能和带动作用。建立和完善城市社区体育服务体系，增加体育锻炼的吸引力和凝聚力，推动全民健身活动的普遍开展。

项目编号：1072ss07029

和谐社会目标下浙江农民体育健身服务体系的研究

章莺　杨国敏　金一平　孙季成　陈洁敏　柴红年　傅振磊　岳文雨

浙江是我国经济最发达的地区之一，改革开放30多年以来，浙江农村的生产力水平迅速提高，经济快速发展，农民劳动条件的改善以及闲暇时间的增多，使得农民的体育健身娱乐需求日益迫切。大量有关浙江农村体育的研究表明，浙江农民强身健体的意识普遍增强，体育文化娱乐活动的开展也有一定基础，广大农民迫切要求希望通过参加各类体育活动来提高自己的健康素质，改善生活质量，而且他们也有一定的经济能力进行体育健身等方面的消费。

一、浙江农民体育健身活动现状

随着农民生活水平的提高，农民对于体育促进健康及增加社会交往等的价值和功能已基本认识到，大多对体育健身知识有迫切的需求。但浙江农民体育消费仍处于较低的水平，与现有经济收入水平不符，其体育消费观念有待于提高，需积极引导。浙江农民体育健身活动目前开展较差，能够经常进行体育健身活动的农民比例较低，以自发性及个人活动为主，组织化程度低。

二、浙江农村体育服务现状

目前在浙江农村，“全民健身计划”及“农民健身工程”的宣传力度工作还远远不够，较为薄弱。农民获得体育健身知识的途径较为单一，农村各级政府缺乏有效的宣传手段。浙江农村体育设施及经费投入还不能满足广大农民的体育健身需求，体育经费的严重不足大大制约了农民体育健身活动的开展。浙江农民体育健身的组织化程度较低，农民广泛参与有组织的体育竞赛与活动偏少，多以农民个人或自发组织的形式进行，指导力量薄弱，场地条件较差。农民对目前农村体育健身活动的组织管理满意程度低，表明当前浙江农村行政机构对农民体育健身活动组织、指导还较为缺乏。没有体育健身领导机构、没有分管体育工作干部及农民体育组织的村乡镇占相当高的比例，远远不能适应农村开展全民健身活动的需要，使乡镇和行政村机构在农村实现“全民健身计划纲要”和“农民健身工程”的目标中，难以承担领导与组织管理的重任。当前浙江农民迫切需要体育健身和健康知识的培训和指导，但与之不相适应的是浙江农村社会体育指导员队伍人数极少，体育活动有效的组织和管理还不够，体育锻炼缺乏科学的指导和帮助，体育指导员队伍和农村健身服务体系网络尚未建立健全，许多农村社区的体育活动的开展完全处在一个自发的形式，很难对农民进行实质上的体育健身指导。多数农民迫切希望了解自身的体质状况，但农村各级机构所能提供的体质测试服务十分有限，甚至根本没有。无论是农民还是村乡镇领导都迫切希望增加农村体育服务，而当前浙江农村的体育服务难以满足广大农民及村乡镇各级机构的需要。

三、浙江农民体育健身服务体系构建

（一）浙江农民体育健身服务体系构建的基本目标

浙江农民体育健身服务体系构建的基本目标应当是能够“保障广大农民享有基本的体育服务”，来建设一个更高水平的、更全面的、惠及浙江农村全体农民的体育健身服务体系。

浙江农民体育健身服务的供给主体则应为：农民的自我供给、农村私人部门供给、农村非营利组织供给和农村公共部门供给。浙江农民体育健身服务的供给主体，应具有公共服务和市场服务两种基本形式。公共服务是公益性和非营利性的，主要面向社会公共需求，保障全体农民享有基本的体育健身服务。市场服务是根据农民个性化的体育健身需求，而采取市场化方式提供消费性服务。由于农民家庭经济收入、受教育程度、个人喜好和观念等的不同，农民的体育健身需求必然是多样化的，因而满足农民体育健身需求的体育健身服务也会呈现出相应的动态变化趋势。

（二）建立浙江农民体育健身服务体系的制约因素

经济发展及经费投入、农村生产方式及生活方式、农村文化因素、政策与法规因素、政府体育行为因素、农村体育的组织和管理因素及专业人才匮乏因素。

（三）浙江农民体育健身服务体系构成

浙江农民体育健身服务体系由农民体育健身设施（经费）服务、农民体育健身组织管理服务、农民体育健身指导服务、农民体育健身信息服务、农民体育健身服务效果评价五个方面组成。各构成部分是密切联系的统一整体，它们相互作用、相互依赖、共同影响着农民体育健身的发展。建立科学的、完整的、系统的浙江农民体育健身服务体系，有利于用科学的理论指导广大农民体育健身活动的开展，有利于实现农村体育资源的优化，也有利于加强对农民体育健身活动的管理，促进农村体育的可持续发展。

1. 农民体育健身设施（经费）服务

包含农民健身的场地设施和经费投入等，就是要通过政策的积极引导，调动一切积极因素，努力建设和提供能够较好满足广大农民开展体育健身活动的多样性、多层面、多元结构的场地设施和多渠道的经费支持等物质条件，使农民通过体育锻炼强身健体的愿望得以实现。健身设施按体制和经济形态可分为公益性体育场地设施、营利性体育设施、非营利性体育设施。公益性体育场地设施建设对发展农村体育起到基础性作用，是前提条件。非公益性体育场地不以营利为目的，随着富裕起来的农民体育健身意识的提高，由农民群众自发自觉地筹资购置和建设的体育健身设施将逐渐增多。

2. 农民体育健身组织管理服务

包含政府的行政管理、群体社团管理、基层健身网点等，就是要建立与社会主义新农村建设相适应，并依托新型的全民健身管理体制和运行机制，明确政府与社会的责任。要大力推进农村体育的社会化，建立健全农村体育社会化的组织管理体系，调动一切社会力量办体育，实现政事分开、管办分离，使农村体育的发展方式由行政型转为社会型。浙江农民体育健身组织管理服务应包括农民体育健身组织建设、行政管理型体育健身组织建设、公益型体育健身组织建设、组织开展农民体育健身活动。

3. 农民体育健身指导服务

包含科学的健身方法的研究与推广、社会指导员培养与服务、农村健身理论研究等，就是要建立与农村体育健身事业发展相适应的社会体育指导员队伍，有效发挥他们在开展农村体育服务中的组织、指导、宣传作用。要充分发挥科学技术对农村体育服务体系的支持作用，积极研发和大力推广科学有效的健身方法，不断提高农民健身的科学含量，建立和形成较为完善的农民体育健身科学理论体系。具体包括体育场所体育健身指导、非体育场所体育健身指导。

4. 农民体育健身信息服务

应包括信息咨询服务和信息资源管理等，就是要为广大农民提供丰富、快捷的体育健身信息及咨询服务，同时加强对农民体育健身服务体系中的信息资源的科学管理。具体包括平面媒体信息供给服务、电视网络媒体信息供给服务。

（四）农民体育健身服务效果评价

农民体育健身服务效果评价包括农民体质监测、农民体质评价、农民体育锻炼标准、农民体育健身服务工作评价等。实施农民体质测定制度和国家农民体育锻炼标准制度，可以掌握和动态观察分析农民体质变化的规律，有效改善和增强国民体质。建立有效的工作评估和先进表彰制度，把竞争和激励机制引入农村体育服务体系建设中，以此为杠杆，充分调动各方面的积极性，不断增强农村体育服务体系的发展活力和后劲。

四、对建立浙江农民体育健身服务体系的建议

应重视农村公益性体育场地设施建设，加大政府投入和资金整合力度，建立与新农村体育服务发展相适应的财政保障机制，加强农村体育健身站（点）建设；加强农村体育健身科学研究，注重农村体育人才队伍建设；大力推进农村健身组织网络建设，调动广大农民群众的积极性和创造性，建立健全政府主导、农民参与的农村基层体育管理服务体系，保障农村体育健身活动持续开展；建立以工促农、以城带乡的长效机制，鼓励社会共建农村体育服务体系。浙江农民体育健身服务体系的建设理应纳入到浙江社会主义新农村建设之中，纳入浙江城乡体育一体化和浙江群众性体育服务体系建设进程之中，其顺利构建和良性运行也必须充分发挥市场体系和社会体系的作用。此外还应充分发挥浙江农民体育健身服务体系的服务与改造双重功能，实现浙江农村体育的长效、健康发展；加大对浙江农村各中、小学校体育的投入力度，提高农村学校的体育资源优势的社会开放率和利用率。

项目编号：1060ss07017

浙江省公务员体育生活方式和生活满意度关系的研究

潘雯雯　陆长青　诸葛伟民　王玉秀　余保玲
施晋江　金慧娟　戴美仙　赵晓红

一、浙江省公务员体育生活方式特征

（一）浙江省不同性别公务员体育参与行为特征

浙江省不同性别的公务员在体育活动的项目选择上既有相似之处，又存在一定差异。不同性别的公务员都将羽毛球、爬山、散步排在了选择率最高的前三位，只是顺序略有不同。不同之处在于男教师在篮球、健身器械、足球等对抗性较强、活动强度较大项目的选择率上较高，而女教师在瑜伽/健身操、体育舞蹈等对抗性小、较柔和项目的选择率上较高，这可能与男女的生理差别有关。不同性别的公务员在参与体育运动的持续时间和体育运动参与频率的选择上不具有差异性。从参与运动的频率和时间上看，调查对象中达到体育人口标准的比例偏低。不同性别的浙江省公务员在其主要体育活动场所及其选择率上基本相似，非营利性场所是不同性别公务员体育活动的主要场所。

（二）浙江省不同年龄公务员体育参与行为特征

不同年龄段的公务员在体育运动项目的选择上基本相同，排在前三位的项目一样：散步、羽毛球、爬山。在其他项目的选择上也相差无几，排在前十的项目基本相同。可以看出，在项目的选择上，不同年龄段的公务员还是比较集中的。浙江省不同年龄段的公务员在每次运动持续时间和体育活动参与频率的选择上并没有统计学意义上的差异。不同年龄段的公务员在参与体育活动场所方面的选择还是比较集中，大多选择非营利性场所。

（三）浙江省不同行政级别公务员体育参与行为特征

不同行政级别的公务员在体育活动项目的选择上基本相同，排在前三位的都是散步、羽毛球、爬山，而且在前十位的选择上也大体相同。结果表明，浙江省不同级别的公务员体育活动项目比较单一，具有一定局限性，同时，选择比较集中的项目大都是小球类和运动量小的散步、跑步等项目。浙江省不同行政级别的公务员在体育每次持续时间和体育活动参与频率的选择上具有差异性。浙江省不同级别的公务员在体育活动场所的选择上并没有统计学意义上的差异。

（四）浙江省公务员体育生活方式特征分析

通过以上分析可以看出，不同性别、年龄和行政级别的公务员在体育参与行为四个维度运动项目、运动时间、运动频率、活动场所上表现出一定的特征：不同性别、年龄的公务员在体育参与行为的各个维度上并没有表现出差异性，而不同级别的公务员在体育持续时间、频率方面则表现出了差异性。分析原因如下：不同行政级别的公务员在体育持续时间和频率上出现差异，可能由于处级及以上和处级以下的公务员所面临的家庭、工作各方面的压力不同。行政级别较高的公务员其职业发展在晋升路径上已接近顶峰，他们已经积累一定的工作经验、在事业上获得了认可，对其职业发展空间及自身价值的体现等工作方面满意度会较高，其收入水平也会有很大的提高，因此会有更多的时间进行体育运动，在体育持续时间及频率方面比处级以下级别的公务员相对更多。处级以下级别的公务员正处于事业打拼阶段或是刚刚组建家庭，各方面压力比较大，因此，参与体育活动的时间不长、频率不高。

二、浙江省公务员生活满意度特征

（一）浙江省不同性别公务员生活满意度特征

不同性别公务员二者满意度较高的是家庭满意度、人际关系满意度，分别排在前两位，并且其对家庭和人际关系满意度的均值都超出了对生活的总体评价，已经接近比较满意的水平。从五个具体方面的满意度以及总体满意度来看，男性公务员在工作满意度、健康与休闲满意度方面的得分均高于女性公务员的得分；女性公务员在家庭满意度和居住满意度方面的得分高于男性；两者在人际关系满意度上的得分相同；总体满意度方面男性略高于女性。经过 T 检验，不同性别的公务员在生活满意度各维度没有显著差异（$P>0.05$）。

（二）浙江省不同年龄公务员生活满意度特征

不同年龄公务员除了在人际关系满意度方面两者得分相同外，不管是在总体满意度方面还是其他各个具体满意度方面，35 岁及以下年龄公务员所得均值都低于 35 岁以上公务员。经过 T 检验，不同年龄的公务员在生活满意度各个维度并没有显著差异（$P>0.05$）。

（三）浙江省不同行政级别公务员生活满意度特征

不同行政级别公务员不管是五个具体方面的满意度还是总体满意度，处级及以上公务员的得分均高于处级以下公务员的得分，并且二者在工作满意度和居住满意度方面存在着显著性差异（$P<0.05$）。总体满意度上，随着职务的上升，社会地位、经济收入、社会关系等方面都得到提高，因此对生活满意度也越来越高。

（四）浙江省公务员生活满意度特征分析

通过以上分析可以看出，不同性别、年龄、行政级别的公务员在生活满意度各维度之间呈现出一定的特征：不同性别、年龄的公务员在生活满意度各方面并没有显示出差异性，而不同行政级别的公务员则在生活满意度各方面具有一定差异性。分析原因可能如下：随着社会的发展，女性在社会中的地位日益提高，女性获得了越来越多的机会，男女性别差异在各个方面正在被逐渐缩小，因此不同性别的公务员生活满意度上没有差异性。行政级别对于公务员而言，代表他们职业发展到什么程度，职务在他们的职业生涯发展过程中是极为重要的，还涉及到经济、社会地位等方面。因此，不管是五个具体方面的满意度还是总体满意度，处级及以上公务员的得分均高于处级以下公务员的得分，并且二者在工作满意度和居住满意度方面存在着显著性差异（$P<0.05$）。

三、浙江省公务员体育生活方式、生活满意度之间的关系

（一）浙江省公务员体育参与时间与生活满意度之间的关系

处级以下级别公务员在工作满意度、家庭满意度、居住满意度、总体满意度方面与体育参与时间没有相关。而在人际关系满意度、健康与休闲满意度某些指标上与体育参与时间呈显著相关。体育参与时间与人际关系满意度中的“与单位同事之间有良好的人际关系”呈显著相关。此外，体育参与时间与健康与休闲满意度中的“我的闲暇时间很充裕”“我对自己的身体健康状况感到满意”呈不同程度的显著相关。处级及以上公务员体育参与时间与人际关系满意度、居住满意度方面没有相关关系。而与工作满意度、家庭满意度、健康与休闲满意度方面某些指标存在不同程度的显著相关。

（二）浙江省公务员体育参与场所与生活满意度之间的关系

处级及以上公务员不同体育场所在生活满意度各维度方面并没有表现出差异性。在处级以下级别公务员群体中，不同的体育活动场所在“我对自己的收入水平很满意”这一指标中呈现出差异性（$P<0.05$）。除此之外在生活满意度其他维度上，处级以下级别的公务员在不同的体育活动场所并没有表现出差异性。

四、结论

调查结果显示，浙江省不同性别、年龄的公务员在体育参与行为的各个维度上并没有表现出差异性，而不同行政级别的公务员在体育持续时间、频率方面则表现出了差异性。调查结果同时认为，浙江省不同性别、年龄的公务员在生活满意度各维度并没有呈现出差异性。不同行政级别的公务员在工作满意度与居住满意度方面呈现出差异性。处级及以上的公务员工作满意度和居住满意度高于处级以下公务员。关于两者的关系，研究认为，处级及以上公务员体育参与时间与人际关系满意度、居住满意度方面没有相关关系，而与工作满意度、家庭满意度、健康与休闲满意度方面某些指标存在不同程度的显著相关。

五、建议

建议充分利用各大媒体，加大宣传力度，培养公务员主体体育意识，引导公务员树立正确的健身意识，使机关公务员养成参与健身运动的习惯，进而形成科学健康文明稳定的体育生活方式，将有利于公务员生活满意度的提高。

项目编号：1065ss07022

高校知识分子健康体适能测定与评价系统研究
——以浙江省为例

裘琴儿　尹维刚　王　悦　许　强　顾慧亚　沈其君　陆　勇　徐光涛

健康（health）是人类社会的宝贵财富，是人类生存和发展的重要保障。人们以往普遍认为“健康就是没有疾病”。然而，随着科学技术与人类社会的发展和时代的变迁，现代的科学健康观念告诉我们，健康不仅是四肢健全、没有疾病和虚弱，健康是一种在身体、精神、行为和道德意识上适应人类日常生活、工作、学习、娱乐和休闲的“身心合一”的完美状态。其中，具有良好的体适能（Physical fitness，PF）是身体健康的最重要标志之一，是人类享受生活、提高工作效率和增强对紧急突发事件应变能力的重要物质基础。

一、高校知识分子健康体适能评价系统的基本组成

（一）会员管理

建立会员个人档案，记录个人基本信息，方便进行会员管理和查询。

● 会员注册登记：建立会员档案，记录个人基本信息，通过点击“增加”“删除”“修改”“保存”按钮来完成会员信息的管理。

● 会员信息查询：通过确定的查询条件，查询相应的会员信息。

（二）报告管理

对会员的测试报告进行综合管理，可根据需要调用和打印不同项目的评定报告和运动处方、营养处方、心理处方报告。打印会员的测试报告，既可根据单项测试打印，也可根据多项测试综合打印。报告分黑白打印和彩色套打，可调整打印边距，方便使用。

（三）数据中心

对会员测试结果进行查询、数据分析、数据上传网站等，便于对会员信息进行统计分析以及会员方便、及时的了解自己个人信息。

● 数据查询：通过确定的查询条件，查询相应的测试结果。

● 个人数据分析：查看某受试者的单组数据分析和历史数据分析。

● 数据综合统计：对于所有的测试数据进行综合统计。

● 数据上传：会员测试数据上传相关网站，便于会员及时了解个人信息。

（四）系统管理

实现系统参数设置、操作权限设置、数据备份等功能。

- 参数设置：对默认输入法和默认打印机等一些基本参数进行设置。
- 操作员管理：对操作员的级别和工作权限进行限定。
- 数据管理：进行数据备份和恢复等一些基本功能。
- 系统活动状态：查看操作员在系统的活动状态。

（五）心肺适能管理

获取心肺适能的相关测试指标数据，进行评价和指导。

（六）身体成分管理

获取身体成分的相关测试指标数据，进行评价和指导。

（七）肌肉适能管理

获取肌肉适能的相关测试指标数据，进行评价和指导。

（八）柔韧适能管理

获取柔韧适能的相关测试指标数据，进行评价和指导。

（九）骨密度管理

获取骨质成分的相关测试指标数据，进行评价和指导。

（十）平衡管理

获取神经控制平衡的相关测试指标数据，进行评价和指导。

二、高校知识分子健康体适能数据分析

（一）浙江省高校知识分子的身体成分变化规律

随着年龄的增加，身高下降，体重增大，体脂率（PBF）增大的趋势，男性在60岁和女性在55岁以后，PBF达到高峰。随着年龄的增大，BMI值逐步增大，检验后具有显著性的差异性$P<0.05$。高校知识分子的体重与骨骼、肌肉、脂肪和水分呈高度显著性相关，与MBI呈显著性相关。男性与女性随着年龄的增长左右上肢、左右下肢、躯干的水分有不同程度的上升，上肢右侧的水分含量高于左侧的水分含量，并呈非常显著性差异$P<0.01$，下肢左右侧水分比较平衡，只有女性的下肢左右侧呈现差异性。浙江省高校知识分子上肢左右对称性存在非常显著的差异$P<0.01$，下肢左右的对称性差异相对不大，这可能是高校知识分子经常性使用右侧上肢有关，导致上肢水分的不对称。

（二）浙江省高校知识分子的骨密度变化规律

随着年龄的增大，骨密度减少，骨强度（STI）值显著下降。其中男性骨质正常

63.3%>骨量丢失 28.9%>骨质疏松 7.9%；女性骨质正常 28.4%<骨量丢失 35.1%<骨质疏松 36.5%，反映男性骨密度总体水平良好，而女性的骨质疏松更为严重，30 岁以前的年轻期是骨骼的生长发育时期，STI 保持平稳，女性在 45 岁以后出现明显的下降，可能与女性的生理因素有关，增龄和绝经是导致骨量加快减少的重要因素。高校知识分子骨强度与体重的相关性不大，并非呈显著性相关（r1）；体成分中肌肉对骨密度的影响作用并不明显，二者的相关程度偏低（r2），这一结果可能与测试方式有关，有待作更深入的研究；体成分中脂肪对骨密度的影响较小或负相关（r3），这一结果与众多学者的研究结论相似。

（三）浙江省高校知识分子的握力水平

在各年龄段男性普遍高于女性，右手的握力普遍高于左手的握力。随着年龄的增大，男性握力有所下降，女性握力呈现波动性，不同年龄段之间存在显著的差异性 $P<0.05$。可能跟女性长期缺乏肌肉重力锻炼有关。浙江省高校知识分子的坐位体前屈在各年龄段女性普遍高于男性，随着年龄的增大，柔韧性逐渐下降，男性柔韧性下降的速度更快，差异性非常显著 $P<0.01$。除了生理上的差别外，与女性注重形体的锻炼有关，同时也反映了现代生活方式下男性缺乏运动的状况。

（四）浙江省高校知识分子的运动耐量

测试结果显示，F.C.与 VO 的值也随着年龄的增长而下降，具有显著性差异 $P<0.01$，说明增龄与器官的老化是影响有氧运动能力的因素之外，缺乏积极有效的有氧运动锻炼是降低心脏功能的重要因素，因此可以通过增加有氧运动活动来增强心脏的摄氧能力，增进体质。

（五）浙江省高校知识分子的平衡总分与平均摆速

都与年龄和性别相关，存在着差异性 $P<0.05$。相同年龄段的女性平衡总分高于男性，平均摆速小于男性，随着年龄的增加，平衡能力达到优良的比率逐渐下降，女性一般多于男性，表明女性较男性有更好的平衡稳定性。这一现状与其他研究者的结论相同，符合人体的生理规律。

三、高校知识分子健康体适能发展不良现状原因

浙江省高校知识分子健康体适能的研究中发现，中年知识分子大多处于“亚健康”状态或机能不良状态，所反映出来的体质下降问题，原因不外乎以下几点。

浙江省高校知识分子是高等学府中最高贵的人力资源，他们除了要承担学校大量的工作以外，客观需要他们更新知识，以适应高速发展的社会需要。大量的科研研究，需要他们耗费相当多的精力，这些无形当中增加他们的精神紧张程度，心理压力就会增加，使他们的健康遭受到损害。

他们普遍受到高等教育，虽然具备身体的健康意识，也了解到体质下降，需要加强体育锻炼，缓解工作压力，提高生活质量，但是现实是即使实行“五天工作日”，工作量不仅没有减少，反而增大，工作之余，他们没有充分的时间进行体育锻炼。根据权威科学杂志调查发现：运动量的多少也是影响健康的重要因素。许多知识分子把时间和精

力全部投入到事业当中，在身体机能和体质下降的状态时期，忽略了锻炼。

浙江省高校知识分子长期的工作方式是以脑力劳动为主，身体透支严重。工作方式的改变使他们得颈椎疾病、骨质疏松等疾病的比例远远高于同龄人。

四、建议

• 各级政府和教育管理部门应切实贯彻落实国家各项有关提高浙江省高校知识分子待遇的方针、政策、法律和组织。浙江省高校知识分子是科教兴国的主力军。因此对知识分子健康素质的培养应该是人才资源开发与管理的基础工作之一。知识分子的体质下降问题，应引起各级各类领导的足够重视，为教师提供较为宽松、和谐的工作环境。

• 建立浙江省高校知识分子体质监测体制，设立关于浙江省高校知识分子体质状况的数据库，将知识分子的体质状况进行横向和纵向比较，从而找出体质发展变化规律，制订出符合知识分子的健康促进计划。

• 开展各种形式的健身知识与技能的宣传、服务活动。丰富健康知识，强化健身意识，倡导积极、科学、文明、健康的生活方式。努力使注重生命质量、提高健康水平、丰富余暇生活、实现人生价值成为每个知识分子的自觉行为。

• 积极推行运动场所的建设，大力开展群众性的体育活动，丰富浙江省高校知识分子的业余文化生活。借助政府和社会的力量，在单位和生活社区建设一些方便适用，小型多样的体育场地和活动室。

• 浙江省高校知识分子自身也应调整心理压力，合理安排时间，劳逸结合。每周进行规律的体育锻炼活动，提倡健康的生活休闲方式，维护良好的身心健康。

项目编号：1068ss07025

小康社会老年人体育生活方式及评价体系研究

李志敢　张林挺　刘　芳　侯晓晖　楚继军
冯　卫　冯云辉　刘彩红　叶展红　林　珑

普遍增强国民健康素质是全面建设小康社会确立的奋斗目标之一。我国在2000年已经进入老年型社会，预计到2020年，中国人口老龄化进入快速发展阶段。老龄化社会对我国的社会、经济和健康问题会产生重大的影响。与国外相比，我国人口老龄化呈现“未富先老”的特点。为了保证我国经济、社会的可持续发展，提高现在和未来老年人的生活质量，我们必须努力做到把健康人群带入人口老年型社会。

体育锻炼作为一种生活方式，对老年人群的身心健康，对于整个未来社会的健康和稳定，都有重要的作用。对珠三角地区的老年人进行体育生活方式的研究，并给予正确的引导，对于促进广东地区养成良好的体育生活方式，和中国未来社会的健康可持续发展，具有重要的借鉴作用和前瞻意义。

一、调查结果

社会学指标中显示发达地区和中等发达地区的老年人绝大多数人随时都可以参加任何形式的体育活动，前者通常在支付一定费用后可以不分年龄、性别，一起参加体育活动，更喜欢与家里人一起活动，后者只愿意与同性别的同龄人一起活动。落后地区的老年人一般采取以劳动的方式来替代休闲体育，更多的人不知道什么是休闲体育锻炼。

发达地区、中等发达地区老年人能够享受有组织的休闲活动，并且在相对规范的体育设施条件下进行休闲活动；中等发达地区老年人对休闲体育比发达地区重视，但是发达地区表现得更积极，两地区进行体育锻炼的频率和时间达到要求，但是强度不够；落后地区的老年人基本不知道什么是休闲体育，以传统的劳作代替休闲活动，其强度达到老年人锻炼的具体要求。

生理学指标中显示：发达地区的老年人虽然比较少吸烟和喝酒，由于睡眠质量不好，出现循环、呼吸、神经系统疾病较多，身体质量指数超过标准，高血压患者较多，肺功能较差；

中等发达地区的老年人有消化系统方面的疾病较多，女性肥胖比例增多，男女性的血压接近高血压的临界点，肺功能偏低；

落后地区的老年人有循环系统疾病的比较多，睡眠质量比较好，基础心率和肺功能指标优于其他两个地区；

柔韧素质，中等发达地区和落后地区的男性老年人，该指标比较接近，优于发达地区的老年人，并呈极显著性差异；

平衡素质，落后地区的老年人远远优于中等发达地区，形成显著性差异，中等发达地区远远优于发达地区，也形成显著性差异；

力量素质，落后地区的老年人远远优于中等发达地区，形成显著性差异，中等发达地区远远优于发达地区，也形成显著性差异；

灵敏素质，发达地区优于落后地区，落后地区优于中等发达地区，两两比较，都形成显著性差异。

运动素质中的柔韧、平衡、力量和灵敏素质指标，没有发现有性别差异的现象。

心理素质指标中，发达地区的老年人认知功能类优于其他两个地区，与落后地区形成显著性差异，与中等发达地区比较，未形成显著性差异；自我概念类指标中，落后地区的老年人该指标优于其他两个地区，形成显著性差异，发达地区和中等发达地区之间也形成显著性差异；情绪类指标中，中等发达地区和落后地区之间基本持平，与发达地区比较，形成显著性差异，即发达地区明显落后于其他两个地区。老年期是许多危机和应激因素集中在一起的特殊时期，在智力、情绪、人格上都会产生不同的心理变化，出现一系列心理反应，情绪、自我概念和认知功能是评价老年人心理健康的重要指标。

二、结论与建议

老年人的体育锻炼缺乏科学性：发达地区老年人锻炼的频率太高，强度不够，使锻炼的效果大大折扣，中等发达地区的老年人锻炼的频率适宜，但是时间太长、强度不够，同样没有达到锻炼的目的；落后地区的老年人虽然强度达到刺激机体，但是时间较长，对机体造成负面的影响。进行体育锻炼时需要考虑三要素：锻炼的时间、频率和强度，才能达到提高身体机能，身心娱乐。

建议在发达地区以政府职能部门为主体，对老年人的休闲体育进行有效的鼓励和肯定，使他们有了成就感，从而带动更多的人投入休闲体育，在中等发达地区以县区级为主导，进行有效的宣传。在鼓励老年人进行体育锻炼的同时，进行指导，使他们能够进行科学的锻炼，在落后地区，鼓励老年人进行休闲体育，对重复单一的动作进行对抗牵拉，及时纠正，能够有效减少传统疾病的形成。

发达地区老年人的体重和BMI指数超过《国民体质测试标准》规定的正常值，食品质量、生活和居住环境相对较差，引起睡眠状况不佳，导致心率和基础心率明显偏高，血压超过正常范围，肺功能指标低。该地区老年人的体育生活方式，应该把休闲体育的范围扩大，尽量定期在郊外进行，同时，锻炼的频率需有效控制，增加强度，特别是进行力量练习。

中等发达地区的老年人需要协助家庭成员实施商业劳作或工业、手工业劳作，闲暇时间的休闲以传统的体育项目为主，从而提高了肌肉的工作能力，有利于肌肉持续长时间收缩和紧张的活动，但应注意在锻炼的过程中，严格控制时间，因为长时间的劳动是引发疾病的重要原因。

落后地区的老年人，虽然没有进行有效的休闲体育锻炼，但是由于生活环境限制，需要进行体力劳动，有效提高了人体神经肌肉系统在工作时克服或对抗阻力的能力，使血压得到有效的控制，因此高血压的发病率减少。由于中国传统的文化影响，落后地区的女性老年人基本没有参加进行锻炼。

三个地区不同性别之间的老年人，不管是柔韧、平衡、力量和灵敏素质，都呈落后地区优于中等发达地区、中等发达地区优于发达地区。

因此要求老年人在没有条件进行体力劳动的时候，要进行适当的力量练习，这会对提高自身的运动素质，增强抗跌倒能力，有效控制和降低血压，提高生活质量提供有力的帮助。

发达地区的老年人，人际交往、态度改变、工作表现乃至学习和记忆效果的要求相对要高于其他地区，休闲体育的生活方式尚未达到转移不愉快的意识、情绪，使人从烦恼和痛苦中摆脱出来，不良情绪得不到宣泄；而中等发达地区和落后地区由于有传统的家庭劳作，有效改变孤独、抑郁、自卑心态，使整个神经系统得到调解，从而维护心理健康。建议发达地区对老年人进行正确的心理引导，科学处理好“空巢老人渴望与家人团聚”的愿望与现实的关系，组织有效的群众体育活动，培养良好的情绪与积极的心态，形成良好的个性、稳定的情绪、乐观的人生态度。

发达地区和中等发达地区的老年人由于自身的人际交往体验丰富，活动范围的地域广泛，有机的认知机构由态度、情感、信仰和价值观等贯穿整个经验和行动，并把个体表现出来的各种特定习惯、能力、思想、观点有效组织起来，形成了正确的人生观，正确面对成功与失败，因此对事物有主见、比较自信、且勇敢接受挑战，落后地区老年人生活环境相对闭塞，缺乏对各种事物的体验，因此发生不愉快时，难于自我解决。所以对闭塞的地区老年人，更需要进行人文关怀，引导他们科学处理各种危机。

发达地区的人们由于竞争激烈，导致生活节奏紧张，老年人由于家庭和社会氛围影响，以及比较有规律的体育锻炼过程中的人际往来，使他们客观上捕捉到比其他地区老年人更多的信息，由于有适度的紧张状态，所以信息加工的速度和信息加工容量强于其他两地区的老年人。复杂的社会环境强迫老年人要增强记忆，保持大脑活跃，并且抗拒内外刺激干扰，而其他两个地区的老年人由于居住环境和生活节奏的优势，认知功能的相关因素没有得到有效的锻炼，会产生记忆力和注意力下降，感知觉减弱。所以，要求对中等发达地区和落后地区的老年人，经常给予一定的刺激，造成一定的压力，对认知功能因子起到良性的刺激，提高该认知功能，减慢衰老速度。

静态的生活方式严重影响老年人的身心健康，必须加大力度引导其向动态的体育生活方式转化，因此有必要建构多元化的体育知识与技能的传播路径，以满足老年人对体育知识与技能学习的需要，便于合理设计锻炼的时间、频率和强度，以及负荷后足够的放松运动；从社会、生理和心理三个体系评价小康社会老年人体育生活方式，根据各个指标所占的权重比例和确立的评价标准，及时找出存在的问题和采取应对的措施，能够有效促进老年人养成良好的体育生活方式，以提高身体机能，达到身心娱乐。

项目编号：1074ss07031

辽宁区域残疾人体育发展的理论与实证研究

梁蕴秋　郭明明　王　桥　佘　宇　高琳琳　李安娜　夏书红
刘海燕　赵世杰　乔艳春　林李楠　李小东　刘海东

辽宁作为振兴东北老工业基地领头军，具有自然地域优势和人文环境优势，更突出的是其体育资源优势。辽宁体育伴随着辽宁经济的发展，取得了令人瞩目的成绩，处于全国领先地位。在辽宁区域发展的背景下，如何大力发展残疾人体育事业，以最大限度地服务于残疾人，更好地补偿他们的身心缺陷，是摆在我们面前的崭新课题。本课题以区位论作为理论基础，以区域作为切入点对辽宁省残疾人体育进行研究。

一、相关概念的界定

对于“残疾人”的界定，各个国家的标准不尽相同。我国的残疾标准是由国家参照国际标准，根据我国国情制定的。《中华人民共和国残疾人保障法》对残疾人做了如下定义：“残疾人是指在心理、生理、人体结构上，某种组织、功能丧失或者不正常，全部或者部分丧失以正常方式从事某种活动能力的人。”

残疾人体育，本文认为有广义与狭义之分，但鉴于本文的研究角度和需要，结合我国残疾人体育的现状，对残疾人体育的定义主要是指狭义的残疾人体育，即为带有伤残和患有疾病的人提供体育教学、身体锻炼、运动训练和娱乐康复服务的体育运动行为。

区域残疾人体育，本研究认为区域残疾人体育是指生活在某一区域的残疾人群体在长期的体育实践中所形成的一种具有地域性特征的参与体育的现象。区域残疾人体育是区域体育的一个组成部分，同样是中国现阶段经济、文化等社会诸因素综合影响、作用下的产物，是由特定区域的地理环境、经济生产方式和社会生活方式以及历史文化传统所决定的一种地域性体育文化。区域残疾人体育具有以下特征：地域性特征、趋同性特征、一致性特征、系统性特征、依附性特征、特殊性特征。

二、辽宁区域残疾人体育总体发展现状实证分析

残疾人群众体育发展的现状。调查显示，辽宁省残疾人群体有较强的体育健身意识和一定体育消费意识，但体育健身行为和体育消费行为能力较差，这与他们的经济收入和文化程度有很大的关系。受过较高教育的残疾人在体育观念上有着正确的认识，在参加体育活动的意识上也较明确，能形成正确的残疾人体育价值观。而文化教育程度较低的残疾人对体育活动的价值没有正确的评断，缺少对体育健身知识、健身技能和理论的掌握，从而影响他们参与体育的兴趣、习惯和能力的养成。不同类型的残疾人，在体育活动中有不同的特点。调查发现聋哑人参加体育活动比其他类型残疾人略显优势，他们的肢体活动不受限制，体育项目的选择范围较大，基本上健全人的体育健身方式他们都

能选择。大多数肢体残疾人不同程度保持有身体活动的能力，可利用部分健全人的体育设施，然而需要专门设施和专人帮助的视力残疾、智力残疾等残疾人参加体育活动的人数相对来说较少。残疾人在对体育活动场所的选择上，首选是居住地附近的比较方便的社区场地或公园，其次是在家里和免费的体育场馆，选择周边学校和收费体育场馆的较少。参加体育活动的形式主要以个人或自由组合形式为主，以参加社区、单位、体育辅导站组织的活动形式为辅，这说明目前残疾人参加体育的形式是出于一种自发的、松散的无序状态。

残疾人体育教育发展的现状。本研究对辽宁省内的12个市县的20所特殊体育学校进行了调查。在所调查的20所学校中，体育课的开课率为100%。在教学内容的选择上除盲校增设定向课外，大部分学校与普通学校的教学内容有相似之处，开设游戏、跳绳、篮球、田径等教学内容，娱乐性内容偏重，缺少具有针对性的康复性内容。特教学校体育教师男女性别比例差距较大，男教师比例为75%，女教师为25%，在年龄上趋于年轻化，其中30岁以下教师占18.2%，31~40岁占68.2%，41岁以上13.6%。专职体育教师比率为89%，但学历水平相对较低，其中中专学历占8.7%，大专学历56.5%，本科学历34.8%，具有特师专业学历的仅占17%，并在此次调查中并未发现研究生学历。

残疾人竞技体育发展的现状。残疾人竞技体育和群众性体育协调发展，残奥、聋奥和特奥运动广泛开展，进一步推动了残疾人体育事业和残疾人事业的发展。“十五”期间，我省开展的体育项目已达到10个，特奥运动员达到2.5万人。我省残疾人运动员在国内外比赛中共夺得奖牌466枚，其中，金牌192枚，银牌157枚，铜牌117枚。我省残疾人体育事业的发展和取得的成绩，充分发挥了残疾人体育动员社会、感召社会的特殊功能，进一步推动了我省残疾人体育事业的可持续发展。

三、辽宁区域资源对残疾人体育发展的支撑因素分析

从社会学的角度看，一个事物的发展与社会的发展和需要是密不可分的。残疾人的体育参与同样受政治、经济、文化、社会等多种因素的影响和制约，相比于健全人体育来说，残疾人体育更需要社会的支持与扶助。与任何一种社会活动一样，残疾人体育的发展必然受到与它依存的环境要素的制约，也必然在资源运用中实现和完成。辽宁作为体育大省、体育强省，必然有其内在规律和深厚文化底蕴，辽宁残疾人体育也定能在这特有的区域资源中得以发展壮大。在辽宁省的区域政治资源、区域经济资源、区域社会资源、区域体育资源的有力支撑下，残疾人保障事业驶上了“快车道”，残疾人体育事业也必呈现出快速发展的趋势。

四、辽宁亚区域残疾人体育发展异同性分析

亚区域残疾人体育差异是指在一个区域内部，其组成区域之间存在发达区域与不发达区域并存的格局。辽宁省残疾人体育发展过程中最能体现出亚区域特征的便是残疾人竞技体育。本研究根据近两届全国残疾人运动会和近两届残奥会上辽宁省残疾人运动员的参赛成绩等各项统计显示，辽宁省内14个地级市的残疾人竞技体育事业发展整体上表现出来较为明显的区域差异性，其中最为直观的就是各地级市残疾人运动员的参赛人数和运动成绩指标；同时，在项目分布上也体现出明显的区域差异性。本研究将将辽宁

14 个市划分为三类残疾人体育发展区域，其中始终处于领先地位的一类区域，沈阳、大连、鞍山和抚顺；处于缓慢发展状态的二类区域，辽阳、锦州、丹东、盘锦、本溪和营口；处于落后地位的三类区域，朝阳、铁岭、阜新和葫芦岛。三个区域的残疾人体育发展呈现出明显的非平衡性特征，并与区域经济发展具有很高的趋同性。

区域残疾人体育协同发展的理论。区域残疾人体育协调与共同发展是指区域残疾人体育应适应区域社会、经济可持续发展的要求，形成区域残疾人体育自我调节机制和创新机制。通过区域内体育资源的合理配置，使残疾人学校体育、群众体育与竞技体育共同发展，实现区域残疾人口获得平等的体育发展机会和健康权利，并使区域内残疾人口体育素质得到提升，促进以人为本的社会的和谐与全面发展。实现区域残疾人体育协同发展，首先要依赖于体育价值观念的转变并付诸实践，传递可持续发展理念，实施全民健身计划，增强人的可持续发展意识。有实践证明，如果未能真正实现观念的彻底变革，其他的一切变革都收效甚微。其次，区域残疾人体育协同发展必须始终适应区域经济、社会可持续发展的需要，适时调整体育结构和发展方向。营造全社会参与体育、理解体育、支持体育的氛围，形成区域内大体育网络，使有限的体育资源得到合理充分的利用。另外，建立以区域残疾人体育评价和体育科研为先导的体育决策体制，是区域残疾人体育协调与共同发展的关键所在。

五、结论与建议

（一）结论

1. 我省残疾人群体有较强的体育健身意识和一定体育消费意识，但体育健身行为和体育消费行为能力较差。经济收入、学历水平影响残疾人的体育参与，不同类型的残疾人，在体育活动中有不同的特点。体育活动以就近就便的场所为主。

2. 特殊教育学校体育师资配备不合理，学历水平较低，特殊体育专业教师相对缺乏，表现为有体育知识技术而无特殊教育知识，大部分体育教师没有参加过岗前教育或培训。教学方法还是以传统的体育教学方法为主，缺乏创新，康复性内容偏少。体育场馆、器材不能满足学生的需要，体育经费严重不足，严重阻碍了特殊教育学校体育发展。

3. 辽宁省区域残疾人竞技体育差异与区域经济差异具有很高的一致性，呈现出与经济发展明显的区域“非平衡性”特征。其中，沈阳、大连、鞍山和抚顺四个城市在残疾人竞技体育事业的发展上始终处于领先地位，朝阳、铁岭、阜新和葫芦岛四个城市则相对处于较为落后的地位，其余六个城市为辽阳、锦州、丹东、盘锦、本溪和营口处于缓慢发展的中游位置。自然地理环境是影响亚区域残疾人体育非平衡性发展的生态因素，经济发展水平是影响亚区域体育非平衡性发展的决定性因素。

4. 区域残疾人体育具有地域性、趋同性、一致性、系统性、依附性、特殊性等特征。辽宁区域残疾人体育具有强大的区位优势和社会支持，包括区域政治资源、区域社会资源、区域经济资源和区域体育资源。

5. 区域残疾人体育协调发展的根本目标是实现区域内部与区域之间体育的社会效益、经济效益和环境效益的最优化。实现区域残疾人体育协同发展，要依赖体育价值观念的转变并付诸实践；要始终适应区域经济、社会可持续发展的需要；要建立以区域残疾人体育评价和体育科研为先导的体育决策体制。

（二）建议

1. 加大对全省区域残疾人体育发展的宏观调控。加强对各地区体育发展规划的协调，从而避免重复劳动，资源浪费。从地方政府的政策上应当给予残疾人体育事业发展提供更好、更有力的保障，并平衡好各地区间的差异性。在充分做好各方面调查研究工作的基础上，建立起长期有效的残疾人体育发展机制。

2. 综合协调各区域残疾人体育的定位和分工，形成功能互补协调发展的格局。统筹规划安排经济欠发达地区残疾人体育的项目发展，对欠发达地区的项目布局和定位进行综合协调，提高体育资源的使用效率。

3. 重视区域之间体育资源的整合和共享，使全省残疾人体育形成网络化管理，形成跨区域、多层次、多渠道、多样化，特色互补，资源共享的发展格局。实现全省一盘棋的管理，使辽宁省残疾人体育与健全人体育共融发展。

4. 加大对经济欠发达地区残疾人体育工作者的培养力度。定期、定点为经济欠发达地区的体育管理人员、教练员、体育教师免费培训或进修，提高其素质和理论水平，以学校体育作为残疾人体育事业协调发展的突破口。

5. 充分发挥媒体的宣传作用和示范效应，营造良好的社会助残氛围、平等和谐的体育氛围。尝试把残疾人体育活动引导为一种有利于健康、加强娱乐、培养社交能力的活动，鼓励更多残疾人参与到体育运动中来。

6. 构建残疾人运动健康档案，做到“档随人走”。定期检测残疾人的运动健康状况、记录个人在参与体育活动过程中的身体反应、主观感觉等指标，为相关管理部门、医疗社保部门或残疾人体育科研部门制定战略、方针、政策提供实证参考资料。

项目编号：1164ss07121

“体教结合”的基本理论与实证研究

徐宏伟　潘孝贵　王永森　陈国强　费永康

一、“体教结合”的基本理论探索

（一）“体教结合”的基本概念解析

本研究对“体教结合”中体育与教育的含义，是界定在竞技体育与学校教育的涵义基础上展开的。

1. “体教结合”概念的形成

“体教结合”是中国竞技体育发展和教育改革进程中的阶段性产物，是现阶段根据中国体育与教育行政机构分置的国情而构建的关于我国高水平竞技体育人才培养的新理念，是新时期在“以人为本”的科学发展观指导下，体育部门与教育部门为共同培养全面发展的高水平竞技体育人才而构建的和谐体系。

体教结合体系目标具有两层含义。一是构建结构合理，分工职责明确，管理成本经济，办事效率较高，谋事环境和谐的体育部门与教育部门的管理联合体；二是通过体、教联合体的有机运转，达到高水平竞技体育人才培养的科学化、系统化、人性化。

2. 竞技体育管理体制的发展沿革

第一阶段（学习模仿苏联阶段）。

第二阶段（举国体制初创阶段）。

第三阶段（举国体制成熟阶段）。

第四阶段（竞技体育强盛阶段）。

第五阶段（多元体制探索阶段）。

“体教结合”体制针对“举国体制”而言，是竞技体育后备人才培养的新型管理体制，它不仅不完全排斥“举国体制”，而且是“举国体制”下的一个有益的补充与完善。

3. “体教结合”体制的层次性

第一，国家层面的“体教结合”。

第二，省（市）层面的“体教结合”。

第三，地（市、县）层面的“体教结合”。

（二）实现“体教结合”实践的理论基础

1. 马克思人的全面发展理论

从马克思主义的经典著作来解释，所谓人的全面发展，就是人的社会关系的全面发展。

对竞技体育后备人才的培养来说，如果片面地追求竞技水平的提高，而忽视青少年运动员的全面发展，抹杀了人才的通式性的特征，就会背离竞技体育后备人才可持续发展的目标。

2. 体育与教育规律的趋同理论

学校教育的目标本质上并不排斥竞技体育；而作为优秀的竞技体育人才本质上与教育规律具有趋同性，因而完全可以纳入现代课程体系中。

3. 学生素质教育与和谐发展理论

从现实实践来看，体育运动学校要从根本上认识素质教育的系统性及思想政治道德教育的核心地位，如果缺乏或忽视对一个人进行塑造灵魂的教育，很难想象能够把他培养成为当代社会急需的通才。

4. 竞技体育与教育人才培养宏观目标的一致性

宏观目标的一致性，使得体育与教育结合成为现实可能，只要有良好的制度设计、科学的管理体制以及严谨的运行机制，体、教双方行政共同协作，必将会使竞技体校教育与普通学校教育两方面成为彰显互促共进、相得益彰有机结合的共存元素。

（三）“体教结合”体制的社会学意义与价值

作为伦理学和价值观意义上对“体教结合”体制的探讨。“体教结合”体制，强调的是在进行竞技训练的基础上，注重学生的文化学习与养成教育，可以较好地使体校的学生得以整体性的发展，可以充分享受作为社会个体所拥有的平等参与社会竞争的机会，这体现了当代社会“以人为本”的伦理学意义与和谐社会价值观的现代人才培养理念。

作为权利和制度意义上对“体教结合”体制的探讨。作为体校学生的发展，不仅是学生运动训练参与权益得到保障，更要尊重学生参与文化课学习的权益，如果不改变现实竞技体育运动学校的现状，继续“只体不教”，事实上是剥夺了学生文化学习的权利，是在不公正的状况下“发展”学生的，长此以往，是颠覆了社会发展的内在属性。

（四）当前中国“体教结合”体制渐进式模式构建的探讨

1. 当前中国竞技体育后备人才培养体制的多元性

我们要在进一步完善举国体制的基础上，建立举国体制与体教结合、职业化、社会化等多种管理体制并存的新时期中国竞技体育后备人才培养与管理新型体制系统。但是，这个过程必然是渐进式、分步建立与完善的长期过程，相关体制间的衔接和路径互通是我们体育行政管理部门必须要认真加以研究的课题。

2. “体教结合”模式的分析与探讨

(1) 直接引入模式

指的是高等学校将符合条件的退役运动员与现役运动员直接招到高等学校。始于1987年原国家教委与国家体委联合下文在高校中试办高水平运动队。

(2) 联合办队模式

指的是体工队与高校联合办队，将运动队挂靠在高校名下，体工队负责运动队的训练与管理，高校负责运动队的学习与学习管理这种模式。

(3) 高校招运动水平较高的体工队青年队员、体校队员模式

指的是获得政策支持的高等学校通过一定的考核，将运动水平较高的体工队青年队员、体校队员、部分有运动特长的中学生招进高校，自己进行培养。

(4) 学校、科研所、优秀运动队三位一体模式

指的是把高水平运动队、体育科研所都办在体育院校内，学校在文化教育方面，培养小学到大学本科乃至研究生多个学历层次的人才。

(5) 清华模式

指的是高校跟中学、小学直接挂钩，形成教育系统内部的独立培养体系。

在“体教结合”的多种模式可供选择的前提下，我们更应深入分析其模式的特点以及自身的实际情况，以培养竞技体育人才宏观目标为指导，促进人才的全面发展为目标，用“适合自己的才是最好的”为原则，进一步探索“体教结合”的多元模式。

二、体教结合个案剖析
——对湖州一中与体育运动学校从合并到分设的调研分析

地（市）级青少年体育运动学校，是我国竞技体育后备人才培养体系中面大量广的重要环节之一。以湖州市体育运动学校与湖州市第一中学从合并到分设的过程进行个案剖析，试图以“体教结合”的理论视角为基础，从案例中提炼出本层次“体教结合”的理论规律与可行的实践操作规范，作为“体教结合”理论体系中一个有益的补充。

（一）调研方法（略）

（二）湖州一中与体育运动学校从合并到分设的基本过程

1. 两校合并基本情况调研

湖州第一中学属全日制普通高中，湖州市教育局为其上级主管局。

湖州市体育运动学校是属于全日制与业余性兼容、以培养竞技体育后备人才为目的的市属基层体校，管理隶属市体育局。

2002 年 4 月由湖州市人民政府签发的“湖政函〔2002〕22 号”文件，标志着湖州市一中与湖州体育运动学校合并办学的开始。

2006 年 7 月，湖州市人民政府签发“湖政函〔2006〕57 号”文件，宣布湖州一中与湖州体育运动学校实质性合作办学历史的结束。

对 5 位原校级领导的调研中，认为两校合并利大于弊 1 人，3 人认为各有利弊，还有 1 人认为，合并对原一中影响不大，对体校有利较多。（详情略）

教师问卷发放 21 份，回收 21 份。认为两校合并弊多利少的有 12 人（超过 50%）。问卷反映主要观点：

(1) 竞技体育实力增强，场地、器材资源更为丰厚；

(2) 对体育运动学校初中学生文化学习促进更大，学训矛盾有所缓解；

(3) 学校人脉资源更为丰富，两校的管理模式有一定互补；

(4) 客观上由于合并前两校分别归属不同的主管局管理，造成领导间有所隔阂；

(5) 一中高中学生与体校小学和初中学生年龄差异大，管理难度加大；

(6) 两所学校的办学目标不同，管理机制运作过程难以统一，由于激励机制的差异性，造成两所学校的教职工待遇难以平衡；

(7) 一中以文为主，主张静学，体校则追求运动成绩提高，主张动练为主，两者难以较好的融合；

（8）一中曾经辉煌的体育特色班，现已经停办，认为两校已经失去了合并的基础。

2. 合作办学主要成效

四年合作办学取得了较为瞩目的成绩。

3. 两校合并办学主要问题

通过调研，发现合并办学四年来存在着一定的问题。

（三）现状分析

1. 缺乏统一理论指导与操作规范

“体教结合”的形式是“体教结合”实践方式的写照。但合而再分的一个首要原因是虽然对两校结合的指导思想比较一致，在如何运用“人的全面发展理论、协调发展理论、可持续发展理论”的正确理论来指导“体教结合”实践方面，未能予以研究透彻，造成实践中两单位从上到下教职员工思想观念不能较好的得以统一。

体教结合的实践，具体主管部门应给予宏观的理论指导与中观“规范操作”的指导性意见，供其在实践中作为运行操作的原则与主要依据。

2. 利益关系调整的复杂性

两者由于宏观目标的差异性，带来了新校整体教职员工利益融合的复杂性，如何能够设计科学合理的评价激励机制，既要平衡利益个性要求、又要兼顾学校整体发展需要，是摆在学校领导面前必须予以及时解决的课题。

3. 体制不畅带来的阻碍性

实践中，在两局共管体制下，体育局、教育局层面要进行深入研究，构建能适应新建学校可持续、有效发展的新体制，学校领导层面应该进一步进行构建新机制的探索，促进“体教结合”发展不断完善。

4. 合并过程两校界限存在的明晰性

合并后新校，在进一步进行工作、人员、组织的磨合有效性欠缺，两校之间的教职员工仍然较少沟通，工作相关性低，有工作分工问题，又有你校、我校的界限明晰的问题，存在着你中你管、我中我管现象。

（四）几点建议

1. 目标修正的必要性

体育运动学校与一中要做到尽快融合，必须修正原体育运动学校的中心目标，使其回归到以培养具有一定人文素养和文化知识的社会主义事业建设者与接班人为宏观目标，以培养竞技体育人才以及社会体育骨干为重要任务（特色）。体育运动学校应坚持“业余性”原则，在保证学生文化课学习时间的基础上，科学设置运动训练的时间，建议每周训练 4 次为宜，其中一次安排在周末，一方面要求教练员精心安排每一次训练课，以保证训练质量，另一方面，让体校学生有比较充裕的时间进行文化课学习。

2. 体制创新的迫切性

体育与教育主管部门应以转变政府职能为核心，努力建设一个服务政府、责任政府、法治政府、廉洁政府，并将按照权力制约的原则，形成决策权、执行权和监督权既相互制约又相互协调的机制，这对于完善“体教结合”新体制具有极大的意义。

在新并学校，需要逐步寻求两校共同点，打破原学校界限，创建融合机制。

3. 理论指导的明晰性

“体教结合”体制是新时期探索竞技体育后备人才培养新途径的伟大实践，它有着明晰的科学理论作为指导依据。

以人的全面发展理论、协调发展理论与可持续发展理论作为“体教结合”体制发展的理论支撑。

4. 利益共同体的实质性

湖州市体育运动学校与湖州市一中合并后又分设的实践证明，要创建良性机制，使所有参与“体教结合”实践的个体充分认识到我国“体教结合”实践的深远意义，融合两校可以融合的人力与制度资源，实质性的形成每一个个体都达成共识的利益共同体，才能使全校凝心聚力，共同为新校谋利益、求发展。

三、研究结论

(一)“体教结合”体制，是社会主义市场化体制发展在竞技体育管理体制推进领域的必然结果，是“举国体制”在竞技体育后备人才培养体系方面的一个有重要意义的补充与完善。

(二) 各级政府及相关部门领导成员，应充分认识与深刻领会实现“体教结合”体制的重要意义与发展价值，坚持用“以人为本”及“科学发展”理念，有效推进“体教结合”体制的改革与发展。

(三) 体育与教育系统的行政部门，应进一步明晰职责，建立一个“共同体”组织，加强领导，深入研究，理顺科学管理体制，创建高效工作机制，促进与监督“体教结合”工作的良性推进。

(四) “体教结合”的实现方式，应遵循“适合自己的就是最好的”原则，不同地域、不同层次、不同经济与文化环境，实现“体教结合”的实践方式具有较大的差异性；地（市、县）级体育运动学校与相应中学合并建校，是“体教结合”实践的有效形式之一，具有进一步探索的价值。

(五) 在地（市、县）层次的“体教结合”体制中，原体育运动学校传统的办学目标、人才培养观念等，应按照“以人为本”与“科学、持续发展”的要求，予以适当的修正，要坚持“业余性”原则，进一步与学校教育的总体目标相衔接，用缩减总体训练时间（提高单位训练质量）、增加文化学习时数与提升文化课教师水平等方式，有效缓解“学”、“训”之间的矛盾。

项目编号：1134ss07091

2008年北京奥运会对我国青少年学生教育效应的调查研究

董翠香　岳新坡　张秀丽　毛爱华　靳　磊
宫留芳　贾红洲　朱美珍　崔佳慧

一、北京奥运会对我国青少年学生教育效应的调查研究

由于奥林匹克教育的内容十分丰富，本研究只对我国青少年学生有重要影响的几个方面进行了研究。主要包括：奥林匹克知识的认知度、体育生活方式状况、环境保护意识及思想品质这四个方面。

（一）青少年学生对奥林匹克运动知识的认知度

1. 对奥林匹克知识的认知度有所提高

奥运会前后，回答问题的正确率都在80%左右，与筹备期相比，有较大幅度的提高。另外，从本次对奥运会项目承办城市与非承办城市的青少年学生奥林匹克知识掌握情况的总体对比结果来看，承办城市回答正确率稍高于非承办城市。

2. 对北京奥运会发生的事件关注度极高

回答问题的正确率都在90%以上，如：对北京2008奥运会主题口号奥运会前后的正确率分别为93.9%和96.6%；对北京奥运会火炬接力启动仪式上，哪位中国选手手持火炬跑向天安门城楼，标志着北京2008年奥运会火炬接力活动启动调查的正确率为94%；北京奥运开幕式点燃主火炬的是谁的正确率为95.9%；下一届奥林匹克运动会的举办城市是哪个国家正确率为95.6%；2008北京奥运中国代表团共获得多少枚金牌正确率为91.6%；2008北京奥运会谁为中国代表团夺下首金正确率为88.7%。

3. 对奥林匹克运动裁判知识的认知度较低

调查结果显示，青少年学生的裁判知识比较薄弱，且奥运会后提高也不明显。从答题的正确率来看奥运会前在62%~73.6%之间，而奥运会后在65.7%~78.9%。承办城市与非承办城市青少年学生对各题回答的正确率高低不等，没有明显的区别，尽管对游泳项目的设定上承办城市回答的正确率明显高于非承办城市，但总体回答正确率较低。

（二）北京奥运会对青少年学生体育生活方式的影响

1. 奥运会后青少年学生参加体育锻炼的目的性更加明确

从本次对青少年学生参加体育锻炼目的的调查结果来看，持增强体质目的者比奥运会前增加了一倍多，达到了55.7%，排在第一位；持减肥、娱乐或者是体育达标目的者都有明显下降，认为参加体育锻炼是为了应对体育课达标的思想有了明显改善。可以认为奥运会后，学生不仅仅把体育锻炼作为娱乐的手段了，而是把它作为增强体

质的主要途径。

2. 奥运会前后青少年学生的体育爱好程度变化不大，但总体较好

尽管持非常喜欢和喜欢态度者在奥运会后仅提高了两个百分点，但总体达到了73%，而不喜欢和非常不喜欢的仅在4%以下。这说明，绝大多数青少年学生本质上是喜欢体育运动的，具有参与体育运动的内在动因，但为什么还有这么多的学生不能每天坚持参加体育锻炼呢？其调查结果是学习繁忙和体育场所设备不足阻碍着他们参加体育锻炼。

3. 青少年学生每周参加体育锻炼的次数和时间不足

青少年学生参加体育锻炼的情况，从奥运会前后的调查结果来看都不乐观。奥运会前后每天都进行体育锻炼的比例分别为33.8%和41.8%，有一定的提高；而若干天一次和很少锻炼的比例奥运后还是高达37.4%，与奥运会前相比没有明显好转。但奇怪的是奥运会后非承办城市的学生每天都能参加体育锻炼的比例达到47%，明显高于承办城市的34%，这说明，奥运会对非承办城市学生的影响作用是很大的。在锻炼时间方面更加令人担忧，每天平均体育锻炼的总时间少于30分钟者几乎占一半，30~60分钟者占40%，奥运会后也没有明显好转，承办城市和非承办城市之间也没有明显差异。

4. 青少年学生具有较强的体育参与消费意识

因体育锻炼有增强体质、调节神经系统、增进人际交往、改善心理等作用，在青少年学生中，体育消费被普遍认为是不可缺少的。持很需要和比较需要的男生占95%，女生占90%，这说明，青少年学生的体育消费意识非常强，但由于学习繁忙、学校设施限制、自身经济状况等因素的影响，他们的体育消费意识与体育消费行为没有形成正相关。

（三）奥运会后青少年学生环境保护意识得到加强

在对绿色奥运、环境保护与青少年关系的调查中，第二轮调查时认为环境保护和个人密切相关的比例增加了近10%，达到了89.1%；且青少年学生的环境保护意识不仅停留在思想层面，并已开始身体力行。在问及青少年学生是否走校园内草坪的调查中发现，从不走草坪的学生已经增加到52.2%。在对看比赛时是否会将垃圾带走的比率来看，奥运会前会将垃圾带走的为70.9%，而奥运会后达到了79.3%，从不带走垃圾的比例由4.6%减到1.6%。从承办城市与非承办城市的对比来看，奥运会后，承办城市学生持肯定会将垃圾带走的比例（48.8%）明显高于非承办城市（32.6%），这与亲身感受到奥运会对环境的高要求有关。

（四）奥运会后青少年学生对奥运理念的理解程度有所加强

我国青少年学生对奥运三大理念的理解，奥运会前后，持非常理解的青少年学生都在15%以下，比较了解的有所增加，不太了解的学生有明显减少。出现这种情况的可能原因，一是对三大理念的宣传较少，二是三大理念的内涵比较深奥，尤其是初中生对此缺乏了解。但在承办城市与非承办城市学生对三大理念理解程度的调查结果发现，承办城市的学生无论是对哪一理念的理解都好于非承办城市，这与承办城市的宣传及耳濡目染有较大的关系。

（五）对青少年学生良好思想品质的形成具有促进作用

奥林匹克运动是一个庞大的知识体系，它以身体活动为基本形式，融知识、思想、精神教育于一体。北京奥运会对青少年学生的思想、精神教育和优秀品质的形成都起到了重要的促进作用。升国旗奏国歌极大地唤起青少年学生的爱国主义热情，在直接参与和间接参与奥运会过程中，提升了青少年学生的国际意识、公平及诚信意识，对青少年学生良好健康生活方式的形成起到了至关重要的作用。

二、北京奥运会对河南省大学生教育效应的个案研究

（一）河南省高校开展奥林匹克教育活动的现状不容乐观

奥林匹克课程开课率较低，体育教师对奥林匹克知识掌握欠佳，体育课不能成为大学生接受奥林匹克教育的重要途径，大学生对自身掌握奥运知识状况以及奥林匹克教育现状不满意，体育教师参加奥林匹克教育的相关培训极少。

（二）北京奥运会对河南省大学生思想意识具有促进作用

北京奥运会激发了河南省大学生的平等意识、民主意识、诚实守信以及遵守秩序的社会公德意识。大学生对奥运文化有较高的认知度，对体育活动也有一定的参与欲望，也感受到了奥运文化的影响力，但因种种原因有相当一部分的大学生还没有付诸行动，每天都能坚持参加体育锻炼者的人数较低。

（三）河南省大学生环境保护意识及认知度较高

2008 年北京奥运会“绿色奥运”理念激发了河南省大学生对环境概念的认知，对环境内容的认识，对环保意识、环保行为的促进，体现出了时代感。河南省大学生环境意识水平整体较高，对基本环境知识掌握较好，并对环境有较为正确的认识和评价，但在保护环境行动方面表现相对滞后。

三、建议

（一）学校应将奥林匹克教育与青少年学生体育锻炼活动相结合

举办奥运会的目的就是通过体育赛事选拔出身体和精神和谐发展的精英，并以直观的形式通过他们的英雄事迹对广大青少年起到更好的教育作用。所以说要想使奥林匹克教育真正地落到实处，离不开体育比赛，更离不开日常的学校体育教学。建议在全国各级各类学校中普遍开展奥林匹克课程和讲座的同时，举行形式多样的体育活动，带动全体学生积极参与体育锻炼，倡导积极的生活方式，养成经常参加体育锻炼的良好习惯。

（二）利用大众传媒进行奥林匹克运动教育，营造良好的体育气氛

电视、报纸、网络、校园广播等传媒是青少年学生了解奥林匹克运动的主要渠道。利用大众传媒进行奥林匹克教育具有迅速性、权威性、集中性和潜在性。充分发挥这些传媒工具优势，加大奥林匹克教育的宣传力度，增加体育栏目，开展不同层次和水平的

体育比赛和全民健身体育活动，在社会、学校、家庭中营造良好的体育氛围，达到“传播奥林匹克理念、共享奥林匹克精神、共建体育生活方式”的目的。

（三）挖掘奥林匹克运动的教育价值，培养健全的青少年人格

奥林匹克是一种文化力量，有着巨大的影响力和感染力，奥林匹克教育就是将这种文化力量转化为积极进取的行动，以培养人塑造人。因此，我们要借助 2008 年奥运会重新审视现代奥林匹克教育发展，把奥林匹克教育与人格培养紧密联系起来。利用先进奥运文化资源，深入研究奥林匹克教育问题，在青少年学生中开展奥林匹克教育，通过奥林匹克教育进一步健全青少年人格。

（四）加强高校奥林匹克教育的开展，使之成为奥林匹克教育的主战场

从个案研究来看，河南省高校的奥林匹克教育相对落后，在某程度上也说明高校开展奥林匹克教育的措施不力。这就要求相关部门应该加强奥林匹克教育政策的制定和落实，从根本上提高青少年学生对奥林匹克运动的认识。

项目编号：1062ss07019

普通高校开展“阳光体育运动”的长效机制研究

张瑞林　王　波　何秋华　祝　菁　贺培春　耿廷芹

一、阳光体育运动的概念与特征

（一）概念

结合阳光体育运动产生的背景和阳光体育的性质、功能和目标，本研究把阳光体育运动的概念定义为：以身体运动为基本手段，以增强学生的健康素质发展为根本目的，以引导和鼓励学生走向操场、走进大自然、走到阳光下积极参加体育锻炼的学校体育活动。

（二）特征

1. 明确的目标性；
2. 广泛的参与性；
3. 活动形式的多样化；
4. 注重学生共性与个性的不同需求；
5. 强调学生的主动性；
6. 以“健康第一”为指导思想；
7. 以终身体育观为价值指向。

二、普通高校“阳光体育运动”开展的现状与制约因素分析

（一）现状

本研究通过对问卷调查所得出的数据进行分析，总结出目前我国普通高校开展阳光体育运动主要存在以下几方面问题：高校重视程度不够，缺乏有效的组织体制；缺乏详细的实施计划；学生每天运动一小时的时间得不到保障；体育经费投入不足，场馆与器材设备现状不容乐观；师资指导不能满足阳光体育需求；《标准》的测试工作有待于进一步完善等。

（二）制约因素

通过对问卷调查统计分析和专家访谈，本研究认为我国普通高校开展阳光体育运动主要受以下几项因素的制约：普通高校阳光体育运行体制尚未完善；各级领导、教师、学生对阳光体育运动的开展认识不到位；体育经费投入不足与体育场馆设施短缺；缺乏

科学合理的评价监督机制；高校体育课内容陈旧无新意，体育活动开展方式过于单一；普通高校阳光体育运动教师指导机制尚未建立；普通高校阳光体育宣传力度不够等。

三、构建普通高校阳光体育运动长效运作机制

本研究通过分析已有研究及专家意见，根据管理学有关原理，运用系统观点，从整个高校阳光体育运动运行的全过程出发，认为普通高校开展阳光体育运动要做到可持续发展需在以下几方面开展工作：

（一）加强领导，建立阳光体育运动组织保障机制；

（二）完善学校政策，建立阳光体育运动制度保障机制；

（三）加强阳光体育宣传，发挥体育文化对学生运动参与的促进作用；

（四）加大经费投入，建立硬件保障机制；

（五）建立完善的《国家学生体质健康标准》监测机制；

（六）建立阳光体育监督评价机制等。

四、普通高校阳光体育评价体系

在专家访谈和文献调研的基础上，从系统、科学、可行的角度出发，确立对阳光体育运动的评价可从制度保障、时间保障、硬件保障、体制健康测试、阳光体育宣传五部分入手，并据此建立了普通高校阳光体育运动评价体系。

五、普通高校阳光体育管理信息系统的设计与实现

普通高校阳光体育运动信息管理系统的开发是为了实现对学生每天参加一小时运动时间的监控及对学生的体质状况进行长期有效的跟踪记录，同时也是对实现体育场馆设施的现代化管理功能的探索和研究。普通高校阳光体育运动的信息管理系统建设采用C/S、B/S 混合结构进行建设，通过一卡通进行信息交换，以终端机作为执行客户端机构，作为现场客户端，通过互联网进行网上信息查询登记等进行操作。依据校园网络的丰富资源，利用校园一卡通技术的广泛应用，将其引入之阳光体育运动中，实现其在阳光体育运动中的工具作用，这种数字化方式能够极大地促进校园阳光体育运动的开展与进行。

总之，本研究定义了阳光体育运动的概念与内涵，梳理了阳光体育运动开展的特征、内容及要求，进一步完善了阳光体育运动理论的已有成果，弥补了普通高校阳光体育运动理论体系的缺失现象；同时构建了普通高校阳光体育运动长效运作机制，建立了普通高校阳光体育运动评估标准体系，丰富了普通高校开展阳光体育运动的实践方法和手段，进一步提高了普通高校开展阳光体育运动的针对性与实效性，具有较强的普适性。

但是，由于开展本研究的实施周期较短，相关研究资料尚不系统、完善，加上自身能力与认识的限制，因此，本研究所得结论与技术操作层面上都难免有不尽人意之处，尚期待同行专家们的指点与帮助，同时也希望能够得到国家体育总局的进一步支持，使本课题组能够继续进行后续相关研究。

项目编号：107ss07027

实施“阳光体育运动”过程中学校体育伤害事故的规避与处理研究

文红为　陈　晓　魏　玮　李洪斌　顾雪兰　徐燕军　杨　进

一、学校体育伤害事故概述

（一）学校体育伤害事故的界定

所谓学校体育伤害事故是在学校组织实施的校内外体育活动（包括体育课、课外体育活动、体育竞赛和课余体育训练），以及在学校负有管理责任的体育场、馆和其他体育设施内发生的，因过失或意外造成在校学生人身伤害或者死亡，以及对他人造成人身伤害或者死亡的事故。

（二）阳光体育运动背景下学校体育伤害事故的现状

1. 发生体育伤害事故的频数

在所有被调查的学生中共有150名学生在学校的体育活动中发生过伤害事故，约占调查总数的30%。其中发生一次伤害事故的占受伤学生的53%，发生二次伤害事故的占受伤学生的40%，还有7%的学生发生3次以上的伤害事故。本研究的数据与王勇（2005）的《大学生体育伤害事故规避》中发生体育伤害事故的频数数据不太相同。笔者认为这可能与学校对体育工作的认识和学校对体育伤害事故采取的有效预防措施有很大关系。

2. 发生体育伤害事故的项目

由于中学生和大学生开设体育课程有差异，因此发生伤害事故的项目也不相同。调查显示，在中学发生伤害事故的项目排在前三位的分别是体操占26.7%、田径23.3%、足球20%，且中学生发生伤害事故的男女生比例约为2:1。之所以体操排在第一位，原因可能与该项目本身的特点有关。学生在练习中由于生理、心理因素以及保护帮助不当都可造成意外伤害事故。

而在高校的体育活动中发生伤害事故的多为运动量比较大、对抗性较强的项目。排在前三位的分别是篮球占37.5%、足球25%、田径12.5%。资料显示，高校发生伤害事故的男女生比例约为5:1。这可能是因为在这些项目的比赛或活动中，男生更愿意表现自己，乐于投入更多的激情，因此在运动的过程中往往会忽略一些安全隐患。而女生在体育课中更愿意进行一些运动量相对较小的项目，并且女生在运动时较男生更为谨慎、小心，因此在进行体育活动时，女生发生伤害事故的概率要较男生少得多。

3. 学生受伤的性质

在学生发生的伤害事故中，大致可以包括有外伤、骨折、韧带撕裂伤、脱臼，内脏受伤、脑震荡及其他。其中外伤是发生率最高的，占 51%，其次是骨折、韧带撕裂伤、脱臼。

4. 学生受伤的部位

在调查对象中，从受伤的部位来看，发生伤害事故时受伤最多的部位是四肢，约占 72.3%，其次是躯干占 23%，再者是头面部占 4.7%。之所以四肢受伤最多，可能与四肢是学生在运动中活动最为频繁的部分，并且在受伤害时人也会反射性的利用四肢作为保护自己的第一反映有关。

5. 发生伤害事故的原因

从发生伤害事故的原因来看，由于学生原因造成的伤害事故约占 52%。这些原因具体包括：因学生主观上不遵守纪律，不按规范动作要求进行学练而发生的事故；学校不知道或难于知道的因学生特异体质或特定疾病而在运动中发生的伤害；由于学生技术动作不正确或动作突发性失常而发生的事故；因其他同学过错而导致的体育伤害事故；因心理原因而产生的体育伤害事故；安全意识淡薄，缺乏体育运动的基本常识和自救措施等。

因教师原因造成的伤害事故约占 9%。具体原因包括：因体育教师责任心不强或对学生保护不力而发生的事故；因教师内容安排不合理、教法不当、教学手段不科学等原因而发生的事故；教师管理失职；教师体罚学生等。

因学校原因造成的伤害事故约占 13%。具体原因包括：因学校体育设施陈旧老化或设置不当而引发的事故；因学校制度不严、管理不善而发生的事故；因学校安全保护措施不力而发生的事故；因学校安全教育不到位等。

此外，由于其他因素造成的伤害事故约占 3%，如恶劣的自然环境；由于无法估计的意外造成的伤害事故约占 5%；而因混合因素造成的伤害事故约占 18%，其中，存在学校和受害者共同责任事故；学校和其他相关人员共同责任事故；学校、受害学生、和其他相关人员三方或多方共同责任事故。

6. 发生伤害事故的时间段

调查显示，90%的伤害事故都发生在体育活动的中间阶段，8%的伤害发生在准备活动阶段，2%的伤害事故发生在活动结束阶段。这可能是因为在体育活动刚刚开始时，学生对于运动的热度还没有完全提升，注意力相对比较集中。在活动进行到中间阶段时，学生对于运动会投入更多的激情，对于自身安全的注意力会有所下降，同样下降的还有自身的体能。此时，老师也因时间段较长而对每位同学的观察会有所疏忽，因此易发生伤害事故。在体育课结束阶段，虽然体力大量消耗，但是发生伤害事故的几率却不高。

7. 发生体育伤害事故的组织形式

从调查结果来，学生在学校参加体育活动，发生伤害事故最多的是体育竞赛占 39%，其他依次是体育锻炼占 32%、体育课占 20%、课余体育训练占 9%。除了体育竞赛中的强对抗性容易发生伤害事故以外，由于学生在体育锻炼中脱离体育教师的管理和保护，加上学生对事故的自我防范和自我保护意识差，所以发生体育伤害事故的几率也增加了。相对而言，体育课与课余训练有教师管理和保护，出现伤害事故的几率也相对减少。

（三）阳光体育运动背景下学校体育伤害事故的特征

1. 体育伤害事故的不可避免性
2. 学校对体育伤害事故问题的高度关注性
3. 学校体育伤害事故信息的公开性
4. 学校体育伤害事故处理的困难性
5. 解决体育伤害事故思路的新颖性

二、学校体育伤害事故的规避

为了比较全面系统地规避学校体育伤害事故风险，我们将从观念层面、制度层面、器物层面对之进行分析。

（一）观念层面

观念层是深层，是形成物质层和制度层的基础，它具有统摄全局的作用。

1. 转变管理理念，构建基于风险管理的学校体育伤害事故管理模式
2. 树立安全意识，强化安全教育
3. 加强学生的组织纪律教育
4. 加强教师职业道德教育
5. 加强教师和学生的法制观念，提高法律意识
6. 加强心理健康教育

（二）制度层

1. 建立学校体育安全工作责任制度

为确保学生的体育安全工作落到实处，学校应建立健全以分管校长为首的分级负责的体育安全管理保证体系。这个体系主要包括：一是由分管校长挂帅的学校体育安全教育与管理工作领导小组；二是以校党委书记为首的体育安全思想工作保证体系；三是以校团委、学生会为首的学生体育安全工作保证体系；四是由专职人员组成的保卫处。通过成立这样的体系，可使体育安全管理纵向到底、横向到边、专管成线、群管成网、责任明确、协调配合、齐抓共管。

2. 健全学校的卫生保健制度

学校要有合格的保健教师，并且建立学校的卫生保健制度。同时要加强保健教师和体育教师的沟通和联系，以便体育教师及时地了解学生的身体状况。具体包括有：健全学生健康档案、定期对学生进行健康检查，预防运动猝死、对不易参加体育活动的同学要教育、定期复查，并做好监督工作。

3. 制定体育场馆和器材管理条例

为加强学校体育场馆的管理，进一步提高体育场馆的使用效率，更好地发挥其为学校和社会服务的功能，并减少伤害事故的发生。学校要制定严格的场馆管理制度，同时还要明确场馆管理人员的职责。

4. 规范体育教学常规

体育教学常规虽然平时常常提起，但是也往往最容易忽视。调查发现，许多伤害事

故都涉及到我们的教学常规。因此，我们必须严格规范体育教学常规，包括教师课前根据人、地、物、气候、教材的不同认真备课。课中要科学地安排练习，如进行体育活动前要做好准备活动，根据人体生理机能活动变化规律和人体机能适应性，规律安排负荷量与强度，运动结束必须进行放松整理活动，课后进行小结等。这些教学常规对降低伤害事故起到了重要的保证作用。

5. 制定体育课外活动或特殊体育项目的安全守则

阳光体育运动的目的就是要吸引广大青少年学生积极主动参与体育锻炼，培养体育锻炼的兴趣和习惯，有效提高学生体质健康水平。调查发现，许多伤害事故都是在学生自由活动发生的，这给学校规避运动伤害带来了一定的困难。因此，制定课外活动或特殊体育项目，如野外生存、攀岩、登山的安全守则，对大大降低事故风险显得尤为重要。

6. 建立学校体育伤害事故应急预案制度

为了保障广大学生在体育活动中的人生安全，需要制定科学严谨的学校体育伤害事故应急预案。在应急预案中，应包括（1）成立体育伤害事故处置的机构：高等学校应当建立由学校有关领导牵头、学校有关部门参加的学生伤害事故善后处理小组。中小学校应当组成有学校负责人、法制副校长、安全辅导员、家长委员会代表参加的学生伤害事故处理小组，负责与家长协商处理事故善后事宜。（2）处置的原则：遵循依法、客观公正、合理适当的原则，及时妥善地处理。（3）处置的程序：学校及时救助，学校体育伤害事故的报告、调查事实，分清责任、教育主管部门对事故处理的指导与协助、事故处理的方式、做好受伤害学生和家长的安抚工作等。一旦发生伤害事故，可以最大程度地降低伤害程度。

7. 建立学校体育保险法规制度

由于我国保险业起步较迟，保险对于大家来说还是新生事物。对于体育保险大家就更陌生，认识也必然滞后。一方面，在计划经济时代工薪阶级形成的“生死国家包、风雨不用愁、旱涝保丰收”的习惯意识，以及旧的医疗保障体系还未完全废除，新的医疗体制尚未出台之际，人们还未能从“老保”旧观念中转变过来。另一方面，由于学校体育的风险不大，大家风险意识不够，加上保险的宣传力度及其体系的不完善，人们对此抱观望怀疑态度。此外，我国刚刚摆脱贫困跨入温饱之列的城乡居民，经济还不很宽裕，加之以上种种因素，人们的防灾意识淡薄、保险知识贫乏，保险意识也随之滞后。调查发现，80%的学生都没有购买人身意外保险。对于保险，很多学生知道知其然，不知其所以然。

（三）物质层

1. 完善硬件设施，创建舒适体育运动环境

（1）定期检查，及时维修。学校应对校内体育场地设施、器材进行定期检查，对已损坏的设施、器材立即维修或更换。对体育场地要做好护理，避免因积水、砂砾等对学生造成的伤害。

（2）对体育场馆内部存在危险的设施、物品、位置等应给予警示。例如游泳池的深水区应被标出并注明水深，带电设施要注明“小心有电”等。同时在学校场地旁设有明显的标志牌，提醒学生注意保护体育设施，力争自然损坏和人为损坏都降到最低极限。

（3）加大投入，完善改造与扩建。要力争有关方面加大对学校体育教学的资金投人，不断完善学校体育教学的场馆改造与扩建，更新体育器材和设施，确保提高器材使用的安全系数，为体育教学和学生课余体育活动营造一个安全舒适的环境，从而最大限度地减少和预防体育伤害事故的发生。

2. 张贴相关的安全守则或宣传画，营造良好的体育文化氛围

为了使学生对相关的安全知识有一定的了解，可以在各体育场馆内，张贴相关的安全守则和注意事项或宣传画。这不仅提醒学生要注意安全，同时也是学校体育文化的一种体现。

三、学校体育伤害事故的处理

（一）快速有效处理伤害事故现场

体育伤害事故是难以避免的，一旦发生伤害事故，必须立即按照应急预案制度的有关规定，采取必要的救助措施及时终止或减少伤害发展。有条件的学校，应当由专业的医务人员来实施。总之，应做到在处理伤害事故时应遵循“依法、客观公正、合理适当”的原则，及时妥善地处理，把伤害降到最低限度。

（二）学校体育伤害事故的责任界定

伤害事故到底谁负责，我们是基于由违章行为与事故后果之间的因果关系承担相应责任的理念。为此，我们将学校体育伤害事故的责任认定划分为全部责任、主要责任、同等责任、次要责任。

（三）学校体育伤害事故的归责原则

所谓归责，是指侵权行为人的行为或物件致他人损害的事实发生以后，应以何种依据使其负责。而归责原则是确定行为人侵权民事责任的根据和标准。

在学校体育伤害事故的归责原则上，我们采用是民事责任的一项基本原则过错责任原则。但当事人在对造成损害均无过错的情况下，由人民法院根据公平的观念，在考虑当事人的财产状况及其他情况的基础上，责令加害人对受害人的损失给予适当补偿时我们采用公平责任原则。学校存在特殊民事侵权行为时采用过错推定原则；但由于体育伤害事故不属于某些特殊领域如高危作业、环境保护、产品责任等，所以不适用无过错责任原则。

（四）学校体育伤害事故的赔偿

1. 构成损害赔偿责任的必须要件

根据现有的民法规定，构成损害赔偿责任的必须要件是:损害事实的存在，行为的违法性，行为与结果之间存在因果关系，行为人的过错。这 4 个条件相互联系，只有同时具备时，才能构成赔偿的责任。而这 4 个要件中的第 3 个要件，对于认定赔偿责任的大小尤为重要。除了这 4 个要件外，在处理事故时，学生的年龄因素也很重要，年龄越小，学校的责任越大。

2. 损害赔偿的原则

对发生学校体育伤害事故负有责任的组织和个人，应当按照法律法规的有关规定，承担相应的损害赔偿责任，伤害事故赔偿的范围与标准，按照有关行政法规、地方性法规、最高人民法院司法解释中的有关规定确定。《办法》未规定精神赔偿，这种立法精神与现代法律要求相违背，学校及其主管部门应给予适当的精神赔偿。

3. 损害赔偿的范围

除了《上海市中小学学生伤害事故处理条例》对赔偿的范围规定有着详细的规定，“学生伤害事故的赔偿范围应当根据人身伤害事故的具体情况确定。学生伤害事故的责任人应当赔偿医疗费、营养费、误工补助费、护理费、交通费等费用。造成学生残疾的，还应当赔偿残疾用具费、残疾生活补助费、残疾护理补助费等费用；造成死亡的，还应当赔偿丧葬费、死亡补助费等费用……”外，其他法规都没有作具体的规定，只是要求按照国家及地方的有关法规执行。

4. 损害赔偿的调解

有关部门在认定伤害事故责任，确定伤害事故所造成的损失情况后，应与学生家长进行赔偿调解，伤害赔偿调解期限可为30日，有必要时可延长15日。对伤害事故致伤的，调解应从治疗终结或定残之日起开始；对伤害事故致死的，调解应从规定的办理丧葬事宜时间结束之日起开始。对于调解不能达成一致意见的事故，建议由省、市、区成立一个处理学校体育伤害事故纠纷的专门机构，由具备丰富经验的专门机构处理学校体育伤害事故。主持争议当事人通过协商、调解等多种方式解决纠纷，可减少纠纷解决的对抗性和成本，有利于维护学校与学生的双方利益和长远关系。

5. 损害赔偿的途径

调查发现，在伤害事故赔偿的过程中，有些体育伤害事故不能及时、彻底地解决，不是因为事故的责任划分不清，也不是因为致害人不愿意承担事故的责任，主要是因为责任方拿不出应该赔偿的经费或者根本拿不出赔偿经费。鉴于以上这种情况，我们认为，要使赔偿问题得到切实地解决，光靠谁的责任由谁赔偿这种常规的赔偿方式是不可能得到及时、彻底地解决的。因此，必须拓宽赔偿的途径和渠道，从多种途径解决赔偿经费，尽可能地让伤害学生得到应该得到的赔偿，使学生的合法权益得到最大的保护。我们建议除了一般的致害人赔偿方式以外，还可利用保险赔付的方式，如通过政府为学校购买责任险、学校组织学生购买学生意外伤害保险、学校为参加比赛的学生购买意外伤害保险、为学校体育场馆和器材购买保险。此外，当学校和学生的赔偿经费得不到落实或落实不够时，还可以由设立的主管教育行政部门或学校体育运动伤害专项基金提供一定的赔偿经费，目的是使学校和学生在伤事故中的损失降到最低。

项目编号：1054ss07011

我国独生子女社会背景下城市中学生体育精神教育研究

——以北京、上海为例

俞继英　马　瑞　朱民华　文红为

一、“体育精神”及“体育精神教育”解读

（一）“体育精神”的界定

“体育精神”一词起源于西方，目前可查公开发表文献中，“体育精神”一词最早可追溯到1945年乔治威尔撰写的评论《体育精神》，其英文拼写为“sporting spirit”或“sport spirit”。

本研究把“体育精神（sporting spirit）”界定为：产生于有组织的、以规则为指导的竞争性身体活动过程，又在各种体育活动实践中不断丰富、延伸的价值观念体系和行为规范。

（二）体育精神的内涵与结构

对体育精神内涵与结构的梳理，是基于sport的特点。社会学学者认为：价值观念与规范是两个密切相关的概念，价值观念是普遍和抽象的，规范是特殊、具体的。由此可见，任何价值观念均应伴有相应的行为规范与准则，因此体育精神可分为价值观念层和行为规范层两个层次。

对体育精神的具体内涵（图1）的梳理：

由sport的竞争性特点，引出竞争与超越精神。包括：“超越自我”“超越对手”“超越极限”的价值观念以及“顽强拼搏，追求卓越”“坚持到底，永不放弃”“承受挫折，胜不骄、败不馁”“敢于挑战，敢于尝试”等行为规范。

由sport的规则性特点，引出公平竞赛精神，公平竞赛是体育精神的灵魂。没有哪一项活动会比体育更推崇公平的意义和规范。没有公平竞赛，体育实践活动就难以顺利、有序地进行。公平竞赛精神包括：“遵守规则”“尊重对手”“尊重裁判”“光明磊落进行比赛”的价值观念以及“熟悉比赛规则，了解规则的重要”“遵守规则”“尊敬、诚实、慷慨地对待对手”“为对手的精彩表现而喝彩”“赛后向对手表示祝贺”“不影响裁判的判罚”“避免用不理智、不正当、不道德的行为来获胜”“不使用亵渎性和粗俗的语言”“不骚扰对手，不诘问对手”等行为规范。

由sport的组织性特点，引出团队精神，它包括：“团队意识”“团队互动”“团队奉献”的价值观念，以及“团队荣誉感”“团队目标认同”“相互支持、相互帮助、

相互信赖”“交换思想、分享经验”“为团队的胜利甘为人梯”等行为规范。

在指导体育运动实践过程中，随着人们对团队精神认识的加深，其具体概念产生了进一步的丰富和深化。团队精神中“团队”这个概念出现了引申意义，它不仅表示运动员所属运动队这个团队，有时也表示着运动员所代表的单位和国家。

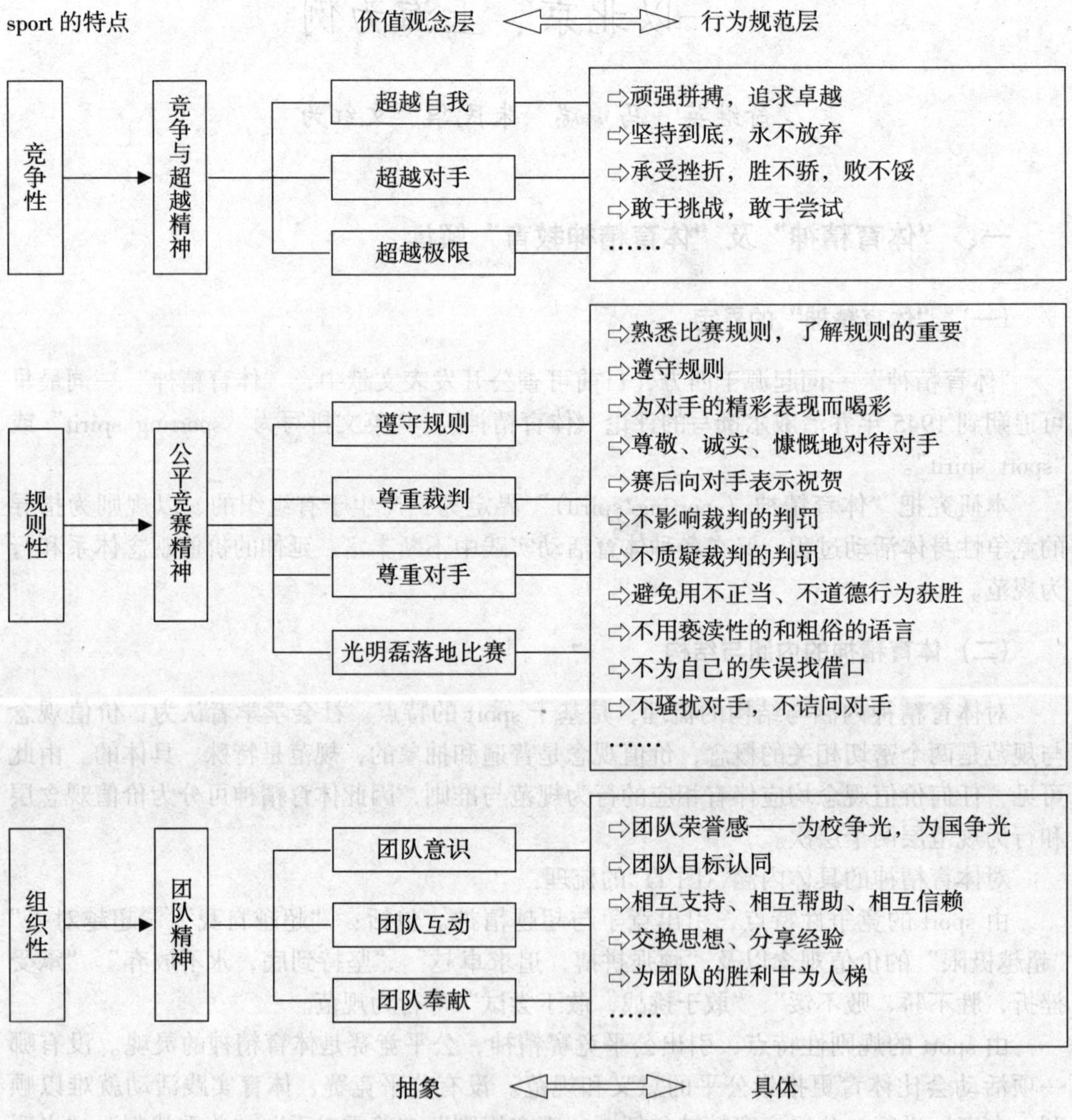

图1　体育精神的层次结构图

（三）中华体育精神

中华体育精神是我国竞技体育工作者在竞技体育事业由落后逐渐提高的奋斗过程中，在我国现有意识形态以及传统文化影响下，我国运动员、教练员在备战和参加国际竞技体育活动的过程中体现出来的价值观念和行为准则，是体育精神在这些活动中的具体表现。

中华体育精神是体育精神教育的重要方面，它和体育精神教育是一致的。我们在对中学生进行体育精神教育过程中，要注意将中华体育精神这样特殊性的体育价值观念教育与普适性体育精神教育的有机结合，让受教育者既掌握普适性体育精神，又对民族特有的体育精神产生了解和认同。

（四）奥林匹克精神

奥林匹克精神是体育精神在奥林匹克运动中的具体表现及延伸，是以促进人类社会和谐发展为着眼点，在体育精神价值观念基础上的提炼与升华。内涵包括：更快、更高、更强；相互理解、友谊、团结和公平竞赛。

奥林匹克精神也是普适性体育精神的不同表现形式，因此，体育精神教育与奥林匹克精神教育在方法、途径、甚至内容上应该是趋于一致的，在具体的教育过程中，基层学校可根据自己学校教育任务、具体时空特点，在不同体育精神教育方面有所侧重。

（五）体育精神教育

体育精神教育是使受教育者了解和掌握体育运动的价值观念以及相应行为规范和准则的教育活动的总称。即通过各种教育手段，传授给学生被社会广泛认同的体育运动价值取向，让学生能够以正确的价值标准和尺度来评价自己和他人在体育活动过程中的行为和表现，并以相应的行为规范来指导自己的运动实践的系统教育活动。

它包括体育精神相关价值观念的了解掌握以及相对应的行为规范的习得实践两个层次，指向受教育者的个体心理品质、体育道德及群体性发展，是促进个性的形成与品德发展的个体社会化过程，属于广义的德育范畴，是显性教育与隐性教育相结合的德育过程。

二、我国城市中学生体育精神教育的意义

从北京、上海两地情况看，我国当前城市中学生的优点是：有创新意识，思维活跃，知识面较丰富；敢于表现，敢于尝试，喜欢展示，有自己的见解；个性强，好胜心强，热情开朗，性格活泼；民主平等的意识强。

缺点是：竞争意识和抗挫折能力弱；意志品质差，不够刻苦，害怕困难；以自我为中心，与他人交流合作能力有待提高；自律性不强，规则意识较弱。

实施体育精神教育对当前我国城市中学生的作用有：

纠正性格弱点，发展心理品质。竞争与超越精神的观念和行为规范传授，会指导中学生在面对困难、失败、自卑、胜利时如何调节自己的心态和行为，学会正确对待胜利和失败，培养意志力，反复淬砺，健全人格。

学习社会规范，促进社会化过程。通过体育活动掌握和实践公平竞赛和团队协作可以使中学生学会尊重规则，遵守社会规范，培养光明磊落的气度；学会与他人相处，尊重他人，分享经验；这对于扭转中学生过于自我的人格，促进中学生社会化过程具有积极的意义。

形成精神动力，提高运动参与性。体育精神价值观念和行为规范可以成为激励中学生在体育活动中战胜困难坚持到底的精神动力，提高中学生体育活动参与积极性，克服面对困难的心理障碍。

感受体育文化，丰富体育教育目标。体育精神是体育文化的重要组成部分，是体育运动核心观念的历史沉淀。把体育精神教育作为体育教育的目标之一，让青少年学生全面的了解体育运动，感受体育文化，传承体育文明。

三、北京、上海两地城市中学生体育精神教育实施现状

从学校管理层面看：体育精神教育在不同性质学校间、不同学段学校间呈现不平衡状态。有意识、有计划、有组织地开展教育活动学校仅占被调查学校的20%，这些学校多为重点中学或示范高中；在不同学段之间，独立高中的体育精神教育组织好于初中学校。

从教师教育层面：多数教师进行了体育精神教育，但对三个价值观念的教育呈现不平衡状态，团队精神教育频率最高，公平竞赛教育频率较低。从被调查学生感受校园体育精神教育的情况看，教师三个价值观念传授的频率由高至低依次为团队精神（经常教育60.5%）、超越精神（经常教育54.4%）和公平竞赛精神（经常教育52.1%）。教师缺乏体育精神行为规范层面的指导。

从学生学习层面看：对体育精神三个价值观念与行为规范认知程度不平衡。相对于团队精神和超越精神，中学生们对公平竞赛精神的认知认同程度显得较低。被调查1152名中学生对于体育精神三个价值观念及行为规范认知情况的整体平均值分别为超越精神4.32、团队精神4.37、公平竞赛3.78。中学生对50%的公平竞赛命题的认知平均值低于4，特别是在有关公平竞赛精神中的“强对手退出惋惜”“为获胜违反规则”“观众应为双方加油”“违规者易胜”“裁判错判马上指正”等命题上认知度较差。

造成这种现状的原因涉及：学校领导的教育理念、学校的教育传统、初高中学生学校教育的差异、缺乏明确定义的体育精神及其教育内容、缺乏对教师教育行为的必要指导，此外，中学生年龄、性别、所在学校性质对中学生体育精神的认知有一定的影响。

四、我国城市中学生体育精神教育的理论构建

理论构建有助于从宏观层面上系统地把握体育精神教育，而这个理论构建必须立足于当前独生子女社会背景下中学生所处的学习环境、生活环境和心理环境的现状与特点，以体育精神形成的生态环境为起点，构建体育精神教育的理论体系，以此指导教育实践。

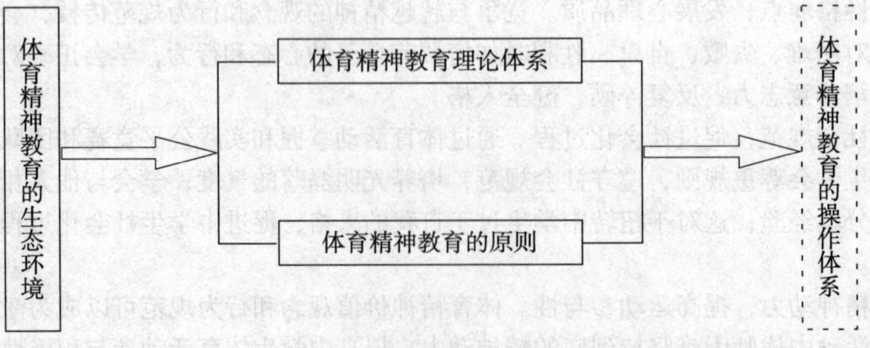

图2　理论构建示意图

(一) 中学生体育精神教育的生态环境

教育的生态环境是指对教育的产生、存在和发展起着制约和调控作用的多维空间和多元的环境系统。

各生态环境中的因素见表 1。

表 1　体育精神教育生态环境因素

学校环境	家庭环境	社会环境	受教育者心理环境
◆学校领导重视程度	◆家长体育精神教育意识	◆社会体育精神文明状态	◆态度定势
◆体育教师的素养	◆家长同子女一起运动机会	◆大众媒体	◆兴趣与动机
◆体育相关活动		◆名人榜样	◆情绪和情感
◆校园文化		◆同伴影响	◆品德发展的阶段特点

(二) 学校、家庭、社会三结合体育精神教育体系

进入 21 世纪以来，家校合作、学校与社区合作已成为学校教育改革的一个世界性趋势。在当前的社会背景和教育背景下，体育精神教育更应该是一个学校、家庭、社会三结合系统教育体系。

学校、家庭、社会三结合体育精神教育体系是指根据教育生态环境，整合中学生体育精神教育各方面资源，形成学校、家庭、社会相互协同与配合的教育体系，以促进中学生体育精神的掌握与实践。

在三结合的体育精神教育体系中：

• 学校是体育精神教育的核心，表现为：

⇨体育课程：体育精神显性教育的主要体现

教师体育课上有意识进行体育精神观念的传授，使学生产生体育精神认知。

⇨校园活动：体育精神体会实践的主要场所

校园活动为学生体会和验证体育精神的观念和规范提供机会，完成体育精神的内化。

⇨校园环境：体育精神潜移默化的影响

通过校园设施、教育思想和氛围、语言文字载体来影响学生体育精神观念和行为。

• 由学校拉动和指导家庭体育精神教育，通过家校合作拉动家庭体育精神教育，包括：

⇨通过家长学校、家长会、校访日宣传体育精神教育意义。

⇨开展家庭相关教育活动的书面交流和座谈活动，促进家庭教育经验的交流。

⇨请家长参与学生的体育竞技活动，举办专门的亲子运动比赛。

⇨利用学区体育场馆开放的优势，指导家庭业余亲子体育活动中的体育精神教育。

• 社会教育为学校体育精神教育提供支持和补充

⇨社会资源为学校体育精神教育提供素材：包括大众传媒和体育明星的素材。

⇨社会体育活动为体育精神教育提供补充：包括学生参加、服务社会体育活动中的教育。

（三）中学生体育精神教育原则

认知与实践相结合原则：将体育精神价值观念与体育实践相结合，使受教育者在实践活动过程中学习、体会体育精神价值观念，执行有关行为规范。

即时教育与过程教育相结合原则：指既要即时地对受教育的符合或违反体育精神的行为进行评价、奖惩，也要将体育精神教育看做是一个体育价值观念由内化至外化的复杂过程，有计划地开展。

教师主导与学生自主相结合原则：既要重视教师的对学生的引导作用也要为学生创造各种机会，进行自主体会和自我教育。

系统性与层次性相结合原则：既要用系统的观点来看待体育精神教育，把它看做一个多因素的连续教育的过程，同时也要认识到体育精神教育的层次性，分层地开展体育精神教育。

五、我国城市中学生体育精神教育操作体系

（一）体育精神教育组织管理机制

我国独生子女社会背景下学校、家庭、社会相结合的体育精神的教育组织管理，应在省市教育行政主管部门领导下分为两条线：

一条线是由省市区体育教研员对基层学校体育精神教育的指导；另一条线是学校领导对学校体育精神教育活动实施的管理。这两条线都是为了学校体育系统和德育系统更好地开展体育精神教育活动，并实现两个教育系统间的联动（图 3）。

（二）体育精神教育的目标

体育精神教育目标涉及两个层面：体育精神的认知和体育精神的操作（表 2）。目标具体包括三个方面：

表 2　中学生体育精神教育的目标

体育精神内涵	认知	操作		
		作为体育活动参加者	作为校园竞赛裁判员	作为运动竞赛的观众
竞争与超越精神	掌握基本观念和行为规范	在体育活动中实践竞争与超越精神的行为规范	———	能够识别和欣赏比赛中的竞争与超越精神
公平竞赛	掌握基本观念和行为规范	在体育活动中实践公平竞赛的行为规范	通过严格执法、公平执法来体现公平竞赛	能够正确评价公平竞赛的行为，观看行为体现公平竞赛精神
团队精神	掌握基本观念和行为规范	在体育活动中实践团队精神的行为规范	———	能够体现团队意识，和团队荣誉感

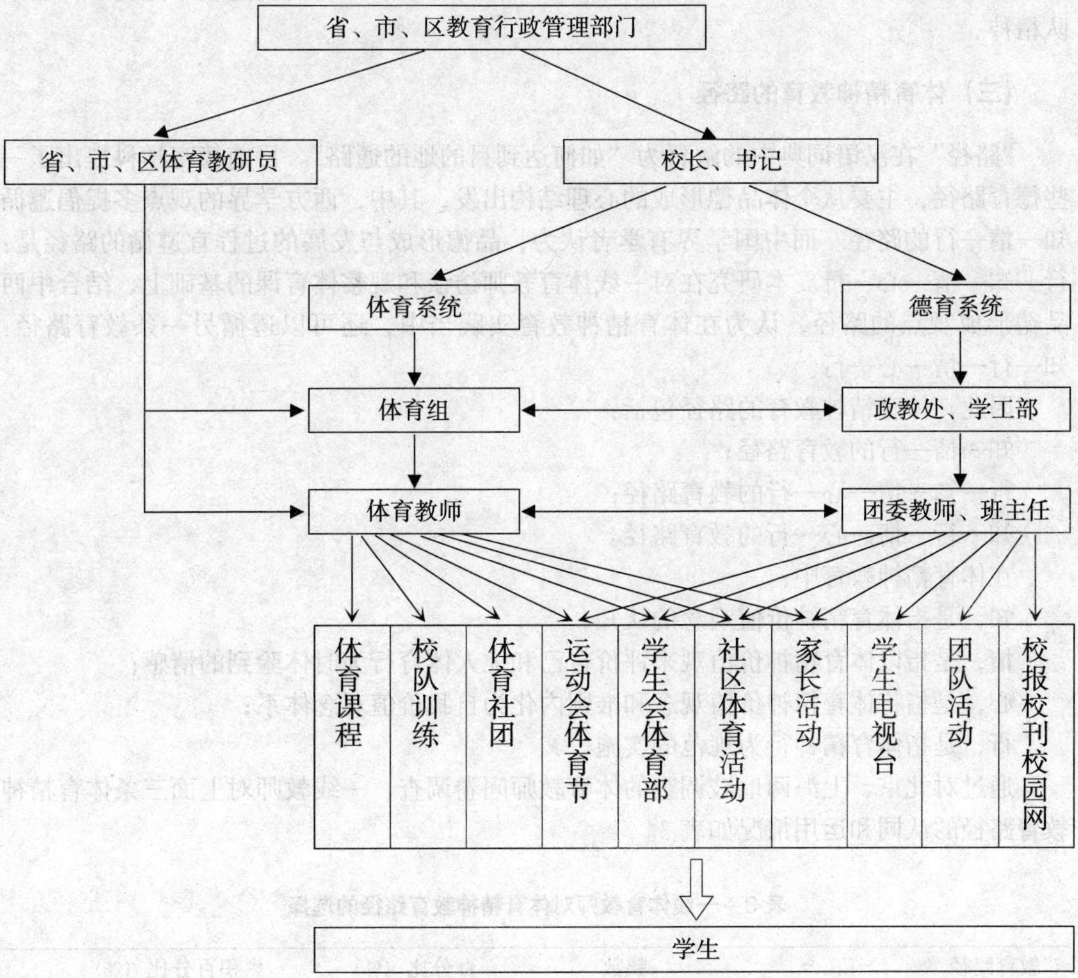

图 3　体育精神教育组织管理流程图

第一，让学生了解掌握竞争与超越精神的价值观念和行为规范，激发学生在参加体育运动和体育比赛过程中的竞争意识，指导学生在运动和比赛过程中顽强拼搏、自强不息、不断进取、敢于挑战；鼓励学生在遇到困难的时候战胜自我，坚持到底、永不放弃；当学生在失败和遇到挫折的时候引导学生正确对待和处理自己的失败，胜不骄、败不馁；帮助学生在参加和观看体育运动和体育比赛过程中感受、体会竞争与超越的精神。

第二，让学生了解公平竞赛的观念在体育运动中的重要地位，认识光明磊落地进行比赛的重要意义，并作参加体育运动比赛过程中遵守规则、尊重裁判、尊重对手，光明磊落地参加比赛，在担当裁判员时严格执法，公正执法，作为比赛观众的过程中文明观看，正确对待双方的胜负。

第三，让学生了解掌握团队精神的价值观念和行为规范，帮助学生建立团队荣誉感，认同团队的目标。鼓励学生在运动实践过程中，以团队为重，与团队成员互相帮助、互相尊重、互相信赖；让学生认识到个人奉献与团队进步的关系，形成与团队成员互相交流，共同进步的氛围；帮助学生在观看体育运动和体育比赛过程中感受、体会团队精神。

（三）体育精神教育的路径

“路径”在汉语词典中的解释为“如何达到目的地的通路”。目前德育学科提出了一些德育路径，主要从个体品德形成的心理结构出发，其中，西方学界的观点多提倡遵循知—情—行的路径。而中国学界有学者认为，品德形成与发展的过程宜遵循的路径是：行—知—情—心—行。本研究在对一线体育教师访谈和观察体育课的基础上，结合中西品德形成观点的路径，认为在体育精神教育实践当中，还可以遵循另一条教育路径：知—行—情—心—行。

因此，体育精神教育的路径包括：

知—情—行的教育路径；

行—知—情—心—行的教育路径；

知—行—情—心—行的教育路径。

在体育精神教育中：

知，是指体育精神价值观念的认知；

情，是指以体育精神价值观来评价自己和他人体育行为时体验到的情感；

心，是指将体育精神价值观念和准则内化为自我价值观念体系；

行，是指体育精神行为规范的实施。

通过对北京、上海两地被调查的体育教师问卷调查，一线教师对上面三条体育精神教育路径的认同和运用情况如表3。

表3　一线体育教师对体育精神教育路径的选择

教育路径	频数	百分比（%）	累积百分比（%）
知–情–行	29	15.3	15.3
行–知–情–心–行	77	40.5	55.8
知–行–情–心–行	37	19.5	75.3
不同情况采用不同路径	47	24.7	100.0
合计	190	100.0	

这样的结果反映出这三条体育精神教育路径在实际体育精神教育的操作中是可行的。教师可以根据不同的教育习惯，不同的教育情景和不同的教育环境选择不同的体育精神教育路径。

（四）体育精神教育的方法

• 运动体验教育法：指教师选择适宜运动项目，挖掘其中体育精神的因素和细节，通过精心的设计活动，让学生在实践过程中了解、体验体育精神的教育方法。

• 榜样教育法：适时地将突出的人和事介绍、展示给中学生，使中学生对这些人和事所反映的体育精神产生认知和认同，并当做自己学习的榜样，在行为上进行模仿的教育方法。

• 合作学习教育法：将所有学生分成若干固定学练小组，以小组的形式参加运动技能学习、练习以及成绩考核，使学生认识团队精神的重要性、相关观念及行为规范的教育过程。

• 制度教育法：将体育精神有关行为规范及其处罚办法制度化，形成明文规定和条例，教育中学生在体育实践过程中自觉遵守，在实践中进一步理解、体会体育精神的教育方法。

• 评分教育法：通过进行精心设计评分方式，促使学生在体育活动过程中体会体育精神的方法。包括排位累计评分、团队成员总评分、默契评分。

• 学生评价教育法：学生对体育活动中自己和他人的行为是否体现了体育精神进行评价。促使学生对体育精神的行为产生注意，并有意识地执行。

• 两难故事法：是通过对体育精神相关两难问题进行问答讨论，启发学生积极思考，促进学生体育精神认知过程。

（五）初、高中学段体育精神教育的区别

中学阶段的教育分为初、高中两个学段，在不同学段对中学生进行体育精神教育应体现区别对待。因为：第一，中学阶段是青少年的身心由儿童向青年过渡的时期，在这个过程中，学生年龄跨度较大，在不同年龄段，青少年的心理具有不同的特征；第二，青少年品德发展在不同年龄阶段具有差异性，不同年龄段有着各自的特点和发展任务；第三，初、高中学生道德自律和他律程度不同；第四，在初、高中校园中与体育有关的实践活动在性质、内容、形式上存在一定差异。

初、高中学段体育精神教育操作的区别上主要表现在以下三方面。

教育目标的区别：初中生他律为主，高中生自律为主。

教师任务的区别：初中教师教育为主，高中自主教育为主。

教育途径的区别：初中课程教育为主，高中活动教育为主。

项目编号：1063ss07020

少数民族青少年体育现状调查与对策研究

——以新疆少数民族自治区为例

韩春英　韩　甲　丁　璐　热娜古·克尤木　祖　龙

一、少数民族青少年体育健康观

52.1%的少数民族青少年认为体育锻炼对人的健康很重要，说明相当部分的少数民族青少年体育意识已初步形成。仅34.5%少数民族青少年有合理饮食习惯，只有26.5%少数民族青少年有合理营养结构，说明少数民族青少年还没有充分认识到合理饮食习惯和合理营养结构对增进青少年身体健康的重要性，这与新疆少数民族的传统饮食习惯有很大的关系。新疆少数民族的传统饮食以馕、抓饭和肉类为主，比较单一，缺少新鲜蔬菜。在这种环境下成长的年轻一代很难养成合理饮食习惯。68.4%的少数民族青少年认为无不良嗜好对人的健康很重要，这与少数民族的风俗习惯和宗教信仰有着密切的关系。

二、少数民族青少年对体育活动的态度和认识

调查统计显示，少数民族青少年很喜欢和喜欢体育活动的人数占调查样本的68.2%，不喜欢体育活动的人数比例仅占调查样本的10.2%。少数民族青少年中女生比男生喜欢体育活动的人数比例略高。新疆少数民族年轻一代由于受宗教和老一辈思想的影响体育意识还比较落后，喜欢静坐，竞争意识不强，缺乏体育运动动力，没有充分认识到经常参加体育锻炼对强身健体、提高素质的重要作用。

三、新疆少数民族参加体育活动的动机

65.7%的少数民族青少年与汉族青少年都认为参加锻炼最主要目的是强身健体。少数民族青少年选择体育活动的动机排在前三位的是强身健体、应付考试、促进学习。学校应该在少数民族青少年参加体育锻炼的动机方面加以引导。因此，体育教师在进行体育活动的指导时要根据学生的不同目的而有针对性地解决其实际问题，从而提高他们锻炼身体的积极性。

四、新疆少数民族与汉族青少年喜欢的运动项目

少数民族男生最喜欢参与的运动项目排在前6位的分别为：足球（71.6%）、毽球（60.2%）、民族传统体育项目（53.4%）、跑步（48.1%）、羽毛球（46.2%）、民族舞蹈（37.8%）；少数民族女生最喜欢参与的运动项目排在前6位的分别为：民族舞蹈

(60.6%)、乒乓球（55.4%）、健美操（47.8%）、羽毛球（39.2%）、毽球（38.1%）、跑步(26.6%)。少数民族男生最喜欢的体育项目为足球，这在新疆少数民族中已经形成了特有的风气；而少数民族女生更喜欢民族舞蹈，这与新疆传统民间艺术的广泛流传有关。

五、少数民族青少年体育行为

（一）少数民族青少年对体育课的满意度

调查结果显示，少数民族青少年对体育课的满意度，非常满意的学生有 11.2%，满意的为 38.5%，一般为 40.2%，不满意为 10.1%，基本呈正态分布。少数民族青少年不满意主要表现在教师和教学内容不能满足学生的需要。很多少数民族学生希望学校能开设如民族舞蹈等具有少数民族特色的体育项目。

（二）少数民族青少年课外体育活动的频率及时间

少数民族青少年每周参加课外体育活动的比例最大为 1~2 次，占被调查人数的 49.8%；少数民族青少年不参加课外体育活动的为 21.3%。反映出少数民族青少年的体育意识淡薄。且每次活动在 20 分钟以上的少数民族青少年比例为 35.3%，离新大纲的要求“由学校自行安排每周 3 次以上课外体育活动，其中应有 1 课时在体育教师指导下进行体育锻炼”还存在一定差距。大部分少数民族青少年运动的时间较短，以 10~20 分钟最多，能保证每天 1 小时课外体育活动时间的学生人数仅占被调查人数的 5.0%。其主要原因：一是由于受地理环境、经济、文化、生活等因素的制约，少数民族学校课外体育活动的发展严重滞后于学生身心发展的需要，学校体育长期得不到重视；二是学生自我锻炼意识不强，没有认识到体育锻炼的重要性与必要性；三是管理不到位，课外体育活动的时间、内容与人员不落实，形式大都为自由活动。

六、影响少数民族青少年参加体育活动的主要因素

影响新疆少数民族青少年参加体育活动的最主要因素是兴趣。其次少数民族的传统审美观和一家多子女的同伴、兄弟姐妹的影响也是主要因素。三是受学校运动场不足、运动器材短缺和师资力量不够等方面限制。四是学习紧无时间，上课时间安排较长，课业负担重，考试压力大是影响参加课外体育活动的又一主要因素。

七、对策研究

提出以创编、推广“青少年校园麦西热甫—木卡姆健身操”为特色的对策。推广实验表明，将民族传统体育项目与现代健身项目有机结合，使各民族学生对其从形式到文化上达到认同，更易在少数民族地区开展。其锻炼效果也易于科学测量与评价。不但能提高少数民族学生参与体育锻炼的积极性，为“阳光体育运动”在少数民族地区开展提供新的思路和方法，且推广成本小，达到了经济效益与社会效益的统一。该对策亦能为我国其他少数民族自治区青少年体育活动的开展提供有益借鉴。

八、结论

- 少数民族青少年体育意识已初步形成，但由于受宗教和老一辈思想的影响，体育

竞争意识不强，缺乏体育参与动力。

• 少数民族体育课基本能按国家教委的要求执行，但仍有部分学校因为片面的追求升学率，减少体育课时量，影响了少数民族学生的体育锻炼。

• 大部分少数民族青少年参与体育活动的时间和强度未达到体育总局和教育部的体育锻炼标准。学校对课外体育活动的重视程度不够，管理不到位，使少数民族学生课外体育活动的质量无法得到保证。

• 民族传统体育在少数民族青少年体育中正逐渐萎缩，迫切需要对少数民族传统体育项目进行挖掘整理，并积极寻求新的方式发展、传承。

九、建议

• 学校应该正确地引导学生，端正他们参加体育活动的目的，使他们认识到体育锻炼对健康的重要性。同时要根据学生的不同目的而有针对性地解决其实际问题，使他们在体育活动中得到快乐，从而提高他们锻炼身体的积极性。

• 应加强对少数民族青少年参加体育锻炼的宣传和思想动员，提高其对体育重要性的认识，帮助他们树立正确的体育健康观念。在合理饮食和营养结构方面，加强对少数民族青少年进行科学的教育和合理的引导，使他们形成良好的饮食习惯。

• 体育教师在课堂教学中应着重培养学生的健身意识和体育锻炼技能，帮助少数民族学生掌握多种简单有效的健身方法和手段，培养其自觉参与体育锻炼的习惯和终身体育锻炼的技能。

• 体育活动应以少数民族学生的个性发展和本体需要为出发点，培养少数民族学生的兴趣和爱好，发展少数民族体育项目，体现民族性。

• 学校除定期举办民族学校运动会外，还可以把少数民族传统体育项目纳入中、小学正常的教学计划和体育教学活动中，因地制宜，既可各有特色，也可以有所侧重地积极开展传统体育活动。

• 针对这些问题学校应该积极修缮、扩建体育活动场地，除了调配体育活动器材等硬件外努力调动学生的主观能动性形成良好的体育氛围。

项目编号：1067ss07024

学校体育场馆资源对社会开放的研究
——以天津地区为例

刘黎明　苏　萍　毛俊生　侯迎锋　齐玉刚　谭思洁
孙玉金　任　勇　刘建军　高　伟　武燕燕

被调查的天津27所高校，共拥有544个体育场馆。其中，室内体育馆87座，校均3.2座；室外体育场457块，校均16.9块。

一、天津高校体育场馆设施对社会开放的现状

有偿开放的学校，每天开放的时间段晚上和中午分别占84.5%、44.8%，每年的时间段上，有54.3%的高校选择全年开放；无偿开放的时间在每天的时间段上，分别有51.5%和70.6%的高校都选择在早晨和下午，在每年的时间段上，有50.50%的高校选择的是在工作日开放。

在开放的形式上，有86.7%的高校选择体育教学部门集体承包，多数的高校选择紧缺场馆的有偿开放。在无偿开放的高校中，室外闲散的场地对社会人员的无序开放，学校不进行组织、管理。

在开放的场馆类型上，有偿开放的场馆开放率最高的是游泳馆（池），达到100%，其次为羽毛球房、乒乓球房、足球场、网球场、篮球馆、健身房。无偿开放体育场馆的学校对其他室外普通的露天场地和闲散场地，包括篮球场、排球场、田径场等。

二、天津市高校体育场馆设施对社会开放的影响因素

（一）影响天津市高校体育场馆设施对社会开放的客观因素

1. 高校本身的客观条件

高校本身的客观条件是包括学校的隶属关系、学校类型、规模和地理位置等因素，这些因素对学校体育场馆对社会开放程度有什么样的影响？通过调查发现，天津高校场馆开放与各高校规模和地理位置有一定的关系，与学校规模呈显著差异（x^2=15.05，$p<0.01$）。学校规模的大小对体育场馆资源的开放程度有较大影响，规模越大，开放率越高。因为学校场馆的配置只与规模有关，规模较大的学校场地资源丰富，体育资金充足，有很好的场馆资源开放的客观环境。

另外据我们在收集资料的过程中发现，目前多数高校，尤其是规模较大的高校，都分两个校区办学，新校区地处环境较好，但比较空旷荒凉的市区，其场馆建设较老校区充足，但是对外开放情况并不理想，主要原因在于周围的居民区、办公场所较少，缺乏充足的消费人群所致。可见，学校所处的地理位置对其开放也有一定的影响。

2. 高校体育场馆设施的条件

高校体育场馆设施自身的条件是影响场馆对社会开放利用的一个最重要的因素。从调查中我们可以看出，学校的有偿开放与学校的室内体育场馆的数量和规模有很大关联。室内体育馆从投资、档次到服务水准都要高于室外场地，在人们的消费心理上更愿意为室内、或修建标准较高的，不可替代的体育场馆投入经费。另外，按照经济学的原理，场馆自身条件的好坏、数量多少是影响其开放利用的重要因素，因此，高校体育场馆自身条件是制约其开放的关键因素。

3. 学校体育经费的投入

学校体育场馆的修建、维护，资金主要来源于学校体育经费的投入，规模越大的学校，师生人数多，要保证正常的教学工作，充足的投资是前提保障，同时规模大的学校多属于重点院校，国家在投资上有很大的侧重。体育投资经费越高，场地开放率就越高，反之亦然。所以高校体育场馆有偿开放的程度，与年度体育资金投入水平成正比关系。经济是高校体育发展的基础，决定着其所提供的资源水平，按照资源经济学原理，资金是开发资源不可缺少的重要因素之一。没有资金的保证就难以具备开发资源所必需的人员、管理和技术，也就无法充分利用资源为社会服务。因此，高校体育投资水平就成为影响其场馆资源利用的重要因素。天津市高校每年用于体育场馆维护和保养的费用最多的是50万元，最少的只有几千元，有一定的差距。高校体育场馆经费的缺乏，在很大程度阻碍了它的发展，使相当多的高校场馆不能真正发挥其应有的价值和功能。

学校体育场地向社会开放会产生更多的公共财物损耗，主要包括场地经使用后的损坏、活动器材的损坏以及开放过程中水、电等能源的使用等方面，这也是制约学校开放体育场地的重要因素之一。在目前场馆维护经费较为单一的情况下，场馆不能够坐等学校的经费，而应该积极地走出去寻找更多的经费来源。①建立健全资金管理办法，对有偿开放所得的收入加以科学的管理，留出部分资金用于场馆日常的维修，部分自己用于场馆建设等长期规划。②政府经费来源，学校场馆对外开放后，市财政应将开放经费纳入年度预算，从体育彩票等基金出资，市教育局、市体育局和各区还应分别以器材和设备对学校进行投入和奖励，不断改善学校体育健身条件。对设施器材的维护、更新经费，列入开放学校的年度财政部门预算。对水、电等能源消耗的经费，通过政府购买服务的方式予以补贴，由各级政府统筹所需经费，采取评估考核、以奖代补的形式对开放场地的学校予以奖励。③引入社会资金建设和完善学校体育场馆，主动与企业合作。有合作单位负责出资利用学校土地资源建设场馆，单位享有若干年限的使用权，到期后由学校收回场馆使用权，或由合作单位建设学校的灯光设备、人造草皮等，以此快速改善学校的体育设施条件。

（二）影响天津市高校体育场馆设施对社会开放的主观因素

影响高校体育场馆发展的主观因素是指物质设施以外的非物质环境，包括思想观念意识、经济意识、管理制度的建设等。

1. 学校不同人群对高校体育场馆有偿开放的态度

通过访谈、调查我们发现，对体育场馆有偿开放持不同态度的主要集中在三个不同的人群，学校领导、体育部门领导、体育教师。其中，校领导和部门领导的态度起到直接的作用。对高校体育场馆有偿开放的态度也基本分为三种：一种是完全支持，一种是在满足某些条件的情况下支持，一种是坚决反对。有偿开放学校三方面人员的态度均高于为有偿开放学校；体育部门领导和职工对场馆有偿开放的支持度明显高于学校领导，其中有偿开放学校体育部门领导对场馆有偿开放的支持度最高，未有偿开放学校校领导对有偿开放的支持度最低。学校领导的支持度普遍较低，一方面，学校领导还不能完全接受这一事物，认为高校属于事业性质单位，不适宜进行场馆的开放收费，处于一种观望的阶段；另一方面校领导对校园的稳定更加关注，担心对外开放会给学校教学和校园安宁带来干扰。持支持和赞成态度的人认为，学校的场地设施相对社会较为充裕，向社会开放虽然加大了学校管理的难度，但是于学校、于社会都有利，学校应该采取积极的态度，促成体育场地设施向社会开放。他们持有积极乐观的态度，认为开放给学校秩序带来的影响可以通过加强管理来避免或减少。

2. 场馆的管理制度

好的场馆硬件环境还要配备好的规章制度和管理方式。在科学管理日益重要的今天，要管理好体育场馆，规章制度建设是基础，有了规章制度，使得场馆对社会开放就变得有章可循，也是对体育场馆对社会开放的最起码的要求。调查表明，天津市各校场馆规章建设还不是很完善，在我们所调查的高校中，有将近一半的学校是按照日常的惯例在管理体育场馆，没有制定详细、完备的管理规定，对外开放时也只是对收费标准制定了一些明确具体的规定。但也有的学校做了完备的规章制度。通过列联表分析可知，规章制度的制定与有偿开放程度有一定的关系（$X^2=9.53$，$p<0.05$），有管理规章的学校有偿开放率较高，开放较好的学校，随着场馆的进一步开放，规章制度也进一步的完善。由此可见完善的场馆资源管理制度是场馆资源开发利用的基础，场馆资源的开发利用又反过来影响、督促着场馆管理制度的建设。

三、影响天津高校体育场馆有偿开放盈利的因素

（一）学校位置与规模对开放盈利的影响

从前面的分析我们知道，规模大的院校场馆条件较好、资金投入数额较大，体育场馆种类全面、分布合理，有较好的场馆资源条件，场馆开放利用的客观物质条件较好，盈利情况相对比较好一些。而规模较小的学校场馆条件较差，很难创造更多的价值。

另外，通过对数据的分析，我们发现学校的地理位置对场馆开放的盈利状况也有较大影响，位于市中心的、周边有较多居民小区的、或地处各大公司中心或周边的学校场馆有着广阔和稳定的体育消费群体，场馆开放的盈利情况较好。而地处郊区周边较为荒凉的学校对外开放的收益则较差或导致不对外开放。因此地理位置对有偿开放体育场馆盈利效果有很大的影响。

表 1　不同地理位置学校场馆盈利状况表

	盈利较好	盈利一般	持平	亏损	亏损较多
市中心	35.5	40.1	19.8	4.6	0
近郊区	18.3	38.5	30.6	7.8	4.8
远郊区	0	0	50	50	
			$X^2=12.56$，$p<0.05$		

（二）场馆自身条件对有偿开放盈利的影响

在制约场馆开放的影响因素中，场馆条件占有重要的地位，人们选择消费性体育锻炼时，更多地关注的是场馆的条件如何，如：地板是否合格，场地是否规范，池水是否清洁等。在交通方便的前提下，人们往往会选择条件较好的体育场馆，而对于价格的差异则不是很在乎。通过数据分析我们可以看出，影响因素与盈利状况呈显著相关（x=51.25，$p<0.05$），其中体育场馆条件对盈利的影响最大。

物质基础是体育发展的基本条件，制约着体育发展规模和速度。体育设施是发展体育运动的重要物质技术条件，没有一定数量的体育设施，就不可能开展更丰富的群众体育活动，没有质量较高的场地也就不可能有较好的盈利。

在对不同项目场馆盈利状况的分析中我们可以看出，游泳馆（池）、羽毛球馆、乒乓球馆、网球场、标准足球场等稀缺型的场馆盈利情况较好。相对于室外的运动场，室内的运动场更少的受天气的影响，也更接近于正式的比赛场地，人们花钱游泳、打球、健身成为一种时尚。足球的盈利也是一个普遍的现象，随着足球体制产业化的深入，人们不但花钱观看比赛，而且有了越来越强烈的参加到比赛中的需要。再加上现在所修建的田径场中间均有标准的塑胶足球场，使人们的这种需要能够得到满足。以天津科技大学为例，学校有规范的室内羽毛球、乒乓球、健身场地、器材，室外有标准足球场、网球场，这些场馆的有偿开放使用率非常高。在开放时间段都能够得到充分的利用，而室外的篮球场、排球场、田径场则免费提高使用，若有单位组织篮球赛、排球赛也多选择室内篮球馆、排球馆使用。因此，体育场馆种类的丰富程度决定了有偿开放的盈利高低。

表 2　不同项目场馆盈利情况分析

	盈利较好	盈利一般	持平	亏损	亏损较多
游泳池、馆	43.1	29.1	17.8	6.1	3.9
羽毛球、乒乓球馆	40.5	30.3	24.6	4.6	0
足球场	36.7	30.0	24.8	8.5	0
网球场	35.9	38.5	21.9	3.7	0
器械健身	28.5	33.3	30.1	8.1	0

（三）管理理念对有偿开放盈利效果的影响

1. 经营管理人员的配备、使用情况

“具备一批能经营善管理的干部是搞好经营管理的关键”。在体育场馆经营管理的条件中，人力资源是很重要的一个方面，人是场馆经营的关键因素，特别是人的能力、精神面貌及创造性等素质更为重要，所以经营人员是非常关键的。

群众对体育的需求与市场商品的供求状况一样，需要有经营人员去主动地收集信息，判断体育场馆的发展趋势，对学校周边居民的规模、生活水平、余暇时间等作出深入分析，以确定本场馆应着眼的方向。同时经营专职人员还需对外宣传、树立场馆形象，处理好各项场馆往来业务。这些技能需要投入更多精力，仅以教师兼职或坐等顾客

上门是做不到的，因此具备专职的经营开发人员能够对场馆的经营产生很大帮助。

目前，我们调查的天津市对外有偿开放的15所院校中，65%的学校为场馆的开放配备了专门的管理人员，绝大多数的管理人员的职责仅在于收费、负责器材的租借、场馆的维护、安全等工作，场馆的开放收益对其收入没有太大影响，所以对宣传等工作做得比较少。角色的定位上，他们没有把自己定位于服务的角色，在服务态度等方面还有很大差距。

2. 经营方式选择与盈利情况分析

天津市高校体育场馆的经营管理方式不统一、也不规范，其形式主要有五种，即学校部门直接经营、体育部门集体承包经营、个人承包经营、租赁经营和联营，同时存在几种经营方式混合。由学校直接经营的最多，其次为体育部门集体承包经营，其余各项经营方式都占少数。

表3 经营方式排序表

内容	总选择人次	百分比（%）	排序
集体承包	13	86.7	1
学校管理	10	66.7	2
租赁	3	20.0	3
个人承包	2	13.3	4
其他	1	6.7	5

通过盈利状况分析发现，采用集体承包经营方式的学校盈利状况最好，其次是租赁经营，因此在现阶段，体育教研室集体承包较利于盈利。集体承包经营方式有三方面优势，一是承包者具有明确的经济责任，拥有较大的经济权力，存在着相对独立的经济利益，从而能建立起一种自我生存、自我发展、自我约束的机制，有利于取得良好效益；二是上级管理部门与承包者形成契约关系，克服了上级领导不必要的行政干预，消除了教职员工对学校的依赖心理，增强了自主经营的意识和能力，从而能发挥出积极性、主动性和创造性；三是承包者自主权较大，责任明确，自负盈亏，有利于提高服务质量，提高场馆使用率、设备完好率和经费自给率，促进场馆维修和扩建。

各高校在开放场馆时，并不是只采用一种方式，而往往是多种方式并存。以天津科技大学为例：足球场、网球场、田径场（中间有足球场）等易于管理、收费较高的场馆由学校直接管理，羽毛球馆、乒乓球馆等比较繁琐、技术、场地要求比较高的场馆由体育部门集体承包，而健美、健身等专业性较强的则采取租赁的方式进行经营，各学校应根据不同的场馆、不同的情况采用不同的经营方式，以充分开发场馆资源，为群众体育健身提供更多的场地。

表4 不同经营方式选择与盈利情况表

	盈利较好	盈利一般	持平	亏损	亏损较多（%）
集体承包	48.0	52.0	0	0	0
学校管理	25.6	30.8	26.7	8.3	8.6
个人承包	0	0	100.0	0	0
租赁	50.0	25.0	25.0		

学校体育场馆向公众开放，对学校的教学秩序和教学资源管理均产生一定压力。为解除学校的后顾之忧、提高开放工作的管理水平，使之规范化向公众开放，我们建议大胆尝试引入社会资源进行合作经营管理的模式。通过引入社会管理、社会服务、社会资金，有效地推进了学校体育场馆向社会开放工作。

3. 对社会的宣传

目前天津高校体育场馆经营处于初级阶段，开放的场馆数量有限，多属于买方市场，宣传基本上是锻炼人群之间相互的传达。为了更好的保证教学和训练，经营与教学难免会出现冲突，在保证现有锻炼人员的接待上，大多数学校认为目前没有必要搞宣传。

高校对外开放以为大众健身提供更多的场地为最终目的，因此，在价格的制定上都比较低廉，只有通过更大力度的开发场馆的利用率，吸引更多的人群来健身，尤其是集体包场才能够使开放不至于陷入到亏损的境地。所以，高校体育场馆的开放利用不能够停留在等“米”下锅的状态，而应该走出去，积极的宣传自己，吸引更多的人群走进场馆。

四、建议

天津高校的学校管理者要真正转变传统的、封闭的教育管理观念，为全民健身提供更多的场馆服务。

- 高校体育场馆对外开放是建立在场馆的建设能够满足学校教学、训练的基础上的，各学校应根据自己的具体情况决定是否对外开放，必须要协调好有偿开放与教学、训练的关系，在此基础上开动脑筋，合理安排场馆使用时间，尽量多开展有偿开放。
- 有偿开放的学校应该注意事项、努力方向。
- 充分发挥政府部门的主导作用，各级政府部门要给予政策、资金等方面的支持，同时需要政府各部门、高等院校、社区居委会、社会居民群众的支持、理解与配合。
- 建立科学、系统的管理制度体系，保障场馆设施正常有序的开放。
- 制定切实可行的措施，强化场地设施的安全，及时维修、保养和安全检查，避免出现各种伤害事故，保证学校和锻炼人员的安全。
- 根据自己学校的实际情况选择开放形式，体育场馆在对社会开放过程中要以社会为平台，以市场需求为导向，合理安排开放时间、收费标准。
- 积极引进场馆管理方面的专业人才，提高管理和服务水平。
- 加强对本校体育场馆的宣传，引导社会各企事业单位和群众的体育消费。
- 努力争取多渠道对社会开放，包括利用高校场馆举办高水平的体育比赛、体育表演等活动；建立学校健身俱乐部，开展体育培训班等；为企事业单位提供体育场地服务；与社区居委会合作，开展大众健身活动；加强与当地体育、教育主管部门联系，共建体育活动基地。

项目编号：1056ss07013

民俗体育传承可持续机制研究

武晓君　刘文浩　刘　莹　束景丹　侯玉峰　王　敏　邓毅明

20世纪80年代以来，许多学者开始关注民俗体育这一研究领域。民俗学者主要从民间体育歌谣尤其是武术歌谣入手研究民间文学或民间体育，体育学者大多停留在民间体育概念的讨论和民俗体育文化资源的开发等方面。本项目主要针对北京地区民俗体育的生存现状和演变趋势进行了调查研究。

一、民俗体育概念的再界定

"民俗体育"概念的提出，源于民俗学和体育学的交叉研究。近年来，大家对民俗体育的内涵和外延的讨论比较激烈，并形成了一些基本观点。一般认为民俗体育是民间体育和民族体育的重要组成部分，它主要与民间的风俗习惯关系密切，目前对于民俗体育的特征认为具有集体性、传承性、模式性、竞技性、娱乐性、依附性、历史性、地域性、和观赏性等特点。直到现在民俗体育的概念仍有争论，甚至混乱，虽无权威定论，但在不断成熟。对民俗体育概念的认识最突出的问题是与民间体育概念的区别，主要是大家对于民俗体育概念中"民俗"的理解差异。从研究的方法上则多以文献比较为多，田野调查证据不足。

本项目在前人研究的基础上，通过实地调查和文献研究，对民俗体育的概念进行厘清，研究认为：民俗体育属于民间体育的一部分，是依附于民俗活动的一类体育现象，其往往被赋予一定民间文化的象征意义；民俗体育具有历史传统、集体传承、娱乐性、社区性等特征；对民俗体育项目本身的研究之外，民俗体育所依附的民俗活动、社会文化空间，也是研究的重点。

民俗体育学的研究内容，并不只是体育项目本身，更要研究这类体育项目所依托的民俗环境，产生的民间文化背景，所以对其历史的追踪和当前社会形势下的演变趋势是我们研究的重点。民俗体育是中华民族传统文化的一部分，从民俗体育的研究角度关注文化的变迁，社会环境对于传统的改造和传统适应社会的实证研究，都将为当下中华传统文化的复兴和民族文化自觉，产生积极而有意义的影响。

二、北京地区民俗体育的演变趋势

项目研究发现，虽然民俗体育项目尚在较大范围内开展，但由于社会、经济环境的变迁，北京民俗体育出现了传统文化空间萎缩、文化内涵遗失、公共投入减少、成员匮乏、技艺衰退等方面的演变趋势，这些变化对民俗体育的生存产生了很多制约。

首先是传统文化空间萎缩带来的民俗体育所依附的民俗活动的迅速减少。民俗体育活动中的信仰成分弱化，娱乐成分增强。问卷显示，32.3%的民俗体育练习者们认为练习的目的是"强身健体"和"将传统文化发扬光大"并列排在第一位，这正是社会化变迁所影响的结果。其中很多人虽然是民俗体育的练习者，但对其象征意义和文化内涵却了解不多。

其次是在社会环境变迁的大背景下，以往地方民众集资办会的方式在现代社会很难一见了，虽然现在经济条件改善、物质生活丰富，但由于文化的变迁和市场经济的作用，很少有人愿意为民俗体育活动赞助、投资，致使民俗体育活动经费的社会投入急剧减少。

另一趋势是民俗体育的成员由充裕变为匮乏，以前节日期间的民俗活动是村庄中最重要的文化生活，人们对此十分积极，因而练习者众多。而今，在现代娱乐方式的冲击下，民俗体育活动的吸引力急剧下降，尤其是年轻人更喜欢更轻松、新鲜的娱乐方式，民俗体育的练习者匮乏，吸引力大不如前，从而导致表演套路丢失、技艺下降、观众减少的恶性循环。调查显示：北京市民俗体育项目的从事年龄以41岁以上的群体居多，占到有效人数的57.50%，而民俗体育的练习骨干——21~40岁的年轻群体只占到总数的26.25%（这些年轻人主要集中于一个专门从事表演的舞狮团队，其他民俗体育组织中的年轻人要更少）。后继乏人的趋势已然显露，民俗体育传承面临断档的危机。

在现代化的浪潮中，尤其是经济、文化环境的变迁，民俗体育的传承面临着严峻的挑战。课题组在上述调查的基础上，根据一些民俗体育项目的具体传承情况，围绕着当今社会进步和文化发展的需要，对民俗体育传承的可持续机制进行了详细探讨。

三、民俗体育传承的可持续机制

（一）国家层面

近年来，我国政府在政策上对非物质文化遗产的保护和对文化、体育活动的倡导，挽救了很多行将消逝的民俗体育项目。因此在国家层面建立一种民俗体育传承的长效机制，无论是对于民俗体育，还是对其他非遗保护项目，都是十分必要的。项目组提出如下建议：①为保护民俗文化的多样性，为民俗体育活动提供生存所需的社会文化空间，政府在修复一些古文物建筑的同时，也同时恢复与这些古建有关的民俗活动；②弘扬传统文化，在节日和大型活动中鼓励和推广具有传统文化内容的民俗体育活动，对展示和传播中华传统文化和民族认同具有积极意义；③在国务院学位办的研究生学科设置中，将民俗体育学正式列为民族传统体育学的一个研究方向，加大科研力度，对民俗体育学进行系统研究。

（二）基层政府层面

国家大的政策环境为民俗体育项目的开展，提供了较为有利的环境，作为基层政府尤其是文化部门对民俗文化的开展具有直接作用。调查表明，有44.4%的人认为基层政府对他们从事的民俗体育活动比较支持，占总数的第一位；认为地方政府对民俗体育活动大力支持的占到39.5%，排在第二位；地方政府不管、限制的所占比例很小，而严格限制的并没有。这说明目前一些民俗体育活动能够继续开展，与基层政府部门的支持密不可分，民俗体育在现代化的猛烈冲击下得以维持，基层政府部门功不可没。

近年来，一些民俗体育项目成为非物质文化遗产的保护对象后，也出现了被孤立的情况，以往与其他文体活动一起表演的民俗体育活动，在成为“非遗”后就被区分了出来，表演和比赛机会反而减少。我们认为基层政府可为民俗体育传承创造以下条件：①将民俗体育活动纳入到社区文化建设的范畴当中，对民俗体育项目给予更多的扶持；②利用节日和地区性活动，开展民俗体育项目的比赛和表演，以活动带动民俗体育项目参与人员的积极性；③在硬件设施上提供保障，目前民俗体育的活动场所，服装、道具等都应列入基层政府支援的范围内；④鼓励本地区的企、事业单位参与地区性的传统文化建设，为民俗体育活动赢得更多的经济支持；⑤可以尝试成立职业、半职业性的民俗体育表演团体，将市场经济和文化建设相统一。

（三）项目组织本身

目前，作为民俗体育的传承者，大多数练习者都意识到了传承的危机。为延续民俗体育项目的生命，作为民俗体育的组织可以在地方文化部门的支持下，积极开展自身能力建设：①组织建设方面，提升组织管理水平，加强分工，促进练习时间的制度化，加强民主，充分听取成员意见；②技巧和文化内涵方面，找回传统套路，刻苦练习，提高技术水平，重视民俗体育中的规矩和礼节的教授，表演中体现民俗体育蕴含的文化内涵；③传承方面，推广民俗体育项目，增加表演宣传机会，吸引更多的青少年练习；④加强与同行的交流，可以考虑组织成立民俗体育组织的联谊会或者协会，以增加民俗体育组织的社会影响力。

（四）社会层面

除民俗体育的练习者外，很多民俗体育项目都不为人所知，民众在西方文化的冲击下更是缺乏对这些文化的认同。①新闻、媒体等对民俗体育项目的宣传、介绍十分重要，一方面可以突出其所体现的传统文化内涵，一方面可以突出其全民健身的意义。社会环境对于民俗体育的认可，可以促进民俗体育活动的开展和传播。②可以考虑民俗体育文化与企业文化的交融，即企、事业单位等经济实体也加入到民俗体育保护和传承的行列中，但这需要尝试和渐进的过程。

（五）学校层面

民俗体育面临的最严峻问题是传承人问题，调查结果中也显示出民俗体育传承人与学校合作培养新人的意愿非常强烈，占到总数的27.8%。①我们也应该学习韩国、日本等重视传统文化的经验，在高等院校中筛选适当的民俗体育项目，开拓体育课程资源，改革课余体育竞赛，以利于民俗体育的传承和传统文化的传播。②为形成民俗体育在学校传承中的长效机制，结合特色学校建设，以民俗体育活动为特色的中小学试点学校，作为民俗体育传承的一项重要措施。对参加民俗体育活动的学生，应给予相关的政策性承认。京剧、武术走进校园已经为我们做了示范作用。③在体育院校及武术学校中培养民俗体育活动的专门人才，传承民俗体育文化，保持并提高民俗体育项目技巧和难度。

从国家、基层政府、项目组织自身、社会和学校层面展开的民俗体育可持续传承机制分析是本项研究的核心内容。民俗体育的可持续传承机制当中，这5个主体在各自的层面上都发挥着不可或缺的作用，同时5个主体的相互配合、相互协调是民俗体育可持续传承的重要因素。

民俗体育是中华民族传统文化的重要组成部分，其中蕴含着丰富的文化内涵，传承和保护民俗体育对守护我们的精神家园，加强文化认同并最终实现文化自觉具有十分重要的现实意义。

项目编号：1159ss07116

岭南休闲体育文化特色研究

陈　琦　陈　华　龚建林　徐　佶　谭先明　粟燕梅
张德胜　杜熙茹　王　进　李朝旭　王晓东　赖勇泉

一、岭南休闲体育文化的形成与发展

本研究的岭南，主要是指广东以及港澳地区。岭南文化是中华文化内颇有特色的地域文化，是在土著文化基础上接受我国中原文化并吸收外来文化的结晶，是岭南人民在漫长历史中辛勤创造的物质财富及精神财富的总和。岭南文化主要由广府文化、潮汕文化、客家文化所构成。岭南休闲体育文化，从地域上讲，是岭南地区开展休闲体育活动的物质、制度、精神文化的总和；从文化层面上讲，是指岭南地区的人们在闲暇时间里，通过从事具有运动性质且能愉悦身心的活动，而处于的一种文化创造、文化欣赏、文化建构的生命状态和行为方式。

岭南休闲体育是在岭南体育的健身娱乐性的基础上产生形成的，它的兴起与发展主要源于三个方面的因素：（1）人对体育的需要，使体育成为现代人休闲生活方式的基本内容；（2）岭南现代经济的高速增长促进了体育与岭南人休闲生活方式的结合；（3）休闲时代的来临使得岭南人休闲意识增强。

岭南文化与岭南休闲体育文化的相互影响在广府文化区域的高尔夫、游泳、排球、武术、龙舟等项目，在潮汕文化区域的南狮、英歌舞、布马舞等武舞类、跳水、象棋、围棋等项目以及在客家文化区域的客家武术、梅州足球和舞龙舞狮等项目中表现得非常充分。岭南休闲体育文化的基本形态包括观念形态和实践形态，其中观念形态表现为休闲体育价值理念和认知模式，实践形态表现为休闲体育行为方式和内容结构。在观念形态上，岭南休闲体育文化一直贯穿着体育生活化的价值理念和重实践感受的认知模式。在实践形态上，岭南休闲体育文化有着多姿多彩的行为方式和类型多样的内容结构。

二、岭南休闲体育文化心理

随着岭南地区经济发展、社会进步，休闲意识的日渐增强，休闲体育作为民众提升生活品质、促进文化发展的重要活动，已成为人民健康生活方式的需求。岭南休闲体育价值观是传统中华文化与岭南地域特色文化相互作用、相互影响、相互渗透而产生和形成的。参与休闲体育活动的人在价值取向上表现出了岭南人惯有的务实特色。健康、快乐、有趣和受益是岭南民众参加休闲体育活动的主要动机。岭南民众参加休闲体育活动在心理上获益良多，休闲体育活动参与者的心理获益积极有效，富有价值。

三、岭南休闲体育教育与文化传播

当前岭南休闲体育的广泛开展，催生了人们对休闲体育教育的渴望和需求，当前岭南休闲体育教育的内容、形式、特点已被普遍认识与接受，但与人们的要求仍旧存在差距。岭南休闲体育教育具有时代性、社会性、主体性、娱乐性、体验性、教育性、区域性等特点。其目标与任务在于教育人们如何有价值地使用自由时间去完善人的生命过程，提高人的生命质量；培养科学、积极的休闲观；培养人们科学的休闲健身娱乐方式和掌握正确的体育休闲技能；引导人们科学、健康度过休闲时间；培养岭南休闲体育人才。岭南休闲体育教育的内容主要是休闲体育价值观、休闲体育方法与休闲技能的教育，同时提高人们对运动美的欣赏能力。

岭南休闲体育文化的发展离不开文化传播。岭南休闲体育文化传播与发展互为表里，相互促进，共同发展。岭南休闲体育文化传播具有三大特征和四种方式：三大特征表现在岭南休闲体育文化传播既是一种通过岭南休闲体育文化塑造广东各地区体育文化形象的过程，也是一种通过多种传播渠道认知岭南休闲体育文化的过程，还是一种通过对岭南休闲体育文化的解读了解广东兼容博大精神的过程；岭南休闲体育文化传播的四种方式分别为人际传播方式、群体传播方式、组织传播方式和大众传播方式。

四、岭南休闲体育文化产业

改革开放以来，岭南经济的迅速发展和人民生活水平不断提高为休闲体育产业的发展奠定了坚实的物质基础。与经济发展相适应，休闲体育产业也呈现较快的发展态势，规模不断扩大，领域不断拓展，成为体育产业的重要组成部分，在社会经济活动中的地位和作用日趋突出。但是，当前岭南休闲体育产业仍存在整体规模、质量和效益较低，产业结构失衡，缺乏长期稳定的扶持政策，法规制度不完善，专业人才匮乏，营销策略滞后等问题。

五、岭南女性休闲体育文化

岭南女性广泛认同休闲体育是健康生活方式的重要手段这一观点。岭南女性最喜欢的休闲体育项目依次是散步、羽毛球、慢跑、广场舞蹈、游泳、乒乓球、网球、登山等。岭南女性消费最多的是体育服装，其次是购买体育器材和体育书刊杂志。岭南女性喜欢和朋友及家人相伴参加休闲体育活动，而社区、单位以及健身俱乐部等组织形式因价格、位置等原因还未被女性完全接受，具有很大发展空间。岭南女性与男性在闲暇时间的分配、每周锻炼的次数及每次的时间和休闲体育消费等方面还存在着显著的差异性。

六、岭南休闲体育文化的区域差异

广府文化、潮汕文化和客家文化既有共性，也极富个性，各具特色。三种亚文化互相补充，交相辉映，构成了特色鲜明、灿烂多彩、充满生机与活力的岭南文化。这些特色与差异，必然会影射到不同文化区域的休闲体育文化中。

（一）广府文化背景下的休闲体育文化

广府文化区域（珠江三角洲地区）城乡居民休闲体育意识普遍增强。休闲体育已成为人们休闲生活方式的重要组成部分。休闲体育价值观已从单纯的健身转向集健身、娱乐、交际等为一体的综合价值观。休闲体育动机正在向强身健体、消遣娱乐、社会交往和能力展现等多个方面发展。其休闲体育行为从被动向主动转变，并呈现出多元化发展态势。主要表现为休闲体育活动场地设施由稀少、简陋、免费向较为丰富、完善和收费转变；休闲体育活动方式的松散化、集体化和家庭化；休闲体育活动内容丰富多彩，具有简易性、娱乐性、竞技性、健身性、地域性、时尚性、民族性、融合性、发展性、包容性特点。

（二）潮汕文化背景下的休闲体育文化

潮汕体育已完全融入潮汕民俗文化之中，参与意识和主动性是潮汕人民对体育的态度。潮汕休闲体育文化特色，从组织形式来说，有侨乡特色和社会化特色；从文化性格来说，具有兼容性、务实性、独立性、抗争性和平民化的显著特色。潮汕休闲体育文化面临着巨大的挑战，主要表现在：西方文化的冲击和市场经济浮躁的双重作用，潮汕人对一些外来休闲体育项目的认同和接受程度明显加快，对潮汕传统体育发展造成强大的冲击；淡漠体育文化，对传统体育文化教育忽视，乡土教育薄弱；潮汕经济的相对滞后和人们生活习惯的过分程式化，很大程度上影响了其休闲体育运动的开展。

（三）客家文化背景下的休闲体育文化

当前客家文化区域人们的休闲体育观念在凸显健康的同时日趋多元化。羽毛球、跑步（含散步）、篮球、足球、乒乓球、爬山、跳绳、健身操、游泳、体育舞蹈、武术等项目成为群众经常参与的休闲体育项目，而篮球、足球、羽毛球、篮球、游泳、乒乓球、排球、田径等项目则是人们比较喜欢观看的体育比赛项目。休闲体育环境不断优化，休闲体育的经营与管理逐步规范。客家文化区域的休闲体育文化深受客家文化的影响，与客家人的生产、生活环境及传统意识形态有密切关系，而且表现出鲜明的地域性、包容开放性、宗教民俗性、生产实用性、团结协作性、健身娱乐性、趣味性与竞争性等特色。

（四）港澳休闲体育文化

港澳地区在中西文化交融与经济高速发展的过程中，形成了独特的休闲体育文化。香港人参与休闲体育的比例较高但参与程度不深。成年人及长者最经常的运动为“舞蹈及健体”类运动，项目为步行、游泳、徒手健体、伸展运动等，运动形式以个人为主；而青少年较常做的运动为队际活动类运动，项目是篮球、跑步、足球、游泳等，运动形式以与朋友一起为主。香港已经形成了一整套运作模式和效果良好的休闲体育运作机制体系，包括整合机制、动力机制、引力机制、激励机制、分权机制、阳光机制等，具有鲜明的特点。港澳休闲体育文化体现出主体性、福利性、公益性、组织性、多样性、协调性、商业性等特色。

七、岭南休闲体育文化发展与创新

（一）岭南休闲体育文化的特色

- 地域性与民族性
- 传统性与时代性
- 开放性与兼容性

- 继承性与创新性
- 消费性与商业性
- 务实性与民俗性。

岭南休闲体育文化表现出两重性，它们相互转化、相互影响、相互作用，需要我们全方位、多角度理性地认识岭南休闲体育文化的特色，化消极因素为积极因素，更好地为岭南社会、经济和体育的和谐发展服务。

(二) 岭南休闲体育文化发展与创新路径

路径包括更新休闲体育观念、挖掘休闲体育遗存、普及休闲体育文化、开展休闲体育教育、加强休闲体育研究、培育休闲体育市场、打造休闲体育品牌、营造休闲体育环境、完善休闲体育服务、引导休闲体育消费、发展休闲体育产业、建立休闲体育保障等方面。

八、建议

保持和挖掘岭南休闲体育文化的独特文化价值；培养亮点，打造精品，繁荣岭南休闲体育文化；让岭南休闲体育文化更多地进入教材和课堂；注重女性、老年人、少年儿童的休闲体育教育和研究；加强区域间的休闲体育文化交流与传播；结合区域的自然地理环境和文化生态环境来规划和发展休闲体育文化；加强岭南休闲体育文化与其他地域休闲体育文化的比较研究。

项目编号：1073ss07030

藏民族群众体育健身行为与生活方式的研究

郜建海　李　强　史儒林　赵永魁　杨淑萍　刘　生
何志芳　郜　松　李丽萍

一、藏民族的历史渊源及分布特征

藏民族自称"博巴"，意为农业人群，是最早起源于雅鲁藏布江流域的一个农业部落。在公元7世纪时赞普松赞干布建立王朝，唐宋称其为"吐蕃"，元明称"西蕃"，明代称西藏为"乌斯藏"，清代称"唐古特"、"藏番"。元朝在西藏地区设置由中央管理的三新宣尉使司、都元帅府，管理包括西藏在内的全部藏民族地区，直到康熙年间才称"西藏"，藏民族称谓亦由此而来。

青藏高原是藏民族生活的主要区域。藏民族的分布有其明显的特征。一是大分散小集中；二是由于自然环境的影响和生产方式的差异，藏民族内部出现了不同的生活群体，即以农业、牧业、半农半牧和林业等文化为主的不同生活群体；三是藏民族的分布多位于边远地区及多分布在江、河、湖泊及寺院周围；四是由于生产、生活方式、对外交流、战争等原因，使藏民族聚集分布具有明显的地域特征。从我国少数民族的分布可以看出，藏民族主要分布在青藏高原地区。从目前的行政区域划分来看，藏民族主要分布在西藏、青海、四川、甘肃、云南等五省区。

二、藏民族的文化特征

在高原地理及自然环境等诸多因素的影响下，藏民族具有本民族独特而鲜明的文化特征。

（一）物质文化

藏民族服饰令世人瞩目，具有本民族独特的风格。藏民族的饮食多以酥油、牛羊肉、糌粑为主。在高原，特别是在藏区，不吃糌粑、不喝酥油茶的藏民族很难找到。藏民族的日常生活用具别具一格，具有代表性的用具包括酥油桶、木碗、石器、金属器皿等。此外，在长期的社会历史进程中，藏民族不仅适应了高原的气候、地理等自然环境，而且形成了独具特色的生活习俗和文化传统，并融两者为一体，创造出具有浓郁地区色彩和民族特点的民居，其中以平民建筑、碉房建筑、板房建筑等最具代表性。

（二）精神文化

藏民族的精神文化包括上层建筑的许多方面，如哲学、科学、伦理、道德、教育、法律、风俗习惯、宗教、文学和艺术等，尤其是藏民族的文学艺术和娱乐文化及传统体育独具特色。藏民族的文学艺术充分反映出藏民族的智慧和艺术已达到了很高的境界并取得了辉煌的成就。藏民族的娱乐活动和传统体育丰富多彩，具有浓郁的藏民族特色和地域特色。另外，在藏民族的精神文化中宗教文化在藏民族的社会生活中具有较大的影响力。藏民族的语言、文字、习俗、医学、建筑等各个方面体现着宗教的内容，藏民族的社会活动与宗教有一定的联系。藏传佛教不但对青藏高原居民的生产、生活产生了较大的影响，而且还影响到青藏高原的周边地区。自13世纪后，已波及到蒙古、不丹、锡金、尼泊尔及西伯利亚地区。从藏传佛教影响的分布来看，各教派在传播教义的过程中，是以寺院为中心进行传播的。当今，藏传佛教在青藏高原的的寺院中占绝对的优势，影响最大。

三、藏民族生活方式与体育健身行为概述

（一）藏民族群众生活方式的主要特征

调查结果表明，藏民族生活方式具有六个明显特征。⑴ 生活习惯及卫生习惯不够合理，缺乏医疗保健意识；⑵ 生活需求层次较低；⑶ 文化生活相对贫乏；⑷ 饮食结构不尽合理；⑸ 宗教消费比例过大；⑹ 社会交往范围相对封闭。

（二）藏民族群众生活方式的主要历史原因

藏民族群众生活方式的主要历史原因包括四个方面。⑴ 宗教意识的影响较大；⑵ 消费观念和生活方式滞后；⑶ 居住环境较差；⑷ 生产结构单一。

（三）藏民族体育及其研究综述

藏民族体育源远流长，丰富多彩，具有鲜明的民族特征和健身娱乐价值。无论从史料、文物、壁画，还是养生、节日庆典中，都可折射出有关藏民族体育的许多印迹。目前，有关藏民族体育的研究综述主要包括史料中的藏民族体育、藏民族寺院体育、节日庆典中的藏民族体育、藏民族养生健身行为、藏民族群众体育现状等。

（四）藏民族生活方式中的体育健身行为

藏民族生活方式中有很多行为具有明显的体育健身的特征。在实地调查走访的过程中发现，藏民族群众有意识参与的体育健身项目中包含着传统与现代的各类项目及活动。一方面，藏民族在长期生产劳动和与大自然的斗争中逐渐形成了富有本民族及地域特色的体育活动项目，比较典型、普及程度较高的项目包括骑术类、赛牦牛、射箭、摔跤、大象拔河等。另一方面，随着现代竞技项目的不断普及，如球类、健身操等许多项目已深受藏民族群众的喜爱。

宗教信仰是藏民族生活方式中的主要内容之一。宗教以其特有的威慑和内聚力统一着人们的信仰、意志和行动。而出于寄托精神、表达意愿为目的所采取的一些肢体活动及祭祀活动在无意识的状态下达到了体育健身的目的，成为人们生活的一部分。在藏民族宗教主张以善为本、追求未来幸福的教义下，人们通过“转经轮”“磕头”“长哇”等身体活动表达自己对神灵的虔诚以及对美好未来向往的同时，对自身的健康也起到了间接的促进作用。

四、藏民族体育健身行为解析

（一）藏民族服饰民俗与体育健身行为

首先，藏民族的服饰体现了尚武的精神。其次，藏民族服饰文化体现了祛病强身的愿望。另外，藏民族服饰及其附件在闲暇时可作为健身娱乐的重要器材，被运用于比赛当中。

（二）藏民族饮食文化与体育健身行为

藏民族膳食营养结构不尽合理，在一定程度上影响了藏民族群众身体素质的全面发展。藏民族群众普遍嗜好饮酒，酒是他们日常生活的必需品，也是他们与亲朋好友交流的主要载体。适量饮酒对身体健康有利，而过量饮酒则是一种不良的生活习惯，会对人体造成很大的损害，并引起多种疾病。

（三）藏民族节日民俗与体育健身行为

藏民族传统体育是节日文化活动的主要内容之一。丰富多彩的藏民族传统体育对丰富藏民族传统节日有着巨大的作用，对于活跃民族节日、提高藏民族广泛的参与度以及增强体质和积蓄文化内涵具有积极的作用。与此同时，在现代文明的影响下，许多现代的体育健身项目逐渐受到藏民族群众的接受，一些较为流行的体育健身项目在藏民族地区得到了广泛开展并成为各地节日活动的主要项目。如：足球、篮球等已逐渐渗透到了藏民族的日常体育活动中。

（四）藏民族宗教活动中的体育健身行为

藏民族体育与宗教密不可分。藏民族传统体育在萌芽和形成时期，处于与其他社会文化活动交织在一起的混沌状态，很难从生产劳动、军事演练、宗教仪式、节日集会、休闲娱乐中剥离出来。

宗教的发展无形中促进了体育活动内容的丰富。很多传统体育项目均伴有浓厚的宗教色彩，不少运动员是寺院僧人，且头戴各种宗教面具参加比赛。藏民族民间的祭山插箭、斗剑等均带有原始巫术性质。在很多情况下，一些地方既是举行宗教仪式和辩经的场所，又是运动的场所。

宗教信仰的普遍性决定了藏民族群众参与体育健身活动的自愿性。出于对神灵的祈祷，使得众多信仰宗教的藏民族群众自觉加入到了体育锻炼的行列里，尽管在很多情况下是无意识的。同时，宗教活动的集体性又决定了人们参与体育健身活动的大众化，全民参与正是全民健身所提倡的理念之一；宗教教义的高尚性决定了人们参与体育健身活动的主动性，通过参与不同特色和类别的民族传统体育活动满足了人们追求诚实仁爱、坚持正义、关心社会、反对自我为中心的美好愿望。

五、藏民族体育健身行为特征及发展研究

青藏地区藏民族群众参与体育健身的总体情况呈现出六个特征，即群众体育资源严重匮乏、体育人口数量偏低、体育消费水平过低、群众体育活动的组织化程度过低、农

牧区城镇居民对体育健身的需求不足、农牧区城镇群众体育工作的保障体系不健全。

六、青藏地区农牧区藏民族群众参与体育健身活动的基本对策

青藏地区农牧区藏民族群众参与体育健身不发达主要是由于社会经济发展缓慢，文化教育事业落后，观念淡薄以及重视不够所造成的。因此，必须坚定不移地贯彻“宣传、投入、组织、持久”的八字方针，加大宣传力度，增加资金投入，加强组织管理，长期贯彻落实，这是促进藏民族群众参与体育健身，改善藏民族群众不良生活方式，提高藏民族群众体质健康水平，发展青藏地区农牧区群众体育事业的必由之路。

七、研究结论

藏民族有着悠久的历史和灿烂的文化，青藏高原是藏民族群众生活的主要区域。生活在青藏高原的藏民族在长期的生产斗争和生活实践以及适应高原自然环境的过程中，创造了绚丽多彩、颇具本民族特色的生活方式。在这些生活方式当中，有很多积极因素，也有一些消极因素；有许多有意识的体育健身和养生行为，也有部分无意识的具有客观健身价值的活动。深入分析和研究藏民族生活方式和体育健身行为，有利于促使藏民族群众生活方式的现代化，有利于提高藏民族的体质健康水平和整体素质，对全民健身在藏民族聚居区域的普及和开展也将起到积极的推动作用。

项目编号：1158ss07115

蒙古族传统体育与蒙古民族身心健康研究

包呼格吉乐图　牡　丹　陈　明　巴雅尔　恩　克
德　木　布　特　张敏杰　李　刚　袁　晋

一、蒙古族传统体育产生的背景

（一）客观条件

1. 地理环境

地理环境产生了生存在那里的北方民族独立的民族经济生活，进而造就了蒙古族的生产方式、生活习性、民族性格、精神与文化，以及造成他们在人类历史发展中所起的作用的不同，因而形成了蒙古族的特色体育项目。体育活动自然也是在此过程中逐渐演化而成。原始的北方民族成员在与自然环境的斗争中，除了同恶劣的地理、气候环境作斗争外，就是同凶猛的野兽作斗争，在同凶猛的野兽作斗争的过程中，除了用手中的武器石球、石矛、箭、木棒等将野兽打伤打死外，就是徒手与野兽搏斗。

2. 气候条件

北方游牧民族生活的地区纬度较高，海拔一般在1000米以上，大部分地区距离海洋较远，北部和西部离最近的渤海也在1000公里以上，沿边又有山脉阻隔，冬季受寒潮的影响最大。举行那达慕“敖包耐亦日”就是为了使神欢娱，风调雨顺。据说如果敖包会上的男儿三艺比赛十分红火，人们高兴的话，山水之主神、上苍之天神也会为之心旷神怡，这样就会风调雨顺、人畜康泰。

3. 宗教活动

由于干旱寒冷的自然环境，使北方远古先民在严酷的大自然面前不能主宰自己的命运，只能任其摆布。他们依赖自然界，同时又对它产生恐惧和崇拜心理，进而把自然界的万物，包括天地、日月、星辰、山川、湖泊，乃至动物和植物人格化，认为“万物有灵”，从而形成了多种崇拜，举行各种祭祀活动，与神灵沟通。祭祀敖包的目的是祭祀天地所有的神灵，灭灾求福、祈求雨水是敖包祭祀的核心目的。

4. 战争需要

体育项目的形成大多与军事训练有关。在古代，对野兽或其他人群的进攻和自卫是人类社会活动的重要内容之一，为了争夺生存空间，或为了复仇出现了原始意义上的战争。随着历史的发展，由于各氏族发展程度不同，生产力水平相差较大，一些较为先进的氏族为了自身的生存和发展，掠夺他族的人口、财产、生存空间来充实、强大自己，而其他氏族为了防范外来侵略，保护族人利益，开展自我保护和救助自己，从而发生了战争。

（二）传承

1. 博克的出现及其传承

我国劳动人民喜爱的摔跤运动在秦汉时称“角抵”。“角抵”在后来的部落冲突时代进一步演化为人与人较力气的一种舞蹈。当时跳这种舞蹈时还有音乐伴奏，这种遗风一直沿袭到唐、宋时代，因为，唐、宋时正式摔跤—相扑比赛时还要打鼓和奏乐。到汉时这种比赛盛况空前。魏晋、南北朝时期的摔跤继承秦汉以来的“角抵”，是中土原有的运动形式，后来发展成为隋唐时代非常盛行的相扑，在中原占有重要地位。此外，北方少数民族匈奴也盛行摔跤，它经过鲜卑传至柔然，除了服装，也与中土相扑大同小异。隋唐时期相扑运动大为昌盛，其影响远及国外，高丽和日本的相扑均在隋唐相扑的影响下发展起来的。到了宋代，相扑运动在隋唐和五代的基础上更加完善，参与的人众数量也大增。契丹人建立辽国，其摔跤和宋朝相扑不是一个系统，因契丹地处北方，气候寒冷，不宜赤身相搏，因此，契丹人摔跤应承匈奴、鲜卑、乌桓和柔然等北方民族的技艺，下传女真、蒙古，今天的蒙古式摔跤（博克）与中国式摔跤大体相似，虽然服装和技巧略有不同，但均从契丹摔跤沿袭而来。元代兴起北疆，骑射、摔跤向来为蒙古各部所擅长，其骑射承袭了北方各少数民族传统习惯，摔跤也继承了匈奴、鲜卑等北方民族的传统技艺。成吉思汗时命令诸将勤教子弟练习骑射、摔跤作为战时应用，元代军营中角力是一种经常性的娱乐项目。明代是摔跤运动中衰时期，明朝尽量废弃元代风俗习惯，许多运动项目无形中停止举行，同时明朝也无力恢复唐宋相扑等。清朝满族，本是金代女真族的后裔，他们戏“布库”，是借鉴和采纳了汉族角抵和相扑的技术，从而形成了技力兼并的摔跤形式。另外，北方民族在长期的发展中继承和发扬了以匈奴角抵为代表的摔跤形式，并在清代由于满族在不断地与蒙古族进行摔跤的交流中，吸收并运用了其部分技术特点，最终发展成为中国近代的摔跤形式。

2. 弓箭的发明及其传承

元朝以骑射立国，统治者历来重视骑射。射箭习俗在鲜卑、突厥、契丹、蒙古各个时代一直沿袭。弓箭既是蒙古族狩猎的弓箭，又是防御或征服其他部落的武器，也是牧民平素骑射比赛的道具。弓箭是当时战场上征服其他部落不可缺少的武器。按照蒙古族的习俗，弓箭成为男子的必带之物，也是珍贵的馈赠品。

随着社会的发展，原来只能用于生产工具和战争武器的弓箭逐渐被别的道具代替。但从民族体育角度来看，它不但没有被遗弃，反而是流传成为人们强身健体以及与他人交往的颇有民族特色的体育运动。

3. 骑马术的发明及其传承

爱马和善骑，是蒙古民族的传统。蒙古民族素有“马背民族”的美称。辽阔的天然大草原和宽广肥美的牧场，为骑马运动的开展提供了无比优越的条件。从古至今，骑马运动成为蒙古民族男女老幼最喜爱的传统体育项目。由于生活、生产条件的影响，牧区人民从小就养成了善于骑马和喜爱马匹的优良传统。

二、典型蒙古族传统体育活动内容

18世纪，那达慕活动形式臻于完善。经过20世纪北方草原的社会变迁，现代那达慕已经逐渐发展为蒙古族等各族人民喜闻乐见、内涵丰富的群众性聚会、娱乐活动。

（一）摔跤

摔跤在“男儿三艺”中占有重要位置，是人类最为原始和古老的体育运动之一。在原始社会，捕猎和采集同等重要，都是人类赖以生存的主要手段。为了获得食物和生存空间，人们经常要与野兽或敌人进行搏斗，只有战胜对方，才能保护自己、获得猎物、赢得空间。因此，几乎所有民族在初蒙阶段，都会把摔跤作为生存技能教育的重要内容。

蒙古族在重大喜庆节日聚会和祭祀时，通常都要进行摔跤比赛，那达慕出现后，摔跤即自然而然地成为其一项重要活动内容。蒙古语称摔跤为“博克”，摔跤手为“博克沁”。

（二）射箭

比赛时，按一定距离设置靶标，靶标有月靶、皮圈靶、球靶、人形靶和动物野牲靶等，形式丰富而独特。比赛项目分立射、骑射。立射时，设有星象图，即要在射位画一八卦图形，作为弓箭手瞄准发射时站立的规定位置，犹如掷铅球、铁饼所设置的投掷圈。选手在瞄准射箭时，不能踩到或越出星象图的边线，否则即为犯规。骑射比赛的方式，可以从阿拉善“乌日森耐亦日”的骑射比赛中观其梗概。首先，在会场选一平坦开阔之处，挖一条长百米，宽约二米、深一米的沟，准备一条骑射线。然后从线的开端和第一靶标之间留 40 米间隔，往外第二靶标和第三靶标均间隔 30 米，将三个靶标吊在栽好的木桩上，称做“吊靶”。其中第一、第二靶标吊在线左侧的木桩上，第三靶标吊在线右方木桩上。骑射时，每人可以驰射三轮，每轮三支箭，共为九支箭，最终按每人射中靶标的多寡排定名次。

（三）赛马

蒙古族素有“马背民族”之称。马在草原牧民生产、生活中的重要作用是不言而喻的。在典型那达慕活动中，作为“男儿三项”之一的赛马，是最能彰显草原文化特色和最激动人心的比赛项目。

那达慕的赛马主要是速度赛马，而且比赛距离较长，一般在 25~35 千米之间，比赛的起点设在距离那达慕会场 25~35 千米之外的某地，终点则设在那达慕会场。所以，这样的比赛既是速度的竞争，也是耐力的比拼，既是骑术的展示，又是智慧的较量。

三、蒙古族传统体育的社会功能及作用

（一）历史上的情况

蒙古族传统体育活动作为北方草原民族一项具有古老传统的活动，之所以产生并传承不断，历久弥新，原因就在于无论什么时代、其名称如何，它都具有许多重要的社会功能，在北方草原民族的社会生活中发挥着不可或缺的作用。概括地说，这些功能表现在祭祀、娱神、健身、军事训练、检阅兵力、节庆、纪念、娱乐、教育、经贸、旅游等方面。当然，随着时代的不同，某些功能的有与无、强与弱也有变化。在古代，祭祀、娱神、军事训练、检阅兵力的功能较为突出、明显，而基本没有经贸洽谈、发展旅游的

功能；近代以来，特别是在现代社会中，祭祀、娱神、军事训练、检阅兵力等功能日益削弱，直至彻底消失；聚会交流、娱乐大众、强身健体、以及节庆、纪念、教育等功能却不断加强，还拓展了经贸洽谈、发展旅游等功能。

（二）当今的情况

在全球化的今天，蒙古族传统体育文化作为历史的积淀仍在蒙古族社会中顽强地保留着，它负载着民族的价值取向，影响着人们的生活方式，拢聚着蒙古族自我认同的凝聚力。那达慕大会这项古老而又奇特的传统体育活动在草原上的生存状态发生了一系列的变化，其显著特征是：全民性依旧、娱乐性减弱、竞技性增强、组织性提高。同时，那达慕的举办起着多种不容忽视的社会功能和作用。

（三）体现奥林匹克精神

蒙古族传统体育具有很强的竞技性，它是力量、速度与技术的较量，更是智慧、勇气与精神的较量。可以想象，当一个运动员面对着比自己高大剽悍的“大块头”运动员，并要与之一试高下时，需要何等的勇气，而在搏克比赛中，小个子战胜“大块头”的精彩场面并不少见。因此，其竞争的激烈程度是可想而知的。其次，蒙古族传统体育体现着 Fair Play 精神，即公平竞争精神。另外，搏克比赛还有一个极为有趣的发奖规则，即奖品先从败者发起。每场比赛结束后，胜利者跳着狮子舞步下场，而失败者则登台接受奖品，这是搏克运动所独有的，其寓意深刻：一方面认定参与就是贡献，没有失败者就没有最后的冠军；另一方面，鼓励其进取精神，使败者不气馁。同时，比赛在尊重对手、尊重裁判、尊重观众的传统道德气氛中进行，可谓光明正大，让所有人都感受到了公平竞争的坦荡和欢畅。这些都是与奥林匹克精神息息相通，与奥林匹克本质相一致的。

尽管，奥林匹克运动源于西方，但她属于世界。首先，奥林匹克精神强调对文化差异的容忍和理解。奥林匹克运动是国际性的运动，它不可避免地面临着世界上文化间的各种差异及由此引发的各种问题。奥林匹克精神强调相互了解、友谊和团结，就是要形成一种精神氛围。也只有在这种氛围中，人们才能打破各自狭窄的眼界，以世界公民的博大胸怀，去认识和理解自己民族以外的事物，领悟到各个民族都有着神奇的想象力和巨大的创造力，学会尊敬其他民族，以比较客观和公正的态度去看待别人和自己，虚心地吸取其他文化的优秀成分，不断丰富自己，从而使奥林匹克运动所提倡的国际交流真正得以实现。

其次，奥林匹克精神强调竞技运动的公平与公正。奥林匹克运动以竞技运动为其主要活动内容，竞技运动最本质的特征就是比赛与对抗。已故美国著名黑人田径运动员杰西·欧文斯曾经说过，“在体育运动中，人们学到的不仅仅是比赛，还有尊重他人、生活伦理、如何度过自己的一生以及如何对待自己的同类”。奥林匹克运动以具有普遍价值的体育运动为文化传播的中介，坚持和平、友谊、进步，从而促进了各种文化融合的进程。1993 年联合国大会通过国际奥委会提出促进世界和平的提案，向全世界表明奥林匹克运动是以构建一个更加美好的和平的社会为宗旨，得到了国际社会的广泛承认。其实，这也正是符合当今世界各民族发展的主流。奥林匹克运动已经成为我们时代不容忽视的一支重要力量，促进着人类和平和进步事业的发展。

四、蒙古族传统体育运动员人格特征

人格特质是人格最基本的组成部分，人在不同时间和情境中都保持的行为形式和一致性。人格特质不仅是人格的结构单元，而且可以作为人格分析和人格测量的单元。

本研究假设蒙古族传统体育运动员 16PF 因素与全国常模之前有差异，并且主要在与运动能力和运动员成材相关的维度上有所表现，即运动员项目不同，人格及其次元人格因素得分之间也有明显差异。为此，本研究调查了参加全国少数民族运动会的蒙古族传统体育项目运动人格特征，为我区蒙古族传统体育运动员基本情况有一初步了解。

选取我区蒙古族传统体育运动员 143 名，其中博克运动员 19 名（13%），射箭运动员 62 名（43%），赛马运动员 45 名（31%）和其他运动员 17 名。他们均是参加过全国少数民族运动会的运动员。

采用卡塔尔 16 人格因素（16PF）问卷进行测试。用原始分数表示并与全国常模比较而得出蒙古族传统体育运动员 16PF 得分平均数。在此基础上，进一步进行标准分数计算〔Z=（Xi−x）/SD〕，求得次元人格和应用性次元人格得分，进而比较博克、射箭、赛马和其他运动员之间得分。

对蒙古族传统体育运动员原始分数和全国常模比较后，运动员乐群性（A）、稳定性（C）、敏感性（I）等因素均比全国常模显高，而怀疑性（L）和幻想性（M）因素得分显著低于全国常模，但处于可接受范围。在数字处理过程中发现，采用原始数据对不同级别运动员人格因素进行比较时发现，所得的数据不是正态分布，经标准分数转换数据呈正态。同时在乐群性（A）因素上其他得分非常显著高于博克得分，按卡塔尔的解释，乐群性（A）得分高者一般外向、热情、乐群。而其他运动员具有很丰富的比赛经验，并且他们有很好的声望，因此，可以说是成功者，他们在很多场合乐群外向、易于接触。但从另一角度出发，我们发现其他内外向性次元人格得分显著低于射箭和赛马运动员。此次元人格是由乐群性（A）、兴奋性（F）、敢为性（H）、独立性（Q_2）各因素组成，并且该次元人格得分低者往往表现为羞怯而审慎，与人相处多拘谨而不自然，这可能反映了其他运动员人格的另一面，即训练比赛时的认真和小心。本研究中的运动员表现出自我感觉良好，认为自己已成为某队的主力或自治区队的一员，这对于培养他们的独立意识，单兵作战能力非常有利，从而在某种意义上说，提高他们的应对能力是有益的。

项目编号：1156ss07113

中国学校体育发展的国际比较研究

付玉坤　刘旻航　富晓丽　冯　兵　刘　岩　丁　伟

一、国内外大学学校体育历史与现状

（一）我国大学学校体育改革历史回顾

文革以前的“三基”目标模式，课程内容设置以竞技体育项目为主，课程结构单一，课堂教学主要是“三基”，教学指导思想基本上突出“三中心”（教师、课堂、教材）；文革期间课程遭到严重破坏和扭曲，全国大学学校体育基本被取消，有些地方以“军事训练课”代替大学学校体育教学；改革开放初期实行“增强体质”的课程目标模式，这一阶段的大学学校体育主要围绕“三基”，过分强调增强体质而忽视学生的非智力因素发展的需求，被称为生物体育价值观；90年代以后，我国大学学校体育目标由单纯的生物体育观向生物、心理、社会三维体育观转变，注重身、心、群三方面的和谐发展，注重养成体育锻炼习惯、培养体育意识、增强体育能力，课程目标价值基本回归科学与人文的整合。

（二）国内研究现状分析

上个世纪末，全国高校掀起了大学学校体育新一轮改革热潮，改革成果显著，出现了多种形式的大学学校体育教学模式，如北京大学的“完全开放式”、清华大学的“三自主”、深圳大学的“俱乐部教学模式”、福建师范大学的“主副项制”、长城旅游学院的“定向拓展、成套组合”、西北工业学院的“高水平运动队与学校体育建设互动发展”等模式。这些模式分别在课程理念、指导思想、内容和评价等方面发生了变化。课程理念与时俱进，课程改革突出以人为本的教育理念，重视和满足不同教育主体的发展需要。课程指导思想鲜明，实现了两个转变：一是从“学校体育以增强体质为主”到“健康第一”为指导思想的转变；二是从“学科中心论”到科学与人文主义融合的转变。课程内容出现新的变化：校内与校外相结合、职业与生活相结合、休闲与教育相结合，同时课程内容设置出现小型化、课题化发展趋势，课程内容新变化进一步扩大了学校体育的教育领域和功能。课程评价理论与方法的新变化：把学生学习的态度、过程以及进步变化的幅度都纳入到评价的内容体系，使评价起到促进学生自我锻炼、自我评价、自我完善、自我发展的作用。

尽管当前大学学校体育改革卓有成效，但仍然存在一些问题，具体表现在4个方面：（1）虽然大学学校体育教学改革有所突破，但多数高校仍未摆脱传统体育教学模式的影响，且应试教育在一定范围内仍然存在；（2）学校体育内容设置多数与中学重复，有“炒冷饭”之嫌，使教与学枯燥乏味；（3）尊重学生主体地位和个性化教育有所改进，但不够明显，偏重教师的传授，不能更好地突出大学生个性化教育和创造性培养，课程发展不能突出大学生自主学习能力的变化；（4）“重竞技，轻理论”，重视运动技能的学习和培养，忽视体育理论知识的学习和掌握，忽视体育理论对行为习惯的影响等。

（三）国外研究现状分析

自 1860 年至今，世界大学体育发展已经有一百多年的历史。美国学者 Bruce.L. Bennett 1968 年的调查报告显示，在被调查的 35 个主要国家中只有 1/3 的国家在大学设立大学体育必修课程；另一个美国学者 1975 年的调查显示，只有很少数国家设大学体育必修课程且具有一定的强制性。日本和韩国分别于 1991 年和 1993 年取消了国家对设立大学的体育必修课强制性规定；前苏联和东欧国家在国家体制发生巨变后，大部分国家正在取消大学体育必修课。大学体育发挥作用的形式在各国有所不同，如美国印第安纳大学设有健康体育和娱乐学院，除培养专业体育人才外，还负责印第安纳大学所有学生开设体育教育课程、组织校内的运动竞赛活动；英国的伯明翰大学由大学的运动发展部的专门机构负责学校体育和大学的娱乐计划；瑞士伯尔尼大学有体育系，除培养体育教师外，还负责组织和指导全校的大学体育竞赛活动。

进入 21 世纪，世界范围内的大学体育必修课程在减少，这是世界大学学校体育发展的现状。国际大学体育联盟在 1962 年曾经提出反对大学开设体育必修课的三个理由：“一是中小学已经进行了充分的体育教育，大学只是应用和实践场所；二是大学是传授知识和进行研究的机构，有关身体的具体和初级应用性的领域不是学问；三是在教育学上没有形成体系的运动和游戏，没有进入大学课程的必要。”

二、我国现阶段大学体育必修课程存在原因探讨

2002 年国务院颁布的《新纲要》中，明确规定我国大学学校体育性质是必修，具有强制性。试想经过 12 年基础必修学校体育的学习，为什么大学还要强制学习学校体育呢？大学体育必修课程仍然存在的原因又是什么？主要有以下两个方面的原因。

一是基础教育阶段仍未摆脱“应试教育”的桎梏。现在许多中学把升学率作为衡量一所学校的教育教学质量的指标，以学习成绩好坏来评价学生的优劣，加之高考“指挥棒”现象的存在，影响素质教育思想观念的落实，导致许多学校注重学生的文化成绩，忽视学校体育，忽视学生的全面发展，大有“一好遮百丑”的行势，于是“高分低能”、“学优品劣”情况屡见不鲜。“应试教育”在我国有着极为深刻的社会、历史和文化背景，而且在一定时期和社会范围内它的阴影仍然存在，并影响基础教育阶段学校体育目标的实现。

二是我国基础教育体育区域非均衡发展。根据 2001 年对全国 31 个省区基础教育的 8 项指标聚类分析，把全国基础教育质量与效益分成五个不同等级区域（最佳区域、较好区域、一般区域、较差区域和最差区域），依次分布格局：东部—中部—西部。从我国基础教育区域非均衡发展状况可见，基础体育教育非均衡性发展是必然的，而且经济文化发展欠发达地区特别是农村地区的基础教育学校体育资源相对缺乏，直接导致该地区难以真正贯彻和实施《体育与健康课程标准》，导致学校体育目标达成度较低。

综上所述，基础教育阶段没能完成自己的任务，而把该项任务转交给了大学。换言之，大学学校体育在为基础阶段学校体育补课。

三、大学体育必修课程存在弊端分析

一是与以人为本的教育理念相脱节。以人为本是教育界长期追求的、更是现代大学教育必须遵循的最重要的教育理念。大学体育必修课程忽视现代大学生的实际需要，忽视大学生已有的体育知识和能力，忽视学生自主学习能力和继续学习的能力，是与以人为本的现代教育理念相脱节。实际上，只要大学提供必要的体育资源，发挥学生学习的自主性、积极性和创造性，学校体育目标是可以通过现代多种媒体来实现的，如电视、网络、杂志以及体育图书等。

二是与高等教育培养目标不吻合。近些年来，我国高教界在人才培养总体思路上已经达成普遍共识：21世纪高等院校是培养适应社会主义现代化建设需要，德、智、体全面发展，基础扎实，知识面宽，能力强，素质高，富有创新精神和实践能力的高级专门人才的场所。可见“体”在高等教育培养目标中的重要地位。众所周知，“德智体全面发展”是我国的教育方针之一，在基础教育阶段，因为学生不具备选择学习的认识能力，不能认识自身发展的需要，所以“体”主要落实在必修课程上，并为学生今后继续发展打下坚实的基础；而在大学教育阶段，因为大学生从基础体育教育中已学到知识，掌握技术、技能，因此可以自觉、自主地进行科学的体育锻炼和有效的自我评价，“体”可以体现在课程上，但不必是必修课程，大学阶段只是实践和运用的场所。

三是重复中学体育教育目标。在《新课标》与《新纲要》中，二者课程目标领域衔接不连贯，目标领域相同，内容表述缺乏实质性的区别，只是用词的程度略有差异。例如：⑴ 关于运动参与目标。两者都有“积极参与体育活动”，其中《新纲要》中“有一定的体育文化欣赏能力”，二者有区分但不显著。⑵ 关于运动技能目标。《新课标》中是“学习和运用”，而大学是“掌握”，看似递进关系，但存在思维逻辑矛盾；《新纲要》中有“运动创伤”而《新课标》中没有，中学不需要“运动创伤”知识？⑶ 关于身体健康目标。都有“营养”、“健康”、“行为”，大学阶段强调健康的体魄。⑷ 关于心理健康目标。“调控情绪”与“改善心理状态”和“调节情绪”意义基本相同。⑸ 在社会适应目标中都有“体育道德”“合作精神”。但“获取……知识”与“正确处理……关系”也不是二者的本质区别。由此看出大学学校体育与高中学校体育目标内容表述基本相同，这是因为经过近12年的基础教育阶段的体育教育，到了高中学习阶段的目标已经基本达到大学学校体育目标的要求，或者说现有大学学校体育没有突破高中体育，因此有必要反思大学体育必修课程存在的必要性。

四是重复中学学校体育内容、结构、组织形式。大学学校体育与中学体育在教学内容上，他们都有球类、田径、游泳、体操、武术等五大类体育项目，只有少数项目中学没有，可见大学学校体育的教学内容多数与中学相同；在课的结构上，都有准备部分，基本部分和结束部分三个部分；在组织形式上，他们基本都采取大班形式上课。这些被许多学者认为“在课的结构和组织形式上已不适应变化了的时代和大学生的要求”。可见大学学校体育并没有体现其自身个性，事实证明大学学校体育成了中学学校体育的延续。

四、大学学校体育改革发展趋势

我国大学学校体育今后改革发展的趋势是：必修课程必将逐渐减少，直至取消；真正意义上的大学体育俱乐部模式将取代整个大学学校体育组织形式，包括体育必修课、课外活动、业余训练和竞赛等，而且它将成为学生接受体育教育的最主要方式。

（一）大学体育俱乐部模式内涵

《辞海》中将“俱乐部”解释为：“进行社会、政治、文艺及文化体育娱乐活动的团体和场所。”大学体育俱乐部就是把俱乐部的经营方式、管理手段引入大学体育教育活动。因此，大学体育俱乐部定义为：以在校大学生为主体，在教练员的指导下进行的体育训练、健身、体育娱乐休闲、体育文化交流等体育教育活动的团体和场所。

（二）大学体育俱乐部运行机制

根据田麦久的项群理论，大学体育俱乐部可分成球类、田径、艺术、健身保健、游泳、民族传统项目、野外生存等项群俱乐部，实行项群俱乐部主任负责制，各项群俱乐部下设单项俱乐部，由主教练、教练及技术辅助人员参与管理。学校所有单项体育俱乐部组成俱乐部联盟，有统一的俱乐部章程。每个学生可参加多个俱乐部，满足学生发展特长、兴趣。运行机制见图1。

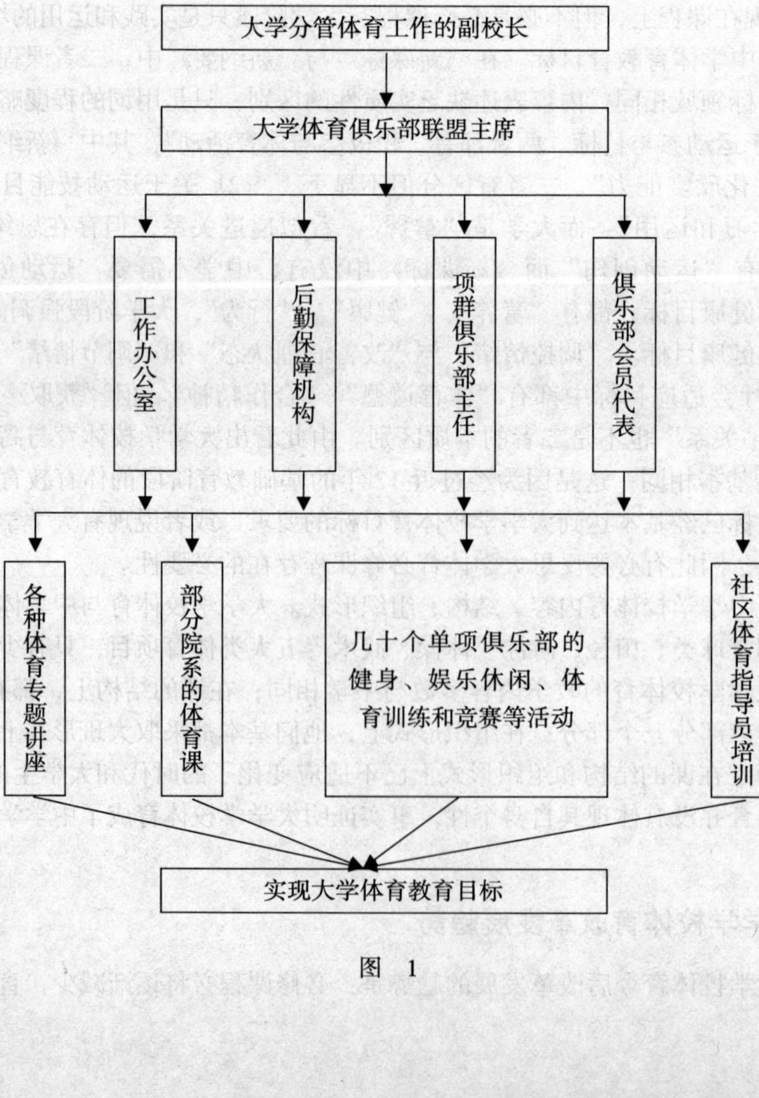

图 1

五、对策研究

(一) 课程模式演进

大学体育俱乐部组织形式取代我国大学学校体育，需要一个过程。首先要认识到大学生自主学习体育的能力的变化；其次要尊重我国大学学校体育发展现有的国情，一方面消除应试教育的影响，另一方面是基础教育阶段体育发展区域基本趋于平衡。因此，课程演进发展的顺序是：自主选修课程模式──→完全学分制课程模式──→大学体育俱乐部模式。

自主选修课程模式最主要的特征是充分体现学生的自主性，学生根据需要和兴趣自主选择运动项目、体育教师、上课时间，发挥学生的自主学习能力，便于学生自我管理，调动学生的积极性和创造性。完善自主选修课程内容体系（图 2）和课程评价体系，突出理论学习部分对构建学生体育观的价值与功能，促使学生、教师要正确运用课程评价的反馈激励作用。

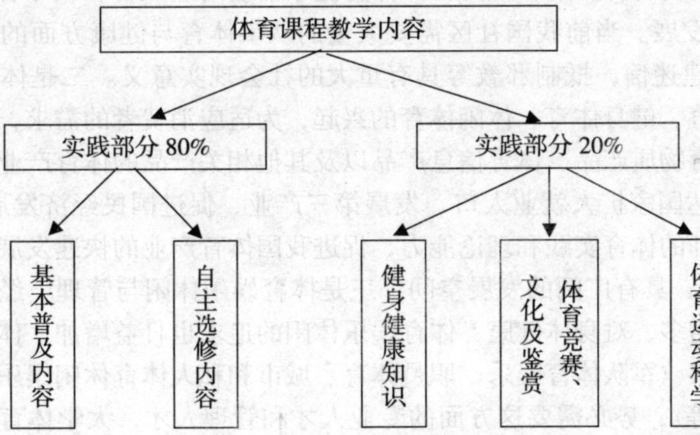

图 2　自主选修课程内容结构体系

完全学分制课程模式。我国大学试行学分制有一个由不完全学分制向完全学分制过度的过程，现在我国高校实行的是不完全学分制，主要包括学年学分制和混合学分制。经过近 30 年的发展，积累了一定的经验，为向完全学分制过渡创造了良好的条件。构建合理、科学的完全学分制学校体育框架（表 1）。

表 1　完全学分制课程框架构建

学分类 \ 项目	学分组成	学时规定	考核要求
实践部分（12 个学分）	体育课（8）	30 学时/2 个学分	体育课学习时数不足 80%不予考核，课外实践和体质测试重在参与、态度、表现，主观方面占 30%
	课外实践（2）	1 个/学期	
	体质健康测试（2）	1 个学分/学年	
理论部分（4 个学分）	各个专题讲座（4）	1 个学分/讲座 8 个学时/讲座	学时不足 80%不予考试，闭卷考试，作弊或不及格则重修

操作建议：同一个项目或课题不可以重复获得学分；所学内容不超过 10 个学分/年；实行完全学分制课程的初期，必修时间为两年，随着学生自我学习、自我管理能力的加强，必修时间可缩短为 1 年，这样逐步取消学校体育的强制性，为顺利过渡到大学体育俱乐部教育模式做准备。

（二）展望我国大学体育教师发展

我国大学实行体育俱乐部的体育教育模式时，原有体育教师的角色也必须发生相应的变化，而且体育教师队伍庞大，一定程度上已经超出大学体育俱乐部所需的数量，此时也必须适时地、妥善地进行社会分流，确保大学体育俱乐部模式改革的成功。

角色转变是指大学体育教师经过教练员培训，少部分可以转变为俱乐部的管理人员，其他可以成为俱乐部的主教练、教练员和相应的技术人员。

社会分流是对余下的体育教师，根据社会其他部门的需要和他们专业特长，使他们合理分流，并为其他社会部门服务。分流有五个方向：一是社区体育（健康）指导员。通过一定的培训机制，使部分教师获得社区体育指导员的资格，让他们致力于社区的体育事业，服务社区的各种人群，成为社区体育健康活动的组织者和领导者，推动大众体育、全民体育的发展。当前我国社区需要大量的从事体育与健康方面的科学指导的人员，对于破除封建迷信，抵制邪教等具有重大的社会现实意义。二是体育产业合作人员。随着大众体育、健身体育、休闲体育的兴起，为适应消费者的需求，为人们提供体育劳务产品、体育物质产品、体育信息产品以及其他相关产品的体育产业得到了迅速发展，成为一些发达国家扩大就业人口、发展第三产业、促进国民经济发展的重要行业。因此发挥体育教师的体育实践和理论能力，促进我国体育产业的快速发展，我国体育产业是“朝阳产业”，具有广阔的发展空间。三是体育娱乐休闲与管理。经济发展，社会进步，人们闲暇增多，对身体健康、体育娱乐休闲的追求也日益增加，体育娱乐休闲的场所也在逐步增多（军队体育娱乐、职员体育、城市和私人体育休闲娱乐、青年和社区的体育休闲娱乐等），势必需要这方面的专业人才和管理人才，大学体育教师向这个方向分流是可行的。四是体育新闻。我国许多体育院校有培养体育新闻方面的专业人才，但是随着体育市场需求的不断扩大，这方面的人才，相对还是缺乏的。大学体育教师通过培训，提高他们从事体育专业新闻报道的能力，面向广播、电视、出版杂志期刊以及体育传媒市场等，使他们能胜任这一方向的多项工作。这是一个与体育教师原有职业相关度不大的领域，对他们具有一定的挑战性。五是私人教练。大学体育教师分流成为与体育健康有关的自由职业者，成为私人健康顾问和训练的教练，满足社会一部分人的需求。在这方面，大学体育教师具有一定的优势，他们具备设计特定的健康处方和专项技能训练的能力。

项目编号：1128ss07085

中外“体育节”的研究

吕康娟　聂　晶　郑小松　付旻杰　张蓉蓉

“体育节”是建立在大众体育上的有组织、有纪律的群体活动。“体育节”是一个国家或地区根据社会和民众的需要设立的以开展体育活动为主题的社会活动日，由某地区或某机构发起，活动内容广泛，一般包括赛事运动、休闲娱乐、体育文化讲座、健康知识宣讲或图书展等多项活动，目的在于推动全民健身、弘扬体育精神、塑造本机构或本地区的体育文化。该系列活动涉及的相关者和知识领域很多，有公共事务属性，而从“节事”的微观角度看，其本质是项目管理，是围绕着“一件事情”来考虑问题、分析问题的，有自己的生命周期、具有暂时性和唯一性。

这类活动不同于其他项目的普遍特征在于参与方众多、参与人数众多、公众参与度高，因此从参与者角度看，具有体验式的、主观的、依赖于社会认同等典型特征；同时媒体覆盖率高，因此对举办地有较大的宣传作用，是体育文化传播的重要手段，可以对地方产生较大经济拉动作用。

一、国外体育节成功举办的因素

国外，一些大众体育活动开展比较广泛的国家都相继确定了各自的全国性体育节，如日本、朝鲜、美国、法国、新加坡、前苏联都早在六七十年代就设立了各自的国家体育节，并且不断发展完善，成为有固定日期、持续一日或多日的全民参与性的体育节事活动。

从典型“体育节”或体育节事活动的举办国来看，体育节是社会和体育发展到一定阶段的必然产物。综合各国情况，发现这些国家，特别是西方发达国家，在整体的社会大环境和体育事业发展上，大都具有以下某些类似的因素。

- 科技发达、闲暇时间增多
- 休闲消费普及、形成休闲体育
- 家的重视和支持
- 法律的支持和保障
- 合作媒体的强大实力
- 配备体育节运营专业人才
- 组织机构或发起机构的权威性

二、中国体育节的情况和问题诊断

当代中国虽然节事活动众多，但由于中国地域、人口以及体育事业发展情况，目前中国还没有全国性的固定体育节，现有的一些体育节事活动一般出现于企业体育节事活动、城市体育节事活动、学校体育节事活动三个层面。

制约我国体育事业发展的障碍因素主要表现为以下一些方面。

（一）传统经济体制的制约
（二）政策扶植乏力
（三）人均有效消费能力不足
（四）体育消费意识相对滞后
（五）场地设施设备严重缺乏
（六）缺乏专门的体育管理人才

三、中国体育节开发和规划分析

（一）中国体育节的开发

1. 体育节的开发原则

(1) 公众参与性原则
(2) 地方个性化原则
(3) 系统性原则
(4) 可行性原则
(5) 确定性与规范性原则
(6) 品牌化原则

（二）体育节的开发建议

1. 体育节的日期选取要点

纵观国外典型国家体育节，它们在日期的选取上都有着一番的深刻寓意。因此我国在体育节日期选取上也可以效仿这种作法，目前较为理想的两个日子是申奥成功日 7 月 13 日和奥运开幕式 8 月 8 日。

此外，我国是一个疆域辽阔、季节气候分明、南北温差较大的国家。因此在确定体育节的举办日期时要充分的考虑各地区的地理和气候特点，避开高温和严寒天。一般以春秋季为宜。而且由于我国是农业大国，因此体育节日期的选定还应考虑农业生产的季节性，避开农忙季节。

最后体育节要避免与其他节日相隔太近。节日间如果相邻过近会产生相互影响，这对形成特定的节日气氛产生了干扰，节日所需要的物质和精神准备都会受到削弱。

2. 创新体育节活动内容和运作模式

体育节活动内容是吸引目标群体的主要因素，如果活动的主题和内容不经常变化，对参与者吸引力就会大大降低，最终使节事走向衰亡。因此要根据不同的举办地特色或不同时期的民众需求不断创新活动内容，这样节事活动才能经久不衰，保持旺盛的生命力，形成节事品牌。同时，运作模式也要为适应新的市场形势而创新。

3. 实施市场化运作和多元化筹资

市场化运作便于筹集资金，有利于体育节的长期发展，也是其最终筹资目标。具体来讲，筹资市场化运作的方式可以将节事这样一个无形资产有形化，比如把节事的节徽卖给企业作为促销手段。把节事期间的所有广告资源（户外广告、媒体广告、平面广告）进行分类和筛选，界定广告资源的产权，获得广告收入。对节事的各种活动名称进行分类包装，形成冠名权、赞助商和协办单位等产品名称。其他还包括出售电视转播权、获得赞助收入、获得捐赠收入、各种门票收入等等。

4. 强化多渠道节事活动营销

强化多渠道体育节营销，常用的营销手段有广播、电视、报纸、专业刊物、互联网、商业网点、户外媒体和直接邮寄邀请信和文字资料。其中户外媒体又包括路牌广告、霓虹灯广告、公共交通类广告、灯箱广告和其他户外广告。同时要开展好网络营销，建立网站和网页，通过互联网发布信息，进行促销，实行网上购票、网上结算服务。这种做法在提高效率的同时降低了成本，开辟了全新的促销渠道。建立自己的节事网站，将相关信息、资料发布在上面，可以让访问网站的人能够清楚地了解节事活动的日程安排和活动内容。

（三）建立体育节中必须注意的问题

首先，关于体育节的季节问题应纳入商讨的议程。虽然体育节没有很强的季节性约束，但对其时间的选择也应考虑到天气的晴好、气温适宜。

其次，在筹资方面，应变单纯依靠国家财政拨款为体育节自身创收、社会集资并举，同时注意引进外资赞助，以形成多元化的筹资渠道，形成良好的资金保障。

再次，完善体育市场支持体育节发展。推行运动项目的行业协会制和俱乐部制，建立社会化的群众体育组织网络，形成全方位的社会公众体育的格局，同时培育和完善体育市场，逐步建立体育产品劳务和信息市场，形成全方位的市场体系。

然后，体育节的举办宗旨是满足广大社会群众的需求，因此凡事要从群众为主要利益出发点，再兼顾其他利益相关者权益。应建立健全相关监督考评机制确保宗旨的有效实施贯彻。

最后，要加强体育经济理论的研究，培养一批既懂体育又懂经营管理的人才，满足体育节运作与时俱进、不断发展的需要。

四、中国设立体育节的保障措施和制度建议

（一）体育节的保障措施

1. 资金保障

我国体育在计划经济时代是完全依赖国家预算，这种现象随着市场经济的到来将逐步消失，体育也处于改革的大潮中。各级体育部门应充分发挥体育的多元功能，加快体育的产业化进程，将有条件的体育事业单位推向市场，使之从以全额拨款向差额拨款过渡，差额预算向自收自支过渡，从自收自支向企业化过渡。目前体育节的资金已开辟多种资金来源渠道，主要可以由以下几部分组成：

财政拨款，政府从财政收入中拨出一部分作为体育节的启动资金和备用资金；

社会募捐，可以通过各种基金会、协会的渠道募集部分资金作为体育节的运作资金；

企业赞助，可以将部分体育节的活动以冠名、转播等方式吸引企业提供资金。

但总体而言，现阶段最理想的体育节的经费来源组合应是以国家拨款为主，社会集资为辅，把国家办和社会办结合起来，使之有主有从，互为补充。

2. 环境保障

一个政府支持、全民参与的良好社会环境保障对体育节的成功有至关重要的影响。因此要以政府牵头的组织保障为基础，同时广泛宣传开展全民健身运动，不断增强健身意识，努力倡导健康科学的健身理念，人力发展农村体育、社区体育、职工体育、青少年体育和老年体育，加强全民健身苑点的建设，提高体育人口比例，培养更多的体育消费群体，积极引导居民的体育消费朝合理正确的方向发展。

3. 人才保障

体育产业要发展、体育节要成功，必须要有一支高素质的经营、服务和管理队伍，有一批优秀的经营、服务和管理人才，加强培养体育经营管理人才培养。缺乏熟谙体育和经济两门学科的经营人才，是制约我国体育经济发展的关键性因素。因此，要努力造就既懂经济理论又懂技术的经营管理型人才。首先是要引进一批高水平的经营管理人才;其次是要对现有的体育经营管理人才通过多种方式、多渠道地加强培育与培养，逐步建设一支懂管理、善经营、知识面广、结构合理的体育管理、体育经营的人才队伍。

（二）体育节的制度建议

1. 体育节的评估制度建议

(1) 体育节的参与方评价

表1 体育节参与方的评价指标

体育节参与方的评估	体育活动的条件	体育场馆、活动设施条件
		新闻中心条件
		体育服务水平
		交通条件
	体育活动的管理	志愿者工作
		体育活动运作流程
		后勤保障管理
		体育活动信息管理
	体育活动的环境	城市环境
		政府和相关部门的支持程度
		当地群众的支持程度
	体育活动的影响力	体育活动的报道量
		体育活动报道深度和广度
		体育活动的收视（听）占有率
		体育活动的观众占有率
		体育活动的媒体节目排行

(2) 体育节的经济效应评估

表 2 体育节经济效应的评估指标

体育节经济效应评价	直接经济效益	主办方经济效益	赛事转播权收入
			门票收入
			纪念品销售收入
			赞助商赞助费
		赞助商经济效益	赞助效果系数 SEI (Sponsoring Effective Index),表示所有人中因为赞助因素而导致购买的增加比率
			购买者中的赞助牵引率 SPFS (Sales Plus for Sponsoring):所有购买者中因为赞助而导致购买的比率
	间接经济效益		关联消费需求的变化
			关联产业的联动效应,如建筑、旅游、餐饮等
	潜在经济效益		是基于长期的考虑对于举办地和赞助商的收益

(3) 体育节的社会效应评估

表 3 体育节社会效应的评估指标

体育节社会效应评估	物质和社会生活	收入效应,收入分配效应
		就业水平
	体育环境和体育生活	提升城市地区形象,地位和威望
		增强地区凝聚力、自信心、自豪感
		增强地区居民体育参与意识
	资源利用和形成	自然资源的保护
		人力资源的积累
		知识资源的储备
		延伸资源的形成

2. 体育节的监督制度建议

在监督管理方面,体育节运行小组应成立专门的部门对体育节的各方面进行考核和监管,并有节日实施管理文件、应急预案和有关参与者的培训。

比如,对体育节设施设备的监督管理。在前期选择体育场所、设施、器材时,应考量其是否符合国家《体育场所开放条件与技术要求》(经营场所应设有明显的警示标记)以及安全、消防、卫生等要求。选定后,应建立自检制度,定期对体育场所、器材和设施做好维护保养工作,确保其安全正常使用。体育节结束后,应对相应的体育场所、设施、器材做好处理,禁止任何组织和个人的非法侵占和破坏。

在行政管理上,要大力加强体育节相关法律的完善,加大政府相关职能部门的执法力度和执行力,做到有法可依,有法必依。对于体育节的开展过程中出现的问题,可以借助于政府职能部门的行政管理手段,对于某些不规范的行为采取直接管束的手段,以确保体育节公平、公正、高效地开展，维持我国体育产业、体育经济不断稳定、健康地增长。

3. 体育节的过程管理制度建议

设立体育节的初衷是希望保持全民对于体育健身的热情，因此要站在可持续发展角度来管理整个体育节的运作。在其运作过程中，应注意过程管理制度的建立。运用过程管理 PDCA 循环的过程策划、过程实施、过程监测和过程改进四循环步骤来持续策划、控制和改进整个体育节过程的效果、效率和适应性。

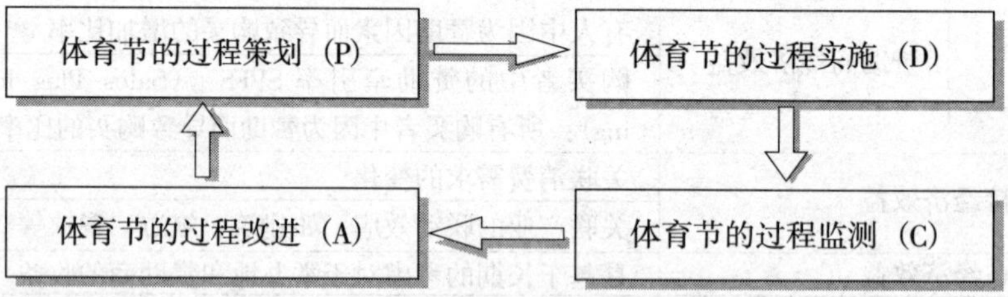

图 1　体育节 PDCA 循环图

• 体育节的过程策划（P）

在这一阶段，要明确体育节的价值，识别其关键支持过程和相关群体（如赞助商、主办方、志愿者等）。然后，确定相关群体的需求和意愿，建立可测量的体育节的评价制度（即体育节的经济、社会效应等）。最终，基于需求、融合所获得的改进信息后，进行体育节过程设计或重新设计。

• 体育节的过程实施（D）

这一阶段通过各种形式（如培训），使体育节执行人员熟悉其过程，并严格遵循设计要求工作。实施推进小组根据内外部环境因素的变化和来自相关参与者的信息，在体育节过程设计的柔性范围内对其进行及时的调整。

• 体育节的过程监测（C）

这一阶段类似于建立监督管理制度，根据过程监测所得到的信息，对体育节进程实施控制。只是这里更关注检查体育节的实施是否遵循过程设计，达成过程绩效目标。

• 体育节的过程改进（A）

在这一阶段，如果现有的体育节有较好的反响，达到了预期的目标，那么只要总结经验，对现有体育节过程进行“渐进性”的持续性改进。如果现有体育节过程处于偏离计划或实施瓶颈状态，那么就要进行“突破性”改进或用全新的过程来取代现有过程（即创新），将改进意见融入过程策划，执行下一个循环。

通过不断的过程循环，使得中国的体育节能持续迈向成熟。另外，加上努力制定体育投资法规，规范财务运作，确保体育投资者的利益；规范现有体育产业中的税制、税率及征收年限；并在政策鼓励和支持分散的体育场所，实行土地置换，集中建设，以利于体育经济的综合开发。最终，我国体育事业将稳健向产业化和职业化进程推进。

项目编号：1051ss07008

中美大学体育文化比较研究

周丽君　卞　薇　陈再勇　周史思　陈　唐

本研究以地理位置和综合实力比较接近的中国的清华大学、浙江大学，美国的北爱荷华大学、耶鲁大学为个案，从组织文化的视角，以大学现有的体育文化素材中提炼出主要素，并以此为研究切点，比较分析异同。为新的世纪更好借鉴国外先进的大学体育文化和发展我国的大学体育文化提供理论依据，避免了以往文化研究中大而空的现象。

一、大学体育文化操作性定义

根据国内外相关概念的文献综述，本研究认为大学体育文化是由物质层、行为层、制度层和精神层的要素组成。物质文化包括体育场馆设施、体育器材、体育传播媒体，体育哲学和口号，体育标准色和吉祥物等。行为文化主要包括课外体育锻炼活动、体育社团活动、体育课、课余训练、校内外体育竞赛活动、体育节等活动。制度文化主要包括体育管理体制、体育目标和体育组织结构等。精神文化包括体育价值观和体育道德精神等。

二、理论依据

本研究依据希恩的组织文化层次理论。第一层次是人工产品:组织成员所创造的物质和社会环境。第二层次是价值观：由个人和群体的价值观构成。价值观代表偏好或“应该”发生的事，因此，这一文化层次代表着在一个组织中应该如何行事的各种理念。第三层次是基本的假设：群体中的个人对世界如何运作所持的“核心”假设。由于这些假设在团体解决内外问题时被一再强化，因而“被认为是理所当然的”（图 1）。

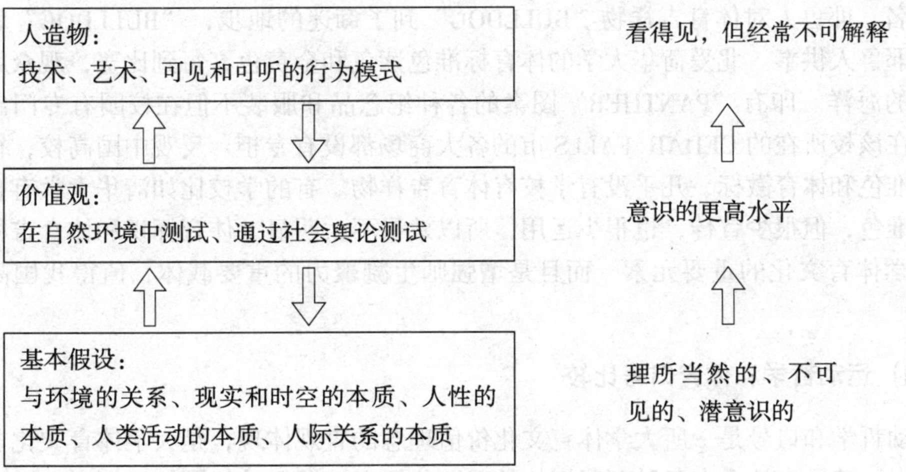

图 1　希恩的组织文化层次模型

三、 中美大学体育物质文化比较和分析

（一）体育场馆设施比较

中美大学体育场馆设施都比较先进，尤其是美国的大学体育场馆设施。体育场馆设施是传播物质文化的一个重要符号，体育场馆设施的来历及它在大学体育发展历史中所扮演的角色就是大学体育文化的重要体现。在这点上，美国大学尤其注重发挥体育场馆设施的“故事”。比如耶鲁大学的“Yale Bowl”被看成是橄榄球的吉祥地，北爱荷华大学西区体育馆看成是该校女排的“圣地”等。而且这些故事通过各种方式不但使全校师生知晓，而且在国内甚至在全球闻名，大大传播了学校的体育文化。清华大学的西区体育馆其实在清华大学历史上意义非凡，它不但是清华师生强身健体的重要场所，而且曾经是清华师生爱国的见证。但除了部分清华大学师生了解这个历史外，外界知道的很少。因此要重视挖掘我国体育场馆的“故事”来传播大学体育文化。

（二）体育传播媒体比较

体育传播媒体是传播大学体育文化的一个重要载体，人们通过它了解大学体育体育文化，并通过对中美大学体育文化体育传播媒体的了解，发现美国的体育传播媒体多，传播信息量大，受众面广。而我国的体育新闻大多在综合性的报纸或校园新闻网中占据一个栏目，有的甚至没有。有的学校只有对重大比赛或节日活动给予相关的报道。而美国几乎每天都能看到大量的本校体育新闻报道，当然这跟美国高密集的各种体育比赛紧密相关的。但是从另外一个侧面也给予我们启示：要让大学体育文化传播出去，体育媒体数量要多，面向的受众要广。

（三）体育标识比较

大学的体育标识代表着一所大学体育运动的整体形象。美国高校在这方面做的很好。几乎每所大学都有自己的体育标准色和吉祥物。师生们都以拥有自己大学体育标准色的服装和吉祥物而自豪，人人都有学校体育标准色的服装和吉祥物，体育队伍都以吉祥物命名。耶鲁人对体育吉祥物“BULLDOG”到了痴迷的地步，“BULLDOG”就像神一样被耶鲁人供奉。北爱荷华大学的体育标准色紫色和金黄色，每到比赛，观众席上成了紫色的海洋。印有“PANTHER”图案的各种纪念品和服装不但在校园有专门出售的地方，在该校所在的CEDAR FALLS市的各大商场都设有专柜。反观中国高校，很少有体育标准色和体育徽标，几乎没有学校有体育吉祥物。有的学校比如清华大学有自己学校的标准色，但很少宣传，也很少运用，所以效果不太明显。体育标识和体育吉祥物不但是大学体育文化的重要元素，而且是增强师生凝聚力的重要载体，值得我国高校借鉴。

（四）运动哲学和体育口号比较

运动哲学和口号是一所大学体育文化价值理念的直观体现，是大学体育文化非常重要的元素。美国高校会在各种新闻媒体的重要位置上以醒目的标题加以体现，运动队会以这些运动哲学和口号来要求自己。如耶鲁大学的“运动属于所有人”口号，使得该校

几乎有90%的学生参加各种体育活动和比赛。清华大学也有自己的口号“为祖国健康工作五十年”，这个口号也很好体现在清华大学师生每天下午四点开始的各种体育锻炼活动。但中国国内很多高校没有运动哲学和口号，即使有也是纸上谈兵，不但没有在师生中推广宣传，而且也没有很好贯彻实施。这点值得在今后的工作中思考和改进。

四、中美大学体育行为文化比较和分析

（一）课外体育活动的比较

美国大学师生课外体育活动开展情况很好，如耶鲁大学有90%以上学生参加课外体育活动，各种各样的俱乐部可供选择。国内大学除清华大学师生参加课外体育活动情况比较好以外，其他各校情况均有待提高。如浙江大学，场馆设施也不错，但据课题负责人2008年1月的问卷调查结果，浙江大学师生每周参加课外体育活动的1~2次人数大概占总调查人数的51.4%，每周0次的人数是9.6%;每次少于30分钟的人数占27%;较不积极参加课外体育锻炼和很不积极参加体育锻炼人数占14.6%。影响师生参加课外体育锻炼的因素是多方面的，但至少有一点可以说明：学校的运动哲学和理念的推广和运用上是不够的。

（二）校内校际体育比赛比较

美国几乎每天都有校内比赛，校际比赛在各个所属体育联盟的组织下也按时按季举行。校内校际比赛极大丰富和推动了学校的体育文化。中国大学中清华大学的校内比赛是组织和开展比较好的，以“马约翰”杯比赛为龙头的学校群众性比赛贯彻全学年，同时还与北京的国际马拉松等比赛融合在一起。浙江大学的“三好杯”等校内比赛也每年举行，影响力也很大。但总的说来，国内有的高校群众性体育比赛虽然有但参与者不多，没有很好发挥比赛推动校园体育文化的作用。如何让更多的人参与更多比赛中来，真正成为每个人的比赛，值得我国大学体育管理者的思考和重视。

（三）体育课比较

美国大学中开设真正意义上必修的体育课学校不多，很多学校开设健身课供学生选择。美国北爱荷华大学是为数不多开设体育必修课的高校之一，这可能也是跟这所大学有体育教育专业学生有一定关系。我国高校中，体育课为一、二年级本科生的必修课。中美高校开设体育课从另外一方面也表明了，美国在中小学阶段体育课知识的传授已经结束，学生参加体育锻炼完全是自愿和积极的。而我国开设的体育必修课，尽管课程内容和形式较先前已经有了很大改进，但很多内容还是中学体育课的重复，是通过选修必修课强迫学生每周有一定时间在参与体育活动。如何让学生真正从体育课中学到他们所需要的知识是我们今后努力的方向。

五、中美大学体育制度文化比较和分析

（一）体育组织机构比较

中美大学体育组织机构都比较健全，分工明确。但美国的体育组织机构分工更细，

多了关于比赛运作的各个机构，对学校体育产业的市场化运作起到了关键作用，在推进学校体育产业化这点上，值得我们学习和借鉴。

（二）体育目标比较

中美大学体育目标都比较明确，但美国高校体育目标更具多样化和实际意义。如耶鲁大学和北爱荷华大学的体育目标已经面向大学所在的社区，这对增强校友和社区居民对学校的支持及学校体育文化渗透和传播起到了积极的作用。我国的体育目标一般着眼于时代背景下跟学校的发展结合在一起，弱化了大学体育文化的作用。

六、中美大学体育精神文化比较和分析

（一）体育价值观比较

美国大学的体育价值观从前面的描述中可以看出更多强调个人价值、个人的荣誉和集体的荣誉。中国的大学体育价值观更重视强身健体、为国争光。这跟两国的文化背景紧密相关的。在美国体育的“强身健体”作用是人人知晓的，所以不再强调，更多宣扬个人在体育比赛中所做的贡献，以及为集体争得的荣誉。美国高校为集体争得荣誉更多指为本校所争得的荣誉，而中国更看重学校的体育价值观为国家所争得的荣誉。如清华大学的“为祖国健康工作五十年”。

（二）体育精神比较

美国高校和中国高校体育精神中都强调团队合作，遵守体育道德。但美国高校还强调在比赛中要对得起观众，因此强调比赛的可看性及在比赛中全力以赴。这与美国高校比赛的市场化运作有很大关系。我国高校在体育精神中也注重集体的荣誉，为国为校争光。

七、结论和建议

本研究从组织文化视角对中美大学体育文化从物质文化层面、行为文化层面、制度文化层面和精神文化层面的各主要素进行描述和比较，发现两国大学体育文化有共性的东西，但更多的是各具特色。通过各校的体育文化特色，其实更多透视了国家文化特色。为此，本研究提出了两点建议。

（一）重视我国大学体育文化建设

美国大学体育文化具有强势地位。学校体育场馆设施先进、体育传播媒体众多、运动队伍实力强大，体育俱乐部遍地开花，而且体育目标清晰且具有实际意义，更重要的是大学体育文化在学校中具有举足轻重的地位。比如北爱荷华大学的橄榄球比赛，各部门的领导都到场观看，市长也在观众席上。美国大学著名教练的地位和待遇甚至高于大学校长，而我国大学体育尽管这几年有了很大发展，但在学校还属于弱势地位，而且要强大可谓任重而道远。但我们可以重视大学体育文化的建设，借鉴美国大学体育文化的创造和传播模式，加大体育文化的创造和传播力度，重视大学体育新闻的采访和发表，重视大学体育网站的建设，多渠道、大信息量地传播大学体育文化。

（二）明确大学体育价值观定位

与国外相比，我们的体育价值观更显得有点空洞和说教。在美国大学，体育的强身健体作用就如吃饭睡觉一样被师生所熟识，所以更多的是如何通过体育运动体现自身价值和为集体争得荣誉，而我国的体育价值观更多体现的是体育的强身健体和为国争光的价值观。一所大学的体育价值观和体育精神更应该结合自己学校的特色，把体育价值和体育精神融会在日常的体育活动中，更多通过活动为载体以体育传播媒体的形式加以推广和宣传，美国高校的做法是值得我们学习和借鉴的。

本研究只是一个个案研究，一方面为我们提供了中美四所大学体育文化的第一手素材，但另一方面，四所高校相对于两国而言，仅仅代表了一部分高校的体育文化。在后续的研究中，还会对不同类型高校体育文化进行比较研究。

项目编号:1177ss07134

中国竞技体育竞争优势与创新路径研究

苏明理　姜彩楼　罗普磷　董守伟　宋红生　高素娥　邵　强　张　婧

一、中国竞技体育竞争优势来源分析（略）

二、实现中国竞技体育竞争优势创新的路径

（一）中国竞技体育制度创新的基本路径问题

体育管理体制是体育管理的机构设置、权限划分、运行机制等方面的体系和制度的总称，是实现体育总目标的组织保证。

从一些国家政府体育行政机构设置看，存在着很大的差异，有的国家在政府部门设有体育行政机构，并在管理上对全国的体育具有领导权；有的在政府部门只设一些咨询机构或协调机构；有的甚至在政府部门根本不设任何机构。但无论其政府部门是否有管理部门或管理机构，也不管其机构的政府职能有多大，都是依据各自的国情，从实际出发，建立符合各国体育发展要求，并形成了具有各自特点的体育管理体制。

纵观世界各国的体育管理体制，并没有完全统一的模式。过去一些研究报告曾对世界各国体育管理体制类型进行过归纳。一种分类方式是将世界各国体育管理体制划分为集中型、分散型和结合性。在现代社会中，体育领域内的权力和利益通常归政府或社会（以各种社会体育组织为代表）所有，或者由它们分享。权力和利益的归属，决定了体育及其管理体制的性质和形态。当政府享有主要的权力和利益时，倾向于强调体育的政治和福利性质，体育管理体制具有集权化的趋势。而当社会享有主要的权力和利益时，则倾向于强调体育的商业和消费性质，体育的管理体制具有分权化的趋势。

现代体育管理体制还有另外一种分类方式，即分为政府管理型、社会管理型两种极端类型。这一分类方式没有精确的定量标准，在这两种类型之间存在着中间形态，称为中间型或结合型。

政府管理型体制的主要特点是由政府设立专门的机构管理体育。政府的权力高度集中，并主要依照计划体制原则，采用行政的方式进行从宏观到微观等各个层次的全面管理，从制定总体发展规划，到选拔运动员直至审核公布运动员、教练员的技术等级等。另一方面，各种社会体育组织则常常不具备实质性的管理功能。政府管理型体制主要存在于社会主义国家，如原苏联、东欧各国及古巴、朝鲜等，中国在体育管理体制改革之前也采用。政府管理型体制有利于集中有限的资源实现预期的目标，缺点是易于抑制社会对体育的参与和支持，因而最终限制了体育的发展。

社会管理型的特点是体育主要由各种社会体育组织进行管理，政府一般不设立专门的体育管理机构，政府对于体育事务很少介入和干涉。即使在介入和干涉时，也常常是

利用市场机制，采用法律或经济的手段间接地进行，如美国。美国联邦政府中没有体育管理部门，政府不制定体育政策，而且极少直接资助体育。美国“总统健康与运动委员会”实际上只是一个促进大众体育的咨询机构，真正管理美国体育的是名目繁多的社会体育组织，这些组织在机构上是多样化的。竞技体育由各种单项职业体育协会或联合会管理。这种体制有利于发挥社会各方面的积极性，也有利于在各体育组织内部进行不受外界干扰的有效管理，但在全局上缺乏有力的协调和统一。

综合型体育管理体制是由政府和社会体育组织共同管理体育的管理体制。政府设有专门的体育管理机构，或指派及各有关的部门负责管理体育。政府对体育实行宏观管理，即制定方针政策，发挥协调、监督的职能。社会体育组织在政府的宏观管理下，负责体育的业务管理。世界大多数国家采用这种管理体制，如英国、德国、法国、韩国和加拿大等国。结合型体制有利于发挥政府的主导作用和鼓励社会对于体育的支持和参与，但在权限划分和利益分配方面则存在着一定的困难。

值得注意的是，目前在体育管理体制的形态上存在着一种由两极向中间集中的趋势，一些过去采用政府管理型体制的国家，开始鼓励社会组织与政府共同管理体育。而一些过去采用社会管理型体制的国家，政府逐渐介入体育事务，并设立体育管理机构，从而使其管理体制称为结合型体制。不管采用何种体育管理体制，都要依据各自的国情，从实际出发，建立符合本国的体育发展要求，并形成具有各自特点的体育管理体制。

（二）中国竞技体育管理体制创新基本路径问题

计划经济和市场经济两种体制下的竞技体育，最根本的差异就在于以国家办为主还是以社会办为主，或是国家办与社会办兼顾。我国竞技体育管理体制改革的思路要考虑两个转换:一是从国家办转向社会办；二是从集中办转向分散办。这两个转换也并非截然分开，必须考虑到国情和初级阶段这个事实，在国家宏观调控下，建立具有中国特色的社会主义竞技体育管理体制模式。

表 1　两种体制下竞技体育的差异

计划经济体制	市场经济体制
1. 政府统一管理，模式单一	1. 体协俱乐部经营，模式多样化
2. 经费主要依靠政府拨款	2. 经费依靠社会和经营者，政府资助
3. 训练专业化，国家提供条件	3. 业余与职业并存，国家给予帮助
4. 后各力量依靠体校	4. 后备力量依靠社会
5. 国家包运动员出路	5. 运动员自谋出路
6. 竞赛选拔由国家负责	6. 竞赛选拔由协会负责
7. 科研由国家负责安排	7. 科研靠社会力量
8. 文化学习统筹安排	8. 文化学习自己解决
9. 运动员不能自行流动	9. 运动员可以进入市场
10. 国家给予物质奖励	10. 社会提供物质奖励

（三）中国竞技体育组织管理体系创新基本路径问题

将传统的集中型国家行政垂直协调机制的体育组织管理模式，改为有宏观控制的社会自我协调体制的体育组织管理模式。这就是宏观上由国家体育行政权力机构制定科学的符合实际的发展规划所进行有效的控制，微观上主要由社会各级体育部门、各类体育团体和社会化体育市场机制来协调。通过国家行政体育部门综合平衡后所确定的关系到体育发展的重要规划，如竞赛制度的规定、运动员参赛资格的确定、运动员年龄的划分等，可以是指令性的，有关部门必须认真贯彻执行。但主要不是依靠层层下达行政命令，而是通过制定必要的政策，以间接方式去实现。对于社会上各类体育团体、体育协会和体育俱乐部的运动训练、竞赛活动及经费开支等，除极少数体育团体由国家行政部门专门拨款，统一调配予以重点管理和控制外，基本上由各类体育团体根据当地的民俗民风和社会化基础及本身的情况自行安排。国家体育行政部门主要是采用竞赛制度的杠杆作用和法律手段来调节，以促进和保证竞技体育的基本平衡和协调发展。

这种模式的特点，是既要有控制地发展竞技体育，又要比较充分的发挥竞技体育为社会服务的作用，把宏观控制与社会自我协调有机地结合机来。一方面，通过国家体育行政部门制定的竞技体育发展规划的全局性来制约社会自我协调过程中所可能产生的某种盲目性;另一方面，又运用社会自我协调机制的客观规律性，来制约国家体育行政部门制定竞技体育发展规划所可能产生的某种主观性，使宏观控制与社会自我协调互相取其所长，补其所短，推动竞技体育的健康发展。

要建立精干高效、运转协调、调控有力的行政管理组织体系。随着社会主义市场经济体制改革深入，原有的体育行政管理体制也将进行改革，体育行政管理机构将逐步精简，而精简后的竞技体育组织体系将发生变化:一方面行政机构缩小，行政管理人员必须是少而精;另一方面由于职能调整使管办分离、政事分开，政府的宏观调控将加强。各级政府仍将设立体育管理机构或在政府管理机构中设立专人负责体育工作。体育行政组织在发展竞技体育中仍将发挥积极的作用，这是保证国家奥运目标和区域竞技体育目标实现的重要条件。

要建立政府宏观调控，按照市场规则运作的具有中国特色的竞技体育协会化管理的组织体系。将以前有名无实的各单项协会逐步改组为具有法人资格的社会团体并负责各自项目的发展和主要业务管理。实体化的单项运动协会既是中华全国体育总会的团体会员，又是国家体委的事业单位。它们在各自项目的业务管理上兼有部分行政职能，在人事和财务方面，由国家体育总局管理。因此，目前状态下的单项运动协会实质上处于从政府机构向社会体育组织过渡的阶段，是半官方的体育组织。

我国竞技体育管理向协会化方向发展是总的趋势，协会管理的组织体系将不断得到健全和加强，不仅是在国家一级成立各运动项目协会，在省（区、市）、地（市），甚至县（市）将分别成立各层次的协会组织。协会组织是各级各类运动训练的直接管理部门，各类业余与职业俱乐部将逐渐取代各级各类运动队，政府管理的主要作用是运用政策和经济手段进行宏观调控;协会则按照市场规则和协会章程独立运作。

建立国家管与社会办相结合、业余与职业相衔接的运动训练体系。原来的训练体制是以经验主导为主，师傅带徒弟方式进行，训练理论和方法没有质的突破，人才浪费情况严重。教练员和运动员文化素质不能满足进一步发展的需要。所以要以改革促发展，要推进竞技体育体制的改革，特别是竞技体育管理体制的创新。

未来竞技体育管理体制是以协会管理为主体，要求训练组织体系与之相衔接，即未来运动训练组织体系应该是业余与职业相衔接，过去那种运动队训练体制将被新的体制所取代，逐步建立符合协会管理体制要求的业余运动训练组织和职业体育发展需要的俱乐部训练组织。

（四）中国竞技体育竞赛管理体制创新的基本路径问题

市场经济鼓励竞争，而公平竞争是未来竞技体育发展的动力源泉。竞技体育竞争突出的表现是在赛制上，竞赛是运动项目发展的杠杆，运用好这个杠杆，可以调动各方面的积极性，促进运动项目的发展。因此，竞赛体制是调整竞技体育发展方向、发展水平，提高我国整体竞技体育实力的重要保证。

作为竞技体育有机组成部分的体育竞赛，是竞技体育赖以生存和发展的土壤，又是检查竞技体育发展水平的标尺。体育竞赛按其功能和水平可将其区分为群众性体育竞赛和高水平体育竞赛，本文所涉及的主要是高水平运动竞赛管理体制的创新问题。目前，运动竞赛的多元功能和综合效益已被人们所深刻认识。毫无疑问，对于竞技体育而言，体育竞赛的内容、规模、频度、形式等，不仅影响到竞技体育战略目标的制定、训练体制和训练方法的改革，而且对竞技体育多元目标的实现和竞技体育的资源配置起到导向作用。

我国的竞技体育竞赛制度是在1956年制定的，经1958年修正后，正式颁布试行。竞技体育竞赛制度的确立，为我国有目的、有组织、有计划、有系统地开展运动训练和竞赛工作提供了保证。长期以来，我国的体育竞赛的管理体制是计划经济的产物，竞赛活动完全由国家拨款，集中在国家办竞赛这一种形式上，从而与当前的市场经济形势愈来愈不相适应。一般来说，竞赛管理体制是推进体育事业各方面的“助推器”，并对竞技体育的发展产生着直接的影响。当市场经济的大潮激荡起体育改革的风帆时，首当其冲的，便是体育竞赛管理体制的改革。伴随着竞赛管理体制的改革，整个竞赛制度的内部结构和外部结构也都在发生着深刻的变化。随着竞赛无形资产的开发和利用，竞赛产业的形成和发展，竞赛市场的建立和培育，竞技体育迫切要求竞赛管理体制有一个根本性的转变。国家体育总局所建立的运动项目管理中心，并在同时组建的竞技体育司，不仅在运动项目的体制上迈出了关键性的一步，也为竞技体育竞赛管理体制的改革创造了有利条件。

中国体育竞赛管理体制，必须立足于社会主义市场经济体制的大环境，与国际通用的现代体育竞赛管理制度接轨，走发展体育产业和培育体育竞赛市场的道路。其基本特点是：权责明晰，科学管理，依法治赛，市场与计划相结合。具体来说，正如有的研究者所指出的那样，要消除条块分割、区域为主的人为屏障，打破户籍制度、代表队制的人事管理框架，实现以俱乐部运转为主体，以人才自由流动为条件，以等级联赛为杠杆，以体育市场为基础，以政府调控为纽带的良性循环的体育竞赛体制。

未来中国体育竞赛的管理体制，应当立足于社会主义市场经济运行的大环境，进一步加强体育竞赛与市场的结合，使体育竞赛在为社会主义经济发展和文明建设服务的同时，自身也能得到物质上的支持，从而增强持续发展的能力。这就要注意发挥市场经济下的价值规律、供求规律和竞争规律，开发体育竞技的无形资产。同时，一方面要注意发展市场中介职能，发挥其服务、沟通、公证作用，依据市场规则，建立和完善体育竞赛自律性运行机制；另一方面，国家也要改善和加强对竞赛市场的管理和监督，建立正常的市场进入、市场竞争和市场行为秩序，建立公开、公正的竞争环境。

我国体育竞赛管理体制的改革，仍要继续发挥传统的举国体制的优越性，把国家办与社会办有机的结合起来，力争在以奥运会为代表的国际体育竞赛中取得更加优异的成绩。要调整政府管理体育的职能，使其主要用于制定和执行宏观调控政策，搞好基础性项目的投入，创造良好的体育竞赛发展环境。

我国大型体育竞赛的主办权，原则上仍属于国家体育总局，各运动项目管理中心则可依法行使该运动项目的体育竞赛的权力。而在体育竞赛的承办权上，可引入市场竞争机制，采用近几年运动的较为成功的竞赛招标的形式。竞赛招标是随着社会主义市场经济的不断完善而开展起来的，它改变着过去计划经济条件下，竞赛的安排完全靠计划管理和行政手段的办法，是体育竞赛转变机制，适应社会主义市场经济的重要举措。从1985年开始，我国每年都举行一次竞赛招标会，这就把国家办竞赛和社会办竞赛有机地结合在了一起。今后的竞赛招标活动，要在认真总结现有经验的基础上，继续扩大招标范围，全国各省、地、县级体育行政部门、有关大企业、广告公司和社会利益主体，均可参加招标，从而使竞赛全面地走向社会、走向市场。这对完善我国竞赛的管理体制，也有十分积极的意义。

（五）中国竞技体育运动项目管理创新的基本路径问题

我国竞技体育重点项目的布局，在指导思想应体现以下几点。第一，有利于奥运战略的实现。在竞技体育的所有比赛中，无疑奥运会是最高层次的比赛，其国际影响日益增加，各国都把主要经费和力量放在实现奥运会目标上。第二，有利于优势项目的持续发展。优势项目的持续发展是竞技体育成绩稳定的坚强柱石，一个优势项目的取得是需要付出很多辛勤工作的，是教练员、科研人员、运动员共同努力的结果，优势项目来之不易，国家和社会应当共同关心和支持这些项目。第三，有利于潜优势项目向优势项目转化。第四，有利于提高投资效益。我国还处于社会主义初级阶段，体育事业经费还很有限，我们必须提高投资效益，走集约化道路。

我国竞技体育重点项目布局的依据，应该考虑以下几个方面。第一，我国的基本国情。我国还是一个发展中国家，自然资源和社会资源都不足，我们需要考虑项目布局。第二，我国民族体质和精神素质的基本特点。第三，我国传统优势运动项目的训练特点。第四，我国政府对竞技体育的投入。第五，国外竞技体育的发展优势与重点。第六，我国社会资源对竞技体育的支撑程度。

对中国近三届奥运会成绩及单项所得奖牌进行系统分析，确立乒乓球、羽毛球、重竞技、体操、射击、射箭、游泳、田径等几个项群，另外再加上冬季运动会作为我国的重点发展项群。对于这七个重点项群，在投入上要有所侧重。

第一，金牌和奖牌的数目上有较高的相对占有率，再增长已很困难，国内已有一批尖子队员达到世界先进水平的优势项目。这类项目在投入上要保持稳定，重点发展和培养年轻选手二线队员，这样既能保持人才“群”，又能很好地发展人才链，能使优势长期保持下去，如中国的跳水和乒乓球。

第二，对于一些潜优势小项多，而奖牌占有增长较快的项目，需要加大投入，以促使其向第一类过渡，它是未来的优势项目。这些项目的投入重点是培养尖子选手，使其尽快地向金牌冲击，它是中国竞技体育保持可持续发展的重要因素，如中国的羽毛球、体操、重竞技。

第三，对于一些潜优势小项少，而奖牌占有率不高的项目，需要对部分潜优势小项进行投入，这些项目有较高的增长率和较低的占有率。如果投入方向准确，就有可能向第二类过渡，如中国的游泳和射击有很大的潜在发展优势。另外，田径与柔道中的个别小项也具有争夺金牌的实力，应对这样的小项加大投入。

还应从运动项目本身的特点和我国民族的特性来分析我国的项目布局。

第一，属于隔网类的乒乓球、羽毛球、排球，均可列入重点发展项目。根据我国民族体质的特点、该类运动项目的运动特点以及我国在此类项目的训练经验和发展经历来看，只要给予高度重视，加强教练员运动理论的培养，增加运动员的实战机会，该项群的某个落后项目定能成为优势项目。

第二，属于表现类的体操、跳水、蹦床、艺术体操、花样游泳、花样滑冰、射击、射箭等，均可列入重点发展项目。目前我国体操、跳水、射击、射箭的发展水平足以证明，我国民族体质的特点适合该类运动项目。我国此类项群中总结的训练理论在提高表现类群的难度、险度上是先进的，但是在提高运动员的表现力方面相对落后。因此，只要在提高教练员、运动员的文化素质方面加大培养力度，并注意改造我国运动员相对含蓄的性格特点，该项群的蹦床、艺术体操、花样游泳、花样滑冰，定能成为优势运动项目。

第三，属于体能类的游泳、田径、划船运动中女子运动项目均可列入重点发展项目。因为（1）目前我国此类运动项目的发展水平与国际先进水平差距不大；（2）我国女性富有牺牲奉献精神、吃苦耐劳品质、艰苦奋斗作风；（3）我国教练员在女子训练领域富有成功经验。因此，体能类的游泳、田径、划船中女子运动项目列入重点发展项目，是会有收获的。

第四，属于格斗类的拳击、跆拳道、柔道、摔跤、击剑等运动项目中女子项目和男子小级别项目，也可列入重点发展项目。该项群中男子小级别项目列入重点发展的理由是，此类项目的运动特点适合我国民族的体质，我国男子易在该项群的男子小级别项目上有所突破。

第五，果断地暂时舍弃那些和世界强队、强手差距非常大、在短期内很难赶上世界先进水平的落后项目和薄弱项目。

（六）中国竞技体育人才培养模式创新的基本路径问题

（1）业余训练是我国体育人才培养的基础，必须高度重视业余训练工作，充分吸收企业、社会团体、部队等企事业单位的资金参与，拓宽与改善业余训练条件，鼓励和支持社会以及个人资助、兴办业余训练，宽口径人才培养渠道。

（2）坚持走体育与教育结合的道路，继续发挥各地体育运动学校在培养高水平后备人才方面的作用，扩大体育运动学校和业余体校的办学自主权，加强与高等院校的合作，提高办学规格，增强办学效益。

（3）职业体育俱乐部必须积极兴办业余后备人才训练体系，建立后备梯队，保证队伍衔接。

(4) 专业队伍后备人才培养是我国体育事业发展的核心，要把提高运动技术水平与培养有理想、有道德、有文化、有纪律的新一代体育队伍结合起来。

(5) 相关部门应紧密合作，体育、财政、人事、劳动保障等部门要研究制定非职业化运动队优秀运动员退役就业安置的政策措施，尽快建立对优秀运动员的激励机制和伤残保险制度，解除运动员的后顾之忧。加强高水平运动队建设。

(6) 打破行政区域界限，加强人才流动。打破体育人才地区所有制，合理开发和利用人力资源，使运动员、教练员进入人才市场，促进合理流动，充分发挥人才效益。

（七）中国竞技体育科技制度创新的基本路径问题

第一，创新体育科研机构管理的路径。有面向市场能力的要向企业化转制；从事公益性服务和研究、无法得到相应经济回报、需国家支持的，按非营利性科研机构运行和管理。创新和完善机构内部管理，调整内部组织结构，合理配置资源，逐步建立“开放、流动、竞争、协作”的管理体制和运行机制。深化人事、分配等制度的创新，逐步建立固定与流动相结合、专职与兼职相结合的用人制度，建立与业绩和效益挂钩的分配制度。建立以国家投入为主、多层次、多渠道筹集资金途径，体育行政部门应加强经费调控和管理，提高经费使用效益。

第二，转变竞技体育科技工作的重点与实施路径。以备战奥运会、亚运会等大型竞技体育的科研攻关和科技服务为重点，不断提高训练的科学化水平。大力加强体育科技创新、科技开发和成果推广应用，形成有利于科技创新和成果转化的体制和机制。推进体育科研机构、高等院校和运动训练单位的合作，发挥综合优势，提高科技的整体实力和效益。充分发挥体育院校知识密集、科技含量高的优势，把体育院校办成名副其实的教学、科研、训练三结合的基地。

第三，加强体育科技管理法规的制度化创新。建立健全体育科技管理法规制度，加强对科研工作的管理。逐步实行课题制管理，建立以课题为中心的管理制度。改革科研项目立项及评价办法，建立与体育运动实践紧密结合的体育科技评价体系，进一步从体制、机制上解决好科技与体育运动实践紧密结合的问题。

项目编号：1088ss07045

基于系统动力学的我国竞技体育可持续发展能力研究

邵桂华　满江虹　王　飞　刘思聪　孙传宁　成会君　丁庆建　田　雨

一、我国竞技体育可持续发展能力的指标体系

（一）我国竞技体育可持续发展的指标体系构建

竞技体育可持续发展综合评价指标体系框架主要选取竞技体育状态指标、竞技体育驱动力指标、竞技体育反应性指标三个指标因素，14个二级子系统指标，以及59个因子作为整个竞技体育可持续发展综合评价指标体系。

1. 竞技体育状态指标

竞技体育发展现状指标是竞技体育可持续发展的直接体现，其主要是我国竞技体育发展状况的描述性指标，这一指标群是反映竞技体育可持续发展的基本能力、核心竞争力及外部影响因素的重要指标。发展现状指标必须反映当前竞技体育的发展状况及水平，由能反映发展现状与水平的直接体现指标、基础反映指标、周边环境影响指标所构成。最主要是由物、事、人等三个方向的重要指标组成，其中竞技成绩是考核竞技体育发展状态最基本、最直观的指标；其次，竞技体育场地器材设施作为竞技体育可持续发展的基本物质保障同样关键；而且作为影响竞技体育可持续发展的人也是关键因素，这其中不仅仅有竞技人才数量的衡量指标，同样也要涉及到有关竞技人才梯队建设、竞技项目人才分布状况，以及相关竞技体育的教练人员、裁判人员、医疗康复人员等多方面的人才综合储备状况的衡量；最后还要加强对于竞技体育的赛事培养工作，不仅仅将竞赛的个数作为关键性的评价指标，同时，还要将竞技体育赛事的档次、参与程度、收益状况作为成长性指标融入到竞赛评价之中。逐步形成具有我国特色的高水平竞技赛事体系，例如北京马拉松长跑比赛、环青海湖自行车比赛、斯诺克中国公开赛等。赛事的举办在现在看来不仅仅是促进竞技体育成绩提高的重要方式，同样也是开发我国竞技体育市场的重要手段。

2. 竞技体育反应指标

竞技体育反应性指标主要是指能够与驱动相适应的，不断改变状态指标的竞技体育管理机制类指标。主要包括竞技体育管理的体制、组织的机制、运行的方式和模式类指标等。作为竞技体育反应性指标是一种“软指标”，它是构成竞技体育可持续发展的重要组成部分，而且其发展的好坏直接影响到竞技体育未来发展的效率问题。这其中主要包括四个重要的组成部分，即竞技体育的管理机制、组织机制、运行机制、以及法制机制。其中管理机制与组织机制是手段，运行机制是策略，而法制机制是保证。一个良好的竞技体育发展体系需要的健全的竞技体育发展基础，良性的运行空间，高效的组织形

式，人性化、科学的管理方式。这中间包括：竞技体育的效率管理、人事管理体系、管理方法，以及竞技体育的赛事组织、人员组织、场地器材组织等组织方式指标，竞技体育运行组织结构，运行基本状况，运行激励方式，法律法规数量，法律法规覆盖范围，法律法规执行力度。将这些指标科学的纳入到竞技体育可持续发展体系中来，将是全面描述竞技体育发展的关键性因素。

3. 竞技体育驱动力指标

竞技体育驱动力指标主要表征我国竞技体育可持续发展的动力因素，包括社会和体育经济类指标、政治政策类指标、法律法规类指标、体育文化意识类指标等。其主要分为五个主要的二级指标，以及二十七个关键性因素指标。其中将经济中的第二产业中的制造行业，以及第三产业中的竞技体育服务行业作为关键性的竞技指标体系，纳入到评价体系当中来，同时把竞技体育的社会意义评价也列为关键性的评价指标，主要包括：社会地域荣誉意义、社会伦理道德意义、竞技个人崇拜意义，爱国主义民族意义，文化精神意义等多个层次的竞技体育意义。另一方面，作为竞技体育的重要推动力，科技因素同样也是竞技体育发展不可获取的组成部分，其将极大的推动竞技体育的持续发展，这中间对于竞技体育的科研投入同样也要汇入竞技体育的评价指标体系。这其中包括：竞技体育科研资金投入，竞技体育科研人员的学历状况，竞技体育科研机构的数量，竞技体育科研人数，竞技体育科研大会数量，竞技体育科研论文数量，竞技体育科研课题数量，竞技体育兴奋剂检测水平等多项关键因素。同时，相关竞技体育的福利彩票事业也将成为竞技体育发展的重要资金来源。而且通过竞技体育彩票事业的发放所筹款项，大部分还将用于群众等社会基础设施的建设工作，这对于普及和倡导竞技体育，扩大竞技体育现实影响力都将有着积极的现实意义。到最后，在这些积极的驱动力指标中还缺少最为关键的，竞技主体运动员的可持续发展指标。将竞技体育运动的可持续发展能力纳入到指标体系当中来是必要的，因其可以防止竞技体育的运动员在商品经济和物质刺激下产生价值观和人生观的扭曲，避免其成为企业和他人赚钱的单纯工具。所以加强衡量运动员的整体人素质的提高测量显得尤为重要，这其中主要包括：竞技体育运动员道德、爱国水平，公益、慈善水平，社会适应能力水平，犯罪、婚姻状况，爱国主义情怀，退役后就业状况，收入状况，文化水平。从以上的评价指标中可以看出，我们对于竞技体育运动员的可持续关注点不是现在而是未来，是一种价值观的延伸，是竞技运动员是否能够通过竞技成绩、竞技运动本身获得相应的价值转移，能否在未来实现竞技身份的外在转移。

表 1　我国竞技体育可持续发展能力的指标体系

竞技体育综合评价一级指标	竞技体育综合评价二级指标	竞技体育综合评价三级指标
竞技体育状态指标	1 竞技体育运动成绩评价指标	1.1 奥运会奖牌状况
		1.2 破世界纪录状况
		1.3 各个项目世界级锦标赛奖牌状况
	2 竞技体育竞技赛事评价指标	2.1 各个级别竞技体育赛事个数
		2.2 各个级别竞技体育赛事收益状况
		2.3 各个级别竞技体育赛事档次
		2.4 各个级别竞技体育赛事参与人数

（续表）

竞技体育综合评价一级指标	竞技体育综合评价二级指标	竞技体育综合评价三级指标
	3 竞技体育人员状况评价指标	3.1 竞技体育人才总数
		3.2 竞技体育年龄结构状况
		3.3 竞技体育项目人才分布比例
		3.4 教练员人员状况
		3.5 裁判员人员状况
		3.6 医疗康复人员状况
	4 竞技体育场地器材评价指标	4.1 大、中、小竞技体育场地状况
		4.2 竞技体育场地个数
		4.3 竞技体育场地分布状况
		4.4 国家级、省市级单项训练基地状况
	5 竞技体育企业发展评价指标	5.1 竞技体育企业数量
		5.2 竞技体育企业经济收益
		5.3 竞技体育企业纳税额度
竞技体育反应性指标	6 竞技体育管理机制评价指标	6.1 竞技体育管理效率指标
		6.2 竞技体育管理人事指标
		6.3 竞技体育管理方法指标
	7 竞技体育组织机制评价指标	7.1 竞技体育赛事组织方式
		7.2 竞技体育人员组织方式
		7.3 竞技体育场地器材管理组织方式
	8 竞技体育运行机制评价指标	8.1 竞技体育运行组织结构
		8.2 竞技体育运行基本状况
		8.3 竞技体育运行激励方式
	9 竞技体育法律法规评价指标	9.1 竞技体育法律法规数量
		9.2 竞技体育法律法规覆盖范围
		9.3 竞技体育法律法规执行力度
竞技体育驱动力指标	10 竞技体育经济意义评价指标	10.1 第二产业中竞技体育经济收益
		10.2 第三产业中竞技体育经济收益
		10.3 竞技体育收益占 GDP 的百分比
		10.4 竞技体育国家和社会经济投入
	11 竞技体育社会意义评价指标	11.1 竞技体育的社会地域荣誉意义
		11.2 竞技体育的道德伦理意义
		11.3 竞技体育的个人崇拜意义
		11.4 竞技体育的爱国主义民族意义
		11.5 竞技体育的文化精神意义
	12 竞技体育科研状况评价指标	12.1 竞技体育科研资金投入
		12.2 竞技体育科研人员的学历状况
		12.3 竞技体育科研机构的数量
		12.4 竞技体育科研人数
		12.5 竞技体育科研大会数量
		12.6 竞技体育科研论文数量
		12.7 竞技体育科研课题数量

（续表）

竞技体育综合评价一级指标	竞技体育综合评价二级指标	竞技体育综合评价三级指标
	13 竞技体育运动员可持续发展评价指标	13.1 竞技体育运动员道德、爱国水平
		13.2 竞技体育运动员公益、慈善水平
		13.3 竞技体育运动员社会适应能力水平
		13.4 竞技体育运动员的犯罪、婚姻状况
		13.5 竞技体育运动员的退役后就业状况
		13.6 竞技体育运动员的爱国主义情怀
		13.7 竞技体育运动员收入状况
		13.8 竞技体育运动员文化水平
	14 体育福利彩票事业	14.1 体育福利彩票的种类
		14.2 体育福利彩票的收入
		14.3 体育福利彩票的公益事业投入

（二）构建我国竞技体育可持续发展指标体系的方法论分析（略）

二、基于系统动力学的我国竞技体育可持续发展能力分析

（一）我国竞技体育可持续发展能力的因果反馈关系分析

1. 体育产业市场和宏观经济的互相促进

国家 GDP⟶+竞技体育产业投入⟶+竞技体育需求总量⟶+竞技体育企业的增加⟶+体育产业产值⟶+国家 GDP

回路中的正反馈反映了国家宏观经济和竞技体育产业市场共同繁荣的过程。

2. 体育赛事和竞技体育需求的自行调整

赛事投入⟶-供求比⟶-体育赛事需求⟶+赛事收入比⟶-竞技体育需求⟶+社会体育的关注⟶+竞技体育企业的关注⟶+体育市场的繁荣⟶+赛事投入

当供求比出现下降趋势时，体育赛事与赛事投入相应会出现负反馈回路现象，这必然导致的是整体体育市场的衰落；反之，当赛事投入不断增加，需求不断上升时，市场的关注度又在不断提高，对应于体育市场而言又会出现繁荣。这种在自由市场情况下，体育市场成为决定体育赛事发展的核心，如何培育竞技体育市场这个温床成为竞技体育发展的关键。

3. 运动成绩和价值回报的自行调整

运动天赋⟶+运动爱好⟶+运动训练⟶+运动成绩⟶+社会认知⟶+竞技回报⟶+入学机会；

社会价值+⟵国家荣誉感+⟵民族荣誉感+⟵地域荣誉感；

社会认知⟶+市场关注点⟶+企业品牌价值的载体⟶+经济回报⟶+竞技体育的投入

在运动成绩与价值回报的过程中，我们一方面深刻认识到运动成绩是价值回报的基础，所有的价值回报都将是建立在运动成绩上的一连串链式反应。但其中的价值分辨是

不相同的，是追求个人价值还是国家价值、竞技价值还是社会价值都将存在着显著的不同。这也在一定程度上使得社会价值与经济价值因素之间形成了负反馈关系。追逐经济利益可能会大幅度的刺激竞技成绩的提高，但是存在阶段性和周期性。以刘翔为例，当运动成绩优秀期间，商家对于其经济价值的追捧是狂热的，但是在其受伤后，基本的赞助商大幅减少。这中间的冷暖变化深刻的体现出经济追求并不能作为促进竞技体育长期发展的根本，而应将社会价值作为其综合性发展的内在动力。

4. 竞技体育投入和产出的自行调整

国家竞技体育投入──→+运动成绩──→+国际形象──→+世界地位──→+民族荣誉──→+社会、民族团结──→+体育产业发展──→+国家GDP；

俱乐部竞技体育投入──→+运动成绩──→+经济利益；

企业竞技体育投入──→+社会影响力──→+企业品牌形象──→+经济利益；

高校竞技体育投入──→+运动成绩──→+高校荣誉──→+学校学生健康水平

从竞技体育投入和产出各个回路中，可以体会出主体对于竞技体育所带来的产出期望是不同的，但共同的是都促进了竞技体育系统的发展。

5. 竞技运动员人才的内部调试

高考制度──→+高中竞技运动员人才──→+高校竞技运动人才──→+专业运动队人才──→+社会竞技运动人才──→+业余体校人才

回路中存在明显的此消彼长的现象，人才绝对总量是一定，选择的这条途径就意味着放弃了另一条途径。在学历社会的今天，高考制度这根指挥棒同样成为左右竞技运动员流向的关键性因素，选择高校路径就意味着传统体育专业训练学校人才的减少。同时随着社会、家庭经济水平的提高，竞技人才的内部调试有了新方向。

（二）我国竞技体育可持续发展能力的流程图分析

1. 我国竞技体育运动员后备人才可持续发展因果图

我国的竞技体育后备人才储备工程，是一项长期的、具有持久性的发展过程，需要持之以恒的将竞技体育后背人才储备，纳入到竞技体育可持续发展的整体框架中来。从当前的发展态势和现实的发展状况而言，首先我国接近15亿的人口基数，使得人口增长数量是成指数型发展的态势，但人口的基数正在增加并未带来竞技人口的增长，一个重要原因就在于传统竞技体育学校正在萎缩，这致使人口中适应于竞技体育发展要求的青年准基数并未成显著放大。所以转变当前竞技体育人才输入路径成为我国竞技体育后备人才发展的关键。

当前我国运动员人才发展的路径主要来源于三个方向，一个是专业体育系统的人才路径，一个是普通高校运动队路径，还有一个是社会群众体育人才发展路径。其中专业体育系统的发展路径还是占据主导地位，而高校体育运动人才的培养在个别基础项目中又获得了再发展的契机。而作为社会群众体育人才的发展路径则成为当前体育人才培养的新的方向，如以“丁俊晖”为代表的群众竞技体育运动人才的出现，让人们对于竞技体育人才的培养道路有了新的认识。“条条大路通罗马”的意义再一次被验证，这也使得体育工作者对于竞技体育人才培养有了新的思路，不能再仅仅局限于传统的发展策略，因为多元化的人才投资策略可能更加的适应于运动人才的全方位输出。这三者之间在未来我国基本竞技体育发展路线不变的前提下，将会保持相对稳定的发展态势，形成一种相辅相成，互为补充的发展格局。我们必须清醒的认识到，传统的仅仅依靠国家的发展策略并不能成为保证竞技人才持久输出的良性途径，而将国家竞技人才发展策略上升到优质竞技人才保障途径的轨道上，将人才的初级培养阶段适当下放，才能在正确引导的基础上得到相应的补充。

笔者认为就当前我国竞技体育的发展现状而言，不能将竞技体育整体人才培养放在一个培养途径中发展演进，而应该就事论事，将竞技体育按项目分类，分别对待。对于一些院校普及的项目，诸如篮球、排球、足球等项目，完全可以将人才的培养机制划分到高校，将专业的技术人才分流到基础院校中，通过中考、高考等级考试，层层筛选，为我国高校输送优秀的高水平人才，并保持相对的文化基础能力。使得其可以在这一时间过程中获得充分的人才分流机制。而对于一些相对我国竞赛水平较高，并具有传统优势的项目，我国已经形成了相对稳定的一条龙培养机制，通过国家扶持的方式，一方面保障了资源的不被浪费，另一方面也使得我国竞技人才得到相应的保障。在这中间，我们也需要了解到，社会、家庭对于我国竞技人才的培养也将成为一条关键之路，对于形成自己特色，并能为国家提供相应专业人才的社会俱乐部、社会团体，国家应该进行必要的扶持，从而获得持续的人才输出。

2. 我国竞技体育运动员可持续发展模式分析

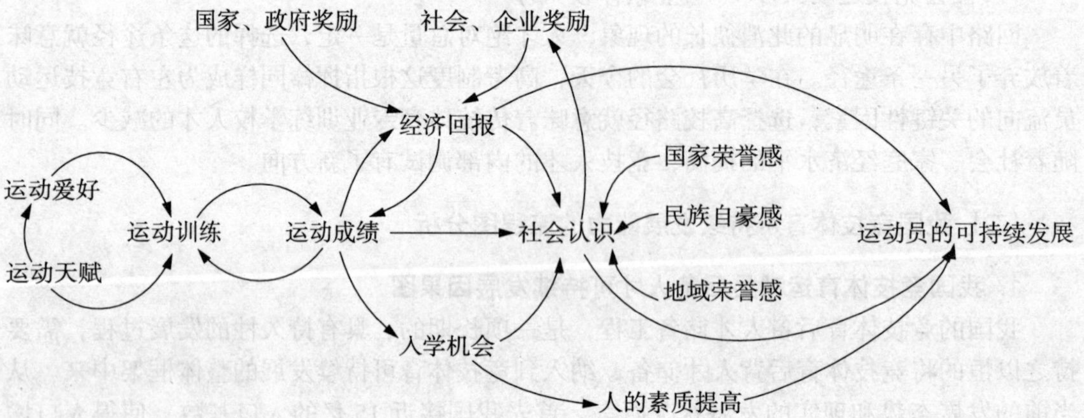

图 1　我国竞技体育运动员可持续发展模式分析图

图 1 论证了一名运动员未来可持续发展的模式分析。首先，竞技体育的残酷性让我们清醒的认识到，运动成绩是运动员成功的根本，以运动成绩为核心会导致经济回报、社会认知、入学机会三个最为基本的价值回报。在这三者中，由于每一名运动员的运动成绩的高低不同，导致三个运动回报的级别不同。伴随着运动项目经济发展状况的不同，会导致项目间经济回报和社会认知的差异，例如一名优秀的足球俱乐部运动员的经济回报可能会高于一名在国际举重大奖赛中夺冠的运动员，但是他的社会认知的层次却不一定高。若是都以经济回报作为标准，由社会认知转化为经济回报的利益分配同样也是高比例的。但是从根本上解决问题关键并不在于此，而在于入学机会。随着体育成绩不断被认可，且当前对于运动员的培养倡导一种“体教结合”的方式，这就使得每一名具有相当天赋的运动员有了接受高等教育的入学机会。笔者认为，高等院校的入学机会才是一名运动员真正可以得到可持续发展的契机，也是一名运动员“身份转移”的关键。

在有限的竞技时间之后，如何为竞技运动员找到适合其未来发展的道路，是运动员可持续发展的关键。通过入学机会，提高运动员的综合素质，从而在其一定的经济基础和社会认知情况下，寻求未来自己理想的发展方向，将是竞技运动员发展的主要模式。

但同时还出现了另外一种现实状况，随着经济社会的不断发展，运动员家庭的经济因素成为左右运动员参与状况的主要因素，并且使得运动员视其为主要回报方式。当然这种状况是与现实社会的发展密不可分的，由于我国还不能达到完全的社会主义状态，在经济侵蚀的今天，经济因素成为通用的社会价值因素，导致竞技运动员也被迫随波逐流，且在当前社会中标榜、夸大竞技运动员经济优势的舆论导向下，使得竞技体育运动员的价值观和人生观出现了一定状况的偏差和扭曲。以田亮为例，竞技运动的本色使得他成为社会认知的目标，也赋予了他获得经济、荣誉资本转移的资本。然而，其提前退役、转行的自私行径，确是在坐享其成的享受着国家的无私奉献，国家前期对其投入的人力、财力、物力，完全不能用其个人所得来弥补，反而形成了一种现实的资源流失、资源的浪费。为什么会出现这种问题，究其缘由笔者认为是中国与西方的竞技体育"培养方式"以及"角色转换方式"发生了碰撞。首先，我国竞技体育运动员的培养方式在严格意义上来说是一种三级培养方式，也就是一种基于国家、社会先期预付的投资培养方式，各级学校、体校、体院、体工队作为国家设立的竞技体育培养机构代为选拔、训练、培养具有专业素质的竞技体育人才，这其实本质上说明，竞技运动员的运动身份不仅仅是其个人能力、训练的成果。另一方面，作为投资方而言，其竞技回报的主体应该是国家，或者代表国家的各级地区、俱乐部、体院等专业机构。然而，西方的竞技体育投资培养方式则并非以国家投资为主体，而是以个人、俱乐部投资为主体，这种形式的投资收益有可能全部要归属于竞技运动个人所得。因为投资主体和主体的同一性使得收益变得唯一，所以他有完全的自我选择权利。但这种权利并不完全适合我国的竞技体育人才转变，片面的、不考虑中国国情的畅谈竞技运动员人权和个人选择是错误的。作为享受、承担国家竞技投入的运动员，应该要在满足自我价值和利益的同时，履行自己应尽的义务，杜绝国家资源的无谓浪费和国家资源的无情流失。在这种状态下，笔者认为这一方面是国家监管和约束力的无为体现，另一方面也是要求加强竞技运动员可持续素质的体现。

3. 竞技体育投入与产出可持续发展分析

竞技体育中各个主体的投入是多方面的，其根据投入获得的产出也同样是多层次的，其中主要分为两个层次，即显性和隐性的两种层次。即运动成绩与运动员或者体育产业的经济回报作为显性的竞技产出形式，例如国家荣誉，俱乐部荣誉，企业知名度，地方荣誉，高校荣誉等其他隐性方式形成了竞技体育产出多元化的方式。对于竞技体育的投入与产出，人们经常而且也是比较直观的关注的是作为显性方式存在的竞技体育经济产出形式，且这种方式是可以被相互之间作为可以量化的、一般意义的表征形式而存在。然而，竞技体育的回报方式并非仅仅只局限在显性方向，其隐性方向的价值回报可能更为重要，但存在的现实状况是这种隐性的价值回报是非量化的，也是难于计算的，甚至是在思索相关无形价值与有形价值的转换问题时，也同样存在着相对的困难。但从中可以体会到的是，不论是有形还是无形，隐性还是显性，其价值回报的都是与竞技运动成绩相辅相成的，我们在开发依据运动成绩而来的价值回报的同时，也必须确保相应的运动成绩的获得，这种成绩的取得必然使得竞技体育各个方面投入，要保持相对的一致性。在这种状况下，保持投入与产出的相对平衡，就成为了获得竞技体育可持续发展动力的关键性因素。

三、我国竞技体育可持续发展能力的系统动力学仿真模型的建立

（一）系统动力学模拟仿真软件的简介

（二）我国竞技体育可持续发展能力仿真模型中变量的解释和界定

（三）系统动力学基本数学函数

（四）我国竞技体育系统仿真模拟的假设与分析

我国竞技体育系统发展存在着明显的问题假设，主要集中于以下几个方面。

- 自身造血功能不足，还没有完全独立抵御经济起伏的能力
- 国家支撑作用明显，是保持竞技体育稳定发展的基础
- 赛事对于竞技体育可持续发展的作用正在不断提升
- 竞技体育人力资源状况堪忧，拓展输血通道成为关键
- 竞技体育科技竞争能力较弱，需加强科技投入
- 竞技体育服务市场还不够健全，服务意识还需提高
- 国内竞技赛事制度还需健全，管理流程还需整合
- 竞技体育产业化进程还需拓展

四、系统动力仿真预测下我国竞技体育可持续发展的对策研究（略）

项目编号：1111ss07068

我国竞技体育软实力理论构建及其提升路径研究

苗治文　韩建国　花勇民　李　伟　李红霞　梁　园　王晓红　都晓娟

中国竞技体育的巨大进步是客观条件的硬实力加上主观条件的软实力之和。在过去的奥运备战征程中，我们已经围绕如何提高中国金牌的硬实力，在科学训练、科学竞赛、科学保障方面做了大量细致的工作，取得了显著的成效。但是历史经验告诉我们，但凡重大的攻坚项目，光有硬实力的提升，忽视软实力的作用与价值，并不能取得一个好的成绩。中国体育界已经深刻认识到竞技体育软实力对于指导奥运备战，造就政治坚定、意志顽强、勇于胜利的威武之师，对提高中国竞技体育综合竞争力有着重要意义。

一、竞技体育软实力的本质

竞技体育的软实力是指竞技体育在发展过程中形成并具备的竞技体育的思想与文化的吸引力、价值标准与政治制度的感召力以及人性修炼与精神文明的影响力等内在的、人化的竞争能力。硬实力是构成综合实力的物质基础，软实力则决定硬实力利用发挥的效率，同时反作用于硬实力，对硬实力的加速聚积具有积极作用。竞技体育作为一项社会活动，软实力建设是灵魂。因此，竞技体育的发展一定要有软实力作引导，引领其科学发展。实践证明，竞技体育综合竞争力的提高，不仅需要科学训练等硬实力的发展，更需要软实力的建设与提升。我国竞技体育欲求持续、健康地发展，需要保持强大的竞争能力，而竞技体育软实力建设显得尤为重要。竞技体育的软实力包括了体育文化、体育精神、体育价值、管理制度等多种内在内容，而这些内容决定了我国体育发展的方向、速度、规模、效率等等方面。

二、竞技体育软实力的作用与特点

复合作用。软实力与硬实力共同构成竞技体育发展的“复合要件”，两者互为依存，相互促进。竞技体育软实力能对竞技体育发展产生强大的推动效应，但却不能脱离硬实力而独立发挥作用。

双赢效果。竞技体育发展创造了良好的社会环境，增强了竞技体育的软实力。软实力的增强有利于促进体育经济新的增长和长远发展，反过来，体育经济的发展又促进软实力的优化，软实力是一种能够长期互利共赢的实力。

先导引领。竞技体育作为一项社会活动，软实力建设是灵魂。因此，竞技体育的发展一定要有软实力作引导，指挥其科学发展。

当竞技体育成为一种文化的时候，它在整个国民经济生产的环节中会起到举足轻重的作用。同时，竞技体育软实力在其发展的过程中也表现出了自己应有的特性，如辐射的宽泛性、发展的时代性、生存的依附性、表现的多元性等等。

三、我国竞技体育软实力的建设现状

竞技体育运动产生的竞技软实力所表现出来的思想文化、精神力量会反作用于竞技体育本身，使得竞赛团队的整体素质加强，体现在优秀运动员的构成、教练员队伍的建设、管理队伍素质的提高等多个方面。

竞技体育软实力的建设，为中国竞技体育树立了文化发展特色与价值取向。中华体育精神是中国体育健儿为中国社会发展贡献出的一种精神力量。以“为国争光、无私奉献、科学求实、遵纪守法、团结协作、顽强拼搏”为主要内涵的中华体育精神是一个相互联系的有机整体，共同在中国体育实践中发挥着强大的凝聚人心、激励斗志、整合体育文化价值的作用。

建国以来，中国竞技体育事业之所以能够在较短的时间内获得跨越式发展，其重要经验之一就是坚持科学发展观，坚持科学求实的精神。几十年来中国体育发展的事实表明，在我国资源相对有限、竞技项目发展不均衡的情况下，科学的制定奥运战略是十分必要的。根据这一发展战略，中国体育充分发挥举国体制的优势，全国一盘棋，以奥运会的比赛项目为重点，制定《奥运争光计划纲要》，使全国运动项目布局和人、财、物的投入服从于奥运战略。北京奥运会通过对中国文化和传统思想等多种软实力要素的展现，让世界重新认识了中国。北京奥运把弘扬奥运精神与宣传民族传统文化结合起来，积极倡导奥运追求“和平”是比追求“金牌”更有价值的“公共体育精神”。

四、现阶段竞技体育的特点

我国竞技体育具有自己的特点。在不同的环境和社会文化背景下，竞技体育的社会价值表现形式以及侧重点是不同的，尤其是在传统的计划经济体制和市场经济体制下的区别是比较明显的。确定奥运争光的指导思想，彰显以人为本的体育精神，坚持举国体制的战略布署，三级人才培养为主要模式，社会组织力量进一步增强，奥林匹克文化成为竞技体育的主流。

五、竞技体育发展模式分析

新中国竞技体育经历半个世纪的发展，在发展模式选择上突出了明显的历史痕迹，赶超型发展成为过去的主要方案。

50 年代的竞技体育以体委管理为主，构建了适合中国国情的训练和竞赛体系，主要包括由三级训练网构成的人才培养模式、优秀运动队管理模式、“三从一大”为核心的训练模式、“国内练兵，一致对外”的竞赛模式和“缩短战线，确保重点”的政策模式。

80 年代中国选择了以发展竞技体育为先导，带动体育事业全面发展的战略思想。从认识基础看，中国选择“竞技体育为先导”，省市以上体委把工作重点放在提高运动技术水平方面。在竞技体育优先发展思想指导下，国家利用行政手段，将国内的体育资源重点投入到为国争光战略中，在竞技体育中取得了优异成绩，建立了竞技体育“举国体制”。

1993 年《国家体委关于深化体育改革的意见》关于训练体制要“建立集中与分散相结合”，按照“稳住一头，放开一片”的原则，只对少数奥运优势项国家队实行集中管理长期集训，多数项目国家队放到有一定训练能力和训练条件的地方和部门，使国家重点项目布局点与承担国家队任务的单位结合起来；竞赛制度实行分级分类管理，贯彻“奥运战略”。

六、我国竞技体育软实力的提升路径

竞技体育价值认同。竞技体育价值观要求我们的运动队根据时代特征、项目特点和运动员个体差异，创造鲜活的、行之有效的新方法来把运动队思想道德建设的成果转化为竞技体育的生产力和战斗力。

竞技体育文化建设。竞技体育文化建设作为竞技体育的根据地，是宣传思想工作实力的标志，是意识形态工作的“战场”，是增强竞技体育凝聚力的阵地。在国内我们可以观察，凡是具备较好文化建设的运动项目，运动成绩也非常优异而稳定，例如我们的“乒乓文化”、“女排文化”等等。为了建设良好的竞技体育文化氛围，树立以人为本的理念与强化人文教育显得尤为迫切。

塑造竞技体育品牌。竞技体育软实力的提升需要实施品牌战略，增强竞技体育的吸引力与感召力。体育品牌，承载着弘扬体育主旋律的使命，是时代的投影、精华的浓缩、质量的结晶，是竞技体育软实力的标志性工程。

管理体制的创新。我国竞技体育的快速发展在很大程度上得益于举国体制的优势。尽管举国体制对中国体育的发展起到过重要的积极作用，然而在社会的发展过程中，尤其是在改革开放以来建立社会主义市场经济的过程中，它表现出比社会环境的日益滞后性。因为竞技体育中的“举国体制”是指把体育理解为人民和国家的事业，因而竞技体育的举国体制在现阶段只存在于竞技体育中的公共部分，政府管理在竞技体育中也只能在此部分尽其责任与义务。

塑造竞技体育明星。具有世界级影响力的中国女排、中国乒乓球、羽毛球、举重等项目的明星，当他们在奥运会、在国际赛场上屡屡夺冠的时候，世人也从他们身上读到了中国人吃苦耐劳、顽强拼搏、坚韧不拔的优秀品质，他们其实正是今日中国的形象代言人。

推进体育文化繁荣。在传统社会里，体育文化有其特定的区域，并主要由区域成员继承延续。然而，随着工业化程度的提高，承担体育文化连续性的责任，也由个人转到团体。

建立媒体协作机制。人们更关注金牌选手的成长经历、奋斗历程、成功感受等。在中国体育人的传统观念里，体育如果被过分娱乐化难免会流于低俗。这一系列的表现都可以体现中国竞技体育软实力的一些情况。竞技体育应与媒体很好合作，展示体育的真实性，引导竞技体育正确的发展方向。

优化发展模式。竞技体育应建立符合现代体育运动发展规律，国家调控，依托社会，自我发展，充满生机与活力的体育体制和良性循环的运行机制，实现中国竞技体育可持续发展，并取得更大的成绩，这是我国现阶段体育体制改革的目标，也是增强“中国模式”说服力的根本所在。如何实现体育体制内部的制度创新，是增强“中国模式”说服力的重中之重，更是提升我国竞技体育软实力的关键因素之一。

七、结论

• 竞技体育软实力包含了体育文化、价值观念、管理体制等综合的内在因素，与硬实力构成竞技体育综合竞争力。相对于硬实力而言，我国竞技体育的软实力重视程度有所不足。

• 竞技体育软实力与社会发展保持紧密的联系。软实力表现出一定的时代性、宽泛性、依附性、多元性等特征，对竞技体育发挥出先导引领作用，实现双赢效果。

• 我国竞技体育软实力建设已经取得了一定成效。在运动团队建设、竞技体育价值取向、坚持科学发展观、实践北京奥运、体育外交等方面取得了重大成绩。

• 我国竞技体育经历了建国后的新发展，表现出一定的时代特征，确定了奥运争光的指导思想、坚持举国体制战略、三级人才培养模式为我国竞技体育的发展特色。

• 我国竞技体育在新的历史时期依然受到计划经济时期发展惯性的影响。三级训练模式、举国发展模式、奥运争光模式为我国竞技体育打下坚实基础，但有些地方表现出与社会发展的不适应。

• 我国竞技体育软实力从中国实际出发，确立了提升路径，包括价值认同、文化建设、塑造品牌、体制创新、合理配置资源、繁荣体育文化、建立媒体协作机制、优化发展模式等方面。

项目编号：1086ss07043

后奥运时期我国竞技体育“举国体制”完善与创新研究

陆淳　罗景文　马勇志　孙建国　郑丽君

一、“举国体制”的成功与反思

（一）举国体制的积极作用

我国竞技体育“举国体制”是计划经济时期的产物，它的最大特点就是政府以行政手段管理体育事务，以计划手段配置体育资源，在管理、训练、竞赛等各个方面全国一体化，形成一个由各级体委为中心的管理体制、以专业运动队为中心的训练体制、以全运会为中心的国内竞赛体制三足鼎立的刚性结构。凭借这一体制的实施，使我国的竞技体育在国力尚不强大的情况下，能够迅速地崛起，在很短的时间内实现竞技体育的腾飞，确立在亚洲乃至世界的领先地位，成为举世公认的体育强国。其积极作用具体表现在以下几个方面。

——这一体制保证了我们可以充分利用一个国家的整体实力，集最有效的人力、物力和财力，最大限度地推动我国竞技体育事业的发展。

——这一体制为一个体育基础薄弱、人口众多的发展中国家竞技体育的迅速崛起找到了一条最简便快捷，也最具有实效性的途径。

——满足了我国在政治、经济、外交等方面发展所需要的良好外部条件，实现了现代竞技体育所固有的政治功能，为扩大我国的国际影响做出了重大贡献。

——推动了我国竞技体育的发展，使我国的竞技体育运动达到了很高的水平，在2008年北京奥运会上，取得了总奖牌数第二和金牌数第一的好成绩，谱写出奥运史上新的篇章。

（二）举国体制的弊端

随着社会主义市场经济改革的不断深入，“举国体制”赖以生存的社会大环境发生了巨大变化，原有的“举国体制”管理模式及运行机制越来越难以适应当前中国社会经济的发展和竞技体育自身孕育的改革需求，运行中存在的问题与缺陷也日益暴露出来，主要表现在以下几个方面。

——政府包办体育。政府以计划手段配置体育资源，以行政手段管理体育事业，政府既是办体育的主体，又是管体育的主体。这种“管办不分”的体育体制与市场经济条件下的体育高度社会化和产业化要求背道而驰。

——机构运行高度依赖于政府行政手段。在“举国体制”下，体育事业主要依靠行政部门层层下达的政策、文件、指示等来维持其运行，这显然与市场经济所要求的“小政府，大社会”是不一致的。

——资金来源高度依赖于计划手段和政府财政投入。中央与各级地方政府通过财政预算和财政拨款为体育发展提供各级体育部门的行政经费和人员工资福利、国家与省市两级专业运动队的训练比赛经费及运动员薪金福利、体育训练比赛场馆建设经费等。这造成了体育事业在资金上对国家和政府的严重依赖，抑制了社会办体育的积极性，使得整个体育系统的发展缺乏自我造血功能，发展要求与资金不足的矛盾日益突出。

——体育人才难以合理流动。教练员、运动员均按行政区划统一管理，只能上下调动，而横向流动困难。这不仅造成人才资源大量浪费，各地的训练优势无法合理运用，同时还造成全运会等比赛出现大量关于运动员归属与身份的争议，既影响了运动员、教练员的积极性，又与市场经济所要求的人才自由流动原则相背离。

——以行政区划为单位参加的全运会与“奥运战略”错位。全运会这一竞赛体制的优点是可以调动“地方”搞体育的积极性，是“举国体制”不可缺少的支柱之一，但由于利益主体的不同，也出现了各地的“全运战略”与国家的“奥运战略”之间的错位现象。

——运动员退役和再就业问题难以解决。在“举国体制”下，凡入选省市专业运动队的运动员，自入队之日起即计工龄，成为国家正式职工与国家职工享受同样待遇。但是由于运动员职业的特殊性，这一国家保底的体制在实际运行中存在巨大困难，竞技体育的发展实际上是以大量运动员牺牲自己接受普通国民教育的权利换来的。

二、后奥运时期“举国体制”存在的必要性

首先，虽然我国国民经济获得了飞速的发展，但是由于我国人口众多，经济总量和人口的庞大数字相比较仍然属于发展中国家行列，人民的生活水平距离西方发达国家仍然有相当大的差距，在这种情况下如果把竞技体育全面推向市场，失去了国家的财政支持，很多项目就会萎缩，甚至消失。

其次，我国实行的由国家体育管理部门组织的青少年选材体系和高水平集中专业训练的模式，是保证竞技体育可持续发展和迅速提高运动水平的有力武器。

再者，经过多年的经营，我国已建立起各种国家级和省级的训练基地、体育运动学校和业余体校，有一大批经验丰富的体育管理人员和教练员。这是我们的宝贵财富，是我们在新时期发展竞技体育的基本力量，我们应该备加珍惜和爱护。

坚持“举国体制”，保持我国竞技体育的较高水平，对正在建立和逐步完善市场经济体制的我国社会生活来说，也具有十分重要的意义，要继续在竞技体育的国际竞争中保持领军优势，我国只能在今后相当长的一段时期内采用经过发展竞技体育实践检验和证明了的“举国体制”。

三、后奥运时期“举国体制”创新的必然性

“举国体制”是在计划经济时代产生出来的，它的运行机制高度依赖政府的行政职能，在资金保障上主要依赖政府拨款以维护其功能。随着我国经济体制由计划经济向市场经济转轨，“举国体制”表现出的政府对竞技体育资源高度垄断的性质及结果正逐渐成为竞技体育向国际化、职业化、商业化方向发展的桎梏。在国力日益强大的今天，国人对奥运金牌的认识开始趋于理性。

中国改革开放三十年来，所有变革的根本在于“以人为本”，而“举国体制”最大的弊端恰恰是采用人海战术，以大量的人力资源成本打造竞技体育塔尖的极少数精英运动员。在计划经济时期，国家宏观调控的力度较大，所有进入到国家队—地方队—各级体校系列的运动员都在安置的框架内，随着市场的转轨，人力资源市场流动性的增强，国家安置退役运动员的执行力度大打折扣。近年来，运动员在退役后就业艰难、生活困苦的状况不时见诸报端，如举重冠军邹春兰当搓澡工，马拉松冠军艾冬梅摆地摊，经多家媒体报道后已是尽人皆知。新华网则以《金字塔下的悲剧——退役运动员生存状况调查》为题，对更多人们尚不熟悉的退役运动员的生存状况进行了披露。在2007年召开的全国政协十届五次会议中，叶乔波委员提交了《退役运动员生存与发展的建议》，《建议》中指出：在非奥运年，每年有上万名运动员退役，而奥运年，退役运动员规模更大，国家每次只能一次性安置千人左右，其余90%无法立即安置，滞留在队的或是未能安置的甚至延误达10年之久。

为了我国竞技体育的可持续发展，在后奥运时期仍能保持北京奥运会上的强劲势头，根据社会经济发展水平和体育事业发展的阶段特征，逐步调整政府发挥主导作用的方式，渐进地提高社会力量和市场力量在体育事业发展中的地位和作用，运用计划和市场两种手段，从宏观和微观两个层面调动社会资源，形成一种结构合理、管理有序、效率优先的管理体系，对现行的“举国体制”注入新的内涵已是大势所趋，创新求发展已成为必然。

四、后奥运时期完善与创新“举国体制”的思路与原则

奥运会已成为一种全球范围内的高端体育文化，在后奥运时期应抓住国人对体育的热情依然高涨的契机，以观念更新为先导、以调整和完善运行机制为核心，加快建立与社会主义市场经济体制相适应，符合我国竞技体育发展规律的组织管理体制、运动训练竞赛体制和竞技体育从业者的社会化保障体系，进一步提升我国竞技体育的国际竞争力，使我国体育事业在更高的平台上实现健康、快速和可持续的发展。在完善与创新过程中，应把握以下四个原则。

（一）平衡好保持竞技体育成绩与改革基础制度之间的度

以“奥运争光计划”为例，某些集体项目已经具备绝对的领先优势——如乒乓球、羽毛球、体操等，且梯队完善，完全可以按照职业联赛的制度执行，让优秀的国内运动员在比赛中保持实力，继续为国争光，同时带动整个项目的市场发展。某些冷门或弱势项目，如田径等可以让社会力量或个人一家庭力量积极发展，以挖掘潜力。某些强烈依附于“举国体制”的优势项目——这其中有的是选材期非常提前的项目，如跳水与体操，必须依赖国家从下至上的选材系统，从幼龄起包办小运动员的训练与生活，对于这类情形，可以采取不同模式的混合搭配来实现，既保证竞技成绩又保证改革方向——幼龄运动员在入学年龄前，可以就近委托原有的体工大队等代为训练，当幼龄运动员达到入学年龄，则需要采取“体教结合”的方式，满足其义务教育乃至高等教育的需要。通过这样的从项目细分到阶段性的模式互补，使得“举国体制”更具开放性，确保竞技成绩的稳定。

（二）平衡好国家需要和个人需要之间的关系

“举国体制”更多的是从国家利益出发，而一个国家体育的发展，最终是落实到每个个人体育理想的实现，具体来说，就是寻求广大人民群众体质健康和一部分体育天才价值的实现之间的平衡。一方面，在竞技体育内部，“举国体制”模式需要做出调整，需要让出空间给其他一些发展模式；另一方面，在整个国家的体育格局内，需要平衡好竞技体育和群众体育之间的关系，适当加大群众体育的比重，将原有“举国体制”中的资源配置向群众体育倾斜，渐进性地调整发展的重心。

（三）平衡好国家宏观调控、市场经济力量、社会自组织力量之间的独立空间和相互渗透

需要用法律的形式规范国家体育宏观调控机关的行政行为与控制权，明确各级体育组织的权利与义务，在明确各自职责的前提下，发挥各级力量，发展竞技力量。

（四）平衡好优势项目与弱势项目、奥运项目与非奥项目之间的关系

将体育项目进行分化，必将带来项目之间发展的不平衡，从而导致优者愈优、弱者愈弱。后奥运时期，一方面应该去除原有的优势项目与劣势项目之间的硬性分化，另一方面也应该尝试用市场的作用来引导项目的发展。

五、后奥运时期“举国体制”完善与创新的策略

（一）转变政府行为方式，进行权力和利益格局再造

后奥运时期，国家体育总局和各级体育行政部门应将对体育事务具体的管理真正交给有关事业单位、社会团体和中介组织，使国家体育总局与中华全国体育总会、中国奥委会及各单项体育协会的职能分开，将工作重心转移到提供体育的政策和做出合理的制度安排上。政府行为方式在后奥运时期产生的转变，其根本就是政府行为适应市场化，主要体现在：第一，政府从宏观管理者和微观实施者逐步分离，主要以政府宏观管理者的身份活动，使两者职能更好协作，寻求最有效的组合点。第二，由直接参与竞技体育活动向以宏观调控为主转变，使微观实施者努力实现竞技体育的发展目标，同时能使政府宏观管理者有效地行使管理者的职能。第三，从对竞技体育进行直接的行政控制到间接调控。

（二）改变竞技体育组织体系中的条块分割，实现体育资源优化配置

我国多年来所实施的竞技体育组织体系呈现出鲜明的条块分割状态，各省市、各地区自成系统，其最大弊端就是切断了社会作为一个完整的功能—结构内在固有的联系。表面上看，我国的运动训练队伍有充足的资源保障，其实不然，由于我国运动训练体系的封闭性，堵塞了该系统与社会的资源流动，出现资源浪费与资源不足并存的现象。一方面大量场地设施在训练竞赛之余闲置，造成资源浪费；另一方面由于与社会脱节，无法利用社会的教育资源、科技资源和人力资源，出现资源不足。因此，在后奥运时期我国竞技体育“举国体制”的完善与创新，必须改变这种竞技体育组织体系中的条块分

割，充分调动国家和地方的积极性，在维护国家权威和尊重地方政府利益的前提下，合理划分国家与地方政府的责任和权力，使地方政府分权和中央政府集权达到动态统一和平衡，凡涉及本行政区域利益的体育事务由地方政府决定。国家体育总局主要加强三种职能：一是体育发展战略引导职能；二是平衡协调职能；三是保护职能。

（三）完善现有训练体制，创建多元互补的竞训模式

我国现行的训练体制依然是三级训练网模式，其主体是常设的国家集训队、省级专业运动队和地县级业余体校。这种单一的专业竞训模式，由于训练的高淘汰、文化教育的低水平、运动员的出路等痼疾，使得计划经济时期我们所看到的家长争先恐后送孩子进体校的情形已经很难见到了；沿用多年的专业队体制，由于其运作是以政府高度集权式管理为运行模式，以追求国家利益的精神激励为运行动力，以行政手段直接调控与监督为运行规范，致使系统内存量资源难以盘活，系统外的增量资源难以进入；教练员、运动员的管理是按行政区划统管，人事权归所属体育行政部门，给人才的横向流动设置了障碍，造成人才缺乏合理流动，资源浪费现象严重。在后奥运时期，对我国现行的训练体制应该实行依层次划分、依性质划分、依训练队管理系统划分，建立与社会主义市场经济体制相适应、符合现代体育运动规律、国家调控、依托社会、自我发展、充满生机与活力，造就良性循环的多元化竞训体制，形成专业竞技、职业竞技、业余竞技多元互补的竞训体育模式。该模式包括：第一，对我国的优势项目实施合理布局，完善和加强原有的国家集训队、省级专业队两级专业竞训体制。对那些难以实现社会化和市场化，但又是实现奥运争光计划的关键性项目，依靠政府财政的力量继续扶持，通过政府的政策导向与资金投向的杠杆作用，继续实施专业队建制，按照国家投入、行业管理、项目招标、严格审计的原则在全国各大城市建立一批国家级的训练基地，以此来保证一些重点性项目的发展。提倡完全由社会自治与市场自主的职业体育，以此来推动高度社会化和市场化的职业联盟发展。第二，大力发展以市场为中心的职业竞技和相关体育产业，继续完善像足球、篮球、排球、乒乓球、围棋等项目职业联赛道路，与国际体育接轨，力争在国内有群众基础或是有影响的体育项目都实现职业化和市场化。第三，促进以大学和中学为中心的青少年业余竞技，形成像美国 NCAA 式的竞赛联盟体系，以多元而又互为支撑的网状结构取代现行单一的“一条龙”式的线性训练体制。

（四）以全运会改革为突破口，进一步理顺与完善现有竞赛体制

首先，明确全运会的目标，将各省、市、自治区发展体育的目标引导和整合到奥运争光战略上，将全运会与奥运会接轨，最大限度调动各省、市、自治区的积极性，以此带动其他赛制的相应改革。其次，在运行机制上，调整运动项目设置，在比赛规模和竞赛项目上力求“瘦身”，既接近奥运会，又体现中华民族特色，使各省、市、自治区能够找准项目定位，集中最有限的力量，发展自己的特色优势项目。其三，从短期格局和利益来看，改革双计分、协议计分和运动员交流制度，克服短期行为和临时雇佣现象，规范交流行为；从长期计议来看，改革以行政区划为单位参赛的做法，使参赛主体多元化。其四，实现单项体育协会实体化，突出全国性单项体育比赛的地位，改变目前全运会凌驾于国内其他赛事之上的制度设计；做好全运会下级赛制或平行赛制的协调与管理；控制好全国大型赛事的密度，将资源有效合理地配置。

（五）拓宽竞技体育发展渠道，完善体教结合的路子

体教结合可以为竞技体育的发展提供丰厚的土壤，体教结合是培养竞技体育后备人才的必由之路。尽管在中国，大学生运动员发展成职业运动员在众多的大学生运动员中还是凤毛麟角，但是，这些少数派却在职业联赛中凭借良好的竞技意识，在职业联赛中成长为所属球队的中坚。星星之火，可以燎原，相信随着先行者在职业道路上越走越远，越来越多的大学生运动员有能力有意愿向职业运动员发展。

（六）建立以竞技体育从业者权益为本的社会化保障体系

解决这一问题的根本出路在于建立与全社会的大保障体制相适应的社会化保障体系。一是通过法制化渠道，采用立法的形式确立竞技体育从业者的安置福利。其二是大力发展社区体育，广开就业门路，让退役后的竞技体育从业者能够发挥所长，既有所安置，又能服务社会。其三是鼓励社会力量办体育，如民间体育社团，体育俱乐部等，除了高校培养的专业教练外，退役后的竞技体育从业者将是这股力量的中坚。

项目编号：1127ss07084

“三级训练网”的继承与发展研究

——以辽宁省为例

周　莹　申　平　张　博　詹丽来　吴秀峰　李英玲　车树国　于　涛

一、“三级训练网”的形成与历史沿革

1954年，中央体委改成国家体委。自此，各种业余体校和专业队逐渐取代了从群众中层层选拔的方式，三级训练网也逐步建立。

1965年6月召开的全国群众体育工作会议提出“各地都应集中力量办好重点青少年业余体校，一定要源源不断地培养出一些优秀运动员，向专业队输送。有条件的省、市、自治区可以建一所半天读书、半天训练的中心青少年业余体校，作为专业队的预备队”。至此，逐渐形成了一个从基层单位业余体校，到重点业余体校、中心业余体校和专业运动队的，有广泛的普及面、层层衔接的业余训练三级人才培养网络和体系。

1980年，在《国家体委关于加速提高体育运动技术水平的几个问题的请示报告》中，国家体委按照“以奥运会为重点，兼顾一般”的原则，对竞技体育工作的重点做出如下部署：……第三，改革完善训练体制，调整好一、二、三线队伍，即优秀运动队(国家队与省队)、市县级重点与业余体校、学校运动队。按照“思想一盘棋，组织一条龙，训练一贯制”的要求，从项目、选材、训练各方面建立层层衔接的训练网。经过这些调整，初步形成了以竞技体育为先导、奥运会为重点带动体育事业全面发展的战略布局。

二、“三级训练网”的定义

我们认为，“三级训练网”的概念具有有狭义与广义之分。狭义的“三级训练网”是以“思想一盘棋，组织一条龙，训练一贯制”为指导方针，包括以体育传统学校和中小学运动队为代表的初级训练形式，以体育运动学校和业余运动体校为代表的中级训练形式，以国家集训队和各省专业队为代表的高级训练形式，建立的一种层层衔接的运动员培养体制。广义的“三级训练网”等同于我国的训练体系，它不仅包括以体校为中心的传统三级训练网，还包括现在出现的各种训练形式，比如学校办的高水平队和俱乐部办的各种训练梯队。

本课题在研究过程中采用狭义的提法。其原因有二：一是本课题认为传统以各级各类体校为中心的三级训练网不能抛弃，在新的形势下应能发挥其中坚力量的作用；二是目前探讨整体训练体系改革的研究较多，而偏重于传统三级训练网在新形势下如何生存与发展的较少。故而，本研究将研究重心立于传统三级训练网在新形势下的继承、变革与发展问题，以期为我国传统“三级训练网”焕发新的青春提供思路。

三、辽宁体育“三级训练网”的特点

（一）辽宁省体育后备人才数量大

辽宁拥有省、市、县区“三级训练网”，为培养后备人才，发展竞技体育事业奠定了基础。国家设在辽宁的体育后备人才训练基地共有 39 个。辽宁省少年业余体育学校学生人数增长，由 1979 的 16692 人，发展到 2000 年的 42698 人，增长了 3 倍。体育运动学校（竞技体校）在校学生由 1979 年的 349 人，发展到 2000 年的 4900 人，增加了 14 倍。教练员由 1984 年的 719 人，发展到 2000 年的 1724 人，增加了 2.4 倍。

（二）辽宁省的三级训练体制抓的实，“三级训练网”牢固

原辽宁体委副主任康起曾说过，辽宁竞技体育崛起的秘诀毫无特殊之处——就是全国都在搞的“三级训练网”，抓的更狠、更细。从 1960 年起，至 1983 年第五届全运会辽宁首次进入三甲止，三级训练网络经历了 23 年才初见成效，并形成了输送渠道畅通、对口衔接、宝塔式的人才结构，为辽宁竞技体育的持续发展奠定了雄厚的基础。

辽宁现实的“三级训练网”：是以青少年训练管理中心为龙头、以市地体校为枢纽、以县区级体校、训练基地为基础，以青少年俱乐部为辐射阵地的一条龙管理。

四、辽宁体育“三级训练网”现存的主要问题

（一）基层建设缺少经费支持

经调研发现，训练经费严重短缺是制约辽宁省业余训练的主要因素之一。目前各市多数训练单位靠自筹、创收资金来维持业余训练，这是造成招生难、选材难以及人才外流的客观原因。各市每年用于业余体育训练经费的数量极不平衡。以 2002 年为例，国家投入经费最多的是大连市，达 3400 多万元；国家投入最少的是葫芦岛市，仅有 10 万元；县、区业余训练经费投入情况就更差，仅能保证人员工资。

（二）基层教练水平逐年下降

从调查结果来看，目前辽宁省基层业余训练教练员队伍不容乐观。各市和区、县教练员的学历普遍偏低，拥有本科学历者仅占教练员队伍总数的 32.5%，大专学历者占 56.3%，中专学历者占 11.2%。调查还发现辽宁省存在忽视对业余训练教练员队伍的经常性培训工作。

（三）“三级训练网”人才输送渠道混乱

许多家长急功近利希望孩子可以实现“跨越式发展”，想尽办法将孩子直接送往省市等地方队，减少了业余体校这个训练环节。社会上，诸如此类的做法比比皆是，长此以往形成恶性循环，人才输送的渠道遭到破坏，基层训练名不副实，失去了原有存在的意义。

（四）受训人才逐年下降持续发展能力不足

在体育中找到前程和出路是许多家长、经济困难家庭和运动员的主要动机。因此，

早期三级训练网人才输入源源不断与经济欠发达有着直接的关系。

随着改革开放，人均 GDP 逐年增长，将孩子送去训练，减少家庭开支，维持生计，持有这种观念的人越来越少。这是辽宁省受训人群逐渐下降的原因所在。

五、影响辽宁体育“三级训练网”发展的因素

本研究认为，目前影响辽宁体育“三级训练网”发展的因素有以下几个。

（一）独生子女化

目前我国社会已进入独生子女化时期。家长对独生子女的期望值高于非独生子女。在此现实情况下，家长不想让自己的孩子参与体育训练，更希望自己的孩子接受学校教育，考上大学，获得一个较好的前程。

（二）大学扩招

过去部分家长送孩子进体校是怕孩子考不上大学，以期望通过上体校谋得另一种出路。现在让孩子上各级各类业余体校的机会成本已远大于上普通学校，因此考大学成为更多学体育的家长与青少年的第一选择。

（三）社会经济的变化

经过 30 年的改革开放，社会经济发展迅速，就业渠道也极大丰富，除了上大学和成为专业运动员外，或许有更好的道路。也就是说因为贫困而送孩子上体校的动机趋弱了。

（四）成材率偏低与市场经济不相适宜

目前，我国在职注册的运动员约为 2 万。2000 年国家集训队队员人数为 3222 人，同年奥运会金牌总数为 28 枚。那么，粗略的统计得出，中国奥运金牌培养的比例约为 1000:1。这样夸张的成材比例与目前中国市场经济及其的不相适应。

（五）运动训练与文化教育失衡

目前多数市、县体育管理部门忽视对业余运动员的文化教育工作，造成运动员文化素质偏低的普遍现象，给退役安置带来很大困难。严酷的社会现实使相当一部分家长放弃了以体育培养孩子的愿望，这是现阶段业余训练选材难的原因之一。

（六）传媒的发展

现代社会是传媒极度发达的社会，传媒的发达给三级训练网带来正面影响的同时，也带来负面影响，尤其是将我国竞技体育非人性的一面暴露在世人面前，严重的影响了让孩子参加专业体育训练的积极性。

（七）青少年主体意识的成长

时代的进步，促使青少年主体意识进一步成长。辽宁体育“三级训练网”系统内的大部分教练训练方式强调服从，对青少年的主体意识采取压制的办法。此种情况产生了

青少年主体意识与教练员压制的对立，部分青少年不满于这种对立，退出了训练体系。

（八）其他训练形式的冲击

上世纪 90 年代，我国的训练体制开始改革，到目前已经呈现了多种训练形式并存的局面。其他训练形式与各级各类业余体校在生源上存在竞争。

六、完善辽宁体育“三级训练网”的建议

（一）坚持以人为本的培养理念，对学生实施素质训练

辽宁省各级各类体校应树立全人训练观，以促进学生的全面发展为己任。只有这样，才能转变社会对体育人才的看法，家长才能愿意自己的孩子从事专业体育训练。

（二）进一步研究青少年运动员学习特点，探讨适合于青少年运动员的教育教学模式

传统教育学并不能解决体校学生的教育问题。教育界与体育界都应认识到这一点，并应共同努力研讨体校学生教育课题，为体校学生的教育提供理论支撑。

（三）加强制度建设，确保运动员与教练员的权益

制度建设是辽宁体育“三级训练网”进一步发展的保障。有了相应制度保障，家长就不再会担心自己孩子受到伤害，而乐于送孩子到体校参加训练；教练员也不再会因运动员的流动而感到无所适从。

（四）加大训练器材的研发力度，力保科学训练

训练器材的丰富化，可以丰富训练手段，提高训练效果，从而也能为学生进行文化课学习节省时间，部分解决训读二难问题。

（五）修改现行选材标准，实施综合评价

在体校是理论上重视文化教育，实践上忽视文化教育，这都是应该改正的。只有修改现行选材标准，实施综合评价，才能培养全面发展的体育人才，才能解决体校学生文化素质差、再就业困难、社会适应能力弱的问题。

（六）拓展教练员培训方式，强化教练员培训工作

辽宁省对教练员的培训一直比较重视，但也一直没有很好的解决这一问题，尤其是基层教练员的水平一直较低。

七、“三级训练网”的改革与创新

我们应该看到举国体制下的三级训练网成绩显著，在新的历史条件下如何继承和发扬这种优秀的管理体制，使其可以不断培养出一批批优秀的体育人才，是我们要解决的课题。

（一）走体教结合培养人才之路

“体教结合”的培养模式应该是我国运动员培养的一种重要模式和途径。清华模式是体教结合的一种启迪，是成功的一个范例。

（二）建立市场化培养机制

市场化的培养体制，是指从政府主导下的后备人才培养体制向以市场需求为导向的市场化的培养体制的转变。但是，实行市场化的竞技后备人才培养体制不是无序的、完全放任自流的，而是由法律、规则及规范制约和调节的体制。政府应适度介入，合理把握行政功能的限度，实施有效和适度的行政干预，实现竞技后备人才培养社会效用满足的最大化。

（三）提高竞技体育投入与产出比，降低社会风险

竞技体育若要依然保持其独有的生存方式，必须加强竞技体育人才投入与产出的比例。比例过低与市场经济不相适应，必将会走到其历史的尽头。所以，加强竞技体育人才的成材率，降低社会责任风险，才是“三级训练网”在现有经济体制社会制度下的必由之路。

项目编号：1089ss07046

我国竞技体育人力（人才）资源流动性问题研究

张　鲲　张　杨　陈丽霞　丁越兰　张　毅　隋党臣
王兴怀　李　翔　窦永涛　蔡恩伦

一、我国竞技体育优秀人才流动性

由于项目特点、群众基础、地理环境、经济环境等因素的影响，每个项目的优秀人才在流动时应区别对待，采取不同的流动方式，以使合理的利用人才资源，针对性的进行项目规划，尽可能的发挥人力、物力、财力的优势以取得更为显著的效果。通过对我国竞技体育优秀人才流动性的研究与分析，我们可以得出以下基本结论。

1. 竞技体育是社会大系统的一个子系统，竞技体育优秀人才的流动性问题不可能超越和脱离社会大系统的发展与变化。因此，在计划经济时期和市场经济时期，优秀人才的流动特征差异巨大。

2. 科学合理的流动性是我国竞技体育实现金牌战略的重要环节（有些项目已经充分显现），是竞技体育文化繁荣的重要保证，是促进竞技体育职业化、社会化的重要措施，是提升体育产业发展的重要手段，是推动全民健身运动开展的重要因素。

3. 计划经济时期我国的社会流动相对静止，竞技体育优秀人才资源的流动性也同样是以“静止”为主，流动形式和路径单一，主要以垂直流动为主，基本上没有水平流动，国际流动和职业变动也基本上是政府行为。

4. 我国正处于市场经济初步形成时期，竞技体育优秀人才的流动性的形式和路径日趋多样，地域性日趋广泛，主要路径有垂直流动、水平流动、国际流动和职业变动。主要形式有租借、互换、一次性买断、共同培养、协议交流、签约代培、自主择业、人事调动。

5. 我国是世界第一人口大国，也是体育强国之一。就竞技体育整体而言，除少数优势项目外，我国的优秀竞技体育人才数量不足，质量不高或不稳定。而面对有限的资源，在流动性问题上，我们又往往造成资源的浪费或不能充分的利用，从文化的视角而言，投入、产出、效益失调。

6. 虽然金牌数量已经进入世界强列，但是优秀人才（明星）的社会服务意识比较淡漠；为基层群众体育文化的服务体系尚不健全；流动性的法律制度尚不完善。

7. 当前各个项目优秀人才流动的规模、速度、方向、频率和效益差异很大。

8. 奥运会夺金的重点项目：在全国范围选材的基础上，应该加强垂直流动的力度，局部利益服从整体利益，个人利益服从国家利益，确保“三级”竞赛体制和人才培养体系的选拔机制。垂直流动是确保竞技水平的关键，这种流动形式我国处于国际领先。保证最优秀的体育人才的集中，统一管理，保证人力、财力的合理使用，使得我国的奥运会优势项目在后备人才的培养中不出现断层。保证该项目在世界的领先地位，在奥运会上为国争光。

9. 对于国内普及性和社会化程度高的竞技项目，优秀人才除了坚持垂直流动之外，还要加强水平流动的力度，以免造成优秀人才的过分集中，形成人才资源的浪费。这样不仅有利于各地区各项目之间的交流学习，提高技战术和联赛水平，而且能够促进竞技体育的市场化程度，满足和丰富人民群众的文化需求，推动全民健身运动。同时，也是对垂直流动的有效补充。我国水平流动体制与体育发达国家相比较尚不成熟，且发展不均衡，制度不完善。

10. 对于一些新兴项目应该坚持“有所为和有所不为”。如沙滩排球、跆拳道等，和某个大项的小项如田径的跨栏，自行车的女子个人追逐赛，击剑个人佩剑项目等一些特别优秀的运动员，能够在奥运会和世界大赛中夺冠的项目和个人，应该实行精英培养体制，同时加强国际间的交流，以保证他们的训练水平和竞赛能力，在奥运会上为国争光。同时也要注重发现和培养后备人才，形成一定的人才群体优势，保证该项目早日迈上世界先进水平。

11. 对于一些非奥运项目，其流动性应充分体现局部性、自我性和社会自发性。主要以娱乐、参与为目的，当其水平达到较高水平、可以为国争光之后，政府则将其纳入竞技体育发展系列之中。避免出现大而全的盲目发展，造成不必要的人力、物力和财力的浪费。

12. 对于一些地域性比较强的奥运项目，坚持区域性发展，优秀人才在本区域内进行垂直流动和水平流动。

13. 计划经济时期的“八一现象”，充分体现了当时“八一队”较好的军队内部的全国资源流动与整合的优势。

14. 从流动性和资源理论角度出发，根据项目的职业化程度、社会化程度以及健身性、娱乐性、民族性、文化性、地域性的差异，我国竞技体育应该有一定的发展层次，体现出金牌需要、健身需要和文化需要。构建一个科学有序的竞技体育发展体系，例如有的项目坚持走先普及再提高的道路，有的项目可以直接走精英发展之路，有的项目区域发展（流动），有的项目区域结合发展（流动），有的项目全国一起发展（流动）。

15. 在优秀人才的国际流动性方面，有些项目已经取得了可喜成绩。

16. 竞技体育优秀人才的职业变动虽然已经出现了多元化，但社会发展现状与人才自身需求的矛盾还十分突出。

17. 当前优秀人才流动的调控机制已初步形成。即以市场需要为主导方向，政府调控为辅，以保证人才资源能够充分合理的利用，促进该项目的健康发展。

18. 优秀竞技体育人才在提高竞技水平的基础上，同时也必须担负起体育的社会功能，我国竞技体育优秀人才流动的社会综合效应普遍不高。

19. 虽然体育产业已成为国民经济新的增长点，我国目前的体育产业不仅要以体育物质、设施、器材和服装为主要形式的，通过优秀人才资源的流动性可以有效激活体育竞赛表演市场。

20. 我国的体育事业发展、变迁和繁荣，得益于积极稳步的推进体育人才资源的流动性。但是目前呈现出不均衡发展，这种不均衡性主要表现在流动地域、项目、形式、制度、路径和文化传播上。

二、对我国竞技体育人才资源流动的反思

（一）协调竞技体育人才资源的流动性与稳定性关系

（二）实现竞技体育人才资源的合理配置与充分利用

（三）规范和繁荣竞技体育人才市场

（四）增进竞技体育人才资源的相互交流与取长补短

（五）促进体育产业的快速发展

（六）加速我国文化的全面交融

三、我国竞技体育人才资源流动的发展对策

（一）提供有效的人才资源流动机制

市场经济条件下竞技体育人才资源才有了广泛流动，市场经济对竞技体育人才资源流动的最大影响就在于充分发挥了其作为竞技运动发展主导力量的潜能，使优秀的竞技体育人才资源迅速流向最有效率的地方，但失衡、无序的流动也可能给国家竞技体育发展和稳定带来威胁。产生竞技体育人才资源资源配置不合理、不均衡等情况后，容易导致竞技体育管理者和经营者注重资本运作，忽视人才培养，出现市场经济前提下竞技体育人才资源流动的动力缺乏。为了减少竞技体育人才资源无序流动的盲目性与不可控性，应进一步完善市场经济体系，提高竞技体育人才资源流动体系的调节能力，凸显市场行为；同时建立与完善竞技体育人才资源流动体系中的利益均衡机制，运用法律制度，保护竞技运动参与者的合法权益，从而形成竞技体育人才资源合理有序流动的动力机制。

（二）完善竞技体育人力资源流动的管理体制

为了加快竞技体育人才资源流动的速度，使各类项目竞技体育人才资源各得其所，应当尽可能缩小先赋性因素的作用，对竞技运动管理制度如户籍制度、就业制度、准入制度、人事制度等方面存在的诸多弊端进行改革，保证竞技运动人力资源流动渠道的畅通。同时，在改革中应充分体现出竞技运动管理制度的公正原则，从法律层面上来确立和保护各类竞技运动人力资源的平等权利和公正的分配，预防和禁止制度歧视，禁止和惩罚侵害竞技体育人才资源正当权利的行为和规则。如对于冰上、水上、耐力型竞技体育项目均需结合自然环境和人文环境，就可尝试走区域发展结合集中发展之路。通过重点布局，不仅可以节省成本，集中力量办大事，进而形成区域文化特色，并和旅游业等相关产业的发展相结合。如对于篮球、排球、足球、乒乓球、田径类速度项目等项目由于普及化程度高，又有很强的文化内涵或健身价值，需要竞技运动主管部门投入较少，就可利用市场机制介入进行调节，尝试走全面发展之路，通过区域与区域之间的整合，进一步提高普及程度和发展水平。如射击、射箭等源于人们日常生产生活但对运动器械管制较严的项目，就只能走精英发展之路。

同时，由于各项目竞技比赛状态发挥等因素的制约，在保证优秀竞技体育人才资源规避垂直流动风险的前提下，大力发展水平流动，在水平区域中保持竞技体育人才资源的动态储备，以保持训练质量和竞技水平。如对某些重点发展项目，竞技体育人才资源

流动上可以尝试以多名教练员配置一名（队）运动员，如程菲体操动作中舞蹈编排等环节是由包括一名法国教练在内的教练组集体完成的；足球等集体项目中也有类似分工。除此之外，对于社会化和职业化水平程度较高的竞技运动项目，积极引导优秀竞技运动人力资源开辟一条包括国家队比赛、职业联赛、民间业余比赛等各级别竞赛的流动渠道，拉近与各社会阶层的距离，以达到比赛精彩程度和竞技水平的适度均衡。如孙继海在西安民间足球联赛中的示范作用，不仅冲破了以往优秀竞技运动人力资源流动的障碍和壁垒，同时还连带出市场效应，为该类竞技运动项目全面发展提供了新鲜动力。

（三）不断完全竞技体育人才资源流动的法制体系

当前我国竞技体育人才市场流动的程度还较低，在人才流动的市场化行为方面还存在较多问题：人才流动还存在许多不规范行为；人才价格定位比较混乱；个别用人单位及个人不恪守合同，违约、毁约现象时有发生；用人合同中“霸王条款”现象十分严重等等，这些都需要通过法制化轨道来解决。当前急需建立健全的市场法规与制度包括《竞技体育人才的注册管理办法》《优秀竞技体育人才交流制度》《竞技体育人才联合培养管理办法》等。

（四）逐步建立竞技体育人才资源流动的保障体系

当前我国的竞技体育人才资源流动不畅及“人才”不愿脱离原“单位”，与我国社会保障建设滞后、“人才”安全感较低有着很大的关系。只有建立健全竞技体育人才的社会保障体系，为他们的分流和流动解决后顾之忧，竞技体育人才对“单位”的依赖性才能消除，他们才能在全社会的范围内自由流动，市场才能成为人才流动的基础力量。社会保障体系包括社会保险、就业安置、伤残保险、社会福利和优抚等。例如《优秀运动员伤残互助保险试行办法》。

同时，完善竞技体育人力资源保障制度，可以为向下性流动提供制度保障和政策支持。以对向下性流动的竞技体育人才资源群体提供社会保障的最终目的，不是为了维持或“制造”一个低收入的竞技体育人才资源阶层，而是要让该群体借助外力摆脱向下性趋势，努力实现向上的社会流动。为此，应重视向下性流动的竞技体育人才资源群体的能力建设，转变传统的竞技体育保障理念，变消极救助为积极保障，变单纯的现金救助为综合性服务提供，最终增进该群体自我摆脱，从而实现上升性的社会流动。比如，充分发挥体教结合的优势，与竞技体育人才资源的选拔和培养接轨，广泛开展竞技体育人才资源的职后培训，建立终身教育体系，改变传统的封闭型教育制度。构建富有弹性的灵活多样的开放式教育体系，为每个竞技体育人才资源在各个阶段提供充分、多样的教育形式，不断提高其自身的认识水平、训练水平、管理水平，尤其要逐步消减长期以来运动员群体有技术无素质的尴尬，从而为竞技体育人才资源的向下性流动提供制度保障和政策支持。

（五）加强竞技体育人才市场环境建设

完善竞技体育人才市场，市场环境建设尤为重要。当务之急主要是转变观念:坚持统筹兼顾，科学安排原则，逐步解决竞技体育人才的进修、升学、晋职、留学、住房、就业等问题，为人才的发展创造良好的环境；合理使用人才，做到“人尽其才、才尽其用”，不积压、不浪费、不屈才、不抑才；还要改变过去的传统观念，进一步解放思想，发现人才就大胆使用，克服“论资排辈”等思想。逐步树立起重视人才、尊重人才、用好人才的观念，只有这样才能真正做好竞技体育人才的流动工作，达到人才资源的合理配置。

（六）打破竞技体育人才壁垒，鼓励人才跨区域流动

目前，由于受到地域性、单位性、壁垒性、政策性的人才保护、限制，竞技体育人才资源的跨区域、跨单位流动受阻。又由于社会转型期政策、环境的不稳定、不健全，运作不规范、管理不到位，围绕竞技体育人才流动产生了较多的矛盾和纠纷，有的矛盾还比较尖锐，影响了一些地方队伍的稳定和发展竞技体育的积极性，进而影响了竞技体育人才资源的进一步优化组合和共享。体育行政部门应在完善竞技体育人才注册管理基础上，建立区域间，尤其是人才匮乏和人才丰富地区间的竞技体育人才资源定期服务和定期流动轮换制度；制定倾斜制度如提供上大学的机会、提高工资及福利待遇、专业职务评聘制度；建立利益引导机制，如竞技体育人才区域间的共同培养，协议计分制度等等，鼓励竞技体育人才资源的跨区域流动。

（七）丰富竞技体育文化内涵，拓宽人才资源流动渠道

可以预见的是，2008北京奥运会后，我国竞技体育的发展方针将不再过分强调金牌至上原则，有研究者认为这是摆脱竞技体育发展弱国心态的重要表现，因为以往的竞技体育价值取向无形中压制了竞技运动文化内涵的丰富。而在竞技体育人才资源流动中丰富竞技运动发展的文化内涵，逐步顺应现代竞技体育价值取向的变迁，无疑对于增强竞技体育人才资源的社会服务意识，进而拓宽竞技体育人才资源的流动渠道具有明显作用。如以政府牵头，把竞技体育训练和比赛以表演的形式面向社会各阶层群众，制定竞技体育人才资源为社会服务的目标，规划各种优秀竞技体育人才送体育文化下乡、参加大型庆典、奥运冠军香港行等活动，达到竞技体育比赛和表演的双丰收，显现出繁荣竞技体育事业的全新内涵。因此，竞技体育管理部门应适应社会文化发展的需要，建立相应制度，加强竞技体育人才资源的宣教工作，使优秀竞技体育人才不仅成为竞技运动的先锋，而且成为竞技体育文化传播的使者。

（八）调整竞技体育职业化和产业化结构，提供更多的职业岗位和流动机会

职业化对于拓宽竞技体育人才资源流动渠道、加速其流动方面也具有十分重要的意义，竞技体育产业发展的集约化倾向推动着竞技体育人才向资源富集地区集中，而知识经济、信息社会的来临则有更强烈的集聚效应。因为职业化的一个重要功能是吸纳大量的竞技体育人才资源，使之比较顺利的转入竞技体育产业范围，扩大优秀竞技体育人才资源的就业空间，为竞技体育人才创造出更多更高层次的职业岗位，使其实现向上流动的愿望，加快社会流动，最终推动竞技体育人才资源职业结构趋向高级化的发展。比如，竞技体育主管部门根据奥运项目和边缘项目（待发展项目）特征进行重点布局，坚持有所为、有所不为的原则，适度控制限制竞技体育人才资源流动阈。一些边缘项目（待发展项目）或非奥运项目先走兴趣爱好和区域支撑的发展路子，进行自我发展、自我完善，待发展到一定程度后由竞技体育主管部门介入进行推动，从而充实竞技体育人才资源流动渠道，形成市场规制和政府主导的良性互动。

（九）调整竞技体育的分配机制，实现人才资源的公平、公正流动

要严格执行国家相关法律法规及中央政策文件精神，确保竞技体育资源分配的相对均等。竞技体育选材及其训练是运动员接受竞技运动教育的起点，如果基础就不能保证，以后的竞技体育项目可持续发展的机会均等就更无从谈起。同时，还应持续增加投入，合理分配竞技体育发展经费，国家尤其要给经济不发达地区以政策扶持，使其改善训练条件，提高训练质量。比如，在竞技体育主管部门主导下，各省（市、区）区域范围内的竞技运动队伍也应逐步制定整队流动计划和训练、比赛规划，从流动地域范围上延伸出区域中心城市（如省会等），拓宽到省（市、区）内其他地（市）一级，实现竞技体育人才资源在区域间的公平、公正流动。如八一体工队、上海国际足球队的整体流动就产生了这样的一种示范效应，并逐步体现出了包括经济、文化、社会等要素在内的综合效应。

项目编号：1078ss07035

关于中国现代化进程中竞技体育的人文价值研究

章淑慧　彭永群　刘　洁　郑　亚　舒春永

一、体育的足迹与文化的变迁

（一）原始文化与人类早期的体育活动

原始文化中的早期体育形式主要包含于教育和军事两个方面。同时，人类早期的体育活动体现了原始文化中的物质文化和精神文化。

（二）农耕文化与农业社会的体育活动

农耕文化中的扁担舞、纺织舞等都是体现农耕生产和农耕生活的身体活动，是农业社会体育活动的原始见证，是当时典型的体育活动。农业社会的体育活动主要是通过饲养家畜、农耕生产、农耕劳动、手工制造等形式体现出来的。

农耕文化本身经济上的自给自足、人们心理上的封闭保守以及理想的社会主义等特征，阻碍了农业社会体育的发展，致使农业社会体育在相当一段时间内处于相对封闭的状态。

（三）工业文明的勃兴与现代体育的滥觞

现代体育是伴随着工业文明的发展而发展起来的，具有浓厚的工业特征。从体育场馆，特别是残奥会场馆的建设与配置，我们无不体现了工业文明中科技对促进残奥会发展的巨大魅力。从泥土跑道到煤渣跑道再到塑胶跑道，从撑竿跳高中的竹竿到金属竿再到化纤合成竿，竞赛记时秒表从机械表到电子表再到红外线勘察，成绩的统计与传送从手工到电子再到网络……都体现了科技的成果，见证着工业文明的发展。这些发展，同时促使现代体育的发展。从规则的变动、器材的改进、运动员的科学锻炼、管理员的合理配置等等，都是在工业文明的宗旨下给现代体育更广泛的发展空间，促进了现代体育向更高、更好、更人本的方向发展。在兴奋剂问题上，国际奥委会更加重视兴奋剂对竞技体育的反作用，从而不断推进和研发新的兴奋剂检测手段，在工业化的平台上逐渐的攻克兴奋剂检测难关，还竞技体育一片净土，更好的促进竞技体育的健康发展。

（四）生态文明的提出与现代体育的发展

生态文明以尊重和维护生态环境为主旨，以可持续发展为据，以未来人类的继续发展为着眼点，强调人的自觉与自律，强调人与环境的友好关系。而现代体育，从它的发生、发展、成熟过程中，都是以“人”为出发点，这与生态文明中“人与自然环境的友好关系”是完全吻合的。同时，现代体育是传播现代奥林匹克精神，展示中华民族灿烂文化，推动东西方文化的交流合作，促进人与自然、人与社会、人的精神与体魄的和谐发展，充分体现“参与奥运、得益奥运”的精神，充分体现“中国风格、人文风采、时代风貌、大众参与”的特征。人文奥运是文化的奥运，是以人为本的奥运，是实现和谐的奥运，是“更快、更高、更强”与“和谐、和睦、和平”的有机统一。中国的奥运，乃至世界的奥运，要以上述为发展方向，那么生态文明的呼声只有更加得到加强，才能体现现代体育在这个大的生态环境中的魄力，这是现代体育发展的必然条件。

二、“人文奥运”文化价值的宏观探析

（一）西方人文主义传统与竞技体育

竞技体育在西方人文精神发生之初的古希腊，就已经显示出来了。在希腊最隆重的祭奠盛会，莫过于举行祭神歌舞、体育竞技和戏剧表演，可见体育竞技就是当时重要的一部分。

文艺复兴时期主要的社会思潮是人文主义，启蒙运动时期的西方人文主义哲学家都坚持“自由、平等、博爱”以及“天赋人权”等观点，这使得西方的竞技体育围绕着以上理念来展开。

西方的竞技体育，在过去的一段时间内，占据着竞技体育强国的头衔。随着科技的发展和现代化进程的推进，西方以外，特别是东方文明之国对竞技体育的重视，西方的竞技体育虽然也取得了一定的成绩，但已失去之前西方的独断位置，并且出现某些亵渎奥林匹克精神，扭曲了西方人文精神视角下的竞技体育。

（二）中国人文精神与竞技体育

中国的人文精神产生于西周，在儒、道、佛的熏陶下沿着竞技体育的轨迹健康发展。

透过中国的人文精神来审视竞技体育现状，我们取得了一定成绩，肯定了中国的人文精神。同时也不得不看到奥林匹克运动中的一些现象：科技的进步，使奥林匹克运动从场地、器材、时间上、空间上都对我们作了更高的要求，我们的参与者开始着手在发挥人的极限水平的情况下，利用一些有违背奥林匹克精神、有损国人形象的手段来赢得赞赏、获得利益。

（三）“人文奥运”与中国现代化建设

北京 2008 年“人文奥运”的提出，在中国现代化建设中添上了靓丽的一笔。世界人们不仅看到了中国人们对待奥林匹克的态度，也看到了中国现代化建设的前景。这对推进中国现代化建设进程的步伐起着积极的影响，中国人们将以 2008 年北京奥运会为新的起点，更高、更快、更强地沿着现代化建设的思路，重新构建中国现代化发展的宏伟蓝图，更好地推进竞技体育的发展与传播。

三、文化教育乃奥林匹克之魂

文化，是永恒的主题，也是奥林匹克的实质所在。不管奥林匹克怎样发展，它都离

不开奥林匹克精神所赋予的奥林匹克文化。在奥林匹克文化得以传播的过程，就是一个教育的过程。所以教育，特别是文化教育，与奥林匹克是息息相关的，是奥林匹克的灵魂所在。

（一）思想道德价值

对思想道德价值中体现的奥林匹克精神就是从思想政治价值、经济价值、文化价值三个方面来进行的。

（二）科学认识价值

科学的价值、科学与社会价值观念的互动、科学中的价值三个方面对竞技体育的作用都是通过科学认识价值来体现的。

（三）精神价值

文化教育的重要属性是让人从精神上获得需求和满足。不管文化教育是让人学到知识，还是让人获得更好的物质生活，最终的落点都是满足人的精神需求。人的精神价值，包括精神享受价值和精神生产价值两个方面。不管是精神享受价值还是精神生产价值，都在竞技体育中发挥着一定的作用。体育能给人们带来精神上的愉悦，获得精神上的满足。

（四）教育价值

竞技体育的产生、发展离不开教育，教育价值在竞技体育中占着重要的位置，发挥着重要的作用。通过教育，我们清楚了竞技体育的比赛规则，了解了兴奋剂对身体的危害和对奥林匹克精神的亵渎，掌握了科学的训练方法……

（五）审美价值

审美价值在竞技体育中起着非常重要的作用，表现最为明显的是在体操项目、跳水和游泳项目上。同样，在竞技体育之外的辅助活动中，审美价值一样起着巨大的作用。如奥运会的开闭幕式让人心沸腾，感受到了美的价值和美的享受，从而激励着运动员的奋力拼搏，激励着亿万观众人心的沸腾，让世界的人们聚集在奥林匹克运动会的盛会中，久久地回味。

总之，文化教育伴随着竞技体育走过了艰难的历程。在竞技体育的产生、发展、成熟中，文化教育如影伴随，从思想、科学、精神、教育、审美上给了竞技体育无限的发展空间和发展前景。哪里有竞技体育的存在，哪里就有教育的身影，并且这个身影领引着竞技体育向更高、更快、更强的方向继续努力拼搏。

四、竞技体育与社会的发展

（一）“人文奥运”与构建和谐社会

“人文奥运”是中国迎接2008年北京奥运会提出来的，“人文奥运”体现了人文关怀，对社会主义和谐社会的构建有着深远而明确的影响。从构建和谐社会的目标和主要任务可以看出，构建和谐社会都是立足“人”这个基本观点的，“人”的问题始终是我们党和政府关心的重大问题。而“人文奥运、绿色奥运、科技奥运”都体现了竞技体育的人文价值，不管是人文、绿色还是科技，最终都是为了人类的生存与发展，都是以“人”为中心根本的，体现了“人本”的特点。

（二）竞技体育中的道德构建

通过调查得出：竞技体育中的体育道德观，一方面沿着既定的人生道德轨迹积极健康的向前发展，构成了推进竞技体育向前稳步发展的积极的体育道德。另一方面，在功名利禄的诱惑下，它已经偏离了前进的轨迹，并且愈演愈烈，形成了严重的体育道德失范。造成这些竞技体育道德困惑的原因有：体育道德意识的弱化、体育道德评价体系的缺失、体育法制的不完善。正是因为存在这样一些阻碍竞技体育前进方向、与奥林匹克精神相背离的体育道德困惑，才有越来越多的呼声要求回归奥林匹克精神，重新构建体育道德体系。我们在进行竞技体育道德构建过程中，在“公平竞争、科学进取、文明礼让、胜不骄，败不馁”基本原则的基础上，最根本的一点是首先进行道德教育、道德宣传和道德监督，然后是在上述基础上对那些顽固的道德失范行为通过法律的途径解决。

（三）奥林匹克运动对爱国主义精神的弘扬

体现竞技体育最高境界的奥林匹克运动，不仅成为了各国运动竞技能力的较量，也成为了各国爱国主义精神的体现和弘扬。当一个国家的国歌在奥林匹克运动场上奏响，国旗在运动场上飘扬的时候，你都会油然而生的对自己祖国的热爱，对民族精神的崇尚。当教练员把你选入国家队，代表自己的国家参加最高级别的体育赛事时，你心中充满的不再是自己要怎样怎样，而是为了祖国的荣誉、为了祖国的尊严你要怎样。你担任的不再是自己成绩的发挥与体现，而是代表着自己民族、自己国家的尊严。你的言行举止，已经不代表你个人，而代表整个国家。这就是爱国主义精神的体现。同样，作为国人，你看到自己的同胞在世人面前叱咤风云时，你会觉得那是你自己在那里驰骋，你会感到无比的光荣和骄傲。

项目编号：1093ss07050

普通高等学校办高水平运动队效益的系统分析与策略研究

赵一平　孙　耀　赵先卿　刘　超　马　力　裴德超

一、普通高校办高水平运动队效益

按照行动主体的系统结构以及办队成本的来源，将办队效益分为国家效益、组织效益与个人效益。国家效益指的是代表国家行使权力的教育、体育部门通过高校办高水平运动队获得的效益；组织效益指的是办高水平运动队的高校获得的效益；个人效益指的是高校办高水平运动队给参与的运动员带来的效益。

国家效益体现在实现了高校办高水平运动队参加世界大赛的目标，并在现行人才培养规格与培养标准下，高校高水平运动队在培养复合型人才在量的方面取得了显著成效。组织效益体现在办队高校其运动员在全国、省级体育竞赛中获得名次，在提高学校知名度与改善学校体育工作人与物的现实环境以及提高普通招生质量上面取得了一定的实际效果。个人效益覆盖面宽，覆盖率不高，主要体现在运动员拿文凭与综合能力的提高上。对于国家、组织和个人都应追求提高运动员的文化知识水平与运动技术水平，提高的状况与现实要求有较大差距，反映出高校办队效益在质上的不足。

二、影响高校办高水平运动队效益的因素

（一）办队定位

办队定位可以从办队的目的、目标上得到反映。当前“普通高等学校建设高水平运动队的目的是为国家培养全面发展的高水平体育人才”。这一目的包含了国家对培养具有“高的运动技术水平与高的文化水平”运动员的追求，既有解决当前我国竞技体育队伍文化水平偏低这一现实问题的需求，又有对我国竞技体育持续发展的预期。但“目标是完成世界大学生运动会及国际、国内重大体育比赛的参赛任务，为国家奥运争光计划和竞技体育可持续发展作贡献”。目标指向是如何培养具有高的运动技术水平的人，以完成参加重大体育比赛的任务。目标与目的不能统一，在现实利益的驱动下，为了完成目标，易导致实际工作仅仅围绕竞技体育开展，忽视或降低运动员文化学习的要求。同时，对于何为“高水平体育人才”缺乏明确的内容、指标和标准，增加了实践行动的可选择性与行动结果的不可预知性。

（二）办队结构

当前高校办队结构表现为：一、人力资源结构。运动员来源于各类竞技体育人才培养组织，主流在体校与城市高中。重点大学生源质量与一般本科院校具有显著性差异。

教练员主要是本校培养或兼职的，缺乏从系统外引进教练员的机制。二、课程结构。课程结构缺乏相应的标准体系。把课程设置、教学组织与安排、学分构成与学分获取等方面全部放权给办队高校。在增加高校办队自主权的同时，忽略了对文化教育的控制，难以保证文化教育的过程与质量。三、运动竞赛结构。运动竞赛主要以教育系统组织的全国、省级竞赛为主，未能兼顾高校层次的实际差异。虽然也有体育系统组织的运动竞赛与高校间的体育竞赛，但尚未形成规模，适应不了人才培养的实际需要。四、组织结构。教育系统形成了较为完整的、自上而下的运动竞赛组织结构。但对于运动训练与文化教育缺乏宏观指导与控制，同时缺乏与体育系统协商与合作的正式组织以及高校间的合作组织。组织间相对封闭，不利于办队资源的充分流通与使用。

（三）办队规模与质量

办队规模是取得办队效益的必要条件。当前办高水平运动队的高校在普及上与高校所处的城市、高校的属性与层次关系密切。直辖市的普及率高于省会城市，省会城市的普及率高于地级市；重点大学的普及率高于一般本科院校，部属院校的普及率高于重点大学，“211”工程大学的普及率高于部属院校。田径、篮球、足球、排球四个世界性普及项目的运动队已形成规模，游泳、武术、健美操、乒乓球运动队正在逐步形成规模，而其他一些项目的运动队规模太小或未形成规模。办队规模与高校所处地区、办学层次、可获取的办队资源以及办队特色密切相关，各地、各校也针对各自的实际情况在调整各自的办队规模。

办队质量是办队效益存在的前提。当前办队主体都把在运动竞赛中获得预期的成绩作为衡量办队质量高低的重要标准，忽略了对文化教育质量的要求。在人才培养过程中，重结果、轻过程，既缺乏全面质量标准的共同意愿，又缺乏完善且有效的质量管理体系。需要建立一整套控制和保证办队质量的标准、制度，最终落实在主体行动上。

（四）管理因素

当前高校办高水平运动队政策与制度管理体现在以下几个方面：

一是招生政策。招生政策实行管制与放任相结合，有效地扩大办队高校招生的自主权，促使招生政策的贯彻与实施，并在实践中逐步完善。但在招生对象与招生办法上，仍存在不足。首先在招生对象上，一是体育部门与高校争夺生源，给高校带来生源困难。二是对象资格。当前高水平运动队招生对资格有相对严格的限定，有利于招生控制。但对于资格获取的标准弹性较大，易导致实际工作中权力失控现象的发生。其次是招生办法上，一是招生监督。招生监督的范围只限于运动专项测试，未能涉及到单招的文化考试、招生过程以及对监督的监督。二是对于达到要求的考生由招生学校决定录取，录取的标准是什么未做要求；单招文化考试由招生学校自行组织，怎样确保考试的公正、公平性难以体现出来。三是以当地本科第二批次录取控制分数线为统一参照，不同层次高校在同一标准下竞争，导致的是对资源获取的不公平。

二是文化教育政策。文化教育政策以放任为主，在实践中表现为：决策主体在放权给下级主体时，忽视了对下级主体责任的限定，缺乏对运动员文化教育的控制，给下级主体行动带来了更多的不确定性选择，最终导致运动员文化教育的不确定性结果。管理主体行动表现为为运动员获取学分与顺利毕业创造条件，忽略了对运动员学力的培养，缺乏对运动员文化学习过程的专门指导。运动员在文化学习上均有不同程度的困难，政策与制度上未能就如何解决运动员的学习困难作出有效的指导。

三是运动训练政策。运动员的培养政策基本上围绕如何保证运动员日常训练、提高运动技术水平、取得理想体育比赛成绩。但对于吸引优秀教练员到高校执教，加强与体育部门的合作，资源共享等，缺乏强制性的规定。

四是质量控制政策。关于普通高校高水平运动队的质量控制，主要由各高校负责。国家对高校办高水平运动队质量的控制，主要是如何提高运动训练的质量与水平，鼓励的是高校间的竞争而非合作。且只有极少部分涉及到运动员的文化教育。

三、提高高校办高水平运动队效益的策略

（一）调整定位

高校办高水平运动队应定位于培养复合型的竞技体育人才。高校办队仅仅是竞技体育人才培养的一个环节，而非竞技体育后备人才培养基地。高校培养高的竞技体育水平的人才中的高，是绝对的高——培养世界级运动员与相对的高——培养比过去水平高的运动员的统一。文化教育的定位可以采取底线限制的办法，即文化教育合格来衡量。在明确定位的基础上，对办队目标从训练与文化教育两个方面提出来。

（二）优化结构

一是人力资源结构优化。人力资源结构优化可以从三个方面入手：第一是生源结构优化。生源结构优化首先要解决教育系统与体育系统对优质生源无序争夺的问题，其次要解决办队系统内高校间对优质生源不平等竞争的现实问题。第二是教练员结构优化。教练员结构优化首先要解决教练员的组成结构优化，其次是教练员的来源结构优化。采用外部引进与内部培养相结合的方法，促进高校教练员队伍结构整体优化。第三是文化教育教师队伍结构优化。在强调运动员自主学习的基础上，为运动员配置文化学习指导教师。

二是课程结构优化。课程结构优化首先根据人才培养规格的要求，建立一个针对运动员特点的相对统一而又宽泛的课程体系，改变课程设置的放任状态。其次是对各部分课程的设置比例既要有刚性的要求，又要对其设置的合理性与必要性进行考证，做到刚性与柔性相统一，管制与放任相结合。

三是运动竞赛结构优化。可从两个方面入手：一是拓宽高校参赛渠道，如在全运会、省运会增设高校组别；高校间运动竞赛常规化、规模化等。二是增设运动员参赛的组别，扩大运动员参赛面，增加运动员的参赛机会。如大运会竞赛组别中，增设以运动员入校竞技体育的级别分组，以高校为单位的单项体育竞赛，按高校的办学层次分组或以运动员入校竞技体育的级别分组或按运动员入学形式分组。

四是组织结构优化。可从以下两个方面落实：第一是组织结构形式优化。可在中国大学生体育协会下增设文化教育委员会、运动训练委员会、运动竞赛委员会、资格审定委员会、评估监督委员会与内部协调与对外联络委员会六个二级委员会，对运动员的培养进行系统的指导与规范。在同层次高校间进行横向的运动员训练与教育合作，形成横向合作交流的运行机制。在高校内部，借助学生社团，成立运动员文化学习中心，对运

动员的文化学习进行规划与指导。第二是组织结构的内涵优化。在关注组织系统成员招生权、教育权、竞赛权时，既要重视权力配置科学性，以充分调动成员积极性，保证组织高效率的运行，又要明确主体行使权力的责任与义务，实现权力行使的管制与放任相结合，以此适应不断变化的组织环境。

（三）统一标准

统一标准包括三个方面：第一是准入标准，包括高校办队资格与运动员入学资格两个方面。高校办队资格一是高校能否招收高水平运动员，二是办队高校办什么项目运动队的资格，三是每年招收运动员的人数。第二是准出标准，包括运动员的运动技术水平与文化知识水平。第三是过程标准，包括文化知识教育、运动训练、运动竞赛与条件保障四个方面。

（四）完善政策

政策完善可以从以下几个方面入手：第一是底线控制。一是招生底线控制。1. 根据高校的档次，确定不同档次高校文化成绩最低控制线，与文化课考生录取接轨。2. 针对“专业突出，有培养前途”的运动员的降分政策，对其“有培养前途”的鉴定，应有专门的组织进行，以避免招生过程中人为因素的作用。3. 单招政策考试的难度、试卷的批阅、合格分数线应由政府部门或相关机构组织，统一划定最低录取分数线。4. 对报名资格限定，可由相关组织或机构对考生进行测试，统一划定最低资格底线。二是文化学习底线控制。1. 对运动员的学习时间进行底线要求。2. 训练学分与奖励学分设置最高限定，逐渐降低其值，直至取消。3. 对运动员参加运动竞赛的资格从文化学习进行底线要求。三是运动训练底线控制。1. 人的条件，即要有科学训练的教练员团队。2. 物的条件，即要有从事科学研究的仪器设备。

第二是促进竞争与协同、开放与交流。对于办队高校间的竞争与协同，可借助职业体育联盟的做法——成立办队高校联盟。由联盟对办队资源进行统筹安排，以比较优势为原则，建立若干教学、训练基地，充分发挥各办队高校的资源效益。对于系统间的开放与交流可以借鉴经济学中“贸易能使每个人状况更好”这一原理。政策应对体育系统与教育系统的资源流动进行规划，促进两个系统整合优势资源，进行双向的资源流动，实现双向的开放与交流，推动高校办高水平运动队系统与其环境系统的资源流动，从整体上对资源的流向与过程进行调控。

第三是完善监督体系。可从招生、培养与输出三个环节入手，对招生的准入资格、运动员的课程学习、运动训练、运动竞赛、毕业乃至就业建立一套全面、科学、切合实际和有效的公开监督体系，保证普通高校高水平运动队系统的良性运行。在实践研究的基础上，对监督主体、评估标准、监督网络、监督形式、保障机制等作出明确的规定，提高相应组织的控制水平。

项目编号：1076ss07033

我国普通高等学院高水平运动队现状调查及发展对策研究

王凯珍　刘海元　刘平江*　汪　流　谢燕歌　张　霞

自1987年在全国51所高校招收高水平学生运动员试办高水平运动队以来，我国普通高等学校高水平运动队（以下简称高校高水平运动队）历经二十多年的建设和发展，在培养竞技体育人才方面进行了有益探索，取得了一些成绩和宝贵的经验，但也存在诸多问题。

一、高校高水平运动队发展现状

（一）建设规模和发展速度

截至2006年，我国共有普通高等院校1854所，其中本科院校720所。235所办高水平运动队的高校占全国普通高等院校的12.67%，占本科院校的32.64%。1987年，原国家教委首次在全国确立了51所招收高水平学生运动员的试点院校。从1995年开始，高校高水平运动队的数量逐年增加，到2005年已发展到303所。2006年，对高校高水平运动队建设进行全面评估后，使建队规模趋于稳定。

（二）办队模式

关于办高水平运动队的模式，各高校一直进行着积极的改革与探索，呈现出百花齐放的局面。主要有以下几种类型。

1. 独立办队模式

学校招收中学或少体校的学生入校后进行培养，代表学校运动队参赛。此模式主要利用学校自身的力量和优势，自己培养和造就大学生运动员、教练员，逐步达到一定的高水平，参加各类比赛，其关键在于高校高水平运动队自身的建设与提高。典型代表有北京农业大学的橄榄球队和北京理工大学的足球队。

2. 联合办队模式

与当地体委或体工职业队联合办队，学生挂高校学籍，平时训练及竞赛主要在体委或体工队，可代表学校比赛。此模式主要采取“借鸡下蛋”的方法，充分利用和发挥体委或体工队的训练条件及教练队伍的作用，克服高校在办高水平运动队方面尚存在经验和业务力量不足的问题，以取得较好的比赛成绩。比如，北航与北京男排，四川全兴足球队与西南交大的合作。也有些高校直接招收运动水平比较高的年轻运动员，共建省市体工队青年队模式。

3. “一条龙”模式

高校跟中学、小学直接挂钩，形成教育系统内部的“一条龙”独立培养体系。清华模式是比较典型的代表，从清华附小到附中都办了体育特长班，招收体育特长生，可直接输送到清华大学。这个模式打破了多年来体育与教育分离的局面，将体育资源和教育资源有机整合在一起。

4. 大学与企业联合投资的体教结合俱乐部模式

北大方正俱乐部模式是其中的突出代表，实行企业化运作和管理。俱乐部成立三年多来，已逐步建立了北大方正乒超联赛队、北京大学队、北大附中队、北大附小队这样一个完整的梯队层次。初步形成了一个可以向上流动的、有活力的建制和有利于培养后备力量、选拔可造就人才、维持和提高俱乐部的水平。俱乐部对于运动员的文化课有着非常严格的要求。同时，俱乐部还为职业运动员的转型和再就业提供了条件。

（三）运动项目设置和布局

1. 项目设置状况

通过对 235 所大学开展的项目进行了统计，目前由教育部批准的开展项目共有 27 项。除毽球外，基本涵盖了历届全国大学生运动会所开展的所有项目，整体来说基本能保证全国大学生运动会的项目设置。但是，与 2007 年世界大学生运动会所设项目相比，项目设置还有差距。此外，在对一些具有中国特色的体育项目和高校特色的体育项目设置上，教育部批准的 27 个项目中已有所兼顾，但比重不大、项目不全，无法体现出中国特色和学校特色。

2. 项目布局状况

高校办高水平运动队设置的 27 个项目的布局不均匀。开展田径的大学最多共有 166 所，占比例为 70.64%；其次为篮球，有 115 所高校开展，占比例为 48.94%；第三位的是足球项目，有 69 所高校开展，占比例为 29.37%；第四为排球项目，占比例为 25.96%；游泳和武术项目，所占比例均在 15%~20%间，分别为 19.15%和 18.3%的大学开展；乒乓球、羽毛球项目占比例在 10%~15%间，分别有 35 所高校和 22 所高校开展。而其他 19 个项目开展的学校均不超过总体的 10%，且大部分在 5%以下，甚至有些项目开展的大学仅有 1 所、2 所。

高校高水平运动队的项目开展不均衡，项目布局不尽合理。乒乓球、羽毛球等这些我国竞技体育传统优势项目、且在高校中易于开展的项目上，开展高校数也并不多，比例过低，不利于这些项目的发展，更不利于这些项目大学生运动水平的提高。

（四）高水平运动队建设的管理体制

在我国，管理高校高水平运动队的主要机构是教育部、国家体育总局。1986 年试办高水平运动队后，各校基本都建立了以主管体育工作的副校长（副书记）为领导，体育部（体育学院）、教务处、学生处、计财处、后勤处、纪委、校医院等职能部门负责人和相关学院领导共同协作的校内组织管理机构。

（五）运动水平和人才培养

1. 部分项目参加高水平比赛并取得较好成绩

高校高水平运动队建设在招生、学籍管理、训练管理、竞赛管理和日常管理等方面逐步形成了一套办法，并基本实现了良性运转，为大学生运动员处理好“学训矛盾”，不断提高运动训练水平和顺利完成学业创造了条件，为培养有文化、有修养和有技能的“三有型”全面发展的竞技体育人才探索了一条新路。

2003 年第 23 届世界大学生运动会，中国首次派出以教育部牵头组团出征，并取得了 21 枚金牌、16 枚银牌、12 枚铜牌，金牌总数第二的好成绩，特别是以“清华模式”培养出来的学生运动员胡凯夺得了男子百米冠军。

2007 年第 24 届世界大学生运动会中国第二次以教育部牵头组团出征，并取得了金牌总数第一的好成绩，这为中国大学生体育运动水平的提高和探索一条具有中国特色“体教结合”的新路子做出了新的贡献。

中国农业大学橄榄球队连续八年获得北京市冠军，八次夺得全国橄榄球比赛冠军。1996 年、2000 年主要以中国农业大学橄榄球队为主力组成的中国橄榄球队参加了第 16、17 届亚洲杯橄榄球锦标赛并获得乙组第一名。

1995 年华东理工大学的乒乓球队共代表国家参加了三届世界大学生乒乓球锦标赛，取得过多枚金牌。2001 年北京 21 届世界大学生运动会上自己培养的学生运动员帖亚娜，取得了乒乓球女单冠军。

北京理工大学足球队连获五届中国大学生足球联赛冠军。2006 年，北京理工大学足球队获得全国足球乙级联赛冠军，获得参加全国足球甲级联赛的资格，在社会上引起了不小的震动。

2. 为国家培养输送了一批竞技体育人才

通过开展高校高水平运动队建设为国家培养了一批较高水平的竞技体育人才，并以此为龙头带动了中小学开展竞技体育的主动性，为我国体育系统和其他开展竞技体育的行业、企业输送竞技体育人才。通过近年来举办的全国大学生田径锦标赛达运动健将和一级运动员的人数来说明这一点。通过 10 多年来开展高校高水平运动队建设，我国田径高水平运动人才的数量扩充健将数 225 人，一级运动员人数 1099 人，其培养较高水平竞技体育人才的作用是比较明显的。

（六）“学训矛盾”问题

由于学生运动员的生源特点和其双重身份特点，既要完成学业，又要提高运动技术水平，也存在着比较突出的“学训矛盾”问题。

现在高校招收高水平运动员的来源主要有三种渠道：一是普通中学的体育特长生，这部分学生的入学文化是当地当年本科分数线的 60%，这部分学生运动水平不高，一般只达二级运动员水平；二是省市各级业余体校的运动员，这类运动员运动成绩略好一些，但是文化成绩比较差；三是现役的省市体工队运动员，运动成绩比较高，但文化成绩很差，也基本不在学校训练，挂名者较多。

对 26 所院校的调查结果表明：70%的院校实行 4 年和 4~6 年学制；50%的学校为高水平运动员制定了专门的减少学分和降低主课难度教学计划；约 30%的院校执行统一的教学计划，如比赛取得好成绩，则奖励学分；仅 2 所院校严格执行统一的教学计划，没有特殊照顾。高校通过采取一些方法来解决“学训矛盾”，使学生运动员能够顺利毕业，但是其实际的专业能力有一定欠缺。总体上的做法是牺牲学生的文化学习时间来延长运动训练时间。

（七）训练保障条件

科学训练必须有高质量全方位的保障。高校高水平运动队的训练水平不高，与高校的各方面的保障缺位有着密切关系，目前存在严重的保障问题：

1. 经费投入不足。
2. 教练员积极性和执教水平不高。
3. 科技保障严重缺位。
4. 场馆设施不能满足训练需求。

二、存在的主要问题

（一）目标定位不明确

（二）宏观管理不到位

（三）高校内部存在多方面困难与问题

三、结论和建议

（一）结论

1. 我国普通高等学校高水平运动队建设模式是一种积极有效的探索和尝试，是对以体育系统为主体的竞技体育人才培养体系的有益补充。普通高校建设高水平运动队，是我国高等教育领域和竞技体育领域具有重大意义的改革与实践。

2. 建国以来，我国高校高水平运动队的发展表现出从无到有、从弱到强、从分散到有序的特点。经历了初建、徘徊发展和有序发展三个大的阶段。1987 年，原国家教委首次在全国确立了 51 所招收高水平学生运动员的试点院校。从 1995 年开始，高校高水平运动队的数量逐年增加，到 2005 年已发展到 303 所。2006 年，对高校高水平运动队建设进行全面评估后，建队规模趋于稳定。

3. 我国共有高校高水平运动队 235 所，占全国普通高等院校的 12.67%，占本科院校的 32.64%。高校高水平运动队拥有独立办队、与体育部门联合办队、大中小学“一条龙”和大学与企业联合投资等多种办队模式。

4. 目前，高校高水平运动队共开展项目 27 项，基本涵盖了历届全国大学生运动会开展的所有项目，但是与 2007 年世界大学生运动会所设项目相比，项目设置有差距。中国特色和高校特色的体育项目设置不足，无法体现出中国特色和学校特色。高水平运动队项目的开展也不均衡，重点、次重点项目和非重点项目所占比例差别很大，整体来看处于项目布局不合理的状态。

5. 坚持为培养全面发展的竞技体育后备人才服务；坚持教育系统和体育系统的齐抓共管；坚持遵循教育和竞技体育的两个发展规律；坚持加强宏观动态调控；坚持走特色发展之路是二十多年来高校高水平运动队建设的主要经验。

6.目标定位不明确、宏观管理不到位、重要性认识不足、学训矛盾突出、训练保障条件差是高校高水平运动队建设面临的主要问题。

（二）建议

1. 合理确定目标定位，培养更多高水平竞技体育人才。

2. 创造条件，鼓励高校高水平运动队承担更多的国家任务。

4. 鼓励高校利用教育资源优势，建立大、中、小学“一条龙”的竞技体育人才培养体系。

5. 缓解“学训矛盾”，进一步提高科学训练水平。

6. 构建学校竞赛体系，完善竞赛方法，充分发挥竞赛杠杆作用。

7. 建立多渠道经费投入机制。

项目编号：1044ss07001

我国中等体育运动学校办学模式的研究

金学斌　石　勇　杨建设　姜冠军　方　程
张　军　张　瑶　李　刚　孙启凯

一、我国中等体育运动学校办学现状整体分析

本次调查所涉及到的72个被调查对象统计到2008年10月之前，累计为国家队直接输送人数达到241人；输送到其他单位进入国家队的达到680人。这说明中等体育运动学校是我国竞技体育事业的重要组成部分，是竞技体育后备人才培养的主要机构，在“举国体制”的优势下发挥了积极作用，历年来为“奥运争光计划”的人才培养做出了重大贡献。

61.1%的被调查对象，即44所学校都是于上世纪70~80年代创办的。70年代，吉林、黑龙江、山西、陕西等省发起创办体育中专学校后，各地纷纷创办此类学校。随后，伴随着我国参加奥运会并不断取得好成绩，体育运动学校的规模越来越大。

目前我国中等体育运动学校领导体制有以下几种：省市体育局主管、体育局和教育局联合管理、教育局管理及其他等，但仍以省市体育局主管为主，占到调查对象的80%。83.3%的调查对象属于独立办学，少部分学校属于联合办学，另有个别附属于其他中学。

我国中等体育运动学校学制有：升格为五年制大专、三年中专、“小学、中学、中专一条龙”等多样化的学制，但仍以三年制中专为主，占到87.6%。多样化学制的出现，是中等体育运动学校根据自己学校办学实际及学生的需求而设定，也反映了社会主义市场经济体制下中等体育运动学校办学在努力适应不同学生和社会需求。但学制的多样化也显示了一种混乱，其局限性也很明显，难以发挥“举国体制”的优势和高水平竞技体育人才培养的系统性。

学校经费来源主要是依靠上级政府的全额拨款。有一半以上（38所）学校认为办学经费不足。学校的文化课教师以上级委派为主，而教练员以自行招聘为主，同时也有委派和自行招聘相结合。教练员和文化课教师待遇与当地各行业人员待遇基本相当，略偏低。办学经费、工作人员待遇等方面由于各地区经济发达程度不同，差异极大。

大多数学校运动项目的设置是由上级部门指定的，而自己学校主动权限较小。调查显示我国中等体育运动学校的特色项目、优势项目、潜优势项目或是后备规划项目基本与我国在奥运会夺取金牌较多的项目基本一致，进一步说明了在项目设置上是较为合理的。

近80%的中等体育运动学校场地、设施和器材能够满足学校办学的基本条件，还有少部分学校场地设施器材不能满足训练的要求。大多数中等体育运动学校的运动训练过

程中，都有或多或少的科学研究的介入，但仍有一部分（11.2%）学校由于各种原因，无条件进行科学化训练。

大多数学校除节假日全天训练外，其余半天训练，半天文化课学习。但在调查中也发现各地、各校之间的差异较大，文化课学习仍未得到充分重视。

二、我国中等体育运动学校“体教结合”办学现状实例分析

（一）四川省成都市华阳中学

华阳中学的办学模式是校（华阳中学）、体（省田径管理中心）结合的一所重点高中，是以教育局为主体，由省田径队派教练员担任训练任务的一种管理体制。

运动员在各年级的插班学习，考核标准和其他学生一样。训练时间是早操和下午4点以后。经费来源主要依靠省体育局为主、市教育局补助，县上再补助一部分。

其办学存在的问题：（1）经费不足制约项目的发展；（2）插班生上课，有时候因训练、比赛会影响到学习的系统性。

（二）湖北省襄樊市体育运动学校“体教结合”模式

湖北省襄樊市体育运动学校与湖北省师范学校襄樊四中等学校合并，组建新的襄樊四中，保留襄樊市体育运动学校的牌子和职能，实行“一套班子、两块牌子”管理方式，按照“品牌共有、资源共享、分部管理、分灶吃饭”的原则，致力探索“体教结合”的新路子。

运动员分别插入普通班学习文化课，不单设体育班。按照运动员年龄分别插入小学、初中和高中阶段学习。运动员与普通学生一样上课，下午放学以后训练，一般时间是17~19点。其管理体制是教育部门主管，体育部门协助。

存在的问题：合并后，不平等的体教结合，体育部门在管理上处于弱势，体育运动学校没有了人事自主权，教练员队伍建设有较大困难。

（三）上海市第二体育运动学校

上海市第二体育运动学校是一所体育类中等专业学校，主动与本市二十余个区县业余体校建立关系，本着“选好苗子、着眼未来、打好基础、系统训练、稳步提高”的原则，搞好选材、育才工作。

其主要优势与特点：（1）体育与教育部门都较为重视；（2）经费充足，条件设备先进；（3）教师、教练员、干部培训工作计划性强，抓落实较好；（4）内部管理规范。

存在的问题：（1）与教育主管部门主要靠感情联络，缺乏体制上的保证；（2）学生生源缺乏；（3）科研条件虽好，但实际中运用不够；（4）目前的“体教结合”对“出金牌”意义并不大。

（四）江苏省南通市体育运动学校

南通市体育运动学校四个项目与普通中学联办，运动员学习、训练、生活在联办中学。学校集市体育运动学校、市少年业余体育运动学校、市健雄学校、市人民体育场四位一体，实行四块牌子、一套班子的管理体制。

教学与训练时间安排：学校坚持每周五天半（含周六上午），上午五节课，晚上两节课用于文化课学习。下午 3 小时训练（含周六），寒暑假全天训练，教学、训练时间互不占用。中专、初中及小学部文化课设置同普通中、小学。

存在的主要问题：（1）经费投入仍显不足；（2）科研水平有待于进一步提高；(3) 一些群众基础不好的项目招生困难。

（五）辽宁省沈阳市体育运动学校

沈阳市体育运动学校“体教结合”的办学是：体育局主管、教育局业务指导的双重管理。

存在的问题：（1）教育经费严重不足；（2）双重管理模式下，形成教育边缘化；(3) 文化课教师荣誉感、成就感缺乏，影响工作积极性。

（六）四川省绵阳市奥林匹克体育学校

绵阳市奥林匹克体育学校是绵阳市体育局主管的全市唯一一所“体教结合”、体育特色突出的“三集中”高（完）中学校。实行“初中布点、高中集中、大学对接”的办学方略，初中全部集中在城区质量较高的学校，高中集中在该校，解决了各层次在训学生读书、训练的问题。

三、校企结合办学模式现状——学校依托企业共建单项体育俱乐部

以人大附中 BTV 三高足球俱乐部为例，人大附中由体育传统学校发展到 BTV 三高足球俱乐部，属北京国安足球职业俱乐部青少年队。把足球训练与市场结合起来。

四、我国中等体育运动学校办学过程中存在的主要问题

• 学校领导体制的不一致，造成一定的混乱，难以发挥竞技体育的“举国体制”的优势。

• 学校办学经费、工作人员待遇、场地设施及科研条件等由于各地区经济发达程度不同，差异较大，从而影响到竞技体育后备人才的培养。

• 学校培养的运动员因大量不能进入高一级训练单位，造成就业困难，造成严重的生源不足。

• 部分学校科研仪器条件的优势没有得到充分发挥；教练员缺少交流及科研教练缺编，训练科学化有待于进一步提高。

五、我国中等体育运动学校办学模式的对策

• 大力推广体育运动学校“体教结合”的办学模式。国家体育总局有关领导充分肯定了中等体育运动学校“体教结合”的办学模式，也强调了今后应该注意的问题。因此，应大力推广和不断完善中等体育运动学校“体教结合”的办学模式。

• 加快建立可行的领导体制。由国家组建专门的领导机构，同时负有教育和体育两个职能与权力，制定统一规划与政策，对中等体育运动学校进行专门管理，以解决由于管理体制带来的学校自身难以解决的学、训矛盾问题，使“体教结合”的办学模式得到落实。

•统一经费投入和人员编制。由国家统一进行充足的经费投入，使中等体育运动学校能够全力开展竞技体育后备人才培养的各项工作。同时，给予专门的人员编制，建立人才流动机制，打破原有的招生区域壁垒限制，允许各校在全国范围内招生，使教练员和运动员能在最适合发展的环境下进行训练。

•适度控制中等体育运动学校办学规模。竞技体育有其独特的规律，各个运动项目对选材有着特殊的要求，所以要在大力普及少儿业余体校和青少年体育俱乐部的基础上，由中等体育运动学校进行严格选材，保证确有发展潜力的学生进入此阶段训练和学习，以提高成才效率。由于就业要求学生学历越来越高，中等体育专业的其他人才培养应大幅度减少。使学校培养高水平竞技体育人才的目标更加明确和集中。各项目设置也应统一规划和布置，发挥全国一盘棋的作用。

•解决好在校学生的分流问题。中等体育运动学校的学生，最后能达到高水平优秀运动员标准的只是少数，在学习、训练过程中会不断有学生被淘汰。学校应定期进行测验和评价，对不能继续训练的学生要及时采取措施，安排分流，按其年龄特点和个人特长，进行中等职业培训和高中文化课学习，以利于这部分学生掌握一定的职业技能及时就业或进入高等教育行列。

•加强教练员队伍建设。各学校应采用引进、交流、培训等多种方式解决好教练员队伍的建设问题。也可聘用一些退居二线而仍有执教能力的优秀教练员短期帮助训练等方式，但重点要抓好本校教练员的培训与提高。

•强化科学训练的相关措施。各学校在编制上应重视科研教练的配备，同时可依托省市体育科学研究所和体育高等院校的科研优势，帮助教练员进行科学训练。同时，要健全生理与生化指标监测、营养与恢复的基本设施和专业人员配备，为教练员制定训练计划提供依据和帮助。

项目编号：1084ss07041

安徽省县级青少年训练现状及对策研究

陈海军　赖恺伦　顾玉飞　强　武　李　青　李照龙　章登林

一、安徽省县级业余训练的基本情况

安徽省县级体育组织机构有以下三种情况：一是体育机构单独保留的，属于事业性质；二是与文化、教育、旅游合并；三是改为具有行政职能的体育社团组织或事业单位。县级业余训练是以业余体校为龙头，体育传统项目学校和青少年体育俱乐部为双翼的业余训练网络。县级业余训练经费主要有财政拨款、社会赞助、学校拨款、自筹经费及无固定训练经费。有40%县的青少年训练工作基本属于较低水平和规模，各县的项目开展上基本以田径和球类为主，项目涉及的范围较小，训练场地设施相对落后。

体教结合主要存在“走出去”“请进来”“一个学校两块牌子”“县队校办”四种模式。

二、安徽省县级业余训练主要存在问题

（一）管理难

体制改革对青少年业余训练引起的阵痛，级体育机构改革后，有的县体委一部分与其他单位合并，有的还保留县体育局独立事业单位，但缩减了行政编制，精简了人员，使从事青少年业余训练的专职教练员数量锐减，极大地影响了基层业余训练的正常开展。县体育行政部门对“体教结合”认识不清。县体育行政部门对青少年业余训练的重视程度有待于进一步提高。县级青少年业余训练没有形成良好的项目布局，大而全，但实质上缺乏优势项目，品牌项目，存在样样都抓，样样都不精的现状。

（二）经费难

从省体育局来讲，每年下拨的业余训练经费是到市不到县，县级无法享受到省体育局的经费投入；从市体育局来说，从调研来看，对县级训练只能保障一定的比赛经费，对训练场地、器材、训练补助、伙食补贴等方面均没有投入；就县体育行政部门而言，由于各县级财政状况不同，大部分县对体育事业的投入有限，很多县没有青少年业余训练专项经费，县级业余训练基本靠体育彩票公益金在维持，而且有的县在使用体育彩票公益金方面还受到各种限制。可见经费投入不足极大地影响了县级青少年业余训练的积极性。

（三）训练难

训练场地设施落后，训练条件差；教练员缺乏知识更新，训练水平低；读训矛盾突出，训练时间难以保证。

（四）招生难

体育行政部门在“体教结合”中处于弱势地位，受传统“重文轻武”和“应试教育”思想的影响，家长不愿意让孩子从事长期枯燥的体育训练，导致县级青少年业余训练存在以下问题：一是选材的难度加大；二是人才流失现象严重，业余体校出现严重萎缩，社会办体育的力量薄弱。

（五）政策难

对于县级青少年业余训练来说，政策导向力度还不够，通常政策是到市不到县，县级青少年业余训练政策难主要体现在训练、参赛、考核方面。同时缺乏相关的激励政策，存在“干好干坏、多干少干、干与不干”一个样的现象。

三、对策

用科学发展观指导我省县级青少年训练的发展，就是要使我省的县级青少年训练要有整体性、全面性、综合性、战略性、长远性的发展。因此，在新的历史时期，需要我们解放思想，转变观念，改革创新，高度重视县级青少年训练，在今后几年强力推进县级青少年业余训练“金字塔”工程。

四、县级青少年业余训练“金字塔”工程的主要思路

县级青少年业余训练工作要紧密结合全民健身计划和奥运争光计划的实施，培养和输送更多的优秀体育后备人才。以“选好苗子，着眼未来，打好基础，系统训练，积极提高”的训练为指导思想，以广泛开展中小学生课外体育活动和课余训练为基础，以“输送第一”为主要任务，以全面、协调、可持续的发展为主题，以训练体制改革为重点，逐步形成县级业余体校、传统项目学校、各训练点等多层次，多渠道的县级青少年业余训练网络。

五、县级青少年业余训练“金字塔”工程的主要措施

（一）提高认识，高度重视县级青少年业余训练

各级体育行政部门要转变思路，狠抓县级青少年业余训练，加强基层青少年训练工作。要充分调动省、市、县三级和体、教两家的积极性，通过“五抓”，即抓投入、抓政策、抓考核、抓重点、抓管理，进一步强化各级管理部门责任，完善相关政策措施，建立健全考核评估制度。抓好重点核心工作，形成管理制度规范化、组织形式多样化、训练体系网络化、运动训练科学化、培养输送订单化的青少年训练管理模式，积极争取县政府对县级体育工作的支持。

（二）完善县级青少年业余训练的组织网络体系

建议省体育局成立青少年训练专门管理部门，抓政策，抓规划，加大宏观调控能力，研究制定我省业余训练发展方针、政策、法规和规划，充分发挥指导、协调、监督、检查、评估、服务的作用，全盘抓青少年业余训练的管理。市体育局要认真贯彻执行国家、省体育青少年训练工作的政策、法律、法规，研究拟定全市青少年训练工作的政策、规定并监督实施，统筹规划青少年业余训练发展，负责青少年业余训练项目设置与重点项目布局，组织全市性体育竞赛和重大体育竞赛活动，指导全市各县青少年训练工作。县级体育局长是“金字塔”工程的第一责任人，要突出重点，明确任务，落实责任，扎实工作，不断拓展挖掘“金字塔”工程的深度和广度，大力推动业余训练后备人才培养和体育事业的发展。

（三）倡导多渠道、多形式的竞技体育后备人才培养模式

切实加快县级业余体校建设；深入推进“体教结合”；加大社会办青少年训练的扶持力度。

（四）加快项目结构调整和优化布局工作

按照“省抓精品，市抓强项，县抓特色，镇抓拳头，校抓传统”的原则，抓好二、三线的项目布局，实施“订单式”人才培养。市体育局要对三线项目进行重点布局，要根据各县、传统项目学校和青少年俱乐部实际情况合理布局，每个县和传统项目学校以重点布局3—4个项目为宜。如人力、财力、设施不足，重点布局2—3个项目也可，以青少年俱乐部以发展单项为主，重点攻关。同时，省、市要对重点布局的三线训练点重点扶持、重点投入。

（五）加大对县级青少年业余训练的投入

首先，从经费上，省、市体育局可根据各地的特色或考核结果，采取布点立项的方法给予经费补助，对有特色、有亮点的县可以进行分期投入、多渠道投入。同时对于体育彩票公益金的使用方面，加大对公益金使用情况的检查力度，要求各县有青少年业余训练专项经费：从物质上，省局对于业余训练开展有特色、有成效的县给予体育训练器材的支持；从人员上，在定期开展教练员培训的同时，省局应发挥资源优势，安排省优秀运动队教练下基层“蹲点”或“结对”支教。

（六）完善县级业余训练的评估、考核工作，健全激励政策

省体育局应制定出台县级青少年业余训练的考评指标体系，定期、不定期地对县级业余训练情况进行检查指导，进行评优评先。考核可采用定量考核与定性考核相结合的办法，坚持考核标准，实事求是，对各县（市、区）的业余训练工作进行全面、科学、客观的评估，确保考核评估工作的公开、公平、公正。启动安徽省县级业余训练“品牌县”工程，对效益明显的县，要钱给钱，要物给物，要人给人，以点带面，强力刺激，形成辐射影响。让县级青少年业余训练干有所得，干有所乐。

（七）完善竞赛制度，充分发挥竞赛的杠杆作用

从调研来看，各县对恢复县级运动会的呼声很高，希望通过县级运动会这个平台展现基层业余训练的成果，同时对于省队来说，也是极佳的选材机会。第二，对刚批准的30个扩权县，要采取新的举措和激励政策，制定相应的竞赛规程，让30个扩权县在同一起跑线上开展竞赛活动，用以奖代补的办法给予奖励和扶持。第三，要充分发挥市级体育局的功能和作用，利用市运会在当地县委县政府和人民群众中的影响力、感召力。第四，利用省运会，设立多个县级体育奖项，让各县领导班子为自己的县颁奖，促使各县领导对体育事业的关注和重视。

（八）加强教练员的培训，提高县级教练员执教水平

首先，要采取走出去，请进来的方法，一方面尽可能让教练员多参加高水平的专业培训，另一方面要多请专家上课、交流、传递信息。其次，要创造条件，积极引进高水平的教练人才，带动教练员队伍整体素质的提高。

项目编号：1090ss07047

高水平运动员压力应对模型与干预策略研究

陈传锋　李建设　陆亨伯　郑建岳　陈道裕
庄永达　金一波　过国忠　贺豪振　汪　莹

美国学者格鲁波曾经说过："对初、中级运动员来讲，80%靠生物力学因素，20%靠心理因素；而对高级运动员则相反，80%靠心理因素，20%靠生物力学因素。"奥运会十项全能冠军鲁纳曾说："在奥运会水平的田径比赛中，心理问题占 80%，体能问题占 20%。"英国游泳队总教练甘里尔也说过："心理训练使游泳运动员的良好成绩增加 10%~20%。"这些说法的科学性和精确性虽然还有待于实证研究予以考证，但其表述的客观事实和现象却是有目共睹的。亦即，现代竞技体育发展呼唤高水平运动员，而高水平运动员的竞技成绩需要良好的心理素质，培养良好的心理素质则需要提高运动员的压力应对技能，因为运动员是高应激群体之一。

一、高水平运动员和一般水平运动员的应激水平及应对方式的差异

高水平运动员和一般水平运动员的应激水平及应对方式的差异具体表现如下。

（一）不同级别的专业运动员所感受到的压力源及应激水平既有共性、又存在差异：就共性而言，他们的最大压力都来自就业/前途压力和训练压力；就差异而言，高水平运动员感到应激水平较高的压力源是身心压力，而普通运动员感到应激水平较高的压力源则是比赛压力。

（二）不同级别的专业运动员所采取的应对方式也不一样：高水平运动员比普通运动员更多地采用主动应对；而普通运动员比高水平运动员更多地采用超越应对。

（三）无论是高水平运动员还是一般水平运动员，他们所采用的应对方式都是随着压力情境的变化而变化的：对高水平运动员而言，在比赛压力情境下一般采用直面应对；在人际压力情境下一般采用情绪应对；而在训练压力情境下一般采用这二种应对；在就业压力情境下则采用寻求支持应对。对普通运动员而言，在训练压力情境下一般采用逃避应对；而在生活压力和身心压力情境下则一般采用主动应对。

二、高水平运动员的压力应对路径模型

据此，本研究构建了高水平运动员的压力应对路径模型（图 1）。

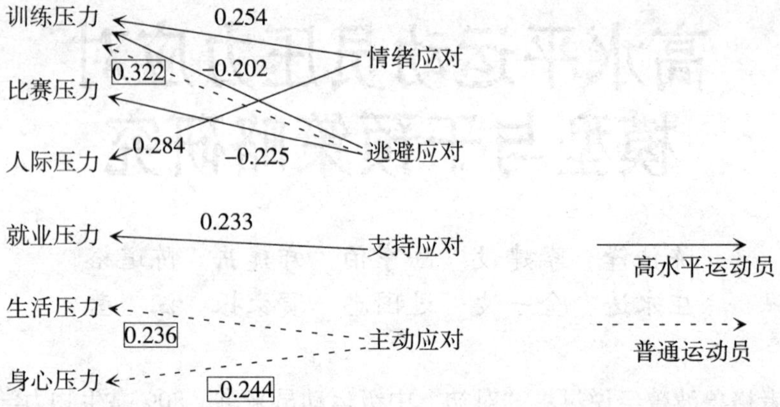

由上述路径图可清楚地看出：不同的应对方式分别被用于不同的压力情境，但不是所有的压力情境都有与之相适合的应对方式。对高水平运动员而言，在训练压力下，达到显著性预测水平的应对方式是情绪应对和直面应对（逃避应对的标准系数为-0.202），二者可解释在训练压力情境下应对方式的10.5%的变异量；在比赛压力下，达到显著性预测水平的应对方式只有直面应对（逃避应对的标准系数为-0.225），这一因子可解释在比赛压力情境下应对方式的5%的变异量；在人际压力下，达到显著性预测水平的应对方式只有情绪应对，这一因子可解释在人际压力情境下应对方式的8.1%的变异量；而在就业/前途压力下，达到显著性预测水平的应对方式只有支持应对，这一因子可解释在就业压力情境下应对方式的5.4%的变异量；但在生活压力和身心压力下，没有发现达到显著预测力的应对方式。

对普通水平的运动员而言，在训练压力下，逃避应对具有显著的预测力（这一因子可解释在训练压力情境下应对方式的11.0%的变异量）；在生活压力和身心压力下，主动应对具有显著的预测力（这一因子可分别解释在生活压力和身心压力情境下应对方式的5.6%和6%的变异量）；但在其他压力情境下均未发现预测力高的应对方式。

这一结果符合“应对方式的情境理论”构想。已有的研究只从应对方式本身的性质出发，将其划分为问题应对和情绪应对或主动应对和逃避应对，而忽略了运动员采用什么样的应对方式是随着压力情境而变化的。因此，本研究结果为应对方式理论提供了新的研究视角。

以上结果还表明：学习压力尚未成为运动员的主要压力源，超越应对则没有被运动员用于主要的应对方式。

三、不同项目运动员压力源和应对方式的特点

（一）不同项目运动员在不同压力情境中（尤其在生活和就业情境中）的应激水平存在显著差异，如皮划艇和赛艇队运动员在许多压力源上的应激水平都显著高于田径队、羽毛球和射击队运动员；总体来看，运动员在训练、比赛和就业方面的应激水平较高，且明显高于在人际、生活、学习和身心方面的应激水平。

（二）不同项目运动员使用的应对方式也有显著差异，如跳水运动员使用主动应对的得分显著低于田径运动员和皮划艇及赛艇队运动员，但其情绪应对得分则显著高于其

他项目运动员。总体来看，运动员使用主动应对的得分明显高于其他任何应对方式，而使用寻求支持应对的得分则明显低于其他任何应对方式。

（三）不同项目运动员在不同的压力情境下采用的应对方式存在显著差异，例如，羽毛球运动员在训练压力情境下，很少使用支持应对，而在学习情境下，却和其他运动队一样，一般使用支持应对。而田径运动员在人际和身心压力情境下较多使用主动应对，在就业压力情境下则较多使用超越应对等

四、调节运动员竞技心理状态心理训练方案的制定

研究认为，首先要熟悉运动员，确定可能使运动员感到应激水平较高的压力情景，并建立针对这些压力情景运动员有效应对的应对方式库；然后采用模拟心理训练方法(包括模拟关键局、关键分的情境)，通过个案心理训练与团体心理辅导的形式对运动员进行压力应对技能的心理训练。鉴于运动心理技能的训练应遵循一般技能训练的规律，必须坚持长期、系统训练才能获得显著效果。

五、本研究的不足之处

自编问卷的维度与题项还需修改完善；压力应对预测路径模型中没有反映主动应对对于训练和比赛压力情境的显著预测作用；心理训练方案由于时间紧迫尚未实施。因此，在后续研究中，不仅要进一步修订调研问卷、扩大调研样本，探明高水平运动员的应对方式和压力源的内在关系；同时需要明确区分不同的应对方式，探明具体的应对技能，构建路径更为明晰的压力应对模型；而且要长期蹲点在运动队，将有关压力应对技能的心理训练方案付诸实践，真正为高水平运动员提高压力应对技能、调控竞技心理状态、提高竞技运动水平和成绩等提供科学指导。

项目编号：1075ss07032

优秀运动员退役角色转换模式及二次职业生涯设计心理指导体系研究

胡咏梅　姚家新　徐　红　刘树华　王　健　依惠琴　陈淑慧　王芳婷

退役是每个运动员必然经历的人生转折阶段，它不仅意味着运动职业生涯的结束，还意味着他们将重新站在人生起跑线上，面临生活和工作的全新选择与考验，进行新的角色定位。因此，退役往往又被称为运动职业生涯的过渡时期。

一、运动员退役顺利角色转换的诱发因素结构分析

优秀运动员退役顺利角色转换的七个诱发因素按照运动员引证率由高到低依次排序为：高自我认同、面对退役的准备、退役转型积极应对策略、运动职业生涯中出现的退役意识、退役后的社会支持、退役后的多重个人角色和内部动机运动。七个诱发因素之间是紧密联系、相互配合的，它们在顺利角色转换过程中各自扮演着不同的角色。高自我认同、面对退役的准备和退役转型积极应对策略三个维度运动员的引证率都超过了50%，因此，被确定为退役运动员顺利角色转换的主要诱发因素，其他四个列为次要因素。

二、顺利角色转换运动员情商的特征

测试42名成功角色转型的退役运动员的情商，其中男运动员22名，女运动员20名，测试结果显示，此类运动员情商普遍较高，平均分为5.23±0.48。说明顺利角色转换的运动员情商属于高分，而情商高分的人表现出：情绪平和，自我调适良好，不易出现极端和不良的情绪反应，客观的自我评价、健康的情绪特征、坚强的意志品质、积极的进取精神、和谐的人际关系、乐观的人生态度，能与别人相处愉快的特征，验证了本研究最初的假设。这提示我们成功角色转换的退役运动员的情商较高，情商对于退役运动员健康顺利地度过转型期起着重要的作用。同时，提示要将运动员的情商培养和训练作为健康职业转型的心理辅导课程的重要内容。

因子得分由高到底的排序分别是焦虑感、冲动性、羞怯感、软弱性、敌视性和抑郁感。在6个情商因子排序中，焦虑感和冲动性排序前两位。抑郁感得分最低。说明成功角色转型运动员具有较多的积极情感，能够较从容地应对社会情境，而且善于控制自己的冲动性和欲望，与人交往平和友善，更容易获得别人的认可。

三、顺利角色转换运动员职业倾向测验

（一）退役运动员职业倾向类型总体特征

单职业类型的统计结果可以看出，退役运动员职业倾向类型最多的是社会型职业，

占 66.67%；其次是技能型职业类型，占 11.90%；经营型职业类型在退役运动员职业倾向类型中占有比例最少。双职业类型中排序最高的两种职业类型分别为社会经营性（28.57%），社会艺术型（21.43%），双职业类型完全达到了霍兰德理想职业类型的一致性和分化性的特点。人格的两位代码在六边形上距离近，说明一致性好，而且在六种类型上的表现达到分化性的要求。

其中，社会经营型的职业倾向的人呈现出喜欢与人打交道，乐于从事经营事务，性格倾向于乐观和自信，进取心强烈，勇于进行大胆的尝试；明确的目标取向，善于指挥、影响他人，占有欲和支配较强，巧于辞令，行为举止得体，特别善于交际；精力充沛，组织管理能力强，作风果断，对目标能不懈追求，持之以恒的个性特征。所适宜的工作环境为经营，市场开拓，促销宣传，要求发挥人际技巧，善于谋略、运筹，具有影响、沟通能力的工作。

社会艺术型的职业倾向的人呈现出对人和艺术都十分感兴趣，乐于社会交往，并富有幻想和创作欲望，富有情感，有很强的人际归属感，热情，大方；喜欢从事要求想象力丰富的工作，乐于和人相处，对错综复杂和不规则的事物非常感兴趣；有强烈的影响他人的欲望，乐于组织合作和协作，友好对待周围的人，宽宏大量，对情绪情感有极为丰富的内心体验等特点。所适宜的工作环境：社团组织，有自由度和要求创造性的环境，对人际交往技巧要求较高的工作。

（二）顺利角色转换的退役运动员职业价值观特征

退役运动员在选择工作时考虑的最重要的因素是能充分发挥自己的能力特长，占 35.71%；在选择工作时考虑的次重要因素是工资高、福利好，占 28.57%；在选择工作时考虑的最不重要因素是有较高的社会地位，占 40.48%；在选择工作时考虑的次不重要因素是工作环境（物质方面）舒适，占 23.81%。说明，顺利角色转换的运动员择业价值取向来自于稳定的内部特质。那就是更强烈的自我实现的价值需要，这与高自我认同的首要诱发因素，高情商的测试结果是完全呼应的。顺利角色转换的退役运动员正是在这种内部稳定可控的价值取向的指引下，更乐于接受工作中的挑战，敢于承担责任，勇敢地面对失败。充分发挥自己能力特长的择业价值取向，是他们在新的职业生活中获得成绩，顺利完成退役后角色转换的重要个性特征。同时，也提示将充分发挥自己能力特长的职业价值取向的引导，作为健康角色转型心理干预指导的重要课程。

社会地位及工作环境方面舒适，在顺利角色转型运动员的职业价值取向中，列为最不重要和次不重要的。而且，这些价值取向正是外部不稳定不可控。

（三）成功角色转换退役运动员主、客观职业倾向类型匹配特征

完全匹配的人数只占总人数的 16.67%，完全不匹配的人数占总人数的 21.43%，绝大多数运动员属于基本匹配，占总人数的 61.90%。这一结果表明，二次职业选择时退役运动员职业倾向主客观能力基本匹配，说明他们的职业倾向人格自我评价比较客观，职业自我概念比较清晰，这些对健康顺利地角色转换都起重要的作用。

四、退役运动员职业生涯的人生坐标发展性模型

(一) 退役运动员职业生涯的人生坐标发展性模型的结构

1. 退役运动员职业生涯的人生坐标发展性模型的时间划分

退役运动员职业生涯的人生坐标发展性模型是一个描绘运动员人生生涯的坐标轴，上面9个点标注了退役运动员至今所经历的9个重要事件：1出生——2进入三线——3进入二线——4进专业队——5巅峰——6准备退役——7刚刚退役——8适应——9稳定。1~3归为成长阶段，3~4归为探索阶段，4~5归为建立阶段，5~6归为维持阶段，6~7归为衰退阶段，同时，进入了下一个微循环阶段。即退役运动员在经历一个运动生涯发展的五个阶段的最后--衰退阶段的同时，必须面临退役，运动员此时还很年轻，虽然各个项目运动员的退役年龄各不相同，但平均退役年龄在25~30岁的范围内，为了生活需要他们退役后必须寻找新的职业，所以他就在人生生涯的第一个循环的最后一个阶段，进入了下一个新的职业生涯的探索阶段。

2. 退役运动员在人生坐标发展性模型中每个阶段的职业规划目标

(1) 成长阶段

成长阶段即从出生到进入二线的阶段。在此阶段的前半段，即出生进入三线阶段，与普通人没有区别，而后半段，即三线到二线，运动员开始了以兴趣爱好为主的业余训练。在此期间，运动员在接受学校教育同时，在业余时间（如晚上、周末）必须从事业余体育训练，在这一阶段运动员对其所训练的项目产生浓厚的兴趣，并掌握了该项目的基本技能，而且对参加体育锻炼有积极的态度。该阶段的规划目标为，形成对文化学习和体育学习的积极态度。

(2) 探索阶段

探索阶段即从二线到专业队的阶段。这时，运动处于运动职业生涯的准备期，可能在学校继续学习，也可能进入了体校。这时的学习时间逐渐减少，并开始为进入专业的运动队、开始自己的运动员生涯而努力训练。但此时并未确定，如果经过几年的专业训练，不能表现出较好的成绩，运动员可能放弃专业训练，选择继续上学。这个阶段运动员的职业规划目标既要保证学校教育，又要进行业余运动训练，一定要处理好“学训关系”，主要是文化课学习，保证初中学业。其目的有二，一是如果不从事竞技体育，不影响运动员以后的成长；二是如果从事竞技体育，可为退役后的择业奠定坚实的基础。

(3) 建立阶段

建立阶段即从进入专业队到巅峰成绩取得的阶段。没有放弃运动训练的成绩优秀的运动员就进入了运动生涯发展的建立阶段，在此阶段，运动员经过各种比赛的磨砺，成绩逐渐稳定在某一范围。随着比赛场次的增加和比赛经验的积累，运动员进入了运动生涯的黄金时期。这一阶段运动员的职业规划目标，除了要保证刻苦的运动训练，达到最高竞技水平之外，还要在每周仅有的几节文化课中保证语文、数学、英语等基础学科的学习。为运动员在退役后的继续上学和技能培训打下基础，并为从事其他职业做好准备。同时，这个阶段职业规划的核心宗旨，就是形成优秀运动员的高度认同。

(4) 维持阶段

维持阶段即从巅峰到准备退役的阶段。运动员虽然处在运动生涯的黄金时期，但是

已经稳定了的运动成绩可能由于状态等原因出现波动，这就必须根据需要对运动员的身体条件进行科学调控，使优异成绩保持更长的时间。

在这个阶段的职业规划目标：首先，要求运动员在平时的训练中更加刻苦，争取在各项比赛中取得优异的成绩，提高自己的知名度，为再就业提供更好的社会效应；其次，留心教练员的指教风格，理解教练员的训练计划，学习更多的训练方法，掌握更多的战术，为将来从事教练员工作做准备；第三，不要挥霍自己的工资，运动员在运动生涯过程中不用担心自己的吃、穿、住、行，这些都由运动队统一安排，所以运动员可以剩下自己的工资作为以后的自主创业的资金；第四，学习体育管理学知识和组织运作比赛能力，为将来从事体育管理工作打下基础。

(5) 衰退阶段

即从准备退役到退役的阶段。运动生涯发展的衰退阶段特点最为明显，在其他职业还处于建立阶段时，运动生涯已经到达了衰退阶段，面临着再次择业。同时，进入了下一个微循环阶段。即退役运动员在经历一个运动生涯发展的五个阶段的最后——衰退阶段的同时，必须面临退役。运动员此时还很年轻，虽然各个项目运动员的退役年龄各不相同，但平均退役年龄在25~30岁的范围内。为了生活，他们退役后必须寻找新的职业，所以他们就在人生生涯第一个循环的最后一个阶段，进入了下一个新的职业生涯的探索阶段。

这一阶段的职业规划目标正如顺利角色转换主要诱发因素“退役准备”维度所涉及的自我情绪调节，对未来生活的规划，对未来生活的资源重建三个二级维度一样。需要做好认知、情感、动机、生理、行为、操作和交流等7个方面的退役准备。包括接受运动职业终止的事实、面对现状有控制感、计划退役等；积极乐观的情绪反应；含积极探索新的职业、对新生活产生兴趣、改变主观的生活价值标准；健康的身体状态和充沛旺盛的精力，开始新的生活；良好的行为习惯；积极参与培训；建立和适应新的社会网络关系。所有这些方面被作为过渡期的资源，会作用于准备状态的形成，并动态地积极影响退役过渡阶段。

(6) 二次职业生涯的探索阶段

即从退役到适应的阶段，探索阶段的前半部分与运动职业生涯的衰退阶段有一个时间段的重合。这个阶段退役运动员一方面积极的为退役作准备，一方面顺利地进行退役后的角色转换，尝试新生活，不断缩小二次职业的范围。

这一阶段的职业规划目标正如顺利角色转换主要诱发因素“退役转型积极应对策略维度”所涉及的重新的角色定位、积极的心理适应、建立新的生活方式、运动员品质的迁移、运动技能的迁移五个积极策略一样。退役运动员要以全新的姿态去适应新的生活，努力做好自己的工作；与新职业中的同事很好相处，没事的时候就出去吃个饭，一起出去玩玩，使自己保持一个愉快的心情；将在运动生涯中培养的刻苦、独立、吃苦耐劳、积极情绪、克服困难的勇气等被自己高度认同的优秀心理品质迁移到新的职业生活中。

(7) 二次职业生涯的建立阶段

即从适应到稳定的阶段，这个阶段作为二次职业生涯的建立阶段，主要任务在于不断积累二次职业的工作经验，提高业务能力，建立稳定的工作。这一阶段的职业规划目标正如如顺利角色转次要诱发因素“退役后的多重个人角色”维度涉及的，处理好工作角色和生活角色的关系。

（二）退役运动员二次职业生涯设计心理指导对象

运动员退役二次职业生涯设计以心理干预为目标，旨在帮助运动员保持主观地控制退役过程。干预的对象可分为仍在训练和比赛的即将退役的运动员和已退役的运动员。

对于第一种运动员，干预方案主要是帮助搜集退役过渡资源，建立退役过渡的准备状态。例如，为运动员提供有关运动职业发展的知识和技能，让运动员了解运动职业终止的原因和最佳退役的时机；制定短期和长期的计划（包括退役后的计划）；通过帮助自我分析、掌握过渡技能、发展社会支持来积累退役过渡资源等。

对于退役运动员，干预方案着重帮助提高应对意识，积极处理过渡期的障碍。例如，帮助运动员认识并接受退役的事实，积极计划退役后的生活（如寻找工作、技能培训等）；解决认同问题、进行退役情绪调节、制定有效的应对策略、帮助应用社会支持系统等。这些服务主要通过讲座、座谈的形式进行。但由于心理干预以集体的形式通常不能详细针对个体的情况，所以有的心理干预还结合个体咨询的形式进行，这样可以具体到个体深层的问题，提高干预教育的效果。

（三）退役运动员二次职业生涯设计心理指导内容

基于前面研究的调查结果，我国运动员在退役问题上需要引导，特别是在心理方面的辅导。为此，从以下几个方面考虑运动员退役心理辅导的内容。

- 二次职业生涯设计心理辅导应该关注运动员生涯辅导，而不应该仅仅局限在退役后二次职业选择的指导。在关注职业选择与发展的同时，还要关注运动员工作外生活的选择与发展。
- 观念的转变——作为管理者（如教练员、训练单位等）应了解和认识运动员退役的自然规律，本着对运动员负责的态度，改变过去回避退役问题的做法，积极支持运动员学习了解退役的基本知识。
- 纳入工作内容——有关的主管部门应把运动员退役教育的问题作为一个工作内容来考虑。在现阶段，虽然没必要成立运动员退役指导机构，但此项工作可由各级主管单位的人事部门结合心理专业工作者来进行。
- 开展知识传播——通过知识讲座和运动员手册的形式，向运动员宣传有关运动员退役的基本知识，使运动员能够正确对待退役问题，采用积极的方法调节退役过程中的情绪反应。
- 建立心理咨询——运动员在退役过程中遇到心理问题应及时求助心理咨询。通过建立心理咨询信息站的方法，使运动员知道应该上哪里去寻求帮助。
- 建立社会支持——社会支持对于运动员顺利度过退役期尤为重要。虽然有关管理部门很关心运动员的退役问题，但直接的、让运动员能感受到的帮助还不够。而教练员和领队的关心，能在很大程度上缓解运动员的退役压力。
- 关注个体差异——在运动员问题上不同群体的差异会表现在心理反应方面。例如，优秀运动员和一般运动员在退役过程中的情绪是不同的。优秀运动员可能主要体现在社会地位的反差增大而引起心理失衡，但一般运动员则可能会在退役过程中增加失败感。另外，女运动员的退役心理状态更应该加以关注。

• 开展再就业技能培训——对于处在退役阶段的运动员应开展有关再就业技能方面的培训。例如，通过短期培训班，让运动员学习找工作的简历准备技能、工作面试技能、寻找工作的策略等等。

• 提供就业和教育信息——通过建立信息站的形式（如网络的形式），为运动员提供就业和招工指南的信息。对于希望上大学的退役运动员，可以通过信息站了解各学校招生信息和录取标准等。

• 关注退役运动员的生活——运动员退役后通常需要 1~2 年的磨合期，在这段时期，心理情绪的波动最大。所以，应加强对运动员的心理咨询，以减小退役对未来生活的负面影响。

总之，通过这些退役心理辅导的手段，旨在改善运动员的退役环境，以提高运动员退役后的生活质量。同时，通过这些辅导教育，解决现役运动员的后顾之忧，安心投入运动训练和比赛。

（四）退役运动员二次职业生涯设计心理指导的步骤

职业生涯设计大致可分为五个步骤:即自我评估、机会评估、明确目标、选择职业和职业评估。

1. 自我评估

自我评估就是客观准确地评价自己。自我评估主要是一些自我评价，了解自己的兴趣、特长、性格、学识、技能、智商、情商、思维方式、道德水平以及社会中的自我等。

本测试从冲动性、焦虑感、羞怯感、软弱性、敌视性和抑郁感六个方面来评估一个人的情商能力。其中焦虑感：结果分数用于表示是否容易处于一种紧张、害怕和提心吊胆的状态；敌视感：结果分数用于表示是否容易体验到愤怒和挫折感；抑制感：结果分数用于表示经常感到情绪低落、心情烦闷；羞怯感：结果分数用于表示是否能够从容地应对尴尬的社会情境；冲动性：结果分数用于表示是否善于控制自己的冲动和欲望；软弱性：结果分数用于表示是否能够独立而且有效地应对压力环境。

2. 机会评估

职业生涯机会的评估主要是评估各种环境因素对自己职业生涯发展的影响，主要包括组织环境、政治环境、社会环境、经济环境等。如了解体育作为社会文化的重要组成部分，其地位随着人们生活水平的提高而不断提高，并逐渐进入了百姓家庭。各种体育俱乐部和综合性健身场所逐年增多，健身教练、健康顾问等职业已经成为热门行业等。所以，在制定个人的职业生涯设计时，分析环境发展变化的情况是非常重要的。只有对这些环境因素充分了解，做到知己知彼，才能在复杂的环境中找到风向标，成为一个成功的求职者。

3. 明确目标

目标分为长远目标和阶段目标。长远目标是在立足现实、慎重选择、全面考虑的条件下制定的，因此具有现实性和前瞻性的特点;而阶段目标则是在一定时期内为实现长远目标而制定的短期目标。每一个阶段性目标都是长远目标的重要组成部分。运动员对自己和职业生涯机会进行客观的评估后应明确自己的职业理想与追求目标，因为明确的目标可以成为追求成功的推动力、鞭策力，有利于排除干扰、集中精力实现奋斗目标。

4. 选择职业

完成上述三个步骤后就要进行职业的选择，职业选择正确与否，直接关系到人生事业的成功与失败。据调查，70%左右的人的实力、胜任、自信、能力发挥的满足感是通过职业生涯得到的。在选错职业的人中，有 80%的人是事业上的失败者。所以选择职业应考虑以下三点:①性格与职业的匹配，②兴趣与职业的匹配，③特长与职业的匹配。

5. 职业评估

运动员走上新工作岗位后，经过一段时间的适应，逐渐熟悉本职工作后，会发现理想与现实之间可能存在偏差。这就需要对工作进行评估，即职业评估。评估单位时不仅要看单位提供的工作条件、工资待遇、与同行业同类单位是否大致一样，更要注重单位的人事环境、人力资源管理水平、管理机制、培训计划、奖惩制度、晋升制度、发展潜力等因素。这些既可作为修正自我职业目标的依据，也可以作为个人下一轮职业生涯设计的重要参考依据。

总之，对于每一个运动员来说，退役后的择业都是人生的一个严峻的考验。在运动员择业之前，首先要认清运动员的人生生涯发展特点，早做准备，在役时注意文化课和个人素养的提高，退役时有机会进入大学或职业技术学校深造的一定要珍惜机会；没有机会的也不要绝望，要科学、合理的评估自己和就业机会，制定出客观长远目标和阶段目标，就可以在复杂的社会中找到适合自己的工作。

（五）二次职业生涯设计心理指导的心理干预策略

有关的研究表明，运动员参与竞技训练与比赛，到达一定的时期后，一般会意识到退役问题，由此会引起一些负面的情绪反应。所以，关注运动员怎样对待退役问题，正确引导其顺利度过这一特殊时期尤为重要。

1. 和谐训练减压策略

用于调整运动员在退役过程中出现的情绪问题，其中包括运用反馈技术、心理分析方法、信息过程的方法、关联监控的心理方法等。

2. 情绪反应调节策略

退役心理干预为运动员提供一些问题处理的策略，注重计划性和阶段性特征。例如，采用认知重建、压力管理和情绪调节等策略来调节退役过程中的情绪反应。运动员的退役心理指导应该更具有操作性，能切实为运动员提供一些具体的服务，通过帮助解决运动员的生活问题来缓解退役过程中的焦虑反应。例如，服务的内容可以是开设退役知识讲座、就业技术培训等，这些内容的目的是帮助运动员学习简历准备、面试技术、寻找工作的策略、职业咨询以及发展一般的社会和个人技术，旨在帮助运动员发展职业兴趣和个体价值，从而提高运动员的职业认知和决策能力

3. 提早退役意识策略

增加运动员退役的意识，通过对退役过程的解释，让运动员了解退役的自然性和必然性。例如，解释退役为什么会发生、运动员退役时会有怎样的感受、退役对将来的生活意味着什么等等，在过程分析的基础上，教给运动员应对的策略，从心理上作好过渡准备，以增强运动员处理退役问题的信心。

4. 社会支持策略

所谓“社会支持”是指运动员在退役过程中接受来自家庭成员、亲戚、朋友、单位

和社会方面的帮助，这些帮助主要反映在就业和心理安慰方面，使运动员能够顺利度过退役期。社会支持的重要作用之一在于通过这种方式使运动员获得消极心理情绪的缓解，增强自信心，从而改善退役后的生活质量。

5. 个人咨询策略

进行随时的个人咨询来帮助运动员发展社会支持和自我认同，调整心理情绪，掌握应激处理的技术，发展事物控制感。运动员心理咨询的方法也是一种社会支持的方式，通常是强调退役过程中或退役后的生活质量，以帮助运动员开发已有的，并能用于退役后的资源。同时，退役心理咨询还可以帮助运动员发展社会资源，建立社会网络。退役心理咨询的内容可以帮助运动员把握退役的自主性和控制点，调整适合的运动员角色认同度，帮助运动员了解非运动因素对退役过程的影响和可利用的应对资源等。心理咨询还可以帮助运动员运用以前运动职业过渡的心理体验来计划退役后的职业发展，让运动员了解和运用退役应对策略和技术，帮助运动员设计运动技术在退役后可持续利用的方案，指导运动员运用与退役有关的支持性服务，以及寻找退役后新职业的。

项目编号：1079ss07036

运动员养老保险制度建立与完善研究

邹德新　穆怀中　郭亦农　姜　翀　肖　晓　马兴亚　刘丙权

运动员养老保险作为社会保障体系的重要内容，是调节运动员收入公平、纠正运动员个人短视行为、化解运动员风险的重要手段，关系到国家奥运争光战略的实施，关系到每一位运动员的切身利益。

一、运动员养老保险制度的实证研究

（一）我国运动员养老保险的发展历程（略）

（二）运动员养老保险制度的模式分析——以辽宁省为例

1. 辽宁省运动员养老保险制度框架

“办法”将运动员纳入国家事业单位工作人员管理体系，将运动员保障纳入社会基本保障体系，现辽宁省运动员养老保险制度的覆盖范围包括辽宁省的正式注册的优秀运动员。运动员基本养老保险制度是社会统筹与个人账户相结合的部分积累制，基本养老保险费由各运动队和运动员个人共同负担。从 2001 年 7 月 1 日起，运动队缴费部分全部纳入社会统筹基金，不再划入个人账户；运动员个人缴费纳入个人账户基金。社会统筹基金与个人账户基金实行分别管理，社会统筹基金纳入财政专户管理，个人账户基金由省级社会保险经办机构管理和运营。个人账户基金用于积累，所形成的支付缺口由国家和地方财政按一定比例分别予以补助。

2. 辽宁省运动员养老保险费的征缴

缴费单位应在规定的期限内向社会保险经办机构和地方税务机关双重申报应缴纳的养老保险金额，并及时向地方税务机关足额缴纳。各运动队缴纳的基本养老保险费，在税前列支；缴费个人应缴纳的保险费，由所在单位从其本人的工资中代扣代缴，不计征所得税，与统筹部分同步缴费。保险费实行属地征收原则，不得减免。

⑴ 社会统筹部分

运动队缴费额以上月列入成本和费用的全部工资总额（后调整为实发工资总额）为基数计算，缴费比例一般为工资总额的 20%，高于 20%的暂维持不变。从 2001 年起建立省级调剂金，由各市按当期征缴统筹基金的 5%上交社会保障基金财政专户，专项用于当年各市养老保险基金缺口的调剂。

⑵ 个人账户部分

运动员个人缴纳基本养老保险费的比例统一调整为本人缴费工资的 8%，并全部计入个人账户，如无工资收入，可由家长代缴。缴费基数最高为本市职工月平均工资的 300%，最低为本市职工月平均工资的 60%。

个人账户完全由个人缴费及利息构成，个人账户记账利率按基金运营收益率计算，由省级社会保险经办机构统一管理，实行省级核算、分级支付的管理体制，全部存入国有商业银行，除预留两个月个人账户基金支出额用于当期支出外，全部用于购买国债或国有商业银行规定的协议存款，以实现保值增值。

3. 辽宁省运动员养老保险待遇的条件及给付

(1) 基本养老保险待遇的条件

运动员达到国家规定的退休年龄：男运动员年满60周岁、女运动员年满50周岁、女干部年满55周岁；因病或非因训练、比赛致残，由医院证明并经市劳动鉴定委员会鉴定为完全丧失劳动能力的，男年满50周岁、女工人年满45周岁。

本人在役期间按规定缴纳基本养老保险费；个人缴费年限（含视同缴费年限，下同）累积满15年。缴费年限超过15年的，每增加一年，替代率上调0.6%，替代率上限不封顶。

同时具备上述条件的运动员，均可享受基本养老保险待遇，按月领取养老金。

(2) 基本养老保险待遇的给付

基本养老金由基础养老金和个人账户养老金组成。建立个人账户前的运动员已达到退休年龄后，在发给基础养老金和个人账户养老金的基础上，再发给过渡性养老金。

运动员达到退休年龄时在基本养老金外加发生活物价补贴。基础养老金、过渡性养老金（含调剂金）、统筹项目内生活物价补贴及国家规定调整增加的基本养老金部分由社会统筹基金支付；个人账户养老金由个人账户基金支付，个人账户积累额不敷使用的，由社会统筹基金继续支付个人账户养老金。

（三）辽宁省运动员参与养老保险意愿的影响因素分析

1. 基本假设

假定运动员是“经济人”，根据自身条件和外部环境，通过养老保险的预期收益与参与成本和风险进行比较，对是否加入养老保险作出理性的选择。我们提出以下基本假说：运动员是否参与养老保险是其理性选择的结果，参与意愿受运动员个人特征、家庭特征和保险知识特征的制约，其中各项均与参与意愿成正相关关系。

2. 计量经济模型的建立与检验

(1) 计量经济模型建立（略）

(2) 样本描述

根据前文对运动员养老保险个体影响因素的分析，对模型中各变量进行统计性描述，其主要特征是：样本运动员中，男性占61.8%，女性占38.5%；多数运动员在18~24岁之间；72.4%的运动员具有高中及以上学历，家庭住址在城市和农村各占一半；一级以上运动员占40.1%；运动员月收入在1000元以上占33.5%；家庭月均收入在3000元以上占24.3%；没有养老保险的占76.8%；23.2%的运动员已加入养老保险计划；58.9%的运动员对养老保险不了解或不太了解；50.2%的运动员愿意参与养老保险制度。各项统计结果能反映辽宁省运动员的基本特征，具有一定的代表性。

(3) 模型检验

我们建立以全样本为基础的模型1和以一级以上运动员为样本的模型2，分别运用SPSS 15.0统计软件进行Logistic回归分析。

3. 变量解释

(1) 年龄变量与养老保险参与意愿成正相关，且在5%的水平上显著，回归系数为0.575。幂值进一步说明，运动员年龄每增加一个单位，其参加养老保险的意愿相应增加1.776倍。

(2) 运动员家庭住址对养老保险的参与意愿也有着显著的影响。在调查中发现，在运动员群体中，来自农村地区的运动员的保险意愿更强一些，因为运动员不同于其他群体，他们虽然来自不同地方，但都在同一个城市、同一个环境下训练，所获取的保险知识都是一样的，而来自农村的运动员因为家庭经济条件稍差一些，更担心个人养老的问题。另外，家住农村的运动员退役后面临更大的就业压力和风险，有更强的养老保险需求意愿。

(3) 运动员的运动等级与养老保险参与意愿成正相关，且在5%的水平上显著。由于运动员运动等级越高，个人收入也越高，加入养老保险计划的可能性也更大。运动员的利益是和比赛成绩相挂钩的，根据马斯洛的需求层次理论，较低级别的运动员首先渴望在职业生涯中运动成绩需要得到满足，随着运动水平的提升，对高层次需求的追求就越紧迫，更关注退役后的收入保障问题，实现生命周期内的收益最大化，因此其养老保险需求意愿也就越强烈。运动等级较高的运动员，等级分布较集中，因此不显著。

(4) 运动员的月平均收入对运动员参与养老保险的意愿有显著影响。模型1的估计结果显示，运动员的月平均收入变量在1%的统计检验水平上显著，是显著度最高的几个变量之一，且系数符号为正（0.758），这说明在其他条件不变的情况下，月收入水平越高，参与养老保险的意愿越强。

(5) 家庭月平均收入对运动员参与养老保险的意愿有显著影响，回归系数为0.557，说明家庭月平均收入越高，运动员参与养老保险的意愿越强。

(6) 现在是否已加入养老保险计划对参与意愿有着显著的影响，模型的估计结果显示，该变量在1%的统计检验水平上显著，是显著度最高的几个变量之一，且回归系数为1.956，为各变量中系数最大值，幂值进一步说明，每增加一个单位，其参加养老保险的意愿相应增加7.073倍，可见现保险加入情况对日后保险的开展十分重要。

(7) 保险知识与养老保险参与意愿成正相关，回归系数为0.615，该变量在1%的统计检验水平上显著，是最显著的统计变量之一。其中对养老保险越了解的运动员，加入养老保险计划的意愿越强。

(8) 受教育程度在总体样本中并不显著，与原假设相反。但在一级以上运动员样本中受教育程度变量在10%的统计检验水平上显著，回归系数为0.599。

（四）现行辽宁省运动员养老保险制度的主要问题

1. 运动员养老保险制度整体设计问题

首先是保障覆盖面问题。我们没有能够对运动员由初级到高级的整个过程都配以相应的养老保障体系。其次是养老金积累问题。那些长期处于待业或就业状态不佳的伤残运动员，很难形成养老金积累。再次是制度的多层次问题。对于伤病缠身的运动员而言，工作年限短，日常需要耗费大量的医疗费，基本养老金显然不足其用。第四是运动员养老保险"便携性损失"问题。在现行体制下，运动员退役后通常给予一次性经济补偿，即解除同体育系统的人事关系。由于运动员缺乏相应的职业技能，退役运动员再就业的特点就是流动性强，对于再就业的养老保险续接问题，责任该由哪个部门负责，目前都没有一个相应的政策框架。

2. 运动员养老保险制度监管问题

在我国已经制定出来的有关运动员社会保障的法规中，比较普遍地存在着缺乏法律责任的现象，无法确保运动员社会保障措施的有效实施。因此，有必要提升立法的层次，尽快健全运动员养老保险制度，建立规范的法律责任制度，使之与整个社会保险体系相适应，使运动员在退役后的生活方面能尽快享有与其他社会人员一样的社会保障权利。

3. 运动员规避风险意识问题

在长期的计划经济体制下，国家统管统包，运动员已习惯了这一体制，许多运动员认为自己是为国家训练，要国家替自己缴纳保险费，将思路和注意力局限于“社会保障制度”的概念，强化了个人对政府提供保障的预期，弱化了个人参与意识。更因为竞技体育对身体、年龄的特殊要求，运动员退役之时还处于青年和中年时期，对未来的养老问题重视不足，投资养老保险意识差。

4. 运动员养老保险制度历史责任问题

自“通知”实施以后，将各优秀运动队编制内运动员纳入国家社会保障覆盖范围，新中国建立以来累计退役运动员总数则高达 27.9 万。在这个群落中，因为年龄和伤病的原因导致生活艰难者，显然会构成一个非常庞大的数字。除了一些较受关注的未安置事件之外，大多数事件都还沉默在不受关注的角落里。如此庞大的资金问题，不仅仅是体育部门单独能解决了的事情，国家的财力投入与运动员社会保障发展需求之间必然会存在矛盾，

二、完善运动员养老保险制度的政策建议

（一）完善运动员养老保险制度应把握的基本原则

1. 公平与效率兼顾的原则。
2. 普遍性与特殊性相结合原则。
3. 国家、行业与个人保障相结合的原则。

（二）完善辽宁省运动员养老保险制度的政策措施

1. 完善监管体系，保障运动员合法权益

应建立运动员社会保险法律制度，规范运动员养老保险费的征缴、支付、运营和统筹管理；完善运动员社会保障的法律责任制度；健全运动员社会保障的法律实施机制，建立合法的筹资机制、稳定的保障机制、严格的管理机制、有效的运行机制和有力的监督机制，强化运动员社会保障体系的功能，发挥体系效应，从而更好地实施对运动员的社会保障。

2. 强化宣传教育，提高运动员规避风险意识

应加大力度宣传运动员养老保险，针对运动员缺乏养老保险的相关知识，我们可以充分利用新闻媒体进行宣传，做到报纸有字、电台有声、电视有影。如在训练馆开辟“养老保险专栏”、“法制专栏”等刊登有关运动员的相关养老保险知识问答，在电视台

和单位闭路电视开设养老保险专题节目，播放养老保险政策、退役运动员就业情况及退役运动员专访。还要对体育管理部门的相关领导、劳资、财务人员进行养老保险知识的培训，学习政策法规，提高体育管理部门的单位领导和工作人员的认识。

3. 构建多支柱保障体系，完善养老保险制度设计

现行运动员养老保险制度存在着许多缺陷，造成保险体系覆盖面不广、养老金难形成积累、运动员养老保险“便携性损失”等一系列问题，我国运动员养老保险应按照现代市场经济条件下公平和效率兼顾的要求，明确国家、单位（俱乐部或运动队）、运动员个人三方应承担责任，多支柱构成。

4. 建立职业年金，提高运动员养老保障水平

借鉴美国五大职业联盟的运动员职业年金模式经验，各运动队或俱乐部应从运动员比赛奖金中，提取部分作为运动员职业年金；制定更加优惠更为具体的税收优惠政策，使俱乐部、运动员、政府三方面都能从中获利，便可以调动俱乐部、职业运动员选择企业年金这种退休收入保障制度的积极性，从而推动我国职业运动员企业年金计划的健康发展。

5. 多渠道筹措资金，化解历史遗留的隐性债务问题

为运动员养老保险历史成本融资，化解隐性债务，是保证运动员养老保险顺利运行的重要问题。首先优化财政支出结构，为债务筹措资金。其次，发行永久债券或福利彩票融资。另外，还可以体育彩票收益金中提取一定比例经费；从体育比赛的门票收入中提取一定比例作为此基金；提取大型企业集团的赞助费；还可以从电视的转播费、广告费、出售体育纪念币、明星卡等，筹集部分资金；开发固定资产，对外有偿开放体育场馆及设施，提留部分作为专项资金。

6. 实施积极的就业政策，保障退役运动员缴费能力

从根本上提高退役运动员的缴费能力，应当积极的促进运动员再就业，加强对运动员就业指导，转变运动员就业观念，引导运动员主动适应现代社会的就业需要，鼓励退役运动员通过市场自主择业。

项目编号：1082ss07039

职业运动员人力资本产权的界定和保护研究

陈平平　甘胜军　张文贤　戴炳炎

造成我国运动员退役后再就业困境的原因是多方面的，既有社会环境的因素，也有运动训练体制内部缺陷，还有运动员的个人因素。在造成运动员退役后再就业困境的众多因素中，运动员人力资本产权界定和保护不到位是一个重要的因素。

一、职业运动员人力资本产权国内外研究现状

主要包括以下方面：职业运动员人力资本阐述、职业运动员人力资本产权的内容、职业运动员人力资本产权的计量、职业运动员人力资本产权的归属、职业运动员人力资本产权的保护。

二、我国职业运动员从业及退役现状

（一）我国职业运动员从业现状

从我国现行的“三级训练网络”的结构上来看，一线、三线运动员相对较少，而二线运动员则相对较多，一、二、三线运动员的配置处于失衡状态。目前我国体育人才市场还有待完善，体育后备人才交流通道还不是很畅通。长此以往，这可能将使我国竞技体育可持续发展所需的人力资源出现危机。

（二）我国职业运动员退役现状

职业运动员退役后的出路大致归于7种：从政或当教练、从商、读书、当记者或进娱乐圈，嫁入豪门，投身体育运动推广或体育公益推广，面临下岗自谋出路。

三、职业运动员职业生涯管理

职业运动员职业生涯管理主要包括职业生涯的含义、职业生涯管理的含义、职业锚的含义及其类型、职业生涯选择理论、职业生涯阶段划分理论。

四、职业运动员人力资本产权的界定

（一）职业运动员人力资本产权的定位

职业运动员人力资本产权是职业运动员人力资本的投资主体对投资所形成的人力资本所拥有的一系列具有经济价值的权利总称，包括占用权、使用权、收益权和处置权等权利，是制约人们行使这些权利的规则，本质上是人们社会经济关系的反应。

1. 职业运动员人力资本的占用权

职业运动员对自己人力资本产权的占有是独立的、合法的、直接的占有，而非所有者（如国家、体育管理部门、运动队、俱乐部等）对职业运动员人力资本产权的占有是间接的，以合同或契约方式依法的占有。

2. 职业运动员人力资本的使用权

作为所有者，职业运动员可通过占有行使使用权，使其人力资本实现其价值，并扩张其价值。但是职业运动员的占有权，只有在交换时才能体现出使用价值。体育人才市场上的运动员流动或转会即是一种产权交换行为。

3. 职业运动员人力资本的收益权

职业运动员的收益在占有权和使用权转让后主要体现为工资、奖励等。作为所有者，职业运动员还获得了个人地位资本和由此产生的名人效应及相应收益的一部分。运动员的收益还体现在个人价值的实现。各享有收益权的主体，均追求利益的最大化。

4. 职业运动员人力资本的处置权

职业运动员有权对自己的人力资本产权行使各权能，职业运动员将部分权能转给他人占有，由他人支配、使用，通过权利的交换，即主体的转换，获取利益，行使他的处置权。

（二）职业运动员人力资本产权的定价

兼顾职业运动员的实际付出和未来收益，课题组认为可以考虑用净现值法对职业运动员人力资本产权进行计量。

净现值法是成本收益分析的主要方法。基本步骤如下：

第一步，确定净现值指标。计算公式为

$$V=\sum_{t=1}^{n}\frac{I_t}{(1+r)^t}-\sum_{t=1}^{n}\frac{Q_t}{(1+r)^t}$$

其中，n 为投资所涉及的年限，即培训收益年限，它与职业运动员的培训内容及服务年限有关，一般可以根据经验数据得出。I_t 为第 t 年的现金流入量；Q_t 为第 t 年的现金流出量；r 为预定的贴现率。

第二步，确定现金流入量和流出量。现金流入量是指职业运动员未来产生了收益，包括运动员转会收入、运动员参赛费、新闻媒体转播收入、体育赞助费和运动员无形资产的利用与开发等。现金流出量是指未来运动员的培训费用，包括教练工资、仪器设备使用费、受训运动员的工资、对训练的消极影响和该项投资的机会成本相等。特别要注意的是，这里的现金流入量和现金流出量都是未来现金流入量和流出量的估计值，而不是过去已经发生的现金流量。

第三步，确定贴现率 r。一般的，以银行存款利率和贷款利率为依据。

通过净现值法就可以计算出每个职业运动员人力资本产权的价值，可以作为职业运动员转会价格、退役保障的计量基础。

（三）职业运动员人力资本产权的定性

根据产权经济学的“谁投资，谁所有”的原则，即同一人力资本产权可以属于多个不同投资主体。职业运动员人力资本应按人力资本再生产过程中的投入者（个人、俱乐部、运动队或国家）投入的要素来界定。

五、职业运动员人力资本产权的保护

职业运动员人力资本产权保护可以从产权制度和会计计量两个方面进行。

（一）产权制度方面

在解决职业运动员产权问题的同时，要从整体上对我国体育产权制度进行配套改革，基本思路是：第一，建立以公有制体育经济组织为主体，其他多种体育经济成分并存的新的社会体育产权结构；第二，按照产权明晰、权责明确、政企分开、管理科学的原则，组建并大力发展体育在社会主义市场经济下运作的体育俱乐部；第三，大力推进全国各单项运动协会的实体化进程，使其真正成为产权独立、权责分明的法人实体；第四，应适应新形势发展，进一步完善举国体制；第五，完善有关体育法律法规，进一步健全体育经济政策；第六，创新体育产权交易方式；第七，加快政府职能转变，引导和培育体育经纪市场发展。

（二）会计计量方面

职业运动员人力资本应该是与一种与无形资产性质类似的资产。

1. 需要设置的会计核算账户

(1)“人力资本”账户。

(2) “人力资本累计摊销”账户。

(3)“人力资本取得成本”账户和“人力资本开发成本”账户。

(4) “人力资本收益”账户。

(5)“投资收益”账户。

2. 职业运动员人力资本会计核算账务处理设计

(1) 职业运动员的人力资本投资时

职业运动员人力资本投入者一般包括个人、运动队或国家。

①直接支付费用引进运动员

借：人力资本取得成本——张三（记录取得运动员人力资本的实际支出）

贷：银行存款（一次性支付）

或长期应付款（超过一年分次支付）

同时：

借：人力资本——张三

贷：人力资本取得成本

②自己培养运动员

借：人力资本开发成本——张三

贷：应付职工薪酬（教练和运动员工资、津贴等）

银行存款（直接支付的有关费用，如交通费、餐饮费等）

累计折旧等（体育场地设备折旧）

同时：

借：人力资本——张三

贷：人力资本开发成本——张三

(2) 运动员获益或分配收益时

运动员取得广告收入、奖牌奖金收入等，实行收支分别核算

借：银行存款

贷：人力资本收益——张三

通过一定的方法合理分配，分配给运动员个人时

借：人力资本收益——张三

贷：银行存款等

(3) 职业运动员的离开（因流动性或由于病、伤、死亡而终止、退役等）

借：人力资本累计摊销——张三

人力资本收益——张三（借或贷，根据该账户的累计余额结转）

贷：人力资本——张三

投资收益（借或贷，根据运动员张三账户的余额计算）

（三）职业运动员人力资本会计核算账务处理设计的后续思路

1. 职业运动员的运动项目不同，投资金额不等，获得收益的机会和金额也不相同。如何对运动员更好的进行“绩效考核”，或更好的利用激励制度来调动运动员的积极性，提高运动员后期的保障。

2. 运动员奖牌或奖金，如何将奖牌通过一定的方式合理的折算为金额，如金、银、铜分别按照什么样的比重核算。

3. 职业运动员获得广告收入等，如何在个人、俱乐部、运动队或国家之间合理分配。

4. 运动员的一些公共收益或公共收益费用如何合理分配到每一个运动员账户上去，以便更好的核算每个运动员账户的“投资收益”金额。

六、政策建议

第一，职业运动员生命周期各阶段的特点、人力资本投资和收益各不相同，建议体育总局组织专家和学者对这个问题开展深入的研究；

第二，国家、社会和运动员个人都应该充分重视运动员人力资本产权的界定和保护工作。建议体育主管机关设立相应的部门负责指导这项工作，而运动员所属的运动队、俱乐部可以相应安排专人开展这项工作，运动员本人也要积极学习相关知识，配合做好这项工作；

第三，在运动员人力资本产权的内容方面，虽然都包含所有权、占用权、收益权、处分权等权利，但是职业运动员和非职业运动员由于市场体制和计划体制的不同，在这些权利的具体表现方面是不相同的。建议体育总局推动国家的立法部门对我国现行的《体育法》进行修改，用法律的形式明确职业运动员人力资本产权各方面的具体内容；

第四，在运动员人力资本产权价值评价方面，可以采用成本计量模型和价值计量模型，进行职业运动员人力资本的投资和收益的定量计算。其中职业运动员主要采用价值计量模型，其投资和收益的计量相对容易。非职业运动员主要采用成本计量模型，在确

认其投资成本时要充分考虑机会成本的问题。对于职业运动员中没有取得理想成绩、收益很少的运动员，要参照非职业运动员的成本计量模型进行分析。在这方面，体育总局可以考虑成立相关的人力资本资产评估事务所，开展运动队和职业运动员人力资本产权评估工作；

第五，在运动员人力资本产权保护方面，应该运用法律、合同、会计、教育、保险等综合手段进行保护。在产权价值的会计反映方面，要突破法律和法规的一些限制。建议体育总局除了要推动《体育法》修改外，还要推动体育经纪、体育保险等事业的发展。

项目编号：1168ss07125

我国运动员人力资本产权界定与保护

张贵敏　刘　平　刘　建　罗嘉司

一、运动员人力资本产权的概念与内涵

运动员人力资本产权是市场交易过程中，运动员人力资本的所有权及其包含的占有权、使用权、收益权、处置权等一系列权利的总称，是制约人们行使这些权利的规则，本质上是社会经济关系的反映，是对不同利益主体之间的权益关系进行界定和调整的制度规范。完整的运动员人力资本产权包括人力资本占有权、使用权、收益权、处置权等一系列权利组成的权利集合。

二、我国运动员人力资本产权界定

（一）运动员人力资本产权界定的意义

运动员人力资本产权确认，是我国运动员人力资本产权制度建设的基础性工作。由于运动员人力资本投资主体的多元性，运动成绩无形资产收益的分配问题是目前运动员与管理部门之间产生纠纷的核心问题，例如“田亮问题”。明晰运动员人力资本产权是合理分配运动员人力资本收益的前提，对我国运动员人力资本产权较好地界定，才能保护各投资主体的利益，调动其投资的积极性，引导社会资本参与竞技体育人力资源开发投资。

（二）运动员人力资本产权界定

1. 运动员人力资本占有权

运动员人力资本是运动员个体所具有的高级劳动能力，是个体的活动能力，是个体身体的一种机能。这种能力与个体的身体无法分离，个体对其劳动力具有独一无二的垄断占有权。即使他人及个体自己可能毁灭个体的劳动力，使其灭失，他人也不可能直接剥夺个体的劳动力。人力资本由于天然属于私人，其启动、开发和发挥只能由其所有人来控制。所以运动员人力资本的占有权，归运动员个人所有。

2. 运动员人力资本使用权

与物的使用权不同，人力资本的所有权和使用权是无法分离的。个体的身体只服从于个体自我意识的支配，他人的意思只有转化为个体的意识，才能起作用。如果运动员人力资本的使用权被别人控制，就剥夺了运动员运用个体人力资本获取荣誉、创造价值的权力。一些运动员可能以异常表现消极或积极地使用人力资本与人力资本控制者博弈，其结果是造成运动员人力资本生产能力的降低，最终给人力资本投资者造成损失。

3. 运动员人力资本收益权

按照“谁投资、谁受益”的经济法则，运动员人力本收益权归投资者所有。运动员人力资本的收益既可以为运动员本人所有，也可以为其他运动员人力资本投资主体所有。认定人力资本所有权和人力资本经营权仅仅是手段，取得相应的人力资本收益权才是目的。如果不能保障人力资本的收益权，那么通过产权交易获得的人力资本支配权和使用权，将不会自然实现人力资本的使用价值。

4. 运动员人力资本处置权

运动员人力资本处置权是一种依法处置权。对运动员人力资本的所有者的处置，必须按照国家的有关的法律法规，按照与运动员人力资本所有者的契约进行处置，按照运动员人力资本所有者的个性进行处理。运动员可以对个体人力资本的存在状态做出处置，可以积极学习而使自己的个体人力资本增强，或者通过人力资本投资增加新的人力资本，也可以因为缺乏锻炼和教育或其他原因而使人力资本含量降低。

（三）我国运动员人力资本产权界定的依据

运动员作为一种特殊职业，他们的劳动能力表现为竞技能力，是创造价值和使用价值的生产要素，反映他们运用的体力和脑力的总和。运动员的竞技能力属于自己，这一点是不容置疑的。人的健康、体力、经验、生产知识、技能和精神存量的所有权只能不可分地属于其载体，这种载体不但必须是人，而且必须是活生生的人。所以，竞技体育人才的人力资本占有权应属于竞技体育人才本身。我国运动员人力资本产权的界定，还应在以下方面加以考虑。一是要看到我国运动员成长环境的特殊性。我国正处于经济转型期，竞技体育由计划到市场化的改革尚未完成，也可能在相当长的一段时间之内也不能完成，我国运动员人力资本形成中，经济投入主体是多元的，运动员人力资本产权结构也必然是复杂的，不能简单归结为运动员人力资本所有权归运动员“天然”所有。职业运动员如此，专业运动员也就更为复杂。以“谁投资、谁所有”的产权确认原则，需要对我国运动员人力资本产权的权能及界定作全面阐释。二是运动员人力资本财产所有权是一组权利束，以所有权为代表，包括占有权、使用权、收益权、处置权。根据运动员人力资本形成的特殊背景，在多数情况下，我国运动员人力资本产权，包括职业运动员人力资本产权所有权是分解的，其中的占有权、使用权、收益权、处置权中的某项权力可以归属不同主体共同所有。

三、我国运动员人力资本产权保护现状

（一）运动员人力资本产权界定不明确

在“三级训练网”式的后备人才培养体制下，优秀运动员是在国家投资培养下成长起来的，运动员人力资本产权边界和权能结构都比较清晰。在竞技人才培养社会化、市场化发展中，竞技人才成长过程投资主体多元化，国家投资、个人投资、企业和俱乐部等社会投资及混合投资等多种形式下，我国运动员人力资本产权的确认一直处于比较模糊状态。一些运动员的管理单位将运动员的成绩或声誉视为自己所有的无形资产，在进行商业利用中，没有经过运动员的许可。另一种是表面承认运动员的产权，却以其他非法方式达到拥有运动员无形资产商业利用权利的目的。这既有我国体育体制的原因，也

有法理研究的缺乏以及法律规定不健全等法律上的原因。

（二）运动员人力资本使用权纠纷问题

"孙福明让赛事件"反映出的使用权纠纷问题，运动员让赛事件的结果是直接导致了三个产权主体中的国家和运动员两个产权主体利益的损失，换来的是另一投资主体的经济收益和社会收益。"田亮回归事件"反映出的收益权纠纷问题，"田亮问题"不仅是某个运动员与管理部门分配矛盾的个案，而且是我国计划经济体制培养出来的所有专业运动员与培养人、投资者之间存在的与分配矛盾相关的普遍问题。"郭思慰转会案件"反映出的处置权纠纷问题，运动员人力资本处置权归投资主体共同所有，运动员人力资本是否参加流动应该由所有权主体共同决定，虽然该案件在原告做出让步的情况下得到了妥善解决，但是该案件所暴漏了当时我国运动员人力资本流动无法可依的问题。

四、我国运动员人力资本产权保护与产权制度的完善

（一）运动员人力资本产权的科学界定是产权保护的前提

我们应该始终遵循"谁投资、谁收益"，的产权界定原则。产权是与财产相关的一组具体权利，所谓产权界定也就是要明确谁（产权主体）对于何种权利（产权客体）享有哪种（些）权利，而且一权利应当是明确和具体的，不应当是含混或笼统的。含混笼统的权利必然边界不清，也就难以落实。要在所有权确定的前提下，对运动员人力资本产权的各项权能明确界定，在运动员人力资本产权保护中才能有法可依。

（二）运动员人力资本产权的法制化和契约化是产权保护的依据

1. 运动员人力资本产权的界定要通过法规界定和契约界定（谈判界定）来得以实现

法规界定为宏观层面的界定，契约界定是在法规界定的指导下通过谈判，对相关细节问题达成一致后签署的特别合约。这些弹性的治理机制的设计必须遵循"谁投资、谁收益"的产权界定原则，多投资、多收益分配原则，保证各投资主体的利益一致和利益最大化的产权处置和使用原则。

2. 体育法人财产运行过程的法制化

只有以法律法规加以确定，才能保证制度的稳定性，使体育产权所涉及的各种权力落到实处而不受侵犯，体育法人应该有独立的民事权力，任何组织或个人都不能剥夺这一权力。体育部门在制定本部门的法律或规章时，对运动员人格标识这一无形资产做相关的规定，针对当前法律争议及纠纷较集中的运动员从事商业广告问题，体育部门可先集中力量制定部门内的规章、办法，调整运动员从事商业广告活动中的法律关系，规范不同主体的法律行为，保障运动员广告市场的合法、有序。

3. 规范合同的签订

体育管理部门或俱乐部可以与运动员就使用运动员无形资产的相关问题，通过谈判签订合同，以此来规范运动员人力资本商业开发使用和收益分配等问题。专业运动员的管理机关，也可制定相关的规章制度或与运动员签订合同，对运动员的无形资产进行合法商业利用。运动员也可通过签订合同的方式，将自己人格标识的商业开发的相关权

利，全部转让给管理机关或职业体育俱乐部，由所属的单位来负责其人格标识的商业性经营。

4. 逐步实行代理制

实行运动员代理制，不仅可以有效地帮助运动员处理其经济、法律等方面的事务，也有利于运动员将精力集中用于训练和比赛，提高自己的运动水平。例如，在美国NBA打球的姚明，其背后就有两名经纪人、一名市场主管、一名审计、一名律师、一名财务策划等专业人员，为其处理打球以外的事情。实行运动员代理制，也会更加有利于运动员无形资产的开发以及合法权益的保护。

（三）运动员人力资本产权收益的合理分配是产权保护的核心

人力资本收益权是人力资本产权束的重心，运动员劳动成果的归属判定，运动员人力资本收益分配制度的建立与完善，是关系到体育劳动领域收入分配效率与公平的重要问题。认定人力资本所有权和人力资本使用权仅仅是手段，取得相应的人力资本收益权才是目的。所以，运动员人力资本产权收益的合理分配是运动员人力资本产权保护的核心问题。

（四）政府职能的转变是运动员人力资本产权制度执行的必要条件

在市场经济条件下，政府的体育职能主要是组织与实现公共体育产品的供给、进行宏观调控、建立体育良性发展的运行机制、建立市场规则、维护公平公正、积极扶持体育产业的发展。在运动员参加商业比赛、商业开发活动和流动转会中，各个运动项目协会（管理中心）扮演着重要的角色，往往从自身利益出发行使权力。政府体育部门的这种职能错位使其既是体育产业的投资者、所有者，甚至还是受益者。政府首要职能应该是保护产权，做好纠纷问题的仲裁人，即纠纷发生后的第三者，站在利益冲突之外来调节利益冲突，它自己就不能是利益当事人。政府体育部门应从全能政府转变为权力有限政府，从行政治体转向依法治体。

五、结论

- 我国运动员人力资本产权归投资者所有。在权力束中，占有权“天然”归运动员所有；使用权归投资者所有，但运动员事实上控制着其人力资本的供给；获得收益权是运动员人力资本投资的目的，运动员人力本收益权归投资者所有；运动员人力资本处置权归投资者所有，处置权的使用能够使运动员人力资本处于最佳市场位置和最佳使用状态。
- 收益权是人力资本产权束的重心，获得收益权是运动员人力资本投资的目的，投资者收益权得到保护，才能鼓励投资者积极性，引导社会资本参与竞技体育人力资源开发投资，扩大竞技体育人力资本存量。
- 我国运动员人力资本的实际使用的产权关系可以通过法规界定和契约界定来得以实现。法规界定为宏观层面的界定，契约界定是在法规界定的指导下通过谈判，对相关细节问题达成一致后签署的特别合约，即各方本着协作与利益分享的原则，在对相关问题达成一致后签署特别合约，在此基础上解决运动员人力资本使用、处置和收益分配等相关事宜。

● 科学界定运动员人力资本产权，建立和完善我国运动员人力资本产权制度，加强我国运动员人力资本产权的法制化、契约化建设。实时适当地转变政府智能，合理分配运动员人力资本收益，才能促进运动员资源合理配置与有效使用，约束和规范投资主体的经济行为，减少运动员培养和管理实践中的矛盾纠纷，提高竞技体育人才开发管理绩效，扩大我国运动员人力资本存量。

项目编号：1094ss07051

我国运动员商事人格权的法律保护研究

常立飞 秦苏斌 常东帅 王丽 常晓天

运动员商事人格权是运动员依法享有的对其具有一定声誉的姓名、肖像、声音等人格标识进行商业化利用的权利，包括人格标识的所有权、收益权、支配权等。它所保护的主要对象是运动员的肖像、姓名、形象和声音，以及以上“可指示性要素”综合而成的整体形象等。

运动员商事人格权兼具人格权与财产权的双重属性，是人格权与财产权发展、交汇的产物。但又不同于一般的人格权与财产权，具有自己的特殊性。一方面它以无形的人格利益为保护对象，是权利主体本身所固有的权利；另一方面它是能够给权利人带来经济利益的、具有财产价值内容的权利，具有可转让性和继承性。

运动员商事人格权其特点是权利形成具有二重性，即专业性和商业性。专业性是运动员商事人格权形成的内在因素。商业性是运动员商事人格权得以形成的外部因素；利益具有差异性。一是技术水平不同的运动员之间存在的差异，二是项目不同的运动员之间存在的差异；开发具有复杂性。开发和利用运动员商事人格权的主体是多样的，包括运动管理中心（国家的）、俱乐部、经纪人，比赛组织者等等。他们可从不同的利益角度开发利用运动员的商事人格权，从而获得经济利益；法律保护具有国际性。竞技运动的国际性，使运动员商事人格权体现在不同国度的商事活动中，其法律保护不仅是一国法律的义务，而是各国法律都应承担的义务。

目前我国运动员商事人格权的法律保护存在的问题

第一，我国民法对运动员商事人格权的保护尚未完全突破传统理念。我国《民法通则》对运动员商事人格权的保护未作出明确规定，所提供的保护还局限于传统的民事权利体系中的人格权或财产权，缺少现代民法意义。

第二，我国体育法律法规对运动员商事人格权的保护脱离客观现实。运动员商事人格权的保护在我国《体育法》中还是空白。国家体育总局制定的3个现行有效的法律文件规定了运动员商事人格权归国家所有。总的来看，这种规定不利于运动员商事人格权的保护，权利与其主体分离加大了商业运作和权利保护的难度；国家掌控权利的时间过长，导致运动员商事人格利益自身回报率较低，有失公平；不适应投资体制的多元化趋势。由于体育立法的滞后，助长了一些商家及相关机构非法开发运动员商事人格权的行为，使他们不惜以侵权为手段，获取更大的利益和价值。

第三，我国关于运动员商事人格权的纠纷解决机制不健全。我国还没有专门的体育仲裁立法，也未设立专门、独立的体育仲裁机构。

第四，体育法律法规尚未得到社会的普遍认识。在我国即使是体育理论工作者或体育实际工作部门的管理者，甚至是运动员，真正了解体育法的人其实很少。

一、完善我国民法

我国民法是保护我国公民的民事权利的基本法律，运动员商事人格权作为一种新生民事权益应在民法中作出相应规定，将其上升为法定权利。美国在这方面是最早进行立法的，也是相关立法比较完备的国家。首先，确立我国运动员商事人格权的主体地位。民法中应明确规定“运动员享有商事人格权，未经本人许可，不得以营利为目的使用运动员的姓名、肖像人格等标识”。随着我国经济的发展及竞技体育的改革，国家不再是运动员培养的惟一的投资主体，投资主体趋于多元化。按照“谁投资，谁受益”的原则，运动员与国家或其他的投资者之间将形成更为复杂的利害关系。所以，运动员商事人格权的主体地位迫切需要法律加以确定，使运动员真正享有这种权利。其次，制定和完善我国运动员人格标识商业化利用合同。运动员的姓名、肖像人格等标示的商业化利用，主要是通过授权他人使用的方式，即签订许可合同的方式来进行的。建立和完善合同制度，运动员可以在平等的条件下，自主自愿的签订合同。双方可以通过合同来对使用的范围、方式、期限、使用费用、违约责任、解决纷争的方式等内容作出明确规定。这样就使运动员的商事人格权的运用做到规范化、法律化。再次，对运动员商事人格权的救济应采用财产权保护的规则，即禁令和损害赔偿。禁令是指为制止侵权行为，从而使权利免受侵害和侵害危险的一种措施。损害赔偿是侵害运动员商事人格权主要的救济手段。损害赔偿以过错责任为归责原则，以填补权利人损害、恢复致未损害前的状态为原则。在市场均难以确定的情况下，采用法定赔偿金制度，即由法院根据法律规定的赔偿数额的范围，考虑侵权行为的社会影响、侵权手段与情节，作出相应的裁判。

二、修改和完善《体育法》及相关体育法规

《体育法》的修改。第一，将《体育法》第八条“国家对体育事业中作出贡献的组织和个人，给予奖励。”增加一款即第二款“国家鼓励运动员通过诚实劳动获得财产性收益（修改后的宪法允许公民通过诚实劳动获得财产性收益）”；国务院通过制定相应的法规允许运动员通过商事活动获得财产性收益；国家体育总局可以出台鼓励运动员通过其商事人格权获得收益的具体细则，以保证体育法的上述精神得以落实。第二，将《体育法》第四十二条“国家鼓励企业、事业组织和社会团体自筹资金发展体育事业，鼓励组织和个人对体育事业的捐赠和赞助。”修改为“国家鼓励国有企业、事业单位、社会团体、民营企业和个人自筹资金发展体育事业，国家鼓励组织和个人对体育事业的捐赠和赞助。”增加第二款“国家鼓励和支持外国企业和个人投资发展我国体育事业。”国务院通过制定优惠政策鼓励国外企业和个人来华投资体育事业。上述规定可使运动员通过其商事人格权的实现获得合法收益，同时国家获得了投资体育的有效途径。国家鼓励在国外运动队效力的运动员将自己的收益投资国内体育事业从而获得更多的收益。第三，修改《体育法》中的仲裁条款。我国《体育法》第三十三条规定“在竞技体育活动中发生纠纷由体育仲裁机构负责调解和仲裁”。显然，该条款的法律内涵只包括在竞技体育活动中运动员与运动员之间、运动员与教练员和裁判员之间、运动员、教练员和裁判员与体育管理官员之间等等，就竞技活动本身发生纠纷的仲裁，并不包括与运动员人身权利有密切关系的商事人格权的内容。所以，运动员一旦发生与其商事人格权有密切联系的纠纷就失去了法律上的救济渠道，运动员商事人格权的法律保护就出现了真空，没有

保护的依据。应将《体育法》第三十三条增加一款即“运动员如发生与体育活动相关的民事商事纠纷可以申请体育仲裁机构调解和仲裁”为该条的第二款。这样不仅仅扩大了体育仲裁机构的仲裁范围，同时由专业体育机构调解和仲裁与竞技体育活动有密切关系的运动员商事人格权，会更好的体现体育法的专业性、科学性、公平性的原则。第四，确立运动员商事人格权部分归运动员所有或共有的体制。在完善我国《体育法》的同时，国家体育总局应对现行有效的相关法律文件进行合法性的审查和整理。依据我国的宪法和法律，审查文件的合法性和规定的统一性，并制定、颁布新的合法有效文件，以符合实践发展的要求。其中确立运动员商事人格权部分归运动员所有或共有的体制是当务之急。

三、建立和健全我国体育纠纷解决机制

一是建立体育仲裁制度；二是制定我国《体育仲裁条例》；三是建立专门的体育仲裁机构。

四、构建专门的体育调解机制

体育调解是介于自主对话解决和诉讼解决中间缓冲地带的纠纷解决制度。通过调解能够协调各方的利益平衡，化解分歧，既能迅速解决纠纷，又能够获得较好的社会效果，促进我国竞技体育的各项机制不断规范化、科学化和法治化。

五、建立体育诉讼制度

体育发达国家几乎都认可司法介入体育争议的重要性，承认国家司法机关在一定条件下可以介入体育争议。如果不承认国家司法机关的介入，一些体育运动当事人的纠纷得不到申诉，就会助长体育运动中的不公正现象，不利于体育运动的发展。我国可设立“体育审判庭”作为解决体育纠纷的最终司法机构。

六、倡导和弘扬健康的体育法律文化

我国体育法律法规受重义轻利等传统思想的影响，重视社会效益而轻视经济效益，有悖于社会主义市场经济规律。但也出现了另外相反的现象，即重利轻义，为个人利益，铤而走险，触犯法律的行为。所以，树立科学的体育价值理念，弘扬体育正义，不仅倡导国家意识、人民意识、公平意识和友谊、和谐、奉献等思想，还要倡导运动员通过诚实劳动获得收益，反对违法所得的思想意识。在鼓励运动员树立为国家争光的荣誉感的同时，也让他们认识到获得合法收益也光荣的思想。

七、提高运动员的法律素质，增强自我保护能力

我国运动员文化教育程度偏低，缺少法律知识，法律素质不高。多数运动员都是在权利受到侵害之后，才想到法律救济，而在此之前对法律保护作用的认识基本是茫然的。运动员商事人格权更需要自我法律保护。因此，要加强运动员法律知识的学习，将组织学习和自学结合起来，通过学习达到知法、懂法、守法，依法办事，并能运用法律维护自己的合法权利。

八、加强体育法制宣传，提高全民的体育法律意识

国家应采取措施加强对公民的体育法制宣传。将体育法的宣传列入国家法制宣传的总体规划之中，成为法制宣传的一项重要内容。运用网络和电视等媒体面向社会各阶层进行宣传，增强人们对体育法律知识的理解和认识，为体育事业的发展营造良好的社会氛围。

九、国家体育行政管理部门要树立依法治体的理念

在我国体育管理中法治思想还没有深入人心，尤其是在竞技体育领域，损害运动员合法利益的现象时有发生。中国单项体育协会应考虑依照国际惯例，实行个人会员制。这意味着，体育协会要成为运动员、俱乐部和其他参与组织的整体利益的代表，这样才有权利和义务对会员或组织进行依法管理。

项目编号：1126ss07083

我国职业体育赛事的社会责任及其利益相关者的研究

陈锡尧　吴晓阳　庞徐薇　李　燕　刘　倩　孙庆涛

一、我国职业体育赛事社会责任的理论依据

（一）职业体育赛事利益相关者的界定

鉴于职业体育赛事的特殊社会影响力，应该从最宽泛的角度定义利益相关者，即一切能对职业体育赛事产生影响的团体和个人都属于利益相关者范畴。同时根据不同利益相关者的利益诉求以及他们和职业体育赛事联系的紧密程度，在此可将职业体育赛事的利益相关者分为两种：主要利益相关者和次要利益相关者。所谓主要利益相关者，是指职业体育赛事生存和发展所必需的参与者，包括赛事运作机构、运动员裁判员、观众和赞助商；而次要利益相关者则是指，在市场经济体制下，对职业体育赛事影响相当大但不是起决定性作用的参与者，包括政府、媒体和相关社会团体（图 1）。

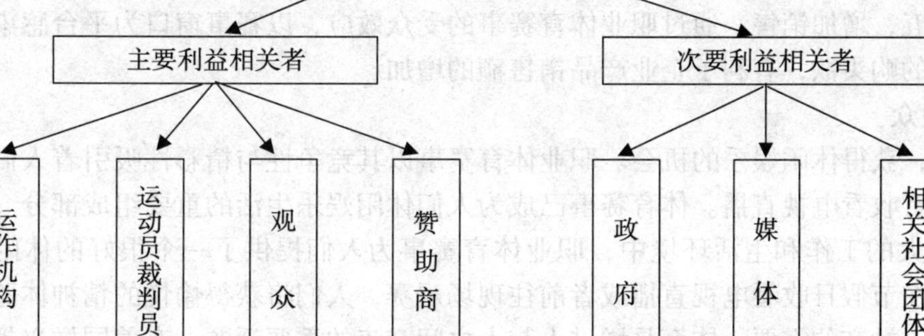

图 1　我国职业体育赛事利益相关者分类图

（二）职业体育赛事利益相关者的利益诉求

1. 运作机构

第一，利润回报。在我国社会转型过程中，作为职业体育赛事利益相关者之一的运作机构，其性质随着各项职业体育赛事商业化和市场化程度的不同而存在着较大的差异。但是，就职业体育赛事运作机制而言，运作机构则是职业体育赛事的运作核心。运

作机构的根本目的是为了获取最大化的经济利益。第二，组织长期发展。对运作机构而言，成功地运作各项赛事是其组织实力的体现。因而，运作机构必将投入大量的人力、物力、财力保证赛事具有较高的社会关注度以及利润回报率，使组织取得长远的、持续的发展。

2. 运动员与裁判员

第一，运动员的利益诉求是在职业赛事中有出色的表现，这将直接关系到其价值的提升。这里所说的价值包含着两个方面。其一，商业价值，即运动员通过参加职业联赛，以出色的表现赢得广告商的青睐。姚明、刘翔、田亮等明星运动员的广告费和代言费都相当可观。其二，个人实现价值，职业运动员在进入运动生涯的巅峰期后，较重视自身价值的实现，更加注重借助职业赛事的平台实现自己的个人价值，提高其对社会的贡献率。第二，裁判员的利益诉求。裁判员执法职业体育赛事，拥有丰富的职业体育赛事裁判经验，将直接有利于其个人专业资质的社会认同。因而，提高专业资质、发展个人事业是裁判员的主要利益诉求。

3. 赞助商

第一，提升企业知名度。对职业体育赛事进行赞助的一个最基本的利益诉求就是产生或提高消费者对企业产品、服务、产品线或企业名称的认知水平。第二，进入目标市场。体育活动的参与者通常具有相似的行为、兴趣和观念，赞助商可以在与消费者分享共同理念的同时，将需要传递的商业信息传递给消费者，从而更易于被消费者接受。第三，美化企业形象。有效的体育赛事赞助，用体育精神展现企业形象，可以使消费者将体育赛事的形象、运动员的形象和运动队的形象与赞助企业联系起来，在一定程度上实现形象的转移，增加和提高企业在消费者心目中的形象。第四，开展关系营销。越来越多的公司意识到关系营销的重要性，据统计，争取一位新客户所花成本是维系一位老客户的6倍。职业体育赛事的观众和有关消费者通常都对相应的体育项目具有一定的认同心理。第五，增加销售。通过职业体育赛事的受众效应，以赛事窗口为平台感染观众并刺激观众的购买欲，有利于企业产品销售额的增加。

4. 观众

第一，获得休闲娱乐的机会。职业体育赛事以其竞争性与精彩性吸引着人们前往现场观赛或者收看电视直播。体育赛事已成为人们休闲娱乐生活的重要组成部分。在当今都市压力大的工作和生活环境中，职业体育赛事为人们提供了一个很好的休闲娱乐机会。通过在节假日收看电视直播或者前往现场观赛，人们将获得愉悦的精神体验与满足感。第二，社交的需要。体育是增进人与人之间交流的重要话题。有着同样兴趣爱好的观众在赛场或者在电视机前聚集，彼此交流看赛的心情，将达到加强交流、增进感情的目的。职业体育赛事具有针对性的受众，因而对一定的观众而言，职业体育赛事是社交的重要平台。

5. 媒体

正是职业体育赛事自身所拥有的诸多优势，备受人们的青睐，使媒体对体育赛事的传播情有独钟。体育赛事已经成为人们品味生活时不可或缺的时尚套餐。媒体看好职业体育赛事，其直接意图并非由于社会责任而自发地推动体育的发展，而是瞄准赛事背后庞大的受众。因为这些受众就是媒介取之不尽的财富。庞大的受众群在同一时刻关注职业体育赛事，可以让媒体在极短的时间内提高知名度，捞取巨额的广告费。广告的市场和价格是由受众决定的，庞大的收视群体，尤其使电视媒体具有很高的市场回报。

6. 政府部门

第一，对城市相关产业的经济影响。职业体育赛事作为一种经济现象，能以产业链的形式影响到其他相关产业，产生巨大的间接收益，如旅游业、餐饮业、酒店业、房地产业、新闻业、广告业等在一定程度上都是赛事的受益者。第二，提升城市知名度。职业体育赛事是一种无国界限制、无种族歧视的活动，是有效提高城市知名度的途径。

7. 相关社会团体

由于职业体育赛事的曝光度与社会认知度较高，相关社会团体通过服务职业赛事，与赛事建立关联，从而体现出其组织实力与服务水平，提高团体的知名度与美誉度。

二、我国职业体育赛事社会责任的理论依据

（一）我国职业体育赛事社会责任的定义

我国职业体育赛事的社会责任，是指职业体育赛事在市场运营过程中，运作机构、赞助商、观众、运动员、媒体、政府、相关社会团体对社会成员及社会发展需履行的公平竞争、经济、法律、道德和教育责任。这里的社会责任是广义的社会责任，涵盖经济、法律、道德、伦理、教育等。

（二）我国职业体育赛事社会责任的内容

本文在对我国一些城市观众、政府、媒体和赞助商等的调查中，特别注意到了人们对我国职业体育赛事社会责任内容的理解。本研究报告采用惠勒和西兰帕对利益相关者的分类法，运用了卡罗尔的利益相关者责任矩阵表形式，并重点结合我国体育赛事研究领域的专家访谈和大众问卷的结果分析，从而形成了职业体育赛事社会责任内容的基本框架。

1. 运作机构

由于体育赛事市场运作的复杂性，从社会责任的理论上来讲，这里的职业体育赛事的运作机构，是指包括赛事的主办方在内的赛事具体运作的权责单位，是职业体育赛事的运作核心。根据现行的我国职业体育赛事的运作模式，运作机构主要是指赛事官方批准的主办方和承办方（赛事运作公司、协会及俱乐部）。

第一，运作机构最基本的社会责任即向社会和观众提供安全可靠的赛事产品和服务。安全可靠的赛事产品和服务是整个职业体育赛事的重心。如果赛事产品和服务缺乏最基本的安全可靠，势必造成整个赛事重大的隐患，对观众和社会将造成巨大的不良影响甚至严重后果。第二，控制赛事支出，积极创造赛事市场价值，进而带动举办地经济发展。运作机构作为职业赛事的运作核心，其根本的责任和目标是科学的控制赛事支出，有效的降低运作成本，挖掘和创造赛事强大的市场价值和附加值。其中，运作机构自身优良的运作经验、赛事营销手段、运作团队管理是职业赛事健康持续发展的重要影响因素。第三，维护赞助商及运动员、教练员等各方权益。运作机构须直接对赞助商、运动员、教练员、志愿者、工作人员等的权益进行维护与协调。特别是赞助商已成为国际职业大赛成功举办的重要保证，作好赞助商的权益保护，是对赞助企业所投入巨资的回报。但是在实际操作中，赞助商的权益还是不时受到“侵犯”。第四，保护环境及合

理利用社会资源。职业体育赛事的运作主体在赛事申办、筹备、举办及后期收尾工作中积极践行对社会与经济条件的改善，保护和合理使用自然资源和自然环境。其主要覆盖赛事中体育设施、体育器材、交通、能源、水资源的管理、有害物品、废物和污染物管理、生物圈质量与维护生物多样性等。

2. 运动员和裁判员

运动竞赛是体育赛事的核心产品，而运动员是运动竞赛的核心。严格遵守比赛规则和组委会章程，尊重竞争对手，服从裁判，文明竞技；拒绝兴奋剂，远离毒品，积极倡导公平竞争的比赛环境等是职业运动员在赛事中履行社会责任的基本要求。事实证明，运动员和裁判员在赛场上的不良或不礼貌的表现，如暴力行为、徇私舞弊等种种损害体育运动形象的行为举动，往往成为惹发观众“闹事”的导火索。因此，发扬良好的体育精神，积极参与社会公益活动，是运动员社会责任的重要组成部分，也是我国职业体育赛事自身健康可持续发展的力量源泉。

3. 赞助商

赞助商在为职业赛事发展提供必需的物质基础和财力保障的同时，也获取了强有力的市场营销平台：展示良好的公众形象，广告与促销机会，电视转播中的广告优先权，网点经营权、橱窗机会，隐形的营销保护，知名度等等。因此，赞助商的社会责任首先体现在严格履行商业赞助合约上；其次，倡导积极向上、健康的品牌理念。此外，积极投身慈善活动也是职业体育赛事赞助商提升企业品牌形象的重要手段。从社会责任角度来说，赞助商在扩展品牌营销的同时也为社会发展承担了自己相应的社会责任。

4. 观众

观众的社会责任主要表现在尊重运动员、尊重裁判，文明观赛，远离球场内外暴力。在我国职业体育赛事发展的进程中，观众斗殴闹事，怒骂袭击裁判等屡有发生。国外足球流氓等也逐步引起赛事组织者和当地政府的注意，制定相应的措施来督促观众履行社会责任。

除此之外，随着职业体育赛事的商业开发，观众必须积极倡导优良的社会风尚，尊重主办方的努力和付出，坚决支持赛事正版门票，履行自身应尽之社会责任。

5. 媒体

随着时代变化而演变，现在的媒体和职业体育赛事已经演化形成合作式共生关系。职业体育赛事需要媒体的大量报导激发人们对职业体育赛事的关心和热情，而媒体也通过报导生活中最具影响力的事件来赢得高额的利润。媒体社会责任的推进将更深层次促进职业体育赛事的健康有序发展。因此，媒体的社会责任还表现在积极引导正确的舆论导向，遵守新闻宣传纪律，时刻营造积极和谐社会新风尚。

6. 政府

由于我国体育管理体制的原因，政府与体育之间的关系错综复杂。职业体育赛事的成功举办需要政府或非政府组织履行相应的社会责任。政府资源在我国职业体育赛事发展中至关重要，尤其是当职业体育赛事筹办期间与当地交通、资源、环境等等产生严重矛盾和冲突时，政府部门的协调在一定程度上对该项赛事起到决定性的作用。

7. 相关社会团体

相关社会团体包括体育社会组织、环保、文化和教育等各种组织。这些相关社会团体随着职业赛事市场运作的深入发展，其张力是不可估量的，其所承担的社会责任也是我国职业体育赛事社会责任的重要组成部分。

（三）我国职业体育赛事社会责任的特点

1. 公平竞争是我国职业体育赛事社会责任的基础

公平竞争是职业体育赛事赖以生存和发展的基石。运动员、裁判员及赛事运作管理人员在体育赛事运作过程中积极履行的公平竞争责任是我国职业体育赛事健康、可持续发展的前提条件。从社会责任角度来说，一场失去公平竞争的职业体育赛事，是没有任何社会责任可言的。它将直接损害观众的体育情感，对该项体育赛事的发展也将是毁灭性的。长期以往，该项体育赛事随着观众的流失将最终失去大部分赞助伙伴的支持。其经济责任、法律责任、道德责任将更难以达到相关职业体育赛事社会责任的基本要求。

2. 我国职业体育赛事社会责任的主体间相互制衡

社会责任主体即职业体育赛事利益相关者，其不同的利益诉求直接决定了各利益相关者在职业体育赛事运作中存在某些利益分歧，并对其他利益相关者实行利益转移。在各利益主体相互制衡中，即多元利益相关者的行为中，任何一个利益相关者最大化自己利益的行为都可能影响其他利益相关者的利益，这就使其他利益主体成为自己利益最大化的一个“约束条件”，从而引发利益主体之间的相互影响或相互冲突。职业体育赛事利益相关者通过承担社会责任可以平衡或协调其利益相关者的利益关系，实现职业体育赛事可持续发展，进而不断壮大。这些利益相关者正是以职业体育赛事运作作为平台，根据自己的需要寻求不同的利益。职业体育赛事社会责任从外部对这种利益运动进行理性规范，使各利益相关者在相互制衡中实现共同的发展。

3. 我国职业体育赛事社会责任主体和客体的统一性

职业体育赛事社会责任的主体和客体在一定程度上具有统一性。我国职业体育赛事利益相关者作为赛事的直接参与主体和构成部分，直接对赛事所产生的影响承担相应的社会责任，并且有履行社会责任的义务。但是在现阶段，我国职业体育赛事发展并不成熟，职业体育赛事参与体在某种程度上来说，就是我国职业体育赛事社会责任的责任对象。他们作为责任对象，对职业体育赛事履行社会责任直接提出要求，促使他们难以保证责任对象的根本利益。从这个层面上来说，我国职业体育赛事社会责任的主体和客体是统一的。但是，随着职业体育赛事产业化和市场化的推进，我国职业体育赛事社会责任在动态发展中以全民和社会发展为根本责任客体的趋势是不可逆转的。

三、对我国职业体育赛事社会责任履行现状的研究

本文对于我国职业体育赛事社会责任履行的现状研究除了基于职业体育赛事一些既定的社会责任履行事实之外，更多地是以针对全国一些职业体育赛事开展的城市进行的问卷调查为基础进行研究，从以下几个方面对我国职业体育赛事的社会责任履行情况进行分析。在对调查结果的分析中，找出我国职业体育赛事社会责任的缺失及缺失原因。

（一）我国职业体育赛事社会责任的履行现状

关于我国职业体育赛事社会责任的履行现状，从人们对我国职业体育赛事的总体印象和人们对我国职业体育赛事社会责任的认同两方面进行了解。

1. 从观众的角度看我国职业体育赛事的总体形象

本研究的调查结果表明，关注我国职业体育赛事的观众年龄主要集中在 20~40 岁，其中青少年占 31.38%，25~40 岁的观众占 42.18%，这两个年龄段的人群对我国职业体育赛事较为关注。

近年来，我国最早开始职业化的中国足球联赛几乎陷入了困境。体制的严重缺陷、俱乐部操作失范以及球场内外爆发的大量丑闻已经让中超举步维艰，积重难返，以致在人们心目中的总体形象不良。

2. 人们对我国职业体育赛事的社会责任的认知

调查结果显示，绝大部分观众表示要求我国职业体育赛事应该履行社会责任，该比率占 92.37%。

在对报纸、杂志、网络和电视等媒体的调查中，98.39%的记者表示了赞同，但其中有 53.76%记者认为，对于职业体育赛事社会责任的相关报道很少，38.44%的记者认为职业体育赛事社会责任即指体育慈善和公益行为。

针对赞助商的调查表明，赞助商日益看重职业体育赛事在社会中的整体形象，该比率占到 38.87%；而有 41.70%的赞助商表示，在选择体育赛事进行赞助前，会慎重考虑该赛事的社会正面影响和在观众中的形象问题；有 12.84%的赞助商觉得赞助商应该积极参与赛事的环保、公益和其他活动。

在对政府部门的调查，有 89.14%的官员认为，职业体育赛事在促进城市经济发展和精神文明建设方面有重要作用，91.46%的官员表示需要加强我国职业体育赛事的社会责任。

但是，一部分被调查对象表现出来对该问题的认识和思考不足，从侧面反映了我国职业体育赛事应该履行社会责任这一观念并没有深入人心，有关人士没有对这一问题引起足够关注和重视，以致造成我国职业体育赛事社会责任的缺失状况严重。

（二）履行我国职业体育赛事社会责任的对策

1. 保证我国职业体育赛事的健康发展是根本

唯有健康发展的职业体育赛事才能承担社会责任，而保证我国职业体育赛事的健康发展，需要将行政、经济、法律和道德各种手段结合起来。保证职业体育赛事的健康发展可以从即时控制和长期控制两方面入手，对与比赛有关的运动员、运动管理者、媒体和观众的偏离行为进行控制。即时控制是依照法律和规则对每一次比赛进行实时监控，长期控制是从战略的角度制定规范，并实施长期的管理和监督体制对比赛进行管理。两者通常结合使用。

2. 政府对职业体育赛事社会责任的监管手段

从职业体育赛事角度看，政府首先要保证体育法律法规对职业体育赛事所涉及的范围进行界定；其次，邀请专家制定出针对职业体育赛事的经济效益、政治作用和社会影响力等指标的《职业体育赛事社会责任标准》；然后对某个具体的赛事进行评价，界定该赛事在各个领域的基本社会责任，赛事根据这一标准履行社会责任，政府依据这一标准对赛事进行管理和监控，并将这一标准和对赛事的绩效评估和商业投资挂钩，有利于促进赛事履行社会责任。

3. 开展对职业体育赛事的社会责任投资分析

社会投资分析是一种将融资目的同社会、环境和伦理问题相统一的融资模式，是一种基于环境准则、社会准则以及金钱回报的投资模式。它通过投资者对财务、社会、环境的三重考虑，作出投资决策，共同推进企业的社会责任和伦理行为。虽然社会责任投资在我国还没有真正开展，但经济发展必须考虑环境和可持续发展的趋势将会使我国职业体育赛事的社会责任投资变成可能。

建立社会责任投资体系，让社会责任作为体育投资中的重要一环是一种新的尝试。在体育赛事中可以通过社会责任筛选、利益相关者请愿和开展社区投资来建立职业体育社会责任投资体系。

4. 公众对职业体育赛事社会责任的约束

(1) 非政府组织参与职业体育赛事社会责任的管理。由于受长期计划经济体制的影响，中国的非政府组织并不像西方国家的非政府组织一样完全独立于政府之外，多数情况下受到政府扶持，或者是由政府部门转化而来，其独立性相对较小，显示出半官半民的特性。但随着社会的发展和建设和谐社会要求的提出，非政府组织的作用将会日益受到重视。就职业体育赛事而言，不仅仅需要有各种体育非政府组织参与其中，还要有其他经济、文化、教育和环保等领域的非政府组织在职业体育赛事履行社会责任过程中发挥作用。

(2) 媒体是倡导和监督职业体育赛事社会责任的有力武器。职业体育赛事和媒体的经济共生关系使双方都获得发展，但同时也存在因为经济利益的驱动而导致的体育报道失实的现象。一方面，相关政府部门的管制或职业体育赛事出于自己的各方利益考虑，不会向媒体提供真实的信息和情况；另一方面，同样由于政府部门的管制、媒体自身新闻价值选择和利益驱动等原因，媒体也会对体育报道进行进一步的加工。因此，职业体育赛事社会责任的履行，在新闻媒体方面既需要媒体对赛事的真实报道，又需要对职业体育赛事的新闻发布进行正规化和制度化管理。

5. 职业体育赛事社会责任的道德建设

随着时代的变迁，道德观念的发展也呈现出新的变化趋势。要求人们以更加宽大的胸怀接纳新的道德观念，以更加积极的心态来遵循既有的道德准则。职业体育赛事组织者公平和公正地加强和贯彻道德准则，除了遵守法律法规和行政管理之外，职业体育赛事应该将社会责任的履行作为赛事发展长期战略的重要内容。因为职业体育赛事的发展是必须依托于社会的发展的，任何背离社会发展主流的职业体育赛事是不可能获得长久发展机会的。

四、研究结论

- 我国职业体育赛事的社会责任是指职业体育赛事在市场运营过程中，运作机构、赞助商、观众、运动员、媒体、政府、相关社会团体对社会成员及社会发展履行的公平竞争、经济、法律、道德和教育责任。

- 我国职业体育赛事社会责任的各种参与者是我国职业体育赛事的利益相关者，可分为主要和次要利益相关者。主要利益相关者为运作机构、观众、运动员和赞助商；次要利益相关者为政府、媒体和非政府组织。它们对于职业体育赛事均有着各自不同的利益诉求，而这些利益诉求将会对职业体育赛事社会责任的履行结果产生直接的影响。

• 我国职业体育赛事社会责任特点主要表现在：公平竞争是我国职业体育赛事社会责任的基础；我国职业体育赛事社会责任的主体相互制衡；我国职业体育赛事社会责任主体和客体的统一性。

• 我国职业体育赛事的现状是：总体形象尚属一般，个别职业赛事的发展情况不良。总体上来看，职业体育赛事运作主体的社会责任意识及其认知情况较差，且由于政府部门缺乏宏观指导、法律不够健全和职业体育赛事的道德建设落后等原因，造成了我国职业体育赛事社会责任的履行不足。

• 加强对我国职业体育赛事履行社会责任的对策，可从以下五个方面着手：确保我国职业体育赛事的健康发展；政府加强对职业体育赛事社会责任的监管；开展对职业体育赛事的社会责任投资分析；公众对职业体育赛事社会责任的约束；加强职业体育赛事社会责任的道德建设。

• 我国职业体育赛事的社会责任评价体系可由公平竞争责任、经济责任、法律责任、道德责任和教育责任等五类内容构成，其下属则分为 18 个二级指标。第一类为运动员公平竞技、裁判员公正执法、赞助商参与满意度；第二类为净资产收益率、赛事运作雇员所得率、政府所得率；第三类为罚项支出比例、报酬支付率、赞助额支付率；第四类为媒体报道真实性、运动员和裁判员的公众形象、观众观赛的文明程度、能源使用效率指标、环境保护投入占总投资的比重、媒体引导社会舆论的正确性；第五类为青少年受教育度、捐赠收入比例。

项目编号：1077ss07034

我国职业足球联赛的制度安排与运行机制研究

何世权　柳　昊

一、我国职业足球制度演进结构分析

根据诺斯的理论，我国职业足球制度变迁是以提供一种制度结构，使俱乐部之间的合作，可以获得在原有制度结构内不可能获得的收益。制度变迁能够提供一种影响产权变迁的机制，以改变个人（或团体）可以合法竞争的方式。

（一）启动我国职业足球制度的主体

首先，分析启动职业足球改革的我国政府构成问题。这需要借助于假设和构想加以分析。在我国政府组织结构中，第一层次是国家层面的组织，如国务院和国家原体委，第二层次组织是足球运动管理中心或足协和国家队，第三层次是各省市体委主管足球的中心或协会和附属的运动队组织。这样划分的部分原因是，这些组织之间的目标相对独立，而且也大体上反映了各级组织的目标构成的共同特征。这些相对独立的组织基本体现了各自组织的权能，比如可以设定最高组织追求增进社会公平和社会效率的实现，并谋求社会福利的最大化取向；次层组织则是沿着提高足球水平和推广足球运动；最下层组织则是维系运动队的成绩和输送高水平运动员和队伍的持续性。显然，三重组织目标之间本身是相对协同的。

如果没有外部冲击，上述目标的协同性应该是有保证的。现在来看一个外部冲击，假设存在着不同的冲击类型：群众需求的冲击、国外足球运动巨大的影响力冲击、国外足球成功运作带来的巨大红利冲击、不同层次组织内部的冲击（财政压力、成绩压力、安置和就业压力等）、不同层次组织伸展权力的冲击等等。在这种条件下，上述组织中，哪个主体最有可能产生职业足球改革的利益要求，并可能成为改革最主要的推动者。

事实上，任何冲击的强度如果足够大，都会引发职业足球制度变革的发生。如果运用逆向归纳方法来分析制度产生带来的潜在收益可能的受体，对厘定该问题具有启发性。如果中国能够成功建立起职业足球制度，巨大的红利分享最可能归于中国足协，而且他们经常参加和观摩世界大赛，信息相对充分。所以笔者认为，中国足球协会是启动这场改革的初级行动团体。

但是，协会本身的定位是推进足球运动，规范足球发展。利益诉求的产生和足协的宗旨发生了混同，这是其一。其二是中国足协不仅是个事业法人团体，而且是足球运动管理中心，是中国体育体制下的职能部门。所以说，它的目标函数至少包括三个层次：第一，追求足球运动的普及和提高，实现国家队实力和名次的提升；第二，足球制度创新潜在的收益在现有的制度条件下可能归于其门下，事实上，利益诉求构成了中国足球协会的目标之一；第三，在足球的扩张中可以谋求最大化的租金。

这种利益取向在市场经济刚刚起步和体制转轨的社会背景下是极易引起其它主体共鸣的。中国足协事实上承担了一个类似于熊彼特意义上的企业家。同时，这一创意与我国当时的初始条件相吻合，在这些情况下，中国职业足球制度的产生变成“可操作”的次级制度安排，中国足协收入会因此增加。但是支付了创新成本主要来自于财政支付，甚至新制度安排经营成本也不会由自己承担。

（二）我国职业足球制度创新的次级组织

中国足协作为最为可能分享职业足球带来的利益，成为本文设定中启动中国职业足球制度创新的主体。但是，足协的创新行为必须得到更高层面制度的肯定和支持。在我国，最高层次的组织赞同和参与，和以最高层次的行政权力推进，是改革实现的必要条件。但是就利益关系而言，本文的分析是把这级组织归于制度创新的次级团体。由于高层组织具有行政强制权力，所以在制度创新中扮演的角色较为特殊，不仅可以制定制度规则，还可以直接实施新制度。对于未来的潜在收益，在这个层面关注的不多。因此，高层组织的进入对策略性安排的考量显然是不看重的，高层组织关注的目标可能有经济的成分，但是更为可能的目标应该是社会的和政治的。这也构成了我国足球制度变迁的一部分。

另外，第三层组织也是这个次级团体的一部分，但是，他们是被动地接受制度安排和执行制度创新重要力量，他们是组建各个省市俱乐部主导要素。1992 年 6 月的红山口会议可以说是次级联盟的启动标志，到 1993 年，1994 年次级团体大范围行动起来。在中国职业足球酝酿和组建过程中，中国足协已经开始和各个公司开始了商业开发的洽谈业务活动，而且承担了从联赛组办到管理的全部角色，这进一步验证了足协在改革中扮演的主导角色的理论分析。

我国体育体制改革和其它领域的改革既有相似的地方也存在着不同之处。相似在于从启动改革到改革的实施，均需要中央政府的介入和推进。但是体育领域实行的体制安排不是采用从国家体委直接管理省市体委的行政体系，而是各个省市体委隶属于各省市，体委或体育局的官员由各省市任命和领导，国家体委或体育局只是在业务上加以指导。这就决定了中国职业足球的制度创新，必须在国务院层面加以协调和推进。我国职业足球制度的创建中，各个省市足球运动队的创建需要有地方政府的参与，由于国内企业参与足球没有任何经验可言，难以衡量和判断进经营职业足球的风险，所以没有各级政府的强力推进，是无法实现短期中创建出中国职业联赛的。因此，政府采取强行的拉郎配和牵线搭桥，形成了企业出钱，体委出队组建新制度下的俱乐部制。

（三）我国职业足球的制度装置

制度装置是在新制度下运行的方式和原则的总称，一般体现为这些组织辑此行动的文件和规则体系，当这些制度规范被应用于新的安排结构时，新的行动组织就可以在新的安排结构中牟取到新的利益。我国在 1994 年推行正式的足球职业联赛制度，其中，制度装置包括《中国足球协会章程》《足球俱乐部章程》《足球竞赛管理规定》《足球运动员身份及转会规则》和《足球队训练规定》等一系列规定和章程。从这些规则的内容上看，与发达国家的俱乐部制及职业联赛制在形式上已经没有多少差别，可以说与国际足球运动完全接轨。

在一般的制度创新过程中，必然涉及产权问题的调整和修正，这不仅在于它表现为个人或团体如何承担这类变迁的成本，而且希望在新制度安排下可能得到的利润。在自主变迁中，往往是主体对预期的净收益的推测和核算，如果超过预期的成本，这项制度安排就会被创新。但是，在我国职业足球制度创新过程中，除了足协这一组织外，其他组织对职业足球市场的潜在利益的认同性还不够统一。由于我国职业足球俱乐部创建中存在着产权界定的模糊和不明确，也与当时我国国有企业的总体状况相适应的。但是，参与足球的各级地方政府的行为，可以认为是认识到新制度的潜在收益并加以牟取的过程。

（四）制度安排的形式

制度安排的形式既可以是自愿的形式也可以是由政府控制和经营的形式或处于两者之间的某种结构。我国职业足球制度采用的是由政府控制和管理的制度形式进行的。这种制度安排或者管理行为的选择，是我国基本国情的一种选择。

我国职业足球制度创建过程中，国家财政充当了支付创新的组织成本，组织的总成本将随参加者人数而增加。在政府安排下每个参加者都受制于政府的强制性权力的作用，不管他对政府的强制性方案有多大的不满意，他都会保持某种方式的默认。尤其是参与的下级政府，一般不会为本地方利益与中央政府相持和作对。如果说这种默认成为共识，并在俱乐部内部的每一个组份中变为自觉行动的话，这种强制性方案一定会产生极高的收益，应该说，它比任何自愿的谈判所实现的方案更有效率。

（五）我国职业足球制度创新潜在利益分析

在我国足球领域，事实上存在着外部利益。职业足球的制度创新，本质上是由这个外部利益追求所引发和主导的。

职业足球的经济过程，规模经济效应是一种独特的现象，职业足球规模经济的实质是在产出量受控下改善和提升质量，就可以借助于媒体实现规模经济。而质量品质的提升与很多因素有关，首先，是否能够产生具有旗鼓相当的队伍。问题是，这种队伍是否服从于对产品质量的共同诉求，内部的作弊行为或串谋，以及生产的外部性存在，使得这种外部利益在我国现阶段难以自觉形成内部化利益的自发倾向（在俱乐部中还要分析它的成因）。显然，中国足协启动职业足球改革积极意义是明显的。中国足协能够把市场中存在的外部利益，通过职业足球联赛制度的设立加以实现。

其次，如果职业足球联赛能够追求最优产品质量来实现职业足球的规模经济的话，新的职业足球联赛将会提升参与主体的收益状况，足协也会在新的制度安排中实现自身收益。对职业足球市场潜在的外部利益的追求，是中国足协打破原有专业足球制度均衡的基本动力。

这些潜在的外部利益如果不去牟取的话，是不会自动地增进足球领域收益状况的。足协应该在这场改革中率先做出反应，对市场潜在的外部收益通过组办联赛，变成可实现的内部收益，并去维系。

第三，我国原有的专业运动队制度是我国竞技体育制度的组成部分，由于中国足球的实力和比赛成绩在可预期的时间里难以和世界强队抗衡。金牌希望不仅决定了足球在竞技体育格局中的地位和分量，也决定了该项目在国家竞技体育资金份额和收入的可能性。这不仅构成了各级足球队伍的实际损失，也可能成为改革实施的先期对象。从事这个职业的运动员未来面临的不确定性，更是加剧了专业足球队伍变革的内在欲求。如何将这种不确定性在未来转化为更为确定的现实成果，很容易形成整个足球领域从业者的共识。特别是，国外职业足球成功的范例极大地强化了这一进程。在这种情况下，由中国足协启动改革最为合理，中国足协既可以以组织化名义实施改革，又可以在全社会组织资源实现足球规模经济效应。难以想象，某个省市的专业足球队伍可以发动这样的改革，尽管动机存在，但是极大的交易成本和信息成本，足以抑止可能的制度创新生成。同时，作为改革主体的足协通过足球制度创新，潜在的获益顺序和可能的租金也会激发足协创新行为。

二、我国职业足球行为主体的博弈分析

我国职业足球的经济过程是足协、俱乐部和地方政府的三方博弈过程。

（一）中国职业足球主体行为讨论

由于我国职业足球创建过程中，各类参与主体多元化和主体目标的多重性。事实上，难以在博弈框架下展开讨论。特别是职业足球的本质特征，要求其自身应在合作博弈上展开，换言之，合作博弈的收益为正，否则为负。在维持这样共有信念的基础上，俱乐部之间又要展开非合作式的赛场竞争。在我国，博弈参与主体的特殊性使得博弈过程十分复杂。比如足协、俱乐部和政府作为参与人，他们各自的目标不同。而且随着时间变化而变化，难以形成稳定的目标。比如政府作为参与人，即可能是出于对职业足球的政治取向，也可能出于对参与企业的经济取向，还可能出于对职业足球的控制和驾驭取向。这三者显然有着不同的效用关系。

俱乐部也是如此，从俱乐部的创建过程可以发现，我国职业足球俱乐部是在政府主导和主持下：国有企业投入运行资金，各省市专业足球队出球员组成的俱乐部。这样的俱乐部，其目标实质上难以清晰刻画出来的，因此不易描述。如果说是基于企业投资的目标，那么最优选择是常胜目标，从而通过俱乐部提高企业经济效益，同时，还可能存在者非经济效益的问题。如果以参与政府为目标的话，政府的多重目标也难以刻画出俱乐部的目标函数。

如果以俱乐部目标为取向的话，俱乐部应该是追求俱乐部利益最大化，但是足球比赛是共同生产过程，一个俱乐部的利益离不开俱乐部团体的存在。因此，维系这种利益的机制，国外的实践经验证实，职业足球联赛必须建立在职业联盟基础上才能有效运行。职业足球联赛是以联盟制度形式建构一个合作或垄断的市场结构，并以俱乐部之间的真实竞争展现给观众。换言之，各个俱乐部利益转化为：能够处于最高级别的比赛中(更高级别的联盟中)，并在比赛中表现突出（包括优秀团队成绩和培养出天才球员）。

由于我国职业足球俱乐部创建的特殊背景，俱乐部的产权关系边界相对模糊，有的属于企业所有，有的属于地方体育局，有的则界于两者之间。导致俱乐部目标的多重性和不稳定性。在我国现实关系中，俱乐部的真实主张也往往隐藏在三种力量的较量和权衡之中，在足球赚钱时控制足球意味着名利双收，在足球处于低谷时则是唯恐避之不及。

另外，西方国家的足球协会的行为体现在它的性质中。事实上，足球协会的产生过程决定了足协的权能和属性。足球协会是以推进足球运动、规范足球发展为目的的民间组织，其基本权能是确定赛事的基本规则和运作程序，比如确定最高级别的比赛方式、培训职业教练员、裁判员和运动员注册、转会等。我国足球协会章程中也明确指出，中国足球协会的性质是“从事足球运动的单位和个人自愿结成的唯一的全国性的非营利性社会团体法人”。宗旨是“团结全国足球工作者，广泛开展足球运动……加强本会各会员之间的联系与交流，……遵守国际足球联合会及亚洲足球联合会章程。”

然而，从中国足球协会创建和机构安排来看，笔者发现了中国足球协会特殊性的一面。中国足球协会于 1956 年成立，是以原苏联体育体制框架，依据国际足球联合会、亚洲足球联合会的组织形式，由中央政府的职能部门创建和构造的组织。它不仅与中华全国体育总会同构，也与国家足球运动管理中心同构。事实上是政府授予管理权的“政府机构”。在我国现有的体制框架下，中国足球协会与其他体育协会一样，并不是一套独立的组织，而是分设在各个职能中心，即一套机构，两块牌子。

显然，足协应该是维护足球运动的最高组织，其权能集中体现在两个层面：一是维护协会的利益，一是规范足球自身行为。勿庸置疑，职业足球在我国的发生发展，中国足协发挥了关键作用。但是涉及到中国足协的目标时，存在着这样的矛盾：如果足协是维护协会利益，那么协会的目标是什么，在我国现阶段协会隶属于政府，在职能分工的政府内部，是谁和怎样代表着足球协会的利益。一个近似的解释是足协在力求牟取外部利益的同时，期望这种利益的控制力最大和最久——即通过控制权力的扩张来实现自身利益。

在这种复杂的关系中，参与各方难以达成共识性信念，俱乐部和足协的监控在俱乐部属性模糊的情况下，强化了内部成员行为选择方式，个人效用最大化的选择凸显出来，在市场中可能的选择和可能的交易条件下，很容易产生黑金和作弊行为。

（二）一个简约的博弈框架分析

1. 第一层次的博弈关系

上述的分析表明，沿着边界分明、关系清晰、结构明确的方式建立分析构架来剖析我国职业足球行为主体的互动关系非常困难。笔者尝试着通过简约的博弈分析提供一种可能的解释。首先，设定博弈开始时，参加博弈的主体是俱乐部和投资企业，这样选择是依据我国现实足球的进展脉络，同时也反映了我国足球 2002 年以来足球面临的一系列事实。

我国职业足球制度从 1992 年代开始酝酿，到 2002 年 11 年间，发生了一系列事件。直到 2004 年，职业足球存在的问题趋于表面化、尖锐化。

另外，假设投资企业是市场主体，参与足球的目标是利润最大化，不论是国有企业还是私人企业。企业在职业足球上的利益来源于所属俱乐部在赛场上的表现和所引起的轰动效应和社会关注程度，包括比赛名次，运动员名气，现场观众人数等；俱乐部目标设定为利益最大化，我们把它还原为实现比赛成绩最优从而获取最大奖励利益和其他收益。此外，还需要假定完全信息类型。然后，两者采取对策行动。

在这两个主体之间博弈开始阶段，如果俱乐部比赛很努力，并能够取得好成绩，企业愿意付出额外代价予以奖赏，反之则很少或惩罚。显然第一种情况在没有阻力的情况下是一个纳什均衡。这个纳什均衡还是双方的聚点，但是这种聚点效应必须依赖于赛场对手才能实现。以往的环境和历史决定了那类聚点更实际更有效。但是，这种聚点式的均衡对一个足球俱乐部来说无法实现的，甚至是必须不能实现的。一方面是因为每个球队的水平和所处的竞技状态不同，还因为职业足球是共同提供同一种产品，长期均衡是不能被观众接受的。足球也就丧失了观赏性和娱乐性。

企业捆绑足球的理性行为是让企业的名称更多地暴露于社会，从而增加企业的知名度发挥广告效应。那么像知名度很高的红塔集团进入足球可能的解释有三个原因，一是受到地方政府的压力；另一个就是企业基于资金投入进入足球，企业高层可以据此提出更高的要求（贷款、政策）；再有足球的烧钱本身也能够给参与者带来额外收入和支出的可能性。但是，企业捆绑足球的成本是高昂的，特别是处于比赛下游的俱乐部，或者是企业主过分追求名次的俱乐部都会导致均衡被打破。因为职业足球本身的属性不具有长期捆绑的性质，它必须以联赛和俱乐部本身存在为前提。但是，必须有新的利益源加以保障，实际上就是通过电视转播权的集体拍卖实现足球规模经济效应。上述分析是在信息完全的条件下进行的，如果不完全则发生均衡偏离的可能性会加强。

2. 第二层次的博弈关系

笔者把俱乐部与足协之间的博弈关系作为分析框架。在这里需要设定俱乐部代表了企业主的意愿。俱乐部和企业在我国已经变得浑然一体了，它们对足球的看法是相同的，那就是从足球场上挣到钱。因此，也可以把企业和足球协会的博弈放在同一个分析构架之中。他们追逐利益的共同核心是对足球控制权的争夺，但是这种争夺不是建立在共识基础上，而只是在自身利益无法弥补的一种推定和反应。

足协和俱乐部之间展开了非合作博弈。足协作为代表国家体育总局管理足球运动的组织，有自己的目标函数，不仅追求最大化的经济收益，也追求最大化的政治收益。但是俱乐部既可以隐藏行为也可以隐藏信息，甚至隐藏目标的方式，展开与足协的非合作博弈。由此会带来足协管理成本和运作成本的上升，当这些损失不足以弥补潜在收益的时候，足协理性的选择可能会出现放弃经济收益诉求，转而追求政治利益。而作为市场中企业代言人的俱乐部，则表现为一方面追求自身收益的最大化，另一方面又要考虑其行为的风险成本。在目前我国现实状况下，企业和俱乐部还不足以和足协讨价还价，即单个的俱乐部难以直接成为足协的谈判对手来反映制度需求。因为交易成本太高，风险巨大，除非涉及到重大的利益关系。同时，我国职业俱乐部的创设初始条件本身缺乏共识性，这将决定俱乐部之间合作的脆弱，难以形成诱致性的制度变迁，“搭便车”现象和机会主义行为会蔓延开来。此外，缺乏俱乐部和足协谈判反映制度需求的有效渠道，即使是集体一致行动的自发性制度创新，最后也必须要得到足协的承认。因此，俱乐部返回来寻求地方政府的支持，力图借助于地方政府参与谈判，但是，俱乐部的目标不在于实现联盟共同产品的生产和高质量提供，这些现象形成了我国职业足球发展的制度场景。

3. 进一步展开的博弈关系

俱乐部内部进行的博弈。本文选择具有典型意义的，以主教练为代表的参与者与俱乐部总经理间展开的博弈。在此，假设主教练代表了球队的利益，并且能够识别球员的努力程度。主教练追求的目标是实现比赛成绩最好，并且由此带来对球队的控制力和持续主导俱乐部的资格。这时，主教练的目标便是一种持续权力或利益的目标取向。可能的原因是，我国现有的职业俱乐部数量很少，失去工作的风险造成的损失是巨大的。其次，俱乐部总经理的目标，企业或者董事会把俱乐部交由他主管的指向很多。其中，一个目标是赚取市场收益，收益的基本标志是在比赛中取胜。在基本支出限制条件下，企业主谋求最好成绩可能蜕化为主教练保证成绩稳中有升的目标。假如企业主或老板不能完全识别运动队的全部信息，更多的借助于主教练的介绍。

在不完全信息博弈中，显然主教练处于优势，他的选择策略有多种：一是谋求最佳成绩，但是问题是最佳成绩的保持可能构成对自身目标的冲击，二是选择次优成绩来实现长期指教俱乐部的资格。而俱乐部经理的目标与主教练目标具有相似之处，当选择最优的比赛成绩来执行时，在下一个赛季难以维持原有成绩就意味着要下课，但是足球比赛注定是个不均衡过程，任何人想长期独霸赛场既不可能，现实中也不能成立。两位主体在足球目标上就可能达成某种协同和默契，可能的原因是企业的评价标准只以成绩论英雄，但是谁都不能保证成绩会稳定不变。可以运用典型的囚徒困境模型来加以说明。

下面来看囚徒困境的支付矩阵，行代表着主教练的行为，列代表俱乐部经理的策略，表中的数值前面的代表主教练的支付

经理主教练	维持次优成绩上升	选择全优成绩下降
维持次优成绩上升	10，10	30，0
选择全优成绩下降	0，30	40，40

上述模型表明，在可以验证的条件下，成绩下降可能带来下课，成绩提高可以获得持续执柄权杖，结果就会出现集体选择次优行为维持成绩稳定或略有上升。维持成绩稳定会持续带来收入的稳定和提高，这和运动员、教练员的自身利益实现了协同和默认，也和球员行为的内在需求达成了默契。结果是，一方面是教练和球员的高收入，另一方面却是俱乐部的惨淡经营、亏损严重、入不敷出，企业输血。

三、中超联赛和中超公司的制度讨论

（一）中超联赛现状

中国足球职业联赛在某种程度上推动了中国足球的发展，成为职业体育改革的标志。然而，中国职业足球联赛自 2002 年以来，俱乐部与企业之间的，以及俱乐部与中国足协之间矛盾日益表面化和尖锐化的背后，实际上是各类主体根本利益的冲突。对于中国职业足球的困境，俱乐部和企业的主要观点是“混乱的管理致使广大职业俱乐部投资者、足球产业赞助商以及广大球迷的利益受到了严重的侵害，而原本属于俱乐部的各项合法权利被中国足协长期占有”。俱乐部和企业焦点问题集中在联赛产权界定上，对产权束中管理权、经营权和监督权提出了要求，同时对现有的产权主体：中国足协提出了诸多置疑。提出改革中国职业足球制度预案：“由社会法人出资成立中国足球职业俱乐部联盟公司（简称中足联公司）。”

中国职业足球制度内在矛盾最终是以“中超公司的成立”宣告结束，中超公司注册

资金为200万人民币。其中足协控股36%是最大股东，16家中超俱乐部共计持股64%（各家占4%），公司年底分红将按这一比例进行。降级俱乐部的股份自动转让给升超的俱乐部，如有退出或转让的俱乐部，他们原持有股份将转给中国足协，并由足协负责填补资金空缺。中超公司属国有资产，中国足协将被委托任命该公司董事长，中超公司将在国家体育总局、足球运动管理中心监管下运营。

直至2007年初，中超联赛（公司）运行状况一直不够理想。国内足球市场日渐低迷，观众市场萎缩、赞助商缺失、球员面临着转会和下岗问题。据成都日报报道：2006年12月31日，中国足协公布了本赛季转会球员上榜名单，一共有540人，2007年2月，这一人数已超过600人。

上述问题固然和我国职业足球的大背景和职业足球的发展阶段有关，但是我国职业足球制度结构问题以及由此决定的权力、利益关系，才是破解这些问题的关键所在。

（二）中超联赛的产权困境

由于职业足球联赛是公开生产同一商品的生产活动。联盟作为俱乐部利益的代表，起到维护联赛运行和约束俱乐部行为的作用。

我们国家由于特定的国情，联赛的产权界定和边界的划分存在着许多操作上的困境。我国职业俱乐部处于非常尴尬的境地，一方面倚仗地方政府来和上层博弈的空间在变小，另一方面，企业累积投入巨大，退出成本极高。同时，国有企业利润丰厚，不计较在属下职业足球俱乐部上的区区投入。所以，造成了在俱乐部意义上难以建立起共同的目标取向和统一的信念。

对于联赛产权，中国足协章程明确规定：参加中超联赛的俱乐部必须是具备独立法人资格的有限公司。中国足球协会作为半民间（中国足球协会）——半政府机构（国家体育总局足球项目管理中心）的社团组织，职责定位和权力属性比较独特（其职责定位在各级国家队建设、全国青少年球员的培养、足球运动的普及、业余联赛的管理和足球科研水平的提高等工作上）。中国足协作为联赛的最高组织者，具有业务上的指导权力，对联赛的管理权、经营权和监督权。同时，它作为足球管理中心甚至作为体育行政机构的代表，又具有其他权能和目标。

其次，作为俱乐部的共同组织和利益代表，其形成过程和机构构成又具有一些特征。中超公司所组成的超级联赛的产权是由中国足球协会拥有，职业足球联赛生产的共同性，决定了联赛产品产权界定的特殊性。但是，这些权力的形成过程和权力分派方式和程序，往往决定了产权安排的有效性。在我国现有的条件下，联赛的参与者是各职业俱乐部。职业联赛的决策权、经营权和监督权集中在中超公司，中超公司事实上隶属于中国足协，中国足协是中超公司的最大股东，各个俱乐部是均等股份的小股东。理论上说，每一个主体应该有动力维护联赛的共同利益，但是，足协不是一个法人实体，目标的多重性还可能表现在对公司重大事项决策和对公司经营活动的反映缺乏应有的活力。同时，运营联赛需要兼具中立性，商业性和专业性的管理行为不够兼容，授权其进行联赛资源的开发和经营，从而对追求中国职业足球联赛价值的最大化动力不足。另外，中超公司本身缺乏对生产秩序进行自我监督的主动性，因为中超公司中的纪律监督和裁判员、运动员的注册制度之间存在着责任关系。如果中国足协能够规避财务上的公开和审计，上述的偏离行为将会被放大。

（三）中超公司讨论

中超公司应该是先于中超联赛出现，这样中超联赛以“准联盟”制度安排运行，并可以据此衡量和比较中超产品或联合生产问题。在先于“联盟”建立起来的职业联赛，联赛的运行问题就会凸显出共同产品的生产问题和经营问题，甚至俱乐部间和中超之间的行为关系问题。中国足协官员把职业足球定义为准公共产品，由中超公司来提供。这意味着中超公司只是中超商务开发的代理商，对于中超联赛的运营缺乏基本的话语权和决策权，这样会导致市场经营活动的独立性受损，从而使得公司属性发生改变。

中国足协作为既具有政府机构属性，又具有社团属性的组织设立赢利性的经济实体，要明晰产权关系十分困难。中超公司亦然。中超公司作为经营、开发中超联赛商业价值的经济实体，理应由中超联赛的各投资方发起设立，由中超委员会组织实施。但笔者看到的现实是，从设立到具体的公司章程、股本大小、股份分配比例以及董事长、总经理人选等主要是由足协决定。

然而，中国职业足球超级联赛的设立毕竟是向真正的联盟制度跨越的一步。在制度设定上做出了重大改进和调整。较之与以往的甲 A 联赛，中超联赛设立了中超委员会，这个委员会能够提供一种机制保证双方利益协调。其次，足协设立中超公司事实上有利于足协职能定位和责任明确。比如把中超的经营权和开发权定位于中超公司较之与过去的福特宝（属于足协所有和经营）是一种产权变革，使得政企不分、事企不分的局面得以改进。其三，中超联赛与国家队、国奥队的赛事具有本质区别，也存在着相辅相成的关系，如何协调这两者的利益关系，中超公司能够和足协之间进行谈判。另外，我国自身的社会背景和环境也比较特殊，比如说，中超联赛以不公开的价格卖给上海文广集团，结束与中央 5 台的合作关系，涉及到我国媒体垄断和改革问题。

项目编号：1083ss07040

我国职业足球俱乐部后备人才培养现状与发展对策
——以中超足球俱乐部为例

马成全　何志林　颜中杰　刘希付　朱琪林
李立鹏　刘　浩　胡志麟　姚秀华　彭玲群

一、我国职业足球俱乐部后备人才培养理论

（一）基本概念释义

我国职业足球俱乐部后备人才培养是指：我国职业足球俱乐部根据青少年的身心发展规律、教育规律、青少年足球训练规律和市场规律，充分发挥职业足球俱乐部的专业优势，将青少年足球运动员培养成为德、智、体、美全面发展和具备较高专业水平的职业球员及其他足球人才的特殊的教育过程。

（二）系统要素及其相互关系

我国职业足球俱乐部后备人才培养系统共有九个子系统，分别是人才选拔系统、教练员系统、训练系统、竞赛系统、文化教育系统、保障系统、注册转会系统、管理系统以及人才输出系统。

（三）指导思想

我国职业俱乐部后备人才培养指导思想是以科学发展观为统领，坚持以人为本、全面发展的原则，遵循青少年身心发展规律、教育规律、足球运动员成长规律和市场规律。

（四）培养原则

培养原则主要有把德育放在首位原则、学训结合原则、全面加特长原则、因材施教原则、赛练结合原则、长期性与阶段性相结合原则、满足俱乐部需要与国家需要相结合原则、公益性与经济效益相结合原则、整合社会资源原则。

（五）培养目标

我国职业足球俱乐部后备人才培养目标分为认知、情感、动作技能三个领域。其中认知领域培养目标是基本具备同龄人应有的文化素质，初步了解足球相关的基础理论知识。情感领域培养目标是建立社会主义荣辱观，具备优秀的职业道德。建立和谐的人际

关系，具有良好的团队精神。动作技能领域培养目标是获得较高足球运动技能，具备突出的技术特点。

（六）培养系统特征

我国职业足球俱乐部后备人才培养系统具有七大特征：整体性、开放性、动态性、能动性、适应性、集成性、文化属性。

二、我国中超足球俱乐部后备人才培养现状调查与分析

（一）现状调查

1. 历史回顾

(1) 启动阶段（1992—1993 年）

1992 年，中国奥林匹克足球队在奥运会预选赛中失利，成为足球职业化改革的直接导火索。6 月 22 日，全国足球工作会议在北京红山口召开，明确了中国足球走职业化道路的方向，开始了中国足球职业化改革的进程。

(2) 甲 A 联赛阶段（1994—2004 年）

1994 年 4 月 17 日，“万宝路杯”全国足球甲级联赛正式揭幕，标志着足球改革的全面推开，至 2003 年闭幕，甲 A 联赛共经历了十年的发展历程。

(3) 中超联赛阶段（2004 年至今）

从 2004 年起，我国顶级足球职业联赛——甲 A 联赛，更名为“中超联赛”，职业化改革进入了中超联赛阶段。

2. 运动员状况

中超俱乐部梯队共有运动员 1222 人，生源主要来自足球学校，其人数占总数的 44%。

3. 教练员状况

中超俱乐部梯队共有教练员 132 名，有 104 名教练员具有职业俱乐部一线队或省、市代表队经历，52%的中超俱乐部梯队教练年收入在 4.1 万~6 万之间。

4. 训练状况

只有 30%的梯队使用中国足协编制的《青少年足球训练大纲》，86%的梯队采用“三集中”制，共有 89 块场地用于梯队训练，66%的球队半天学习，半天训练。梯队平均每周训练 8 次，每周训练 871 分钟，每次课训练 108 分钟。

5. 竞赛状况

青少年足球竞赛主要有两种，一种是全国足球联赛，另一种是优胜者杯足球比赛。梯队每年参加的正式比赛平均只有 16.6 场，赛练分离非常严重。

6. 文化教育状况

U–15 及以下的梯队全部接受了九年制义务教育，有 16 支梯队球员在足校或基地接受教育。只有 5 个俱乐部的 14 支梯队球员继续接受教育。

7. 保障状况

80.3%的梯队主教练认为梯队经费完全能够或基本能够满足球队训练、比赛需要。梯队运动员交费存在两大特点：第一，差异大；第二，收费高。

8. 运动员注册、转会状况

目前在俱乐部梯队运动员注册工作上最突出的问题就是虚假年龄，以大打小。目前青少年足球运动员流动情况比较混乱。

9. 管理体制及运行机制

只有7家单独设置了青少部，许多球员档案存在资料不全，信息陈旧，数据缺失等问题，距离要求还有较大差距。

10. 运动员出路状况

俱乐部梯队运动员出路大致有四种，进入中超一线队、转入其他级别球队、进入高校、走向社会。

（二）现状分析

1. 我国中超足球俱乐部后备人才培养主要特点

中超俱乐部后备人才培养共有13个主要特点：较优越的训练条件；集中国内优秀的教练员资源；较充足的资金；较充足的训练时间；较多进入一线队的机会；较明确的培养目标；较高的职业风险；较多的参赛机会；生源的足球专项能力较高；较完善的后勤保障；较完整的梯队建制；较薄弱的文化教育；企业化的管理。

2. 我国中超足球俱乐部后备人才培养影响因素

影响我国职业足球俱乐部后备人才培养的六大因素依次为：教练员能力、青少年运动员培养理念、足协的方针政策、我国青少年足球竞赛体制、运动员文化教育、梯队球员出路。

3. 对我国职业足球俱乐部后备人才培养的评价

主要有六项成绩，四项不足。

三、国外职业足球俱乐部后备人才培养成功经验及对我们的启示

（一）德国拜仁慕尼黑足球俱乐部——精心选材

为了挑选好苗子，拜仁慕尼黑俱乐部每年都要举行比赛，俱乐部将根据家庭住址及学校情况与家长协商孩子的发展。此外，俱乐部在世界各地都有搜寻足球人才的工作人员，所有有潜力球员的资料都被收入数据库。

（二）阿根廷博卡青年足球俱乐部——赛练结合

所有博卡青年队每天训练一次，星期六是比赛时间，星期天休息。博卡青年俱乐部培养人才的主要目的是吸收尽可能多的球员进自己的职业队。

（三）荷兰阿贾克斯足球俱乐部——科学训练

阿贾克斯成功的秘诀在于“TIPS”，技术和控球能力是衡量一个球员能否更上一层楼的决定因素。

（四）英格兰曼彻斯特联队足球俱乐部——全球发展

为了推行全球战略，向世界各地传播纯粹的曼联足球理念，曼联俱乐部已经在香

港、西雅图和迪拜设立了训练营，多伦多也即将开始。

（五）意大利 AC 米兰足球俱乐部——商业运作

贝卢斯科尼最重要的一条成功经验就是重视球员经营战略。他认为，球员就是最重要的资本之一。因此，他非常重视球员的引进输出和培养工作。

（六）国外成功经验对我们的启示

主要有以下几点：注重培养系统的整体性、加强培养系统的开放性、保持系统的动态性、充分调动系统内人的能动性、增强系统的适应性、强化系统的集成性、创造系统文化。

四、我国中超足球俱乐部后备人才培养个案分析

（一）山东鲁能足球俱乐部——打造豪华航母，实现远大理想

山东鲁能泰山足球学校成功经验：培育一流人才，为俱乐部的长远发展打下了坚实基础；形成符合青少年足球培养规律的办学理念；吸收先进的足球理念；培养“高、精、尖”人才；高度重视文化学习和德育工作；建立高素质的教练员队伍。

（二）大连海昌国际足球俱乐部——把区体校办在小学，从小抓起

大连之所以能不断涌现出如此多高水平足球运动员，主要得益于大连市常年坚持把区体校办到小学，从小抓起，开展业余训练和比赛，基本做到“全部孩子懂球、大部分孩子爱球、多数孩子踢球”。

（三）河南建业足球俱乐部——实施网点战略，走平民化道路

俱乐部积极与省市体委、教委配合，建立科学化、规范化的青少年足球发展与管理体制，大力发展网点校工程。

（四）湖北武汉职业足球俱乐部——坚持三位一体培养模式，有效整合足球资源

湖北省、武汉市足协能够根据本地区足球发展需要，结合武汉足球俱乐部发展现状，高举举国体制和职业足球两面旗帜，紧紧抓住提高青少年足球运动发展水平这一主题，充分发挥政府和俱乐部的各自优势，有机地整合多方资源。

（五）辽宁足球俱乐部——推向市场后引发的严重滑坡

足球职业化改革以来，辽宁足球俱乐部发展缓慢，球员流失严重，比较辽宁足球今昔有巨大差距。我们认为主要有以下几点经验教训：俱乐部发展不稳定、足球人才流失严重、忽视梯队建设。

（六）经验和教训

- 必须树立正确的后备人才培养指导思想。
- 要具备优质的后备人才培养系统要素及良好的相互关系。

• 应坚持科学的培养原则。

五、我国职业足球俱乐部后备人才培养发展对策

中超俱乐部后备人才发展对策主要有：制定国家级战略规划；全面抓好教练员队伍建设；吸收先进足球理念；努力提高训练水平；构建科学的职业足球俱乐部后备人才竞赛体系；有机整合青少年培训资源；大力发展学校足球；妥善解决梯队球员文化教育问题；广泛建立足球网点学校；提高球员就业能力。

六、结论

（一）初步构建了我国职业足球俱乐部后备人才培养理论框架，内容包括：基本概念、系统要素、指导思想、培养原则、培养目标、系统特征等。

（二）我国已初具较为完整的中超职业足球俱乐部后备人才培养系统，但整体培养水平不高，难以向各级国家队大量输送高水平足球运动员，在后备人才培养的许多方面都与国外先进水平存在较大差距。

（三）现阶段我国中超职业足球俱乐部后备人才培养的主要有十三个特点。

（四）我国中超职业足球俱乐部后备人才培养既有取得的成绩，也有值得思考的问题。

（五）影响中超职业足球俱乐部后备人才培养的主要因素有：教练员能力、青少年足球运动员培养理念、各级足协的方针政策、我国青少年足球竞赛体制、运动员文化教育、梯队球员出路。

（六）中超俱乐部后备人才发展对策主要有：制定国家级战略规划；全面抓好教练员队伍建设；吸收先进足球理念；努力提高训练水平；构建科学的职业足球俱乐部后备人才竞赛体系；有机整合青少年培训资源；大力发展学校足球；妥善解决梯队球员文化教育问题；广泛建立足球网点学校；提高球员就业能力。

项目编号：1117ss07074

辽宁省职业足球运动员保险现状的研究

关　莉　梁殿乙　王占国　张　辉

一、国内体育保险领域和体育社会保险领域文献综述

霍炎在《浅析我国体育保险的现状和发展趋势》一文中给体育保险下了定义。所谓体育保险，专指体育领域中从事的商业保险活动，其涵盖内容广泛，涉及寿险、财产险、责任险、再保险等（在保险业发达的国家，国内这些保险还处于空白阶段）。从需求方面看可大致分为两类：一是运动员的保险，指为运动员提供的适合专项体育项目及其训练情况的保险，主要是运动员养老保险、医疗保险、工伤保险等，这些险种是由商业保险公司针对运动员的特点专门给运动员设计的（在我国还没有类似的险种）；二是体育产业保险，主要为体育赛事参加者的安全保险和体育设施装备及体育场馆保险。

阎华、李海在《国内外体育保险之比较研究》一文中概括了我国体育保险的发展历程，并对国内外体育保险的发展历程进行了比较分析。薛梅在《体育保险难处何在》一文中在对中西方体育保险发展做了对比后，对我国发展体育保险的难点进行了总结，并对我国体育保险的发展进行了预测。周爱光等在《美国体育保险的研究》一文中从社会保险和商业保险视角对美国的竞技体育、大众体育和学校体育 3 个领域的体育保险现状及其体育保险的监管制度进行了探究，归纳出美国体育保险的主要特征，为完善我国的体育保险提供有益的借鉴。上述三篇研究都趋向于对比研究，分析了我国体育保险的发展历程，通过与国外的对比分析让我们清醒地认识到我国体育保险发展存在的棘手问题以及与国外的差距，解决了我们对该领域认识不清、形式不明的问题，为今后的研究指明了方向。

郭美，沈建国在《关于我国体育保险市场中的需求问题的研究》一文中，通过对保险市场需求理论的研究，联系实际情况，分析了我国体育保险中的问题及原因，提出了发展我国体育保险事业的对策。李欣霞在《小议中国体育保险市场的发展之路》中分析了我国体育保险市场的现状特点出发，提出了一个从保险意识、产品和服务创新、人才培养、国际合作等多角度来发展中国体育保险的经营发展战略计划。两篇文章都属于发展对策的研究，研究在对我国现状的概括之后指明了我国未来体育保险的发展对策。不足之处在于，所提出的发展对策比较空洞，没有指出具体的实行办法。

黄文卉在《我国体育保险经纪的现状和发展前景》一文中阐述了我国体育保险市场和保险经纪的现状，并对我国体育保险经纪的前景进行了分析，认为我国体育保险的市场前景非常巨大，保险经纪发展潜力很大。邹瑜在《论我国体育保险经纪人市场的培育和发展》一文中在分析体育保险经纪人的概念与业务范围的基础上，找出了我国体育保险经纪人市场目前存在的主要问题，并提出了相应的对策和建议。两篇文章研究的是我

国体育经纪的问题，体育保险经纪的发展好坏反应了体育保险市场的成熟程度，两片文章概括了我国体育保险经纪的发展现状，为今后研究体育保险经纪中介问题提供了依据。

关于体育社会保险研究综述，刘俊虹，吴可昊在《论运动员的社会保障模式》中给体育社会保险下了定义。体育社会保险为运动员参与的社会保险，同普通公民一样，运动员也同样享受我国基本的社会保障，它包括养老、医疗、失业等相关的保障，被纳入在我国社会保障体系的运动员保险即为社会体育保险。霍炎、刘俊虹等人的研究基本解决了体育保险中容易混淆的概念分类与定义问题，这对后来分类研究运动员社会保险和运动员商业保险奠定了坚实的理论基础，也为本研究划定了清晰的界限。

汤起宇的《我国体育社会保险制度设计》（以下简称汤文）是较早讨论运动员经济保障的文章。在汤文中认为社会保险（工伤、失业、医疗、养老、生育）是社会保障体系（社会保险、社会救助、社会福利和社会优抚）最基本的内容。汤文研究的出现基本解决了我国运动员社会保障无人问津的局面，运动员社会保障体系的构建得到了理论界的广泛关注，一时间研究运动员社会保障问题的研究层出不穷。

朱红军在题为《论我国运动员保障体系的重构》（以下简称朱文）一文中总结了我国目前的运动员保障体系，并将其分为三个子系统构成（行政保障、社会统筹保障、商业保障）。同时说明在其中起主导作用的是行政保障系统，其他两个系统为补充的作用不明显。陈祥林在题为《我国优秀运动员社会保障体系的研究》（以下简称陈文）一文中构建了优秀动员的社会保障体系，包括运动员社会保险、运动员商残保险、运动员就业安置、运动员社会福利与优抚，论述了我国优秀运动员的保障问题。罗林、符业清在《我国现行运动员保障体系的障碍及再构建举措》（以下简称罗文）一文中对重新构建运动员保障体系提出了自己的看法，并认为重新构建的体系为社会保障子系统、商业保障子系统、自我保障子系统，罗文中提到自我保障体系是本行业内部人员实行的一种保障，这是一种比较新的观点。李大新，赵溢洋在《论我国运动员的社会保障》一文中探讨我国运动员社会保障目标的基础上构建了运动员社会保障体系，着重分析了运动员保险、社会福利、优抚安置问题，并提出一些解决问题的对策与建议。上述四篇研究从宏观上讨论了运动员的保障问题，基本上解决了我国运动员社会保障问题的发展思路不清晰的问题，为今后的研究在宏观上搭建了框架。

肖锋、黎冬梅在《我国专业运动员参加失业保险的必要性和可行性研究》一文中对在我国目前社会保障体系下如何进一步提高专业运动员的社会保障水平进行研究，提出专业运动员参加失业保险是提高其社会保障水平的重要手段之一，对我国竞技体育的可持续发展具有重要意义，并讨论了在我国目前社会发展水平条件下，专业运动员参加失业保险具有必要性和可行性。肖锋等人的文章与前面从宏观上研究运动员保障问题所不同的，是从具体的社会保险体系中的社会失业保险入手，讨论了具体保险的可行性和必要性，该文的不足在于缺乏实证研究。

蔡晓卫、唐敏杰在《我国运动员社会保障法律制度的建立和完善》一文中从法律、经济的角度阐述了我国运动员社会保障制度的定位和立法模式的选择，并提出了运动员社会保险基金的多种筹集渠道，以期对我国运动员社会保障法律制度的制定有所裨益。蔡晓卫等人的研究解决了运动员社会保障法律研究的空白，为运动员社会保障的完善在法律角度提出了解决模式，不足之处同样是理论论述较多，缺乏实证研究。

二、基本概念辨析

体育社会保险为运动员参与的社会保险，同普通公民一样，运动员也同样享受我国基本的社会保障，它包括养老、医疗、失业等相关的保障，被纳入在我国社会保障体系的运动员保险即为社会体育保险。职业足球运动员也是我国公民，属于我国社会保险的保障范畴，享有在损失的时候得到收入和经济补偿的权利，也有缴纳社会保险的义务。

所谓体育保险专指体育领域中从事的商业保险活动，其涵盖内容广泛，涉及寿险、财产险、责任险、再保险等（在保险业发达的国家，国内这些保险还处于空白阶段）。但仅从需求方面看可大致分为两类：一是运动员的保险，指为运动员提供的适合专项体育项目及其训练情况的保险，主要是运动员养老保险、医疗保险、工伤保险等这些险种是由商业保险公司针对运动员的特点专门给运动员设计的（在我国还没有类似的险种）；二是体育产业保险，主要为体育赛事参加者的安全保险和体育设施装备及体育场馆保险。

三、辽宁省职业足球运动员商业保险的现状调查与分析

大连实德足球俱乐部2006—2007赛季所拥有的团体意外伤害保险，保险的范围涵盖了意外身故、残疾，意外医疗，意外住院补贴等内容。如果大连实德队球员由于意外而引起了身故或致残的事件，球员能够拿到30万~50万的赔偿金额；如果由于意外事故而引起住院的话，最高可以拿到3万~4万的赔偿金额，且住院期间每日能拿到60元的住院补贴。辽宁西洋足球俱乐部球员只拥有团体意外伤害保险中的意外身故、全残，其额度为10万~30万，意外医疗1万~2万元。

大连实德足球俱乐部06—07赛季给球员购买的团体交通意外保险，保险内容是当被球员以乘客身份乘坐飞机、火车或轮船、汽车等交通工具出行的时候，由于意外事故死亡所给付的赔偿。其中，如果乘坐飞机出现事故可以得到70万元的赔偿金额，乘坐火车或轮船出现事故可以得到20万元的赔偿金额，乘坐汽车出现事故可以得到10万元的赔偿。辽宁队并没有给一线球员购买团体交通意外保险。

供给方面首先分析了供给的主体：截至2007年9月，我国经营寿险的保险公司的数量发展到51家，其中中资27家、外资24家（资料来源：中国保险监督管理委员会）。然后分析了供给的险种种类及保障内容。

通过走访保险公司工作人员，和查阅中国人寿保险公司和首创安泰保险公司的产品宝典和职业等级表（内部资料）发现，目前辽宁省的商业保险公司还没有针对职业运动员这一群体专门设计的险种。但是职业足球运动员并不是拒保体，与普通公民一样可以购买各家保险公司得的险种，以下是几种与职业足球运动和职业足球俱乐部关系比较密切的几个保险险种。

（一）意外伤害保险

意外伤害保险是为被保险人因意外事故造成身体伤害、残疾或死亡时提供的一种保险。可分为个人意外伤害保险和团体意外伤害保险。

个人意外伤害保险是指个人名义投保，职业足球运动员当前适用的主要险种之一。其特点是不具体规定事故发生的原因和地点，被保险人年龄跨度可达6~65岁，完全涵

盖了职业足球运动员的职业生涯。主要保险内容有意外死亡和残肢给付、意外医疗给付和意外住院补贴。

（二）团体意外伤害保险

团体意外伤害保险只对团体进行投保，与体育保险密切相关的是团体意外伤害保险和赛事意外伤害保险，又可分为运动队团体意外伤害保险和赛事团体意外伤害保险。

运动队团体意外伤害保险是为运动队设立的意外伤害保险，与普通意外伤害保险不同，这种保险主要为运动队或运动团体的训练、比赛提供保险。目前，辽宁省还没有针对职业足球运动对而专门设计的这类保险，但是国内也有成功的案例，如广州市体育局已经按项目分类为其下属的运动队投保。

赛事团体意外伤害保险是对被保险人在参加指定的比赛过程中发生的意外伤害提供保险。例如，2002 年中国人寿保险公司与中国足协签约，为参加 2002 年世界杯的中国队队员赠送总保额为 1.125 亿元的人身保险，为中国代表团官员赠送宗保额为 8750 万元的人身保险，都属于赛事团体意外伤害保险。

（三）交通意外伤害保险

交通意外伤害保险是被保险人以乘客身份乘坐交通工具期间，遭受的意外伤害事故。保险主要内容，包括乘坐交通工具期间发生的意外身故、意外残疾进行赔偿。

（四）大病医疗保险

大病医疗保险是指被保险人患有保险合同约定的疾病时，由保险公司提供补偿的一个险种。一般的大病医疗保险内容包括身故给付、重大疾病给付、缴费期满给付等。

四、辽宁省职业足球运动员的社会保险的现状

社会保险是政府通过立法强制实施，运用保险方式处置劳动者面临的特定社会风险，为其暂时或永久丧失劳动能力，失去劳动收入时提供基本收入保障的法定保险制度。下面本文将重点讨论分析辽宁省社会保险市场的供给现状。

与商业保险不同的是，社会保险是为社会成员提供必要时的基本保障，不以赢利为目的，而且是国家立法强制实施的。所以，社会保险的供给部门只有一个，即为国家，再具体些可以说是由各个地方的劳动社会保障局负责。

社会保险体系中大致有五大险种，即养老保险、基本医疗保险、失业保险、工伤保险和生育保险。其中养老保险、基本医疗保险、失业保险这三个是最重要的社会保险项目，也是与职业足球运动员联系最为密切的险种。

（一）社会养老保险

社会养老保险是社会保障制度的重要组成部分，是社会保险五大险种中最重要的险种之一。该险种是国家和社会根据一定的法律和法规，为解决劳动者在达到国家规定的解除劳动义务的劳动年龄界限，或因年老丧失劳动能力退出劳动岗位后的基本生活而建立的一种社会保险制度。

（二）社会医疗保险

社会医疗保险是国家和社会根据一定的法律法规，为向保障范围内的劳动者提供患病时基本医疗需求保障而建立的社会保险制度。按保障的群体不同可分为：公费医疗、老保医疗制度、城镇职工医疗保险和农村合作医疗，由于职业足球运动员群体属于城镇职工医疗保险所保障的范围，所以下文在讨论社会医疗保险的缴费时，将主要探讨我国现行的城镇职工医疗保险。

（三）社会失业保险

社会失业保险是职工在暂时失去工作或转换职业期间，没有经济收入，生活发生困难时，由政府提供物质帮助的一项社会福利制度。它具有自动调节经济的功能，所以被称为经济的自动稳定器。城镇企业事业单位职工都是失业保险的对象。这里的城镇企业包括国有企业、城镇集体企业、外商投资企业、城镇私营企业以及其他城镇企业。职业足球俱乐部现在都是公司制，自然属于该险种的保障范围。

项目编号：1087ss07044

“北冰南展计划”中我国冰上项目专业人才需求矛盾问题与对策的研究

王旋　夏娇阳　姜海兰　姚滨　费玉光　刘颖

一、中国冰上项目教练员的主要来源和困境

冰上项目一直作为竞技体育发展，至目前为止冰上项目教练员的主要来源是退役的专业运动员，教练员具有极强的专业性，在冰上项目普及不够，群众体育水平低的情况下这种情况还要持续较长时间。

黑、吉两省特别是黑龙江省是冰上项目教练员的主要来源，但一直面临多种问题制约人才培养的力度。

其一，训练体制；其二，东北经济状况；其三，法制化建设；其四，择业范围变化。

我国冰雪项目的开展主要以东北三省为主，东北三省特别是黑、吉两省经济在全国排名分别是第15和第21名，具体内容见下表。

表1　2007年东北地区主要指标在全国的排名

地区	GDP	GDP增幅	人均GDP	城镇居民人均可支配收入	农村居民人均收入	因定资产投资
辽宁省	8	5	8	11	9	5
吉林省	21	2	12	20	11	16
黑龙江省	15	26	13	27	12	20

资料来源：中国东北地区发展报告（2008），引自《中国统计年鉴》与2007年全国及各省统计公报整理并计算。

表2　东北三省城镇居民家庭可支配收入增长与全国比较情况

单位：元，%

年份	全国		辽宁		吉林		黑龙江	
	数值	增速	数值	增速	数值	增速	数值	增速
2003	8472.2	9.0	7240.6	9.7	7005.1	10.7	6679.0	8.6
2004	9421.6	7.7	8007.6	7.6	7840.6	8.0	7470.7	8.0
2005	10493.0	9.6	9108.0	12.9	8691.0	9.3	8273.0	9.8
2006	11759.5	10.4	10369.6	12.6	9775.1	11.2	9182.3	9.1
2007	13786.0	17.2	12300.4	18.6	11285.5	15.5	10245.0	11.6

资料来源：中国东北地区发展报告（2008），其引自《中国统计年鉴》与2007年全国及各省统计公报整理并计算。

至2007年底，哈尔滨市一名受过6年以上训练的少年，每年训练、比赛、器材、交通的费用为4000~7000元或更高，对于一个普通职工的家庭来说是较大的负担。经济原因和体制原因，一些年龄达到13~15岁，无法进入专业队的运动员选择退役，在这些运动员中有些选择继续接受教育，有些选择进入教练员队伍，由其家庭经济和教育背景决定。

二、全国冰上项目调研情况

项目组调研了北京、上海、广州、深圳的娱乐冰场和黑龙江省、吉林、辽宁的竞技体育情况，与2005年相比，冰上项目竞技发展情况没有大的变化，娱乐冰场在陆续增加，对冰上教练的需要还有很大的空间。

（一）我国主要冰上训练基地简介（略）

我国从20世纪80年代开始至今已先后建成多座人工制冷滑冰馆。这些滑冰馆分别坐落于北京、哈尔滨、齐齐哈尔、长春。滑冰馆在承担冰上竞技比赛、训练任务同时，也有部分对外开放，具有普及冰上运动项目，开展冰上项目全民健身、娱乐活动的作用。

（二）各主要俱乐部情况

各主要俱乐部冰场情况统计

表3　连锁俱乐部冰场分布表

冰场数量 / 俱乐部 / 城市	世纪星	冠军	全明星	浩沙
北京	2	1	1	3
上海		2		
深圳	1		1	
常州		1		
郑州		1		
昆明	1			

表3中所列的是冰上四个主要俱乐部在各个城市的分布情况。可以看出，世纪星俱乐部分布在3个城市的4块冰场，冠军俱乐部分布在4个城市的5块冰场，冰场数并列排在前列；浩沙俱乐部分布有3块冰场，但都是在北京一个城市。从统计结果可以看出，北京是冰上俱乐部开展最为广泛和活跃的城市。

表4　主要俱乐部冰场情况统计表

所在城市	冰场	冰场面积	教练团队
深圳	冰纷万象滑冰场	1700	14
深圳	世界之窗	2400	10

（续表）

所在城市	冰场	冰场面积	教练团队
深圳	全明星 *	900	8
深圳	海岸城（世纪星）*	1200	9
广州	也酷	1800	
广州	冰河湾	700	
北京	世纪星首体 *	1800	8
北京	世纪星亦庄 *	1800+800	10
北京	冠军金源 *	800	18
北京	全明星蓝色港湾 *	600	12
北京	浩沙浩泰	1830	8
北京	浩沙新世纪	800	18
北京	浩沙龙德	800	9
北京	西单	600	10
北京	国贸城	800	8
兰州	滑冰场	1800	5
上海	新世界（冠军）*	400	5
上海	又一城（冠军）*	400	5

注：* 代表的是有重复计算的俱乐部

由于教练员队伍流动较大，全国休闲娱乐教练员的确切数字很难统计，总计为150~170 人。同一名教练员有时会在同城市或不同城市的连锁俱乐部中流动，在完成此报告时已有教练员在流动。此外，也存在同一名教练员在不同俱乐部之间流动的现象，本研究在人数统计中已尽量考虑了这些内在因素。目前，哈尔滨只有 1 家冰上俱乐部，其目前的休闲功能并不明显，实际作用等同于业余体校，所以未计算在内。广州的两家冰场因为正在经历人员变动，故也未计算在内。

三、竞技体育教练情况

全国竞技体育教练员调查包括专业、中专和业余三个部分的花样滑冰和冰球教练，速滑没有考虑在内。因为根据现阶段娱乐市场教练员来源统计，主要来源于花样滑冰和冰球，没有速滑教练员。此外因为没有相关的驻场教练培训项目，所以这些速滑运动员受到自身的技术限制，很难进入娱乐滑冰行业内，这些运动员部分去向是速度轮滑指导员。

冬季竞技体育项目是以东三省为主，其中又以黑龙江省为核心，因为体制、经济和地方优势项目的原因，黑龙江省目前是国内唯一的开展全部冰上五个项目的省份。花样滑冰和冰球项目实际的教练员人数约为 110 人，这其中包括专业队、中专和业余体校教练员。在调查中我们发现，如果进行单独比较，专业队教练员的人数要分别大于中专教练员和业余体校教练人数，与我国竞技体育的三级训练网的情况相反，这表明我们的教练员队伍已出现了“T”字形的发展。当然从教练员的人数并不能直接反映出运动员的人数，因为业余和中专的教练员所训练的学生人数要比专业教练员多一些，特别是花样滑冰项目，专业队伍的教练员为保持较高的运动水平，所带的队员非常有限，但这也表明基层训练队伍的压力进一步加大。

（一）未来 5 年教练员储备的潜在趋势

通过上述结果和专家调查结果可以预计，在 2010 年温哥华冬奥会后花样滑冰和冰球一线队伍总计不会超过 15 人退役，而这些人中有多少会进入教练员或指导员队伍中都是很难判断的问题。从另外一个角度也可以看出，5 年之内会有较多的二线和三线青年运动员退役，年龄介于 16~20 岁之间，这个年龄运动员直接进入俱乐部和冰场指导员位置还不够成熟，通常这些运动员会进入高等学校继续深造，那么这样的途径也会造成一定的流失，对项目发展形成一定的冲击。

在冰上项目中，短道速度滑冰和速度滑冰项目始终是竞技体育的主力军，调查结果显示，退役的速滑运动员数量可观，而且冰上基本功扎实，可以考虑进入指导员队伍，只要提供适当的培训，其指导能力是可以符合市场需求的，也极大地解决了供需矛盾和运动员就业的问题。

（二）教练人才流动因素分析

黑龙江和吉林两省的专业队伍教练员基本趋于稳定，但是驻场教练队伍内部流动较大，主要的流动因素就是收入。黑龙江和吉林两省在我国处于欠发达水平，这样的经济效应和生活水平对于冬季项目的发展及教练员岗位的稳定都有着不利的影响。

（三）学历教育和继续教育情况

1. 专业教练员

在专业教练员中，超过 90%的学历基本达到大学本科水平，其余 10%达到大专水平。其学历来源有两种形式：一方面是学校的系统教育，另一个方面是联合办学培养。在专业教练员中多数接受过体育专业院系的系统教育，这些教练员接受过较为系统的运动训练学、运动解剖学、运动生理学、运动医学的大学教育。

进入教练员岗位后，教练员的培养按照国家的教练员岗位培训制度进行，各项目不定期举办研讨会。岗位培训制度是教练员晋升的必备条件，但是这种培养在实质内容方面对教练员的提高是有限的，我们可以从近几年运动员的技术表现发现，更多的这种培养是形式上的，这也是我国岗位培训制度中应该注意和着重解决的。

2. 驻场教练员

驻场教练员的学历基本与专业教练员相同，其学历来源有两种形式：一方面是学校的系统教育，另一个方面是联合办学培养。驻场教练员中约 35%接受过体育专业院校的系统教育，这些教练员接受过较为系统的运动训练学、运动解剖学、运动生理学、运动医学的本科教育。联合办学培养的教练员受到的系统教育较少。

四、存在的问题

一个全国性项目的发展必须建立在全民性项目的基础之上，俱乐部是最快也是最好的发展途径。从市场经济角度推动冰上项目南展计划，从开始就应该摈弃掉计划经济的影响，为冰上项目的可持续发展奠定基础。所以从发展开始就要对俱乐部进行管理、规划和扶助，可以更快地促进北冰南展的进程，加快南方群众基础和竞技人才的培训。在我国，冰上项目的发展处于脱节的态势之中，东北的竞技体育与北京以南的社会体育泾渭分明，一方是带有浓厚计划经济色彩的竞技体育，一方是完全市场经济下的娱乐运动。

五、解决对策的探讨

“奥运争光计划”和“全民健身计划”其本质就是要全面提升我国体育水平，使我国成为真正的体育大国和强国。运动项目是一个整体，在市场经济体制下，不应人为的将群众体育和竞技体育分成对立的两个方面，“一手硬，一手软”的发展最终会导致项目无法发展。“二手都要硬”才是发展冰上项目的解决之道，应将其视为一个整体。社会体育是竞技体育的塔基，实际上在良好的发展态势中，群众体育就是业余体育，是竞技体育的基石。社会体育就是三线队伍，关键是如何规划、管理和引导。北冰南展的最终目的就是要将冰上项目转变成为全国性的体育活动，在南展的过程中逐步将冰上项目从计划体制向市场经济体制转变也是稳定发展冰上项目所需要的。冰上项目整体规划应包括竞技体育和群众体育两部分，群众体育与竞技体育相辅相承。随着经济的发展和北冰南展计划的推行，应整体考虑指导员与教练员培训体制，加快制定指导员培训制度和内容，完善教练员培训体制，使之达到完美的衔接；加强对俱乐部的管理，建立健全竞赛体制，引导冰上项目的有序快速发展。

（一）建立健全管理制度稳定竞技教练员队伍

竞技教练员队伍是我国冰上竞技水平的重要保证，没有高水平的教练就不会有高水平的运动队。

（二）加大北方地区场馆开放力度，促进北方冰上项目发展

发挥举国体制的优势，加大政府支持的力度，推动和引导东北地区冰上项目市场化进程。

（三）整体规划冰上项目竞技体育与群众体育的协调建设

中国不应仅仅发展 ISU 和 IIHF 系统，应是多方面的，引入国外已有的娱乐体育体系或根据国情独立设计和发展均可，主要途径是发挥协会的力量，遵循市场经济规律的基础上加强对俱乐部的管理和引导。

1. 成立地方协会

吸收俱乐部主管进入协会，赋之以应有的权力，加大协会的主导地位，加强协会的服务意识，是改革滑冰协会的可行之路。

2. 建立针对娱乐休闲爱好者的教学体系

规范俱乐部教学方法和内容，使之成为竞技体育的基础梯队。加快职业技能培训，规范冰上项目社会指导员的综合能力建设。

3. 鼓励多种形式的竞赛体制

竞赛是群众了解和参与体育活动有力的促进方式。北美的竞赛体制可以作为我们的借鉴，用以创建适合我国情况的竞赛体制。

4. 合理发展裁判员队伍

适度发展裁判员队伍建设，可保证竞赛体制的完善，推动冰上项目的稳定发展。

（四）加强社会指导员职业技能培训工作建设，缓解人才需求矛盾

通过职业技能培训可以将冰上项目最大的专业人才群体——速度滑冰的运动员纳入到指导员队伍中来。既保证了教练员的质量，又解决了速滑运动员的就业问题，直接的稳定了专业人才队伍，是一举多得的事情。

（五）规范驻场教练管理，完善保障制度

完善保障制度也是稳定现有驻场教练队伍的有效手段，完善的保障制度也符合国家劳动法的要求。

（六）加大体育院校冰上项目教育力度

应加大东三省体育院校冰上专业的招生人数和培养力度，将学院建设成冰上教练员、指导员和冰上演员的培训基地，提高专业教练员、社会指导员的专业和理论水平。

（七）引入国外指导员

项目编号：1092ss07079

2010年后我国冬季奥运会冰雪运动项目可持续发展战略研究

任洪国　李宗浩　江立峰　崔华清　张天闯
王福秋　刘保华　付　辉　龚明俊

一、我国冬季冰雪运动发展现状及环境分析（略）

二、我国冬季冰雪运动项目问题分析及发展战略目标开发

（一）制定我国冬季冰雪运动发展战略目标的基本价值准则

首先，根据科学发展观，应该实现以“全面发展”、“协调发展”为标志的可持续发展作为我国冬季冰雪运动发展战略的价值准则；其次，根据我国由体育大国向体育强国转变的战略任务，我国冬季冰雪运动的发展应该满足由体育大国向体育强国战略转变的目标要求。这两项基本价值准则是我们制定我国冬季冰雪运动发展战略目标和对策的主要依据。

（二）我国冬季冰雪运动项目发展战略问题的分析

根据我国冬季冰雪运动发展战略的基本价值准则和我国冬季冰雪运动发展现状的实际，制约我国冬季冰雪运动可持续性发展的主要问题是，其一，我国仍属于基础实力薄弱、整体水平不高的冰雪运动弱国与我国夏季奥运会体育大国的地位形成极大反差，反映了我国冬季奥运发展水平与夏季奥运发展水平的不协调；其二，我国仍属于基础实力薄弱、整体水平不高的冰雪运动弱国与我国更加薄弱的群众冰雪运动的矛盾，反映了竞技冰雪运动发展与群众冰雪运动发展的不协调；其三，我国仍属于基础实力薄弱、整体水平不高的冰雪运动弱国地位的现实与未来实现体育强国战略目标的要求存在极大的差距，反映了我国竞技冰雪运动水平与体育强国战略目标的不协调。因此，以上3个不协调是我国冬季冰雪运动可持续发展战略的问题本质。

（三）我国冬季冰雪运动发展战略目标

根据我国冬季冰雪运动发展战略的基本价值准则和我国冬季冰雪运动可持续发展战略问题，我们制定了我国冬季冰雪运动项目发展战略目标。即通过10年左右时间的努力，使我国冰雪运动的发展逐步全面达到我国体育强国目标的基本要求，实现由冰雪运动弱国向冰雪运动强国发展的同时，保证我国冬奥战略与夏奥运战略、我国冬奥战略与全民健身冰雪运动的动态协调发展。

（四）我国冬季冰雪运动项目发展战略目标分析

首先，我国仍属于基础实力薄弱、整体水平不高的竞技冰雪运动弱国，不但与我国体育强国战略目标存在极大的差距，而且与体育大国战略目标也存在很大的差距，这就要求我国由竞技冰雪运动弱国跨越体育大国战略目标的要求，直接全面达到体育强国战略目标的要求。第二，建设冰雪运动强国的目标，还意味着我国由竞技冰雪运动弱国跨越冰雪运动大国进入冰雪运强国。第三，我国实现建设冰雪运动强国的目标，还必须跨越竞技冰雪运动落后和全民健身冰雪运动更落后的不协调发展阶段，使我国竞技与全民健身冰雪运动整体进入的冰雪运动强国。显然，我国冬季冰雪运动发展战略目标只能且必须通过跨越式发展才能实现。

我国建设冰雪运动强国的跨越式发展的目标要求我国实现以上 3 个方面的地跨越式发展。虽然目前我国尚无对体育强国的权威或统一的认识，根据我们对科学发展观的理解，我们认为体育强国的核心要素是全面发展、协调发展和可持续发展，而结合体育与冰雪运动的实际，践行科学发展观既是我们建设冰雪运动强国发展战略目标的根本要求，也是落实科学发展观的必然结果。

根据科学发展和体育强国的核心要素，可以对我国冬季冰雪运动发展战略目标进行系统分析。

首先，我国在冬季奥运会所获得的金牌、奖牌总数确保逐步进入前六名，努力争取进入前三名，稳定进入世界冰雪运动第二集团的同时，持续提高奖牌的含金量和培养训练过程的集约化，努力实现冬奥会战略与夏奥会战略的动态协调发展。

第二，全面快速发展我国全民健身冰雪运动，努力实现其与整个全民健身计划协调发展。

第三，实现我国冬季冰雪运动管理体制和运行机制、运动训练、竞赛、体育产业经营等系统内部的全面、协调和可持续发展。

第四，我国冬季冰雪运动系统还应该为可持续发展构建良好的国际和国内冰雪运动的人文和生态环境。

三、2010 年后我国冬季奥运会冰雪运动可持续发展战略对策

（一）实现我国冬季冰雪运动发展战略目标的基本指导思想

根据我国冬季冰雪运动发展的现状及环境分析，为确保 2010 年后我国冬季奥运会冰雪运动项目可持续发展，实现发展战略目标，我们必须坚持以科学发展观为指导，全面深化冰雪运动管理体制和运行机制改革，构建完善的宏观举国体制，建立科学化、社会化、产业化、职业化和多元化的发展途径，形成集约化的发展模式。

（二）实现我国冬季冰雪运动发展战略目标的基本对策

1. 跨越微观举国体制向冰雪运动宏观举国体制转变

夏季奥运会的成功经验证明，举国体制是我国国家发展竞技体育的一种极其有效的工作方式。

但是，我们必须清楚地看到，举国体制是我国计划经济时代的产物，这显然与眼下

我国政府职能转变、特别是社会主义市场经济体制的发展是不相适应的。因此，“后奥运时代”我国竞技体育所要解决的最突出的问题，就是既要在高水平竞技上保持优势，又要面对举国体制所依赖的计划经济基础最终必然消失和政府职能转变这一无情的现实，要求我国体育发展实现由微观举国体制向宏观举国体制转变（李宗浩、金宗强、叶家宝等）。

与夏奥会相比，我国冰雪运动还处在举国体制发展期，微观举国体制尚未完善。然而，建设体育强国的战略目标，已经既无必要，也不允许我们按部就班地先完善我国冰雪运动微观举国体制，再建立宏观举国体制，而必须跨越微观举国体制向冰雪运动宏观举国体制转变，充分调动全社会的力量，整合各方面资源，为我国冰雪运动的快速发展做出贡献。这种新的模式和机制无疑将给举国体制注入新的活力和赋予新的生机，将在一定程度上有效解决我国冰雪运动投入不足问题，实现冰雪运动投入主体多元化。

2. 迅速改变大战略小（管理）系统局面，建立与体育强国目标相适应的冰雪运动管理系统

我国竞技体育已经建立了十分完善的管理系统，国家体育总局通过竞技体育司行使政府管理体育的职能，另有十几个事业单位性质的运动项目管理中心分管部分运动项目。目前，我国冬季运动管理中心一个事业单位掌管全部冰雪运动项目，负责管理我国整个冰雪运动事业，冬季运动管理中心兼有政府管理职能和群众组织管理办事职能，不但管理力量明显不足，而且这种政事不分、管办不分的管理体制已经明显地制约了我国冰雪运动的可持续发展。从冰雪运动可持续发展战略高度看，我们应该比照竞技体育的管理系统规模和模式，深化我国冰雪运动管理体制改革，建立与冰雪运动强国相适应的管理系统和运行机制。

3. 努力改善举国体制“不举国”现状，实现冬运会向全冬会的转变

我国开展冰雪运动的省份几乎仅有东北地区，甚至仅有黑龙江和吉林两省，第11届冬运会的规模，充其量是地区运动会，冰雪运动举国体制“不举国”现状，与体育强国的战略目标极不协调，很难适应我国冰雪运动可持续发展战略。为此，我们应该更新观念，创新发展途径，运用举国体制发展冰雪运动，将冬运会真正办成各省市共同参加的全国冬季运动会，实现冬运会向全冬会的转变。

首先，我们应该积极推进北冰南展（在我国南方开展冰雪运动），北雪西扩（在我国西部开展冰雪运动）、南冰北练（我国南方省市的冰雪项目到北方训练）和国冰外练（我国冰雪项目到国外训练），打破我国和南方省市开展冰雪运动“条件限制论”僵化认识，创新我国，特别是南方省市开展冰雪运动新思路。

第二，进一步发挥政策导向作用，运用竞赛杠杆，特别是全运会杠杆的作用，吸引所有的省市参加全国冬季运动会，实现冬运会向全冬会的转变。

4. 由自发型冰雪运动项目布局，向冰雪运动项目布局最优化转变

“后奥运时代”我国冰雪运动可持续发展目标要求我们在追求冬奥会金牌、奖牌数量的同时，还要保证金牌、奖牌的含金量。借鉴我国夏奥会的经验，搞好项目布局至关重要。

实践证明，根据我国竞技体育发展的实际情况，对优势项目、潜优势项目及新兴项目的科学划分与发展定位，使我国在20年的时间里一跃成为奥运大国。我国仍属于基础实力薄弱、整体水平不高的竞技冰雪运动弱国的现状迫切要求我们必须采取有所为有所不为，突出重点，分清层次，统筹优化冰雪运动项目布局。

5. 实现粗放型运动训练模式向科技先导型冰雪运动训练模式转变

当今世界科学技术突飞猛进，给人类社会带来了广泛而深刻的影响。现代科学技术已经广泛渗透到包括体育在内的人类社会生活的方方面面，现代的竞技体育已不再仅仅是靠经验和体能开发取胜，而是依靠科技的力量不断增加运动训练的科技含量，改进器材、设备，加强科学管理才能取胜。科技已经成为当代竞技体育的一个有机组成部分。

6. 积极发展冰雪文化和冰雪产业，实现冰雪运动功能多元化

我国冰雪运动的首要任务是在竞技赛场上摘金夺银，为国家赢得荣誉，做出自己的贡献。但是，在其为国争光的政治功能被突出的同时，我们不能淡化甚至摒弃竞技体育的其他功能。

加大哈尔滨或长春申办冬奥会力度，就像申办北京奥运会一样。申办与筹备奥运会将是启动经济高速发展，促进社会、经济良性运行的有利契机。

7. 推行冰雪运动职业化，加快冰雪运动社会化进程

职业体育是充分发挥市场机制运作竞技体育的有效模式，选择有市场潜力的冰雪运动项目进行冰雪运动职业化的探索，推行冰雪运动职业化，借助社会力量发展职业冰雪运动，促进竞技冰雪运动水平的快速提升。

8. 跨越协调发展阶段，向竞技冰雪体育与群众冰雪体育一体化方向转变

目前我国的冰雪群众体育滞后于竞技冰雪体育的发展，后奥运时代，我们再也不能将竞技体育与群众体育分别看做两个各自独立的系统，仅仅考虑两个系统的协调发展。我们应从更高的层次将二者放在体育这个大系统内，跨越协调发展阶段，向竞技冰雪体育与群众冰雪体育一体化方向转变。

9. 努力开发各级各类人力资源潜力，千方百计提升人力资源的微观智能结构和宏观智能结构水平

实现我国冬季冰雪运动可持续发展战略目标必须把以人为本贯彻始终，而贯彻以人为本的精神的关键是充分发挥人的主观能动性和创造性。实现我国冬季冰雪运动可持续发展战略目标的任何一项对策均与相关人才的质量密切相关，而人才质量的核心是其智能水平。因此，全方位开发各级各类冰雪人力资源潜力，千方百计提升人力资源的微观智能结构和宏观智能结构水平，已经成为达标的首要对策。

项目编号：1137ss07094

NBA强势进入对中国职业篮球联赛的影响

田 野 鲍明晓 师灿斌 邱 雪

进入新世纪以来，发达国家的职业体育已经拉开了新一轮全球扩张的序幕，而在这一轮全球扩张中充当急先锋的就是美国的NBA联盟，该组织凭借其资本优势、品牌优势以及最早进入中国市场的优势，在中国市场全面布局，抢占中国篮球市场宝贵的赞助商资源、球迷资源和媒介资源，对正在成长的CBA联赛构成了实质性威胁。

一、积极影响

NBA拥有雄厚的资金实力和丰富的资本运作经验。在NBA总部精干高效地组织机构持续努力下，凭借超强的赛事管理和运营能力、充足的高素质人才贮备和庞大的天才球员群体和全球范围内推广精彩且富含娱乐元素高水平篮球赛事，NBA将对中国篮球的发展产生深远的影响。

首先，NBA进入中国在一定程度上推动了我国得篮球运动的普及，球迷从中享受更多、更大的快乐，特别是促进青少年篮球和草根篮球的发展，能够进一步扩大中国篮球运动的社会基础，有利于进一步巩固和提高篮球在体育运动项目中的领先优势，扩大与其他娱乐节目竞争中的市场份额，能够加快中国篮球的发展，尤其是国际化程度的提高，促进中国优秀球员更加便利的走向世界。同时也有利于世界篮球运动强国优秀的运动员、教练员、科研人才、管理人才等参与到中国职业篮球联赛的跨越式发展中来。

其次，NBA凭借先进的训练理念和科学的训练方法，有助于迅速提高中国篮球的训练水平，促进CUBA和各俱乐部梯队优秀运动员人才的加速涌现；同时NBA国际领先的赛事管理和运营手段和方法能够为我们提供有益的借鉴和参考。

第三，NBA中国联赛计划，实质上是在中国举办的亚洲职业篮球联赛，而这将吸引亚洲顶尖企业的赞助，将提升中国篮球的国际地位。

第四，同时NBA利用我国现行政策法规的漏洞和项目管理体制的缺陷，以挑战者的姿态出现，对进一步完善我国涉外的体育政策法规，以及促进篮球运动项目管理模式和运行机制的改革，也会起到一定作用。

二、不利影响

首先，在相当长一段时期，NBA在中国市场实施掠夺式的市场开发，将与中国篮协和CBA联赛抢夺宝贵的优质赞助商资源。国内对体育营销兴趣浓厚的优秀企业资源并非取之不竭，面对综合实力明显高与我们的NBA的竞争，CBA将失去相当数量的合作资源，这将阶段性的制约CBA的市场开发和联赛成长。

其次，NBA的大举进入，将与中国篮球和CBA联赛争夺日趋紧张的媒体资源。在电视转播、网络媒体和平面媒体报道等资源上，篮球项目本身的份额不可能无限扩大，那么，NBA 与 CBA、WCBA 以及国内其他赛事就存在激烈的市场争夺和利益冲突。

第三，最重要的是，在最具市场价值的消费者资源（青少年消费者）中，NBA 扩张对中国篮协和 CBA 及其他联赛上的打击是致命的。NBA 不仅对 CBA 职业联赛的正常运营形成直接的冲击，而且在基础消费者资源上对 CBA 和国内其他联赛造成釜底抽薪的毁灭性影响。如果处理不当，我们还有可能丧失运动项目的实际管理权。NBA 凭借其雄厚的资金实力和卓有成效的市场推广，利用国内体制制约和管理漏洞，绕开中国篮协的监管，频频与地方政府、体育行政部和其他协会门开展篮球商业活动，这对中国篮协的管理权威和公信力构成了巨大挑战。

第四，NBA 进入中国是美国文化入侵。NBA 全球化发展战略，不仅仅是赛事本身和经济触角的全球延进，更重要的在 NBA 赛事景观的舞台上进行的全球文化扩张，即美国文化在全球范围内的强势生长。NBA 进入中国所进行的大规模商业行动和推广活动，毫无疑问是携有美国非裔文化特色的美国篮球文化在中国的大举入侵。考虑到 NBA 推广的主要目标受众群体是中国 3.67 亿青少年，极大程度上会对中国优秀的民族文化和传统文化形成冲击，在尚且缺乏判断和识别能力的青少年心中产生深远的影响，这是一个涉及国家文化安全的文化入侵问题。

三、应对策略

（一）近期的应对策略

当前，中国篮球协会面临的直接挑战，就是如何应对 NBA 提出的“NBA 中国联赛”。从“NBA 中国联赛计划”清晰的路线图及发展计划和上述分析来看，NBA 等国外资本大举进入，名义上是开展推广篮球，本质上是追求市场、追求经济利益的最大化，将对我国 CBA 联赛带来较大的冲击。如何引导国外资本规范投资和合理开发篮球资源，就成为一个必须面对和解决的课题。

面对 NBA 的强势进入，中国篮球协会的应对策略应该是：立足自身，借外力不靠外力，坚持自主发展，进一步提升中国篮球事业发展的基础和整体实力；以开放的姿态进一步与境外机构合作开发 CBA 联赛市场；转变观念，提高服务意识，坚持政府管理、市场运作原则。

根据职业体育的发展规律，一个国家在同一个运动项目只能有一个最高级别的联赛，而且这个联赛只能由隶属于国际单项体育协会的该会员国单项体育协会组织开展。欧共体有欧洲职业篮球联赛，日本职业篮球联盟有 JBL 联赛，韩国职业联盟有 KBL 联赛，西班牙有 ACB 联赛，目前还没有一个国家的体育联盟到另外一个国家创建最高级别的职业体育联赛的先例。国家体育总局和中国篮协一定要有鲜明的立场和态度，要对“NBA 中国联赛”坚决说“NO”，中国篮球欢迎 NBA 投资和参与到 CBA 职业联赛的改革和发展中来，但决不允许另起炉灶创办“NBA 中国联赛”。针对“NBA 中国”公司提交的“中国篮球联赛计划”，结合具体国情和相关法律规定，在 CBA 与 NBA 合作上应该遵循以下原则。

1. 中国只能有一个最高级别的男子篮球联赛，联赛的名称只能是“CBA 职业联赛”。
2. CBA 职业联赛的所有权属于中国篮球协会。

3. CBA 职业联赛的管理权属于中国篮球协会。

4. CBA 职业联赛的运营权归中国篮球协会牵头盈方公司、"NBA 中国"公司、各俱乐部共同成立的合资公司所有。

5. 盈方公司、"NBA 中国"公司和各俱乐部的投资利益将得到保障，投资收益将收到合理地回报。

在具体的合作上，NBA、盈方公司等境外资本可以共同成为 CBA 联赛的战略合作伙伴。CBA 联赛将保障 NBA 的投资收益；同时 NBA 在联赛架构、赛事组织、运营模式、市场推广、俱乐部加入程序、比赛场馆等方面的建议将得到最大限度的尊重；CBA 将在教练员培养、青少年运动员训练、社会篮球发展、联赛球迷培养等方面与 NBA 密切合作。

NBA 提出的"中国篮球联赛计划"，一方面让我们看到了中国篮球惊人的市场价值和巨大的发展潜力，另一方面也迫使我们必须以更加饱满的工作激情，精心组合和配置社会各界优质资源，牵头成立 CBA 联赛运营合资公司，高效开展联赛的运营和推广工作，迅速把 CBA 联赛品牌做大做强。根据《国务院关于非公有资本进入文化产业的若干决定》（国发 [2005] 10 号）中"国有资本必须控股 51%以上"的规定，中国篮协可牵头 CCTV（中视体育）、盈方公司、"NBA 中国"以及各俱乐部联合成立实力雄厚、产权明晰、权责明确、利益共享的现代化股份制集团公司，高效整合社会各方资源，共同推进 CBA 职业联赛迅速发展。其中，中国篮协和 CCTV（中视体育）一起合作控股 51%以上，其他股份由盈方公司、"NBA 中国"公司、各俱乐部共同所有，在依法运营的前提下，实现国家利益、投资方利益和俱乐部利益的协调统一，共同致力于 CBA 联赛的发展和建设。

（二）中长期的应对策略

从中长期看，要从根本上应对 NBA 的挑战，必须扎扎实实地做好以下几方面的基础性工作。

1. 总局出台相关政策，规范职业体育的开放政策

国家体育总局政策法规司和竞技体育司要组织专门力量，加强对国外职业体育组织进军中国体育市场的调研，并在此基础上制定规范国外职业体育组织在中国体育市场上行为，分项目、有阶段地扩大运动项目市场的开放，在鼓励和引导国外职业体育组织在不控股的前提下，投资我国的职业联赛和职业体育俱乐部，在合作中竞争，在竞争中共赢。

2. 建立健全职业体育的监管体制

国家体育总局应根据职业体育快速发展的实际，调整职能和机构的设置。总局应设立职业体育司或在竞技体育司下设职业体育处，从宏观上统管全国的职业体育，切实履行对全国职业体育市场的行政监管职能。同时，按照政事分离的原则，进一步推进运动项目协会实体化改革，引导实体化的运动项目协会切实履行行业监管职能，规范本项目的市场开发行为，防止不公平竞争，依照行业规章保护包括国外体育组织在内各方市场主体的正当利益，促进项目产业和项目市场的健康有序发展。

3. 坚持职业化、专业化、品牌化的联赛改革方向

篮球运动项目管理中心应坚持职业化、专业化、品牌化的联赛改革方向，坚持"大目标、大开放、大协作、大整合"的改革原则，学会利用国内外两种资源、两个市场来

发展 CBA 联赛。在对外开放中，要坚持以我为主，通过扩大与国际篮联、欧洲联赛以及澳大利亚、日本和韩国联赛的合作，削弱 NBA 的市场垄断地位，引导 NBA 与我们开展长期互利的合作。在对内开放中，要抓住当前篮球运动社会基础和市场基础不断扩大的机遇，下决心突破制约 CBA 联赛专业化、品牌化运作的体制障碍，实现篮球运动项目管理中心对 CBA 联赛的管办分离，吸引国内有实力的公司以战略投资者和财务投资者的身份与中国篮球协会、CBA 各家俱乐部合资组建 CBA 联赛运营公司，并在全球选聘联赛公司的 CEO 和联赛运营的专业人才。通过 CBA 联赛运营机制的调整与创新，带动 CBA 联赛的品牌化运营，进一步拓展联赛的商业运营空间，做大做强 CBA 联赛。应该说，只有我们坚持苦练内功，并切实把 CBA 联赛打造成了一个具有世界影响力的品牌联赛，才是科学应对 NBA 挑战的治本之策。

4. 创新 CBA 联赛的管理运营模式

成立强有力的联赛董事会和全新的联赛股份公司。CBA 联赛实行在中国篮协领导下的外资和各俱乐部参与民主决策的“新型管理模式”，成立强有力的联赛董事会和全新的联赛股份公司。以董事会制度决定联赛发展的重大问题，以联赛股份公司的现代化公司式运营来保证联赛品牌的强势增长和不断升值，是 CBA 联赛应对当前国际、国内篮球发展环境变化，完善管理体制和运行机制的必然选择。

董事会制度的设计思路是：董事会主席由国家体育总局篮球运动管理中心主任担任，在重大问题上拥有一票否决权，以保证联赛是在国家体育总局篮球运动管理中心和中国篮协的领导和监督下进行运作。董事会主席负责中国篮球国有资产的保全增值，同时对联赛的绩效负责和兼顾青少年篮球的发展、社会篮球的普及、竞技篮球水平的提高，确保中国先进篮球文化的发展方向。

CBA 联赛董事会的成员构成，是最大程度上统筹和整合中国篮协和各俱乐部的资源优势，充分利用美国 NBA 和瑞士盈方公司的资本实力和赛事经验以及人力资源，借助中央电视台（CCTV-5，即央视体育公司）的高端传播平台优势，在联赛的发展战略和规划商业运作模式和竞赛规则等方面，对联赛发展提出指导性意见，并就重大问题进行决策。

与董事会成员构成相对应的，全新的 CBA 联赛股份公司的资产结构分配理论设计如下：中国篮协和 CCTV（中视体育）拥有联赛股份公司的控股权，即拥有 51%的股份；CBA 联赛现有的 18 家俱乐部共同拥有联赛股份公司 18%的股份（18 家俱乐部可根据历史成绩、俱乐部实力的排名具体内部划分详细份额）；“NBA 中国”公司拥有的股份比例为 16%；瑞士盈方公司占其 15%的股份。

全新的联赛股份公司应按照现代化股份制公司的标准完善组织结构、明确运营权限和范围，联赛商业推广和市场份额增长、推动俱乐部建设、赛场管理与控制，在扩大联赛精英球员资源储备和保持联赛中球队实力的制约性平衡等方面全面推进 CBA 职业联赛的改革和发展。

在联赛持续快速健康发展的基础上，随着联赛俱乐部数量的增加，根据实际情况，调整 CBA 联赛股份公司的股权分配结构，新加入俱乐部（球队）须支付一定数额的加盟费。中国篮协与 CCTV 一起，同“NBA 中国”、各俱乐部、瑞士盈方公司联合成立实力雄厚、产权明晰、权责明确、利益共享的现代化股份制集团公司，高效整合各方资源，共同推进 CBA 职业联赛迅速发展。其中，关于股权份额的具体分配，可以在认同合作理念的基础上，展开技术层面的磋商和微调，在依法运营的前提下，实现国家利益、投资方利益和俱乐部利益的协调统一，共同致力于CBA联赛的发展和建设。

5. 切实加强CBA各支俱乐部的基础建设

职业体育俱乐部的发展过程就是俱乐部资本、人才、经验和信息等资源不断积累的过程，当这些资源积累到一定程度后，必然会推动俱乐部的竞技水平与市场开发能力等全面提高。资源的增长是职业体育俱乐部行为的结果，而决定俱乐部行为的是产权制度。20世纪80年代后，传媒组织和大的商业集团频频介入职业体育领域，或是收购俱乐部或是在俱乐部中参股，导致现代职业体育俱乐部的产权结构发生了深刻变化，传统的职业俱乐部出于生存与发展的需要，普遍向现代公司制转化。

在现代公司制俱乐部中，管理工作更复杂，规范化要求更高，经营管理人才只有具备体育、法律、经济等专业知识，才能实现俱乐部经营管理的专业化。俱乐部的经理可以是俱乐部的股东，也可由股东聘任。但不管采用何种方式，俱乐部所有权与经理之间已经没有必然的联系。因此，新的产权结构为职业俱乐部经理制度的发展创造了良好的环境，保证了俱乐部管理水平的提高，从而对职业俱乐部的长期发展起到了促进作用。

目前CBA各俱乐部中职业经理人非常短缺，大多俱乐部的经理由非专业人士担任，有的是投资方代表，有的是体育局体工队领导，有的是体育记者转换身份而来，基本上不具备职业体育的基本知识和俱乐部管理及经营的知识贮备，导致CBA各俱乐部的管理和运营尚处于原始的初级阶段。同时，俱乐部建设从一开始就没有规范的岗位设置和制度设计，俱乐部的地方市场开发基本上处于停滞状态。CBA目前已经进入股份制改造的第二发展阶段，俱乐部的能力建设将对CBA联赛下一步的发展起着至关重要的作用。

基于职业体育发展的基本理念和俱乐部管理和经营必备的人力资源条件，下一阶段CBA俱乐部的内部管理应该首先从专业人员聘用和健全岗位设置做起，逐步建立和打造现代公司化的职业篮球俱乐部。在现代公司化的职业篮球俱乐部组织结构和职位设置中，投资人或投资公司是俱乐部的所有者，俱乐部所有者聘请职业经理人做总经理或执行总裁，总经理负责俱乐部的整体运营，重点商务开发和市场推广，下属总教练、运营总监、销售总监、市场总监、财务总监、IT总监和法律顾问。

与CBA联赛目前所具有的竞赛水平相比，我们的商务开发理念、俱乐部经营能力严重滞后，因此改组后的俱乐部所设部门，应与CBA联赛公司相对应，重点进行商务开发和市场推广活动。

在完成CBA联赛公司和各俱乐部的俱乐部管理体制重建之后，CBA联赛上下应在球员资源、球队水平、盈利模式、品牌强化和基础建设四个方面开展重点工作，这将成为CBA联赛成功的关键要素。

6. 不断提高CBA赛场管理与控制

体育比赛赛场的管理和控制是一项极具技术含量的管理实践。精彩激烈的体育比赛需要一个狂而不乱的观赛氛围，赛事活动的组织者需要营造一个管理有序、控制得力、安全愉悦的赛场环境，球迷需要的则是在人身安全得到确切保障的前提下享受到畅快、舒适、情节跌宕起伏精彩激烈的赛事观赏体验。如何对一场比赛整个过程进行科学引导，专业程序化的管理，并有效防范、驾驭、规避风险并妥善处理各种突发事件，是CBA联赛继续发展中需要努力解决的一个重要课题。

当前CBA联赛各个赛区的管理和控制水平差异较大，举办联赛历史较长的赛区，如广东宏远赛区、北京首钢赛区等，因为在长期以来联赛赛场管理和控制中习得性的经验积累较多，对于赛场的管理和控制比较到位，观赛的氛围相对较好。一些举办联赛时间较短和新近举办比赛的赛区，则在赛场管理、安全防范、秩序引导等方面存在一定的不确定因素和安全隐患，个别赛区还经常发生观众起哄、往赛场内投掷杂物（矿泉水瓶、打火机、硬币等）的情况，有的还导致了比赛的中断和运动员的人身伤害。

赛区的管理和控制首先是要高度重视安保工作，要制定突发事件的防范措施和计划，将事故和隐患消灭在萌芽状态。比如球迷往赛场内投掷杂物，关键问题在于矿泉水瓶是怎么带进场内的，入场的安全检查有没有严格认真万无一失。诚然，裁判员极个别不恰当的判罚会导致球迷情绪激动，容易出现过激行为，但如果手里没有“炮弹”（矿泉水瓶等），最多也就是图一时口舌之快而已。如果是装满水的水瓶从看台的高处仍下来，会对赛场内的人员构成极大伤害。北京首钢赛区的安全检查是最严格的，除了电子安全门禁检查以外，每个观众还要接受如同飞机场登机一样的安检，这些措施对赛场的安全起到了至关重要的作用。所以说，赛场的安全管理，首先是思想上的重视和行动上的落实。

安全是赛场管理和控制的首要前提，但仅有安全是不够的，还要营造愉悦、欢畅、热烈的观赛氛围，尽可能的让球迷在所有时间内都是愉快、活跃的。在这个层面上，赛场管理的技术含量将尤为重要。首先要建立详细的赛场管理和控制流程表（或流程单），包括比赛暂停时间、中场休息时间、节与节之间休息的两分钟等，在这些时间内为观众提供什么娱乐内容，如何引导观众情绪，都是非常专业和需要我们不断学习提高的。比如说 NBA 比赛的暂停时间、中场休息时间等环节，我们不仅能看到拉拉队精彩眩目的舞蹈表演，同时也会发现，每个篮球架下的三秒区的内，会有三个佩带对讲耳机的安保人员分别面向观众席的各个方向，警惕的注视着看台上的细小变化，而场边的安保人也全都面向看台监控观众席，与看台上每个观众区域的志愿者和比赛工作人员保持着高效及时的信息沟通。在每次球队暂停教练布置战术的时间，我们可以看到球队运动员坐席区域专业的安保人员全部背手站立，互相背朝背的将整个赛场全方位置于完整地观察视角之下。这些都是我们需要学习和借鉴的。球迷情绪的积累和爆发是有规律的，通常都有一个产生、积累、蔓延、失控、爆发的过程，如何及早发现观众的情绪波动，并迅速地用艺术的方式将其化解于萌芽状态，避免观众怨恨积累和情绪对立并积极疏导，是赛场管理和控制的关键。

为球迷、观众提供愉快的赛事观赏消费体验是赛场管理和控制的最终目标。我们必须这样去理解：篮球是乐趣、家庭以及娱乐；观看篮球比赛是一件绝对安全、舒适愉快的乐事。赛场管理和控制必须将人力、物力、财力有效的填补到如何将比赛与娱乐的融合之中，为观众营造宽严有度，热烈有序的人性化赛场服务环境，赛场管理技术在重塑职业篮球联盟、现代化俱乐部以及可持续壮大的球迷群体中发挥着重要作用。

7. 切实加强 CBA 后备人才培养体系

NBA 长盛不衰、球星辈出的秘密在于美国用着世界上最完整和合理的篮球人才培养体系。美国篮球人才的培养体制是小学、初中、高中、大学到职业队完整的人才成长系统。在美国接受初级水平篮球训练的人数大约为 200 万中、小学生，每年有大量的高中、初中、小学篮球联赛，为培养高水平的大学生篮球运动员提供了强大的篮球人口基数。美国有 3000 多所大学，其中有 500 所大学的篮球教练还要担任其他课程。美国大学篮球运动员的人数每年保持在 50000 人左右，其中每年有 40~50 人有希望通过选秀进入NBA联盟成为令人羡慕的职业篮球运动员，并得到高额收入回报。NBA球员从大学生球员中的选拔比例是1/1000。

美国源源不断的篮球人才就是在这种庞大的联赛体制和频繁的实战中磨砺和锻炼出来的，当我们了解了美国篮球的基础构成和成材环境之后，就不难理解NBA为什么能独步世界篮坛天下无敌了。如果把美国篮球人才结构比喻成一个金字塔，那么塔基就是数以百万计的中、小学生选手，塔身是数以万计的大学篮球选手，塔顶则是数以千计的职业选手（包括NBA、NBDL、CBA和各种半职业队中的选手）。所以每年选出的全明星阵容就是这座金字塔的塔尖，进而从全明星球员里选拔出的"梦之队"阵容可以说是镶嵌在金字塔塔尖上的钻石了。任何一个想超越和击败美国"梦之队"的对手，都应该从构建金字塔的底座开始。

中国有世界上最大的人口基数，但是篮球人口的数量并不乐观。这里说的篮球人口，指的是常年接受正规训练和参加有组织的联赛的运动员数量。美国篮球人口的比例是总人口的1/100，目前中国的篮球人口的比例同美国相比，还存在着让我们汗颜的天壤之别。

中国篮球人才培养体制和美国完全不同。过去计划经济时代我们走的是体工队监制的道路，比赛主要以赛会制的全国联赛和全运会为主，各省体工队都有一队、青年队和少年队的三级配置。虽然基层也有以中、小学生为主的业余体校，但是在经过上世纪90年代开始的"奥运金牌战略"和市场经济改革浪潮的冲击之后，这一各地体工队赖以发现和吸收篮球人才的"根系"已被严重破坏。

经过三十年的改革开放和经济发展后，国人的生活状态和营养水平大幅度改变和提高，使得新一代的篮球选手在身高条件上有了突飞猛进的发展，但是他们在基本技术、专项力量和篮球意识等方面都存在着严重的不足。造成这种局面的原因是多方面的，关键问题是他们在成长的过程中没有一个循序渐进、以实战为主的成材环境和长效地的培养体制。其次是缺乏高水平的青少年基层篮球教练，俗话说"兵熊熊一个，将熊熊一窝"，一个高水平的敬业爱岗刻苦钻研篮球训练科学方法的青少年教练对中国篮球的贡献是巨大且深远的。但目前基于清贫的执教环境和残酷的生存现实以及教练自身缺乏持续提高科学训练方法的可行性，导致该环节成为中国篮球后备人才培养木桶的最短板，制约着中国篮球运动水平的提高。

如何培养一大批高水平的执教基层的青少年篮球教练，并不断提升他们的业务能力和提供合宜的发展环境，关系到中国篮球长远发展的固本强基的系统工程。如何根据当前具体国情，科学构建符合市场经济基本规律的人才培养机制和青少年篮球竞赛赛制，为篮球人才的不断涌现提供适宜的生长土壤，也是我们必须认真考虑和解决的问题。

在持续高效地培养高水平篮球人才的基础上，吸引和激励本土球员参加CBA联赛，并向他们（包括其他级别联赛的优秀球员）支付高薪报酬和有益的成长环境和发展空间也是非常重要的。我们提升CBA联赛水平离不开优秀的、有天赋的球员，需要通过稳定的高薪吸引本土球星，可持续的提升CBA联赛的竞争性和赛事产品的质量。

8. 健全国外优秀球员引进和使用制度

对于立志成为世界第二大职业篮球联赛的CBA来说，如何有选择和针对性的吸引国外优秀球员参加并长期效力于CBA联赛，对提高CBA联赛的竞赛水平和吸引力是非常重要的。

目前效力于 CBA 的外援，大多来自于美国而且多数有着或长或短的 NBA 打球经历。拿媒体戏称的“火箭帮”来说，一些曾经在 NBA 休斯敦火箭队效力的边缘角色球员如哈里斯、斯奈德等，在暂时没有得到 NBA 比赛合同的时候，选择了来 CBA 打球。而且在 CBA 联赛中打球的外籍球员中，要么是人高马大的中锋，要么就是得分如探囊取物一般的砍分能手，只有新疆广汇和广东宏远选择了控球后卫位置上的外援。在 CBA 的 18 支球队中，双外援主宰比赛胜负的现象非常普遍，大多数球队都把外援当作球队的成绩赌注的重要筹码。唯一例外的是国字号球员众多的广东宏远。外援与球队国内球员融合较好的是浙江广厦，球队丰富的团队篮球战术打法和严格的战术纪律性将外援和本土球员较好的结合在了一起，尽管目前成绩差强人意，但这样的发展思路无疑是正确的。而多数的球队，双外援在场上的时候，赢任何一个队都有可能，但一旦外援伤停或缺席比赛，则输给任何一个队都不意外。

从引进外援的初衷来讲，是为了打造良好的球市和对国内球员进行“传帮带”，是为了给增加比赛的精彩程度和为国内球员提供和高水平的外籍球员同场比赛和竞技提高的机会。但在目前“成绩决定一切”的急功近利的 CBA 发展环境氛围下，大多球队缺乏长远的俱乐部和球队发展规划以及正确的职业体育理念。这在造成外援引进盲目求大牌和个人能力，忽视与球队的融合和球德人品的考察，屡屡造成外援与球队无法融合游离于战术体系之外，也出现了较多外援不适应球队需要屡屡被更换的情况，没有达到期望中的实际效果。

CBA 引进外籍球员，出于技战术提高角度考虑应该多引进技术风格和人品球德能够带动本土球员提高的外援，应该走技术引进路线和团队篮球发展道路。毕竟大把的外汇花出去之后，要真正为中国球员的提高，为联赛留下点有价值的东西。如果简单是让外援在球场上唱“二人转”或“一手擎天”，会导致我们走进外援引进的误区，会对国内球员的篮球理念和战术素养的形成产生颠覆性的深远影响，不能对中国篮球运动水平长远发展和持续提高有益的帮助。

出于市场角度考虑，我们除了要引进球风华丽观赏性强的外援，更应该考虑中国周边篮球运动水平有限和没有联赛的亚洲球员。毕竟引进一个国家具有代表性的球员，能够很好地吸引外援所在国对 CBA 联赛的关注，也能扩大联赛的国际影响和市场受众群体。

引进合适的外籍球员是一项对中国篮球和 CBA 联赛重要的系统工程，不能只追求成绩和短期效益，要放眼未来，追求综合效益。同时，也要提高我们的国际球员引进和转会的标准化操作水平，使引进、合同、薪金、和行为规范都更国际化和正规化，避免在外援引进和使用中交昂贵且无意义的学费，杜绝欠薪、殴打外援等有损 CBA 国际声誉的事情发生。

引进优秀的国际球员绝不是件给钱就行的普通商品交易。外援的使用和相处，是一件涉及中外不同文化背景的复杂，又颇具人文色彩的特殊文化交流活动。只有正确引进、合理使用、合作共赢才是联赛发展真正需要的，善待外援就是善待联赛的未来。只有拥有国际和本土最好的球员，才能使 CBA 联赛成为最好的联赛，提升“CBA”品牌的国际知名度。同时国外球员的参赛，会给联赛带来更多的国际赞助商、更多的球迷和电视观众。

项目编号：1046ss07003

健身气功海外推广策略研究

冀运希　虞定海　王　林　牛爱军　徐春毅　蔺志华

本课题以 2007 年国庆节中秋节对外专项文化活动为契机，对加拿大、澳大利亚、德国、法国、英国、比利时等 7 个国家的海外健身气功习练者进行调查，并对国内曾担任过海外推广工作的教练员进行调查，并就所需要解决的问题进行了访谈、座谈工作，结合当前国际形势和国家对外政策，在咨询相关专家的基础上进行了综合性的逻辑分析，最终提出了健身气功海外推广策略。

一、调查对象的基本情况

海外健身气功练习者中参与人数相对来说女性多于男性，年龄最小的 15 岁，最大的 71 岁，平均年龄为 47.75±9.23 岁，主要集中在 40~60 岁之间。在所有外派教练员中男性多于女性，年龄最小的 27 岁，最大的 60 岁，平均年龄为 42.73±8.53 岁，海外教练员的年龄主要集中在 30~50 岁之间，87.9%的教练员具有大学本科及以上学历，具有研究生学历的占到 44%。

二、健身气功海外推广的本质

健身气功的海外推广工作来说，就是要把健身气功功法在内的技术动作以及其中蕴含的中国传统文化通过我们海外的实地教学和表演、媒体（报刊、广播、电视、网络等）的宣传报道，让更多的人和组织机构等了解、认同、接受健身气功这一运动项目，从而主动地参与健身气功的学习，扩大健身气功的受众参与层，扩大健身气功的地位分布范围的过程。

三、健身气功海外推广现状

（一）调查对象对于健身气功海外推广的认知及习练情况

35.4%的海外习练者 8 年前就知晓了健身气功，而且 1 年前就听说过健身气功的占到了 25.3%，但学习气功时间多于 8 年的只占 15.1%，而 53.5%人少于 1 年。海外习练者得知健身气功的相关信息主要来自于自己周边接触较为亲密、频繁的人，这属于“人际传播”的方式。人际传播的传播效果较为稳固，但范围不如大众传播广，因此应加强人际传播，同时充分运用现代信息技术进行健身气功的信息传播，促进健身气功的海外推广。

71.7%的海外习练者认为学习健身气功时学习中国文化有必要，因此，哪些问题、哪些内容能够在什么时间、什么样的场合以何种方式予以讲授，以达到文化与功法技术的完美结合；其二，健身气功推广的形式可以与文化部门展开合作，如中华文化海外行、国家之间的文化年、孔子学院等。

65.9%的海外教练员能够坚持每周习练健身气功 4~5 次，56.1%的海外教练员对中医及气功知识比较了解，14.6%的海外教练员专门从事健身气功教学，目前海外教练员队伍中 51.2%的人只出访过一次，这表明健身气功海外推广的核心教练员队伍尚未形成，同时海外教练员队伍自身素质和能力方面有待加强。

海外习练者认为健身气功传播的优势在于健身效果良好和追求自我身心完善者平分秋色，均占 40.4%，81.8%的海外习练者学习健身气功的最主要原因是锻炼身体，61%的海外教练员认为外国人学习健身气功的主要目的就是锻炼身体，53.6%的海外教练员认为外国人学习健身气功最感兴趣的是其健身效果。这些调查数据表明海外习练者对健身气功的认知比较明晰，而健身效果宣传将是海外推广的诉求点。

为了达到教学、练习、宣传效果，92.7%的教练员认为有计划选择 1~2 套功法精讲多练是目前海外推广健身气功最可行的方式，即使在国外开设的短时间“体验课”也应注意教学效果的提高。

（二）健身气功海外推广现状

63.4%的海外教练员认为健身气功海外推广情况一般，而认为健身气功在所居住地发展发展较好和一般的均占 40.4%。海外习练者中华人华侨但具有当地国籍的人所占份额达到 43.9%，而纯正的外国人学习健身气功的比例为 41.5%。海外教练员认为外国人对目前推广的四套功法感兴趣者达到 85.3%，目前推广的内容能够满足其需求者达到 70.7%。因此，健身气功海外推广目前不宜急于推出新编功法，但是可以在深入调研的基础上根据群众需求科学的创编性功法，等到市场成熟后再予以推出。

（三）健身气功海外推广方式

65.7%的海外习练者跟随中国老师学习健身气功，而且他们认为在海外传播健身气功的传播者应当首选中国教练，比例达到 42.4%，当地社团的比例为 26.3%，而健身气功海外推广教练员中高达 92.7%的人认为外国人喜欢由中国外派教练员。海外教练员认为外派教学期间的主要培训对象应是当地的教练员、辅导员队伍，95.2%的海外教练员认可了利用当地健身气功骨干教授一般练习者的做法。因此，在海外推广中应有意识、有目的地挑选一些骨干予以培养，建设一只“本土化”师资队伍，以满足海外健身气功发展的需要。

43.9%的海外教练员认为外国人对健身气功传播者首要关注的是其教学能力，36.6%的海外教练员认为外国人对健身气功传播者首要关注的是技术功底。68.2%的教练员认为语言不通，沟通困难是推广最主要的问题，这一数据从一个侧面支撑了加强教练员队伍建设的必要性。建设一支高水平的海外推广师资队伍，不仅仅是要求个人技术好，更要求具备坚定稳固的政治立场、扎实深厚的理论素养、灵活多样的教学方法与手段、流利的外语沟通交流能力。加拿大健身气功协会会长陈素军女士也明确表示，海外教练员队伍要具备双语教学能力。

目前健身气功海外推广的主要合作伙伴存在以下几种类型：当地的武术太极拳学院、进步的爱国社会团体、当地经营性质的健身会所等，无论何种类型的合作组织都离不开当地华人华侨的大力支持，西方体育项目进入中国同样遵循了这一路径。海外习练者认为当前需要建立海外培训基地的比例占到 40.4%，建立国际健身气功组织的比例达到35.4%，而41.5%的海外推广教练员认为当前需要建立教练员、辅导员队伍，其次建立国际健身气功组织的比例为22.0%。海外教学基地建设可与合作伙伴协商进行，但应加快国际健身气功组织的建设。

83%的海外教练员认为应实行海外本土教练员资格认证制度，以规范管理和提高教学质量。42.4%的海外健身气功习练者认为段位制对于海外推广有必要，31.7%的海外推广教练员认为需要对习练者推广段位制。结合段位制在海外开展的情况我们认为应简化海外初级段位制的审批手续，实行备案制，中级段位可以在海外考评但是必须要有国内专家参与，高段位必须在国内进行，调动海外习练者的学习积极性。

73.7%的海外习练者认为利用国际性交流及比赛能够促进健身气功的推广，82.9%的海外教练员认为技术动作名称采用汉语拼音直译的做法可行。

（四）健身气功海外推广存在问题

44.4%的海外习练者认为健身气功海外推广中存在的最主要问题是宣传不够，18.2%的海外习练者认为是教学人员水平不高，而61%的海外教练员认为海外推广中存在的最主要问题是宣传不够，14.6%的海外教练员认为是教学人员水平不高。53.5%的海外习练者认为目前健身气功宣传中存在的最主要问题是信息少，其次是与媒体合作少。58.5%的海外教练员认为应重点宣传健身气功的健身效果，41.5%的海外教练员认为应重点宣传健身气功的中国文化特色。

四、结论

健身气功海外推广在不到5年的时间里，与全球30个国家地区建立了合作伙伴关系，12个国家地区已经建立了社团组织，13个国家地区已经实施了对外技术等级制度，培训人员呈现出几何倍数增长，这说明健身气功海外推广工作取得了举世瞩目的成绩，但是健身气功海外教练员与习练者均认为健身气功海外推广状况一般，后期需要进一步努力。

目前健身气功海外推广教练员队伍对于推广成绩的取得立下了汗马功劳，总体来说成功地完成了前阶段的推广任务，但是存在如下问题：外语交流水平有限；来源狭隘，主要限定在武术、体育、健身气功管理和健身气功教学方面，缺少历史、文化、中医等方面的教练员；教练员队伍的教学能力和技术水平需要进一步提高。

目前海外健身气功学习的外国人和具有当地国籍的华人华侨比例几乎相当，他们对于健身气功的认知正确，同时对于中国文化比较感兴趣，认为健身气功与中国文化之间存在互动关系，通过任何一者的学习可以促进另一方的理解。

健身气功海外习练者学习健身气功的主要目的就是锻炼身体，与教练员队伍的认知达到基本一致，认为其传播的优势在于健身效果良好，这也是健身气功海外宣传的诉求点，目前推广最可行的方式是精讲多练。

海外习练者对目前推广的四套健身气功功法比较感兴趣，且功法内容基本能够满足海外习练者的需求，不用急于推出新功法。

教练员与习练者均希望由中国外派教练员担任教学任务，但是目前海外教学的重点应该是培养当地的师资队伍，并且由当地骨干担负教授一般习练者的任务。

对外技术等级制度、国际性的交流比赛及展示活动对于健身气功海外推广均有促进作用，当前迫切需要的是建立国际健身气功组织、海外培训基地、当地师资队伍。

健身气功海外推广存在的最主要问题就是宣传少、信息少，宣传的重点应在于健身气功的健身效果，同时宣传工作不能中断，要持之以恒地进行，同时需要加强海外培训教材建设、翻译、出版工作。

五、建议

明确健身气功海外推广的总体目标和阶段规划。健身气功海外推广可以分为以下三个阶段：健身气功海外宣传阶段、健身气功海外教学阶段、健身气功海外融合阶段。目前处于第二阶段，推广的重点应围绕教学展开。

积极打造健身气功的品牌效应，以单一品牌进入市场，密切注意健身气功品牌的三大元素：品质、核心价值和持续全面的传播，完善健身气功的产品集群和产业链，实现文化资源向文化资本、文化产业的过渡。

拓展健身气功宣传的途径，加强人际传播，扩大报刊、网络传播力度，做到重点时段重点宣传与平时宣传相结合、国内宣传与国外宣传相结合、主动宣传与被动宣传相结合的方式，同时与公益、环保事业挂钩“制造”新闻迫使媒体宣传，以文化艺术的形式加大宣传力度。加快中国健身气功网站的更新速度，尽早完成英文版网站建设，出版健身气功国际性刊物，以扩大健身气功的国际影响。

健身气功海外推广宣传的重点应围绕其良好的健身功效，契合习练者锻炼身体的内在需求，可以采用西医、中医相结合的方式予以宣传，不能仅仅侧重文化的推广与传播上。

营造宽松的外部环境，提验海外推广的核心理念：健身气功，中华民族的一种健康生活方式，做到海内外推广、宣传的互动，不能顾此失彼。

兼顾海外各国的政治环境和政策倾向，以民间交流为主体，在现有合作伙伴的基础上拓宽推广渠道与方式，康复中心、社区、医疗保健部门均可考虑。健身气功海外推广应以华人社团、组织以及认同中华文化的海外团体、个人为突破口开展工作。

相关部门应该转变观念，加大健身气功投入力度，打破行业界限，积极与文化部、教育部、国家汉办、各地孔子学院、中外文化交流部门建立合作关系，将健身气功纳入孔子学院的教学体系之中，同时抓住来华留学生的健身气功培训市场。

加强完善健身气功海外推广的教法、教材、教师队伍建设。处理好教学过程的简约化与明晰化；做好现有功法教材翻译、出版，避免出现低级错误，同时编撰、出版效应的文化、历史科普读物，满足市场需要；提高现有海外推广教练员的外语交流能力、理论素养、技术水平和教学能力，积极培养和吸纳历史、文化、中医方面的教练员，采用“走出去”、“请进来”相结合的方式培养海外当地教练员队伍。

加大健身气功科研工作的力度，对健身气功的基本理论进行研究，做到以理服人，挖掘整理功法，但是暂时不要急于向海外推广，推广内容要立足现状，做精做强。

简化海外初级段位制的审批手续，实行备案制，中级段位可以在海外考评但是必须要有国内专家参与，高段位必须在国内进行，调动海外习练者的学习积极性。建立海外教练员队伍的这个认证制度，不同级别的教练员只能在相应的区域的健身气功教学工作，级别越高，教学的区域就越广。

加大健身气功国际交流展示的力度，以世界大众体育运动会为契机促进健身气功海外推广工作。

积极成立国际健身气功组织，建设健身气功海外教学培训基地，海外基地建设可以采用国家投资建设、借用孔子学院的教学基地、民间资本股份制等方式进行，除此而外还要在国内有条件的高校建立海外培训基地，主要针对海外当地教练员来华学习和培训。

健身气功海外推广是一个系统过程，不可能一蹴而就，需要我们有一个打“硬仗”“持久战”的准备和信心。

项目编号：1139ss07096

体育产业结构评价指标体系及实证研究

刘远洋　孙冰川　石振国　李洪亮　宋　杰　孙传宁　王　威

经济发展的历程，实际上是产业结构不断优化和升级的过程。合理的产业结构，是保持产业经济系统健康运行和国民经济协调发展的一个重要前提条件，属于中观经济范畴的体育产业结构合理化问题，是体育产业健康稳步发展的重要战略之一。

本课题根据《国民经济行业分类》（GB/T4754-2002）中对于体育产业的分类标准，参照《体育及相关产业分类（试行）》，将体育产业分为体育组织管理活动，体育场馆管理活动，体育健身休闲活动，体育中介活动，其他体育活动，体育用品、服装、鞋帽及相关体育产品的制造，体育用品、服装、鞋帽及相关体育产品的销售，体育场馆建筑活动 8 个行业。

一、现有体育产业结构评价指标的局限性

学者们多年来一直采用产值构成来衡量和表现体育产业结构的数量和质量关系。它具有一定的局限性，主要表现在：第一，仅仅计算单一的产值构成指标不能反映出复杂的产业结构现状，也不能满足研究和评价体育产业结构的要求。第二，产值构成指标本身也缺乏科学性，它不能真实地反映产业结构变动的实际情况。第三，仅凭产值构成的数量关系指标难以鉴别产业结构的实际合理程度。第四，仅仅以产值构成指标来衡量和表现产业结构，往往会使人认为，只要产业结构发生了有利于提高总产值的变化，便是合理的结构调整。

二、体育产业结构评价指标体系的构建

（一）构建评价指标体系的理念

体育产业结构评价指标体系的建立应从体育产业结构研究的目的出发，用系统的观点来设计，必须能够切实、全面、灵敏地反映体育产业结构的现状和变化过程，能够反映体育产业结构调整的合理化程度，体现出体育产业结构研究的目的。

（二）构建评价指标体系的原则

对于体育产业结构的评价，可以说是一个系统工程，为保证指标体系能够真实、准确地对评价对象作出合理的评价，在构建指标体系时须遵循以下原则：

（1）科学性原则；（2）可比性原则；（3）可操作性原则；（4）动态市场性原则；（5）客观性原则；（6）导向性原则；（7）系统性原则。

（三）构建评价指标体系的方法

合理的正确的选择有代表性的、信息量大的指标，组成体育产业结构评价指标体系，是正确评价体育产业结构状况的关键。为此，指标的筛选必须根据指标体系构建的原则和评价层次的要求，分步骤地进行。

1. 评价指标的初选

选择合适的指标来描述评价对象，可以真实、准确地反映评价对象的不同侧面。为减少判断的随意性，提高结果的可信度，根据已有文献和专家的建议，汇总、去除相似及重复的指标，作为第一轮评价指标。

2. 评价指标隶属度分析

初选指标具有一定的主观随意性，需借助专家的力量，主要用频度统计、理论分析和类似于模糊数学中确定隶属度的方法，来解决指标筛选问题。隶属度的概念来自于模糊数学，模糊数学认为，社会经济生活中存在着大量模糊现象，其概念的外延不是很清楚，无法用经典集合论来描述。某个元素不能说是否属于某个集合，只能说在多大程度上属于，元素属于某个集合的程度称之为隶属度。把体育产业结构合理化评价体系 {x} 视为一个模糊集合，把每个评价指标视为一个元素，对每个评价指标进行隶属度分析。

3. 确定阈值，筛选指标

根据第二步采用的方法确定一个阈值，保留阈值以上的指标。

（四）评价指标体系的建立

根据以上原则，运用上述方法，用反映体育产业结构合目的性 B1 和内外部环境相适应性 B2 两类指标，对体育产业结构进行分析评价。结合体育产业的实际，建立以下由目标层 A（体育产业结构合理化）、准则层 B（合目的性 B1、内外部环境相适应性 B2）和指标层 C（结构效果指标 C1、需求适应性指标 C2、产业协调发展指标 C3、波及效应指标 C4、资源供给适应性指标 C5、技术进步适应性指标 C6、市场适应性指标 C7、生态环境影响指标 C8）三层构成的递阶层次的体育产业结构评价指标体系。

三、体育产业结构评价方法

运用 AHP 法对体育产业结构的合理化进行评价，就是通过一定的统计方法，将不能进行直接计算或无可比性的体育产业结构指标描述值转化为可以直接计算并具有可比性的评价值，在运用一定的方法对综合评价的各项指标赋予不同的权重系数，最终求得体育产业结构合理化的综合评价值，从而为体育产业结构合理调整调提供决策依据。步骤如下：

（一）建立递阶目标层

根据层次分析法（AHP）的原理，运用系统分析方法将评价指标按其属性进行分组，各组构成递阶结构，形成多层次评价指标，一般分为目标层、准则层、指标层和方案层。目标层是问题的预定目标或理想结果，这里是指体育产业结构合理化的表现。准则层是实行目标所需要考虑的准则，本文的准则是根据反映体育产业结构合目的性和内外部环境相适应性 2 个标准来确定的，具体由 8 个指标加以反映。方案层是为实现目标可供选择的各种方案，由体育产业的内部行业形成。

（二）构造判断矩阵

判断矩阵元素反映了人们对体育产业结构合理化评价的层次结构中的各因素重要性的认识，一般由专家采用一定的标度方法进行评判。为减少主观因素的影响，首先将隶属于同一指标的各指标之间的相对重要性进行比较，形成判断矩阵。为了尽可能消除人为因素的影响，对于元素的两两比较，也可采用实值比较法，但该法仅限于能收集到的实际数据的情况，否则需采用传统的专家评判法。

（三）层次单排序及一致性检验

进行层次单排序，即计算判断矩阵的最大特征根所对应的特征向量，特征向量经归一化后即为同一层次相应因素对于上一个层次某因素相对重要性的排序权值。然后进行层次单排序的一致性检验，计算一致性比率 CR。当 CR≤0.10 时，认为层次但排序的结果有满意的一致性，否则需要调整判断矩阵的元素取值。

（四）层次总排序及其一致性检验

合成权重的计算要从上而下，即从最高层到最底层逐层计算同一层次所有因素对于最高层（体育产业结构合理化目标）相对重要性的排序权值，得出体育产业结构中各行业相对于体育产业结构合理化问题的相对权重值（优劣程度），同时对层次总排序进行一致性检验。

四、实证研究

运用上述所建评价模型以及评价方法，对南京市的体育产业结构进行实证分析。

（一）评价标准

在对体育产业结构科学度量的基础上，根据上述体育产业结构合理化的内涵，由 5 名专家对南京市体育产业结构中各行业的发展进行了分类排序，作为参照依据，以便据以揭示体育产业结构及其变化中存在的问题和矛盾。

1. 体育健身休闲活动

专家认为体育健身休闲活动是体育产业中优先发展的产业，它是体育产业结构的核心，决定和影响着其它产业的发展速度和规模。与其他体育服务相比，它的市场需求比较稳定，有比较稳定的消费群体，行业集中度较低，竞争比较激烈，行业壁垒较低，企业比较容易进入和退出，与体育产业的其他组成部分关联度较大，具有极强的辐射能力，能够拉动其他体育产业的发展。

2. 其他体育活动

《体育及相关产业分类（试行）》中的第五类其他体育活动包括了体育培训服务、体育科研服务、体育设施租赁服务、体育彩票服务、体育传媒服务（包括体育专业图书出版、专业性体育报纸出版、专业性体育期刊出版、专业性体育广播节目的制作、编排、播音、播放、专业性体育电视节目的制作、编排、交换、播放、体育展览、体育市场管理、体育场馆设计、体育场所保洁、体育文物及文化保护服务等内容），涉及面广，提供的产品多为无形的服务产品，对其他体育产业的发展也能起到一定的促进作用。

3. 体育中介活动

体育中介服务业是直接为体育本体产业提供专业技术支持的行业，这一行业的形成与发展对培育与规范体育市场，提高体育产业的运营水平起着重要作用。体育中介活动主要包括了体育商务、经济咨询、经纪服务等内容。传统划分方法中的核心内容，竞赛表演更是与体育经纪服务联系密切，包括运动员的个人经纪代理活动，体育赛事票务代理活动，运动会筹备、策划、组织活动，体育经济咨询活动，体育广告服务。

4. 体育组织管理活动

专门为社会公众提供比赛、训练、辅导和管理的活动，以及体育社会事务管理机构、体育组织、体育社会团体的活动。可以为居民的体育参与提供技术、场馆、咨询等支持，进而促进体育产业发展。

5. 体育场馆管理活动

为社会公众提供观赏比赛和专业训练的各种健身休闲活动场所的管理活动，指可供观赏比赛的场馆和专供运动员训练用场地的管理活动。其管理与运营，不仅为居民参与和观赏体育的物质载体，更可以有效利用场馆设施资源、盘活资产，减轻财政负担。

6. 体育用品、服装、鞋帽及相关体育产品的销售

包括体育用品销售；体育服装销售，体育鞋帽销售，体育类光盘、磁带等出版物的批发和进出口，室内游艺器材中的弹球桌、飞镖、台球桌等批发，综合经营文化、体育用品批发和进出口。体育用品及相关产品的销售，作为体育市场的供方（卖方），其产品是为了满足居民参与体育的需求。

7. 体育用品、服装、鞋帽及相关体育产品的制造

作为劳动密集型产业，对解决社会就业有着积极的作用。如体育用品制造，体育服装及鞋帽制造，体育休闲器材及用品制造，体育场地塑胶跑道材料制造，划艇、单人艇、赛艇、帆船等运动船的建造和修理，体育用品专用机械设备制造。

8. 体育场馆建筑活动

包括观赏比赛和运动训练用体育场建筑，观赏比赛和运动员训练用体育场、馆的建筑安装业。专家依据南京市现有体育场馆的数量及使用情况，把体育场馆建筑活动放到了南京市体育产业优先发展的最后一位。

（二）评价结果

运用本所建评价模型以及相应的评价方法（计算过程借助于计算机软件 yaahp 完成），对南京市的体育产业结构现状进行了评价分析后，得到评价结果。这一结果从一定程度上反映了南京市体育产业发展的实际情况，但与专家分析结果有一定差距。

（三）结果分析

经过分析，可以发现评价结果与参照依据相比较有以下关系：结果没有差别的是排在第二位的其他体育活动和排在第八位的体育场馆建筑活动；略有差别的是体育中介活动和体育场馆管理活动；差距较大的是体育健身休闲活动和体育用品、服装、鞋帽及相关体育产品的制造；明显差别表现在体育用品、服装、鞋帽及相关体育产品的销售和体育组织管理活动上。

1. 参照依据中排在第一位的是体育健身休闲活动，在评价结果中排在了第三位，有一定偏差；而评价结果排在第一位的则是体育用品、服装、鞋帽及相关体育产品的销售活动。这一结果，基本符合对于南京市体育产业的统计数据，体育用品生产、销售业和行政管理环节创造的增加值占 65%以上，而体育服务环节创造的增加值比重仅占 26.8%。其原因有二：一是南京市居民的体育健身消费需求不足，大众体育消费意识不强，一些发达国家的居民用于体育健身支出在上世纪 90 年代已超过全部消费支出的 1%，国内部分经济发达地区城镇居民家庭人均用于体育健身的支出目前也已接近 1%。而根据南京市居民家庭抽样调查资料，2006 年城镇居民家庭人均用于体育健身的支出仅 29.8 元，占全部消费支出的比重 0.24%，较南京人平均 GDP 达到 5000 美元应有的体育消费水平明显不符；二是南京市体育用品销售受南京新街口、湖南路商业圈密集的专营店、各大商场专柜的影响及广大高校学生消费群体的购买，发展最快。

2. 在参照依据中排在第四位的是体育组织管理活动，而评价结果中体育组织管理活动却排在了第七位，比预期情况低了三位。这与一些体育组织名存实亡有一定关系，还有一些单项运动协会、群众性体育社团的作用被淡化，不能满足居民日益增长的需求。

3. 体育场管理活动在参照依据和评价结果中的排名差了一个位次，这与南京市拥有的场馆数量和在经营管理上的创新有关。全市拥有各类体育场地 5000 多个，占地 1000 多万平方米，全国城市中有这样丰富体育设施资源的并不多。在体育场馆的管理体制和运营模式上，也大胆探索、积极实践，日益多元化，如南京奥体中心是企业化运营、归口国资部门管理，2006 年创收 2000 多万元；五台山体育中心年收入 5561 万元，实现利润 852 万元；龙江体育馆也尝试自收自支运营。然而除各级体育部门所属公共体育场馆、企业、部队、高校季节性开放的游泳场馆和社会资本投入体育专营场馆外，也有大量的设施（主要集中在学校）目前仍未能面向社会开放，综合利用率有待进一步的提高。

五、优化对策

（一）从宏观入手，进一步发挥市场在体育资源配置中的主导作用。

（二）在市场监管上有所作为。

（三）激活体育产品供求，建立体育市场金融支撑体系。

（四）改变居民消费观念，正确引导人们的经济预期，提高边际消费倾向。

（五）加大力度促进体育科技进步。

（六）建立体育产业政策支撑体系。

有效的政府和较为完善的市场机制是体育产业发展中“两只手”的博弈。政府作为“看得见的手”对体育产业的发展施加影响，而市场作为“看不见的手”通过体育产品和生产要素的交易活动完善市场机制，形成一种动态平衡的关系，最终达到和谐平衡的价值取向，共同促进体育产业结构的合理化和高级化，实现体育经济的可持续增长。

项目编号：1172ss07129

我国全运会多城市共同举办的后效应研究

——以第10届全运会为例

陶　于　余见旭　唐　军　龚　锐　张　雷　汪　辉　赵方轲　顾善光

一、研究意义

时间距离十运会闭幕已经近四年了，很有必要对十运会的社会后期效应做一个研究。十运会给各个举办地带来的各方面影响的持续程度和影响程度有多大，这种模式上的创新在社会中的影响如何，是否是将来全运会的举办趋势，这些都是值得我们进行研究的课题。随着经济水平的提高，全运会的赛事规模也在扩大，随之而来的是高额的经济投资。另一方面，我国是一个经济发展不平衡的国家，东西部地区和南北地区经济差异较大，能够承办如此大规模体育赛事的城市和省份也就很少。导致的结果就是全运会一直在少数几个发达的城市间轮流坐庄举办，而经济欠发达城市举办全运会的机会就相对较少。众所周知，承办体育赛事是一个地区人民参与体育的最直接形式，通过举办体育赛事可以影响居民的体育观念和当地的竞技体育水平。举办城市的单一性使得许多城市的居民失去了直接参与和体验全运会的机会。这种多城市举办的模式到底在社会影响力上如何呢？在全运会后一项由新华日报集团和江苏省体育部门组织的一项江苏省民意调查中显示：老百姓对“十运会”的知晓度达98.1%；94.1%的人认为“十运会”有利于“加速城市建设，改进市容市貌；80.4%的人认为有利于“扩大地域影响，进一步提升江苏省的知名度”；75.6%的人认为可以通过“十运会”增强快乐感和荣耀感；68.7%的人认为有利于“聚集商机和人气，促进经济发展”；57.7%的人认为有利于“增强体育知识，普及全民健身意识”。

从这次初步的调查我们可以发现通过这种多城市举办的模式，无论在经济效益还是社会效益上的成果都是可喜的，让更多的人参与到了全运会中来，让更多的人感受到了体育的魅力，让更多的人学习到了体育知识。同时这种多城市举办的模式也让江苏不同经济发展水平的城市都参与到了这项影响力巨大的体育赛事中，也是江苏省苏北发展计划的体现，实现了机会的平等。对创建江苏省和谐社会有重要的意义。当然这只是一个初步的探索性的社会调查研究，具体的全运会对社会的贡献作用和效应并不仅仅停留在这些表面层次上。因此对十运会社会后效应的研究是很有必要的，不仅是对这种举办形式的证实也是对十运会作用的证明。

二、举办城市体育文化和体育项目选取原因研究

如何在江苏省的13个地级市中安排众多体育项目，一个城市在某个项目上的发展

水平和当地的社会背景是选择的主要依据。一个城市的体育文化传统在一定程度上决定了这个城市在这个体育项目上的人才和体育设施。例如，连云港市在水上项目上有发展优势，那么这个城市在拥有优秀运动员的同时也同样会培养优秀的教练员和裁判员，在一些场馆设施上也会得到更多政府的资助。田径在徐州市发展得很好，并且也曾经承办过一些重要的田径赛事，因此徐州市就主要承担了铁人三项赛事。而苏南的苏州在跆拳道、举重方面有着很好的发展，奥运会上有过陈艳青这样的优秀举重运动员；苏州市的跆拳道水平也相对较高，在这些项目上有着很好的传统，2008 年奥运会苏州运动员吴静钰夺得女子跆拳道金牌就是一个很好的例证。因此苏州市就接下了跆拳道比赛和举重比赛的重任。而无锡外资企业众多，经济水平发展较高，在这些外资企业中存在着许多热爱棒球运动的群体，把棒球运动设在无锡举行，一是可以解决票务销售的难题，二是符合当地的社会文化背景。淮安的一品梅实业赞助的是江苏男排，因此淮安市成了男排小组赛的分赛场。连云港市作为中国著名的海滨城市，水上运动发展看展很好，江苏的两帆基地就在连云港，并且连云港有着一流的地理环境，把帆船帆板赛放在连云港也就顺理成章了。南通市的击剑项目在江苏省有着明显的优势，北京奥运会上南通籍击剑运动员仲满就获得了一枚金牌，证明了在十运会策划中选择南通作为击剑比赛的举办城市是正确的。南京是十运会的主赛场，承担的赛事就很多了。南京是江苏省的政治文化中心，聚集了江苏省大部分的体育场馆设施和优秀的体育人才（裁判员、志愿者、赛事组织管理者等），因此大部分比赛的决赛和小组赛都在南京举行。

三、多城市共同举办全运会的发展趋势与经验借鉴

（一）多城市共同举办成为全运会的发展趋势

综观体育赛事的发展之路不难发现，体育赛事的举办形式历经了“一国一城市举办”，“一国多城市举办”，“多国多城市举办”这样一个发展过程。经济和文化全球化的趋势发展会越来越快，体育作为文化的一个方面，全球化的发展趋势是必然的。现在我们也已经发现了这个趋势的端睨——多城市举办体育赛事。这是整个世界在进行文化交流的一个重要体现。多城市举办体育赛事在文化的交流上是由过去单一性向多元转变；在影响力上多个城市的点影响构成了面上的影响。这极大的丰富了体育的文化内涵。

大型的体育赛事在举办的过程中体现出来主要的文化交流形式由单一化向多元化的转变。在同一场体育赛事中作为观众可以体会几个不同城市乃至几个不同国家的风土人情和文化；作为赛事的组织者可以在最大的限度上让体育赛事的影响力得到传播；作为主办城市可以在举办赛事的过程中展示自己的文化，利用赛事带动经济的增长。多城市的举办形式将会让更多的城市和国家真正的参与到体育赛事的举办中来，从而让体育能够吸收不同的文化变得更加的多元化。我们可以相信在不久的将来，大型的体育赛事的举办权将不再成为一种文化的专利，体育赛事能够真正的在全球传播开来，成为全人类的共有财富。

全运会作为我国国内最有影响力的综合性体育赛事一直是众多城市争相承办的焦点。特别是体育产业的发展赋予了体育赛事更多的内涵和延伸功能，可以在一定程度上提升举办城市的知名度，推动举办城市经济发展，城市现代化水平的提高等。改革开放

政策让国内经济发展迅速，城市的经济实力和规模较之以往有了巨大的变化，已经有很大一部分城市具备了举办全运会这样体育赛事的实力。

以往的单一城市举办全运会让体育赛事的巨大经济效应和社会效应在单个城市举办体育赛事的模式下过于集中在一个狭隘的区域内，而多个城市举办能够在较短时间内实现某个地区经济文化的飞速发展。通过多城市举办大型体育赛事就能够将赛事的效益从小的点扩大到大的面上。多城市举办的模式可以让更多的国家和城市最直接的通过举办体育赛事来参与到体育中来。一方面可以带动各国对体育赛事的关注和重视，进而促进这一赛事的发展；另一方面更多的文化将被吸收到体育中来，丰富了体育赛事的内涵，实现“全运会”的可持续发展。

（二）多城市举办模式对大型体育赛事举办的借鉴

举办大型体育赛事的投入很大，对举办城市的软件和硬件设施要求都很高。主要的投入可以分为软件投入和硬件投入：软件方面的投入主要是计划、组织管理、文化交流、公共关系、医疗、保险、安全、礼仪等方面的投入；硬件方面的投入主要是工程建设投入，主要是直接的工程投入（场馆和相应的接待服务设施），间接的工程投入是城市基础建设、环境保护投入等。2002年的韩日世界杯，日本为了更好的举办这届赛事，投入巨资建设了多座高标准的足球场。雅典奥运会场馆建设的紧张情景我们仍记忆犹新。一个城市举办体育赛事投入的主要弊端就是投入太过于集中。大量的高标准体育场馆和相应的设施都被局限在一个区域内。一旦比赛结束，这些高档次的场馆大多数处于闲置状态，利用率极低。比如日本现在仍为世界杯建设的场馆利用而头疼不已，悉尼奥运会后留下来的体育场馆大部分仍旧得不到充分的利用，每年还要花费巨大的维护费用。

但是多城市举办，就可以在一定程度上减轻这方面的压力。一方面，将赛事分在几个城市举办可以将几个举办城市的场馆利用起来。几乎所有的城市都有体育场馆设施，可以通过对场馆的改造提高场馆的标准来举办赛事。即使没有合适的体育场馆，投入新建的场馆也会有比较好的利用率。诸多的场馆和相应设施分散在了各个不同城市便于利用，有利于提高场馆的利用率，避免赛后的闲置。其他的投入如服务餐饮、交通、通信、安全、医疗、组织管理等投入都可以通过多城市举办的模式，实现城市之间的资源共享，起到把举办压力化整为零的功效。

另外，就是如何继续保持和发展承办城市竞技体育优势项目的问题，从对苏北承办城市的后全运会现象研究发现。除帆船帆板队在十运会前后变化不大外，其他几支省队在十运会后都有很大变化。原因主要有：一、省帆船帆板训练基地就建在连云港，省队不会因十运会结束而搬迁；二，省队市办的训练队因为参加十运会而建立，在十运会后，精兵简政，或被解散或迁至南京集中训练；三、除男子排球队外，其他几只省队主要靠财政拨款维持训练，必须服从统一调度，地级市无高水平训练队，导致相关赛事无法运作；四、十运会后，省体育局不能出面为地级市申办全国以上级别赛事，地级市能力有限，导致相关赛事无法运作。因此，这些现象需要引起我国其他举办全运会省市的关注，以免导致相关资源的浪费。

项目编号：1085ss07042

大型公共体育设施建设项目与城市国民经济发展交互影响评价方法的研究

王正伦　王爱丰　陈　良　王　进　张建民　唐芒果　孙海燕　郑美艳

从国家1988年颁布《建设项目经济评价方法与参数研究（第一版）》以来，整20年的时间里，铁路、公路、水利各行业都相继正式出版了本行业建设项目的国民经济评价方法，尤其是近10年来相关学术研究大量展开。城市大型公共体育设施国民经济评价研究却十分滞后，无相关方法上的规制。本研究针对这个问题，对我国大型公共体育设施国民经济评价方法作专门的研究，对建设项目经济评估方法和理论的完善起到一定的作用。

大型公共体育设施投资需要巨额长期投资，建成后更需要大量资金注入。当外部环境发生变化时，它不易调整与变动。因此其需要更具行业项目属性、科学规范的宏观层面的国民经济评价方法，解决建不建、如何建这两大问题。大型公共体育设施与城市国民经济发展交互影响评价方法应当根据行业属性出发，重点突出、创新实用。在体育产业蓬勃发展，体育设施大量兴建的现代中国，此课题的研究更具深刻的现实意义。

一、大型公共体育设施与城市国民经济发展交互影响评价的概念性框架

对本研究的重要概念——一般建设项目（国民）经济评价、大型公共体育设施的概念、大型公共体育设施与城市国民经济发展交互影响评价的内涵等分别进行了界定，使得后续展开的具体评价方法研究根基扎实，起点清晰。

大型公共体育设施与城市国民经济发展交互影响评价是按照资源合理配置的原则，从国家整体角度、针对城市大型公共体育设施建设项目的属性，采用技术经济学、社会学等多种研究范式，通过科学的方法预测和判断城市大型公共体育设施给城市经济、社会、环境三方面带来的有益或有害的影响。即从项目的经济、社会、环境因素分析大型公共体育设施的国民经济效益和成本，评价项目的经济合理性，并将这种判断转化为具有实践意义、便于操作的信息，用于项目的决策、选择和导向。

二、大型公共体育设施与城市国民经济发展交互影响评价的必要性论证

通过理论研究与实证分析相结合的方式，从四个层面对大型公共体育设施与城市国民经济发展交互影响评价工作的必要性作出充分且具有说服力的论证，具体内容如下：

（一）大型公共体育设施运营现状。

（二）大型公共体育设施经济评价工作开展现状：停留在为财务评价服务的层次上，具体体现为投资估算和资金筹算的数据预测和报表的编制，而与城市国民经济发展交互影响评价则完全处于空白。

（三）大型公共体育设施与城市国民经济发展交互影响评价的必要性理论分析。

（四）大型公共体育设施与城市国民经济发展交互影响评价必要性专家意见评析。

三、大型公共体育设施与城市国民经济发展交互影响评价方法构想

在对一般建设项目经济分析方法进行深入研究总结的基础上，针对公共体育设施的自身属性，尝试性地提出大型公共体育设施与城市国民经济发展交互影响评价总体方法。

（一）评价主体

大型公共体育设施与城市国民经济发展交互影响评价工作必须由相应的评估人员操作。评估人员代表了多方利益群体，包括：投资者、管理者、设计者、使用者（公众）、资深学者、从事经济评价工作的专员。

（二）评价目的

大型公共体育设施与城市国民经济发展交互影响评价通过科学的方法，预测和判断大型公共体育设施投资项目的经济合理性。避免我们在体育设施投资热潮中盲目建设的问题，为制定决策者提供最有用的信息，帮助实践过程中进行筛选和决策，使项目开发工作达到最好的综合效益。

（三）评价方法构想

大型公共体育设施项目的与城市国民经济发展交互影响评价方法这一理论构想是在对传统国民经济评价方法进行梳理、总结、剖析后，针对体育设施的属性，借鉴传统方法并突破传统方法提出的创新与实用兼具的评价方法。

1. 传统方法的总结

传统的项目国民经济评价，是从国民经济整体角度考察项目的效益和费用，用货物影子价格、影子汇率、影子工资和社会折现率等经济参数，分析和计算项目对国民经济的净贡献，评估项目的经济合理性，将其作用在大型公共体育设施项目中，难度大、成本高、适用性低。而项目国民经济评价包括影响法、有无法、费用—效益分析法、费用—效果分析法等多种方法。本研究是在费用—效益分析、费用—效果分析两种国民经济评价方法的基础上提出适用于大型公共体育设施建设项目的与城市国民经济发展交互影响评价方法。

2. 大型公共体育设施与城市国民经济发展交互影响评价方法的提出

⑴ 综合效益——净投资方法的提出

①综合效益评价理论：解决多目标的局限性。

②综合效益评价理论：解决项目效益及外部费用的合理量化。

将外部费用纳入综合效益评价后的费用—效果分析的费用和效益可以如此鉴定：费用是指项目建设和运营的内部成本即项目净投资；效果包括项目正面作用也包括负面影响，可以称之为综合效益。

③综合效益——净投资方法的优点

由此，本文提出采用净投资—综合效益分析的方法。从理论以及应用上其具有如下优点：能够有效反映公共体育设施项目目标的多样性；能够有效反映公共体育设施项目

的社会性；能够有效解决公共体育设施项目效益和外部费用难以量化的难题。

(2) 综合效益——净投资方法的运用

①综合效益——净投资比的计算公式

项目评估的最终目的是要对不同的项目进行优劣排序，以进行项目选择。设 P 表示公共体育设施项目综合效益评价的得分，N 表示政府对公共体育设施项目的净投资现值，则综合效益—净投资比：$S=\frac{P}{N}$

按照综合得分 S 的高低，便可以对不同项目或者项目的不同方案进行排序。

②净投资估算

由于在前面的公共体育设施项目效益评估中，已经考虑了项目效益和外部成本，所以在后续项目选择时，不再考虑这些成本与收益，而是只考虑直接的内部成本。公共体育设施项目选择是从政府的角度进行的，内部成本即项目净投资。因此，公共体育设施项目选择的成本原则是以项目的净投资现值作为项目的成本。

以 Bi 表示政府第 i 年从公共体育设施项目获得的现金流入，以 Ci 表示政府第 i 年对公共体育设施项目的现金流出，以 N 表示政府对项目的净投资现值，则

$$N=\sum_{i=1}^{n}\left[(C_i-B_i)\times\frac{1}{(1+r)^n}\right]$$

其中，r 为社会贴现率，n 为项目生命周期。

③综合效益评价

综合评价一般可以分为四个环节：第一，设置综合评价指标体系；第二，量化指标；第三，对指标赋以权重；第四，指标数据的合成。这四个环节是进行综合评价必不可少的过程。

四、大型公共体育设施国民经济综合效益评价指标体系设计

根据实践的需要，经过反复筛选，设计出大型公共体育设施国民经济综合效益评价指标体系，运用层次分析法初步确定了指标权值，并利用模糊综合数学模型进行案例分析，对本研究提出的理论和方法进一步加以验证。

（一）大型公共体育设施国民经济综合效益评价指标体系

为保证上述国民经济综合效益评价指标体系的合理有效，本课题组织了两轮专家咨询。按照专家的专业分布（主要为经济学、体育学、社会学、工程学、建筑学）确定专家，选邀 10 名专家学者。第一轮咨询工作主要是听取专家意见，对评价指标作出调整、修正。调整之后的指标体系一级指标不变；二级指标仍为 13 个，其中个别指标名称做了修改；三级指标由 39 个调整为 38 个，剔除一个关联度较低的指标。第二轮咨询为指标体系的满意度调查。满意度调查使用了“内容效度比”（CVR）指标满意度评价法。对于本课题所提出的国民经济综合效益指标体系，笔者征询了 10 名专家的意见，通过统计算出了各个指标与大型公共体育设施国民经济效益——评价对象之间关系的密切程度，即内容效度比 CVR，将专家们的意见统一起来，得到了各指标的内容效度比值，约有 92.3%的一级指标、90%的三级指标的效度比值在 0.6 以上。因此，该指标体系很好地反映了测量对象的主要范畴。

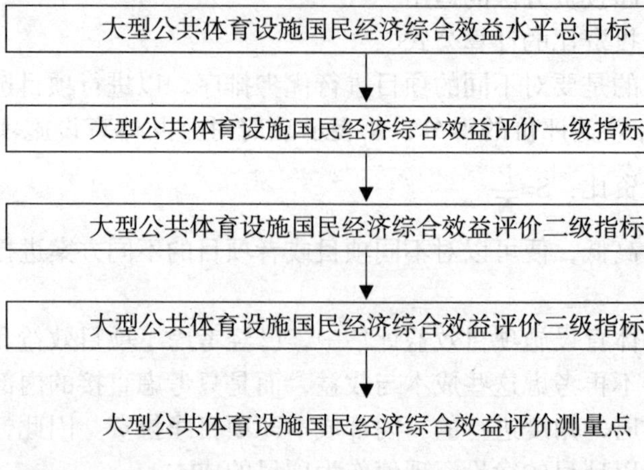

图 1　大型公共体育设施国民经济综合效益评价指标体系层次结构

表 1　国民经济综合效益之经济效益评价指标体系

大型公共体育设施国民经济综合效益一级指标	国民经济综合效益之经济效益二级指标	国民经济综合效益之经济效益三级指标	国民经济综合效益之经济效益测量点
经济效益	刺激投资	土地及基础设施投资	
		体育产业领域投资	
	拉动消费	体育消费市场	参与性体育消费
			观赏性体育消费
			体育用品消费
		其他消费市场	
	联动产业	消费结构	
		体育产业	
		服务业（餐饮业、旅游业）	
		基础设施业	
		器材制造业	
		房地产业	
		传媒业	
		其他各行业	
	就业创业	直接就业效益	
		间接就业效益	
	产业结构	体育产业结构优化	体育产业影响力系数
			体育产业感应度系数
			体育产业结构系数
		第三产业占 GDP 的比重	
	城市再造	城市新区域中心的形成	
		城市道路框架和交通条件改善	

表 2　国民经济综合效益之社会效益评价指标体系

大型公共体育设施国民经济综合效益一级指标	国民经济综合效益之社会效益二级指标	国民经济综合效益之社会效益三级指标
社会效益	城市公共空间	健康安全
		公众福利
		周边空间
	城市人口素质	运动健身意识
		居民体质
		体育人口
	城市精神	情感体验
		城市知名度
	城市体育竞争力	体育产业竞争力

表 3　国民经济综合效益之社会效益评价指标体系

大型公共体育设施国民经济综合效益一级指标	国民经济综合效益之社会效益二级指标	国民经济综合效益之社会效益三级指标
社会效益	城市公共空间	健康安全
		公众福利
		周边空间
	城市人口素质	运动健身意识
		居民体质
		体育人口
	城市精神	情感体验
		城市知名度
	城市体育竞争力	体育产业竞争力
		群众体育竞争力

（二）国民经济综合效益评价指标体系权重的确定方法——模糊综合层次分析

（三）应用案例

五、研究结论与建议

（一）类比推理方法的结论具有不确定性，必须进一步得到实践的证明，因此本研究提出的大型公共体育设施与城市国民经济发展交互影响评价的内涵还需经过更为严格的论证。

（二）由于操作难度较大，本课题大型公共体育设施建设项目与城市国民经济发展交互影响评价研究成果还局限于多方案比选阶段。深化研究无项目情况下的大型公共体育设施建设项目的经济分析是需要继续开展的工作，为投资决策的优化和投资效益的提高提供有益的决策辅助工具，从而进一步推动我国体育设施的理性投资，科学决策，为我国体育产业发展提供更好的体育设施载体。

项目编号：1048ss07005

我国公共体育服务供给的市场方式研究

肖林鹏　李宗浩　孙国方　付　辉　郝海亭　郇昌店

公共体育服务供给是针对公共体育服务需求而言的，是为实现公共体育服务供给目标，而进行的各种活动的过程。公共体育服务的市场供给方式是指为了实现公共体育服务供给目标，而选择的各种具有市场性质的手段和工具的总称。

一、我国公共体育服务的市场供给方式之一：特许经营

特许经营是应用于现代社会的重要经营方式，通过委托人和代理人之间的合作关系，通过双方契约，通过特许经营方式优化经营目的。公共事业特许经营就是政府为了弥补基础设施建设和社会福利等资金不足和管理低效，而将公共服务项目转交给私人部门运营的方式。实行特许经营可以利用民间资本弥补政府资源的不足，帮助政府发展基础设施，改进公共服务的质量。

（一）公共体育服务供给中特许经营的适用范畴

公共体育服务中，体育设施服务（特别是大型体育场馆）很符合这种标准。首先，体育设施关系到公众基本的健身娱乐需求；其次，体育设施具有正外部性，可以促进周边产业的发展；再次，体育设施的边际成本较低，在一定程度上，增加消费者对边际成本的影响不是很大；最后，大型体育设施的建设、维护和运营中需要大量的资金和高效的管理技能。

（二）公共体育服务供给中应用特许经营方式的制度安排

1. 公共体育服务供给中应用特许经营方式的模式

特许项目中，项目的产权最终归公共部门所用，因此在项目到期后一般只存在使用权和所有权的移交过程，即合同结束后要求私人部门将项目的使用权或所有权移交给公共部门。其运营模式主要有如下几种：租赁—更新—经营—转让模式（LOOT）、购买—更新—经营—转让模式（PUOT）、建设—租货—经营—转让模式（BLOT）、建设—拥有—经营—转让模式（BOOT）、冠名开发模式（Sports-Denomination-Development，SDD）、委托公共团体或民间组织经营模式（Transfer-The Public Originations\The Third Sectors，TPO\TTS）。

2. 公共体育服务供给中应用特许经营方式的流程

- 项目可行性论证。
- 项目招标。
- 承包商甄选。

- 项目建设、运行。
- 项目移交。

（三）公共体育服务供给中应用特许经营方式的风险及其规避

1. 公共体育服务供给中应用特许经营方式的风险

⑴ 项目论证阶段的风险。我国目前的公共体育服务特许经营项目往往缺乏可行性论证，缺乏公开透明和民众参与机制，是否采取特许经营、采取何种方式的特许经营等重要事项都由政府自行决定。由于缺乏民主参与和理性论证，难于得到公众的认可，常常使特许经营项目难以正常供给，不仅损害特许经营人的利益，也损害了政府本身的利益。

⑵ 选择特许经营商阶段的风险。特许经营项目耗资大，一般采取招投标方式决定特许经营人，但也不排除直接磋商等其他方式。在此阶段，政府违法运作给特许经营人（投标人、中标人）带来的风险包括以下三个方面：第一，以不公平的方式确定特许经营人。应当采取招标投标方式而采取直接磋商等其他方式，以及程序不公正等，都会对全体投资人的权利造成损害。第二，确定特许经营人后擅自变更项目内容。如提高项目建设要求、降低收费率等，都会影响特许经营人的权利。第三，确定特许经营人后擅自改变政府承诺内容。

⑶ 项目合同签订阶段的风险。特许经营合同的签订即政府与特许经营人就特许经营项目的具体权利义务进行约定。这一阶段特许经营人可能遭遇以下风险：第一，政府组建建设公司，以该公司的名义而不是政府的名义签订合同。国有公司自负盈亏，政府可以逃匿责任。政府不作为合同的当事人出现将特许经营人置于极其不利的地位。第二，合同的内容约定不利于特许经营人权利保护。第三，签订的特许经营合同违法无效。特许经营合同无效往往是政府在合同中承诺了超出政府权力范围的内容，如政府擅自做出的税收减免、提供贷款担保等，这些条款由于违法而无效。第四，行政体制不合理也会加大特许经营人的风险。公共基础设施项目往往涉及行业主管部门、价格主管部门和规划、土地、环保等部门，缺乏统一管理部门。

⑷ 项目合同履行阶段。合同的履行是特许经营项目成功的关键环节，这一阶段政府造成的风险主要包括：第一，政府单方变更、解除特许经营合同。如政府取消特许经营人的收费权，或提前收回特许权等，这是政府方面造成的最大风险之一。第二，政府不履行特别承诺义务。政府的特别承诺义务如收费标准、不竞争保证等，都是特许经营人获得利润的前提。第三，政府无履行合同的能力。即使特许经营人将政府不履行合同义务的行为诉至法院并最终胜诉，也存在政府履行不能的风险。特许经营项目的变更、终止合同补偿往往涉及上千万甚至数亿人民币，如果政府没有支付能力，在我国政府不能破产、且转移支付有限的情况下，政府的欠债只能不了了之。第四，项目合同不许转让风险。特许经营人因为种种原因可能无法继续履行合同，如果项目合同禁止转让，则会使特许经营人承担巨大风险。

⑸ 项目回收阶段。项目回收阶段即经营期满后特许经营人将项目交回政府。此阶段，特许经营人可能遭遇来自政府的风险有：第一，项目评估风险。项目回收时的必经程序是对项目的价值进行评估，如果政府通过不公正的评估程序对项目进行估价，会对特许经营人的权利产生不利影响。第二，补偿不合理。大多数特许经营项目都是在期满

后无偿移交给政府，但对特许经营人为了基础设施更好地为公众服务而添加的附加物，在一定条件下政府应当给予相应的补偿。如果补偿不到位也会造成特许经营人的损失。

2. 公共体育服务供给中应用特许经营方式的风险规避

为了规避项目特许经营过程中产生的风险，保障项目与项目运营商的利益。需要做到如下几个方面：

(1) 公共体育服务特许经营项目可行性论证。项目引进特许经营项目的前提是进行有效的可行性论证。包含项目特许经营方资格、特许经营方式和民众的接受程度等。

(2) 公共体育服务特许经营立法保护。立法涉及到专门立法和综合立法的问题。当今世界的实践是综合立法的居多,同时合同法等相关法律的完善为公共体育服务特许经营制度的推行提供了很好的机会。这种立法需要保护项目特许经营过程中的参与主体的权益。

(3) 公共体育服务特许经营补偿机制。在经营性基础设施产品与服务价格不能到位的情况下，为了有保证投资者能够获得适当的投资效益，政府采取多种形式进行补偿，以保证项目的正常运行。

二、我国公共体育服务的市场供给方式之二：内部市场

我国公共体育服务供给的内部市场是指在供给公共体育服务的系统内部，改变传统的行政隶属关系，确立分工和竞争关系，形成内部市场，提供公共体育服务的方式。

（一）公共体育服务供给中内部市场的适用范畴

公共体育服务是否适合使用内部市场管理，关键在于这项目服务和产品的特性，一般对无形性的公共体育服务项目很难适合内部市场。将内部市场适用对象限定在提供基础、保障性服务的项目。只有那些具有结构复杂、组织规模庞大、有特定的收益主体的项目适合使用内部市场管理。

（二）公共体育服务供给中应用内部市场方式的制度安排

公共体育服务中，大型赛事的承办适合内部市场机制。现在主流的观点把大型赛事看成体育产业的重要组成部分，往往从收益等角度进行分析。但笔者认为大型体育赛事具有很大的正外部性，同时根据以往的研究成果，赛事产品具有典型的准公共产品性质。大型体育赛事组织相对复杂，存在很多地方组织争夺体育赛事的主办权，在体育赛事的举办权上存在充分的竞争。同样在目标机制的约束下，体育赛事的举办者可以充分发挥自己的优势，借助多方面的力量取得体育赛事最佳效益（经济效益和社会效益）。在专家问卷调查中，表明现在中央政府和地方之间还是典型的行政隶属关系。

（三）公共体育服务供给中应用内部市场方式的风险规避

公共体育服务供给内部市场应用引起风险主要体现在主要由于本来合作的组织和部门现在却要相互竞争。导致组织内部的合作关系一定程度上形成了契约下的竞争合作关系。由于关系部门利益，可能会因为制度不完善和信息不对称而形成不合理的竞争局面，导致效率低下。

从风险来看，公共体育服务内部市场出现失灵的主要原因是契约不完善和信息不对称。

(1) 对内部契约进行完善。公共体育服务生产和供给要遵守严格的契约制度。不同级别的生产主体和提供主体之间存在典型的契约合作关系，这种关系保障了我国公共体育服务生产和提供之间顺利合作，也在一定程度上可以实现我国公共体育服务供给的绩效，从而保障我国公共体育服务的宗旨。

(2) 加强内部沟通。不同部门之间的沟通，生产部门和提供部门之间的沟通。有效的内部沟通的前提条件是信息的通畅，原来隶属关系现在变成了合作关系，很可能造成个不同部门之间的信息流通不畅，从而形成各部门之间为了各自利益而隐藏信息，阻止信息流通。同时注意在不同的部门之间设置合理的绩效评估方式，进而在不同的部门间形成良性竞争局面。

(3) 加强内部响应。良好的工作环境，合理的激励制度。生产部门和提供部门之间的相应以有效的沟通为基础。

三、我国公共体育服务的市场供给方式之三：使用者付费

公共体育服务供给使用者付费，又称用者付费，指公众需要付费消费某种公共体育服务的方式，谁消费谁付费。

(一) 公共体育服务供给中使用者付费的适用范畴

1. 运行成本比较高的公共体育设施。
2. 消费者具有选择权的公共体育服务项目。
3. 公共体育服务付费成本较低的项目。

在实际操作中，要对如下几种公共体育服务收费时慎重。第一，公众有法定使用义务的项目。如社区中国家捐献的全民健身路径。第二，具有正外部性的公共体育服务项目。如义务教育阶段的公共体育教育服务等。

(二) 公共体育服务供给中应用使用者付费方式的制度安排 (略)

(三) 公共体育服务供给中应用使用者付费方式的风险规避

公共体育服务供给中应用使用者付费方式要注意定价的问题，同时对不同的公共体育服务要结合现考虑，使用者付费针对营运费用比较高的、比较拥挤的公共体育设施。

公共体育服务应用使用者付费时定价要考虑多种因素，必要时要召开定价听证会，保证公共体育服务应用使用者付费的科学性。

对社会弱势群体发放补贴，保障公共体育服务惠及大众。

四、我国公共体育服务的市场供给方式之四：凭单制

体育凭单是政府部门为主的公共部门给予有资格消费某种公共体育物品和服务的个体发放的优惠券。公共体育服务凭单制指消费者利用公共部门的发放的凭单在不同生产者之间选择消费公共体育服务的方式。体育凭单制作为一种全新的制度安排，实现了公共体育服务生产和提供的分离，消费者可以利用公共部门的凭单实现对公共体育服务生产主体的选择，公共体育服务的生产主体利用消费者的凭单进而从公共部门中获得生产的各种补助，有效约束公共体育服务生产者的行为，提高公共体育服务供给的效率。

（一）公共体育服务供给中凭单制的适用范畴

体育凭单制作为一种全新的制度设置，可能在很多不同领域得到应用，基于这种认识，笔者认为凭单制至少可以在青少年体育俱乐部、公共体育场馆等拥挤性的具有典型俱乐部性质的公共体育服务供给中得到很好的应用。拥挤型公共体育服务项目具有很大的竞争性，并且需要公共组织的外部推动，当前教育部和国家体育总局倡导学校体育场馆对社会开放，但是存在很多制度问题，需要在实践中逐步解决，凭单制不失为一个理想的选择。

在公共体育服务供给中，因为作为安排者的政府做出公共体育服务的供给任务，由服务生产者提供服务产品，消费者利用政府发放的凭单消费某种公共体育服务，而生产者利用消费者手中的凭单向安排者申请一定的补助。

（二）公共体育服务供给中应用凭单制方式的制度安排

此类服务涉及到健身指导服务、国民体质监测服务、公共体育信息服务、健身场馆服务等。这类服务中，公众不具有为自己享受这种服务付费的条件，或是收取的成本太高。政府作为公共体育服务的安排者，可以利用公共财政为公众的服务买单。这里情况下，政府成为公众的代理者，利用公共财政从各个服务提供商那里购买服务，然后提供给公众。政府在购买这种服务的过程中，可能会遇到很多服务提供商，在这么多提供商之间，政府有权进行选择。同时提供商也会进行竞争，从而在竞争的环境下提供服务。

（三）公共体育服务供给中应用凭单制方式的风险规避

尽管公共体育服务供给应用凭单制会出现一系列风险，但在公共体育服务供给的实际操作中，通过有效的风险规避手段，可以有效实现凭单制的效果。

第一，政府制定准入标准，对公共体育资源进行有效配置，同时要求服务提供商在供给中应该坚持资源的利用效率。

第二，对出现的“撇脂”现象，政府应该有相应的心理准备，这就是涉及到政府的责任问题，对于服务供给商不愿意通过这种方式供给的公共体育服务，政府必须通过别的方式予以解决，维护公众的公共体育利益。

第三，应用凭单制中一旦出现腐败现象，政府就应该坚决予以制裁，并且对要对这种服务的供给，完善监督机制。

第四，引进公众对公共体育服务项目的参与，加强公众监督和媒体监督力度。

五、我国公共体育服务的市场供给方式之五：政府采购

政府采购指单位按照政府采购法律、行政法规和制度规定的方式和程序，使用财政性资金（预算资金、政府性基金和预算外资金）和与之配套的自筹资金，采购国务院公布的政府集中采购目录内或者采购限额标准以上的货物、工程和服务的行为。主要有如下特征：1）采购主体必须是依靠国家财政资金供给的政府机关、事业单位和社会团体以及公共事业机构等。2）采购对象不限于货物，还有工程和服务。3）资金来源为财政拨款和需要财政偿还的公共借款。4）采购活动不以盈利为目的，是作为政府部门的最终消费或向社会提供公共服务。5）采购过程都具有规范性，使采购政策、采购程序、

采购过程以及采购管理的总称。

（一）公共体育服务供给中政府采购的适用范畴

伴随着我国公共采购制度的不断完善，我国政府采购的范围也在不断扩大，公共体育服务政府采购也已成为各级政府的重要任务。在我国公共体育服务中，涉及到政府采购的方面很多：如全民健身小篮板、全民健身路径等的采购，为了满足奥运（全运）争光需求，对训练用品的采购等。

（二）公共体育服务供给中应用政府采购方式的制度安排（略）

（三）公共体育服务供给中应用政府采购方式的风险规避

- 继续完善政府采购法律体系。
- 构建有效的监督机制。
- 建立科学的招投标制度。
- 加大政府采购行为的过程控制力度。
- 构建信用体系，提高相关人员的道德素质。
- 做好信息管理工作。

六、建议

- 政府完善市场立法，保障市场秩序，有效发挥各种主体在公共体育服务供给中的作用。
- 划分我国公共体育服务市场供给的界限，明确政府、市场的有效空间。
- 改变政府在公共体育服务供给中的角色，充分利用市场的作用发展公共体育服务。
- 在大型体育设施中加大特许经营、使用者付费方式的引进，防范项目供给中的风险。
- 加大公共体育服务政府采购的力度，变政府生产供给为政府采购供给模式。
- 完善公共体育服务凭单制，促进区域内体育设施服务社区居民。
- 推进公共体育服务内部市场管理，改善公共体育部门间的关系。

项目编号：1097ss07054

体育赞助的产权制度研究

凌　平　刘金利　何正兵　杨拥军　刘　敏

一、体育赞助的产权基础研究

交易的实质不是物品本身而是产权的交换。那么，作为当代交易新现象，体育赞助赖以存在的产权基础是怎样产生和初始界定的?

(一) 体育服务产品的正外部性

本研究从体育服务产品的无形性、生产与交换不可分性、量的不确定性、全方面满足人的需要、准公共品属性等基本特点出发，结合经济学中的外部性理论，对体育服务产品具备正外部性进行了分析，指出体育服务产品的正外部性是指体育服务产品具有的在其生产过程中带给与其交易的消费者之外的社会个人和组织的一系列好处，但受益主体并没有为此付出补偿或报酬的一种特性。

体育服务产品的正外部性在有关体育服务产品的公共产品和准公共产品的分析论证中已经得到间接论证。最能说明体育服务产品正外部性的理论阐述就是关于体育服务产品的经济效益与社会效益的论说。结合外部性的相关理论和体育服务产品的生产实际，体育服务产品的社会效益才是经济学一般意义上的正外部性的表现。

在针对体育服务产品的准公共产品属性的理论讨论中，既有传统的政府供给理论，也存在准公共产品的多元供给理论，但都没有提及和面对体育服务产品的正外部性问题。事实上，政府、企业和第三部门组织是迄今人类最基本的社会组织。三类组织均可作为供给主体参与体育服务产品的供给。当外部性是一种客观存在，而按照外部性的相关理论，正外部性问题导致产品供给者的积极性不高、资源配置不足和供给不足的问题，那么，在外部性存在的条件下，无论谁是体育服务产品的供给者，正外部性导致的困惑总是存在。

依据新制度经济学家的研究，其实外部性问题是产权问题，特定的主体在不超出原有产权边界的前提下行使产权，却发生了超出原有边界的成本和收益，于是引起了外部损害的责任承担和外部收益的归属问题。对外部损害问题，当事人自然会极力逃避，对于外部收益，当事人会争取获得。从产权制度讲，这种责任和收益加以区分，形成规则。这其实是一个新的产权划分问题，是将外部成本或者外部收益内化给相应的责任主体的问题。所以，当外部性出现，重新界定产权成为必要。从而达到资源配置的有效，实现社会福利最大化。通过重新设定产权来接解决外部性内化的理论为体育服务产品的正外部性的解决提供了思路和可能。

(二) 体育服务产品正外部性的财产本质——注意力和信誉

产权内化的前提是财产的存在。由于体育服务产品广泛的正外部性效益，体育服务产品供给者在当代经济条件下却赢得了社会广泛的注意力以及人们的喜爱赞颂所产生的信誉。按照注意力经济的和信誉有关理论，体育服务产品拥有的注意力与信誉是一种宝贵的财产。这种财产是体育服务产品提供方在提供服务产品过程中因体育服务产品的独特魅力和体育服务产品良好的社会效益获得的一种财富，属于体育服务产品衍生出来的一种无形财产。如果能够将其内化为体育服务产品供给者独享的利益和权利，那么必将大大提高体育服务产品供给者的积极性，一定程度上解决体育服务产品的正外部性的困扰。

（三）体育服务产品正外部性的产权界定

体育服务产品的正外部性的内化实质就是体育服务产品衍生的无形财产的产权界定，具体而言，就是体育服务产品衍生的无形资产的使用权、体育服务产品衍生的无形资产的收益获得权、体育服务产品衍生的无形资产自由转让权的明确界定。这种产权界定就是赋予体育服务产品衍生的无形资产的私有产权，使体育服务产品供给者拥有对体育服务产品衍生的无形资产的专有权，通过这种权利将体育服务产品的社会效益一定程度的内化为自已的收益，建立促进体育服务产品供给的积极性、保护体育服务产品衍生的无形资产的约束机制。

关键是结合交易成本和帕累托标准如何做出产权制度安排。体育服务产品的正外部性的产权界定首要在于明晰产权，有效地将外部性内化，促进体育服务产品供给的积极性，同时，产权的界定存在交易成本，并且都有可能被过高交易成本所妨碍，外部化的程度要切合交易成本最低化的原则。鉴于体育服务产品的正外部性涉及广泛的社会大众，体育服务产品的产权界定还要考虑产权人和社会公众之间的权利配置关系，实现权利资源配置的最佳效益。

鉴于体育服务产品衍生的财富的无形性和信息属性，产权安排应设定产权界定的法定原则、无形财产的“有形保护”（即能够代表体育服务的名称、标记、口号等标识）、自愿登记与产权公示原则。同时，由于体育服务产品及其衍生财产是个体创造性劳动与社会一般劳动相结合的产物，对体育服务产品的衍生财产权的界定也存在产权限制问题，也应从地域限制、时间限制、权能限制三方面做出安排。

二、体育赞助的产权交易制度研究

从本质上说，产权初始界定并不是目的，它只是产权交易的基础，产权交易才是真正的目的。产权交易是指产权全部或部分权能在不同主体间进行转让。体育服务产品衍生财产权的交易实质上是不同主体之间围绕着体育赞助发生的产权交易行为。依据产权结构的公式：财产权=产权主体+主体实行占有的权能。本部分研究要解决的是，体育赞助不同主体之间围绕着体育服务产品衍生财产权通过体育赞助分别拥有怎样的权能以及他们的关系如何。

（一）体育赞助产权交易主体的多元性确认

从狭义的交易层面上，体育赞助是体育服务产品生产方与赞助商的交易。然而从体育赞助的实施和影响上看，体育赞助涉及诸多主体利益，是多方参与交易、影响广泛的一个大系统。它由赞助方、被赞助方、大众、中介方和传媒方等多方组成。

（二）体育赞助产权交易的内在机理——利益和权能

从产权主体角度讲，任何一项产权都是有其利益和权能构成的。产权的交易，实际就是各主体依据不同的利益，对产权的分解和让渡。产权的不同权能由最初的同一主体行驶，转变为有不同主体分工行使。依据产权原理，体育方的无形资产的产权界定不是体育方的目的，实现体育无形财产权的价值才是其真正的目的。体育赞助作为一种交易，它也是以体育服务产品衍生的无形财产权为交易，在各交易主体间基于不同利益的权能分配。对体育赞助产权交易进行制度安排，也就是依据主体的不同利益对其主体各自的权能属性和权利边界作出相关的产权安排。其经济目标就是保证体育赞助交易体系的相关主体的"多赢"，从而实现效益的最大化。

（三）体育赞助产权交易的产权结构

就产权的结构来说，产权经济学家给出的定义是在特定的考察范围内，产权的构成因素及其相互关系和产权主体的构成状况。依据产权内容以及产权交易原理，体育赞助产权交易的产权结构，就是围绕体育服务产品的衍生的无形财产权。不同主体依据不同的分工和不同利益享受不同权能的制度安排，是产权交易制度的在体育赞助交易中的具体化。

本研究将体育赞助产权交易制度的产权结构概括如下：

体育赞助产权交易主体是由体育方、赞助商、媒体、受众和中介组织等多元主体构成，并且他们之间的关系是分工合作以达成体育赞助的交易现实。体育方生产提供体育服务产品及其衍生财产，即受众的注意力与受众的信赖和喜爱；赞助商通过付费的方式建立与体育服务产品的关联，谋求体育受众的注意力与信赖、喜爱的迁移于赞助商，达成自身的市场营销目的；传媒与体育方的结合，丰富了传媒自身内容，在更大范围内传播了体育服务产品，扩大了体育受众的规模，扩展了体育文化影响力，也提升了体育赞助的效果；受众是体育服务产品的消费者，也是赞助商的沟通对象，更是传媒和体育结合的基础，是体育赞助成败的最终结果，对体育赞助的影响是最关键的；中介组织的服务降低了体育赞助多元主体产生的外生交易成本，使以上多元分工的合作更加可能和便捷有效，从而提升了体育赞助的整体利益。

相应的，体育赞助的多元主体分工和多赢利益需要，划分了很多权能，是产权的一般权能的具体化，他们是围绕着体育服务产品的衍生的无形财产权产生的不同权项，并以体育服务产品的衍生财产产权为核心按照不同职能通过契约交易组合在一起，形成体育赞助产权交易的产权构成。体育方拥有体育服务产品及其衍生财产的所有权以及由此带来的收益，他的收益可以是自己行使所有权，也可以是许可、合作或者代理等方式获得收益。体育方的所有权是体育赞助产权交易制度中的最高支配权，也是一切权能的产生基础。不尊重体育方的所有权和利益，一切其他的权利以及利益都将是"皮之不存，毛将焉附"。赞助商通过作为所有权主体的体育方的许可，获得的是对体育服务产品的衍生财产的使用权，在许可的范围内和许可的方式内享有使用权和相应的收益，当然也要付出代价。体育方依据所有权享有体育服务产品以及衍生产品的传播权，传媒要想传播体育服务产品必须付出一定代价才可能获得，也是对体育服务产品以及衍生财产的一种使用权许可，但同时也应注意到传媒的介入为体育服务方的无形财产带了增值，从而提升了体育赞助的收益，所以，传媒基于增值服务，也享受对体育赞助的部分收益，表现在传播权的折让或免除。受众在体育赞助中以消费者的地位享受正常消费权利，体育方不能以损害消费者利益来附加赞助，为此赞助利益必须向消费者部分转移弥补消费者因为在消费体育服务产品时附加赞助带来的负效用。作为注意力与信任的最终付出者，受众也享受体育赞助的部分收益和一定范围内的对体育方的无形财产的合理使用权。

依照中介服务的特点和作用，自律行业协会通过集体契约形成集体代理权，属于产权中的占有权、使用权、处置权，也可以通过服务取得体育赞助的集体收益，并在成员之间分配；营利性的中介服务组织通过中介服务取得体育赞助交易主体委托的某种经营管理权，这种经营管理权具体表现为监督权、代理权、行纪权等。因其专业效率的服务，也在体育赞助中享有一定的收益。

体育赞助的多元主体，依据各自利益和不同权能，围绕着体育服务产品及其衍生的无形财产权，形成各自的职能和关系，构成体育赞助的产权交易制度。在这一结构下，在体育赞助交易各方在各自权能的发挥基础上实现利益，并实现体育赞助整体利益最大化，从而促进体育赞助乃至整个社会的发展。

三、体育赞助的产权保护研究

“有权利，必有救济”。在整个体育赞助产权制度中，界定产权，规范产权交易中的产权关系，都有赖于产权的严格保护。鉴于体育赞助的无形财产交易属性和复杂性，体育赞助的侵权现象和种类都是繁多的，产权保护的现实需要也是迫切的。通过对体育赞助合法交易和侵权行为的经济分析，发现体育赞助中的侵权行为具备侵权必然成本相对优势。为了有效制止体育赞助中的侵权行为，必须加大侵权行为的法定成本，降低体育赞助合同交易行为的成本，这正是体育赞助产权保护制度的内在原则。

依据这一原则，首先要结合体育赞助的交易原理和实际，完善与体育赞助相关的合同法，明确体育赞助产权交易的权利体系，特别要处理好诸多权利的协调关系：确保体育方的所有权的决定地位，同时对它作出必要的限制；赞助商必须在许可范围内行使体育无形财产使用权，体育方也应保证该权利的无瑕疵，诸多赞助商对于同一赞助客体的权利存在着位阶，应设定位阶原则避免权利冲突，给各位阶的赞助权利以公平合理的保护；明确转播权和新闻报道权的关系，防止媒体侵权事件发生；在体育赞助的产权保护中，一定不能忽视消费者的权利保护，消费者对于体育服务产品的正常消费权、对体育赞助的受益权和信赖利益的保护都必须以不同的形式加以体现；在完善体育中介资质与准入的制度同时，创设体育赞助协会管理制度，鼓励体育赞助产权的集中交易；合理设计体育赞助交易的违约责任，提高违约成本，促进体育赞助交易的顺利进行。

在防止第三人侵犯体育赞助产权制度上，明确和完善体育赞助的无形财产保护制度，一方面该制度可融入现有知识产权制度和反不正当竞争法制度，另一方面可做出体育赞助针对性的立法保护。设定体育赞助侵权者的民事责任、行政责任和刑事责任的全面责任体系，突出加大侵权成本这一原则。伏击营销是危害体育赞助整体发展的行为，在防范第三人侵犯体育赞助产权的制度中，应重点明确伏击营销的侵权本质，将其纳入侵权法律规制。鉴于伏击营销的侵犯赞助商利益的本质，应依据第三人侵害债权制度，赋予体育赞助商以赞助合同的权利维护体育赞助的权益，使反伏击营销具备更强的针对性，提高反伏击营销的效率。

项目编号：1100ss07057

体育无形资产的开发与保护研究
——体育赞助的视角

鲁 直 刘国永 蒋青云 范秀成 卫虹霞 毕东海
樊战备 谢陈平 何 流

一、体育无形资产开发中的品牌赞助策略

体育无形资产的开发活动是品牌实践行为的集合。体育赛事组织（或体育组织）同其他企业和组织自由、自愿地进行交换产品和价值，并建立双赢关系。

体育品牌的商业赞助市场运作主要包括品牌赞助、品牌特许经营、活动和项目支持等内容。

（一）体育品牌赞助的定义

体育品牌赞助是指企业在现金、实物、服务和技术等方面对活动提供支持。作为回报，赞助企业可以享有体育赛事组织者赋予的品牌使用权、市场推广权、排他性的商业权等权益回报。体育赛事的组织者通过获得企业的赞助确保体育赛事获得充足、稳定的组织经费和可靠的技术和服务支持；赞助企业则利用独特的体育赛事营销平台，提高自身企业形象和产品品牌，获得充分的投资回报。品牌赞助是体育赛事商业化运作中最重要的组成部分之一，其获得的赞助收入成为体育赛事商业化运作收入最重要的来源。

体育品牌赞助的特点之一是各项赛事往往未经系统的品牌化运作，目前体育品牌的影响力仍有相当潜力。二是品牌的核心价值不明显，消费者对品牌的认知度低。因此品牌赞助市场的方针是让一系列在各自领域里非常杰出的企业能够直接和体育赛事进行合作，共同开发和挖掘体育赛事品牌的价值，并实现体育赛事品牌价值的提升和赞助企业品牌的商业价值。

（二）体育品牌赞助的形式和内容

在国际化活动的品牌赞助活动中，根据赞助程度的不同层级，赞助商往往被分为合作伙伴、赞助商和供应商等不同层级，相应地也获得不同程度的权益回报。以奥运会为例，其赞助计划中包括了一系列享有商业排他权的全球赞助伙伴、赞助商和供应商等等。同时任何一届奥运会的举办国也同时在发展包括本土企业的其他层级的赞助商。不论何种层级的赞助商，相对于特许经营中的受许人、活动经营人等商业伙伴来说，赞助企业与活动举办者建立的是更为亲密、更为长期的合作关系。

赞助企业不仅为大型活动提供资金上的资助，还往往参与到活动设施的建设和内容的筹备中来，通过其产品和服务的优秀品质保证各类大型活动在技术、组织等方面的质量。而作为回报，赞助企业获得的权益通常也非常丰富。以奥运会为例，赞助商享有的

回报包括：使用奥委会的徽记和称谓进行广告和市场营销活动；享有特定产品/服务类别的排他权利；获得奥运会的接待权益，包括奥运会期间的住宿、证件、开闭幕式及比赛门票，使用赞助商接待中心等；享有奥运会期间电视广告及户外广告的优先购买权；享有赞助文化活动及火炬接力等主题活动的优先选择权；赞助商识别计划和鸣谢活动等等。通过获得这些回报，赞助企业使其自身的企业形象、品牌、产品得到了非常广泛传播，同时，也把所赞助的活动所具有的正面的形象以及价值转移到自己的产品或品牌身上。

（三）体育品牌赞助策略

将体育品牌赞助活动理解为体育活动品牌和商业品牌的共同提升的过程，有利于体育赛事组织者更为有效地利用与赞助商的合作关系。其具体策略包括：

1. 在赞助商的选择过程中，不仅要注重以具体形式存在的商业利益，还必须注重体育赛事的品牌无形价值的获益。成为赞助商必须满足如下条件：入选企业及其产品具有高尚品质和良好形象、居于世界领先地位、能够协助推行体育赛事或体育组织的营销计划。因此，必须保证赞助商品牌形象、赞助的内容、形式与体育赛事的精神相一致。其评估标准也应由单一的财务标准扩展为包括国际化程度、对环保和公众事业的推动、产品的创新程度等综合指标。

2. 正因为品牌间较强的相互影响力，必须在促进联合的同时保持体育赛事品牌的独立性质。要警惕通过赞助活动使得体育赛事作为一项社会大型活动的性质被过分淡化的趋势，保持体育赛事品牌的非商业化内容和无形资产内涵。

3. 赞助企业的系统化层级管理：体育赛事的市场开发计划应该首先从可以真正实现体育品牌与企业品牌相互促进的相关行业企业中进行选择，保证选择的行业合作伙伴资格具有唯一性和排他性。同时也应该清晰界定体育赛事赞助企业的等级层次，根据赞助等级的不同，厘清并保护赞助企业享有的不同程度的包括排他性的体育品牌使用权、体育赛事的影像、资料等知识产权的使用权、排他性商业权、活动优先赞助权、体育赛事门票优惠、现场接待安排和产品、技术、服务类别的排他权利等赞助回报及由组织者提供的各类服务。只有真正实现了对赞助企业的系统化层次管理，才能切实保障赞助企业的各项权益，帮助企业借体育赛事的契机，更好地彰显企业品牌，实现营销推广手段创新的巨大突破，并给予赞助企业应得的市场回馈。而这些品牌赞助策略在另外一个方面也调动了企业赞助体育赛事（组织）的热情，提升了体育品牌的价值，有助于体育赛事（组织）品牌策略的成功运作。

（四）企业参与体育赞助的营销策略

企业参与体育赞助应该结合企业营销工作的实际目标和需要，有的放矢地展开体育赞助活动，不同的发展阶段有不同的赞助目的和营销手段。体育赞助不仅仅是一个营销的决定和企业的财务决定，也是企业发展战略的一部分。

企业赢得体育赞助只是其借力体育赛事开展营销工作的开始，之后企业能否审慎全面的最大化体育赛事品牌的效用取决于其营销战略的决策与执行能力。对此，赞助奥运历史最长的企业可口可乐公司提出必须做到“慎重而全面的决策、迅速而协调的执行”。由于奥运会顶级赞助商能够在200个以上的国家和地区展开市场营销，因此，慎重决策意味着只有当企业拥有足够广泛的营销市场时才能很好地利用顶级赞助商的权利，否则就是浪费。同时必须考虑到每个地区市场的不同，制订全面的营销策略，迅速执行。

赞助奥运的风险在于签订合同时赞助企业无法预知该届奥运会能否主办成功，而接受赞助的一方也无法保证能有效保障赞助商特有的权益不受侵犯。因此，对风险规避影响最大的因素，仍然在于赞助企业本身的运营能力和营销战略。

二、体育无形资产开发中的特许经营策略

品牌特许经营是体育品牌的延伸过程。在品牌特许经营市场的方针，应是将体育赛事（组织）的品牌影响力转移到特许经营商品的品牌上，以实现品牌商业效应的最大化，同时通过被授权商品的广泛流通促进体育品牌的进一步传播与彰显。

（一）体育品牌特许经营

从品牌资产的内容的角度来看，体育品牌的特许经营主要包括产品特许经营和商标特许经营两类。

1. 产品特许的基本运营模式是由特许企业缴纳特许权费，获得体育赛事组织者向该企业的授权。特许企业通过生产和销售带有体育品牌的商品获利。例如吉祥物、文具、时尚饰品、礼品和小物件、玩具和游戏等，与消费者生活息息相关的产品。特许企业不具有将企业品牌与体育品牌知识产权相关联的市场营销权，不能在特许产品上出现企业自己的商标。

2. 商标特许的基本模式是由体育赛事的组织者向商标特许企业授予特许权，受许企业按要求缴纳特许费之后，可以在自己产品的包装、目录、宣传册上使用体育赛事（组织）的标志，还可以在报纸、电视等媒体上使用体育品牌做广告，并在自己的产品上出现体育品牌的标志。

商标特许经营往往通过冠名权的公开出售或拍卖等形式进行实际操作，其过程相对简单。产品特许经营则包括了从授权和实施的全过程，相对于标志特许经营而言，特许方参与程度更高，过程更复杂，是体育赛事组织者关注的焦点，也是本研究的重点之一。

一个优秀的产品特许经营方案必须在产品设计、授权模式选择、受许人资质审查、实施过程的监督与控制等方面进行良好的计划和实施。其中，授权模式选择和经营过程中的控制是实际操作中的关键的因素，决定了整个特许经营活动的成败。因此，体育赛事的组织者在产品特许经营的运作中，首要任务是设计一个具有优势的授权模式，并依此建立起严谨的控制体系。

（二）体育品牌特许经营授权模式选择

在产品特许经营过程中，特许方在进行授权的时候面临着多种选择。从授权的层级关系来看，特许方可以逐一对受许人进行审查、选取，从而进行直接授权；也可以建立多层级的授权关系，受许人拥有再次向下授权的权利。从受许人的身份来看，特许方可以选择授权给生产商，由生产商进行生产并组织销售；也可以选择授权给有实力的零售商，由零售商委托生产商进行特定产品的生产。同时也可以采用对生产商和零售商分别授权的做法。不同的授权方式各有利弊，在不同的环境下发挥不同的作用。要为体育赛

事优选出适合的授权模式，应该综合考虑市场环境特点和主体利益关系两个方面的因素。

（三）体育品牌特许经营市场环境特点分析

特许经营活动始于西方，要将其运用于中国市场实践中，我们必须对中国市场环境的一些特点给予充分重视。

1. 中国的产业链现状决定了独家授权的条件尚未成熟。2005 年的爱知世博采用的是独家授权特许经营。活动组织者授权日本伊藤忠商社全权负责进行世博产品的生产和销售。伊藤忠商事是世界上著名的综合贸易公司。其产业涉及生产制造、物流运输和零售贸易，涵括了整个产业链。爱知世博会独家授权的模式，从控制角度来说使得整个特许经营活动成为一个成熟商业组织的内部控制，这无疑降低了信息不对称和监督不到位的风险。但是反观中国的产业链状况，我们很难找到这种全能的、有现代化运营管理能力的大企业集团。

2. 市场监督和专业评估机构的实力尚弱，使得特许经营活动风险较大。特许经营作为一个产业，在整个产业链上需要有生产制造业、物流运输业、零售业等基本环节，同时也需要有提供财务、法律、保险、人事、营销等支持性服务的机构。专业的评估机构可以在特许方和受许人之间牵线，对受许人进行项目评估、特许资格考核、加盟可行性分析和信用考察等。同时，专业的营销机构可以帮助受许人进行市场调研、品牌宣传、新产品推广等。这些监督和专业评估机构在中国的发展程度尚待提高，决定了受许人对特许经营众多环节必须亲力亲为以规避风险。同时，受许人也面临着较大的资金和经营风险。在这种状况下，如果采用多层级的授权形式，会使得渠道环节增加，成本加大，甚至可能出现类似传销的非法现象。而只进行一个层级的授权，可以使得渠道扁平化，从而降低合作双方的风险。特许方可以通过对关键环节的控制，来有力的控制授权网络中的信息流通和产品流通，同时可以根据市场的变化及时地调节生产环节和销售环节，灵活采用维持或收获战略，必要时快速退出市场。

3. 企业信用机制尚未完善，特许方必须借助严格的手段对受许人的经营活动实施控制。企业信用机制，是指一个企业履行自身承诺的能力与意愿以及企业履行承诺的历史记录。一般表现在企业的举债、资本市场的融资、与其他企业的商业往来、履行法律义务方面。中国的市场经济发展还不完善，“假冒伪劣”商品、虚假广告、企业三角债、银行呆死帐、偷漏税等问题时有发生，加上普通消费者的知识产权意识淡化，特许方和受许人之间存在道德风险。基于这种现状，特许方仅依靠受许人的自律和消费者的监督无法形成对自身特许权益的有力保障。因此特许方在进行授权模式选择时，必须充分考虑到对受许人经营活动监督控制的需要。

上述市场环境特点决定了体育赛事组织者要保证特许经营活动的成功，保障参与各方，特别是自身的合法利益，必须亲自参与特许计划并对实施过程进行严格控制。同时，保持一个尽可能简单的授权层级结构，减少中间环节，避免在执行过程中的失控行为和利益流失。

（四）体育品牌特许经营主体利益分析

对于产品特许方——体育赛事组织者而言，存在着如下的特许权益或行为动机。

(1) 增加品牌知名度：通过产品特许经营，特许方可间接享受受许人品牌带来的溢出效应，而且随着品牌知名度的提高体育品牌的资产价值也会随之增加；

(2) 保证短期利益：实施产品特许经营有可能会对体育赛事品牌的长远利益造成损害，但在长远利益不确定、而短期利益亟待提升的情况下，产品特许经营在短期内能保证特许方获得品牌使用费、保证金及短期内品牌价值提升等益处；

(3) 节约成本：这也是受许人为体育赛事带来的溢出效应之一，特许方可以借用受许方的资源，大量保留自己的资金，节约自己的人力物力；

(4) 还要特别指出的是，如果体育赛事品牌目前的产品线策划还比较单一，销售渠道比较狭窄，产品特许经营可以协助其进行多元化扩张，向原有的市场当中还没有涉及到的空白、甚至市场之外的领域进行扩张，从而达到支撑体育品牌的目的，并弥补体育赛事组织本身由于资源不足造成的产品线单一、市场战略结构的缺陷等劣势。

另一方面，对产品特许经营的受许人，即受许的生产商和零售商而言，产品特许经营模式同样存在着利益诱因。

(1) 降低品牌经营成本：受许人通过产品特许经营来使用体育赛事（组织）的品牌，可以节约品牌建设的漫长过程、大量的人力及财力，从而降低成本、降低风险；

(2) 迅速打开市场：受许人借助体育赛事品牌已有的市场优势和品牌优势，可以使自身产品或服务更容易得到市场消费者的认可；

(3) 获得短期利益：产品特许经营能使受许人从市场上迅速获得产品收益，免去其自行建立成熟品牌、找寻产品销路的时间成本，短期利益明显。

通过特许经营模式而实现对体育无形资产品牌价值的让渡，特许方与受许人之间的合作理论上应是一个互补双赢的合作。但是在实际的运作过程中，受许人对短期利益最大化的追求和违约收益大于违约成本的客观实际，往往诱使受许人采用各种手段制造隐性经济和灰色经济地带，牟取私利。大量的特许经营案例表明受权生产商在制造和销售过程中有隐瞒实际产量的行为，逃避部分应缴纳给特许方的特许经营费；而受权零售商则可能出现擅自调动价格、不参加促销活动、掺假销售等违规行为。

同时，体育赛事是一项有时效性的社会化活动，特许方与受许人之间的合作关系很可能仅限于一次合作。根据博弈论的相关理论，只有重复博弈才可以导致合作，形成博弈双方的均衡战略。而如果只博弈一次，那么，合作不是均衡战略，每个参与者总是会倾向于做有利于自己的事情。这表明在体育品牌的特许经营过程中，受许人片面追求自身短期利益最大化的动因值得体育品牌特许方高度重视。这也使得特许方在选择授权模式之初，就必须保证一个能对受许人的活动进行监督和控制的机制。

在处理主体利益关系方面，2008 年北京奥运会的产品特许经营活动采用了一种特色化的方式，即分别指定产品的生产商和零售商，从而限定了产品的生产商和销售渠道。同时，使得销售数量、种类等信息在生产和销售两个系统之间形成比对，以避免受许人利用信息不对称的违规行为。这些成功的特许经营做法值得体育赛事组织者借鉴和利用。

（五）体育品牌特许经营的分授权模式

1. 特许生产商只能生产特许方授权下的特许产品，不能擅自扩大产品种类，也不能隐瞒实际生产数量，私下选择与非法零售商交易。

2. 同一产品种类的不同特许生产商要统一好产品款式，质量等，保证产品的质量一致性。

3. 为了防止非法产品的生产，生产商应协同特许方做好产品的防伪标记。

4. 特许零售商只能在特许生产商处进货，不能和非法生产商进行交易。

5. 特许零售商应销售价格统一的特许产品，零售商不得擅自定价。

6. 为了防止非法产品的销售，零售商应按照特许方的规定，统一店面的布置、橱窗与展台设计，突出统一的体育品牌形象，易于消费者识别和购买。

（六）体育品牌特许经营控制体系

1. 体育品牌产品特许经营的过程

体育品牌的产品特许经营的运营过程，无论是生产权特许，还是零售权特许，都是主要围绕特许方、受许方和消费者三方来进行，在此次研究中将体育赛事（组织）当做特许方研究。而这三个主要元素又由三大系统相互联结起，相互影响相互协调，形成协调互动的关系。集合前人的研究成果和此次课题的实际情况，本课题将这三大系统分别称为会计系统、市场反馈系统和监控系统。三大元素与三大系统共同形成一个完整的产品特许经营框架。

体育品牌与消费者之间，许多情况下是通过受许人间接形成联系的。会计系统中的各种指标是这个经营框架中重要的衡量指标，受许人和体育品牌都要根据这系列指标来权衡自己经营的得失，从而决定下一步的产品特许经营策略。而反馈系统和监管系统也必不可缺，两者都直接或间接地（通过受许人）与体育品牌产生联系，保障各种信息在消费者、受许人与体育品牌三方间及时准确地交流；尤其是在零售权特许经营中，受许人几乎可以垄断所有的消费者（市场）反馈信息。特许方的任务就是最大程度地保证整个过程可控，在操作过程中，一些控制难点随之浮现。识别这些风险、控制住关键环节，直接关系着体育品牌产品特许经营的成败。

2. 体育品牌产品特许经营的特征与控制难点

（1）受许人可能忽视顾客的变化和需求，无法生产出质量合格、满足终端顾客要求的产品，这在本研究中被称之为“市场反馈系统失灵”；

（2）体育赛事可能无法对受许人实施有效的监管，造成特许生产商超量生产产品，或特许零售商越权将体育赛事产品流通到法定渠道之外，这被称之为“体育赛事对受许人的监管系统失灵”；

（3）而最为普遍的情况，是体育赛事与顾客之间脱节，市场信息无法通过反馈系统进入到监管系统，使体育赛事无法识别市场真实情况，作出正确的判断。

3. 体育品牌产品特许经营的控制内容和途径

（1）品牌控制。这包括体育品牌特许方面对受许生产商和零售商两方面时的控制手段，也是产品特许经营的重中之重，直接关系着体育品牌特许产品的品牌价值与形象。成功的产品特许方和受许方都是通过对特许产品进行集中的品牌规划，形成对外的统一形象，乃至统一的文化，才使整个产品的生产和零售运作能保持和谐统一。具体落实到体育品牌，品牌控制途径既包括体育品牌特许方直接面对消费者时的品牌控制手段（如宣传定位、公关活动、促销推广等），也包括受许零售商方面对消费者时实施的品牌加强措施，包括受许生产商都要严格按照品牌标准来完成生产，保障体育品牌产品的质量，以免有损体育品牌的品牌资产。

(2) 反馈控制。这主要是指体育品牌特许方要建立适当的渠道（物流渠道、信息流渠道等），既要按照常规随时接受受许方的反馈报告，更要力争直接从消费者处获取终端市场的第一手资料，双管齐下，保证自身能通畅及时地接受消费者和受许方双方面的反馈信息。根据这些信息，体育品牌特许方才能对症下药，制定对应的监管策略。特别是对于消费者所反映的终端市场的第一手资料，由于特许方最容易忽视这方面的情况，常常误把特许商所反馈的情况当作市场的真实情况和所有情况，从而造成片面理解。因此体育赛事（组织）应该加强这方面的控制力度，建议成立一个专门的部门来调查听取终端市场消费者的意见。

(3) 经营控制。无论对于体育品牌特许方还是受许零售商，虽然面对的市场有所差异，但在经营过程中都要注意对特许产品的经营区域和经营渠道进行控制。这样不仅在运作成功时可以产生“品牌合力”，而且当意外出现时，通过区域控制和渠道控制，可以分散风险，避免相互牵连，出现“一损俱损”的情况。办好体育赛事不仅是体育赛事组织者一家的责任，它的成功与否直接关系着体育品牌在消费者心目中的形象。因此特别需要体育品牌特许方针对零售商，制定严格的事前、事中、事后标准，并运用法律手段来保障自身的权益，以确保在特许运营等各个方面万无一失。

(4) 管理控制。管理控制是品牌特许方常用的控制途径之一，包括针对受许生产商对特许产品进行的质量控制，对核心技术的控制，以及针对受许零售商进行的管理培训。品牌特许经营并不是简单地把生产权让渡给生产受许商，还需要协助、监控受续商的后续经营、生产活动，给予其必要的管理支持。通过上述这些手段，体育品牌可以保证自己的指挥、调度权力，确保在中间环节的管理上不出现差错。

(5) 财务控制。会计指标是反映一个系统运营是否良好的重要衡量指标，同时一些财务制度的设立可以保证体育赛事（组织）加强对受许方的控制。体育品牌特许方针对生产和零售双方面的受许人，都应该活用财务控制手段，做到事先预防、事中控制、事后测评。特别是对于生产受许商，这样从源头、过程、终端上都能有一个定量化的实际指标来衡量其业绩，从而达到特许经营控制的目的。

项目编号：1102ss07059

入世后我国体育无形资产的开发与保护研究

赫金鸣　宋继新　薛继升　魏英莉　王月华　田英莲

一、创建体育无形资产市场

（一）转变思想　重视体育无形资产市场开发

发展体育产业，开发体育无形资产市场，是在改革开放后出现的新事物，是对计划经济体育发展模式的历史性变革，首先要转变思想，从高层体育领导人入手，树立市场经济观念。

重视体育无形资产市场开发，并以此作为工作业绩考核的重要参数。体育组织和体育部门应加强对体育无形资产市场开发知识的学习，理论联系实际，要加强体育产业与科研院所的联系，走产、学、研一体化，相互补充，相互促进的道路。

（二）积极培育体育无形资产市场开发主体

一方面，一定要按现代企业制度的要求，塑造出更多的自主经营、自负盈亏、自我约束、自我发展的独立的体育无形资产法人实体和市场竞争主体，必须建立现代企业制度，深化改革，积极推进政企分开，两权分离，界定法人财产权，打造法人实体。另一方面，要采取各种激励措施，运用必要的经济杠杆，调动更多市场竞争主体进入体育无形资产开发市场，开发体育无形资产，特别是帮助传媒认清有偿使用体育无形资产是大势所趋，主动进入体育无形资产市场开发主体行列。

（三）推进体育无形资产市场化建设

体育无形资产市场化建设，集中地体现在市场交易过程之中，通过正常市场交易，实现体育无形资产保值增值。

进行市场化建设，对体育无形资产市场实施有效开发，必须符合市场经济要求，发挥市场机制作用。市场机制包括价格、供求、竞争等方面，发挥着市场对资源配置的基础性作用。竞争机制是关键，是价值规律在市场经济运行中发挥作用的具体形式，决定和影响着其他市场机制。

二、建立体育中介机构，培育体育经纪人

体育经纪人作为体育产品生产和消费的纽带，为运动员、俱乐部、协会、赞助商、广告商牵线搭桥，是体育市场发展不可缺少的行为主体。体育经纪人作为体育市场流通领域的中介，成为活跃体育市场不可缺少的催化剂，在体育市场经营的产品销售渠道中具有特殊的作用，促进职业体育高效益、高效率运作。在西方体育市场中，体育经纪人

已经成为市场经营极为关键的因素，他们为运动员理财，组织各类比赛，激活体育市场，功不可没。20 世纪 60 年代以来，随着体育商业化、职业化不断深入，体育产业在许多国家国民经济中所占地位明显上升并成为一些国家支柱产业之一，体育经纪人已经职业化；而我国体育经纪人事业则发展缓慢，主要有个体体育经纪人、体育经纪公司、广告公司、部分咨询公司等形式，其中个体体育经纪人所占比重较大；经纪活动主要有代理运动员推广体育比赛，包括推广已有的赛事，策划组织新的赛事和举办商业性比赛等内容，其大部分集中在北京、上海和广州等地。

培育体育经纪人。第一，发挥高校作用。第二，加强体育产业从业人员在岗培训，提高整体素质。第三，增进体育产业人才交流。采取“走出去，请进来”的方式，大胆引进体育产业发达国家体育经纪人及成功经验。第四，建立和完善法规体系。以 1995 年 10 月由国家工商行政管理总局发布的《经纪人管理办法》和国家即将出台的《中华人民共和国经纪人法》及经纪管理和市场规范方面的一系列基本法规为依据，结合体育行业特点，国家制定《体育经纪人管理条例》，明确操作原则和细则。第五，建立和完善管理机构。

总之，要完善培训体育经纪人制度，提高体育经纪人素质，成立体育经纪人协会，发展体育中介机构，规范体育中介行为。

三、改进体育行政部门对体育无形资产市场管理方式

第一，体育行政部门要专门设立体育无形资产开发机构。在体育无形资产开发主体开发体育无形资产过程中，一定充分发挥体育无形资产开发机构的作用：一方面，要对体育无形资产进行科学管理；另一方面，要树立服务意识。由于体育无形资产开发机构的服务对象主要是企业，为了促进体育无形资产开发利用的良性循环，增强其发展潜力，体育无形资产开发机构在取得可观经济效益的同时要牢固树立为企业服务的意识，为企业提供优质服务，以服务促效益。通过高质量服务，引导企业充分认识体育无形资产的开发价值，从而达到体育无形资产开发与企业相互促进、相互发展的良性态势。体育无形资产开发机构只有树立为企业服务的良好意识，才能更好地促进我国体育无形资产开发。而实际上，目前我国并没有设立专门体育无形资产开发机构，体育无形资产管理服务严重滞后，造成体育无形资产大量流失、开发利用无序。同时，各类企业对我国体育无形资产认识不足，影响了体育无形资产开发，如我国悉尼奥运会之后原有的 37 家赞助企业中有 36 家退出，而美国 1999 年赞助本国奥委会的企业共有 67 家，其中 60 家为老主顾。第二，减少体育行政部门直接参与我国体育无形资产的开发管理。在体育管理体制改革过程中，一定要解决体育行政部门直接办体育的问题。要明确专门组织管理机构和职权，真正做到政企分开、管办分离，切实发挥行业管理和宏观调控的职能，形成各方面工作协调配套的组织管理体系。体育行政部门要尽快完成职能转变，制定和执行宏观调控政策，运用经济的、法律的及必要的行政手段对体育无形资产进行科学开发。对体育无形资产市场的资源配置由体育行政部门通过市场发挥作用，充分发挥体育无形资产市场自身的作用，以提高我国体育无形资产市场资源配置效率，促进体育无形资产市场健康发展，使我国体育无形资产开发上一个新台阶。

四、加快体育无形资产领域法治建设

市场经济是法治经济，中国入世加快了经济体制转轨速度，我国经济体制进一步向

市场经济过渡，体育无形资产对法律的依赖性日益增强，必须加快体育无形资产领域法治建设，促进我国体育产业化发展。

加快制定体育知识产权保护的法规，构建保护体育无形资产各种权利的法规体系。中国目前处于向市场经济过渡时期，这些法律法规体系不仅对于保护我国体育知识产权起着重要作用，同时也是体育产业法规体系乃至整个体育法规体系的重要组成部分，更是执法与司法工作的前提和基础。我国体育立法工作虽然取得了一定进展，颁布了《中华人民共和国体育法》。但全国人大通过的《体育法》是我国体育的基本法，亦称体育的母法，它只原则涉及体育标志问题，专门立法很不配套。仍需在《体育法》基础上，建立一系列更为具体的法律法规，做到有法可依，尤其是体育无形资产的法律法规建设已迫在眉睫。制约我国体育无形资产开发的一个重要原因就是缺乏法律保护，迄今为止，对于有些体育无形资产的法律保护问题，立法上还是一片空白。这就严重影响了体育无形资产开发主体的积极性，对体育无形资产开发产生了较大的负面影响。按照国际惯例，为确保体育无形资产各项权益不受侵犯，有必要制订有关法规，对体育无形资产涉及产权的部分加以保护。体育无形资产的价值形成是一个十分复杂的过程，不仅受到体育自身特殊性的制约，而且还受到政治、经济、文化、科技、教育等因素的影响，具有很大的不确定性和发展性，因此，有必要组织有关专家进行研究和科学界定，并且成立专门组织对其进行科学评估。市场经济国家，特别是体育产业发达的市场经济国家概莫能外。同时，也要注意采取司法手段。对扰乱社会秩序，侵害国家和社会公众利益的侵权者，要追究行政责任。

五、注重体育无形资产市场信用建设

加入世界贸易组织加速了我国社会主义市场经济的发展与完善。市场经济不仅是法治经济，也是信用经济，我国体育无形资产市场需要信用体系建设。

隐蔽营销（又称隐性营销、隐性市场行为，是指不具有专营权的公司把自己伪装成正式赞助商时所采用的一种策略）能够说明这一问题。阿迪达斯公司不是奥林匹克赞助商，但澳大利亚游泳队穿着新款阿迪达斯套装公开露面，衣服上阿迪达斯的标志明显出现在 2000 年悉尼奥运会游泳比赛的电视画面中。结果显示，消费者相信该公司是 2000 年奥运会的第 7 个最知名的赞助商。可见，隐蔽营销会损坏体育无形资产营销收入的根基，动摇企业合作投资的信心，造成体育无形资产市场秩序的混乱，折射着社会信用观念的缺失。

我国社会信用体系建设还处在起步阶段，体育无形资产市场信用体系建设更是如此。为规范我国体育无形资产市场，保护体育无形资产，促进我国体育无形资产可持续开发，一定要加强统筹规划和整体协调，借鉴国际上的做法，从实际出发，以保证我国体育无形资产市场信用体系的构建。第一，推动法治建设。第二，有关方面特别是体育行政部门要有所作为。第三，推进、培育体育信用中介机构的建立。

体育无形资产市场信用建设是一件涉及面广的大事，体育无形资产开发主体和个人都要积极参与，以保证我国体育无形资产市场健康和可持续发展；同时，体育无形资产市场信用建设又是一项新事物，要进一步调研，不断探索。

项目编号：1106ss07063

中国优秀运动员商业价值的开发研究

蔡有志　陈　岭　王会寨　何世权　阮云龙　崔婧宇

一、运动员商业价值的理论阐释

从学理上界定运动员商业价值，理清运动员商业价值的主体与客体，有利于我们更深入地研究运动员商业价值。运动员的商业价值可以界定为：通过花费一定的资源而投资于人自身的、最终凝聚于运动员人体之中的，经过运动训练和竞赛获得的具有创造商业价值的知识、形象、运动技能等质量要素的总和。从本质上讲，运动员的商业价值形成是把对人的运动技能投资要素转化为人的商业价值的活动过程。

价值是研究运动员商业价值的逻辑起点。在哲学范畴内，正确理解运动员商业价值这一概念，必须正确认识运动员商业价值的主体与客体及其相互间的关系。在市场经济条件下，运动员不仅是运动场上的主角，而且是整个职业体育运动的核心。体育产业和体育市场的经济活动都是围绕运动员这个核心来进行的。运动员商业价值的主体就是处在一定社会环境和体育经济条件中的社会组织。它们的经济需要是运动员商业价值产生的基础和动因。运动员商业价值的客体则指体育商业关系中社会化的个人——运动员本身。在运动员商业价值的主客体互动中，涌现出适应市场经济发展需要的优秀运动员，在满足社会组织需求的过程中推动体育经济的发展，最终形成运动员商业价值。

运动员商业价值的主要特征是：第一，运动员商业价值的阶段性。运动员商业价值与运动员的竞技水平曲线不完全呈正相关，处于不同竞技水平的运动员价值不一样，达到运动巅峰后期则价值衰减。第二，运动员商业价值的主要决定因素是运动成绩。一般来说，个人的运动成绩愈好，其拥有的无形资产的价值总量、市场开发的潜力以及交易的成功率也会愈大。第三，运动员商业价值与运动项目关联密切。第四，运动员商业价值的风险性与不稳定性。第五，运动员商业价值与现代传媒的联动性。

在运动员商业价值的形成因素方面，运动场上的表现是运动员商业价值形成的灵魂和核心产品；性格构成是运动员商业价值的重要源泉；运动员的知名度凸现其商业价值；而"晕轮效应"使运动员商业价值的实现成为可能，即优秀运动员的影响力和感召力构成优秀运动员商业行为的卖点。

二、中国优秀运动员商业价值开发现状

中国优秀运动员的商业价值开发是与整个社会发展所分不开的，而且是多种社会因素影响的结果。在中国竞技体育持续发展、不断取得辉煌成就的背景之下，优秀运动员商业价值开发市场的发展面临着良好的机遇。但我国目前处于社会转型的关键时期，优秀运动员商业价值开发处于起步阶段，其完全进入市场面临着诸多实际困难与挑战。

第一，体育管理体制层面。传统管理体制面临与市场经济的接轨问题。在现行的体育体制之下，运动员的商业开发所面临的最大问题便是运动员的身份和产权所属问题。

竞技体育原有利益结构的分化、转化和新的利益结构的组合、重构使得运动员通过事业人员身份和依附于行政权力可获得的利益已有许多无法落实，已经有相当多的运动员在快速发展的体育市场上完成了实质上的身份转化。另一方面，在运动员商业价值的市场开发方面，体育行政管理方式仍存在诸多问题：首先，管理制度混乱，对于运动员参与商业活动的管理，我国一直没有统一的管理机构，而是由各运动项目管理中心分头管理，因而造成了管理分散、规则繁多、水平参差不齐的局面；其次，管理界限不明确；最后，体育管理部门缺乏商业开发的专业人才以及对于商业开发纠纷的预防和解决机制等。

第二，法律法规层面，我国目前还没有比较完善的法律体系用来规范运动员的商业开发行为。实践中出现了以下几个法律问题：首先，运动员人格标识商业利用中的产权问题；其次，运动员人格标识商业利用的使用权问题；再次，运动员商业活动收益分配制度问题，从法制和理性商业运行体制的角度来看，对运动员人格标识商业利用所产生的经济收益，一直存在分配上的争议。最后，运动员人力资本产权不明晰。

第三，体育市场层面，目前主要存在的问题是体育中介市场不完善，经纪人代理难以推广。现阶段对我国大多数优秀体育运动员的商业价值开发还处在一种无序的萌芽状态，即便有些优秀体育运动员虽然拥有自己的经纪人，但由于操作手法不规范，同样会给运动员的声誉带来负面影响。另一个问题是优秀运动员人力资本要素得不到合理配置。在十余年的竞技体育市场化进程中，运动员人力资本要素的市场化程度远远落后于竞技体育商品的市场化。

社会主义市场经济体制的建立与完善，为我国优秀运动员的商业价值开发提供了前所未有的发展机遇和条件，同时，由于优秀运动员商业价值开发在我国还是一个新生事物，其商业开发的专业化水平不高。当前，优秀运动员进行广告代言是其商业开发行为的主要表现形式。中国优秀运动员商业价值收益的主要来源有以下类型：运动员无形资产开发、运动员转会收入、运动员参赛、大众媒体传播收入、体育赞助等等。此外，在我国现行体育体制和市场经济体制下，由于培养模式的不同，优秀运动员商业开发的运作模式不尽相同，主要是以下三种：以刘翔等为代表的国家统一开发模式，以姚明等为代表的市场和国家协同开发模式，以丁俊晖等为代表的市场自主开发模式。

三、中国优秀运动员商业价值开发的应对策略

我国优秀运动员商业开发活动制度的建设与完善，要坚持走中国特色的自主道路，又应借鉴国外开发的成功经验。针对目前我国优秀体育运动员在其商业价值开发进程中所遇到的各种阻碍因素，在体育管理体制、法律法规、体育市场开发以及品牌塑造与媒体传播方面进行分析和探讨，并提出以下对策。

第一，体育管理体制层面。首先，从长远意义上来看，深化体育体制改革，建立与社会主义市场经济相适应的体育体制，是运动员商业价值开发走向市场化的根本所在。其次，促进运动员人力资本要素市场化。从目前来看，推动优秀运动员商业价值开发进一步发展的重点在于打破垄断，促进竞技体育运动员要素在市场上的自由流动。具体建议包括：进一步明晰和保护运动员人力资本产权，形成真正的产权交易市场主体；转变政府职能，激活运动员人力资本要素；建立产权制度，强化产权的激励和资源配置功能。最后，要完善运动员商业开发管理体制。具体建议包括：成立专门机构统一管理运

动员商业开发事务，目前有两种方式可供参考，一是由政府与经纪机构联合，建立优秀运动员商业开发专业机构；二是由国家体育行政管理部门建立运动员营销部。对运动员商业开发活动进行合同管理。对于运动员商业活动中涉及的运动员个人的民事权利，不宜简单限制和剥夺，应当创新管理模式，采取适当方式，通常是在合理分析运动员商业价值构成的基础上进行适度的政策引导，由国家或其所属的训练单位与之签订统一的有关商业开发的合约。建立相关纠纷解决机制，具体可采用协商、行政调解、诉讼等办法。

第二，法律层面。首先，在运动员人格标识商业利用的法律保护方面，提出如下建议与对策：制定并完善相关法律、法规及部门规章；建立运动员无形资产评估制度，由专门的评估公司对运动员人格标识这一无形资产进行评估，根据投资主体的不同投资情况，明确不同投资人之间经济收益的分配比例；规范相关合同的签订，实践中，职业体育俱乐部可以与运动员就使用运动员人格标识的相关问题，通过谈判签订合同，以此来规范运动员人格标识的商业使用和收益分配等问题，专业运动员的管理机关，也可制定相关的规章制度或与运动员签订合同，对运动员的人格标识进行合法商业利用。其次，完善运动员产权法律环境：从制度层面完善我国竞技体育产业链中运动员产权法律环境，主要涉及加大社会、民间、个人、政府等进入运动员人力资本产权投资的市场限制与法律研究，规范准入、审批等程序；理清运动员在转会中享有的权利和承担的义务；出台《在役运动员从事广告等经营活动管理办法》；加大对体育竞赛中运动员包括知识产权在内的无形资产的保护。从技术层面解决运动员产权及收益相关问题。要完善产权的约束功能，保障竞技能力水平及收益双赢在产权制度下，主要表现为内部的监督约束和外部的市场约束。

第三，体育市场开发层面。首先，规范体育市场中介机构。目前没有统一的管理体育经纪市场的法律法规，法规的缺失限制了这个行业的进一步规范发展，所以制定相关法规、建立行业组织应该尽早提到日程上来。其次，控制与保护优秀运动员的形象权。再次，尽力促成优秀体育运动员与企业建立伙伴关系。最后，可以借鉴娱乐行业的职业化运作。

第四，品牌塑造与传播策略层面。首先，发挥媒体作用，做好优秀运动员品牌市场开发。运动员的声誉及宣传效应不能自发地起作用，必须通大众传播媒体、与媒体联动，才能实现其价值。在优秀运动员品牌的市场开发中，要充分发挥媒体的传播功能，根据品牌不同的市场开发周期选择相应的传播策略。品牌在市场开发中分为品牌初创期、品牌成长期、品牌成熟期、品牌衰退期四个阶段，在不同的阶段，媒体有着不同的传播策略和作用。其次，维护优秀运动员品牌生命力，包括处理好商业行为与运动训练关系。优秀运动员只有正确处理商业行为与运动训练的关系，只有具备较高的竞技水平才有从事商业行为的可能性。谨防过度商业化。我们在充分肯定优秀运动员从事商业行为、挖掘优秀运动员商业价值的同时，也应当看到目前优秀运动员商业开发行为所带来的负面问题。提高综合素质，完善自我形象。一方面，优秀运动员要保持良好的体育道德作风，维护品牌公信力；另一方面，优秀运动员要提高综合素养，加强文化知识学习。

项目编号：1103ss07060

全民健身与奥运同行实践研究

——大众体育商业赞助的历史考察

郝　勤　张　新　崔　莉　姜维平　潘　华　邱凌云　张立新　张闻亚

商业赞助是体育产业发展中的最重要手段和环节。随着商业时代的到来，中国体育的商业赞助悄然发生，由于商业资本的冲撞，打破了过去体育活动主要由政府出资组织的行政模式，更多的商家把大众体育活动当作了市场营销的最好平台。经历了近30年的发展，中国体育商业赞助已经摈弃了80年代初捐助式的低级状态，更多的商家把目光从赞助高水平赛事投向了大众体育，体育赞助商已经大踏步走上了“群众路线”，投资取向直指目标消费群。

一、走进历史，大众体育商业赞助发生的社会土壤

商业赞助的发生需要两个社会条件：一是大众体育活动的开展，能够吸引众多人的参与和关注，成为商业资本的投资趋向；另一个条件就是商业资本的活跃涌动。20世纪商业时代，为体育赞助提供了庞大的资金流量。这个时代，工业生产被称为“21世纪的艺术”，它不再是单纯的产品生产，而是和现代广告与大众传媒一道把商品生产改造成文化生产，企业正式开始了他们的品牌推广。只有大众体育活动开展和商业资本活跃两方面驱动力的共同作用，才会激荡出大众体育商业赞助的萌生和蓬勃发展。

本课题将建国以来中国大众体育商业赞助大致划分为4个阶段：

1949—1978年，是无赞助时期。这一时期我国的体育是在计划经济体制下运行和发展的。虽然有公益性质的全民健身热潮形成，但计划经济体制下，企业生产什么、怎样生产和为谁生产三个基本经济问题由政府决定，不受市场影响。所以缺乏商业时代的社会环境，体育商业赞助也没有产生的土壤。

（一）萌芽，世界体育核变在中国的投影

真正的萌芽是在1978年—1992年，这个阶段属于社会资金捐助和零星商业赞助时期。核心的逻辑起点是在1984年前后。洛杉矶奥运会是体育商业赞助转亏为盈的历史转折点。这届奥运会的运作找到了回报商业赞助资本的最有效手段，即通过电视传媒等媒体的报道，极大地提升了赞助企业的品牌形象。而我国企业健力宝集团也作为先行者，在1984年洛杉矶奥运会上初次进行了体育赞助的尝试，当年拿出40多万元赞助中国代表团，大大提高了健力宝的知名度。

世界体育的核心变化也迅速投射到中国体育的观念层面。洛杉矶奥运会之后，中共中央下发了《关于进一步发展体育运动的通知》，其中指出了“……体育事业要讲究经济效益，积极创造条件实行多种经营。”萌发了体育产业化的苗头。在国家体委随之下发的贯彻《通知》的意见中进一步提出实现“群众体育向社会化转变”，说明相关政府

部门注意到了世界体育的变化趋向，这个标志性政策的制定为群众体育赞助提供了理论依据。

就在世界体育产生本质意义变化的同时，中国社会内部也发生了本质改变，国有企业改制和民营经济的出现，使企业有了产品推广和营销的原始冲动，有意无意间，一些企业闯入了大众体育的空间。

从我们对北京、福建、重庆、湖南、成都等省市体育局的问卷和访问调查中发现，虽然地区城市不同，但在相似社会环境条件下，80年代初期，社会资金都开始流入大众体育领域。不过这一时期的大众体育赞助，还带有公益和捐赠的性质：一是大型国有企业为配合体育局和单项协会工作，出资办体育；二是个人因为兴趣爱好友情捐赠。

大众体育商业赞助在中国发生的早期，世界体育的裂变也才刚刚开始，还未在观念和操作上给中国大众体育带来真正影响，只是一个投影。社会资金开始涌入体育的动力，主要来自于中国社会的内部变化，来自于企业在市场经济中朦胧的广告宣传意识。

（二）发展，高水平赛事商业赞助的分流

1992—2000年，大众体育商业赞助逐渐摆脱了长期以来“公益性质”的面目，开始采用商业手段进行市场营销。高水平赛事的商业化运作，为大众体育商业赞助提供了模板，也激活了企业体育市场营销的意识。节点是1990年的亚运会和1994年的足球职业联赛。冠名费、指定产品、球场广告、球衣胸前广告等概念被引入体育赞助。

高水平赛事在向国内企业推广过程中，无形之中打开了体育经济活动的大门：企业发现参与体育活动可以在媒体宣传上拥有相当程度的上镜率，使得企业可以迅速提高知名度及产品销量。国内企业从体育活动的被动参与者迅速转变为积极参与者。

和高水平赛事相比，大众体育没有吸引眼球的卖点，所以企业更多地把他们商业赞助的目光投向竞技比赛。而大众体育活动，仍然由政府部门出于公益目的，去向企业“拉”赞助。以成都市为例：1993年，成都市举办的首届“新蓉城马拉松跑”得到了成都市环卫设备厂等几家企业筹集的3万元赞助费，因为作为活动组织者之一的体育协会副会长时任市公安局副局长，通过他的私人朋友关系，几家企业友情赞助。

大众体育的商业价值有待国内企业的发现，但海外企业和国际知名品牌已经带着国际化理念，作为先头军进入了我国的大众体育市场，连续三届友情赞助的“新蓉城马拉松跑”也引起了国际奥委会的兴趣。1996年，国际奥委会出资1万美元赞助了这年的活动，冠名“国际奥委会主席杯新蓉城马拉松跑”。国际品牌公司还带来了国外大众体育商业赞助的模式，如1997年NIKE品牌进入上海市场，首次在上海举办“NIKE”三对三街头篮球赛。NIKE除了享有活动的冠名权之外，还开展了设置NIKE服装做奖品、场地广告宣传、媒介推广等多种营销活动。

综观该阶段体育赞助的发展反映出，20世纪90年代的体育赞助以竞技体育大型赛事为主，大众体育健身活动的赞助在90年代末才开始发展，赞助程度远远低于前者，是高水平赞助资金的偶然分流。但“NIKE”三对三街头篮球赛等零星活动，开始了真正意义上的市场整合营销，启动了中国大众体育商业赞助一个新时代的到来。

（三）深化，体育推广公司构筑的体育商业赞助产业链

2001—2008年，北京申奥成功，奥运赞助商和非奥运赞助商纷纷搭乘奥运顺风车，大众体育商业赞助开始规模化、系统化、品牌化、专业化。

2001年申奥成功，奥运会为大众体育赞助事业带来了前所未有的历史契机。联想、移动等奥运赞助商花巨资取得的赞助权，通过组织“与奥运同行”的大众体育活动，有效地向公众强化、传播其“奥运身份”。同时，由于体育赞助的门槛和费用过高，在奥运赞助资格争取中败给竞争对手的一些知名大型品牌企业，将投资重心转向大众体育市场，走上了“非奥运营销”之路，开始寻访大众体育路线展开体育营销。比如蒙牛集团开创的“蒙牛《城市之间》——激情08现在出发，全国80城市全民健身展示活动”就是著名经典案例之一。据一项关于奥运赞助商的调查显示，有57%的消费者将蒙牛非奥运赞助商误认为奥运赞助商，显示了大众体育赞助的实效。

北京奥运的卖点带来了大众体育商业赞助的跃进。而八方环球、银方、国际管理集团、先行公司等国际体育推广公司登陆中国，则使体育商业赞助的产业链完整形成，并为大众体育商业赞助的可持续发展铺设了一条产业轨道。

本课题调查了解，2001年前后，为避开高水平赛事赞助的风险，部分中介公司嗅到了大众体育背后隐藏着的无限商机，为企业开发出一系列大众体育商业赞助的营销活动，承担着越来越多的政府与社会委托的推广业务。大众体育健身活动和赛事的市场也随后逐渐被开发出来。2002年的“安利纽崔莱活力健康跑”就是英国“先行咨询（上海）有限公司”策划推广的群众性体育活动，从2002—2008年持续了7届，覆盖全国25个城市，活动知名度超过40%，被评选为2005年市场品牌营销的经典案例之一。据AC尼尔森权威调查显示，纽崔莱品牌的知名度从2002年的34%上升到2003年的80%。这些数据说明，该项活动的成功中介公司功不可没，将政府、群众、明星、媒体、体育推广公司、演出公司等资源有机整合在一起，为中国体育产业以及大众体育商业赞助树立了榜样，越来越广泛地受到企业界的关注，众多企业纷纷效仿其营销方式，开创自身的大众体育赞助营销之路。

商业资本营销、大众体育热潮出现，两股驱动力共同作用，大众体育商业化时代终于来临。这个时期，一些深谙体育营销之道的品牌公司和体育推广公司将大众体育视为本土化战略的新看点，将我国大众体育作为亟待开发的营销领域，挖掘出了大众体育的巨大商业价值。

二、问题与不足

与欧美相比，中国大众体育的赞助商业化程度还存在着明显的差异和不足，这些不足有的是体育赞助中存在的共性问题，也有大众体育赞助中存在的特殊现象。

第一，企业赞助行为短期性。急功近利的追求短期效益是我国大部分赞助商家的思路和方式，往往是赞助某一体育活动后就销声匿迹，缺乏连续性和长期性。

第二，赞助活动的组织能力，团队合作能力不强。体育赞助需要赞助者、被赞助者、媒体和中介机构密切合作，才能创造出良好的效益。在赞助过程中某个部门或环节的工作做得不充分，就会导致整个赞助活动达不到预期效果。

第三，企业在体育赞助中的定位具有盲目性。企业需要根据本企业产品需要传递的信息，再结合体育活动的性质、影响力及赞助形式等进行赞助行为决策。我国企业在这方面往往缺乏合理的赞助活动分析。

第四，法规制度不健全。我国由于对大众体育赞助的本质认识不足，对大众体育赞助的定位不当，至今仍把大众体育赞助看成是非营销手段，无形中加大了企业赞助的成本，挫伤了企业赞助的积极性，增加了大众体育营销的难度。

三、结论与建议，“后奥运时代”的应对策略

一次体育商业赞助的完成，由三个方面的要素构成：A. 提供给赞助商的活动，B. 品牌企业、广告商、推广商的参与，C. 媒介的关注。这是基于利益基础上满足共赢的多方合作，是一条利益链。只有依据商业法则因势利导，才能真正保持中国大众体育商业赞助的良好态势。

第一，2008 年奥运后，根本调整中国体育的发展方向，避免体育在国民经济发展中被边缘化，防止奥运后大众体育商业赞助的资金流量下滑。

现行中国体育体制以四年一度的奥运战略建立，但真正使体育和钢铁、汽车制造一样，成为国家经济建设中的一个产业门类，就必须以打造职业联赛等长期品牌赛事和推动大众体育娱乐市场发展为工作重心，全新打造一个促进国内体育产业发展的活动体系。

2001 年申奥成功到 2008 年北京奥运会举办是大众体育的黄金时期。但随着北京奥运这个眼球经济时代的最大卖点消失，商业资本投入体育的资金量有所减少，没有国内品牌赛事和有特色的大众体育活动支撑，奥运带动起来的体育热略有减退，人们的注意力有所转移，品牌公司用于文艺商演等其他门类活动的经费增多，投入体育活动的预算减少，与体育赞助资金比例始终居于商业赞助龙头地位的国际趋势不相符合。其根本原因就是后奥运时代，体育产业市场的活动体系不完善，缺少具有连续性的品牌活动，可提供给赞助商的项目难以为继。

第二，配套培养体育产业开发人才，为企业策划出有吸引力的大众体育活动。

在本课题组对体育推广公司的调查中，反馈最强烈的问题就是缺乏体育营销的专业人才。大众体育撬动的一个支点，就是要有好的策划人才，能够在缺少观赏性的公众活动中，发现商业价值和闪光点。为公众提供娱乐，为赞助商提供项目、为媒介提供内容。由于中国社会商业化进程的迅速演进，体育管理部门、中介机构等方面的人才结构难以适应当前的形势，策划的活动没有着眼于市场，时常得不到赞助商的亲睐。

中国体育产业协会在 1997 年举办了一期体育营销培训班，各体育院校也开设了体育管理专业，但培养方式和国际交流力度还远远不够，短时期无法解决体育商业赞助迅猛发展和人才匮乏的矛盾。

第三，制定完善的法律法规和优惠的赞助政策

大众体育作为一项关系民生的公益事业，应该给予大众体育赞助商宽松的赞助环境，转变对赞助的认知和定位，借鉴国外的经验，制定对大众体育赞助商更多的优惠政策，给予赞助商持续提供大众体育赞助的信心和理由。

项目编号：1130ss07087

中国体育用品标准化建设调查研究

席玉宝　张俊红　高守东　孙继龙

一、国外体育用品标准化现状

当今国际各类体育赛事的频繁，体育用品产业的发展，体育用品国际贸易量的增加，体育用品的规格和技术要求、标准等问题不仅为国际体育组织所高度关注，也是国际标准化组织、区域标准化组织、以及各国标准化组织共同关心的问题。这些都促进了国际间体育用品标准化活动也日趋频繁，协调机制也逐步建立起来。

（一）国际标准化组织与体育用品标准

国际标准化组织是一个全球性的非政府组织，是目前世界上最大、最有权威性的国际标准化专门机构。1955 年，国际标准化组织成立了“运动和娱乐器材技术委员会 TC83”，制定发布了 71 个体育用品国际标准。

（二）欧洲标准化委员会与体育用品标准

欧洲标准化委员会建于 1961 年，1971 年起 CEN 迁至布鲁塞尔。欧洲标准化委员会设有体育、运动场地其它娱乐设施装备技术委员会，制定发布了欧洲体育用品标准 160 多个。

（三）美国材料试验协会与体育用品标准

美国材料试验协会是美国最大、历史最悠久的标准化组织之一。美国材料试验协会设有运动器材和设施技术委员会，已发布 125 个体育用品标准。

（四）德国标准化学会与体育用品标准

德国标准化学会是最大的具有广泛代表性的公益性标准化民间机构，成立于 1917 年，其总部设在首都柏林。1949 年，德国 DIN 成立了运动装备标准委员会，制定了近 300 个体育用品标准。

（五）英国标准学会与体育用品标准

英国标准学会，是世界上第一个国家标准化机构，成立于 1901 年，总部设在伦敦。英国标准学会设有运动、游乐场和其他娱乐设备，制定发布了 100 多个体育用品标准。

（六）国际有关贸易法案与体育用品标准

为确保产品的安全性，世界各国、各地区及相关组织机构都制定有自己的产品安全标准，以便对产品生产的不同阶段实施严格的测试和生产过程控制，其中欧盟、美国的安全标准应用范围最广。如欧盟的《一般产品安全指令》《欧盟游艇指令》《玩具安全指令》，美国的《消费品安全促进法案》都涉及到体育用品的标准。

二、我国体育用品标准化概况

（一）现行体育用品标准的分布

目前，我国现行的体育用品国家标准 94 项，其中国家推荐标准 74 项，国家强制标准 20 项，体育用品行业标准 52 项。在 52 项行业标准中，轻工 35 项，商检、化工各 4 项，纺织 3 项，体育 2 项，建筑、建材、林业、环保行业各 1 项。按照标准所规定的内容特征分为基础通用标准有 11 项、产品标准 103 项、方法标准 32 项。在 146 项国家标准、行业标准中，依据“中标分类”法，体育用品国家标准和行业标准主要分布在“轻工、文化与生活用”、“纺织”、“食品”、“综合”四类中，其中“体育设施及器械”65 项、“体育用品”59 项、“服装、鞋、帽综合”1 项、“帽、手套、袜子”1 项、“鞋、靴”9 项。

依据国家标准《体育用品的分类》（征求意见稿）中体育用品分类为：运动器材 116 项、运动服装 6 项、运动鞋 11 项、个人运动防护用品为 0 项，其他如运动食品 6 项、运动场馆设备 7 项。依照我国《标准化法》第七条规定，是关系到“保障人体健康，人身、财产安全的标准和法律、行政法规规定强制执行的标准”应制定的强制标准，但目前，还没有相应的标准制定与发布。

国家体育用品质量监督检验中心的《承检的体育用品产品目录》所列出的现执行体育用品的标准 108 项，其中国家标准 24 项、行业标准 18 项、地方标准有 12 项、企业标准 54 项。国家标准和行业标准之和只有 42 项，只占 38.89%。这也表明我国体育用品领域缺少统一国家标准和行业标准，造成了现行的体育用品标准覆盖面较小的现象。现行的 146 项国家标准、行业标准中只覆盖了 24 个运动项目，其中田径 17 项，其后依次是体操 15 项、篮球 15 项、排球 13 项、足球 11 项。我国正式开展了 78 个体育运动项目，142 个运动小项（体操项目包括：竞技体操、艺术体操、蹦床运动 3 个小项）。从体育用品标准在各运动项目的体育用品覆盖面来看，体育用品标准的覆盖面只有 16.90%。如从 142 个运动小项所需的运动器材、运动服装、运动鞋、个人运动防护用品和体育辅助用品等看，体育用品的种类至少在 1000 种以上，那么现行的标准覆盖面只有 14.60%。

国家体育用品质量监督检验中心的《用品质量监督检验中心推荐批准的实验室检测能力范围》（附表）中所列的 184 项产品中，采用国家标准 57 项、行业标准 28 项，采用国际田径协会联合会室外合成材料面层田径跑道的性能规格 1 项，国家体委的审定检验细则 4 项、采用英国标准 11 项。因目前无标准，现采用实验室方法的占 83 项。那么现有的国家标准和行业标准只占该中心检测能力范围的 46.20%，达不到半数，我国现行的体育用品标准数量缺乏还是比较严重。

（二）我国现行体育用品标准的标龄

标龄是指自标准实施之日起，至标准复审重新确认、修订或废止的时间，也称为标准的有效期。由于各国情况不同，标准有效期也不同。以 ISO 为例，ISO 标准每 5 年复审一次，平均标龄为 4.92 年。而我国在《国家标准管理办法》中规定国家标准有效期一般为5年。我国现行的146项体育用品国家标准、行业标准中，超过有效期5年的有46项，占已执行的标准41.82%；标龄在10年以上的有29项，平均标龄7.18年；标龄最长是21年的玻璃钢撑竿，实施年份1988年。可见，我国体育用品标准的标龄过长，老化现象十分严重，有将近一半的标准是10年前发布的。标龄过长，标准老化，导致标准中有些技术指标落后，标准内容过死，精度过宽、过低，不利于体育用品产业的技术进步，产品的换代升级以及产业结构的调整。

我国体育用品标准制定周期长，标准制修订过程的环节过多。造成了相当一部分标准的报批时间过长，甚至有些标准需要等一年的时间才能发布。对2006—2008年各批次《国家标准计划项目》中的体育用品标准立项数为66项、2006—2008年各批次《行业标准计划项目》中体育用品标准立项数为7项，其中只有很少立项的标准计划能按时完成，从每年体育用品国家标准和行业标准项目的征集开始、然后申报年度标准项目、国家标准委决定对年度拟立项国家标准项目面向社会征求意见、然后再下达年度标准制修订计划，最后到标准的批准发布，平均制修订周期为3~5年。标准制定周期长，制定出的标准滞后于市场的需求，起不到引领技术进步，带动产业发展的作用。

（三）我国现行体育用品标准的采标情况

我国体育用品标准采用国际标准或国外先进标准的23项，采标率15.75%。其中等同采用4项，等效采用8项，非等效采用11项，采用国际体育单项组织的16项。将采用国际标准或国外先进标准与采用国际体育单项组织规则要求标准的之和计算，其采标率也只有26.71%，达不到全部国家标准采标率为43.7%这一平均水平。

我国体育用品采标标准做不到与国际标准同步修订或作废。在我国现行体育用品国家标准和行业标准中，有12项采用的是ISO标准，但是这些ISO标准中有的已经更新和作废，有134项找不到对应的ISO标准。国际标准或国外先进标准平均标龄为3~5年，各运动项目的规则修订一般以奥运周期4年重修一次。而我国现行采用的23项国际标准和国外先进标准，5年以上的有11项，3~5年的有10项。当国际标准已经修订或作废了的时候，我国对应的采标标准却做不到及时的修订或作废，致使我国体育用品标准落后于国际标准和国外先进标准。可见，我国对国际体育用品标准化组织的活动重视不够，参加国际标准化活动的次数和人数较少，在体育用品标准制定时跟踪反应较慢，缺乏对国际标准制订情况、技术发展趋势和形势变化的了解，采用国际标准或国外先进标准相对滞后。

三、我国体育用品地方标准

地方标准又称为区域标准。在我体育用品业较发达省市，如上海、天津、浙江、江苏、广东等地，制定了一些体育用品地方标准。在国家体育用品质量监督检验中心列出的《承检的体育用品产品目录》所列出的现执行体育用品的标准109项，其中地方标准有12项，主要是一些天津、上海、北京、广东大城市主要体育用品生产企业较为集中的地方制定的标准。

四、我国体育用品标准的管理

体育用品业是一个混合型产业，它横跨轻工、纺织、化工、兵器等工业领域。目前在我国，整个体育用品行业的管理还不规范，各方面的关系还没有理顺，存在着条块分割，多头管理，争归口、多归口等现象。缺乏沟通、协调机制，使得行业标准与国家标准之间、行业标准之间存在着交叉和重复，影响到我国体育用品标准化建设。基于体育用品行业这种状况 1993 年由原国家体委牵头，中国文教体育用品协会、中国针织工业协会等七家与体育用品有关的单位联合发起，由民政部批准，成立了中国体育用品联合会。

中国体育用品联合会在其《章程》第六条中表明，（二）开展国际间的技术交流，协助有关单位学习和引进先进生产技术和标准，使我国体育用品达到世界先进水平，增强国际竞争力。

但我国现在沿用的体育用品标准除了国家标准外，行业标准主要是轻工行业标准。2001 年由中国标准出版社出版的《中国轻工业标准汇编》，包括玩具、家具、制鞋、日用五金、洗涤用品等 15 卷，其中体育用品的标准单列一卷《中国轻工业标准汇编·体育用品卷》。中国轻工业联合会是轻工业全国性、综合性的、具有服务和管理职能的工业性中介组织，一个主要职能是“参与制订、修订国家标准和行业标准，组织贯彻实施并进行监督”。现行的 146 项体育用品的国家标准和行业标准中，中国轻工业联合会主管的有 72 项，几乎占到 50%。中国轻工业联合会下设有中国文教体育用品协会，是经国家民政部批准，具备全国性社会团体法人条件的国家一级协会。在中国文教体育用品协会章程中，第二章业务范围的第三条第（四）款表明：“推动行业标准化工作。受政府部门委托并配合有关部门参与本行业相关的产品技术和服务的国家标准制、修订工作；组织开展行业标准的制、修订工作；组织起草产品质量标准、企业等级标准；组织产品质量监督、质量认证工作。”

（一）我国体育用品标准化的管理机构和工作机构

国家标准化管理委员会是国务院授权履行行政管理职能，统一管理全国标准化工作的主管机构，是国家标准的主管机构，也负责行业标准、地方标准和企业标准的备案工作。我国体育用品国家标准化工作由国家标准化管理委员会统一管理。受国家标准化管理委员会的委托，中国轻工业联合会、中国体育用品联合会、中国纺织工业协会、中国石油和化学工业协会等单位负责协助管理相关领域的体育用品标准化工作。体育用品行业标准化工作主要由国家发展和改革委员会、国家体育总局、国家教育部负责管理，中国体育用品联合会、中国轻工业联合会、中国石油和化学工业协会、中国纺织工业协会、中国兵器装备集团公司等单位负责协助管理相关领域的体育用品行业标准化工作。体育用品标准化工作机构主要包括各专门标准化技术委员会、分技术委员会及其工作组、标准化技术归口研究院所等标准化技术归口单位。这些机构的主要职责为具体负责组织相关标准的制定、修订、审查和报批等技术性归口管理工作，还承担标准解释、宣传贯彻、培训和咨询等服务性工作。

专业技术委员会是在一定专业领域内，从事全国性标准化工作的技术工作组织，负责本专业技术领域的标准化技术归口工作，其所负责的专业技术领域，由国务院标准化行政主管部门会同有关行政主管部门确定。按照国家制定、修订标准的原则，以及采用国际标准和国外先进标准的方针，负责组织制订本专业标准体系表，提出本专业制定、修订国家标准和行业标准的规划和年度计划的建议。根据国务院标准化行政主管部门和有关行政主管部门批准的计划，协助组织本专业国家标准和行业标准的制定、修订和复审工作。

根据国家标准化管理委员会公布的全国标准化技术委员会、分技术委员会及工作组列表（更新至 2009 年 4 月）。我国已批准成立了 488 个标准化技术委员会、654 个分技术委员会，178 个标准化工作组。与体育用品标准相关的技术委员会主要有：

(1) 全国体育用品标准化技术委员会；

(2) 体育用品技术委员会运动服装分技术委员会；

(3) 全国体育用品标准化技术委员会运动鞋分技术委员会［筹］；

(4) 全国体育用品标准化技术委员会运动器材分技术委员会［筹］；

(5) 全国体育用品标准化技术委员会钓具分技术委员会［筹］。

（二）体育用品标准的归口单位

标准归口单位实际上就是指按国家赋予该部门的权利和承担的责任、各司其责，按特定的管理渠道对标准实施管理。在现行的 146 项体育用品标准归口单位有 32 家，有 33 项归口全国文体用品标准化中心、有 30 项归口中国轻工业联合会、有 20 项归口全国体育用品标准化技术委员会。

（三）体育用品标准运行现状

1. 体育用品国家标准的运行

国家标准化管理委员会负责制定国家标准化事业的发展规划，并对国家标准实行统一计划、统一审查、统一编号和统一批准发布。体育用品国家标准的运行机制，依照《国家标准制定程序的阶段划分及代码》程序规定，一般划分为九个阶段：预阶段、立项、起草、征求意见、审查、批准、出版、复审、废止。

依照我国标准化工作实行统一管理与分工负责相结合的管理体制，中国轻工业联合会主要负责体育器材标准制修订工作，中国纺织工业协会主要负责运动服装标准制修订工作，全国体育用品标准化技术委员会主要负责体育用品的基础、管理、通用国家标准制修订工作。体育用品国家标准项目的建议经国家标准化管理委员会汇总、审查和协调，一般每年集中下达一到两次国家标准计划。2007—2008 年，国家标准化管理委员会共下达国家标准制修订计划 12 个批次，其中 2007 年 7 个批次，2008 年 5 个批次，涉及体育用品的有 5 个批次。此间共下达体育用品国家标准制修订计划 66 个，涉及体育用品标准主管部门 6 个，技术归口单位 8 个，主要起草单位 24 个（以第一起草单位计）。

2. 体育用品行业标准的运行

我国体育用品行业标准主要由国务院有关行政主管部门，如国家发展和改革委员会、国家体育总局、教育部、国家环保总局、国家质检总局等主持制定和审批发布，并报国家标准化管理委员会备案。2007—2008 年国家发展和改革委员会批准下达的行业标准项目计划中，涉及到的体育用品标准 7 项，主要有中国轻工业联合会（6 项）、中国纺织工业协会（1 项）两个行业标准化管理机构；涉及全国文体用品标准化中心（5 项）、全国塑料制品标准化技术委员会（1 项）、全国纺织品标准化技术委员会针织品分会（1 项）三个技术归口单位。

五、我国体育用品企业标准化建设现状

我国体育用品企业约 25000 家，我国绝大多数是民营小企业，相当一部分是私营作坊。企业无标准化管理人员（专业技术）、"无标"生产现象相当普遍，也很少有一些企业参加国际、国内有关标准化活动等，国内的一些体育用品大型企业相对好，如安踏集团、泰山体育产业集团、江苏金陵体育器材股份有限公司、上海红双喜股份有限公司等都通过 ISO9001：2000 国际质量体系认证、ISO14001：2004 环境管理体系国际认证和 OHSAS 职业健康安全管理体系认证。都有自己的研发和标准化管理专业技术人员。上海红双喜股份有限公司推出了 40 毫米乒乓球的"T3 技术标准"被国际乒联正式宣布为国际标准。

在我国现行的 146 项体育用品国家标准和行业标准中，由企业（作为第一起草单位）制定的标准不到半数只有 65 项，占到 44.52%，大多数标准是由行政事业单位、行政机关和社会团体制定的。其中社会团体制定 8 项，占 5.48%；行政机关制定 32 项，占 21.92%；行政事业单位制定 41 项，占 28.08%。在这 65 项企业制定的标准中，涉及到企业 34 家，主要集中在少数大型企业。根据课题组的调查分析，我国体育用品标准的主要立项需求并不是来自市场和企业。企业和社会团体提出立项的国家标准各有 73 项，只占 50.00%。在 2006—2008 年期间确立的标准项目中，只有约 10%是按时完成的，而且有部分项目根本没完成。这从另一个侧面反应出体育用品标准中，有相当一部分没有来自真正的市场需求。

六、我国体育用品标准化建设对策

● 体育用品标准制定要符合运动技术发展和规则要求，适应生产技术发展和市场需求。

● 成立健全全国性体育用品行业协会标准组织，统一组织制定和管理行业的标准化工作。

● 提高体育用品标准科技含量、提升国际竞争力，促进体育用品产业和国际贸易发展。

七、结论

我国已成立全国体育用品标准化技术委员会、分技术委员会 10 个。制定发布体育用品国家标准和行业标准 146 个，涉及到 24 个运动项目，覆盖面只有 16.90%；采用国际标准或国外先进标准的 23 项，采标率 15.75%，但采标标准做不到与国际标准同步修订或作废。体育用品标准覆盖面较小，标准的标龄过长，老化现象比较严重，不能够满足我国体育用品产业发展的需要。体育用品标准的运行和管理存在着条块分割，多头管理，争归口、多归口等现象。表现出缺乏沟通、协调机制，体育用品标准体系缺乏系统性、协调性和完整性，造成体育用品标准体系结构、布局不合理，功能、分工不明晰的问题，使得行业标准与国家标准之间、行业标准之间存在着交叉和重复。在现行的标准中，企业和社会团体提出立项的标准只占 50.0%，反映出我国体育用品标准中有相当一部分没有来自真正的市场需求。标准的技术内容既不能及时反映市场需求的变化，也无法与科学发展技术进步、产业更新步伐相一致。因此，需要建立适应市场的，技术领先

的，满足体育用品产业发展、体育运动实践需求的标准运行机制和管理体制，提高体育用品标准的市场适应性、增强标准为企业和市场服务的能力。要成立健全由体育用品生产企业、销售商、研究机构、政府部门以及认证、检测和检验机构与消费者等标准的利害相关各方代表组成的全国体育用品标准化技术委员会及相应的分技术委员会，统一组织起草和审查体育用品标准草案；组织制订批准发布本行业协会标准；指导体育用品企业标准化工作。既建立起一个既符合 WTO 规则，又能保护我国体育用品企业利益和提升国际竞争能力，促进科技成果的转化和技术进步，还能够应对经济贸易全球化和信息化挑战的体育用品标准体系。

项目编号：1095ss07052

我国体育用品业自主创新能力研究

闵　健　朱道辉　胡　艳

一、体育用品业自主创新能力的内涵分析

自主创新能力是指创新主体主要依靠自身的技术力量，进行技术突破，进行核心技术产品的开发研究，或者针对引进技术进行具有质的突破性的研究，并在此基础上的成果转化及产业化的活动能力。把握体育用品业自主创新能力的内涵，要注意三点：

1. 要正确把握自主创新和市场的关系。自主创新的本质特点在于科技成果的转化及产业化过程。

2. 要正确认识模仿创新和自主创新关系。自主创新是一个积累和学习的过程。一般是先引进、消化吸收、模仿到自主创新，自主创新和核心技术的掌握是决定一个企业或者行业是处于领先还是追随的关键。

3. 自主创新能力是一个系统、持续和动态的过程。自主创新行为并非由单个因素所决定的偶然性过程，而是涉及由技术、经济、法律、政策以及企业自身等多种因素相互作用的系统过程。自主创新能力的形成和提升是随着创新主体和创新环境的变化不断的发展变化的，是一个持续和动态的过程。

二、提升我国体育用品业自主创新能力必要性分析

（一）我国体育用品业发展回顾

1. 比较优势成就行业规模

经过二十多年的发展，目前我国的体育用品企业已经超过 400 万家，具有一定规模的体育用品企业约为 25000 家，已成为世界上最大的体育用品制造国家，是全球能够独立生产体育用品种类最多的国家。2007 年，我国体育用品出口规模达到 80.81 亿美元。我国体育用品业在发展的初期，利用劳动力廉价等比较优势，取得了巨大规模优势，奠定了行业发展的基础

2. 贴牌经历锤炼中国制造

从体育用品业发展的历史来看，贴牌生产既是国际品牌商选择中国生产商的原因，也是国内体育用品企业参与国际分工的切入点。贴牌生产的经历激活了体育用品市场；引进了国外先进的技术和管理经验；为企业的发展积累了一定资金；贴牌生产带来的规模优势，达到了世界体育用品制造份额的 65%。在这样的形势下，无论是国家体育行政部门、体育用品行业协会还是我国广大企业主体，都对我国体育用品业的未来走向给予了充分的关注。

3. 行业盛会搭建国际平台

在我国体育用品业的发展过程中，中国国际体育用品博览会（简称体博会）扮演了

重要角色。从1993年，我国开始举办第一届体育用品博览会，至今（截至2008年6月）已经成功举办了22届。体博会已成为一个集品牌展示、订货交易、信息交流、项目洽谈为一体的多功能展会。通过这样一个平台，为国内体育用品企业了解最新行业信息、宣传推广自有品牌、提高企业发展的竞争力提供了一个极佳平台。

4. 自主创新开始起步

在我国体育用品业二十多年的发展进程中，我国自主品牌也正呈现一个积极的上升过程。从2004年至2007年，我国共推出了竞技体育和全民健身9个系列19个品牌的名牌产品。

（二）我国体育用品业自主创新存在的突出问题及成因

1. 突出问题

一般品牌林林总总，国际品牌凤毛麟角。参加第22届中国国际体育用品博览会展出的国内品牌就有2000多个，这个数量只是国内体育用品品牌的一部分。在林林总总的体育用品品牌当中，真正被人记住的并没有几个，能够真正走出国门的品牌也为数不多。

模仿抄袭较多，自主创新成果较少，体育知识产权观念和意识淡漠。模仿抄袭则成了我国体育用品业发展的突出问题。2001年仅广东省内各海关已在进出境环节查获34宗与体育用品有关的侵犯知识产权案件，其中包括33宗侵犯知名体育用品商标专用权案件。2008年3月1日天津海关日前查获一起涉嫌侵犯知识产权的案件，货物包括运动裤、背包、帽子等近3万件，涉嫌侵犯包括李宁、阿迪达斯、耐克等著名品牌的商标权。

发展阶段整体落后，我国体育用品业处于产业链的低端。我国体育用品企业主要处于价值链的最低端，也就是生产制造环节。我国与工业发达国家体育用品业之间的差距，已经不是初级的工业生产规模和产品产量方面的差距，而是经济结构、生产技术水平和产业组织方式上的差距，是研究与开发投入水平和科技成果转化能力方面的差距。

抵抗风险的能力较低。我国体育用品企业以加工出口为主要业务，由于处于价值链的最底端和劳动力供给下降，劳动成本上升以及人民币升值压力，受国外市场需求变化的影响大，抵抗风险的能力较低。

2. 问题的成因分析

我国体育用品业自主创新能力不强的原因主要有：体育用品标准化工作滞后；技术创新意识不强，研发投入较少；集群数量较多，但创新优势尚未发挥；人才缺乏，自主创新活动难以有效开展；科学有效的自主创新体制尚未健全。

3. 提升我国体育用品业自主创新能力是贯彻落实科学发展观，走可持续发展之路的必然要求

体育用品业的发展要与建体育强国的新定位相适应。继续走加工为主的道路，难以做到全面、协调和可持续发展，必须选择新的发展方向。我国体育用品业发展的总体价值取向，应该向自主创新拥有自主知识产权并拥有自己核心技术的创新型方向过渡和发展，形成拥有核心产品的发展模式。经过新的发展阶段，完成从追随者到领跑者的角色转换，这是我国体育用品业贯彻科学发展观，走可持续发展之路的必然要求。

三、对策与建议

（一）强化以“自主创新”为主导的产业发展观念

强调以“自主”为主的创新。坚持自主创新根据自身情况可以有多种选择：一是可以在利用国内外成熟技术基础上进行改进和创新，形成具有特色的系统集成；二是可以在掌握核心技术或关键模块基础上控制相关配套技术，从而达到控制整个技术体系的目标；三是可以在拥有战略控制权基础上打出自己的技术品牌，提高知名度并扩大在国际上的影响。无论哪一种选择，都必须掌握控制权和主动权，因为只有这样才能称得上是自主创新。

（二）以塑造世界级品牌为主线提升创新能力

品牌反映了价值要素的集合体，是自主创新成果的集中体现。因此，应该以品牌创新为主线，引领我国体育用品业自主创新能力不断提升，走出一条可持续发展的道路。

1. 塑造世界级品牌的目标定位

我国体育用品业的品牌创新应该确立高远的目标，就是要塑造世界级的品牌，也就是要有拥有完全知识产权的在全球有市场、有影响的产品。只有拥有世界级品牌，才能拥有行业的话语权，成为领先者，才能实现我国体育用品业从生产大国到制造强国的转变。

2. 优先发展大众消费产品的市场定位

我国体育用品生产的范围相当广泛，几乎涉猎了所有的体育用品种类。创建世界级品牌，不可能全部优先发展。应该考虑经济社会发展的需要，首选与群众健身需求密切、市场消费量大的体育用品作为优先发展对象，把大众消费市场作为品牌创新的首要市场。把运动服装、鞋帽和健身器材、设施设备作为世界级品牌创新的对象，首先在13亿人的国内市场中占有更多的份额，逐步更多的进入国际市场。

3. 国际化统一化的文化定位

塑造世界级品牌文化要重视两个方面问题：首先是品牌文化的国际化问题，商品经营过程中考虑消费地的风俗习惯，处理好跨文化问题；其次是品牌文化的连续统一问题。确立了品牌的核心价值和使命之后，无论在世界任何一个地方进行推广，都始终如一地去表现其品牌的核心，传达品牌准确的市场定位。

（三）科学规划建设体育用品业制造园区，优化品牌创新微观环境

利用集群效应，产生创新效果，体育用品业要进一步向园区集中，应由政府出面，科学规划建设体育用品制造园区，为体育用品业自主创新搭建平台。着眼于体育用品业的科学发展和自主创新能力提升，规划和建设体育用品产业园区应注意以下问题：国家层面统一布局，科学规划体育产业园区，确定其类型和发展方向，优化体育用品业的产业结构，整合优化现有体育用品业资源，既注意形成集群优势，又要防止低层次低水平的重复；以园区为平台，扶持和打造行业的旗舰企业或龙头企业。以大企业为龙头，与其它企业关联发展，企业及项目在产业链的构成和延伸上相互配套，相互具有关联作用、支撑作用和促进作用。形成以旗舰企业品牌为核心，带动产业链上下游的相关企业

品牌形成“链式”产业品牌。或者以大企业为轴心，大企业品牌引领了产业品牌发展的主导方向，众多中小企业拱卫环绕形成“轮轴式”产业品牌。促成企业间形成具有生态依赖性质的产业集群。

（四）建立和完善体育用品新技术风险投资机制，为创新品牌分担风险共享成果

体育用品自主创新的风险投资，不是针对整个产业发展的一般性融资方式，而是指投入到新兴的，有巨大竞争潜力的体育用品企业的一种股权资本。是具有高风险与高收益的特殊的商业性投资活动。建立和完善风险投资机制主要包括：以政府资金为引导，民间资本为主体的风险资本筹集机制和循环机制；市场化的风险资本运作机制，借鉴国外的经验，一般通过公司制、有限合伙制和信托基金制进行运作；完善的退出机制，即实现风险投资收益和投资新项目的准备。风险资本的退出主要通过证券市场和产权交易市场实现。

（五）以品牌保护为着力点，加强知识产权保护

1. 增强品牌保护意识，完善体育知识产权法律体系

我国体育用品业的知识产权保护要以品牌保护为着力点。我国对品牌保护从意识到手段都还不够。一方面世界知名品牌不多，一方面保护还不够。建立和完善体育知识产权法律体系是当前和今后一段时间工作的重点。首先要在国家知识产权战略体系的统筹下有序实施，分层推进；其次要重视行业特征，在认真总结我国体育用品企业发展经验教训的基础上，制定出通行的行业发展标准；三是要适应 WTO 的规则要求，对知识产权各项法律条例进行不断修改和完善。

2. 努力提高处理国际贸易争端的能力

主要重视三项措施：一是加大对产品专利技术的注册力度。快速、准确的进行产品专利技术注册是有效进行知识产权保护的基础；二是加强对国际市场的监视。为维护其自身的形象和利益，打击竞争对手；三是加大对海关保护备案申请工作，通过这种途径来解决从境外流入和从境内出口到国外市场的假冒伪劣产品。

项目编号：1108ss07065

闽浙粤体育用品产业自主创新能力评价与发展策略研究

王德平　陈建华　任保莲　骆　映　王大平

一、闽浙粤体育用品产业自主创新能力评价与分析

（一）闽浙粤体育用品产业基本概况

对闽浙粤体育用品产业基本概况调查结果表明：闽浙粤体育用品产业地域分布具有明显的以地缘优势、经济社会发展优势、地区产业传统及发展优势形成的区域性板块特征。闽浙粤体育用品产业基本行业及行业内企业分布具有较高的空间集聚特征，区域性产业（行业特色）集群化程度较高；闽浙粤体育用品产业及基本行业初具规模，但各产业内企业规模普遍较小，产业基本行业生产单位以中小型企业为主；闽浙粤体育用品产业基本行业及行业内企业产权性质多样，且以民营经济为主体。

（二）闽浙粤体育用品产业自主创新能力评价指标体系构建

基于指标体系构建原则，参考已有文献，并根据闽浙粤体育用品产业的一般规律和特征，综合相应的宏观社会经济环境，在走访部分专家、查阅多方面资料的基础上，我们拟定出闽浙粤体育用品产业自主创新能力构成体系的初步框架，并按照特尔斐法调查的技术要求，对闽浙粤体育用品产业自主创新能力构成体系进行了两轮专家调查：即通过第一轮专家调查，对设计的闽浙粤体育用品产业自主创新能力构成体系调查问卷的效度进行检验，并在专家充分发表本人见解的基础上，请专家根据自己的经验，对初拟的闽浙粤体育用品产业自主创新能力构成体系行了筛选、补充和修正，使其更加全面、系统和完善。第二轮问卷调查则是将修改、完善后的闽浙粤体育用品产业自主创新能力构成体系反馈贵专家，供他们根据获得的信息重新作出判断，经专家再次对指标体系有效程度的确认（效度为98%），最终意见基本趋于一致，集中率达90%以上，就此形成闽浙粤体育用品产业自主创新能力构成体系和闽浙粤体育用品产业自主创新能力评价的指标体系（表1），并采用AHP层次分析法对闽浙粤体育用品产业自主创新能力评价指标体系中各级指标的权重系数进行确定。

表 1　闽浙粤体育用品产业自主创新能力评价指标体系

	要素层 Ai	权重	指标层 Bi	权重	评判因素层 Ci	权重
浙粤体育用品产业自主创新能力	潜在自主创新资源 A1	0.17	人力资本存量 B1	0.55	专业技术人员比例 C1	0.34
					专业技术人员年龄 C2	0.30
					专业技术人员学历本科以上比例 C3	0.36
			经济资源存量 B2	0.45	工业总产值 C4	0.18
					工业增加值 C5	0.17
					产业资产总计 C6	0.23
					产业销售收入 C7	0.21
					产业利润总额 C8	0.21
	自主创新投入能力 A2	0.23	创新人员投入 B3	0.56	创新活动人员投入强度 C9	1.00
			创新经费投入 B4	0.44	R&D 经费内部支出占销售收入比例 C10	0.48
					新产品开发经费占销售收入比例 C11	0.52
	自主创新产出能力 A3	0.19	专利申请 B5	0.32	专利申请数 C12	1.00
			发明专利 B6	0.38	发明专利数 C13	1.00
			新产品产值及销售收入 B7	0.30	新产品产值占总产值比重 C14	0.46
					新产品销售收入占产品销售收入比重 C15	0.54
	市场开发能力 A4	0.27	产品市场份额 B8	1.00	国内市场份额 C16	0.56
					国际市场份额 C17	0.44
	自主创新环境 A5	0.14	政府部门扶持力度 B9	0.57	对政府引导和组织满足程度 C18	1.00
			融资环境 B10	0.43	自主创新资金满足程度 C19	0.60
					银行贷款比例 C20	0.40

（三）闽浙粤体育用品产业自主创新能力的模糊综合评价

根据上述闽浙粤体育用品产业自主创新能力评价指标体系及其具体评价分析设计思路，我们通过实地调查及文献资料查阅，对闽浙粤体育用品产业自主创新能力评价体系要素层及其具体评价指标进行了系统调查，并对调查结果进行统计学处理，以期作为闽浙粤体育用品产业自主创新能力评价及分析的基础。

对闽浙粤体育用品产业自主创新能力的评价采用多级模糊综合评判，其基本思想是：把众多的因素，按其性质分为若干类，先按最低层次的各个因素进行综合评判，然后再按上一层次的各因素进行综合评判。这样一层一层依次往上评，一直评到最高层次，得出总的评判结果，即根据上面所构造的隶属函数，利用收集到的数据资料得到20个单因素的模糊评价结果向量，按照最大隶属度法和模糊分布法，就可以评判出闽浙粤体育用品产业自主创新能力的情况（表 2）。

表 2　闽浙粤体育用品产业自主创新能力的综合评价得分与排序表

地区	体育器材类制造业		运动服装类制造业		运动鞋类制造业		体育用品产业	
	分值	位次	分值	位次	分值	位次	分值	位次
福建	2.118871	3	2.009036	3	4.081136	1	3.285656	2
浙江	2.959132	2	4.436458	1	2.422524	2	3.391702	1
广东	3.644389	1	2.624381	2	2.38786	3	2.219118	3

评价结果表明：闽浙粤三省体育用品产业自主创新能力以浙江省为最强，其次是福建省，广东省相对最弱。就其体育用品产业基本行业自主创新能力而言，体育器材类行业广东省最强，浙江省次之，福建省则相对较弱；运动服装类行业以浙江省为最强，其次为广东省，福建省相对较弱；运动鞋类行业则以福建省为最强，其次为浙江省，广东省则相对较弱。分析结果亦从闽浙粤体育用品产业现实状况得到映证，表明评价体系设计及实践过程具有的科学性和客观性。

二、闽浙粤体育用品产业自主创新能力发展对策——基于厦门市体育用品产业自主创新状况调查分析

通过厦门市体育用品产业自主创新状况的个案调查研究发现，制约厦门市体育用品产业自主出能力发展的主要因素为：(1) 体育用品生产企业规模普遍较小，产业经济资源存量较低；(2) 人力资源总体质量较低，基本行业专业技术人员存量普遍匮乏；(3) 企业自主创新意识普遍较低，认知参差不齐；(4) 创新活动经费有限，产业 R&D 和新产品开发经费投入力度较弱；(5) 专利发明及专利申请拥有量少，新产品销售收入及产值不高；(6) 国际市场依存度大，国内市场开发不足；(7) 政府部门扶持力度有限，自主创新活动融资困难。

厦门市体育用品产业自主创新活动的主要特征表现为：创新活动以市场为导向和满足市场需求为主；创新以吸收、消化与再创新为主；创新成本低、效率高、发展较快；技术创新与制度、机制创新紧密结合；创新与创业紧密结合；创新得到政府和社会的支持等。亦即反映了闽浙粤体育用品产业自主创新的主要特征。故此，我们从务实性和可操作性的原则出发，对闽浙粤体育用品产业自主创新能力的发展提出以下对策。

- 切实改善管理，普惠规制落实到位，运用规制政策和要素资源供给，构建和完善社会化、综合性的服务平台，加大聚焦优扶力度，提高优惠政策措施的实施效果。

- 政府对体育用品产业自主创新活动的引导和协助应采取区别对策，以适应现阶段体育用品产业发展的实际情况，引导经营规模较大且仍有成本优势的企业提升技术水平，尝试技术研发创新，帮助其增强融资能力和市场经营能力。鼓励资本实力强并已具产业投资基金雏型的公司更多介人技术创新项目的投资购并。

- 提高体育用品生产企业理解和掌握政策的能力。鉴于闽浙粤体育用品生产企业的性质，在企业创始阶段，政府政策很少惠及到他们，作为一种惯性行为，企业对于及时掌握和理解政府政策的意识淡漠，以至于一些企业对政府的各项优惠政策知之甚少，有的企业即使知道也因为认为程序繁琐而放弃。对于处在规范市场环境中的体育用品企业而言，应该主动了解、掌握政府的政策和法规，在履行相关义务的同时，充分享受政策优惠。

- 增加政府投资，广泛吸引、集聚民间资本，以多样化投资方式积极发展具有特殊功能的产业投资（基金）行业，增强企业自主创新融资能力。政府应当大力支持、引导并发起筹建具有产业投资基金功能，尽可能介入自主创新项目投资的特殊行业。

- 形成产业集聚，发挥产业集群中各主体的创新活动能力，促使体育用品产业自主创新能力提升。在自主创新聚焦服务中，闽浙粤三省应向体育用品产业项目企业聚焦，而且应向类似“工作母机”功能的投资公司聚焦，形成产业集聚，促使体育用品产业自主创新能力提升。

• 对享有优惠政策聚焦的企业，可根据其创新绩效和对经济社会的贡献予以特殊政策支持。

• 充分发挥工商业联合会的政府助手职能，利用其联系企业广泛、会员往来密切的优势，为发现具有自主创新潜力且值得政策聚焦的企业提供更多的第一手材料，为评价促进自主创新的规制政策的落实情况和实施效果反馈信息，为体育用品产业的发展发挥更积极的作用。

• 坚持自主创新与合作创新两条腿走路，进一步注重企业的自主研发能力，在企业内部资源依托上有所突破并与外部资源的利用形成新的格局，在研发设施、研发机构、研发人才和研发组织管理方面保持相对平衡。合作创新应形成稳定的技术链上下游关系，逐步向独立自主研发为主、开放型合作为辅的创新目标模式转变。

• 推进体育用品企业之间的技术联盟，使其优势互补共同发展，在吸收引进及国际合作过程中实现再创新。

• 为企业创品牌提供必要的政策支持和鼓励措施，并设定专项资金用于体育用品生产企业开展自主品牌建设。

• 进一步转变观念，积极发掘创新潜力，努力增加研发投入，不断增强自主创新能力，逐步健全创新机制，通过技术创新与其他创新的互动提高创新绩效，走持续创新与发展之路。以提高技术创新绩效为重点，全面改进企业其他方面的创新尝试和经营管理工作。

• 培养勇于探索、孜孜以求的创新精神，确立技术创新在企业自主创新中的地位，是闽浙粤体育用品产业实体和企业家转变观念、提升理念的关键。

创新国内市场需求，获取国际、国内市场的协调发展。体育用品生产企业须得通过创新产品来开发国内、国际市场，短期竞争赢利和长期创新发展统筹兼并，通过创新国内市场需求，即把优质产品作为创新需求的物资基础。

项目编号：1096ss0753

我国休闲体育产业化及其政策研究

邹本旭　李双军　刘　兴　曹连众　孙永生　陈祥岩

近年来，理论界对休闲体育产业的相关理论研究处于对西方理论的移植阶段，且主要集中在对休闲体育产业概念的界定，休闲体育产业的分类、必要性、可行性、功能、作用，发展休闲体育产业的对策等方面的研究。这些研究在我国休闲体育产业的概念和类型，休闲体育的产业化发展的必要性和可行性，休闲体育产业化发展目的，休闲体育产业的时代特征及主要特征，发展体育休闲产业的经济、文化与社会作用，市场经济对休闲体育产业的影响，以及多元化、多层次的体育休闲项目体系的建立，高素质的体育休闲服务的提供，体育休闲产业从业人员素质的提高，休闲体育产业的若干发展策略等方面给予了较详细的论述。

问题是，且不说这些研究缺少在我国文化、社会性质、所处的阶段、经济体制等环境背景下进行理论研究的针对性，而就在还没有进行我国休闲体育产业化相关理论的研究的情况下，就进行了休闲体育产业相关理论的研究，出现了理论研究顺序上的倒置。那么，在休闲体育产业化的概念、依据、必然性、可行性、最终目的和指导思想等基本问题以及我国休闲体育产业化的有效途径和政策保障的问题没有搞清楚的情况下，进行适合我国国情的休闲体育产业相应理论的研究，由于缺少理论源头的内容与支持，其结果势必会造成相应理论的研究的凌乱和不完整性，同时亦会影响我国休闲体育产业的健康、科学、可持续性地顺利发展。

一、对我国休闲体育产业的定义与分类

本课题参照国外发达国家对休闲体育产业的定义以及我国《文化及相关产业分类》标准，对休闲体育产业界定如下：指社会各部门提供的与休闲体育活动有关的一切产品和服务，以及与这些产品和服务相关的所有的经营活动的总和。所以休闲体育产业不仅包括向社会提供休闲体育服务的各部门，而且还包括提供有形休闲体育物质产品生产部门。休闲体育产业包括体育健身娱乐业、体育竞赛表演业、博彩业、休闲体育服务业、体育旅游业、体育传媒业、电子竞技业等主体产业和体育建筑业、休闲体育金融业、休闲体育制造业和休闲体育贸易业等相关产业。

二、我国休闲体育产业化的最终目的和指导思想

我国休闲体育产业化发展的指导思想是：始终坚持经济效益和社会效益并举和以人为本的指导思想，以其经济效益促进自身发展的同时，更注重其带来的社会效益，达到满足人们日益增长的对休闲体育文化的需求。

我国休闲体育产业化的最终目的是：发展休闲体育文化。

三、我国休闲体育产业化的含义

根据休闲体育产业化发展的最终目的和指导思想，结合体育产业化的概念，本课题将休闲体育产业化定义为：在以人为本的指导思想下，通过开发休闲体育的经济功能，提高其自身发展能力，使其由事业型、公益型向经营型转变，向社会提供休闲类体育用品和劳务，以达到其最终目的，即满足人们日益增长的文化需要。

四、我国休闲体育产业化的依据、必然性和可行性

我国体育事业面向市场，走上市场，推进产业化发展方向，是深化体育改革的必然趋势，是我国休闲体育产业化的理论依据。休闲体育产业在体育产业中具有举足轻重的地位、满足社会对休闲体育产业的需求及休闲体育产业对促进社会发展中具有重要的作用等，是我国休闲体育产业化的现实依据。《中共中央国务院关于加强和改进新时期体育工作的意见》《关于培养体育市场加快体育产业化进程的意见》以及《1995—2010年体育产业发展纲要》等国家政策是我国休闲体育产业化的政策依据。

休闲体育产业化是我国体育改革的方向，是国家和社会共同兴办体育事业格局下一个新的机制。和谐社会的提出是发展休闲体育事业坚实、稳定的基础，全面建设小康社会及“十一五”规划是发展休闲体育事业的机遇。居民休闲时间延长、休闲观念提升使得体育休闲产业的发展空间巨大，经济效益显著，能够促进第三产业经济的发展，增加就业机会，同时2008年北京奥运会为我国休闲体育产业发展提供契机。实践和理论证实，发展我国休闲体育产业化是可行的，是历史的必然。

五、目前我国休闲体育产业化实现过程中出现的问题及原因

休闲体育产业管理的法制化、规范化程度还不高；休闲体育产业化管理及运行机制不健全；缺少休闲体育专业管理机构和协会；社会各行业系统发展不协调；休闲体育产业的发展缺乏稳定的优惠扶持政策；教育体制落后，休闲体育产业经营管理人才匮乏；休闲体育产业行政部门对体育产业化的认识不够。

六、我国休闲体育产业化实现途径和对策

（一）加快配套立法，建立健全体育法规体系

休闲体育法制建设的目标是在本世纪初，初步建立起适应社会主义市场经济需要，符合现代休闲体育产业化规律，以宪法为指导，以休闲体育法为龙头，以行政法规为骨干，以部门规章和地方性法规为基础、结构合理、层次衔接有序的休闲体育法规体系和与之相适应的休闲体育执法监督及法律服务体系，建立一支休闲体育执法监督检查队伍，使休闲体育法制建设状况有明显改善。

（二）改革休闲体育产业化管理模式及运行机制

避免现代大众体育产业的管理模式的弊端，积极借鉴现代“企业社会责任制”理念，及相应的管理模式和法规，建立适合我国社会主义初级阶段，市场经济条件下的休闲体育管理模式，即有着产权清晰、职责明确的政府和社会或独立实体相结合的管理模式，和以市场进行资源配置的运行机制。

（三）优化休闲体育产业结构要以休闲体育主体产业尤其是健身娱乐业和竞赛表演

业为主导产业，通过主导产业来带动休闲体育产业结构的全面升级，通过市场调节和政府适当干预使得体育产业结构得以优化。

（四）健全休闲体育专业管理机构和协会

我国休闲体育要产业化发展，除了让市场发挥资源配置的基础作用外，还要建立健全休闲体育专业管理机构和协会，协助政府共同完成宏观调控，解决市场不能解决的问题。如，建立“政府+协会+公司/政府+协会+俱乐部”的现代产业经营模式，能够较好解决很多政府、经营实体和市场之间产生的诸多矛盾和问题。

（五）转变机制，积极开发休闲体育市场

转变机制，积极开发休闲体育市场主要包括：加强休闲体育市场理论研究的广度与深度；创造公平竞争的市场环境；培育大众休闲体育消费市场；扶持休闲体育进入校园和加快我国休闲体育项目的开发。

（六）多种途径培养休闲体育产业的专业人才

通过专业培养、岗位培训、在职进修、招聘引进等多渠道来培养和造就休闲体育产业经营管理的专业人才。在各体育院校，各大专院校体育系开设休闲体育专业，培养休闲体育的研究、指导、组织和经营人才，促进休闲体育产业化的发展。

（七）体育行政部门要解放思想、转变观念

体育行政部门要正确把握休闲体育发展的规律，逐渐改变完全依靠政府办体育的观念，逐步做到非赢利性、福利性体育事业依靠政府公共财政提供资金，大力发展提供赢利性非公共产品的休闲体育产业。把发展休闲体育产业放到与发展群众体育并重的地位上来，结合本地区实际，会同当地政府及有关部门，结合国家“十一五”规划制定体育产业发展的长远规划。

七、完整的休闲体育产业政策体系

制订休闲体育产业政策体系的主要原则：适应社会发展的原则；全面系统的原则；社会化的原则；以体为本的原则；因地制宜的原则；依靠科技进步的原则。

休闲体育主体产业政策包括健身娱乐业、竞赛表演业、博彩业、休闲服务业、体育传媒业、休闲体育旅游业、电子竞技业政策的制定；体育相关产业政策从体育角度对各种体育相关产品的生产和经营进行指导、咨询、帮助、检查和监督，采取多种途径、方法和手段为不断扩大和提高体育产品的品种和质量提供服务。

根据我国社会性质、所处的阶段、运行的经济体制及休闲体育产业化发展的指导思想和最终目的，全面、系统地分别就休闲体育产业的总体和主体产业的各个行业和相关产业制订相应的政策，形成一个完整的休闲体育产业政策体系。为我国休闲体育产业化健康、持续、科学地发展提供了政策依据与支持。

项目编号：1166ss07123

长三角体育休闲市场一体化及协同发展研究

程慎玲　梁久学　李建设　翁明辉　张四清　刘海洋　杜雪松　梁　帅

体育休闲产业是为社会公众体提供休闲娱乐服务和产品的一切体育活动，以及与这些活动有关联的活动的集合。

根据体育产业三个层次，八个大类划分标准及咨询相关专家的建议，本研究对体育休闲产业的主要内涵概括为：体育休闲活动（赛事）组织管理活动、体育休闲健身场馆管理活动、体育休闲中介活动、体育休闲相关金融保险活动、体育旅游、拓展活动、体育休闲用品销售、体育休闲用品制造、体育彩票。

一、长三角体育休闲市场发展现状综述

（一）长三角体育休闲市场发展的宏观背景分析

1. 长三角地区经济发达，体育休闲市场的发展有着坚实的经济基础
2. 政府对体育产业化发展的重视
3. 有充裕的民间资金
4. 居民收入快速增长，体育消费需求上升，体育市场已进入快速发展状态
5. 长三角企业市场化程度高

（二）长三角体育休闲市场供给分析

1. 长三角地区体育资源得天独厚

(1) 体育用品的生产全面而丰富

(2) 长三角地区有良好的竞赛表演市场

(3) 长三角地区体育场馆和体育休闲娱乐设施资源丰富

2. 长三角地区体育休闲市场供给现状分析

(1) 实物用品市场供给现状

①产品资源丰富，供给量充分

②产品的结构种类齐全

③产品的标准化程度不高

(2) 健身娱乐市场的供给现状

①休闲健身场所的数量较多，经营的范围比较齐全

②经营质量有待提高，项目应该尽快与国际接轨

(3) 竞赛表演市场的供给现状

目前，以足球、篮球、排球和乒乓球四大职业联赛为竞赛表演市场的主体。除了这

四大联赛外，近几年来长三角不断引进国际上有影响的赛事，如F1赛上海站、NBA季前赛、上海网球大师赛等这些赛事，无疑为城市的居民提供了更为丰富、质量更高的竞赛观赏产品。

(4) 体育旅游资源供给现状

长江三角洲是开发体育旅游较早的地区，而且体育旅游产品开发的规模逐步扩大，持续性好，已经形成了较有影响的国际知名品牌。长江三角洲旅游资源得天独厚。上海的大都市旅游令人神往。“上有天堂，下有苏杭”的美誉闻名中外。长江三角洲有着丰厚的人文、历史资源积淀和秀丽的自然风光，实为江南锦绣之地。区域内现有国家AAAA级旅游区（点）50个，几乎占据了全国AAAA级旅游区（点）的半壁江山。

二、长三角两省一市体育休闲市场协同发展的有利条件和阻碍因素的分析

(一) 优势条件

- 长三角体育产业一体化带动区域内体育休闲市场合作的发展
- 各级政府部门重视体育休闲市场的发展
- 两省一市具有丰富多彩的地方体育休闲特色项目
- 新的体育休闲项目不断出现
- 体育与有关部门的合作呈现出良好的互动局面

(二) 阻碍条件

1. 地区利益障碍

• 两省一市体育休闲市场区际利益分化的主要影响。利益分化的不合理性严重影响地区参与合作与协同发展的积极性；区际利益分化的不合理性及“共用地灾难”严重阻碍区域经济的协同发展。

• 地方利益保护主义带来的不良影响。只顾自身的局部利益和短期的眼前利益；各地区竞相发展预期收益丰厚的产业或项目，区域经济或产业结构趋同化；地区间争抢原材料和资金、技术、人才等各种生产要素；构建行政性壁垒，进入人为的区域市场分割。

2. 体制及制度障碍

- 条块分割是行政管理体制的根本性障碍
- 政府或主管部门不合理的政策法规、规章制度与行政审批所带来的影响
- 产权制度不明晰导致政府职能占据了市场机制发挥作用的有效空间

3. 文化与思想观念障碍

在“长三角”体育产业一体化发展中不同地区人们观念的分野将可能导致冲突：即上海习惯于以政府主导行为实现体育资源一体化发展，而苏浙则更倾向于通过市场竞争机制实现体育资源的一体化发展。鉴于此，我们认为，这种在观念层面上的冲突将可能成为三地体育产业一体化发展的阻力之一。

三、长三角体育休闲市场协同发展过程中政府角色的研究

（一）长三角两省一市体育产业管理部门合作协调机制模型的建立

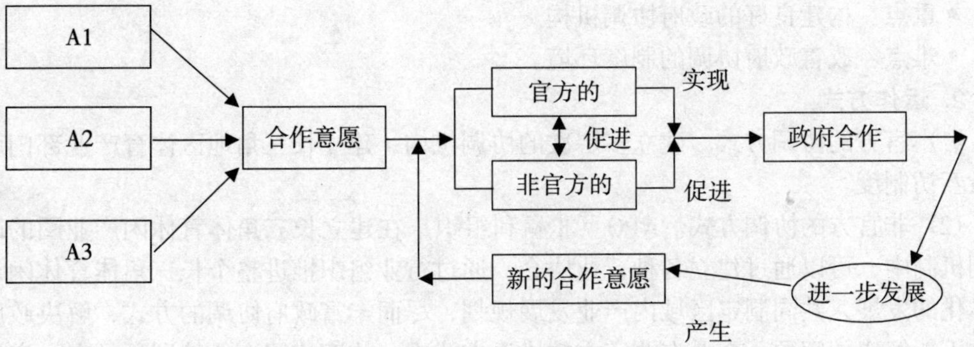

图 1　三地体育休闲市场发展政府协调机制过程模型

如图 1 所示，由 A1、A2、A3 分别代表苏、浙、沪三地体育休闲产业市场，为促使三地产业圈形成合作意愿，通过协调机制的作用实现相互之间的合作。合作的进一步深入，产生了新的合作意愿，并通过协调机制进一步促进三地产业圈政府间合作向前发展。协调机制的作用是动态的、循环的，它是以三地体育休闲产业圈间政府合作发展的过程不断深入而发生作用，并在协调过程中不断完善的，而非静止的机制模型。

（二）长三角体育产业政府部门协调机制层次模型

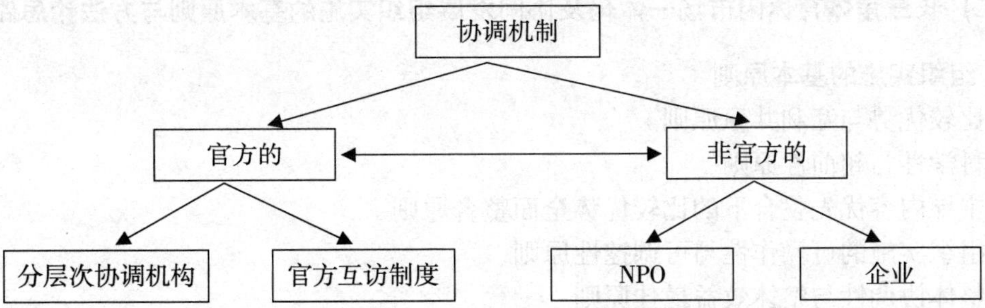

图 2　长三角体育休闲市场政府部门协调机制层次模型

如图 2 所示，该模型对协调机制作了进一步的阐述，此机制由官方的、非官方两种方式，相互促进、相互作用、共同构成的分层模型，而官方的协调方式中通过建立分层次协调机构以及官员互访制度来实现，而非官方的协调方式则主要包括 NPO（非赢利性组织）、企业的共同作用。

（三）长三角体育休闲市场政府合作的协调机制模型运作分析

1. 运行基础

- 起点：形成较强的合作意识
- 基点：政府职能的准确定位
- 重点：构建良好的政府协调机构
- 难点：改善政府协调的制度环境。

2. 运作方式

(1) 官方的协调方式。建立多层次的协调机构；建立长三角地区体育产业部门政府官员互访制度。

(2) 非官方的协调方式。NPO（非赢利组织）在建立长三角体育休闲产业圈的政府协调机制中，可以通过建立各种行业协会，通过行业组织推进整个长三角体育休闲市场一体化的发展，共同制定区域内产业发展规划，尽而丰富政府协调的方式，解决政府协调中不能解决的问题。企业在非官方的协调方式中，体育休闲企业特别是具有一定影响力和实力的大型企业、连锁健身休闲俱乐部的作用不容忽视。

四、长三角体育休闲市场一体化及协同发展模式的研究

（一）对产业发展模式的认识

本课题基于长三角体育休闲市场的现实特点、相关专家意见和相关研究成果，将长三角体育休闲市场协同发展模式的内涵定义为：三地体育休闲市场一体化及协同发展的方式选择、体育休闲市场资源主导产业结构的确定和优化、体育休闲市场协调机制的讨论。

（二）长三角体育休闲市场一体化及协同发展组织实施的基本原则与方法论思路

1. 组织实施的基本原则

- 比较优势与互利共赢原则
- 科学性与超前性原则
- 主导内容优先整合下的比较优势全面整合原则
- 组织实施的可操作性与可调控性原则
- 整体协调性与整体效益最佳原则
- 协同发展下的效率与公平兼顾原则

2. 组织实施的方法论思路与组织技术

(1) 长三角体育休闲市场互补性整合组织实施的工作思路与操作步骤

- 三地体育休闲市场互补性整合的条件分析
- 三地体育休闲市场关系现状
- 三地体育休闲市场整合方向（领域）的选定与整合模式的构建
- 三地体育休闲市场互补性优化整合的效应预期（评估）
- 三地体育休闲市场互补性优化整合的措施与对策
- 三地体育休闲市场互补性优化整合的组织实施及调控

(2) 长三角体育休闲市场协同发展的组织实施技术路线的确定

区际经济或产业互补性整合的组织实施是一个复杂的系统工程，涉及的工作面宽、工作量大，影响因素多。因此，长三角两省一市体育休闲市场协同发展的实施组织需要制定科学、严谨、逻辑性强和可操作性强的技术路线。根据三地体育休闲市场协调发展的互利共赢目标、整合方案论证与构建的方法、整合方案实施与效果的保障等，确定三地体育休闲市场一体化及协同发展的组织实施的技术路线。

（三）长三角体育休闲市场一体化及协同发展模式的选择

根据以上对长三角体育休闲市场协同发展组织实施的基本原则、方法论思路与技术路线的讨论，并结三地体育休闲市场的特点，以及相关专家对地区间体育产业一体化发展模式的相关观点，最终确定为非均衡协调发展的模式。

（四）长三角体育休闲市场协同发展中主导产业的确定

采用层次分析法对长三角体育休闲市场协同发展中主导产业的确定问题进行研究。

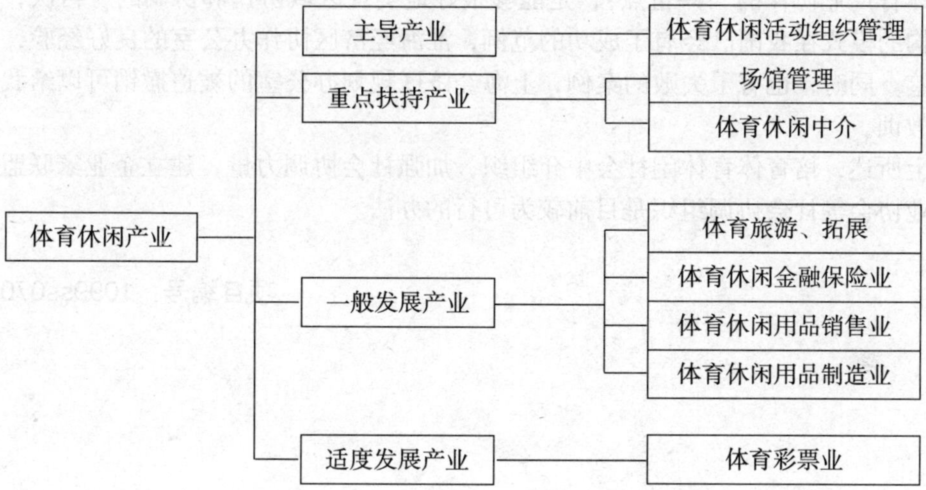

图 6.1　长三角体育休闲产业发展层次图

结合咨询专家的观点，将场馆管理和体育中介确定为重点扶持产业，这两个产业的发展需要政策的大力支持；体育旅游、拓展、体育休闲金融保险业和体育休闲用品制造和销售业的发展主要由市场自身来调节，要充分发挥市场在资源配置的基础性作用；体育彩票业是政策性较强的产业，对社会的影响较大，应根据区域内居民消费的水平适度发展。

（五）长三角体育休闲市场协同发展模式的探讨

建议之一：在考核机制上，要改革“以产业规模论英雄”的产业水平考核制度；

建议之二：在利益机制上，要构建长三角体育休闲市场协调发展的利益补偿机制和激励机制；

建议之三：在服务平台上，要构筑和拓展长三角地区体育休闲市场的协作互动平台。

1. 在制度保障上，要使地区间协作制度法制化

2. 在协调方式上，要鼓励区域间的自我协调

3. 在协调组织上，要设立专门的协调机构，培育社会中介组织

方案 1 设立体育产业行政部门联合体

方案 2 设立长三角各地体育休闲市场间松散的协调机构

经过严密的讨论，方案 2 是现阶段最切实可行的方案。

首先，松散的城市协调机构，规模小，运作灵活，成本低廉；其次，目前在长三角体育休闲市场的区域协作和协调发展中，有现实可行性的还只局限于体育休闲项目的开发推广上、大型赛事的合作组织、开展大型群众体育健身等方面。在这些方面，由于有共同的利益动机和取向，通过协调机构的引导和市场机制的运作，是能够发挥良好的效果的；而在企业、产业结构的调整和布局方面，由于受到行政区经济运行的影响，在现阶段是很难通过区域协调或者政府强力管制来实现的。因此，这种城市协调机构的模式，尽管缺乏行政区权力的干预，但是，只要协调机构能够正确把握自身的定位，找准地区间体育产业协作的"兴奋点"，是能够很好地实现区域协作和协调的。再次，城市协调机构的模式在我国已经有了成功的范例，淮海经济区协作办公室的良好经验，可供我们借鉴。同时，也有了失败的案例，上海经济区规划办公室的被迫撤销可以给我们提供经验教训。

综上所述，培育体育休闲社会中介组织，加强社会协调力量，建立企业家联盟、商会和行业协会等社会协调组织是目前较为可行的办法。

项目编号：1099ss07056

我国健身行业私人教练发展的问题与对策研究

史曙生 赵芳 顾渊彦 仲达 解祥梅 马小燕 吴兵成

一、私人教练职业的基本理论问题

（一）私人教练概念的界定及特征

针对目前我国健身行业中私人教练职业的工作内容、任务和特点等问题，本研究对私人教练的界定如下：私人教练是指具有某种认证资历，在经营性健身场所对雇主个人提供“一对一”的“定制化”有偿健身服务的教练。这一定义揭示了私人教练职业的如下特征：

1. 私人教练的核心工作是健身服务，属于健身企业中的服务人员；
2. 私人教练的主要任务是帮助客户健身，属于健身教练而非竞技运动教练；
3. 从事私人教练必须获得资质认证；
4. 私人教练的工作地点是在经营性的健身场所中；
5. 私人教练的劳动是有偿的，属于职业型而非公益性健身指导人员；
6. 私人教练的工作方式是“一对一”服务，其服务对象是雇主个人，而不是群体；
7. 私人教练提供的是针对雇主的个人特点和需求的“定制化”的服务，而不是大众化的产品。

（二）私人教练职业的主要工作内容

1. 健康测试与评估，制订个性化的健身计划
2. 陪练、服务与指导
3. 跟踪记录健身者锻炼情况，及时调整健身计划
4. 为健身者提供健康咨询，帮助健身者建立健康的生活方式

（三）私人教练的职业素质要求

私人教练的职业素质主要包括：1. 专业理论素质；2. 专业技能素质；3. 人际沟通能力；4. 自我学习与创新能力；5. 职业形象素质；6. 职业道德素质。

（四）私人教练职业兴起的原因

1. 个性化消费潮流催生了私人教练职业
2. 社会经济水平的提高加速了私人教练的发展
3. 私人教练的兴起是健身产业深化发展的结果

4. 私人教练的发展是健身企业成功市场运作的产物

5. 私人教练是体育市场国际化发展的产物

6. 私人教练证书制度为私人教练职业的可持续发展提供了支持

7. 资格的易获得性为私人教练职业的发展打开了便利之门

二、我国健身行业私人教练发展现状

（一）我国健身行业中私人教练的基本情况

1. 私人教练的比例及文化结构

我国健身企业中私人教练的比例约为 80%，94%的为体育专业出生，其中本科层次的总数的 55%，大专层次的占 27%，研究生层次占 3%。私人教练以高学历的体育专业人员为主。

2. 性别结构与年龄结构

私人教练中男性占 78%，比例远高于女性，性别结构不尽合理。私人教练队伍以年轻人为主，其中 21~30 岁的教练占 90.7%。

3. 私人教练的资格认证结构

目前私人教练所持有的资格证书种类繁多，其中比例最高的是亚洲运动及体适能专业学院（AASFP）颁发的专业体适能教练证书。很多私人教练同时拥有 2~3 个资格认证证书。

4. 私人教练的素质与能力

多数私人教练认为最应加强的是理论分析指导能力及社会交往能力，而企业经理人认为当前健身教练最需要提高的是服务意识和能力。70%的企业经理人认为私人教练的素质和能力与客户的期望还有一定差距。

5. 健身教练获取私人教练资质的动机

在健身企业中，私人教练证书相当于“上岗证”。调查表明，增加收入是吸引人们从事该职业的决定因素。

6. 私人教练的收入情况

多数人认为从事私人教练工作后薪水较以前有一定增加。高达 62%的人对于投资私人教练证书所带来的收益表示满意，反映出从事私人教练服务的确能为从业者带来收入上的增加。

7. 健身企业对私人教练的认知和态度

所有企业都表示非常重视私人教练服务这项业务，都规定从事私教服务必须持证上岗。企业经理人均认为私人教练是一项非常有潜力的专门职业，80%的企业经理人认为应建立私人教练国家职业标准。但在一些健身俱乐部仍存在重“证书”轻能力、重“称号”轻服务的现象。

8. 健身企业在发展私人教练方面的主要措施

高达 90%以上的企业都鼓励教练员去获取私人教练资历证书，约 75%的企业曾组织过员工培训与考证活动。所有被调查企业都为本企业中的一些优秀私人教练做过一定程度的包装和宣传。30%的健身企业成立了独立的私人教练部。

(二) 我国私人教练认证与培训现状

1. 私人教练认证机构情况

(1) 认证机构的类别与数量

私人教练证书机构数目众多，境外机构占据了绝大多数。证书机构分三类：协会性质，如国际健联（IFBB）；体育教育培训机构，如亚洲运动及体适能专业学院（AASFP）；一般健身企业（俱乐部），如英派斯健身俱乐部。证书机构的数量在不断增加。

(2) 认证机构的资质

调查显示，除少数机构与体育部门中的一些单位（如单项体育协会）或高校合作，得到这些非行政机构的“认可”外，还没有哪一家证书机构的认证资质真正意义上被有关行政部门审核过。

2. 我国私人教练培训机构情况

证书培训机构数量众多，培训机构的资质普遍缺乏鉴定认证。

3. 私人教练证书及相关证书的情况

(1) 私人教练证书及相关证书的种类

证书市场上私人教练证书及相关证书种类繁多，除专门的冠以“私人教练”头衔的证书外，还有众多不同运动项目和级别的证书。

(2) 私人教练证书及相关证书的市场认可度

目前教练员所持各类资质证书中，排在前三位的分别是AASFP高级私人体适能教练证书、ATP澳洲体适能教练证书、IFBB韦德体系私人教练证书。那些所谓的“国际权威”证书受到健身教练青睐，而国内证书的市场认可度较低。绝大多数人不清楚这些证书是否得到过有关部门的鉴定认可。市场需求是教练员选择某种证书的决定因素。

4. 私人教练培训课程情况

(1) 私人教练培训课程的费用

私人教练培训费用昂贵。此外，证书持有者还必须不断交费参加“跟进式培训”以确保证书不过期。收费过高是当前人们对私教证书认证与培训中最不满意之处。

(2) 私人教练培训的课程设置

运动生理学之类的运动人体科学类课程以及人际沟通技能等课程通常为大多数证书培训课程中的必修课程，此外主要是与市场密切相关的技艺类实践课程。多数人认为私教培训课程比大学里的课程更实用。

(3) 私人教练培训课程的课时

每门证书的课程培训时间一般为7~12天，最短的仅5天。课时不足被认为培训课程存在中的最大问题。

(4) 私人教练培训课程的师资

调查显示，培训课程通常会安排2~4名培训师，最少的仅有1名培训师，师资队伍复杂。为了节约成本，越来越多的培训机构倾向利用培训点当地的师资资源。

(5) 私人教练培训课程的评价

76%的人表示通过课程的学习，自身的素质能力有所提高。55%的受访者表示私人教练证书课程的最大收获是提高了与客户的沟通能力。

5. 私人教练认证与培训的监管情况

目前，私人教练资格认证缺乏统一的审核机构和审核标准，认证审定缺乏可信度，证书发放和资格认证混乱。尽管健身企业都要求私人教练持证上岗，但“持证上岗”却不是基于法律的约束，而是基于市场竞争的逼迫。

三、我国私人教练职业发展中存在的主要问题

（一）私人教练职业发展缺乏政策法规支持

目前我国的劳动部门还没有将私人教练确立为一个正式职业，国家还没有制定私人教练的职业标准和配套的管理体制，更没有出台激励这一职业发展的政策措施。没有政府的引导，私人教练职业还处于一种无序的自然发展状态。

（二）私人教练职业证书市场混乱，缺乏监管

目前私人教练资格认证缺乏统一的审核机构和审核标准，认证审定缺乏可信度，证书发放和资格认证混乱。私人教练培训机构则更是鱼目混珠，良莠不齐，培训的质量问题越来越突出。私人教练培训基本处于无管理、无鉴定、无保障的“三无”状态。

（三）私人教练的职业定位存在偏差

目前人们对私人教练这一新兴职业的认识还很模糊和肤浅，对私人教练在健身企业中的角色定位和价值缺乏深层次的理解。对于私人教练应具备的职业素质缺乏深刻认识，私人教练对于健身企业生存与发展的重要价值还没有真正得到理解。

（四）私人教练的质量问题突出

由于私人教练职业发展的时间短，加之缺乏有效的证书与培训质量监管体系，导致体育劳动力市场上私人教练的职业水准与迅猛发展的市场需求还有相当差距。

四、私人教练职业资格证书制度的建立与实施

（一）建立私人教练职业证书制度的必要性

1. 私人教练属体育特种行业，必须依法实施资格准入制
2. 推行私人教练职业证书制度是规范体育劳动力市场的必然要求
3. 推行私人教练职业证书制度是健身行业深化发展的迫切需要
4. 推行私人教练职业证书制度是保障私人教练就业能力和工作能力的需要
5. 推行职业证书制度，设立私人教练职业可以更好满足个性化体育消费需求
6. 推行私人教练职业证书制度是规范私人教练证书与培训市场的迫切需要
7. 推行私人教练职业证书制度是体育职业细分和拓展的必然要求
8. 推行私人教练职业证书制度是体育行政部门履行社会管理职责、实施服务标准化的需要

（二）建立私人教练职业实施职业资格证书制度的可行性

1. 私人教练完全拥有一项职业所必须具备的特征

2. 私人教练属特种行业，具有成为职业的法律依据和保障

3. 经济的发展为私人教练职业提供了强有力的市场支撑

4. 私人教练资格证书制度为推行私人教练职业资格证书制度的确立奠定了良好的前期基础

5. 我国的职业资格证书体制为私人教练职业的确立提供了制度和技术上的保障

（三）政府调控下的竞争性分权管理模式的私人教练职业资格证书制度的建立与实施

1. 职业资格证书制度的常规实施模式

职业资格证书制度可分两种模式：一种是竞争性分权管理，就是由自由竞争产生的各种非政府性证书机构来推行和分别管理职业资格证书。另一种是非竞争性集中管理，就是由政府或者政府授权的权威机构来集中统一地推行和管理职业资格证书。西方大多数国家采用分权管理方式。东方大多数国家采用非竞争性方式，如我国体育行业实施的社会体育职业资格证书。

2. 政府调控下的竞争性分权管理的私人教练职业资格证书制度

基于私人教练的职业特点、发展历史及市场竞争需要，本研究主张将以上两种模式结合起来，建立政府调控下的竞争性分权管理的私人教练职业资格证书制度：即出台私人教练职业国家标准，但不制定和颁发统一的职业证书，私人教练职业资格证书由各证书机构参照国家标准和相关法规自主制定推行和管理。

（1）实施非竞争性集中管理

制定私人教练国家职业技能标准，建立配套的法规体系与实施系统，从而建立证书市场的准入制度，实现政府对私人教练证书制度的集中管理和控制。

（2）实施私人教练职业证书自主推行和管理，实施竞争性分权管理模式

政府将证书的推行权下放给各证书机构，允许由自由竞争产生的各种非政府性证书机构根据国家职业标准和相关法规来推行职业资格证书。

3. 政府调控下的竞争性分权管理的私人教练职业资格证书制度的实施方式

政府建立专门的职业鉴定管理部门（本研究主张这一部门即为国家体育总局下属的“体育行业职业技能鉴定指导中心”）。由“中心”对发行和管理证书机构的资质和条件审核鉴定，再根据私人教练职业标准对各种证书机构申请发行的证书（含其课程体系）进行审核和认证，最后由证书机构自行组织对该机构发行的证书进行培训、认证和管理。

4. 政府调控下的竞争性分权管理的私人教练职业资格证书制度的优势

政府调控下的竞争性分权管理模式的私人教练职业资格证书制度是一种灵活性与约束力相统一的证书制度：

（1）使政府从大量的事务性工作中解脱出来，可以更好地发挥政府的宏观调控和管理职能。

（2）可以改变目前私人教练资格认证缺乏统一的审核机构和审核标准，证书发放和

资格认证混乱的局面。

(3) 不用统一的私人教练职业资格证书来代替市场上已有的各种机构发行的证书，可以稳定市场，保护和促进体育产业的国际化。

(4) 有利于引入竞争机制，繁荣证书市场。

(5) 为证书机构的自主创新创造了条件。

五、私人教练的培养与管理

(一) 建立以市场为主的社会化私人教练培养模式

1. 充分发挥市场在私人教练培养上的主导作用

市场机制在我国私人教练的培养和发展中起到过重要作用，但完全由市场主导的模式也带了私人教练培养质量等问题。政府调控下的竞争性分权管理的私人教练职业资格证书制度坚持市场机制在私人教练培养中的主导作用，鼓励通过市场竞争促进培养人才，同时也建立相应的约束机制来保证市场的良性运转。

2. 开辟私人教练培养的社会化培养途径

在发挥市场主导作用的同时，积极开辟私人教练培养的社会化培养途径，充分发挥体育协会的作用将私人教练的培养工作引入到高校，完善国际合作化培养方式。

(二) 私人教练的管理策略

对于私人教练行业的管理可采取政府监控下的社会管理型模式：

1. 政府负责宏观调控和管理职能；

2. 建立行业协会，实现行业自治；

3. 构建私人教练管理信息网络系统。

六、结论与建议

(一) 结论

1. 我国目前的私人教练以高学历的体育专业人员为主。私人教练的数量比例在不断增加。私人教练的素质和能力与市场期望还有一定差距。

2. 私人教练须“持证上岗”已成为健身企业自律的行规。私人教练所持有的资格证书种类繁多，以境外“国际权威”机构证书为主。健身行业对私人教练的职业前景持乐观态度，赞同建立私人教练国家职业标准。

3. 我国私人教练认证机构众多，境外机构占据主要份额。证书机构的资质缺乏国家行政部门审核认证。私人教练培训机构缺乏监管，培训课程普遍收费过高、课时不足。

4. 我国健身行业私人教练发展中的主要问题是：私人教练发展缺乏政策法规支持，私人教练职业还处于一种无序的自然发展状态；我国的健身行业对私人教练的职业定位存在偏差，对于私人教练应具备的职业素质缺乏深刻认识；私人教练职业证书市场混乱，缺乏监管；私人教练的质量问题突出。

（二）建议

1. 尽快在我国实行私人教练职业证书制度，实施国家职业标准，建立配套的政策法规体系和行政组织体系，不仅是必要的，而且是可行的。

2. 打破我国现行的非竞争性集中管理的职业资格证书制度（如社会体育指导员职业证书制度）的构建模式，在我国实行政府调控下的竞争性分权管理的私人教练职业资格证书制度。

3. 实施以市场为主的社会化私人教练培养模式，在发挥市场主导作用的同时，积极开辟私人教练培养的社会化途径，充分发挥体育协会、高校的优势，完善国际合作化培养方式。

4. 对于私人教练行业的管理可实施政府监控下的社会管理型模式：政府负责宏观调控和管理职能；建立行业协会，实现行业自治；构建私人教练管理信息网络系统。

项目编号：1057ss7014

公共关系导向下长三角地区健身娱乐企业的营销策略研究

钱　来　张文静　解祥梅　邹玉华　丁苏东　肖志强　刘泱育

我国长三角地区经济快速发展，城市居民生活水平得到了显著的提高，健身休闲意识前卫，越来越多的人具备了“钱”、“闲”两个从事健身消费的物质条件。这不仅为人们从事健身娱乐消费提供了更加丰富的物质保证，也为提供的健身娱乐项目的企业发展奠定了基础。

公共关系是组织或机构通过充分利用各种机会和媒介进行工作，与公众各阶层之间建立联系，以树立良好的公众形象的一系列活动。公共关系是企业及产品的市场营销战略中不可缺少的武器，有效地运用公共关系手段，可以提高企业的知名度，引导社会的消费时尚，强化消费者的购买心理，沟通同消费者之间的相互信任关系，也可改进企业的市场营销环境，从而使企业更快地达到营销目的，更快地扩大营销成果。为了使健身娱乐市场更加繁荣，作为该市场主体的健身娱乐企业必须充分利用各种有利渠道，有针对性地从事市场中的公关活动。

一、健身娱乐企业概念的界定

健身娱乐企业，是依法设立的以盈利为目的的从事健身娱乐产品生产经营活动的独立核算的经济组织。根据这一定义可以进一步展开来理解它的内涵：①是以健身娱乐设施、场地为媒介的活动场所。②经营的产品包括休闲、健身、娱乐、培训等服务或与上述服务相关的商品（如运动服装、饮料）。③日常经营为有偿形式的经营活动。④依靠市场机制与利益机制运转。

二、长三角地区健身娱乐企业的现状

长江三角洲地区代表是中国经济的重心，健身娱乐企业的规模与产值不断扩大，服务项目和内容日趋多样化，价格趋向大众化。这一地区对全国经济的带动作用非常显著，其健身娱乐企业健康的发展也会在全国起到示范作用。

（一）健身娱乐企业所处地域分布情况

根据问卷调查的101家健身娱乐企业，目前长三角地区健身娱乐企业地址选择在商业区的有68个，占总数的67.3%；居民社区的有21个，占总数的20.8%；单位区有12个，占总数的11.9%。长三角地区健身俱乐部选择在商业区的比例要高于居民社区和单位区的比例。

（二）健身娱乐企业的经济结构——多种经济成分并存，非公有制经济性质占主导

从事健身娱乐业的企业有国有、集体、私营、合资、外商独资、等多种经济性质。由社会投资兴办的健身娱乐场所已经成为健身娱乐业发展的主要力量，并与公共体育设施互为补充，初步形成了多元化的投资格局。

（三）健身娱乐企业的经营规模——中型为主，大型发展趋势明显

目前长三角地区健身娱乐企业从在资金方投入上比较大，50 万~500 万的健身娱乐企业就达到 62.9%，形成了以中型健身娱乐企业为主的发展格局。同时，在调查中也发现某些健身娱乐企业的投资额达到千万元，已经建成为大型的体育健身娱乐活动场所。经营面积已经达到了相当的规模，面积在 500~3000 平方米之间就达到调查企业总数的 73.3%，某些企业的经营面积已经达到了几千平方米。在每个企业的从业人员数量调查中发现，从业人员的数量与其经营规模大小成正比，从几人、几十人到上百人不等，平均每个企业从业人员为 30 人左右。

（四）健身娱乐企业的经营项目——种类齐全，大众项目为主

目前长三角地区国际化趋势日益明显，经营项目丰富多彩，基本与国际同步。既有高档的健身娱乐项目，如高尔夫、冰雪项目、航海航空项目；也有新兴的极限运动和时尚运动，如滑板、滑沙、卡丁车、冲浪、漂流、帆船帆板、滑翔、射击、击剑等；同时，还有一大批大众普及型健身娱乐项目，如健身健美、武术、保龄球、台球、气派、乒乓球、羽毛球、足球、篮球、排球、网球等。此外，调查发现小型健身娱乐企业以经营健身健美项目和场地租赁业务为主，大中型健身娱乐企业除此之外，还集健身、娱乐、消遣为一体，既有健身健美和娱乐性健身项目，又提供、健身服务、健身咨询等内容，以及有舞厅、洗浴、咖啡厅、茶厅等经营项目，可以满足消费者的多种需要。

（五）健身娱乐企业的经营质量——设施档次满足不同层次的消费群体，健身娱乐项目中科技文化含量增加

根据企业建筑装饰的豪华程度、设备的先进程度和服务水平，可把健身娱乐设施分为高、中、低三个档次。健身娱乐消费出现了贵族化向平民化转变的趋势。健身娱乐项目中科技文化含量成为衡量健身娱乐企业发展的重要标准。在健身娱乐项目中增加科技文化含量，可提高体育活动的品味，使新奇、刺激的活动项目不断产生，也可以满足人们高层次的体育文化需求，是健身娱乐企业所追求的主要发展方向。

三、公共关系概说及长三角地区健身娱乐企业的公众分析

（一）公共关系概念的概说

不管如何定义，都从侧面揭示了公共关系的基本特征：①公共关系是公关主体同客体（公众）之间互利互惠的关系；②公共关系活动的目的是塑造公共主体在公众中的良好形象；③公共关系活动的展开需要主客体信息的双向传播与沟通。

（二）公共关系的构成要素

公共关系活动主要由公共关系的主体——社会组织、公共关系的客体——社会公众和公共关系的媒介——信息传播，三个基本要素构成。

（三）公共关系对长三角地区健身娱乐企业的重要性

公共关系成为健身娱乐企业展开市场竞争的一项重要资本和手段。健身娱乐企业开展公共关系活动的目的，主要是为了使健身娱乐企业在公众当中有个良好的企业形象，这就会为健身娱乐企业的生存和发展创造合适的经营营销环境，成为企业巨大的无形资产和宝贵财富，给企业带来源源不断的利润。

（四）公共关系在长三角地区健身娱乐企业经营中的作用

首先，公共关系有利于发挥健身娱乐企业的组织作用，使健身娱乐企业更加主动地参与到社会的物质文明和精神文明建设中。其次，公共关系有利于加深社会公众对健身娱乐企业的了解，赢得他们的信任和支持，提升健身娱乐企业在社会上的知名度和美誉度。第三，公共关系给健身娱乐企业提供了一种全新的思路和经营管理方法。第四，公共关系有利于健身娱乐企业增强市场竞争力，营造良好的经营营销环境。健身娱乐企业组织同其他社会组织一样都不是生活在真空中，都是生存社会特定环境中，健身娱乐企业组织也是环境的产物，组织的一切活动都要受到环境的影响和制约，健身娱乐企业组织也需要努力去适应社会环境。

（五）健身娱乐企业的公众分析——以组织为中心

1. 健身娱乐企业的内部公众

内部公众主要指在健身娱乐企业组织内从事各种工作的广大员工。在大型的健身娱乐企业组织，如英派斯、青鸟健身这样的健身俱乐部的内部，工种繁多，分工细密，除日常经营管理部门所属的员工外，还包括进行健身培训指导的教练员、指导、营养师、运动顾问、按摩师等等，以及总店下设的连锁店的员工。

2. 健身娱乐企业的外部公众

外部公众是企业开展营销工作的“主战场”。健身娱乐企业组织的外部公众大体上可分为：顾客或客户公众是最重要的外部公众，即健身娱乐企业组织的主要服务对象；媒体或信息传递公众，主要是大众传播媒体，它包括报纸、电视、电台、互联网等；监管（指导）公众，包括体育部门、工商部门、税务部门等；社区公众，指健身娱乐企业所在地的地方政府、社会团体、其他企事业单位，以及当地居民。

四、公共关系导向下长三角地区健身娱乐企业的营销策略

（一）健身娱乐企业的营销

本研究健身娱乐企业的营销包括以消费者为导向的商业活动，也包括企业规划、设计、实施为获得企业最高利益和实现企业自身奋斗目标的其他活动，其核心是在达到与所面对的公众有良好的沟通基础上使企业获利。这也完全符合营销的核心——克服交换

障碍、实现潜在交换。

（二）健身娱乐企业的营销策略

营销策略也就有了一个更广泛的内涵，即企业对其内部与实现营销目标的各种可控因素的组合和运用，就是针对一定的目标市场所采用的一系列可测量可控的旨在提高销售及企业声誉为目的的活动，是多种营销方法的总和。本研究入公共关系视角来构建健身娱乐企业的营销策略，其目的是不仅要为实现企业目标服务，而且要照顾到各个公众的利益和需要。公共关系虽然也可以看作是一种满足公众需求的交换活动，但满足的是相互了解、理解、信任的需求，交流的是信息、观点、感情等。公共关系活动不直接推销产品，不直接满足对象的物质需求，但良好的公共关系必有助于市场营销工作，能间接为企业和公众双方带来利益与好处。

（三）公共关系导向下长三角地区健身娱乐企业的营销策略构建

1. 员工即顾客的内部营销策略及案例评析

⑴ 通过与员工之间的沟通，畅通内部营销渠道，树立企业的统一服务形象

⑵ 建立有效的激励机制

⑶ 强化内部管理，搞好员工的培训教育

⑷ 建立共同愿景

案例评析：在课题组对南京市全面健身活动中心的英派斯调查中，对“金翅膀”案例分析：通过内部营销，像英派斯这样的健身娱乐企业形成一套成熟管理体系，从内部沟通、管理、培训入手，提高了服务员工的素质和敬业奉献精神，提升了整体绩效与服务水平，从而提高组织的知名度及美誉度。

2. 影响顾客行为的客户关系管理（CRM）策略

对于“出售服务”的健身娱乐企业说，顾客是企业所面临的数量最大、力量最强、最基本也是最重要的外部公众。

客户关系管理基本过程是一个动态的反复的客户增值过程，客户关系管理的营销策略也就是一个动态调整的策略，在这里陈述的是针对的客户关系管理的营销理念。健身娱乐企业在这些理念的指导下，再依据客户分组的具体情况，重新进行营销组合，有的放矢的实施动态营销策略。

⑴ 情感营销

⑵ 个性化营销

⑶ 知识营销

3. 有效沟通，实现媒企的双赢策略

⑴ 加强媒体宣传，及时掌握新闻媒体的报道导向

⑵ 根据健身服务产品的特点与性能和媒体栏目的报道性质有针对性的选择新闻媒体

⑶ 了解媒体定位和记者的技术背景

⑷ 与媒体进行平等沟通，注重各种现代媒体的共同参与

⑸ 向媒体提供真实、可靠、有价值的信息

4. 协调政企关系，争取支持的营销策略

(1) 了解政府，加强与政府部门的信息沟通

(2) 献计献策，为政府的决策研究提供资助

(3) 开展权力营销，与政府建立密切的联系

5. 健身娱乐企业推进“社区化”的营销策略

(1) 扶持和赞助社区的公益事业

(2) 与社区分享组织设施，实行开放政策

(3) 树立社区意识

项目编号：1169ss07126

关于构建湖北体育旅游经济圈的研究

李建明　雷选沛　陈宏星　刘明俭　周家婷　陈　果　肖　楠

湖北地处我国中部，中部崛起战略为湖北经济社会发展提供了重要的战略机遇，也为湖北体育旅游经济发展创造了新的契机。湖北体育旅游资源丰富而独特，湖北省内的国际国内知名民族体育赛事、旅游、文化节庆等活动已形成一定规模，产生了良好的社会和经济效益。因此如何构建湖北体育旅游经济圈，整合湖北体育与旅游资源，形成体育旅游产业链，实现体育与旅游品牌共享、资源整合、配套完善、整体开发，促进湖北体育与旅游产业相得益彰、并驾齐驱，推动湖北乃至中部地区的区域经济发展，是理论界和体育部门、旅游部门探讨的焦点。

一、体育旅游经济圈的内涵及兴起的时代背景

所谓体育旅游经济圈，是指以体育为载体，依托旅游资源，融合旅游、健身、休闲、文化、娱乐、节庆等多功能的区域经济协作体。

体育旅游将体育健身与旅游观光这两项各具特色的活动完美的组合在一起，使人们在享受大自然的过程中得到了身体上的锻炼，同时也在锻炼身体的过程中体验了旅游的快乐，体育旅游正是因为融合体育与旅游的两大优点于一体，才得到了广大消费者的一致认可，呈现出直线上升的发展态势。

旅游业是经济发展最强劲的朝阳产业，而体育与旅游相互交融形成新型的、综合性的体育旅游业，在促进国家非贸易性创汇、创造就业机会、带动城乡消费等经济领域发挥了重要的作用，而体育旅游将为旅行社提供一个难得的商机。体育比赛尤其是像奥运会这样的体育盛会，会引起国内外社会各界的广泛关注，这种注意力使旅行社在推销线路方面有了新的卖点。

二、湖北体育旅游经济圈的构建基础与重要意义

（一）构建湖北体育旅游经济圈的理论依据

1. 增长极理论——以点带面，以面成圈，圈体互动格局

“增长极理论”的提出为区域经济的发展提供了原始的理论根据，其基本思想是经济增长并非同时出现在所有的区域和经济部门，而是以不同的强度首先出现于一些增长点或增长极上，然后通过不同的渠道（线路）向外扩散，通过具有发展极优势地区的优先增长，可以带动相邻地区的共同发展。

2. 产业布局理论——形成湖北体育旅游经济圈的空间结构布局

产业布局是指产业在某一地区内进行的空间组合。构建湖北体育旅游经济圈应该遵循产业布局理论。在体育旅游经济圈范围内合理开发重点的体育旅游景点（景区），同时，要加大力度建设区域内部各城市之间的交通干线等，推进湖北体育旅游经济圈内国

际、国内专业性体育景点和体育旅游企业的建设力度，提高湖北体育旅游经济圈整体接待能力以及配套设施的综合服务能力，促使湖北体育旅游经济圈内产业布局的合理化及产业规模的壮大。

3. 可持续发展理论——促进湖北体育旅游经济圈可持续、快速的发展

“可持续发展”是指既满足现代人的需求又不损害后代人满足需求的能力。可持续发展的观点一经提出，在短短十几年的时间里就引起了普遍的关注。

构建湖北体育旅游经济圈，必须坚持开发与保护并进，注重体育旅游和当地生态环境协调发展，形成体育旅游和环境保护的良性循环，以资源保护促进体育旅游开发，以体育旅游开发促进资源保护，以达到体育旅游资源的永续利用，从而实现其整体、协调、快速、和谐的发展。

4. 区域经济一体化理论——打造湖北体育旅游经济圈的经济联合体

区域经济一体化通过区域内国家之间的联合，实行比世贸组织更严格的市场纪律，提供比世贸组织更多的优惠，促使生产要素尽可能地在本组织成员地区自由流通，以达到资源在本地区的优化配置、加速本地区经济发展、实现成员国共同繁荣的目的。

5. 非均衡增长理论——推进区域体内核心体育旅游中心城市的快速扩张

美国经济学家赫希曼（A.O.Hirshmon）认为，欠发达国家不具备发达国家政府出面干预经济引起经济复苏的条件，认为外部经济效益本质上是由某种生产上的互补性引起的。非均衡增长有两种类型：第一，重点投资于社会固定资本，称之为通过社会固定资本保持过剩生产能力而发展的类型；第二，政府直接或间接地重点投资于直接生产活动，称之为通过社会固定资本不足而发展的类型，投资重点的主导产业应是联系效应最大的产业。

（二）构建湖北体育旅游经济圈的现实条件

1. 政策条件

2007 年 12 月 14 日，国家发改委正式发文，批准武汉城市圈为全国资源节约型和环境友好型社会建设综合改革配套试验区，这是国家从改革发展全局和战略的高度作出的又一重大决策，是促进中部地区崛起的重大战略部署，是中央对湖北省委、省政府致力于武汉城市圈建设和发展的充分肯定，是湖北及武汉城市圈实现又好又快发展面临的重大历史机遇，也是中央在新的发展起点上赋予湖北的一项光荣而艰巨的政治任务，对于加快把湖北建设成为促进中部地区崛起的重要战略支点必将产生重大而深远的影响。

2. 经济条件

2006 年全省全年共接待入境旅游者 105.57 万人次，同比增长 27.86%；旅游外汇收入 3.2 亿美元，同比增长 15.79%；接待国内旅游者 8459.78 万人次，同比增长 10.88%；国内旅游收入 514.24 亿元，同比增长 14.08%；实现旅游总收入 539.74 亿元，同比增长 14.07%；全省旅游总收入相当于全省 GDP（7497.19 亿元）的 7.2%。2007 年 1 月—11 月，武汉城市圈共接待海外旅游者 51.23 万人次，实现外汇收入 2.24 亿美元，同比均增长 20%以上，分别占全省的 41.6%和 58.31%。其中武汉市接待海外旅游者 47.79 万人次，实现外汇收入 2.13 亿美元，同比增长 16.59%和 24.99%，在全省发挥了龙头作用。

3. 资源条件

湖北省位于我国中部，长江中游的洞庭湖以北，故称湖北，简称鄂。湖北省北接河南省，东连安徽省，东南和南邻江西、湖南两省，西靠重庆市，西北与陕西省为邻。湖北省山水名胜与文物古迹二者兼备：长江三峡，七十二峰朝大顶，二十四涧水长流，道教名山武当山，号称“华中屋脊”和“绿色宝库”的神农架是重要自然保护区。湖北人文旅游景观既有古人类长阳人遗址，屈家岭文化遗址，又有众多的古三国胜迹和楚都遗址“纪南城”；既有辛亥革命遗址起义门、阅马场、又有中央农民运动讲习所旧址及“八七会议”会址。文物古迹与革命胜迹遍布全省，从随州炎帝庙、秭归屈原故里、纪南故城、昭君故里、武汉古琴台、黄鹤楼、三国赤壁直到武昌起义军政府旧址、京汉铁路工人运动“二七”纪念馆，可以了解中国历史上的许多重大历史事件。湖北省独特的民族文化旅游资源极为丰富，包括展现土家族、苗族等少数民族歌舞、艺术、工艺、建筑和婚丧习俗等的龙船调、摆手舞、南剧、西兰卡布、蜡染、服饰、吊脚楼、风雨桥、石板房、迎亲、哭嫁、跳丧舞、悬棺等。还有独具有荆楚特色的体育赛事宜昌长江三峡国际龙舟拉力赛、荆州国际龙舟赛、武当武术文化节、清江闯滩节、武汉国际抢渡长江挑战赛等。

4. 配套设施条件

武汉1+8城市圈将建成“一环十三射四联线”公路主骨架网，建成全国四大铁路网中心之一和武汉至周边城市的城际列车体系，建成以长江为一级航道、汉江为三级航道的内河航运网，建成华中地区最大的航空枢纽港，同时推进能源和信息基础设施建设，形成快捷城市圈，构建从武汉至周边8城市的“一小时经济圈”。此外湖北省的旅游招商引资取得重大突破，一批重大旅游项目进展顺利。

（三）构建湖北体育旅游经济圈的重要意义

1. 整合资源优势，实现体育与旅游、文化一体化战略

湖北省体育旅游建设步伐进一步加快。三峡大坝坛子岭、武当山、神农架被纳入全国假日旅游景区预报统计系统，占全国32个重要目的地的1/10，“一江两山”进一步受到全国旅游行业和旅游者的广泛关注。

2. 提升基础设施建设档次，拉动体育旅游消费

开发区域旅游项目，打造旅游经济优势区；加大对口支援力度，完善体育场馆设施建设；加大招商引资力度，确立旅游企业市场主体地位。

3. 打造荆楚特色体育旅游品牌，为湖北经济增加新的亮点

湖北体育旅游经济圈的建设必须以湖北省内各地体育旅游资源为依托，以各地市的相互合作为基础，打破行政区划，融合湖北经济、文化、旅游资源，集体育、旅游、休闲于一体的跨地区、跨行业发展体育事业的组织形式。建立区域旅游经济共同体，维护湖北旅游品牌的统一性和完整性，全面提升区域核心竞争力，更好地服务湖北工程建设，促进湖北地区经济、社会和环境的全面、协调与可持续发展，具有重要的现实意义和深远的历史意义。

三、构建湖北体育旅游经济圈的原则、目标和战略

构建湖北体育旅游经济圈要遵循市场导向、因地制宜、可持续性、可操作性和系统综合开发这五大原则，树立环境保护目标、区域整体发展目标、体育旅游经济增长目标以及体育旅游创新目标，采取有效的步骤和符合规律的发展战略，只有这样才能很好地

构建湖北体育旅游经济圈。

四、湖北体育旅游经济圈的构建模型

(一) 湖北体育旅游经济圈的"点—轴—圈"空间结构

"点—轴—圈"开发理论认为增长极中的极点是点轴开发中的点，点与点之间不是孤立的，而是由线状的基础设施，特别是线状的交通干线串联在一起。点和轴发展到一定时间后会形成圈体，即区域经济圈。

湖北体育旅游经济圈是以武汉、宜昌、十堰、襄樊、神农架、恩施为中心城市（极核）的体育旅游区域经济合作体。根据湖北体育旅游经济圈的实际情况，可以将其的点轴体系分为以下三级轴线：以九江——黄石——武汉——荆州——宜昌——十堰——神农架为一级轴线；以十堰——襄樊——随州——孝感——武汉——咸宁——岳阳为二级轴线；以 209 国道（内蒙古——广西北海）、318 国道（上海——聂拉木）、106 国道（北京——广州）、207 国道（锡林浩特——海安）、316 国道（福州——兰州）、宜黄高速公路等公路为三级轴线。湖北体育旅游经济圈的圈层从整体上分为内圈和外圈。内圈为产品运作圈，外圈为市场支持圈。

(二) 湖北体育旅游经济圈的布局

湖北省体育经济旅游圈是由相对完整的体育旅游区域组成，而每个旅游区又是由若干个相对一致体育旅游景点构成，形成了体育旅游圈——旅游区域——旅游风景区。

(三) 湖北体育旅游经济圈的体育旅游路线

体育旅游线路设计的原则有：(1) 节省途中时间，避免走回头路；(2) 满足游客的需求；(3) 项目安排的顺序与节奏感应充分考虑消费者的心理与精力。另外，体育旅游线路的基本要素包括：体育旅游资源、体育旅游设施、体育旅游服务、体育旅游时间。体育旅游线路还受到一些因素的制约，如缺乏具有广泛影响力的体育赛事、低层次的竞争、环境保护乏力。那么，湖北体育旅游经济圈的线路设计应当遵循一定的原则，专为旅游者进行体育旅游活动而设计，并用交通线把若干体育旅游目的地合理贯穿起来的线路。

五、湖北体育旅游经济圈动力机制和发展路径及对策

湖北体育旅游经济圈构建与发展的动力机制是对本经济圈构建和发展起到推动和拉动作用的因素与力量，及时协调、改善这些因素与力量，使之在圈内持续、有序发展中发挥作用，形成以既定的体育、旅游、资金、技术、人才等资源为约束，既定的资源配置方式为条件，各种制度为保障的体育旅游经济圈综合系统。它包括：旅游中心城市集聚与扩散的推动机制（旅游中心城市自下而上的集聚机制、旅游中心城市自上而下的扩散机制）、体育旅游产业集聚区的拉动机制、制度调控机制。

湖北体育旅游经济圈的发展路径：区域多极化、多层次、圈层式的体育旅游联合发展路径；主体多元化、行业综合性、区域联动式体育旅游联合发展路径；多种机制综合协调、政府力量积极主导的体育旅游联合发展路径。

湖北体育旅游经济圈的发展对策：明确产业地位，制定体育旅游发展远景规划；整合行业资源，加快体育、文化、旅游一体化进程；拓展融资渠道，大力开发体育旅游精品项目；注重市场营销，刺激体育旅游多层消费；加强规范管理，培植体育旅游企业集团；加强职业培训，培养专门体育旅游人才。

项目编号：1140ss07097

关于福建晋江特色体育产业发展的研究

林向阳　陈　融　姚远志　陈茂和　郑琦晖

一、晋江市体育产业发展现状

2006年，晋江市体育产业实现增加值90.7824亿元，较2005年增加8.7832亿元，高于同年GDP增幅1.53个百分点；体育产业增加值占全市GDP的比重为18.43%。其中，体育用品制造业创造增加值为88.49亿元，占全市第二产业增加值的49.35%；体育服务业创造增加值为1.1426亿元，占全市体育产业的比重为0.7%；占全市第三产业增加值的0.72%。

晋江市体育产业目前已成为晋江经济社会发展中的支柱产业，在引导社会消费、调整产业结构，推动城市基础建设、金融投资、房地产开发、广告传媒、商贸旅游业的发展、增加就业机会，有效缓解就业压力，推动经济社会发展方面发挥着积极作用。统计调查资料显示，2006年全市第二产业仍然保持快速增长的势头，实现增加值324.50亿元，对经济增长的贡献率为71.5%，拉动GDP增长10.6个百分点；而体育用品制造业创造增加值89.5711亿元，占第二产业增加值的27.60%，有力地促进了国民生产总值的增长。体育产业在增加社会就业机会方面的作用日益明显。统计调查资料显示，2006年全市体育产业单位共吸纳就业人员24.5879万人，生产与经营单位所吸纳的从业人员占全市全社会从业人员总数的25.26%。

二、晋江市体育产业特色及形成原因分析

（一）体育用品产业集群化程度高，产业链完整

晋江体育产业集群的发展经历了仿样生产、OEM生产、自主品牌打造、品牌生产几个阶段后，逐步形成了具有本地特色的产业集群和品牌簇群，形成配套齐全的完整的产业链，具有生产布局专业化、产品生产集约化、生产协作社会化的特点。仿效竞争奠定了集群的基础，而产业链延伸促成了集群的实现；企业家的造牌运动促使区域名牌簇群的形成；家族主义、侨乡资本和社会资源纷纷参与晋江的集资办厂活动，从而推动体育用品行业的企业规模、数量不断扩张。

（二）体育用品业辐射力强，带动相关行业的繁荣发展

晋江明确了体育用品做龙头、健身娱乐做网络、竞赛表演做特色、园区建设做风格、扩大合作做贡献五个发展重点，努力探索一条以体育用品业带动体育主体产业发展、实现协调互动的路子。锐意创新“三个模式”，即城市发展新模式、体育发展新模

式和体育产业发展新模式。由于独特历史文化背景，使得晋江人具有崇尚运动、爱好体育的深厚的人文底蕴。许多企业随着规模的不断扩大，通过建立体育组织、参与体育赛事来满足企业家的爱好、缔结乡土情感、提升企业文化品位、建立企业社会资本。晋江市委、市政府充分认识到体育对经济发展和社会进步的重要意义，积极谋划，加强引导，运用多种有效措施，积极扶持群众体育、竞技体育竞相发展。体育产业蓬勃兴起，体育在晋江经济社会的各个领域日益凸显出积极的社会意义。

（三）民营模式成为晋江体育产业发展的主要路径

晋江体育产业传播和扩散路径，一般是沿着血缘、亲缘、地缘的脉络向外扩散的。从晋江市体育产业集中布局过程看，产业群落的形成和扩散完全是民间自发的，其空间的分布更符合市场规律。其专业化家族企业集群，虽然单体规模不大，却表现出极高效率。晋江体育用品生产企业的发展模式以侨资为依托，以联户集资股份合作制为主要形式，走上集团化经营道路不是偶然的，而是按照市场需求导向，依托发挥侨乡优势、得益于政府对市场经济发展的引导而形成。

（四）实施品牌战略，推动体育产业集群竞争力稳步提升

晋江企业抓住国内体育消费不断升温的契机，形成了区域体育品牌用品生产基地，涌现出一批市场竞争力强的企业，拥有较强竞争力和较大市场份额的产品，如安踏、亚礼得、爱乐、361°、特步等，已经成为这个行业的领军品牌。晋江体育用品企业通过龙头企业的集群发展、专业市场的集群发展等模式提升产业的综合竞争力，取得了集群发展的规模效益，打造了以区域体育用品品牌为特色的晋江体育经济板块。

三、制约晋江市体育产业发展的主要因素

（一）体育产业结构有待完善

晋江市体育产业从结构上看呈现“一强多弱”的显著特点。“一强”是指晋江市体育用品制造和销售业高速成长，现已成为全国最具影响力的体育用品生产和加工企业的集聚之地。“多弱”是指相对于晋江市强大的体育用品制造和销售业，体育服务类产业相对滞后，特别是体育中介、体育培训、体育旅游、体育媒体、体育电子竞技等新型体育创意类行业还处于缺项和欠发展的阶段。

（二）晋江市体育产业经营管理人才匮乏

体育产业的经营者需要具备市场经营和体育运动两方面的知识和经验。就晋江市体育产业发展而言，目前缺乏一是高素质的体育企业家和体育经纪人；二是体育营销人才和体育产品研发人才。

（三）体育竞赛表演业经营开发缺乏整合

体育竞赛表演业具有产业龙头性质，同时它也是体育产业最具优势的开发领域，但晋江市对体育竞赛表演业的经营虽然经过了多年尝试，没有形成自己的知名竞赛品牌；严重缺乏经营高水平体育竞赛表演业的体育中介经纪机构。

（四）体育用品生产企业品牌竞争无序

晋江体育企业多属中小型企业，难以形成规模经济，相互间竞争激烈，不易协调。由于大量的同质企业聚集在一起，缺乏整体的长远发展规划，生产能力过剩，造成企业间无序竞争，恶性竞争，竞相压价，企业利润空间减小。

四、新时期晋江市体育产业发展的对策建议

（一）在体育产业培育期，体育产业发展模式应选择“政府主导”模式

政府要制定好体育产业发展规划，明确体育产业的发展目标和重点。促进晋江市体育产业发展，重点和目标应该放在发展体育竞赛表演业和与民生紧密相关的大众健身产业项目上，着力打造体育健身休闲、体育竞赛表演、体育彩票、体育会展、体育传媒等产业集群，形成综合产业链。

要在资本支持体系的创新、融资渠道拓展以及税收减免等方面提供一定时期的保护和扶持政策，对符合政府重点支持方向的体育产品、服务、项目和企业给予扶持；实施“人才兴业”战略，引进和培养既懂经济、又懂体育的赛事经营管理人才和营销人才。

要加大体育经济立法和执法的力度，规范体育市场主体、保护体育消费者权益，为体育产业发展提供一套公平、公正的规则体系。

组建专门用于扶持体育产业发展的体育产业投资基金。晋江市体育产业一直是民营资本投资为主，主要投入体育用品制造领域，因此体育主体产业发展资金缺口较大。所以，要在适度增加对体育主体产业的资金投入的基础之上，组建专门用于扶持体育产业发展的体育产业投资基金，积极引导和鼓励社会各界投资兴办体育产业。

（二）实施非均衡协调发展战略

实施非均衡协调发展战略就是确立重点、找准难点、以点带面、逐步推开的发展思路。根据晋江的特点和实际，探索以体育为媒介和平台，带动城市活力再生、城市功能再造、城市形象重塑和城市品位跃升的新型发展模式；选择以大力发展现代体育及其相关产业为切入点和突破口，探索切合晋江实际的新型体育城市发展道路，实现体育产业与经济社会、体育事业的协调发展。

（三）加快晋江国家级体育产业基地建设

针对我国的三个国家级体育产业基地建设中存在着基地产业结构趋同的弊端，晋江国家级体育产业基地在确立重点产业时，要注意错位发展的问题，立足区域优势的基础上着力形成合理的地域分工，避免在体育产业领域重蹈低水平重复建设的覆辙。晋江市国家体育产业基地的战略定位，一是为体育产业的聚集与发展提供良好的基础设施、公共技术平台、产业化平台和服务体系；二是提高体育产业的国内国际竞争力，并以此带动晋江市体育产业结构的战略性调整与产业升级；三是建设体育研发中心，其设施同时为国内外体育项目研发及创新提供开放条件；四是产业孵化功能，建设体育产业孵化器及配套设施；逐步建设成为以从事体育产品开发、生产、服务和出口为主要任务的产业基地。

晋江市政府在体育产业基地建设中应通过相应的政策手段和服务职能，重点开展如下几项工作：一是资源分配方向的引导，目标是促进相关区域内的各种资源，特别是人才和技术等要素向最能发挥作用和最能释放潜能的方向集聚与集中；二是加强规划，引导和鼓励企业向园区集聚，积极培育支柱产业和特色产业，以此引导生产力的合理布局，通过招商引资和发展民营经济，不断衍生或吸引更多相关企业聚集；三是推动法律服务、技术咨询、会计事务、产权交易等中介机构的建立，使其在建设国家体育产业基地中发挥应有的作用；四是推动开放式产业体系的建立，鼓励企业与国际体育产业建立强有力的接口，鼓励引进消化国外的先进技术和管理经验，为其参与国际市场竞争创造有利条件。

（四）积极依托体育用品业，大力发展体育主体产业

晋江要充分发挥独特的地理位置和优越的人文环境，闯出一条独具特色的体育产业发展模式——抓住机遇发展体育用品业，充分发挥晋江国家体育产业基地的优势，着力打造具有国际影响的运动装备基地；同时利用体育用品业高速发展所积累的资本，以体育用品为龙头，以健身娱乐做网络，以竞赛表演做特色，带动体育竞赛表演、体育健身休闲、体育培训等行业的发展，加速相关产业链的整合，充分利用产业集群优势来增强晋江体育产业的竞争能力，通过加快体育产业的发展来带动和促进体育事业在更高层次上的发展。

（五）创新晋江体育产业营销模式

1. 体育品牌建设要走差异化的道路

晋江有个庞大的体育用品品牌族群，品牌集中率极高，但严重同质化的营销模式，造成晋江企业的品牌空心化。树立差异化是晋江未来塑造体育品牌的关键。因此晋江体育用品生产企业要有意识地传播自己的个性信息，塑造自己独特的品牌个性，走差异化的品牌路线。

2. 体育营销必须与体育事业实现有机结合，达到体育资源的最优化

体育产品生产与体育运动是一对孪生兄弟，互相促进，互为条件，互为因果。目前，中国正在通过三个契机把体育产业发展与我国的体育事业相结合：第一是举办奥运会，借助北京奥运会的天然契机推动我国体育产业的发展；第二是我国竞技运动的发展与转型；第三是中国体育市场需求剧增。晋江的体育企业要建立营销概念，从理论到实践上把体育事业与体育产业正确结合，引导这一行业在市场机制下健康发展。

3. 网络定制营销是体育营销的发展方向

网络营销浪潮的兴起，将为国内体育用品带来新的突破，可以将以前人们不重视的个性化体育用品市场、分散的消费需求通过网络串起来变成一个巨大的体育用品销量。中国网民数量爆炸式的增长给了体育用品网上个性化定制提供了可能。网络定制营销将成为体育产业界寻找突围的一个突破口，晋江体育产业营销要取得突破性的发展，必须从根本上进行产品创新。

项目编号：1104ss07061

大型体育场馆市场化供给研究

陈元欣　徐文强　马　辉

大型体育场馆（以下简称大型场馆）是承办大型赛事的前提和必要物质基础。

一、大型场馆供给现状、问题分析

（一）大型场馆供给现状分析

目前，我国大型体育场馆供给现状主要表现在供给主体多元并存，以学校为主。大型场馆供给方式以政府间接供给为主。虽然改革开放以后我国大型场馆供给方式逐步多样化，但采用市场化方式和志愿方式供给的大型场馆仍相对较少，现有大型场馆受其供给主体影响，多采用政府间接供给方式供给，非公有制经济主体积极参与大型场馆供给。截至到 2003 年底，我国现有 5543 个大型场馆中，由非公有制经济主体供给的大型场馆为 303 个，占全国总量的 5.5%，其资金投入为 16.2 亿元。供给所需资金来源渠道趋于多元化，大型场馆提供与生产过程合一，在大型场馆的生产过程采用委托经营、企业化运营、服务外包等多种形式逐步引入市场机制。从近年来大型场馆供给的趋势来看，大型场馆供给数量递增，平均投入快速攀升成为其主要特征。

（二）大型场馆供给中存在的问题

近年来各地大型场馆的供给状况有了较大改善，但在其供给中仍存在一些比较突出的问题，存在诸多弊端。

1. 大型场馆供给严重不足，局部过剩

一方面大型场馆供给严重不足，受场馆布局、系统分布等因素的影响，供给不足问题较为突出。但另一方面在我国大型场馆供给中又存在比较严重的局部过剩问题，大型场馆供给不足与供给过剩同在。大型场馆供给过剩表现为两种形式，一种是相对过剩，另一种是绝对过剩。相对过剩指的是相对于当前的社会经济发展水平或经济发展的需要来说是过剩的；绝对过剩指的是大型场馆的供给绝对地超过了当前以及未来的需求，出现了大量的闲置。

2. 大型场馆供给主体单一，方式落后

虽然目前我国大型场馆的供给主体多元并存，但从大型场馆提供的实质和场馆的总体情况来看，其供给主体仍比较单一。根据笔者对国内 161 个大型场馆的问卷调查表明，其中 153 个大型场馆是由政府及其所属机构供给的。

3. 大型场馆提供与生产不分，运营效率低下

在目前大型场馆提供与生产不分的现实下，大型场馆的运营状况不理想，运营成本过高，部分场馆常年亏损运营，依靠政府的财政拨款维持运作，每年需要大量的财政投入，以 2004 年为例，全国体育系统用于大型场馆的补助费用高达 15.68 亿元。部分经济欠发达地区的大型场馆，经营收入偏低，甚至没有收入，而财政拨款又非常有限，这使得相当一部分大型场馆难以维继。大部分大型场馆经营内容单一，经营水平低下，以场地出租和房屋租赁为主，除此之外没有开展任何经营活动。

4. 大型场馆市场化供给进程缓慢

目前我国大型场馆市场化供给的进程仍比较缓慢，具体表现在以下几个方面：一是由市场主体供给的大型场馆较少，特别是由民营资本供给的大型场馆更是屈指可数；二是各种市场化供给方式尚未得以广泛应用；三是大型场馆的提供与生产过程尚未分离；四是大型场馆提供所需资金仍以财政拨款为主，较少采用市场化方式筹集。

5. 大型场馆供给决策缺乏科学性

在大型场馆供给过程中供给决策是关键，没有正确的决策就不可能正确地提供大型场馆。长期以来，我国大型场馆供给的决策缺乏科学性，其供给体制在很大程度上是封闭式的，属于领导意志决定型、经验型，科学的大型场馆供给决策机制尚未建立。

（三）现行大型场馆供给模式存在的弊端

现行大型场馆供给模式存在的弊端主要表现在：（1）束缚了人们对大型场馆性质的认识，使人们误以为大型场馆是公共产品，只能由国家或单位（多为国有企业）垄断生产，个人和其他社会主体一般不能涉足，而且认为大型场馆应以公益性为主，甚至应免费向社会公众开放。同时，该模式也不适应大型场馆发展对资金的需要，更不利于大型场馆的后期运营。

二、大型场馆供给不足的经济学解释

（一）大型场馆供给市场失灵的表现及其原因

大型场馆供给市场失灵的主要表现是市场经济主体不愿涉足大型场馆的供给，由民间资本投资供给的大型场馆数量极少，无法满足社会的需要等方面。

大型场馆供给市场失灵的原因主要表现在大型场馆属于准公共产品、具有自然垄断性和大型场馆建设、经营过程中信息严重不对称等方面。

（二）大型场馆供给政府失败的表现及其原因

政府失败主要是由政府财力有限、决策主体受主观性影响较大，缺乏科学论证、决策信息不完全、决策者的固有近视、场馆设施提供者缺乏追求盈余的动机以及生产者缺乏竞争与资金使用的监督约束等原因引起的。政府失败主要表现在政府投入不足、场馆设施供给决策失误、供给成本高昂和生产效率低下等方面。

（三）大型场馆的外部性

大型场馆的供给具有显著的外部性，主要表现在促进城市空间扩展，完善城市空间布局、促进城市旧区改造，带动区域经济复苏、加快基础设施建设，促进周边土地增值和城市形象提升以及促进第三产业及相关产业发展和提升城市的知名度等方面。国内大陆地区场馆设施外部性的矫正主要有政府供给、庇古税和企业合并等途径。中体模式通过政府规制、企业合并和科斯定理较好地矫正了场馆设施的外部性，为民间资本参与场馆设施供给提供了一种行之有效的模式，是为矫正场馆设施外部性的理想模式。

三、国外大型场馆市场化供给对我国场馆供给的启示

国外大型场馆市场化供给对我国场馆供给的启示主要表现在以下几个方面：（1）目前美国等发达国家大型场馆，尤其是部分可以满足职业体育需要的经营前景比较好的体育场地，普遍采取公私联合的投融资模式，该模式有助于吸引民间资本参与场馆的投资，以减轻政府财政负担，使政府将有限的财力用于公益性和群众性体育场馆设施建设。（2）国外大型场馆在融资中一般采取市场化融资方式，注重市场机制的引入与发挥，有助于缓解和解决大型场馆的赛后运营困难，实现场馆赛后运营的市场化。（3）国外尤其是美国大型场馆的建设一般与各职业球队联合，建成后移交给职业球队使用，甚至部分场馆由多个球队同时使用，极大地提高了场馆的使用率，避免了场馆闲置。（4）国外大型场馆，尤其是各职业球队使用的场馆，非常注重对场馆冠名权、特许经营权等无形资产的开发，而且无形资产的开发也成为场馆重要的融资渠道。（5）国外大型场馆设施之所以能够吸引私人资本的广泛参与，在于其良好的投资回报途径和较高的投资回报率。

四、大型场馆市场化供给的理论分析

（一）大型场馆市场化供给的可行性

1. 大型场馆市场化供给的积极意义

大型场馆的市场化供给可以加快大型场馆供给，满足各地对于大型场馆的需求、拓宽供给资金来源渠道、控制大型场馆建设规模，节约建设成本、在大型场馆设计与建设中充分考虑赛后运营、降低大型场馆运营成本，减少政府财政支出、提高大型场馆服务质量和效率。

2. 大型场馆市场化供给的必要性

大型场馆市场化供给的必要性主要表现在大型场馆供给需求大，供给严重不足、政府失灵使政府难以独自承担起大型场馆供给重任，现行大型场馆供给体制的弊端要求大型场馆采用市场化方式供给。大型场馆运营状况普遍不理想，表现在对消费者缺乏回应性，大型场馆闲置严重，利用率过低，大型场馆运营成本过高，服务效率低下等方面。

3. 大型场馆市场化供给的可行性

大型场馆供给的现实为其市场化供给提出了迫切需求，法规、政策的出台为大型场馆的市场化供给提供了制度保障。同时，大型场馆也具有一定的盈利性，民间机构的快速发展使其足以担当大型场馆市场化的重任。国内诸多大型场馆市场化供给的成功实践为大型场馆的市场化供给奠定了基础。

（二）大型场馆市场化供给的进展情况

国外大型场馆多采用公私合作方式或由民间资本参与场馆供给，在运营上多采用委托经营方式实现大型场馆的市场化运营。国内大陆地区场馆设施民营化供给的进展，主要表现在部分场馆设施采用民营化方式供给，以及场馆设施委托经营管理和服务外包尚未普及等方面。

（三）大型场馆市场化供给的主体与方式

1. 大型场馆市场化提供主体与方式

政府在市场经济条件下的重要经济职能之一，就是提供公共产品包括准公共产品。在大型场馆的市场化供给中政府仍是非常重要的提供主体，但不是唯一的提供主体。大型场馆提供主体除了政府之外还有一个重要主体就是市场，市场在大型场馆市场化提供中扮演着重要角色。从今后大型场馆市场化供给的趋势来看，市场是今后大型场馆市场化供给的重要提供主体。大型场馆的市场化提供方式主要有政府提供和非政府提供，其中前者又包括政府直接提供和政府间接提供，后者包括市场提供和志愿组织提供两种方式。

2. 大型场馆市场化供给的生产方式

大型场馆的最佳生产方式是政府与市场合作生产。政府与市场合作供给大型场馆的方式主要有政府委托生产和合作生产两种形式。政府委托生产是政府拥有大型场馆的所有权，但政府不直接参与大型场馆的建设运营，而是将大型场馆经营权委托给市场主体行使，由专业企业等市场主体具体负责大型场馆的建设与运营，实行大型场馆所有权与经营权的分离。

（四）大型场馆市场化供给的主要制度安排

大型场馆市场化供给的主要制度安排，包括公私合作伙伴关系（狭义）、政府补助、BOT 及其衍生方式、政府供给、服务外包、委托经营管理、承包或租赁经营等。

（五）大型场馆市场化供给中应注意的问题

在大型场馆市场化供给过程中应注意其市场化供给并不意味着公共部门的退出，保护在职职工的合法权益、避免国有资产流失、促进社会效益的发挥和引入竞争机制，以及对大型场馆市场化供给的认识等问题。

五、PPP 项目在大型场馆市场化供给中应用分析

PPP 项目对于大型场馆的市场化供给具有重要的积极意义。大型场馆 PPP 项目运作流程立项与可行性分析阶段、项目招标阶段、签约及项目公司成立阶段、项目建设或更新阶段、项目运营阶段、项目移交阶段。PPP 模式在大型场馆领域应用与其他服务领域中应用的差异主要体现在消费需求赋有弹性且稳定性较低、大型场馆兼具公益性和营利性和收益主要来源于非本体收入等方面。PPP 模式在我国大型场馆市场化供给中应用的主要实现途径有 BOT 模式、TOT 模式和 DBFO 模式等。PPP 在大型场馆市场化供给中应用需注意避免合约冲突、避免场馆的垄断经营、妥善安置失业人员和防范场馆的过度经营等方面的问题。

六、政府主导——政府在大型场馆市场化供给中的职能分析

政府在场馆设施供给中应发挥主导作用，其主导作用应具体体现在规划制定、供给决策、协调服务、制度支持、资源配置、市场监管、运营服务、权益保护等方面。政府对于场馆设施民营化供给的监管非常必要，其监管内容应主要包括规划设计监管、资金

使用监管、工程质量监管、建设内容监管、标准监管、持续服务监管、价格监管和服务质量监管等方面。

七、推进大型场馆市场化供给的建议

根据我国公共事业市场化改革的有关理论和国内外大型场馆市场化的实践，为推进我国大型场馆的市场化供给提出了更新观念、正确认识大型体育场馆的市场化供给、充分发挥政府主导作用，确保必要的财政资金投入、提高大型场馆供给决策的科学性、制定扶持政策，吸引民间机构参与大型场馆供给、加强对大型场馆投资者的权益保护、设计合理的大型场馆投资回报机制、根据实际情况合理选择大型场馆市场化供给的方式，和强化政府对大型体育场馆市场化供给的监管等部分，具有可操作性的意见和建议。

项目编号：1167ss07124

体育场馆经营管理模式与效益研究

佟景春　苏秀英

一、我国现行体育场馆的主要的经营与管理模式

（一）单位自主经营的经营管理模式

场馆由国家投资，事业单位自主经营模式。这种模式是我国90年代以前体育系统内部管理的大中型体育场馆的主要经营模式。

（二）承包租赁经营模式

场馆由国家投资。这种经营模式主要是90年代中后期体育场馆所采取的经营与管理模式。

（三）企业化经营模式

体育场馆和以盈利为主要目的健身俱乐部都采用企业化的经营模式，建立了具有独立法人资格的企业来经营体育场馆。

（四）改良型事业单位自主经营管理模式

国家投资。目前，我国体育场馆经营模式中，存在着改良型事业单位自主经营模式，保留事业单位的性质不变，但在事业单位内部采用企业化管理模式。

（五）未雨绸缪统筹规划的经营管理模式

投资方式不固定。管理方法多样化。这种模式被各承办奥运会国家广泛使用。包括BOT管理模式和PPP管理模式。这种模式在北京奥运会建设的场馆中有所使用。

二、体育场馆经营与管理模式的演变

体育场馆模式的演变是与经济社会变革和管理体制的变化息息相关的。

（一）法律要求

《中华人民共和国体育法》的颁布，明确了体育场馆经营与管理模式和效益的标准，给体育场馆的生存和发展提供了有效的法律依据。

（二）政策的保障

体育场馆经营模式的演变与国家经济政策的制定和支持有着最密切的关系。1996年全国人民代表大会八届四次会议通过的《国民经济和社会发展“九五”计划和2010

年远景目标纲要》明确了体育要走“社会化、产业化”道路。近几年，国家相继出台了《关于印发促进和引导民间投资的若干意见的通知》、《“十五”期间加快发展服务业若干政策措施的意见》《关于加快市政公用行业市场化进程的意见》等文件，指出要“逐步放宽投资领域”，“鼓励和引导民间投资以独资、合作、联营、参股、特许经营等方式，参与经营性的基础设施和公益事业项目建设。”这些鼓励体育改革和民营化的政策，为公共体育场馆大力推行民营化提供了政策条件。

（三）社会经济的发展

经过30年的改革开放和经济的发展，我国民营经济经历了从小到大、从弱到强的发展历程。民营经济的发展和居民收入的增长形成巨额闲置资金，这为体育场馆投资多样化创造了条件，经营管理模式也发生了变化。

（四）体育场馆的建设

北京奥运会场馆建设为我国体育场馆经营与管理模式留下了宝贵的经验。

三、效益的研究

（一）体育场馆效益与奥林匹克运动

作为前国际奥委会执委、文化与教育委员会主席，何振梁先生积极宣传和倡导奥林匹克文化和教育。他指出：“近年来，国际奥委会在传播和发展体育方面取得了很大成绩，但是相对来讲，对国际奥委会的三大要素之一——文化与奥林匹克教育，还没有得到奥林匹克运动参与者的足够重视，其影响也远不如体育”。他认为，“体育、文化与教育和环境保护是国际奥委会的三大要素，体育是奥林匹克运动的中心，是主要载体，突出体育是应该的”。近年来，体育市场开发，发展很快，也很有成效，推动了奥林匹克运动的发展。但是，他指出“如果只注意体育和市场开发，而不注意同时在开展体育过程当中加强对体育与文化、体育与教育的结合，体育就可能走向歧途”。体育场馆效益与文化和教育有着密切的关联。

（二）体育场馆效益与民众需求

改革开放后，我国居民工资在逐年增长。

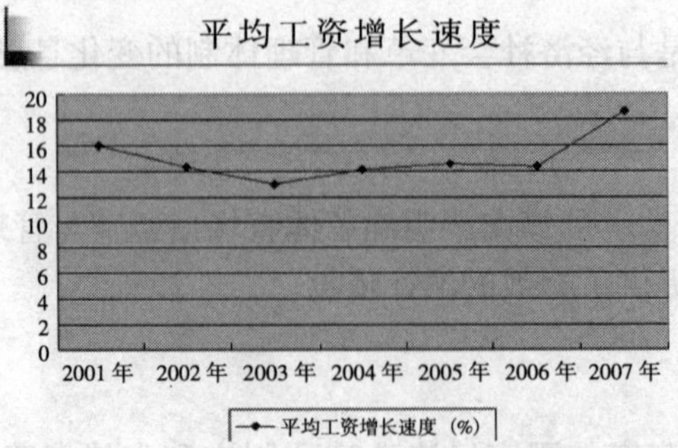

图1　2001—2007年全国城镇单位在岗职工平均工资速度

消费者收入的增加和对健康的重视，到体育场馆健身人群在逐年攀升，带来效益的增加。

（三）体育场馆效益与体育工作理念

（四）体育场馆效益与国家政府职能

体育职能部门的合并，都将带来体育场馆经营工作的变化，文化体育健身中心的相继建设，必将带效益的变化。

（五）体育场馆的经济效益与社会效益

1. 体育场馆的经济效益分析

通过对东北三省 6 家雪场的调查，我们对 42 位滑雪爱好者的经济状况进行了分析。调查表明：各雪场之间经营管理的效益存在较大的差异，这主要是体育场馆的硬件和人的消费水平、提供的服务条件及管理水平等多方面因素造成的。

表 1 不同收入消费者到各类雪场消费人数的比例

经营效益	4000 元以上 18 人	4000~2000 元 14 人	1000 元以下 10 人
国际标准雪场	9	4	5
一般雪场	7	6	3
娱乐性雪场	2	4	2

注明：n 为调查的滑雪爱好者人数，共 42 人

通过调查我们发现，影响滑雪场效益的因素主要有以下几点：

第一，滑雪场的经济效益与消费者的收入关系密切。到滑雪场消费者 9 人每月收入在 4000 元以上，自己带车来雪场滑雪。

第二，滑雪场的建设要与所在地区经济发展同步。

第三，滑雪场的经营效益要从单一的体育运动项目经营，逐渐发展到体育场馆的多种项目经营。

第四，我国体育场馆的功能性单一，管理人员的专业性不强，

第五，气候变化对效益的影响。

2. 增加体育场馆经济效益的途径

一是要增强体育场馆多开展体育活动的意识。二是要增强体育活动的经济效益意识。三是严格执行现代企业制度。

3. 体育场馆的社会效益分析

体育场馆必须注重社会效益，即使是民营性质的体育场馆在今后的发展中数量不断增长，服务社会也是必须的，如果在社会上，没有良好的信誉，经济效益难以实现。

4. 体育场馆的社会效益与经济效益并重

体育场馆的经济效益和社会效益必须两手抓，两手都要硬。尽管社会效益与经济效益两者实现形式大不相同，衡量标准和尺度也不一样。但二者是相互依赖、相互促进、共同受益。

5. **社会效益和经济效益都是要通过市场得以实现的**

没有市场就谈不上体育场馆的社会效益和经济效益，只有通过市场的具体运作，实现了体育场馆的经济价值，社会效益才能得到体现。

6. **体育产业链对提高效益是至关重要**

图 2 建立了体育产业部门与其他产业部门的一定的技术经济关联，并依据特定的逻辑关系和时空布局关系客观形成的链条式关联关系形态。

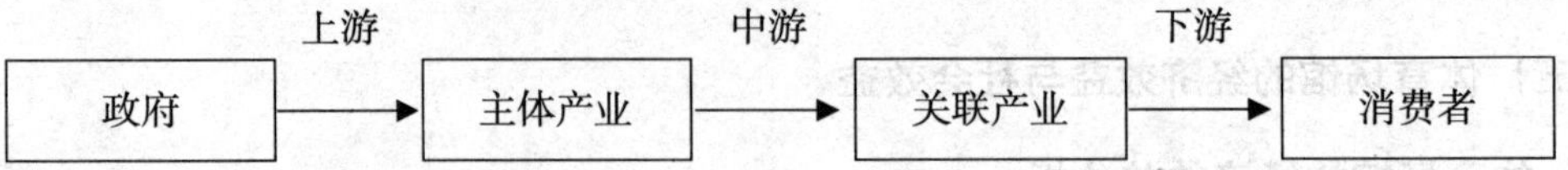

图 2　体育产业链模式

7. **充分认识两个效益关系的现实意义**

正确认识两个效益的关系，对我国建设有中国特色社会主义有着重要的现实意义和深远的历史意义。体育场馆第一要为国家培养人才服务。教育部体育卫生与艺术教育司司长杨贵仁说：一个人如果没有了健康，即使他的学问再大，品德再高尚，也很难为国家为人民做出贡献。第二要为经济发展服务。从国外体育产业运作情况来看，体育就意味着财富。利用体育场馆举办大型的体育比赛特别是国际体育赛事，成为了发展本国、本地区经济的良好时机。第三要为联动其他与就业服务。第四要为我国成为体育强国服务。

四、结论

体育场馆经营与管理模式是体育产业的重要组成部分，体育产业链是体育场馆经营发展项目的基础。体育场馆要遵循科学发展观，作为体育场馆的原创者就应该给予体育场馆的设计、筹建、运营、功能开发和市场拓展、以及经济效益和社会效益的最大化全面的考虑，为体育场馆可持续发展奠定基础。在体育产业发展过程中，体育场馆经营与管理模式要从体育产业链入手，与其他产业相互促进，共谋发展。

五、建议

（一）建议建立体育场馆消费和公费医疗个人账户消费相结合的经营与管理模式

体育场馆消费和公费医疗个人账户消费相结合的经营与管理模式，可以从一个地区，一部分人群，一定范围内试点，逐渐解决具体运营的程序，建立收入分配的比例，各部门在“一卡通智能系统”的支撑下，完成模式的运作，取得效益。

（二）建议成立体育场馆的管理者职业教育机构化

如果建立体育场馆消费和公费医疗个人账户消费相结合的经营与管理模式，需要引进电子计算机的专业人才，对体育场馆整体人力资源将有更高的要求。政府部门应该大力支持体育场馆专业人员的职业教育。成立专门的职业培训机构，国家给以培训经费的投入。

项目编号：1110ss07067

甘肃省公共体育场馆现状调查分析及对策研究

石生泰　孙　婧　韩晓东　杨新平　窦少筠

一、甘肃省体育场地现状

（一）甘肃省体育场地概况

甘肃省共有各类体育场地22591个，其中标准场地17569个，占场地总数的77.8%，非标准场地5022个，占22.2%。全省标准体育场地占地总面积3304.0445万米^2，总建筑面积2849.4223万米^2，场地总面积2005.1057万米^2，累计投入资金17.927亿元。按全省2600万人口计算，全省人均体育场地面积约为0.77米^2，人均投入体育场地建设资金68.95元，安置从业人员2.1万人。

（二）甘肃省标准体育场地种类

全省现有标准体育场地39种，占被调查64种（含教育系统和其他系统）标准场地的61.0%。其中，体育场、体育馆、游泳馆等大型体育场馆占0.56%，室内游泳池、保龄球馆、健身房（馆）、综合练习馆（房）、篮球房（馆）、羽毛球馆等室内体育场（馆）占5.1%，室外游泳池、室外网球场和足球场等室外体育场地占94.4%。在室外体育场地中，以篮球场、小运动场和排球场居多，占标准体育场地总数的89.7%。

（三）全省标准体育场地分布状况

1. 各系统分布状况

教育系统拥有标准体育场馆13568个，占全省标准体育场地总数的77.2%；体育系统拥有标准体育场馆496个，占2.8%；其他系统拥有标准体育场馆3505个，占19.9%。

2. 地域分布状况

全省体育场地分布不均衡，地区之间的差异非常显著。河西地区无论是人均体育场地面积，还是每万人拥有体育场地数均排列全省首位，中部地区次之，陇东和陇南地区人均体育场地面积和场地数明显低于河西、中部地区，更低于全省平均值。

3. 不同经济区域场地分布状况

不同经济区域的场地分布具有明显差异，经济发达地区无论是人均占有场地面积、万人拥有场地数量，还是标准场地硬化条件、设施水平、建筑质量等都要好于其他地区。反映出经济发展水平对场地建设和布局具有决定性作用。

4. 场地位置分布

甘肃省现有标准体育场地分布在校园的占78%，分布在乡（镇）村的占8.0%，机关企事业单位楼院内的占6.0%，厂矿占2.0%，居民小区（街道）占1.4%，广场占1.0%，其他场所占0.8%，老年活动场所占0.7%，公园占0.6%。

5. 甘肃省体育场地开放程度

全省17569个标准体育场地，全天对外开放的占24.3%，部分开放的占6.5%，不开放的占69.2%；5022个非标准体育场地中，对外开放的占17.8%，部分开放的占8.3%，不开放的占73.8%。

6. 甘肃省体育场地经济成分构成

甘肃省标准场地国有经济成分占88.4%，集体经济成分占10.0%，其他经济成分占1.6%。

7. 场地经营状况

体育场地以公益类非盈利性质为主，在所有的标准场地中，公益类占98.0%，经营类仅占1.5%。

8. 场地建成年份

建于1979年以前的占全省场地总数的17.7%，建于1979年以后的占82.3%，改革开放以后建成的体育场地数是改革开放前的4.6倍。在改革开放后建成的体育场地中，建于1980—1989年的占改革开放后的23.5%，建于1990—1999年的占43.7%，建于2000年以后的占32.8%。改革开放30年是全省体育场地建设的快速发展时期，场地数量、种类、规模、质量都较改革开放前有了大幅度的提升。

9. 场地被侵占状况

截至2008年底，随着我省经济社会发展及城市改扩建工程的实施，全省共有22个体育场地被挤占。在被挤占的体育场地中，体育场、田径场占45.5%，篮球场占22.7%，其他场地占31.8%。建于1980年以前的占59.1%，建于1981—2000年的占27.3%，建于2000年以后的占13.6%。被挤占的年份主要集中在2000年以后，占被挤占体育场地的68.2%。

二、侵占场地原因分析

一是县级体育行政部门在机构改革中受到了冲击，主要是与教育、文化、广电等部门合并，行业管理职能被削弱，破坏了原有的体育场地管理和运行模式，致使原归属县级体育行政部门的体育场地面临着被挤占或者被侵占的严峻形势。

二是随着经济社会发展，城镇化建设发展速度加快，旧城区改扩建工程不断的实施，而部分市、县（区）的场馆地处城市的黄金地段，具有极大的商业开发价值。

三是部分市、县（区）的领导干部执政理念和法制观念不强，仅以经济效益作为衡量政绩的唯一标准，而忽视了体育场馆所体现的社会价值和广大人民群众的健身需求。

四是部分场馆由于受经费制约，年久失修，设施陈旧，难以适应城市社会发展的需要和广大群众不断提高的健身需求。

五是缺少高层管理和经营人才，经营理念落后，服务质量差，经营状况不佳，不能充分发挥场馆应有的经济效益和社会效益。

六是部分体育场馆的设计、规划、建设缺乏前瞻性，没有充分考虑到社会发展和城市建设对场馆建设的要求，不能适应社会发展的需要。

三、体育场馆潜在风险

全省体育场馆潜在的管理方面的风险主要表现为：缺乏管理人才或决策者决策失误影响场馆正常运转；管理体制不合理，产权不清晰，权责不明导致场馆管理效率低下。体制性障碍的不合理也造成场馆的潜在风险。随着体育改革的不断深入，全省公共体育场馆的管理体制历经计划管理→预算管理（全额管理、差额管理）→承包经营责任制→租赁制等一系列演化过程，已逐步实现由行政型管理向经营型管理的过渡。但是由于受计划经济的影响，再加上各场馆之间的客观条件差异较大，致使目前各体育场馆所采用的经营管理体制不尽相同。在多种体制并存的过程中，传统体制的影响仍给体育场馆的经营管理带来一系列问题。

一是所有权与经营权无法分离或分离程度不高，导致场馆缺乏经营自主权。最突出的是缺乏人事权、资金支配权、经营决策权和利益分配权，严重束缚了经营管理者的积极性。

二是场馆与上级体育主管部门之间的关系没有理顺，导致权责不明、职能不清、利益不分的不良现象依然存在。如果体育场馆仍沿袭传统的管理体制和运营机制，则可能背上沉重的财政负担。管理上的僵化，运营形式的单一将可能造成场馆运行效率低，盈利少。

四、结论

• 全省体育场馆的绝大多数发展指标低于全国平均水平，体育场地无论是在数量、种类、结构、规模还是质量上，都与全国以及经济发达省份存在很大的差距，综合水平不高。

• 随着社会经济发展水平的不断提高，甘肃省标准体育场地种类和数量呈现逐年提高的趋势，但质量不高，结构不尽合理，现代化的体育馆尤为匮乏，资源分散，发展滞后。广大人民群众日益增长的健身需求与体育场地设施严重不足的矛盾依然突出。

• 省体育场地分布与发展不均衡、不协调。城乡之间、区域之间、系统之间的体育场地发展存在严重的失衡现象。全省体育场地主要集中于经济发展水平较高的地区和教育系统。

• 体育场地以国有经济成分、公益类非营利性质为主，场地开放度不高，综合利用率低。

• 全省校园体育场地和广场体育场地建设优于全国平均水平，企事业单位、居民小区（街道）、厂矿和其他区域的体育场地建设落后于全国平均水平。

• 部分体育场地被侵占，部分场地先行择地新建偿还政策没有落实，体育部门的利益和广大人民群众的健身权益被侵占和剥夺。

五、对策与建议

• 以科学发展观为统领，以胡锦涛总书记提出的“由体育大国向体育强国”迈进为目标，紧紧围绕“构建丝绸之路体育健身长廊”工程，进一步加大体育场地设施建设和管理力度。在新的更高的历史起点上积极探索建立全民健身的长效机制，努力实现体育场地设施建设的新发展和新跨越，为人民群众提供更多更好的体育公共服务和产品。

• 统筹城乡、统筹区域、建立公平公正、惠及全民、可持续发展的全民健身服务体系，不断推进全省基本公共体育设施服务的均等化。有效整合资源，重点加强经济发展落后地区、边远地区、民族地区的体育设施建设。农民健身工程和全民健身活动中心建设要重点向城市的社区、街道和农村的乡镇倾斜，把体育场地建设纳入到社区、街道、村镇建设规划中。

• 突出横向联合，着力聚集全社会力量和资金兴建体育场地设施的合力。强化与政府其他部门的联合，着力推进体育健身设施进公园、进广场、进景区、进文化活动站。不断提高体育场地设施“量的扩张”和“质的提升”。

• 坚持政府主导、政府指导、政府督导的原则。着力解决影响学校体育场地开放的“人身安全问题”、“教学和校园秩序问题”、“开放成本费”等问题，积极推进学校体育设施向社会开放。有效提高现有体育场地的利用率。

• 加强对各级体育场地设施的管理，规范服务标准，扩大服务内容。建立省、市、县三级体育服务网络，实行多层次、多时段、多元化的服务体系，为广大人民群众提供更多优质、便捷的公共体育服务。

• 体育场地设施建设既要立足现实，又要适应社会发展的需要。体育场地的规划、建设要有前瞻性，不仅要考虑到目前群众的健身需求，更要考虑到随着人民群众生活水平提高、体育消费观念更新以及未来社会发展而带来的对体育场地设施的新要求，提前作出预测和准确判断，并制定可行的发展规划。

• 积极探索体育场馆建设经营管理的新模式，逐步实行所有权和经营权分离。在不损害和影响体育场馆的体育功能、满足基本公益需求的前提下，场馆的管理机构可成为经营主体，也可采取其他方式选择经营管理机构。鼓励社会机构参与体育场馆经营管理活动，以积极的态度和发展的思路，预防体育场馆被侵占。

• 充分利用《体育法》和中央的有关规定，切实维护体育场地的合法权益，尽力减少和消除体育场地的被侵占现象。进一步拓展体育场地的生存空间，改善发展环境，扭转体育场地难以维持的被动现状。

• 体育场馆的建设和运营坚持政府推动，企业运作。运用市场机制进行场馆建设和管理可以有效地规避潜在的管理风险、经济风险和经营风险，有利于实现政企分开，有利于把体育场馆经营纳入市场经济轨道，推动其迅速扩大规模、步入良性发展轨道。

• 完善配套服务，提升后续利用水平。场馆设计时要充分考虑场馆使用的多功能性与多元化，建设中注意配套服务设施的完善，大幅度提升体育场馆的使用效率。

• 建立体育场馆建设和运营风险评估制度。确定体育场馆建设的目标风险识别，建立项目风险评价模式、风险分类、风险处置重要性排序等。采取相应的手段措施，积极化解风险，预防因设计、建设、使用、维护和经营不当而导致投资者、经营者、使用者蒙受经济损失或伤害的危险，实现体育场馆经济效益和社会效益双丰收。

项目编号：1064ss07021

黑龙江省与北京市及周边地区滑雪场经营现状的对比研究

阚军常　朱志强　李万哲　陈月亮　李　嘉　啜鹏群
陈伟光　田小健　王紫娟　李克良　马喜强

一、黑龙江省与北京市及周边地区滑雪场概述（略）

二、黑龙江省与北京市及周边地区滑雪场经营现状的研究

（一）黑龙江省与北京市及周边地区滑雪场经营的基本情况的对比研究

1. 黑龙江省与北京市及周边地区滑雪场气候条件的对比研究

表 1　黑龙江省与北京市及周边地区雪期对比表

地区	雪期起始时间	雪期历时
黑龙江省	11 月中–次年 3 月中	4 个月左右
北京市及周边地区	12 月初–次年 2 月中	2.5 个月左右

黑龙江省地处我国最北方，天然条件得天独厚，地处中温带，属湿润性季风气候，拥有丰富的雪资源。黑龙江地区滑雪场年积雪期长，一般为 120 天，从每年的 11 月中旬到次年 3 月中旬均可以滑雪，有些滑雪场比如亚布力滑雪场积雪时间长达 150 天。

2. 黑龙江省与北京市及周边地区滑雪场雪道情况的对比研究

表 2　黑龙江省与北京市及周边地区雪道落差及雪道数量对比表

地区	雪道落差（米）	初中级道数量（条）	高级道数量（条）
黑龙江省	约 300	3	2.3
北京市及周边地区	约 200	8	1.2

从滑雪场雪道对比情况看，黑龙江省滑雪场雪道落差平均达 300 米，山形地貌较好，有可持续发展的空间。从雪道数量来看，北京的初中级雪道数量多，达到平均每家雪场 8 条，而黑龙江省只有 3 条左右。如果从接待普通游客考虑，黑龙江省接待能力远不如北京市及周边地区滑雪场。但是从高级道数量来看，黑龙江省滑雪场数量及质量上明显占优势，接待滑雪发烧友能力强，也从侧面说明黑龙江省滑雪场起步较早。

3. 黑龙江省与北京市及周边地区滑雪场硬件设施的对比研究

表 3 黑龙江省与北京市及周边地区雪道索道和雪板数量对比表

地区	索道条数	雪板数量（副）
黑龙江省	5	1000
北京市及周边地区	9	3000

从表 3 可以看出，黑龙江省滑雪场的索道条数和雪板数量均比北京少，从接待游客能力上看不如北京市及周边地区滑雪场，从滑雪场的硬件设施条件来看两个地区滑雪场相差很大。

4. 黑龙江省与北京市及周边地区滑雪场配套设施的对比研究

从餐饮、住宿条件比，黑龙江大型滑雪场条件较好，部分滑雪场条件较差，而北京几家大型滑雪场的条件几乎达到星级宾馆标准，从总体看黑龙江省滑雪场住宿条件与北京市及周边地区持平。从餐饮接待能力看，黑龙江省滑雪场与北京北京市及周边地区相比差距较大，北京市及周边地区滑雪场餐厅一般能容纳 1000 人左右同时就餐，而黑龙江省滑雪场餐厅平均容纳 300 人左右同时就餐，因此就餐饮接待能力来讲，黑龙江省滑雪场远不如北京市及周边地区滑雪场。

5. 黑龙江省与北京市及周边地区滑雪场投资主体的对比研究

表 4 黑龙江省与北京市及周边地区滑雪场投资主体对比表

地区	黑龙江省		北京市及周边地区	
	滑雪场数	百分比（% ）	滑雪场数	百分比（% ）
政府投资	5	50	0	0
民　营	5	50	10	100

从投资主体看，黑龙江省多数大型滑雪场都是由政府出资兴建，并由政府管理，典型的代表有亚布力滑雪场和哈体院高山滑雪场，这与北京有极大的不同，北京市及周边所有滑雪场是民营性质。

（二）黑龙江省与北京市及周边地区滑雪场相关因素的对比研究

1. 黑龙江省与北京市及周边地区滑雪场消费群体的对比研究

表 5 黑龙江省与北京市及周边地区滑雪场一次消费群体对比表

地　区	周末日均接待游客数	本地游客百分比（%）	外地游客百分比（%）
黑龙江省	800~1000 人	45	55
北京市及周边地区	1500~2000 人	90	10

从表 5 可以看出，黑龙江省接待游客的数量从均数上来看不如北京滑雪场，周末接待游客能力不如北京及周边地区滑雪场，这与北京地区人均收入水平较高有关。

2. 黑龙江省与北京市及周边地区滑雪场门市价格的对比研究

表 6 黑龙江省与北京市及周边地区滑雪场周末门市价格的对比调查

地 区	2 小时（元/人）	4 小时（元/人）	全天（元/人）
黑龙江省	100~180	160~300	200~480
北京市及周边地区	120~180	180~240	340~360

从两个地区滑雪场消费来看，黑龙江省滑雪场消费明显高于北京周边地区，因为黑龙江省人均收入要比北京人均收入低很多，所以综合看黑龙江省滑雪场收费高。

3. 黑龙江省与北京市及周边地区滑雪场滑雪学校的对比研究

表 7 黑龙江省与北京市及周边地区滑雪场滑雪学校的对比调查

地 区	教练员数量（名）	其中持证上岗（%）	有教学教案、大纲（%）
黑龙江省	20~100	40	40
北京市及周边地区	40~150	60	100

从滑雪学校教练数量上看，北京市及周边地区滑雪场教练人数多，北京市及周边地区滑雪场教练持证人数多，北京市及周边地区滑雪场教练有完整的教学大纲及教学进度、教案，培训正规，对滑雪初学者的培训重视程度远远超过黑龙江。最重要的是从经营角度看，北京市及周边地区滑雪场把滑雪学校当做一块重要的收入来源，非常重视。

4. 黑龙江省与北京市及周边地区滑雪场经营模式的对比研究

在经营模式方面，北京市及周边地区滑雪场有先进的经营理念。他们将在其他行业中成功的经营理念和先进的管理经验运用到对滑雪场的开发与建设上：对滑雪场的投资力度大，雪场建设的配套设施标准高、起点高、服务项目全；注重对在岗人员进行专业培训；重视广告宣传，一家雪场每年用于宣传的费用可达百万元；滑雪场与旅游、休闲、娱乐、度假相结合，四季旅游项目齐全，全年都可以接待游客，雪场经营状况良好。

5. 黑龙江省与北京市及周边地区滑雪场管理水平的对比研究

黑龙江省滑雪场的管理水平不高，系统服务质量低，处于初级阶段。服务不配套、不规范，不能与国际接轨。管理层含金量不高，不能适应滑雪场的特殊要求。北京市周边滑雪场所有管理人员均为商业管理人员，精通商业行为，管理水平较高。

6. 黑龙江省与北京市及周边地区滑雪场人力资源的对比研究

北京地区滑雪场从选用人才方面优于黑龙江省。他们选用的人力资源多是在其他雪场有过工作经验的，要么精通管理，要么清楚滑雪场管理中存在的问题和弊端，能够在工作中及时回避问题，这使得北京地区滑雪场有优秀的人力资源储备；另外北京地区滑雪场重视人才的培养和再学习，调查中发现几家滑雪场的部门以上经理每年均有出国学习的机会，不停地深造、学习，给他们提高管理水平提供了保障。

7. 黑龙江省与北京市及周边地区滑雪场经济效益的对比研究

表 8 黑龙江省与北京市及周边地区滑雪场盈利与亏损一览表

地区	黑龙江省		北京市及周边地区	
	滑雪场数	百分比（%）	滑雪场数	百分比（%）
盈利	4	40	8	80
亏损	2	20	0	0
持平	4	40	2	20

在调查中，滑雪场一般把盈利或亏损额视为商业机密不愿透露，因此不能获得滑雪场的总资产和利润这些衡量盈利能力的指标。但结合访谈资料及与一些滑雪场管理者的交流了解到，多数黑龙江省滑雪场不盈利。从表 8 可以看出，黑龙江省有 40%的滑雪场盈利，有 60%的滑雪场处于持平和亏损状态。从经营收入看，黑龙江省私营滑雪场可以达到盈利的目的。盈利的雪场主要集中在个体经营的小滑雪场，中等以上滑雪场如计算折旧等成本，盈利雪场甚少。大部分滑雪场收支持平，很难盈利。还有些滑雪场比如铁力日月峡滑雪场在勉强维持。

在这方面黑龙江省和北京地区滑雪场差别巨大，黑龙江省滑雪场劣势明显，北京滑雪场凡是正常营业最差的都可以自给自足，大部分可以盈利。北京市及周边地区有代表性的滑雪场瞄准了滑雪市场的商机，按照星级标准投资建设，对滑雪场的资金投入大，建设标准高，相关配套设施较好，相关设备比较完善，交通便利，每年都收到良好的经济效益。

8. 黑龙江省与北京市及周边地区滑雪场政府政策的对比研究

北京及周边地区滑雪场属于保护性开发，他们对滑雪产业的发展有着长远规划，利用先进的经营理念、科学的管理方法，综合利用，综合开发，同时注重生态保护及可持续发展。每家滑雪场的申请、审批都严格控制，充分利用现有的山体资源，努力完善基础设施，不断对滑雪场进行改造，提档升级，大部分已取得了明显的经济效益和社会效益。

9. 黑龙江省与北京市及周边地区滑雪场对比存在问题的研究

- 滑雪市场比较混乱，滑雪场规划、建设、管理均处于无序状态。
- 经营理念与管理手段落后。
- 滑雪产业没有形成规模，对相关产业的带动作用不明显。

三、结论

- 黑龙江省具有更加丰富的滑雪资源，山形地貌好，积雪期长，自然条件优势明显，滑雪市场潜力巨大。
- 北京市及周边地区的滑雪场在基础设施和管理方面优势明显，初中级滑雪道多，接待普通游客能力强。
- 北京的滑雪市场较规范，而黑龙江的滑雪市场较混乱。
- 北京市及周边地区的滑雪场依托消费能力较强的北京市民，客源稳定，而黑龙江省的滑雪场则主要依靠外地游客，客源的稳定性差。

●北京市及周边地区的滑雪场经济效益普遍较好，而黑龙江省的滑雪场经济效益参差不齐。

四、建议

●两个区域的滑雪场应相互借鉴经验，加强沟通，互相学习，成立产业论坛、行业协会，建立交流的平台。

●两个区域的政府相关部门应主动接触，建立对话和交流机制，相互学习。

●国家有关部门应将滑雪产业的发展纳入国家统筹的框架内，并会同各级政府的相关管理部门，共同研究滑雪产业的发展规律，对全国范围内的滑雪场进行长远规划和布局，立足全国，科学制定当地滑雪产业的发展规划，逐步建立和完善管理制度、法律法规，加强依法管理，强化政府对滑雪产业的管理职能。

●以政府为投资主体的滑雪场应遵循市场规律，逐步民营化。

项目编号：1109ss07066

对我国体育经济类科研成果的回顾与展望

杨铁黎　唐晋军　陈文倩

本研究把与体育经济问题相关的各类研究成果概括为体育经济类研究成果，将其界定为反映体育经济学科发展内在规律以及对体育产业实践活动有指导意义的相关学术研究成果的总称，包括学术论文、学术专著、研究课题等。

一、体育经济类研究成果的类型划分

本文从体育经济学的母学科经济学的分类方法和一般性原则出发，将经济学学科分类的共性特征与体育经济领域研究对象的个性特征结合起来，试图找到相对合理的分类方法。

本研究通过专家访谈，并查阅经济类学科的分类标准，结合体育经济学学科特征和体育经济研究的具体领域，按照宏观经济学与微观经济学、理论经济学与应用经济学的框架将体育经济类研究成果类型进行如下划分：宏观研究领域，包括体育经济学基本理论研究、体育产业基本理论研究和体育市场营销理论研究；微观研究领域，包括体育市场研究（体育竞赛表演市场、体育健身市场、体育用品市场）、国际体育贸易（WTO）、奥运经济研究、职业体育研究、体育场馆经营研究、体育消费研究、体育赞助研究、体育彩票研究、体育中介研究、体育旅游研究、体育无形资产研究、体育保险研究、体育投资融资研究、体育产业人才培养研究等18个类别。

二、对我国体育经济类研究成果的回顾

我国对体育经济领域的研究是从20世纪80年代以后才开始的。改革开放以后，在体育产业实践的巨大推动下，国家主管部门的大力扶持下和在广大专家学者的辛勤努力下，二十多年来，我国体育经济类研究取得了丰硕的成果（表1）。根据我国社会经济和体育发展为基本特征，我国体育经济类研究成果的研究内容及其特点大概可分为以下三个阶段。

表1　体育经济类各阶段研究成果分类统计表

年　代	1979–1992年		1993–2001年				2002–2008年			
成果类别	著作	论文	著作	论文	国家体育总局社科项目		著作	论文	国家体育总局社科项目	
体育经济学基本理论研究	3	5	6	18	1	3	8	71	5	10
体育产业基本理论研究	0	0	5	43	5	19	10	193	13	37
体育市场及营销理论研究	0	0	5	31	4	13	20	122	8	13
体育竞赛表演市场研究	0	2	0	17	2	1	1	68	9	3

（续表）

年代	1979–1992 年		1993–2001 年			2002–2008 年		
成果类别	著作	论文	著作	论文	国家体育总局社科项目	著作	论文	国家体育总局社科项目
体育健身市场研究	0	0	0	16	1	2	1	53	1	9
体育用品市场研究	0	0	0	10	0	1	0	72	2	6
国际体育贸易（WTO）研究	0	0	0	2	1	1	0	20	0	1
奥运经济及影响研究	0	0	2	0	0	0	8	37	9	5
职业体育研究	0	5	0	42	2	16	1	100	4	4
体育场馆经营研究	0	3	0	4	1	6	2	45	3	11
体育消费研究	0	0	0	23	1	6	0	99	3	3
体育赞助研究	0	0	0	3	0	2	3	27	1	3
体育彩票研究	0	0	0	14	0	4	1	39	1	2
体育中介研究	0	0	0	5	0	1	3	14	2	0
体育旅游研究	0	0	0	8	0	4	0	98	4	2
体育无形资产研究	0	0	0	1	0	4	0	20	1	4
体育保险研究	0	0	0	4	0	2	0	31	0	5
体育投资融资研究	0	0	0	0	0	6	0	52	5	8
体育产业人才培养研究	0	0	0	3	0	4	1	19	1	0
合　计	3	15	18	244	18	95	42	1180	56	127

（一）第一阶段，1979—1992 年

1. 背景分析

这一阶段从“十一届三中全会”召开，我国实行了改革开放，到中共“十四大”明确提出在我国要建立社会主义市场经济体制。

1979 年以前，我国并不存在市场经济意义上的体育产业，无论从体制和运行机制，还是观念上，体育的运行和管理与计划经济体制相适应，是一种高度集中的政府计划安排。体育在范畴上归属于国家的事业，体育组织和管理部门分别具有事业和行政的性质，体育活动基本上由国家财政拨款。

中共十一届三中全会提出以经济建设为中心以后，在“有计划的商品经济”的思想指导下中国开始了市场化的改革与发展。随着计划体制的逐步改革和市场体制的逐步形成，体育系统在“以体为主，多种经营”的方针指引下，涉及体育场馆租赁、体育旅游、体育广告、体育健身娱乐、体育技术咨询服务及培训等内容的体育经营活动和经济实体日益增多，在体育经营管理方面迈开了商业化的步伐。

在党的十一届三中全会提出“解放思想，实事求是”的方针指引下，以及体育经营管理商业化的不断实践，我国体育理论工作者于 20 世纪 80 年代初开始了对体育领域经济理论与实际问题的研究。当时的国家体委有关职能部门、中国体育科学学会先后多次组织召开了全国体育发展战略研究会、理论讨论会和论文报告会，这些会议均把体育经济问题作为讨论主题，对体育经济问题的研究起了倡导和推动作用。1984 年中共中央

十二届三中全会《关于经济体制改革的决定》的发表以及1987年中共十三大关于社会主义初级阶段理论的提出，都指引和推动了我国体育经济类的学术研究。20世纪80年代中期，随着经济体制改革全面铺开，经济学界的学者也开始关注体育的经济问题。此后，一些体育院校的专家学者在对体育与经济关系问题进行研究的基础上，发表了一些研究成果。

2. 研究成果

这一时期出版体育经济学专著、教材3本，发表在核心刊物的文章15篇。

这些研究成果的价值主要表现在：

第一，对体育经济学的学科性质、研究对象、研究内容和方法有了初步的认识，论述研究体育经济的理论意义和实践意义，阐述创建体育经济学的必要性和条件，引起体育理论工作者及有关领导部门的重视。

第二，出现了体育经济学的研究成果。这些研究成果在体育科技刊物，报纸和其他社会科学刊物刊载，并得到科研管理部门和体育科研管理机构的承认。

第三，体育经济学地位得到确认。80年代后期，体育经济学被列入高等体育院校的教学计划，规定为体育管理专业的必修课程和其他专业的选修课程。1991年国家教育部将体育经济学正式列为体育学下的一门学科。

3. 成果的特点分析

第一，研究成果数量少。这一时期对体育经济类的研究还没有全面展开，从事这一方面研究的人员基本局限于体育院校为数较少的几个专家；出版的专著和教材仅有3部，仅占总数的4.76%；发表在体育核心刊物上的文章仅有15篇，仅占总数的1.6%。

第二，研究对象比较宏观，主要着力于有关体育经济学理论问题的研究和体育经济学学科体系的框架建设，出版的著作全部以《体育经济学》命名，把已有的有关体育经济学的知识在专著里予以初步系统化。论文的内容也基本表现为对体育经济学基本理论的认识和初建。研究的对象主要是计划经济条件下体育事业的经济活动以及对体育活动商业化的趋势研究，属于一种预测性的逻辑推理研究。

第三，研究的问题主要是计划经济体制下的体育经济问题。

第四，研究的理论基础比较狭窄。把马克思主义政治经济学作为唯一的理论基础，对西方经济学以及现代经济学的理解尚受到限制，在一定程度上变成了体育学与政治经济学相交叉的学科，使体育经济研究带有较浓的政治经济学色彩。

4. 研究热点

第一，体育在经济增长中的作用。

第二，经济与体育之间的关系。

第三，如何认识体育产业属于第三产业。

第四，如何扩大体育资金的来源。

由于我国体育产业的实践才刚刚起步，这一时期的体育经济类的研究成果基本属于对体育经济学学科范畴的初步探索和体育产业、体育经济的概念定义或者对一些体育经济现象进行具体的描述，还没有在真正意义上形成对体育经济的广泛而深入的研究。

（二）第二阶段：1993—2001年

这一阶段从中共十四大提出建立社会主义市场经济体制的目标开始，到我国申办

2008 年北京奥运会及加入 WTO 的成功。

1. 背景分析

1992 年 10 月中共十四大明确提出了：我国经济体制改革的目标是建立社会主义市场经济体制，以利于进一步解放和发展生产力。理论与实践上的这一历史性突破，对体育经济学研究带来重大的影响。

在大力发展第三产业的方针指导下，体育产业迅速崛起，引起了政府的高度关注，在 1998 年《政府工作报告》已经把发展体育产业作为拉动内需的手段考虑到促进国民经济增长的视野中。

1992 年中共中央、国务院发布《关于加快发展第三产业的决定》后，国家体委召开的“中山会议”把体育经济工作作为深化体育改革的一项重要内容列入会议讨论。1993 年初又组织起草了《关于培育体育市场，加快体育产业化进程的意见》。1994 年底，国家体委计财司、政法司和中国体育科学学会联合召开了全国体育经济问题研究会，会上宣读的论文共 34 篇，内容涉及体育经济各方面的理论与实际问题。1995 年全国体委主任会议把发展体育产业作为会议的主题，讨论并通过了《体育产业发展纲要(1995—2010 年)》。1997 年国务院研究室和国家体委共同主持《体育经济政策研究》课题的研究工作。

中国体育科学学会及下属的体育社会科学分会也把体育经济学作为研究的重点。2000 年底在武汉召开的第六届全国体育科学大会上，体育产业、体育市场与消费均被列入指南，入选的体育经济学方面的论文近 100 篇。1997 年以来国家哲学社会科学基金项目的研究指南及所批准的研究课题中，每年均有体育经济领域的研究项目。

由于体育经济问题成为研究的热点，因而吸引了更多的人参与研究。除原来从事体育经济学研究的人员外，体育社会科学队伍中一些从事其他学科研究的人员以及体育管理工作人员也投入体育经济理论与实际问题的研究，各级学校中一部分从事体育教学的教师由于种种原因也涉足体育经济问题的研究。

这一阶段对体育经济类研究成果影响比较大的事件有：体育竞赛管理体制的改革，1994 年足球率先实行了职业化，随后篮球、排球、乒乓球等项目也开始了职业联赛；1995 年 6 月，国家体委制定颁发了《体育产业发展纲要》；1995 年 10 月，八届人大四次会议通过的《国民经济和社会发展“九五”计划和 2010 年远景目标纲要》指出：要形成国家和社会共同兴办体育事业的格局，走社会化、产业化的道路。为我国体育社会化、产业化发展奠定了理论基础和制度保障。

2. 取得的成果

这一时期的研究成果明显增多，出版的教材和专著达到 18 部之多，占总数的 28.57%；发表在体育核心刊物上的文章达到 244 篇，26.18%；国家社科基金和体育总局开始对体育经济领域开始立项研究，其他行业从事体育经济类研究的人数也不断增多，在很多报刊杂志上都能看到有关体育经济学研究的文章。

3. 研究成果特点

由于我国体育产业在这一阶段得到了迅速发展，体育经济领域的专家对体育经济认识的逐渐深入以及社会各方面的研究力量逐渐增加。其特点主要体现在以下几个方面：

第一，研究成果数量大幅度增加。著作与教材、论文分别比第一阶段多出 15 本和 229 篇，国家社科基金立项和体育总局立项研究从无到有，分别为 18 项和 95 项。

第二，研究对象范围的扩大，内容更加具体化。

第三，宏观理论基础的完善。

第四，研究范围的拓宽。

第五，受到政府和国家科研机构的高度重视，国家体育总局及国家社科基金，在这一阶段开始了对体育经济领域研究的立项和资助。国家社科基金自1997年开始资助体育经济研究以来，平均每年资助7.4个课题，占体育学资助项目的28%，且保持稳中有升的态势。

第六，加强了应用对策的研究。应用对策研究成果占总成果的60%。

第七，对国外体育经济研究显著增加。

第八，研究方法的多样化，文献综述、逻辑推理、问卷调查、比较研究、综合研究等同时被运用到各项研究成果中。

第九，研究热点与我国体育产业的发展水平和发展重点紧密结合，为政府决策和企业的市场运作提供了重要的参考依据。

第十，成果形式多样化。如论文（集）、研究报告、专著、工具书、电脑软件和译著等类别。

4. 研究热点

①体育产业与体育产业化问题。

②体育市场与体育用品。

③体育消费。

④体育彩票、体育赞助与无形资产。

⑤职业体育俱乐部。

⑥对往届奥运会的商业运作及其经验的研究。

（三）第三阶段，2002年至今

1. 背景分析

2001年，我国获得2008年奥运会的举办权及成功加入WTO，这两件大事给我国的经济发展和改革注入了新的活力，也给我国体育产业的发展带来了无限生机和活力。

三个代表重要思想和党的十六大召开，为我国经济社会的发展开拓了新的历程。三个代表重要思想是研究体育经济必须遵循的指导思想。党的十六大确定了全面建设小康社会的奋斗目标。全面建设小康社会的目标中包括了形成比较完善的全民健身体系。2002年，中共中央国务院《关于进一步加强和改进新时期体育工作的意见》中指出：随着国民经济的发展和人民物质文化生活水平的提高，要逐步改善群众体育运动条件，为广大人民群众提供必要的体育设施和体育服务；努力构建群众性的多元化体育服务体系。这就需要进行一系列经济运作，需要通过求真务实的研究推动理论创新和政策创新。

2. 取得的成果

这一时期，我国体育经济类研究成果取得了前所未有的成绩。出版教材和专著42本，占总数的66.66%，在核心期刊发表论文673篇，占总数的72.21%，国家社科基金和体育总局分别立项56和77项。

3. 成果的特征分析

第一，体育经济学基本理论研究进一步深化，体育经济宏观理论领域的科研成果比重减少。由第二阶段的40%减少到33%，研究更加注重实践价值和应用价值。

第二，关于体育产业如何成为新的经济增长点和国民经济的支柱产业的问题成为研究的重点问题。

第三，研究范围全面开花，对体育产业的各个微观应用领域都有了比较深入的研究。

第四，成果表现形式发生变化。专著数量明显增加，反映出研究成果的深化和系统化。

第五，对奥运经济问题的研究成为新的热点。

第六，对国际体育贸易的研究进一步扩大和深入，如对加入WTO后我国体育产业面临的挑战与机遇等。

三、对我国体育经济类研究成果的展望

（一）在研究内容方面

随着我国经济社会持续稳步的发展，人民生活水平的大幅提高，体育消费将逐渐成为城市居民生活消费的一项重要内容。未来体育经济类研究将在宏观调控基础上，围绕构建和谐社会和《我国体育产业“十一五”规划》，研究内容重点集中在以下几个方面：

1. 后奥运经济的研究

北京奥运会为北京及全国相关产业带来了巨大的拉动作用，后奥运阶段如何继续保持在更长的一段时间内发挥“奥运效益”，避免“后奥运低谷”现象的出现。如何更好地发挥这些体育场馆设施资源，提高使用效率，为更好地满足广大人民群众观赏竞赛表演和全民健身服务的理论研究和应用研究将受到关注。

2. 体育赛事市场化运作的规律、方法和手段的研究

2008年奥运会以后，由政府投资主办的大型国内外体育赛事将减少，体育赛事的运作主要依靠市场机制来筹集资金，运作赛事将成为后奥运阶段的一个新的发展趋势，因此有关市场化运作大型体育赛事的研究将成为新的研究热点之一。

3. 体育休闲产业的研究

随着我国经济的快速发展，人民生活水平的大幅提高，人们对体育的需求将日益增加，在长三角、珠三角和京津冀等地区的体育休闲产业的也将快速兴起，一些企业家将把体育休闲产业作为投资重点，因此有关体育休闲产业的市场调研、实证研究以及对策性研究将成为关注的焦点。

4. 国际体育贸易的研究

随着世界经济一体化发展趋势，特别是我国加入WTO以后，体育产业的发展也必将日益国际化。体育用品业和体育竞赛业以及体育经纪业将频繁的国际贸易交流，因此，按照国际规则要求，迅速提高我国国产品牌效应，积累国际化贸易经验，应对国际体育市场的竞争环境，急需高水平的战略研究成果给予指导。

5. 建立体育服务管理体系的研究

随着我国体育健身和竞赛表演本体产业的快速发展，体育消费者对体育服务质量要求日趋迫切，加上国际体育组织进入我国体育市场参与竞争，对我国体育服务业提出了更新、更高的要求。因此，建立体育服务管理体系是急待解决的理论问题和实践问题。

6. 区域性体育产业发展战略与对策研究

由于我国社会经济发展的不平衡性，体育产业发展的宏观环境和微观环境的也存在差异，加强各省市和地区体育产业的战略性和对策性研究也将兴起。

7. 体育产业投融资研究

随着我们体育产业的迅猛发展，经济效益逐渐得到体现，更多的企业看好体育市场前景。在我国产业结构调整和资本市场逐渐开放的背景下，体育产业通过投融资渠道获取足够的发展资金，推动体育产业的发展的一个新问题。因此，有关体育产业投融资研究也将成为热点。

8. 各类体育市场营销策略研究

随着我国体育产业和体育市场营销的理论研究的不断深入，体育市场基本理论在各类体育市场操作中被普遍采用，市场细分，目标市场更加明确，研究更加深入，因此，各类营销策略性研究将更加具体，更加有针对性、实用性和可操作性。

（二）在研究方法方面

下一阶段在研究方法方面的特点是：研究过程更好地结合经济学、市场学基本原理的学理性研究更加严谨，把母学科的基本原理更好融合到体育经济类研究过程中，实证性研究将成为主要研究方法；研究方法将突破以往简单地将定性研究与定量研究相结合的方式，运用数学模型研究体育的经济问题将成为一个新趋势，研究结果更加模式型和抽象化，研究的结果也会更加深入。

（三）在成果形式方面

发表在学术期刊的学术论文仍将是体育经济类研究成果主流；体育经济类的学术专著将要大批出版；体育经济类将出现系列化、系统化教材；在体育经济类课题稳中有升的同时，还将出现一些大型、高端型课题。

四、结论

• 我国体育经济类研究成果是在改革开放以后才开始出现并逐渐增多的，起步虽然比较晚，但发展较快，取得了丰硕的科研成果。

• 我国体育经济类研究成果的取得受到宏观经济社会和体育产业实践发展的制约，又反作用于经济社会和体育产业实践的发展。社会经济发展决定了体育产业的发展程度，同时还受到研究者们认识水平和知识结构等影响。

• 我国体育经济类科研成果经历了三个阶段的发展，在每个阶段都有着不同的社会背景，其成果在研究内容、研究方法、研究形式、研究热点等方面都反映阶出比较鲜明的特征。

• 我国体育经济类研究将在未来的若干年里，研究内容将有所调整，研究方法将进一步改善，成果形式更加丰富。

项目编号：1118ss07075

中国近代体育思想史研究

罗时铭　崔乐泉　李　翔　杨卫东　刘小平　蔡　赓　王荷英　王　妍

思想是行动的指南。正确认识中国近代体育发展的历史，首先必须对近代中国体育思想的发展及其整个演变过程，有一个较为准确的把握。这是因为人的思想认识如何，是决定体育发展方向和推动体育发展的最根本的动力。体育思想史的研究，是对体育发展历史过程的最深层次的研究。因为说到底，中国体育的近代化过程，就是中国人的体育思想近代化过程。

一、强兵御侮的体育思想

1840年的鸦片战争发生，使中国这头东方睡狮在侵略者的炮声中惊醒。在中华民族面临着数千年来从未有过的"大变局"面前，一批先进的地主阶级政治家、思想家和学者，开始"睁眼看世界"，并提出了"师夷长技以制夷"的口号，主张中国要效法西方，走近代化之路。从此中国人开始办洋务、求变法，搞改良、闹革命。在"西学东渐"的文化碰撞中，当时的统治阶层、士大夫阶层也都开始注意起被视作"蛮夷小技"的西方近代体育。

例如在对待西洋兵操的态度上，作为较早实践洋务的重要代表人物之一，曾国藩曾在日记中说："欲制夷人，不宜在关税之多寡、礼节之恭倨上着眼。""欲求自强之道，总以修政事、求贤才为急务，以学作炸炮、学造轮舟等具为下手功夫。但使彼之所长，我皆有之，顺则报德有其具，逆则报怨亦有其具。若在我者，挟持无具，则曲固罪也，直亦罪也，怨之罪也，德之罪也。"强调"外国技术之精，为中国所未逮。"故我们"精通其法，仿效其意，使西人擅长之事，中国皆能究知，然后可以徐图自强。"所以在他制定的湘军"营规"中，列有《日夜常课之规七条》，其中明确要求湘军士兵，每天早晚各需做体操一次。"黎明演早操一次，营官看亲兵之操，或帮办代看。哨官看本哨之操。""日斜时演晚操一次，与黎明早操同。"这段材料说明，西洋兵操很早就被引进到湘军的训练活动中。

二、强种强国的体育思想

在洋务运动体育发展的基础上，戊戌维新进一步推动了近代西方体育在中国的传播与发展。戊戌维新是以康有为为首的资产阶级改良派所发动的、中国近代早期的一场政治改良运动，也是一场伟大的思想启蒙运动，对促进"西学"包括西方近代体育，特别是西方近代体育思想和理论在中国的传播和发展，起了很大的促进作用。

从洋务运动到中华民国成立前的这段时期，是西方近代体育在中国早期传入和传播的重要历史时期。其在体育思想认识上的表现是：中国人注重于体育强兵、强种、强国的社会作用。由此，人们对体育的解读，总是在强兵御侮、强种强国的主题下，将体育和国家的前途与命运结合在一起。所以强种强国体育思想的代表人物既有资产阶级维新派（严复、康有为、梁启超），也包括资产阶级革命派（孙中山、黄兴、秋瑾）。在强种强国体育思想的引导下，中国近代体育的发展道路经历了与西方社会显然不同的近代体育传播路线，即体育是由军队而走向学校、走向社会的。

三、军国民体育思想

由戊戌变法运动所最后完善的强兵、强种、强国体育观念，由于符合当时中国社会变革的要求，所以被当时的社会先进分子所普遍接受，使当时的中国社会曾一度出现“有志之士，乃汇集同志，聘请豪勇军师，以研究体育之学”的新景象。所以即使在进入20世纪后，强兵、强种、强国的体育观念，仍然有着极高的社会认同度。其集中表现为：在当时社会曾刮起一股强烈的“军国民体育”风潮。

我国军国民体育思想的最早发生，是由一批留日学生直接从日本引进的。1902年，留日学生蔡锷、蒋百里、铁生、飞生等人，先后在《新民丛报》《江苏》《浙江潮》等刊物上发表有关文章，宣扬军国民体育思想。如蔡锷1902年以奋翮生的笔名，在《军国民篇》中提出：“军人之知识，军人之精神，军人之本质，不独限之从者。”认为“凡全国国民，皆亦具有之。”蒋百里在《军国民之教育》的文章中主张，要扩充军人教育于学校和社会。飞生的《真军人》文章中甚至提出：“非军国民主义无以发公共之观念”。正是在这样一些舆论的广泛影响下，中华民国成立后的第一任教育总长蔡元培先生，正式提出了“军国民教育”。要求各级各类学校实行军事编制，开设以兵式体操为主的体育课程。

四、民主与科学的体育思想

大致从1915年开始，以军国民体育为标志的强兵、强种、强国体育观念开始受到挑战，军国民体育逐渐遭到怀疑，特别是在上海召开的第二届远东运动会和教会学校体育活动的双重影响下，近代中国人在体育观念上开始由强兵、强种、强国的观念，逐渐向健身、娱乐、竞技的观念转变，人们开始更多地从体育的本质去定义体育和认识体育。例如早期的共产党人陈独秀、毛泽东、恽代英、杨贤江，近代中国早期体育领袖张伯苓、王正廷等人，均注意到了“学校体育，亟宜革除兵式教练一门”，认为兵操教育“本非学校体操保存康健之普及法也”，所以出现了对军国民教育的反思甚至是批判。

这一思想变化所带来的直接结果是北京政府时期所实行的学校体育的“双轨制”。1923年，北京政府又公布了《课程纲要草案》。其中正式提出：将原有学校的“体操科”，一律改名为学校“体育课”。从此，以田径、球类和游戏为主要形式的西方近代体育内容，由过去只是在部分教会学校里施行的状况，而扩大到在我国的整个学校教育中普遍实施。

五、实用主义体育思想

19世纪末，随着美国教育和体育的科学化运动，出现了一种“新体育”思想。这种“新体育”思想，与杜威实用主义教育学说相结合，形成了实用主义体育学派。认为体育就是通过身体活动进行的教育。目的是培养全面发展的人，在体育手段和方法上，主张采用更自然、自愿、活跃的运动方式。它对20世纪以来的世界体育，尤其是学校体育产生了较大的影响。

中国实用主义体育思想是从民国时期开始传播和盛行的。实用主义体育思想对我国近代体育有广泛而深刻的影响，它从根本上否定了军国民体育，抵制了军事化体育的实施。同时它确立了体育作为教育在学校中的地位，对开展面向全体学生的学校体育有极大的促进作用，特别是构建了我国近代学校体育模式，从教学、课程等诸多方面提供了一套完整的体系，对近代体育的科学化发展，无论在理论上还是在实践中都有一定的预备作用。中国近代实用主义体育思想的代表人物有张謇、胡适、陶行知、郝更生、梅贻琦、蒋梦麟等人。

六、自然体育思想

我国自然体育思想来自美国，在“五四”前后由基督教青年会派来中国的体育专业干事麦克乐传入。后来，留美学者归国，通过培养学生，著书立说等，广泛地传播自然体育思想，直到新中国成立，自然体育思想一直占主导地位。

自然体育思想的代表人物主要有吴蕴瑞、袁敦礼、方万邦、董守义、张汇兰等人。在自然主义体育思想影响下，我国近代学校体育理论体系已初具规模，而且对学校体育理论的论争和研究也比较活跃，如开展了自然体育和非自然体育论争，一元体育和二元体育论争，外来体育和固有体育论争、体育教育化和体育军事化论争，选手体育和普及体育论争等等。另外，对学校体育中一些问题进行实验研究的风气也逐渐兴起，其中较盛行的是体育测验研究和体育教材、教法与考核等的研究。由此可见，自然主义体育思想对我国近代学校体育理论与实践的发展产生了一定的积极影响，有些观点对我国现代学校体育的改革，仍具有重要的参考价值。

七、国粹主义体育思想

国粹主义是1902到1905年间形成的一种文化流派。它在中国近代文化思想史上是一件引人注目的新观念。“国粹”一词来自日本的外来语。起初，人们把它和“国学”一类说法混用，无严格的界限。大意无非是指中国的学问，中国的道德，中国的精神。国粹主义论者认为，“国粹”的存在是事实，爱护它、保存它、提倡它、发扬光大它，也是中华儿女子孙万代责无旁贷的事。实际上，这是一批爱国志士既苦恼于数十年学西学之无效，又认定中国的贫弱纯系清朝“异族统治”所致，于是便掉过头来，不再向西方“寻求真理”，转而在自己悠久的历史和古老的文明中试图设计出一条自我复兴之路。

国粹主义体育思想的出现，表明伴随着对西方现代体育了解的深入和对传统体育文化反省的展开。究竟应该如何对待中华数千年历史的传统体育文化问题，也就更为严肃更加尖锐地摆在了人们面前。虽然当时国粹主义体育论者的着眼点不在回答中西体育文化问题，没有致力于分析中国的传统体育文化在中西体育文化交流的地位和作用，但是国粹主义的体育文化观，毕竟强烈地透露出中国体育理论界普遍存在的对中华传统体育文化的深挚情意和崇高评价。

本课题最后得出的研究结论是：第一，中国近代体育思想史发展，具有明显的阶段性特征。具体表现为：在清末民初时期，强兵强种强国的军国民体育思想占据主流地位，人们对体育的认识更多的是从体育的社会功能和作用上解读体育。北京政府时期，是近代体育思想的重要转折时期，特别在新文化运动影响下，一些先进的体育思想开始占据社会主流，主要有民主与科学体育思想，实用主义体育思想等等，出现了注意从体育健身娱乐的本质功能去解读体育的趋势。南京政府时期，自然体育思想成为发展的主流，人们在观念上越趋注意了向体育真义的回归，从而使体育的总体发展，更趋于健康和理性。

第二，中国近代体育思想的发展演变，和近代中国体育发展的整个历史过程基本吻合，表现了二者紧密的关联性。如当军国民体育思想较为盛行时，兵式体操明显占有社会优势；当实用主义体育思想盛行时，实验体育、模仿体育的做法较为流行；而当自然体育思想盛行时，体育游戏、体育比赛则更为人们所关注和推崇。

第三，在中国近代体育思想史发展的不同阶段，每一阶段体育思想的盛行，总是与一定的社会历史环境相适应，说明一定的体育思想总是一定时空条件下社会历史文化的产物。

第四，在中国近代体育思想的发展中，始终充满着东西方两种不同思想文化的碰撞、影响和作用。经过长期的思想积淀和演变，中国人逐渐确立了自己的体育价值观。这种价值观至今仍影响着我们对体育的基本认识。

项目编号：1148ss07105

北京奥运背景下的中国国家形象研究

郭　晴　王宏江　唐小茹　余婷婷　姜维平　陈　锐　李平平

国家形象是国际传播中社会公众对国家的认识和把握，是公众作为主体感受国家客体而形成的复合体，也即国家行为表现、性状特征、精神面貌等在公众心目中的抽象反映以及公众对国家的总体评价和解读。国家形象的形成离不开行为主体。行为主体本身的行为过程和表现是媒介传播的基础，具体的国家形象既存在于媒介的文本之中，也存在于该国的行为和传播制度之中。鉴于此，本研究从主体行为和媒介文本两个方面入手，考察中国的国家形象。而在媒介文本中，也对自塑和他塑进行比较研究。基于研究视角的确立，本研究将《纽约时报》（The New York Times）、《泰晤士报》（Times）、《中国日报》（China Daily）和《人民日报（海外版）》为研究对象，对上述媒体在北京奥运背景下的涉华报道和北京奥运相关报道进行了内容分析。

一、北京奥运背景下中国国家形象主体行为

（一）中国国家形象主体的政治外交行为

因应经济体制改革和科学技术进步的时代命题，中国执政党稳步推进政治体制改革、积极落实依法治国方略、着力建设服务型政府，政治文明建设积极推进，执政理念更加和谐、开放、包容，决策透明度和公众参与度显著增强。

面对外部发展环境的复杂多变，中国领导层以“和谐世界”口号完善外交工作理念，先后提出对内构建“和谐社会”和对外推行建设“和谐世界”的重大战略思想，全方位地将“和谐”理念延伸到处理国际事务的实践中。

（二）中国国家形象主体的经济行为

在申奥成功的同一年，中国加入世界贸易组织。近几年来，中国加快完善市场经济体制，加快转变经济增长方式，加快调整经济结构，国民经济运行与世界经济更为接轨，经济总量保持快速平稳增长。

（三）中国国家形象主体的社会文化行为

文化的本质是全民族认同的价值系统。近年来，中国执政党致力于“用中国特色社会主义共同理想凝聚力量”，用“以爱国主义为核心的民族精神和以改革创新为核心的时代精神鼓舞斗志”，用“八荣八耻”的“社会主义荣辱观引领风尚”，使社会主义核心价值体系得到强化，全民族团结奋斗的共同思想基础得到巩固。文化基础设施建设也得到长足发展。教育事业发展迅速，科技事业硕果累累。体育事业取得辉煌成就。在本届奥运会上，作为东道主的中国代表图展现了高超的竞技水平，取得了前所未有的辉煌成绩，金牌数量由雅典的32枚上升到了51枚，奖牌数量从63枚上升到了100枚。中国

成为百年奥运会史上首个荣登金牌榜首的发展中国家。

（四）北京奥运会的组织与奥林匹克传播行为

为了办好北京奥运会和残奥会，中国政府遵守承诺，发挥制度优势，加强国际合作。在“五个结合”的举办战略和“绿色奥运、科技奥运、人文奥运”理念的指导下，缜密准备，精心组织，借助大众传媒和组织传播的形势，在广泛进行奥林匹克教育的同时，也取得了北京奥运会的圆满成功。

二、北京奥运背景下中国对外宣传媒体的形象自塑

（一）《中国日报》中的中国国家形象

从整体看，《中国日报》中的中国是一个政治、经济、文化全面发展、积极努力、不断进步，获得国际广泛支持的国家。在北京奥运周期中，《中国日报》对中国的报道议题丰富，涉及北京奥运筹备工作的方方面面。体育明星是《中国日报》北京奥运报道的重点，其次是体育活动，然后是政治外交、经济、城市建设与社会控制等议题。从题材选择上，尽量淡化政治色彩，注重人文价值观念；报道态度积极正面，力求透过媒体的引导传达积极正面的国家形象；从报道的具体方式来看，在重大原则问题上严格坚持正面导向方针，并注重宣传策略和技巧。

（二）《人民日报（海外版）》中的中国国家形象

《人民日报（海外版）》中的中国国家形象是一个自信、积极进取、和平崛起的国家形象。《人民日报（海外版）》在报道北京奥运时，改变了以往过分强调金牌的媒体“议程设置”，将新闻重点的选择逐渐转移到文化活动的报道、特殊人物形象的塑造等议题上。在“议程设置”中，弱化了带有强烈意识形态表征的报道议题，增强了对外传播内容的共享性，同时加深了中国媒体与海外受众之间的亲和力，以更加灵活巧妙的塑造中国的国家形象。

三、北京奥运背景下西方媒体对中国国家形象的建构

（一）北京奥运背景下《纽约时报》中的中国形象

《纽约时报》中的中国是是经济发展迅速，但政治封闭，社会矛盾和突发事件频发的国家。北京奥运背景下，《纽约时报》涉华报道数量有所上升，态度向积极方向改变。《纽约时报》主要是通过对中国经济、政治、北京奥运和重大社会事件的报道来建构中国的国家形象。从建构中国国家形象的方式上看，该报主要借助通讯、深度报道、特写和专访等体裁。《纽约时报》以客观的方式，通过材料的精心选择来表达有倾向性的态度。正面报道主要集中在经济领域，负面报道主要集中在人权、民主等政治议题和北京奥运、环境等议题。在北京奥运期间，将焦点集中在人权和环境问题上，且持质疑态度。针对在奥运期间发生的恐怖事件，将矛头直指中央政府；对刘翔退赛事件表现出温情和人文关怀。此外，在奥运期间的报道重点还包括食品中毒、开幕式假唱、体操女运动员虚报年龄等事件。尤其是对体操女运动员年龄虚报这个问题，从比赛初期一直持

续到比赛结束。

（二）北京奥运背景下《泰晤士报》中的中国形象

《泰晤士报》中的中国是经济逐渐崛起，社会混乱，文化神秘、政治封闭的国家。进入北京奥运周期以后，《泰晤士报》对中国的关注显著上升。《泰晤士报》对中国的报道集中在经济、特稿和海外新闻版，以通讯（深度报道、专访、特写）和消息为主，篇幅较长，报道详细。从《泰晤士报》对中国的报道看，报道议题主要集中在经济、北京奥运、文化艺术教育等领域。基本秉承其传统，尽量以客观中立的报道来反映中国社会的变化。在有偏见的报道中，消极报道远远多于积极报道。《泰晤士报》对中国的经济发展表现出爱恨交织的情感，既肯定中国经济发展的现实和中国经济在世界经济中的影响力，但也认为中国在对外贸易中存在倾销、掠夺世界尤其是发展中国家资源的行为。《泰晤士报》对北京奥运的报道集中在火炬传递、人权、新闻自由、环境和开幕式造假等方面。但在对中国文化艺术教育等方面也表现出钦慕和批评混合的复杂情感。总体而言，《泰晤士报》对中国的报道有逐渐“去政治化”倾向，但涉及人权、民主等话题时，忽视中国的国情和中国政府的努力，依然以有色眼镜看待中国。

四、结论

（一）西方媒体中的极端的中国形象得到了部分修正，但偏见依然存在

通过对北京奥运周期中《纽约时报》和《泰晤士报》涉华报道的内容分析发现，进入北京奥运周期以后，无论是《纽约时报》还是《泰晤士报》的涉华报道数量均有所提升。《纽约时报》对中国负面报道虽然依然较高，但逐渐呈下降趋势，中立报道已超过了一半。对中国经济的报道比较客观，《纽约时报》反映的中国经济形象基本上是发展的，进步的，对世界的影响是积极的。同样，《泰晤士报》对中国的关注日益上升，基本秉承其传统，尽量以客观中立的报道来反映中国社会的变化，对中国经济的报道采取中立态度，对中国经济的发展和在世界经济秩序的地位予以肯定的同时，也表现出对中国崛起的担忧。总体而言，“中国崩溃”和“中国威胁”的两种极端的国家形象得到了部分修正。

（二）媒体对国家形象的塑造受到权力结构、文化形态、政治经济利益的影响以及媒介制度、新闻价值观的制约

通过北京奥运背景下，中外媒体对中国国家形象的塑造结果的对比发现，中外媒体中的中国形象存在巨大差异。奥运会作为全球性的媒介事件，虽然得到了全球的关注，但是在这样一个全球一体化的时代，全球性媒介事件的生产依然是新闻事件国内化、本地化的、国家化的过程，在宏观上受到权力结构、文化形态、政治经济利益的影响，在微观上受到媒介制度、媒介利益和新闻价值观的影响和制约。

（三）国家主体自身的行为和形象的自塑难以撼动西方媒体的刻板印象

通过中国国家形象主体的行为、自塑过程和西方媒体中呈现的中国形象的比较研究发现，中国在经济发展、外交活动、艺术文化等方面的努力得到了国外媒体的部分认

可，但在政治民主、环境发展和城市建设上的进步却依然被误读和曲解。外国媒体对中国的认识依然存在思维定势和习惯。虽然在对北京奥运的报道中，以《中国日报》和《人民日报》海外版为代表的外宣媒体在宣传策略和技巧上有了明显进步，但这种形象自塑的方式依然难以得到国际受众的认可和信任，无法产生有效的影响力。

五、启示

（一）大型体育事件提供了国家形象塑造的机会

体育作为展现综合国力、振奋民族精神、传播和平与友谊的重要标志和手段，正越来越以其独有的魅力、不断扩大的影响和持续广泛深入的国际交流活动，使世界变得更加充满活力和丰富多彩。在现代社会中，体育的胜负不仅仅关乎不仅仅是一个国家的竞技水平，而是综合国力的较量。体育赛事的跨文化性使其成为人类交往的共同语言，体育的跨意识形态特征能够在外交格局中使国家之间实现求同存异，大型体育事件提供了国家形象塑造的契机。

（二）大型体育赛事对国家形象提升的直接影响有限，但会加速国家形象提升的过程

北京奥运会，在客观上为中国提供了被世界关注和认识的机会，同时也将自身的不足和问题暴露在了聚光灯下。在北京奥运背景下，西方对中国的误读依然存在，中国国家形象的修正有限，但不可否认的是借助奥运契机，中国政府在政治、经济、文化和社会发展上的种种努力促进了中国综合国力的增强，而这些对国家形象的影响绝非是即时表现。北京奥运会对中国国家形象的提升是有限的，但却加深了中国政府塑造国家形象的意识，加速了中国国家形象提升的过程。

（三）国家美誉度是影响国家形象的主要原因

在理想的状态下，国家形象的构成要素大致包括：国家的社会制度、民族文化、综合国力、政治局势、国际关系、领袖风范、公民素质、社会文明等。然而，本研究发现，国家形象主体的积极行为和形象自塑只在一定程度上能促进了良好国家形象的构建。国家美誉度是影响国家形象塑造的主要因素。

项目编号：1178ss07135

北京奥运会的文化展现和传播轨迹

——一次有关奥运文化的田野调查

毕雪梅　任　海　王　芳　徐明明　元　鹏　吴　垠

本研究运用质性研究方法，对 2008 年北京奥运会的文化表现及传播渠道进行研究。通过对 29 位生活在北京的民众进行半结构的深度访谈，研究者根据 Stauss 和 Corbin 建议的扎根理论数据分析步骤与技术，将所有的访谈录音逐字逐句转换成文字并进行分析。研究发现：

受访者均以不同的方式参与到北京奥运会之中，并表达了对北京奥运会的态度，大多数受访者认为 2008 年北京奥运会在提升国家形象，促进北京城市发展，提高市民文明素质，增进中国同世界了解，增强民族凝聚力和自豪感等方面所产生了重要的作用，认为举办北京奥运会确实是“党和国家英明的决策”。同时，访谈中也反映出北京奥运会在筹备、举办过程当中出现的诸如老北京传统文化流失，和举办城市在快速现代化过程中所表现出来的负面影响等问题，这有助于我们更好的理解和评价北京奥运会。

实例：

1. 提升中国在国际上的地位

“(北京奥运会) 那就是让世界知道中国更加强大，不是他们印象中的东亚病夫，展示了中国的强大，现在在世界人眼里头我们变得越来越强大了，旅游啊，能让世界人知道中国是文明古国，反正是声誉上影响比较大，可能是持久的。” (Xb26-CSF)

“我觉得把中国的整体形象，整体印象向世界打出去了，毕竟中国最近也确实受到了世界上的压力是不小的，那么这一次作为一个正面的形象打出去，将对中国来说是有帮助的。” (Xb23-RL)

2. 促进城市建设

“北京这个城市面貌发生了比较大的变化，特别是基础设施建设这块，应该说在突飞猛进的发展，应该说没有奥运会也会发展，但是可能来讲做的是不是没有这么快，或者说大家的心气不是那么的往一块使，有着奥运会吧借着奥运会都纳入到这个系统里面来了，很鼓舞人心的。” (Xb19-XCY)

3. 提高文明素质

“但是我觉得最重要的还是人的素质的改善，不知道你们有没有关注体育细节方面，比如排队的改善啊，观众素质的改善啊，相对以前比较不好的陋习已经改了比较多。” (Xb21-WXX)

Xb08-RP 作为一名盲人运动员，认为现在大家开始更加的关注和关爱残疾人了

“单说残奥会的吧，就是大家对残疾人的关注更多了。残奥会去看的人也特别多。我 2004 年去雅典的时候，看的人很少。咱们国家气氛比较好。” (Xb08-RP)

将北京奥运会视为百年的期盼，一生难得的经历

“我们现在为了迎接奥运，我们唱歌也是为了迎接奥运，我们以唱歌来迎接奥运，我们本来想多做点事，结果我们这么大年纪啦，好像也做不了什么事，所以就以唱歌吧，以这样的心情吧，来迎接我们这个，这个，这样的百年期盼的奥运会吧。”(Xb20–LXR)

“百年奥运，说心里话特别激动，非常期待奥运会到底是个什么样子，然后通过一些培训，安保意识确实有所提高，我觉得通过奥运会对整个出租行业都有很大促进。”(Xb28–YJL)

4. 改变许多人的人生轨迹

“我当时（高考）填志愿的时候，奥运申办成功的时候是 7 月 13 号嘛，然后我们 14 号交志愿填报表，我那天晚上就在看，如果北京申办成功了那我所有的志愿都要填北京的，后来就是这样子，影响到我的学业，整个人生的轨迹都改变了，可能当时他如果没有申办成功，可能我会填一些其他的学校，那不一定撞车啊，撞来撞去可能就撞走了，但我的所有的志愿上都填上了北京，我怎么样撞车，怎样调档，都还是在北京。”(Xb18–PM)

对于受访者来说，在奥林匹克文化的理解方面，奥林匹克运动仍是西方文明的产物，受访者甚至并不认同奥林匹克文化全球化的趋势。另外，受访者对于奥林匹克思想体系的基本内容均能有所了解，访谈内容能够较为全面的覆盖奥林匹克文化思想体系的各个方面，自 2001 年申办成功后，无论是媒体还是社会各个方面，确实对奥运会的宣传投入了很大气力，受访者通过媒体的报道均能够比较好的理解奥林匹克文化的内涵，但研究中也发现对于奥林匹克文化的理解在某种程度上呈现一种分散、错乱的状态。部分受访者将“奥林匹克主义”的内容理解为“奥林匹克精神”，作为奥林匹克文化思想体系核心内容的奥林匹克主义在访谈中很少被提及，访谈涉及到比较多的“奥林匹克精神”却又与在媒体上常见的宣传内容不相符合，这反映了我国媒体在对奥林匹克文化进行解读以及报道宣传上的存在一些偏差，将奥林匹克文化思想体系仅仅局限的理解为“奥林匹克精神”，而很少提及“奥林匹克主义”这一核心概念。

例如：对奥林匹克主义的理解

1. 身体，心灵，精神，道德均衡协调发展

“奥林匹克精神嘛，我们不讲这个理论，我们就说最后达到的这个目的，通过锻炼，是一个人的思想，面貌，体力健壮，使周围的人更加和睦，更加快乐的生活吧，这是实实在在的说，说什么大道理也没什么意思。”(Xb29–BLS)

“我是非常希望还原体育原有的本质，就是强身健体的一种工具，强调身心合一嘛，身体和心灵是永远分不开的。”(Xb21–WXX)

“我还觉得体育他要体现出一种，就像奥林匹克精神一样，他要有道德，是吧?”(Xb01–CPZ)

2. 体育运动与文化和教育融为一体

“因为你比赛都是要为国争光是吧，像这些都在体育里面都要体现出来。所以我觉得体育还是很好的。不仅是体育，实际上把体育和文化和教育都结合在一起了。我是这么想的。可以达到教育人的目的。”(Xb01–CPZ)”

在 2008 年北京奥运会文化表现方面，奥林匹克文化的艺术形式，包括官方组织的以及民间自发组织的，都很好的展现了多样的民族和世界文化，增进了北京同其他国家文化间的相互了解，同时，从对受访者参与北京奥运会程度的分析，反映出北京民众对于北京奥运会的积极参与，确实体现出了全民参与的特点以及北京民众对于百年奥运的热情。另外，城市的特有语言，百姓传统的生活方式，家庭关系，社会组织等具有民族特点的文化形式也都有所展现，较有代表性的描摹了北京奥运会期间的城市图景。

实例：尽管 John MacAloon 认为奥林匹克文化呈现出地区多元化的趋势，呈现一种非西方主义的，非霸权的状态，但是在访谈对象看来却不尽然，如 Xb11-MQ 说，

“奥运会本来是西方国家的一个产物，然后一直是西方国家来办，亚洲只有日本韩国各办了一届，日本是亲美的，韩国跟美国也是同盟嘛，等于也是西方国家，美国的力量咱们不能忽视，超级大国，只要你亲美，那任何事情都好办，只有他们两个国家办过，他们这两个国家的开幕式都是下午，中午，白天办的，因为西方国家说是你们必须给我白天看。”（Xb11-MQ）

北京地区特有的文化形式展现

Xb09-JFX 是地道的老北京，他风趣地说：“我从小生长在满族人家，我的老祖宗是九千岁，皇亲国戚下来的。过去叫爷，现在是孙子。”他在访谈中也提到了北京地方语言的变化，

“（老北京讲老礼儿）一个是讲老礼儿，另一个人都有老的时候。你看今天客人来了，甭管多大岁数，我都叫‘您’，为什么？这是礼节。为什么过去打架的很少？他礼到了，礼多人不怪。碰您一下，‘呦，对不起您了，您伤着没有，我带您去看看，给您请大夫去’——那你说你还有什么话说啊。现在撞了，横着看一眼，‘你他妈横着眼看我干嘛？揍你丫的’。”

同时，身为传统小吃店的老板，Xb09-JFX 也谈到了老北京的吆喝，

“你看像老北京的贯口、吆喝，就早餐这些，我一口气就能说下来。老北京的，炒肝羊杂豆腐脑豆浆馄□粥羊肚汤豆汁油条油饼烧饼烧饼加牛肉烧饼加肘子烧饼加鸡蛋茶鸡蛋包子卤煮豆腐卤丸子，一口气就得全说下来。”（Xb09-JFX）

在北京 2008 年奥运会传播渠道研究方面，经过分析研究表明北京奥运会期间，大部分受访者主要还是选择电视媒体作为了解北京奥运会的主要渠道，收看频道上以央视 CCTV5，CCTV2，CCTV1 为主，受访者普遍并认为央视在北京奥运会上投入了大量的人力，物力，比较及时，全面，且富于人性化的报道了本届奥运会的整个过程，但也有受访者对与央视的出镜记者，演播室的主持人的业务水平进行了质疑，认为目前出境记者的报道团队在整体上的素质并不是很高。在使用电视媒体的时间上，呈现出三类收看时间。

全球化的生产力标志是信息技术革命，其代表性技术就是计算机的发明和应用以及信息和网络技术的推广和普及，因此网络使用作为单独的一部分在本研究中进行了探讨。对受访者使用网络的分析表明，使用者的互联网使用行为中以浏览信息居多数，而作为互联网特点之一的互动性并没有充分体现，受访者很少提及参与网络互动的情况，对诸如参与论坛讨论，发表话题，发帖，跟帖，网络日志等行为也都表示很少参与或缺少持续性，同时，网络媒体新闻报道上存在同质化现象。

实例：使用态度中的正面评价

“我觉得……挺满意的。最主要的是他们（央视）拿了好多频道，一半的频道都拿来转播了，基本上比赛都能看到。而且有一个新闻频道特别好，那个场拿金牌啊，中国

队拿金牌啊，它马上切过去，随时能看到拿金牌的场面。然后还有金牌榜，那个做得挺人性化的。右下角有个金牌榜，你想看的话别的频道是定时播，但那个是全天都有。(Xb16-HJP)”同时，访谈对象对于电视媒体报道所表现的人性化方面内容印象也比较深刻，“比较人性的是那对夫妇，夺得首金的那个女的选手。我觉得他们的报道就让我觉得比较有意思，也让我觉得比较温暖。他两次都是莫名其妙的最后一环出现重大失误，失去金牌。但是他的妻子对他仍然是那么的真情相待，让人觉得特别的暖。”(Xb27-LZ)

吉尔茨的“深描”方法，为传播学视角的文化研究打开了一扇光明之门。关于“深描”，其精髓之处在于，它是对文化的阐释（interpretation）而不是解释（explanation），使得研究过程更加贴切于现实中的文化表现；另外，它关注于微观的日常行为，从巴厘岛的斗鸡到北京城的奥运盛宴，都是一个生活过程，而身处其中的人们怎样体验和行为，就成了“深描”主要的研究对象，其中蕴含的“意义”就是“深描”要挖掘的研究成果。在这一点上，吉尔茨超越了许多文化研究学者，避开了许多“权威”理论和方法的束缚，为的是探寻科学研究最终也是最佳的目的地。

所以，本课题就是学习和沿用了吉尔茨的深描理论和方法，力求触摸到现实问题的核心环节。

在挖掘和整理文献时发现，21世纪以来对于“奥林匹克”的研究，在世界范围内有一个趋势，就是陡然转到一个深度和广度都让人惊愕的水平。这与全球化趋势有关，与奥运会在世界舞台上越来越大的影响力有关，与像中国这样的“崛起大国”的积极参与有关，许多主流学者开始进入这个领域，或者以前的学者改用主流的理论和方法来研究“奥运现象”了。

当奥运会被确定为超级事件（mega-event）后，它的一切过程和影响集中在这个“事件包”（event complex）里面，带有“事件生态学”（event ecology）或是“表演集合”（performance complex）特征。因此，当我们进一步研究奥运文化时，就需要从事件生态学的角度重新考察。

项目编号：1143ss07100

北京奥运会期间防范狭隘民族主义的研究

孙义良　黄　莉　徐跃杰　刘　亮　杜丛新

一、狭隘民族主义的概念及主要表现

民族主义是一种不太系统的意识形态和社会运动，它强调特定民族的具体文化传统的特殊性，强调民族利益至上，保护和传承其民族的固有文化传统和疆界的完整。民族主义特别强调促进和提高本民族文化和本民族利益，以对抗其他民族的利益和文化。民族主义的核心观念是各族文化应在国家背景下得到弘扬。

中国的民族主义则是在遭到西方侵略的背景下产生的。在经受西方列强以舰炮为象征的军事侵略和以商品倾销为手段的经济侵略后，中国人才逐渐感觉到“他者”的存在。由此，中国的民族主义就带有不同于西方民族主义的独特特征。它既要反对西方的侵略，但又不得不处于向西方学习的尴尬境地，“西方具有了敌人和老师的双重身份”。

狭隘民族主义，是一种极端的表现形式，也称其为“激进民族主义”或是“极端民族主义”。在中国，它常带有偏狭、激烈、保守、情绪化、非理性成分，表现出“弱国心态”和“受害者心理”，通常是民族主义中激愤、情绪化、非理性化因素泛滥的产物。

我国狭隘民族主义的主要表现：（1）偏狭的乡土观念、保守意识；（2）夜郎自大、故步自封、闭关自守；（3）国粹主义的心理，排斥世界上其他民族的优秀文化；（4）情绪化严重，激烈、非理性的成分非常多。

二、我国狭隘民族主义造成的消极影响

（一）扩大了“中国威胁论”的市场

前外交学院院长吴建民先生认为，世界最怕的是中国狭隘民族主义的上升。世界害怕中国，就会对中国的崛起产生警惕、防范、不断设置障碍。

（二）容易与反对改革的守旧势力相结合，形成压制改革的声音

狭隘爱国主义打着“爱国”的旗号抢占虚假的道义制高点，容易与反对改革的守旧势力相结合，形成压制改革的声音，影响国内各阶层对深化改革达成共识。

（三）容易盲目排外，退回到闭关锁国的老路上去

狭隘民族主义者很容易由反对西方，进而反对西方的一切。加上我国综合国力的逐渐强大给其他国家带来的不安全感而导致被孤立、被敌视、被遏制，迫使中国走向封闭。

（四）或自大或自卑，没有形成一个良好的社会文化心态

或骄傲无知、狂妄自大，或自卑悲观、自惭形秽，或是破口大骂、发泄不满，设置了很多隐形障碍，拖延了中国崛起的进程。

（五）忽视民众个人的权利与利益，容易形成专制和独裁

在狭隘民族主义者看来，为了维持民族的生存，无论怎样牺牲个人都是理所当然的。狭隘民族主义并不必然导致专制，但中国传统的专制文化基础，很容易为专制和独裁所利用。

三、狭隘民族主义在北京奥运会期间有可能造成的潜在危害

（一）影响中国作为“世界大国”的国际形象和国际声誉

中国处在一个敏感的成长期，世界以复杂的心态和目光注视着中国。狭隘民族主义容易使西方数倍放大中国目前存在的缺点和不足，损害其国际形象和世界声誉。

（二）为“中国威胁论”做一个生动有力的注解

如果国内民众始终怀着被欺负、仇恨的、报复的心态，就是授人以柄，会证实外界的种种担心，会强化“中国威胁论”。

（三）增大中国与国际社会的摩擦，影响中国顺利融入世界

近来奥运火炬在境外传递的过程中，就能分明看出中国与西方世界发生的种种摩擦。狭隘民族主义的出现，会增大已有摩擦，影响中国融入世界。

（四）容易产生社会振荡，阻碍改革的进一步深入

伴随着社会不公、贫富悬殊、下岗失业等问题的长期存在，国内不安定因素正在聚集。长此以往，出现激烈的群体性对抗行为，造成中国社会的振荡，不是没有可能。

（五）有可能影响中国高层战略和政策的制定，影响对外交往和开放

非理性的激进情绪在全国形成浩大声势，成为具有合法性的“民意”，就有可能影响高层战略的制定和政策的走向，从而影响对外交往和对外开放的程度。

四、从理论上看，中华体育精神对纠正狭隘民族主义的思潮可起到积极作用

中华体育精神是指中国人在体育实践活动中形成的，以爱国奉献、团结协作、公平竞争、拼搏自强、快乐健康为主要价值标准的意识、思维活动和一般心理状态。中华体育精神是由爱国主义精神、英雄主义精神、乐观自信精神、公平竞争精神、团队精神、实用理性精神组成。它具有现代品格，是开放与现代的。

中华体育精神倡导爱国主义、重视民族气节、维护民族尊严、注重民族认同和民族情感，这些与民族主义的价值取向是相同的。虽然中华体育精神同样也讲“对抗”、讲

"尚武"，但这与狭隘民族主义者的主张有所不同。

(一) 同是讲"对抗"，其内容与状态不同

狭隘民族主义所主张的对抗，是由刚性对抗美国扩展到强硬对抗整个西方世界。凡是国外的东西，不论经济或文化上的，都要坚决抵制，不与之来往。这是一种带有强烈情绪化、不理智的冲动作法。相比之下，中华体育精神的"对抗"，是在遵守规则之下的对抗，而且体育规则的设计是周密和完整的，能得到世界各国的承认与认同。它是理性、合理的，而不是感性、冲动的。

(二) 同是讲"尚武"，其目的不同

狭隘民族主义"尚武"的目的是以牙还牙、以恶抗恶，以暴力对抗暴力。这样的动机和出发点容易导致战争，促使中国对外国际关系的全面恶化。中华体育精神的"尚武"，是倡导运动员要英勇无畏、敢打敢拼、不被强大对手所吓倒。"尚武"精神的最终目的是要树立中华民族的光辉形象，消除民族误解与歧视，寻求不同民族之间的相互理解与友谊，维护和发展世界和平。

中华体育精神不仅能冲击狭隘民族主义，而且还能修正狭隘民族主义认识上的偏差。

1. 对规则意识的坚守

狭隘民族主义者主张"强权即公理"，没有看到规则意识对世界各国的制约。如果美国不遵守规则，我们可以谴责美国的行为，但绝不能否定规则本身。狭隘民族主义者由反对规则破坏者滑向反对规则本身，以野蛮的规则代替文明的规则，走向了弱者破坏规则的歧路。中国体育遵守比赛程序、比赛规则，服从裁判判决的规则意识是明确无误的。北京奥运会中，严格遵守"国际惯例"已成为共识。

2. 对法治精神的遵从

中国体育通过一整套的完整制度，按法定程序、严谨秩序，标准规范地组织和操作各类体育比赛，它体现的是对法律意识、对法治精神的遵从和维护。这对充满情绪化、非理性、蔑视法律、轻视规则的狭隘民族主义而言，是极其有益的修正。

中华体育精神与中国民族主义可以相互渗透、优势互补，中华体育精神有助于我国现代民族主义的建设。价值取向上，中华体育精神与中国民族主义存有很多共同之处。比如，两者都重视和鼓励爱国，都是增强民族凝聚力和吸引力，强化民族自尊心和自信心的有力工具。又如，两者都提倡英雄主义，甘愿为民族利益牺牲个人利益，都塑造荣誉感和牺牲精神，在社会中可造就一种奋进向上、生死与共的民族情感与民族凝聚力。再如，两者都不排斥民族传统文化，都对民族传统持不同程度的认同态度。因此，两者不会相互排斥、互相否定，而是可相互渗透、优势互补。中国大多数民族主义者不论是从文化、从种族、或是从情感上都较易接受中华体育精神的价值体系。

五、从实践上看，建议在北京奥运会期间要警惕和防范国内狭隘民族主义

防范措施主要涉及六个方面。

(一) 积极调整心态，摆正位置，以开放的眼光、平和的态度、博大的胸怀，尊重

和宽容对待来自不同民族的文化。

北京奥运会期间，我国民众应摆脱“受害者”的弱国心态，既不自大，也不自卑，摆正自己的位置，尊重世界上其他民族的文化习俗，维护其他民族的正当行为和利益，展现出宽宏大量、豁达开朗的“君子风度”。开放的中国要向世界微笑地做出“不记前仇”、“负责任”的大国姿态。

（二）加强宣传沟通，使民众对狭隘民族主义带来的负面效应与危害要有充分的心理准备和足够的警惕警觉。

在爱国热情高涨的同时，让国民对狭隘民族主义带来的危害和负面效应要有充分的认识和警觉。一旦赛场出现过激场面时，国内观众要能维护大局，增强应变能力，做到头脑清醒，不捣乱、不起哄、不参与，积极配合安保人员，保持克制，理智地防止事态进一步扩大。

（三）强化组织培训，针对偏激行为可能产生的突发事件，对奥运安保体系与反恐怖体系的协调运行要进行实战演练。

针对当前北京奥运会恐怖威胁形势，我国政府和有关部门紧紧围绕奥运会安保工作需要，强化组织培训，认真组织奥运安全保卫演练，磨合“奥运安保体系”与“反恐怖体系”的协同运转机制，建立有效的跨部门、跨机构协同关系，加强各级指挥部的指挥协调能力，实现军地联合指挥的有效对接，全面做好北京奥运会期间防范和处置各类恐怖袭击事件的准备。

（四）广泛搜集情报，将危害大型赛事安全的过激行为消灭在萌芽状态。

现代大型体育赛事中，不确定的危险因素越来越多，这迫使应对和处理工作相应也变得越来越复杂，情报工作可将过激行为或危险消灭在萌芽状态，以较小的代价避免事态扩大化和出现不可控的局面。在球场骚乱、恐怖行动、社会危机发生之前，可通过现有的系统预测到危机的到来，从而相应采取应急措施和行动，这就可以从根本上消除恐怖威胁、干扰破坏，减小突发公共安全事件的危害性。

（五）快速采取行动，动员强大警力平息赛场骚乱，强制干预并迅速处理各种突发事件。

对大型赛事的观众和球迷的安全防范需要提前准备，赛场安保人员对那些不文明的挑衅性和侮辱性语言，以及乱扔杂物等攻击伤害行为必须及时严加管理和惩处，维持良好的赛场秩序。一旦骚乱产生，就要实施赛中或赛后强制干预，动员强大警力平息赛场骚乱，快速处理赛场突发事件。与此同时，政府迅速协调社会各方力量，调动应急有效资源，实施紧急援救。

（六）及时发布信息，建立透明的信息披露制度，向社会如实公布事态进展情况。

如果发生了赛场骚乱或社会骚乱，有必要建立新闻发言人制度，及时真诚公布有关赛场骚乱或其他突发事件信息，以最大效率把各种力量动员起来，迅速消解危机的破坏力，恢复社会秩序，以保证北京奥运期间体育赛事、赛程的正常运作。事实上，政府的权威信息传播得越早、越多、越准确，就越能尽快引导民众从错误信息中摆脱出来，就越有利于维护社会稳定和政府威信，也能让国际社会了解中国政府处理突发事件的水平和能力。

项目编号：1146ss07103

中西体育新闻报道的比较研究

——兼论我国奥运会体育报道

张 英 朱 恺 蔡 军 张 羽 南长森 杨 琳 关 妮
李 川 齐亚宁 刘惠玲 王 瑞 李宗妮

一、中国体育新闻史

从近现代、当代两个部分阐述了中国体育新闻的产生与发展的大致历程。中国近现代体育新闻的发展是伴随着西方体育对中国的传播与逐渐渗透而发展起来的。清朝末年，西方宗教团体首先在中国传播西方体育思想，在其创办的报刊杂志等刊物上宣传体育。此期是体育带动宣传的时期。进入20世纪，实用体育思想、自然体育思想、民族体育思想等逐渐传播开来，西方竞技体育与中国养生体育融合并发展，体育新闻也伴随着发展起来。

（一）中国近现代体育新闻分三个发展时期

1. 蹒跚学步时期（五·四运动之前）

此期的体育新闻仅局限于宣传体育而非报道体育，体育新闻更多的是承载着社会变革的使命。

2. 发展时期（1919—1937年）

中国体育新闻的觉醒和起步时期。新闻人开始真正思量中国体育新闻发展的未来。有关体育报道的报纸、杂志等纷纷出现。

3. 涅槃与重生时期（1937—1949年）

与当时政治现实相适应，三四十年代，中国体育分为国民党统治区的国统区体育、中国共产党领导下的解放区体育及日伪统治下的沦陷区体育。此期体育新闻分两部分阐述：国统区的体育新闻——从繁荣走向衰败；解放区体育新闻——共产党体育方针的确立与发展。

（二）当代中国体育新闻的发展与中国整个社会发展的背景紧密相连

以整个社会发展的背景与体育新闻的关系演变为主要线索，此期历史可划分为四个阶段：

1. 起步探索，积累经验的阶段（1949—1966年）。新中国体育新闻在继承历史的基础上学习苏联，起步发展。

2. 低谷阶段——“文革”时期（1966—1976年）；体育新闻在艰难的环境中生存。“文革”后期因“乒乓球”外交的成功，使体育成为政治与外交的工具之一，体育新闻报道也逐渐开始恢复。

3. 恢复与发展阶段（1976—1992年）；此时期党和国家领导人支持并开始重视体育宣传。1984年洛杉矶奥运会上中国竞技体育获得骄人的成绩等促进“体育热”的大潮，新闻界出现了“无报不体育”的态势，专业的体育报纸、杂志出现了前所未有的繁荣景象。

4. 深化改革，快速发展阶段（1992年至今）；此期报道主体发生了变化，网络、手机等新兴媒体出现，报道体育新闻的方式由最初的单一媒体组织形式转变为与多媒体、视频等新技术相结合的新闻报道。中国体育新闻与国际接轨，形成自己的风格。

二、中西体育新闻的理论及实务比较

（一）理论方面

主要对中西方体育新闻报道价值观理论的产生、发展进行比较。在梳理了相应的概念后，首先比较中西方体育新闻的价值取向。以奥运报道为例，西方媒体更关注非赛事新闻，希望对世界展示一个真实的全景中国，报道手法、角度上更注重事件本身及事件背后的故事，注重深度报道，注重细节；而中国由于意识形态和文化传统等原因，新闻报道中有更为鲜明的政治性和社会性，追求宏大叙事，体现在奥运报道中，则更侧重赛场本身，重视典范作用。归纳到价值观上，可以看到以下几个方面的不同。

1. 个人与群体。西方新闻报道注重个人，选材上更具平民视角，报道方式追求客观。中国新闻报道关注社会总体价值，强调群体性。

2. 自由与责任。在西方媒体人眼中，社会责任是同自由紧密相连的，他们认为真实表现社会现实就是对社会负责。在中国记者眼中，社会责任是保证国家、社会的最大利益。

3. 悲剧与喜剧。由于文化等原因，新闻价值观上有明显的西方求真，中国求善特点。

在国际化的大趋势下，借助奥运会的交流平台，中西方新闻价值观已经表现出更多的理解和学习，在价值取向上有一定的转变。

（二）实务方面

就中西体育赛事新闻报道进行总差异比较。主要从以下五个方面进行论述。

1. 中西方新闻报道观念不同的历史演进对体育报道的不同影响。西方新闻历史的承继注重客观性，中方新闻的起点就是新闻为政治服务。

2. 传媒的关注点不同对体育报道题材的影响。体育在西方更注重于教育意义。我国的新闻报道多侧重于对社会产生意义的人和事，体育赛事多注重体育的意义价值。

3. 中西方对体育认识的不同导致新闻主题的差异。西方重视在体育教育中灌输勇敢、尚力、自由、个性的特征。中方注重最终意义、精神的胜利，而非个人在竞争中的表现，中方以群体意识为主。

4. 中西方体育文化差异导致体育新闻表现方式的不同。西方的个人奋斗精神促使其体育新闻的表现形式追求创新。中国宗族制度、群体主义的观念影响到体育新闻的表现方式——求同。

5. 中西方新闻文体分类的不同导致体育新闻报道的模式不同。西方的新闻写作主要分为消息和特写。中国的新闻写作分法较细，易于掌握，但不宜于创新。

三、中西体育新闻报道的具体比较——以北京奥运会为例

（一）2008 奥运火炬传递报道中西媒体议题和框架构建的比较

2008 北京奥运火炬传递，中国媒体通过体育、文化、政治、经济等多个报道框架进行报道；西方媒体以政治框架为中心，与其一贯标榜的客观性形似而神异。中国媒体主要从火炬传递仪式这一框架出发，着重表现火炬传递中，沿途人民期待并分享这一庆典的荣耀及祥和、欢快的氛围。即使在“藏独”气焰嚣张的伦敦、巴黎和旧金山，正义之声依然是火炬传递的主旋律。西方媒体的报道框架始终是火炬传递过程中的政治抗议，其他内容只是它的载体、点缀或陪衬。中西媒体不同的报道框架构成了他们观察世界的不同视角和思维推理的前提，进而形成他们裁选现实素材的模式不同以及传播行动中组织话语单元的核心思想不同。

1. 中西媒体在政治框架的表现中，都使用了重复这一传播技巧。中国媒体关键词主要有：和平、友谊、正义、体育文化交流等，整体氛围喜悦、和谐，形容词较多，主观性强。美国媒体的关键词有：混战、抗议、破坏、反中国、支持西藏、争议、冲突、危机、混乱、驱逐、拘留、镇压等等，动词居多，显得较为客观。

2. 中国媒体的报道多采用叙述手法，描述火炬途径国家和地区的政治、经济、文化等及沿途人们的热情，政治立场表现上更为直接和明确，多以言论的形式出现，语言上更多地使用肯定句。美国媒体多使用否定句和疑问句，在质疑中表示否定不同，宣传和说教的意味较强，容易遭到质疑，可读性不强。

3. 西方媒体多使用更具包容性的专稿，文章具有冲突性和不可预测性，政治倾向性明显但表达较为隐晦，显得更为客观和理性，可读性强。中国媒体使用特写、快讯、时评、专访、跨国连线等多种文体，表达技巧上不够灵活，政治立场鲜明，宣传色彩较重，不利于受众接受。

（二）2008 奥运开幕式中西报道的异同及中国国家形象的塑造

首先对中西通讯社在北京奥运会中所投入的报道团队进行介绍。其次梳理和剖析中西通讯社对北京奥运会开幕式的各类报道，尤其突出各大通讯社的原文稿件，以此来认识中西通讯社在其报道中所体现出的不同报道立场以及传播理念。得出一个结论：中西体育新闻报道的差异源于不同的母体文化基础以及社会意识形态的影响。

本文后一部分主要通过解读外国媒体对北京奥运会开幕式的报道来了解西方媒体眼中的中国国家形象。通过分析得出结论：少数西方媒体仍把发展中的中国置于微镜下，寻觅着其中丑陋的东西，或许这种寻觅的结果是准确的，但绝对是片面的。

（三）2008 奥运首金和末金的中西报道看中国媒体对国民金牌认识的引导

本节以中西方媒体对北京奥运会首金的报道为切入点，从媒体报道数量、报道角度、写作手法等方面，对中西媒体奥运赛事报道进行分析比较，选择了中西方较有代表性的媒体，如新华社、人民日报、路透社、纽约时报等进行分析比较。

在首金赛前报道中，中国媒体关注度普遍高于西方媒体，并重点关注本国夺金运动

员，并在客观报道的基础上表露出对夺取金牌较为乐观的态度。西方媒体较为关注中国媒体和公众给运动员带来的心理压力，且述评结合，体现了人文关怀的精神。

在首金赛后报道中，我国媒体将更多注意力放在我国意外失利的选手身上，并通过大量评论直接表达媒体和民众的宽容、理解、平和的态度。西方媒体对我国失利选手也表达了深深的同情，并分析了失利原因。但西方媒体在对奥运首金报道过程中，始终掺入政治因素，曲解某些问题。在末金报道上，从报道体裁、写作手法、报道角度三方面进行分析，说明我国媒体报道与国际一些大媒体的全球化视野相比，存在一定差距。

（四）2008 奥运外籍教练的中西报道看中国媒体对体育国际化的认识

本节首先从上个世纪“海外兵团”被视为国人仇恨的对象说起。2008 北京奥运会，体育无国界，重在参与的奥运精神成为媒体报道的主调，中国媒体体现出包容的大国心态，在一定程度上引导受众接纳体育国际化。就体育国际化的报道，中方有以下特点：一、对于体育国际化的报道，中方一直有所注重，但深度不够。二、中文注重舆论引导性而导致抽象化大于形象化。

四、体育国际化的报道涉及不同国家，不同文化背景等，报道的境界还需提高

在以后的体育报道中，体育新闻应着重从三个方面加强对受众体育国际化的引导。

(一) 加强对“海外兵团”价值的再认识

(二) “拿来”与“输出”的思想宣传

(三) 优秀运动员出路的介绍与宣传

五、2008 奥运体育明星的中西报道看中国媒体对体育明星塑造的得失

西方媒体归纳体育明星应具有的条件是：(1) 在自己的运动领域有一定的成就。(2) 有上好的出镜外形。(3) 具有高尚的人品。中国体育明星须具备：(1) 上相的冠军。(2) 能说会道的冠军。(3) 谦逊的冠军。

西方喜欢从个人角度进行报道，中方多从精神层面和集体方面进行报道。在具体的报道中有以下几个方面的不同。

(1) 对于体育明星道德的宣传点不同。

(2) 报道中对体育明星道德意识和道德制约力的重视度不同。

(3) 夺冠后的胜利感言体现出中西方对个人价值实现认识的不同。

(4) 西方注重背景介绍，以运动项目的历史资料说明个人奋斗的艰辛。中方注重赛后情况的评议，注重当时的战绩。

(5) 赛事新闻中，西方注重数字的应用以及直接引语的使用，中方对此重视不够。

对中国来说，运动员要成为体育明星，还取决于其他的营销手段：(1)健全明星产生的良好机制。(2)完善体育经纪人制度。(3)体育明星的自律。(4)媒体的介入。

六、中西体育赛事电视报道之比较——以北京奥运期间 CCTV、NBC、BBC 三家电视媒体赛事报道为例

奥运会前，都注重中西文化间的交流，中国中央电视台报道筹备计划最为全面细

致，NBC 和 BBC 也投入了有史以来最大规模的报道团队，NBC 制作的中国专题片以及首次开通中文频道转播奥运，BBC 制作的有中国元素的宣传片，都可以看作是奥运会带来的延伸效应——文化交流。奥运会期间，中央电视台开通了 14 个频道，全力转播奥运会，做到了平衡报道。NBC 作为私营电视台，考虑到商业利益，对奥运项目厚此薄彼，受众看到的只是媒体营造构建的奥运会。国外电视台主持人丰富的临场报道经验、更符合体育比赛特点的镜头剪辑、节目编排，还值得我国电视学习。

（一）三家媒体地位不相同

中央电视台在中国居于垄断地位，拥有国家政策支持、资金、人才等优惠条件。西方电视台作为私营电视台，按照市场化商业运作，媒体之间是自由竞争关系。

（二）中西方体育电视媒体面对的受众群体不同

中国媒体将奥运会看作一场全民奥运，面向全体国民。西方电视台由于商业化经营，考虑收视率和广告回报，其目标受众群定在 20~40 岁之间的年轻观众。

（三）中西方对体育新闻价值认知不同

中国媒体认为体育不仅是一种竞技比赛，更强调体育背后所潜藏的社会价值。西方体育更看重其娱乐的价值。

（四）中西方媒体追求的目的不同

中央电视台属国家电视台，肩负着宣传国家体育政策，引导广大民众树立正确体育观的责任。NBC 的商业性质，决定其奥运报道的编排更符合商业利益。

（五）主持人风格各异

中国体育电视主持人多强调整体合作，表现较为得体、稳重，但现场报道能力有待提高。西方体育电视主持人个性化色彩较强，采访经验较为丰富，临场表现自如随意。

七、中美网络媒体北京奥运会报道差异比较——以搜狐与雅虎为例

以中美的商业门户网站为研究对象，通过集中考察北京奥运会期间搜狐和雅虎美国奥运频道的奥运新闻报道，对比分析中美网络媒体在北京奥运会报道上的差异。在北京奥运会中，中国的网络媒体虽然在奥运会信息资源提供的量上有了很大突破，在信息发布的速度以及与受众的互动方面也有了很大的提高，但是在新闻报道的深度以及开发多媒体报道手段上还存在不足。美国的网络媒体在奥运新闻的深度挖掘、方便受众获取奥运信息方面的经验值得我们借鉴。在今后的奥运会报道中，我国的网络媒体需要继续在深挖新闻、有序化编排奥运信息、平民视角报道奥运等方面下工夫，不断提高奥运会报道水平，为受众提供更加方便、快捷、丰富、精彩的奥运会报道。

项目编号：1144ss07101

民族主义与奥林匹克运动关系的历史审视

王润斌　白敬锋　张学艺　毛立红

民族主义是建立在民族性、民族认同、民族利益等民族要素基础上的思想情感、意识形态或社会运动。共生于近代以来的世界历史，民族主义和奥林匹克运动彼此影响、相互联结；民族主义演化出不同的范式和类型，奥林匹克运动也在民族国家博弈的场域中探寻实现和平国际主义理想的发展路径。

适用于本研究的“民族主义”有三个层面。情感层面的民族主义是指：主张为本民族利益效忠的情感。意识形态层面的民族主义是指：以民族群体为忠诚对象，以共同的民族历史、文化和信仰为认同指向，以共同的民族意识、民族精神和民族特性为情感归属，以实现民族统一、民族独立、民族强大为理想追求的意识形态。社会运动层面的民族主义意指：民族在共同的目标理想和价值取向支配下从事的追求民族自治、民族独立、民族建国、民族强大的政治运动。

一、民族主义关联奥林匹克运动的逻辑

“民族主义也许是当今世界最为引人注目的政治和文化现象”。而作为产生于19世纪末期人类社会进入工业文明以后开始的一项伟大实践，奥林匹克运动“不仅成为人类体育史上迄今为止规模最大的体育现象，对世界体育的发展起着举足轻重的作用，而且也是人类文明史上一个宏大的社会文化现象，在社会的经济、政治、教育、道德伦理、哲学、美学、传媒等重要领域产生着极其广泛而深远的影响，为人类社会的进步做出了巨大贡献”。显然，分别拥有“之最”的民族主义与奥林匹克运动的冲突和融合是逻辑与历史的必然。

从抽象的逻辑关系来看，一方面，当民族主义“被界定为以民族意识为基础的纲领和理想”，任何文化要素如价值观、行为规范、制度、民俗，都可能为民族主义提供文化与符号资源，作为政治意识形态和社会运动的民族主义不遗余力地发挥控制力与整合力，将触角伸向任何可能的领域（包括体育）；另一方面，“被视为国际关系缩影和行动者的奥运会，成为国家力量和平角力的独特舞台，表征着国际关系的结构面向”，而且主动寻求民族国家的资源支持，并提供民族主义和国际主义“并蒂”的价值理想。

从具体的历史过程来看，民族主义建设民族国家的历史进程一旦结束，它就已经融入民族国家的正常生活中，而国际体育竞争恰恰能够将国旗、国歌、民族英雄等民族主义的象征物品内化到日常生活中。柯南曾说过一句名言：民族是一种每天都进行的公民投票，也就是说人们每天都在确认民族的存在。盖尔纳也指出，民族作为一种共同体乃在于它的生活是对这种共同体的“不断的、非正式的和永远自我肯定的公民投票”。这种平凡的民族主义常常通过体育比赛来完成对大众的文化再造，即将民族主义的意识形

态变成某种自然而然、理所当然、不言而喻的东西，或者说使民族主义成了布尔迪厄所说的“惯习”——内在化的社会秩序。因此，盖尔纳说到：民族主义的根源不是系统的意识形态，而是具体的日常经验——人们在其工作和闲暇中成为真正的民族主义者。

二、民族主义原发与奥林匹克运动的复兴

（一）民族主义在西欧的兴起

人们普遍认为，现代意义上的政治民族主义作为一种与主权国家相关联的政治原则，正式形成是在 18 世纪末、19 世纪初，其标志性事件是北美独立战争、法国资产阶级革命。虽然此前民族主义作为一种感情情结由来已久，但是北美独立战争、法国大革命所开启的历史时代其特征在于：“在这个时期，也只在这个时期，民族要求人们的至上忠诚；所有人，不光是特定的个人和阶层，都要有这种共同的忠诚；所有的文明现在都为这种至高无上的群体意识——民族主义所统治”。

在这两次革命中，民族主义意识形态和民族主义运动紧密联系、相互作用，尤其是通过“人民主权”思想的传播，《独立宣言》和《人权宣言》的发表，自由、平等、民主、共和原则的确立，近代民族主义终于由原先“一种模糊情绪发展为一种真正的信仰”。

（二）奥运会复兴的民族主义背景

1. 法国民族主义的时代烙印
2. 普法战争失利的直接动因
3. 体育民族主义的历史风貌

在顾拜旦复兴以英式体育为主要形式的奥运会之前，整个欧洲（包括法国）大陆被各种各样的“民族体操”样式所包围。这种通过体操来团结民族力量、构建民族认同、为民族利益服务的思路，与顾拜旦所倡导的现代英式体育活动有着方式上的巨大差异，顾拜旦虽然欣赏体操带来的士兵身体素质的提升，但是它的单调、枯燥深为顾拜旦所诟病。

“在欧洲不断出现的体育教育体系将体操看作民族教育的核心，从而适应个人和国家的需要”，这种需要在顾拜旦看来就是为了提升士兵的体质、国民的士气。顾拜旦在他的许多著作和文章中都极力劝告他的同胞改变学习方法，把身体训练的和他们的宿敌德国人一样强大，这样才能完成报普法战争一箭之仇的使命。但是，他也得出这样的结论，德国的体操训练方法在自愿组成的俱乐部体系转化为教育体系时已经变得僵硬、死板，“法国通过这种训练的崇拜正在走向毁灭，法国整个教育制度充塞大量军事训练，只有成功地把青年从紧身衣的束缚下解放出来，那时我们年轻的共和国才能继续生存”，与德国枯燥的体操训练方法相比，还有更好的增进体能的方法；此外，体操过于浓厚的民族主义色彩妨碍了国际体育赛事和国际体育竞争的产生。为此，顾拜旦将目光投向了海峡的对岸——英国：“我倾向于盎格鲁–撒克逊的方式，倾向于英国和美国的方式。”

总之，因体操而起的民族主义思想风靡 19 世纪的欧洲大陆。这种风气不仅对顾拜旦选择通过体育振奋法国的民族精神起到了模范作用——“当奥林匹克体系建立以后，其继续通过体力的展示来促进民族的荣耀”，而且为顾拜旦选择法国更能接受的英国体

育活动提供了具体的参照对象。

（三）顾拜旦的民族主义思想及悖论

1. 有利于民族主义的思想与制度
2. 从民族主义走向国际主义道路

（四）民族主义扩张与奥林匹克运动的初成

1. 民族主义从欧洲到世界的扩张
2. 大国博弈背后的民族主义暗战
3. 德国的纳粹主义与柏林奥运会

（五）民族主义弥散与奥林匹克运动的困境

1. 民族主义的全球弥散
2. 亚洲新兴民族国家的认同之路
3. 民族主义与种族主义交互影响
4. 冷战时期的民族主义与奥运会

（六）民族主义转向与奥林匹克运动的全球化

1. 全球化中民族主义的时代景象

冷战后期，两大阵营的对抗和意识形态竞争也随之缓和，国家之间的政治壁垒被拆除，世界政治力量面临重新组合。此时，意识形态帷幕后的民族国家利益重新走上了前台，直面全球时代的世界利益分配格局。民族及民族国家之间的矛盾与共性彼此纠葛，民族主义在不同的国家和地区表现出极大的差异，并呈现出不同的类型，使得民族主义的面貌更加扑朔迷离，有人称其为新民族主义。这种在全球化的新形势下兴起的民族主义，带有鲜明的时代特色。

其一，民族主义的消解和重构形成对立。近年来，西方国家流行着民族国家逐渐消亡的观点：“当20世纪末临近的时刻，全球化对民族国家是‘好的共同体’这样一个现代的正统观念提出了挑战。”美国著名的未来学家阿尔温·托夫勒的预言更具有代表性：“对于国家的规模的经济来说，民族国家曾是必要的政治容器。今天这些容器不仅已经有了漏洞，而且……过时了。民族国家在这个世界上已成了一个危险的时代错误。”如果说全球化一面消解了民族主义的功用，那么全球化对民族国家的重构与之构成了二律背反。发达国家是全球化的推动者，为了占有资本扩张带来的最大利润，他们同样需要赋予国家以民族的色彩，以抗拒利益的流失和维护垄断。与此同时，全球化转嫁给发展中国家大量的自然资源、社会正义的成本激发了他们作为弱势地位的民族国家意识。因此亚当·斯密的经典思想——本地区的人也是自己利益的最好评判者——在一定意义上揭示了全球化中民族主义坚实的基础。

其二，民族分离主义与地区主义并行不悖。民族分离主义主张非主体民族脱离多民族国家，单独建立本民族独立国家，或与跨居多国的同一民族联合建立主权国家。它脱胎于近代西欧资产阶级革命时期的“民族、国家一体论”，目前所依据的理论基础是“民族自决论”。继苏联解体、捷克斯洛伐克以及南斯拉夫分裂之后，在北高加索、巴尔干、东南亚等地区都出现民族分裂的爆发点。英国的北爱尔兰、加拿大的魁北克、法国的科西嘉、西班牙的加泰罗尼亚等地区的民族主义分子提出了独立要求。冷战时代的两极格局瓦解后，民族国家的政治经济行为出现了某种整合趋势。全球化，尤其是经济全球化对国际政治、民族国家、国家意识形态都产生了前所未有的冲击。全球性的生产和国际化的金融市场为核心的世界经济的发展，超越了自资本来到世间后所形成的民族国家政治体制的制约。欧洲联盟、非洲统一组织、石油输出国组织、阿拉伯国家联盟等一大批地区组织有效地推动民族国家出现聚合化，即地区主义的出现。

其三，政治民族主义向文化民族主义的转向。政治民族主义就是民族主义的政治属性放在第一位，实际上也是民族主义兴起的最显著的特征。与"追求国家身份"的政治实践紧密联系在一起，在建立民族国家的过程中，可以说政治民族主义占据了主要的位置（当然并不排除其他种类的民族主义所起的作用）。因而，有学者认为民族主义与国家增生有着密切的关系。随着民族国家体系的建立，在一个长期发展的共同体中，政治民族主义的行为已经受到了很多方面的制约。亨廷顿的"文明范式"存在许多争议，但它至少说明了一个现实，即现代社会的发展强化了各民族国家尤其是非西方社会的"文化寻根意识"，而这种意识将激发文化层面的民族主义，即强调要保持和发展本民族文化的因素。它主张以同质性的文化传统为纽带，力图建立民族认同的文化空间单位，并进而达到巩固或分解政治实体的结果。当然，这里所指的政治民族主义和文化民族主义，是民族主义的两种范式，脱离不了民族国家的经济基础。

其四，文化殖民与反文化殖民的张力始终存在。这种张力直接来源于文化民族主义的兴起和扩张。当西方进入了后工业社会，此时对市场的需求远远超过从前对原料的需求，非西方社会的工业化也取得了较快的发展。从这一时期开始，发达国家的文化民族主义则是以另一种方式出现，那就是利用自己的经济和政治优势进行各种形式的文化"输出"，从"硬霸权"（军事战争、领土占领、经济控制等）转为"软霸权"（主要谋求文化优势和文化渗透），这被称之为"后殖民主义"。西方的文化渗透引发了非西方国家的文化民族主义，它维护自身文化的根基不致于被瓦解，它强调自身文化认同以使转型中的社会不致于解体，往往带有很强烈的防卫心理。由于在经济和政治等方面无法与更为发达的国家进行比较，只能以一种文化方面的"优越感"来保持或恢复民族自尊心，反对发达国家的文化殖民。由此，文化民族主义成为批判后殖民主义的有力思想武器，如果过度，则变成保守主义者和原教旨主义者手中的利剑。

2. 全球化中的民族主义与奥林匹克运动

20 世纪 90 年代，著名的奥林匹克专家 John Lucas 在《奥运会的未来》一书中写到："奥运会在 20 世纪的最后时期已经走出了传统的民族主义的威胁，如今，奥林匹克领导人和奥运会组织者每天面对的是由恐怖主义带来的安保问题、奥运会筹办的成本问题、奥运会超大规模问题。民族主义、或者称之为民族国家的过分热情，不在位居奥林匹克重大事务之列了。"的确有大量的证据来证明 John Lucas 博士对奥林匹克的民族主义问题保持的谨慎乐观态度。

首先，在后冷战时期，和平和发展成为时代主题，与民族主义等政治议题相比，奥林匹克运动的经济功能得到更大程度的承认、商业价值得到更大程度的发挥、与之伴生的经济问题更加引人注目。Barrie Houlihan 指出，19 世纪 80 年代末，国际体育活动与十年前又极大的不同。不断增长的体育商业化倾向和奥林匹克运动的商业化运作让国际奥委会、媒体和主办国家连结成紧密的利益链条，奥林匹克运动蕴含无穷的经济价值成为相关利益方关注的焦点，民族主义等有可能对奥运会产生的政治冲击会引起他们高度的警惕。

其次，作为民族主义延伸的行动，“风靡”大半个世纪的抵制奥运会行为的威胁不断下降。“各个国家总结道，抵制行为的唯一效果就是造成对自身和本国运动员的伤害”。非洲抵制了1976蒙特利尔奥运会，但是在1980年和1984年，非洲义无反顾地参加了比赛。1979年当南非橄榄球队访问英国时，非洲最高体育理事会宣称：“在未来时期，非洲将通过双边谈判和协议的方式来解决同南非发生体育关系的国家的事务，而不是仅仅用体育的手段。”很显然，美国和苏联的相互抵制并没有得到各自想要的结果，苏联军队留在阿富汗，奥运会依然继续。美国并没有受到苏联未参加的影响，相反“洛杉矶奥运会也许是历届中最成功的：比以往更多的参赛国家，赢利最多”。历史事件表明，“抵制奥运会往往达不到预期的效果，在90年代，世界上大多数的民族国家都抱着强烈的愿望参加奥运会，而不论各自怀揣怎样的政治目的”。

再次，运动员的民族国家身份逐渐模糊，普遍的英雄主义崇拜与特殊的民族国家信仰同时存在。Dyer指出：“明星代表了当今社会典型的行为、感情和思考方式，这种方式被建构在社会、文化、历史之上”。在全球化时代，跨国公司包装的体育明星、奥运明星不再单独强调其民族国家背景，相反他们也是这些公司签约和塑造的代言人。举例来说，刘翔在雅典奥运会上的夺冠被体育评论员称之为“黄皮肤中国人的伟大突破”。然而刘翔的赞助商所要强调的是：刘翔的胜利代表了品牌的胜利，刘翔的成功，赞助商功不可没。此外，劳动力和资本市场的全球流动加速了竞技体育领域海外兵团的形成，这在一定程度上造成了运动员民族身份识别和观众民族情绪判断的困难。当来自澳大利亚的切特勒在雅典奥运会女子单人10米台跳水决赛中，力压中国选手劳丽诗，为澳大利亚夺取历史上首枚奥运金牌时，她的中国教练童辉和王同祥虽然为队员夺冠感到高兴，但同时也反复强调：“我们的队员获胜了，可归根结底，要感谢中国！”因此，David Andrews和Steven Jackson在《体育明星——体育名人的文化政治学思考》一书中指出，全球化时代，运动员的胜利包含了“本土英雄”和“全球明星”两种身份。

最后，在萨马兰奇的领导下，国际奥委会加强了同政府组织、非政府组织的外交合作能力，也加强了组织的自治能力和独立性，对民族主义的防御能力也随之提高。1980年萨马兰奇出任国际奥委会主席，面对新的国际政治、经济和社会形势，萨马兰奇在基拉宁改革的基础上，开始对国际奥委会进行大刀阔斧的改革。他的战略措施包括：团结奥林匹克的合作伙伴，使其成为一个更和谐、更有成绩的实体；国际奥委会开始谋求财政独立，获得有利于奥运会成功和持续性发展的财政保障；发展和利用外交关系，免除抵制的影响；怀着保持奥林匹克运动相对自治和阐明奥林匹克主义在当今世界贡献的双重任务，建立国际奥委会与国际政治当局和联合国系统的友好关系。萨马兰奇常说：“只有当我们界定和实施一个适合于当代新的政治、社会、经济环境的体育政策时，我们才能够帮助减少诸如民族主义和种族主义式的社会疾病”。John Lucas指出，虽然萨马兰奇和国际奥委会很少提及民族主义的字眼，但是他们对过分的爱国主义展示进行了坚决的反击。利用团结基金扶助弱小国家、坚持逆向制度、处理好奥林匹克三大支柱的关系等等，就说明了国际奥委会更强调全球化和国际主义而非民族主义。奥林匹克组织和参赛运动员经济、政治的独立，为减少民族主义侵扰提供了最为重要的内在基础。

总之，更多的民族国家的观众和奥运会参与者不断地走向心智的成熟，这一趋势有目共睹。虽然绝大部分来自发展中国家和第三世界的运动员依然愿意在奥林匹克竞技场上展现各自国家和民族的风采，但这些运动员中，更多人不再攻击性地使用国旗、制服和国歌。那些巧舌如簧的政治家和宣传者对民族主义的渲染或贬损，都不再如以前一样被大众所接受。历史学家、社会学家、政治学家以及其他社会科学家在看待民族主义问题的方式上，更加注重具体的语境，不再一味含糊地指责它。

3. 中国在奥林匹克运动中的新使命

随着民族主义的转向，奥林匹克运动的新旧民族主义问题一起涌现出来。Richard Espy 等研究者提出了去除民族国家单位，以地缘重组参赛单元的“欧洲式”构想：“国际奥委会要想使自己更具有世界代表性，而不是民族国家代表性，地缘身份认同或许更加合适”。打破国家界限、弱化民族观念的做法在世界领域内最成功的例子就是欧洲的道路。然而，在世界大局观念中，欧洲的统一也许不过是一个放大了的民族主义，它可能加剧、而不是减缓与其它文明的冲突。另外一条道路或许就是中国的道路。一个伟大的英国学者对中国寄予厚望：“在最近新形成的地球人类社会中，中国仅仅就停留于三大国、五大国或者更多的强国之一员的地位吗？或者成为全世界的‘中华王国’，才是今后中国所肩负的使命呢？”在奥林匹克运动中，中国的三个梦想已经实现，作为一个负责任的大国，作为一种融合了天下主义的民族主义观念，中国（文化）理应在解决奥林匹克运动面临的文化霸权等问题中承担应有的使命，这种使命不是取代奥林匹克的哲学价值观，而是解决奥林匹克运动自身不能化解的内外矛盾，从而丰富奥林匹克的思想体系。

然而，在 Susan Brownell 提出的“奥运会改变中国还是中国改变奥运会”式的议题中，保持清醒和谨慎绝非多余。Joseph Maguire 在《人文奥运？北京 2008、权力政治与文化挣扎》一文中指出：“2008 年北京奥运会将会以两种可能的方式解读：东方崛起的征兆伴随着西方的衰落，或者是西方资本主义及其文明传统的全球性胜利。也许两者兼而有之。现在下这种结论为时不晚，因为一定程度上的地缘政治和文明挣扎的迹象已经显现”。

第一种可能的方式是建立在文化自信力基础上的中国知识分子与民众的解读，这种解读与面对亨廷顿提出的美国将中国文明视为对手时的沾沾自喜并无太大的不同，只不过是对一个复兴和崛起的中国提出了更高的要求。这种态度其实表征了民族身分认同的焦虑，是在明确认识到西方文化的压抑后作出的有意识的反应。在当今重现选择现代化的模式，和重新确立中国人的价值信仰的重大历史关头，以儒家文化为核心的传统文化的价值被极大的张扬，被发现有助于振兴民族精神，有助于凝结中国社会发展的精神内涵，能够融合中西方文化的长处，纠正西方文明的弊病。中国传统（体育）文化与奥林匹克文化的互补、融合也成为一个符合知识分子和民众心理的必然命题，作为一种文明抉择的现实选择和文化博弈的感性冲动，中国传统（体育）文化似乎被认为可以拯救奥林匹克运动中斯宾格勒式的“西方的没落”。可见，对于奥林匹克运动中西方主流文化霸权问题，中国从官方、知识分子到大众早已蕴涵着天然的使命和文化的关照。

然而在中西方文化交流的层面，Susan Brownell 表示了无比的谨慎：“虽然中国人民相信奥运会将是东西方文化的结合，但是如果奥运会仅仅是中国向西方学习的过程，那么真正的文化交流将不会发生。在世界面前展示中国的文化进而推动奥林匹克运动真正成为一个多元文化和全球文化体系是人文奥运会的第二个目标，但是对于一个非西方国家，尤其像中国这样拥有强大文化传统的国家，推动奥林匹克运动成为多元文化并非易事”。正如易剑东所提醒的，中国体育文化要迎接“文明冲突”，首先要面对我们自身文化与体育的冲突。Xu Xin 在《奥运会聚焦下的现代化中国：中国的民族认同与 2008 年北京奥运会》一文中指出，在奥林匹克运动中，中国依然面临着亟待“良治”或“善治”的悖论。首先，中央集权式的体育管理体制的改革指向，和依靠这种体制在奥运会上取得胜利的期望之间存在悖论；其次，受奥运会激发出的爱国主义、民族团结契机与警惕过分民族主义、保持运动员精神和大国风范之间的悖论；再次，中华民族实现统一复兴的愿望与暂时包容台湾在体育领域的国际独立之间的悖论。

Joseph Maguire 提到的第二种可能方式建立在全球化基础上的文化帝国主义式的解读。在全球化时代，“人权高于主权”的新干涉主义是西方发达国家的政治策略，自由主义、贸易保护主义是其经济策略，文化帝国主义则是其文化策略。约翰·汤林森在《文化帝国主义》一书中对全球化过程中文化领域的帝国主义现象进行了剖析，他指出，作为媒介帝国主义的话语、作为民族国家的话语、作为全球资本主义的话语、作为全球性批判的话语，文化帝国主义已经伴随着现代性的转向实现了强势民族对弱势民族的支配，实现了文化的同质化和支配化。任海教授指出：“奥林匹克运动的全球化的过程伴随着这样一种趋向，即强调西方体育文化，让其他非西方体育文化向西方体育文化看齐”。“奥林匹克运动的文化单一化似乎是在传递这样一个信息，各民族传统体育要获得现代性就必须抛弃他们自己的文化传统改用西方体育。如果这样下去，奥林匹克运动越普及，对非西方的传统体育的威胁就越大。文化的多样性，这一奥林匹克思想体系的核心要素受到的压力也越大。从长远观点来看，这种状况并不利于奥林匹克运动的发展”。其实，不仅是体育文化的问题，在全球化时代，商业帝国构成的商品网络、传媒帝国构筑的宣传网络都会随着奥运会的传播将西方主流的一元化价值观渗透到世界的角落。这种文化价值观的核心就是倡导政治一元化的“美国化”和倡导消费主义的“商品化”。当然，这种价值观往往被一种巧妙的、霸权式的方式所遮掩。

中国能否应对全球化的挑战，实现民族文化的自救，能否利用自身的文化优势消解奥林匹克运动中文化霸权及其衍生的文化单一化问题，面临着不小的挑战。20 世纪 90 年代以来，以倡导儒学复兴为文化基因、宣扬用中华传统文化整合奥林匹克价值观的文化民族主义思想，需要更加充分的学理论证，也需要更加坚实的现实基础。从现实的功能来看，中国人的民族意识“只有在内涵上彻底突破狭隘封闭的种族或文化局限，诉诸于经传统转化而来的、更为开放的现代价值理念、信仰体系和政治内容，中国的民族主义才有希望成为现代化运动中的动力资源和精神砥柱”。同样，以更开放的眼光审视中国在奥林匹克运动的位置，采取更加务实的提高中国文化软硬实力的策略可谓当务之急。中国人在国际奥委会组织体系中拥有更多的位置，中国的上海或者广州成为奥运会下一次光顾的城市，奥运会拥有更多的来自中国或者东方国家的体育项目，中国对奥林匹克运动的理解程度和利用程度得到极大提高等具体指标得以体现时，费孝通所描绘的多元文化图景——各美其美、美人之美、美美与共、天下大同——才能具有显现的可能。

四、结论

• 民族主义与奥林匹克运动的冲突与融合是逻辑与历史的必然。民族是人类重要的认同单元，作为情感、意识形态和社会运动层次的民族主义均指向民族利益的核心要素。民族主义具有强大的资源动员能力，奥林匹克运动就是民族主义者眼中重要的资源。此外，奥林匹克运动拥有人类最为政治化的和平国际主义理想，并能够将民族主义的象征物品内化到国际体育竞争中，为民族国家的参与、民族主义的介入提供了条件。

• 民族主义与奥林匹克运动的关联具有积极和消极两种形式。一方面，民族主义构成了奥林匹克运动重要的政治取向和政治基础。另一方面，民族主义对奥林匹克运动的具体活动、组织形式、人员构成、思想体系产生负面的影响。

• 在历史的发展过程中，民族主义和奥林匹克运动是共生的交互关系，拥有彼此影响、相互联系的演进、发展阶段。可以归纳为：民族主义的原发与奥林匹克运动的复兴阶段，民族主义扩张与奥林匹克运动的初步成长阶段，民族主义弥散和奥林匹克运动遭遇困境阶段，民族主义转向与奥林匹克运动的全球化阶段。

• 在民族主义原发与奥林匹克运动的复兴阶段，现代奥运会的复兴有着深厚的民族主义历史、现实背景；顾拜旦的奥林匹克思想存在着民族主义和国际主义的悖论，其基本的社会理想指向世界各民族国家的和平。

• 在民族主义扩张与奥林匹克运动的初步成长阶段，奥林匹克运动成为旧殖民地大国展示民族对抗的角斗场、东欧新兴国家寻求民族认同的大舞台；1936 年柏林奥运会打下了深深的纳粹主义烙印；打着民族主义旗号的两次世界大战是导致奥运会两度停摆的罪魁祸首。

• 在民族主义弥散和奥林匹克运动遭遇困境阶段，民族主义在二战以后弥散到全球的每一个角落，亚非拉国家获取国际奥委会承认、赢得奥运会赛场胜利的努力是其反殖反帝的民族独立运动的重要组成部分；非洲在隔绝南非与国际奥委会联系的斗争中，将非洲民族主义反殖反帝、种族性、泛非主义等特点充分表现；冷战时期，美、苏为首的两大集团在赛场内外的矛盾以资本主义、社会主义的意识形态纷争所表征，因民族主义、大国沙文主义而起的抵制，将奥运会推向了生死存亡的关头。

• 在民族主义转向与奥林匹克运动的全球化阶段，民族主义从民族国家的刚性对抗转向到了民族文化软实力的较量，奥林匹克运动中的民族主义也有隐退和转向的迹象，凸现了全球化时代奥林匹克运动文化单一化的危险，容纳了天下主义观的中国民族文化在承担奥林匹克运动文化多元化新使命的同时，也面临着挑战。

项目编号：1175ss07132

儒学与体育礼仪文化

曹　莉　修建军　种莉莉　李兆祥　孙月霞　杨朝明　宋利维　赵吉峰

《儒学与体育礼仪文化》课题应用社会学、体育学、哲学、历史学、教育学、文化学、民族学、传播学等多学科知识，综合运用文献资料法、系统分析法、专家访谈法、历史研究法等研究方法，系统考察了儒学对中国传统体育礼仪文化的形态、结构、价值系统、传承等方面的影响，论证了儒学在中国当代体育礼仪文化系统中的地位及积极作用；并针对当前中国体育礼仪文化存在的问题，深入挖掘了儒学中的积极因素，探讨了新时代背景下的中国体育礼仪文化的教育、管理、传播的有效途径。探寻儒学中符合人类最普遍道德情感和深刻人文精神的礼学精蕴，抽象出儒家礼学中具有流传性、持久延续性的基本准则，在此基础上，构建了基于儒学的中国体育礼仪文化的体系结构及发展模式。

一、儒学与中国传统体育礼仪文化研究

在体育历史的长河中，体育礼仪文化的产生和发展无疑彰显了人类文明的进步。礼仪属于道德的范畴，是儒学的核心内容，是建立和谐社会的重要基础，我国古代《礼记·曲记》中就有这样的记载："道德仁义，非礼不成；力争辩讼，非礼不决"。道德为万事之本，仁义为群行之大，人要实行道德仁义四事，不用礼是不行的。儒学伦理注重人的道德品质的修养，而体育礼仪作为礼仪文化的一个组成部分，必然也和儒学有着千丝万缕的关系，体育礼仪不仅以外在形式表现出了儒学的伦理内涵，同时也吸收了儒学礼仪的精华，内化为体育伦理道德。

本研究重点分析了儒学与传统体育礼仪文化的相互关系，包括儒学视野下传统体育礼仪的内在价值与外在表现、儒学与传统体育礼仪的互动关系以及儒学传统礼仪研究的SWOT分析。在此基础上提出了基于儒家礼学下的传统体育礼仪文化的挖掘、保护及可持续发展策略。研究认为，(1) 儒学是体育礼仪文化得以绵延不断的内在精神动力之一，即是贯穿于其中的对传统文化的传承意识与创新精神的紧密结合，应兼顾中国传统体育礼仪文化的传承与变易，并汲取其他国家和民族的体育礼仪文化中的积极因素；(2) 儒学能充实中国体育礼仪文化中的人文精神内容，能丰富中国体育礼仪内容； (3) 应从儒家"以人为本"、义利观、"德治"、"贵和尚中"等管理思想出发，加强对传统体育礼仪的操作规范； (4) 传统体育礼仪文化在其发展的过程中对儒学的发展也产生了重要影响，它是儒学的基本思想和伦理融入到实际社会生活，使儒学更大众化、具体化； (5) 传统体育礼仪发展到现在，其文化内涵逐步被人遗忘和淡化，出现了传统体育礼仪文化内涵的缺失。

二、儒学与中国当代体育礼仪文化系统研究

体育礼仪文化体现着一个国家、地区、民族的整体精神面貌和文化内涵。我国是有

着悠久历史的文明古国，被誉为“礼仪之邦”。如何与时俱进、充分挖掘中国传统礼仪文化、尤其是儒家礼仪文化，并借鉴其他体育礼仪文化，建构有中国传统文化特色的体育礼仪文化是时代赋予我们的重要使命。

本研究基于儒学礼仪文化的基础上，并借鉴其他体育礼仪文化，综合运用文献资料法、专家访谈法、比较研究法、逻辑分析法、系统分析法等研究方法，运用社会学、体育学、哲学、历史学、教育学、文化学、民族学、传播学等多学科知识，分析了礼仪文化与体育礼仪文化的概念、发展及特征；研究了中国当代体育礼仪文化的形成、发展、内容、特征和功能；探讨了儒学对中国当代体育礼仪文化从外在形式、内在结构到文化传承发展的影响，中国当代体育礼仪文化中存在的问题、儒学在中国当代体育礼仪文化中的地位和对其完善所起的作用；提出了建构具有儒学特色的中国当代体育礼仪文化发展策略——扬弃、创新、融合、普及与传播。研究主要得出如下结论：（1）中国当代体育礼仪文化是由中国当代体育礼仪物质文化、礼仪制度文化、礼仪心态文化和礼仪行为文化四部分构成的新体系；它除具有体育礼仪文化的共性特征外，还具有其参与主体的普遍性、内容创新性、突出的人文性、传播的时效性、独特的民族性、鲜明的时代性的个性文化特征，具有维系、教育、调节、规范、审美、管理和跨文化交际的多种功能。（2）儒学对中国当代体育礼仪文化外在形式、内在结构和传承发展等方面均有不同影响。（3）儒学是构成中国当代体育礼仪文化的基础和源泉，对完善中国当代体育礼仪文化体系起到充实其人文精神、丰富其内容、增强体育礼仪内涵的作用。（4）创建具有儒学特色的中国当代体育礼仪文化系统发展策略为：扬弃——对民族传统文化应取其精华、去其糟粕；创新——结合时代特点推陈出新，发扬光大；融合——加强与世界其他文化的交流与沟通，实现文化互补；普及——重视礼仪文化的教育功能，多渠道普及礼仪文化知识；传播——充分利用现代传媒进行舆论引导，营造良好的礼仪文化氛围。

三、儒学与体育礼仪文化教育与培训研究

文献检索发现我国在体育礼仪文化教育内容、方式、评价等方面多借鉴西方，没有形成具有民族特色的体育礼仪文化教育体系。为此，本研究通过专家访谈、历史分析逻辑归纳等研究方法，从儒学与体育礼仪文化教育互融的角度，探讨了基于儒学的中国体育礼仪文化教育培训的发展模式。该模式从指导思想、教育原则、教育目标、教育内容、教育手段和评价模式六个方面进行建构，将儒学中“有教无类”、“教学相长”、“因材施教”等经典教育思想与当代国际体育礼仪文化教育内容、方法、评价等进行融合，构建出为当代所适用的具有中国传统文化特色可持续发展的体育礼仪文化教育体系。研究认为：（1）儒学中“因材施教”、“启发诱导”、“学思结合”、“学以致用”的经典教育方式对对改变体育礼仪文化教育方式单一、枯燥的现状起到了良好的启迪作用。（2）体育礼仪文化教育的诸多作用都是为社会服务的，对体育礼仪文化教育进行评价应该从该社会所特有的价值观出发，而一个社会的价值观念的形成很大方面又脱离不了传统文化观念积淀的。（3）基于儒学特色的体育礼仪文化教育体系在指导思想、教育原则、目标、内容、手段及评价模式等方面将传统与现代、东方与西方相结合，形成一个具有民族特色的行之有效、可持续发展的体育礼仪文化教育培训体系。能够实现我国体育礼仪文化教育系统化。（4）基于儒学的体育礼仪文化教育体系的建构体现了

中国建设和谐社会的需要，是我们发展具有民族特色的体育礼仪文化教育体系的基础。

四、儒学与体育礼仪文化管理研究

本子课题以基于儒学的体育礼仪文化管理为研究对象，通过检索有关儒学礼仪、管理、体育礼仪文化等方面的大量文献资料和咨询、访问儒学、管理学、文化学、礼仪方面的专家和学者，对儒学的管理思想、儒学与现代体育礼仪文化的融合等方面进行了分析研究，在此基础上提出了基于儒学的体育礼仪文化管理方面的相应策略。通过研究主要得出以下结论：（1）儒学与现代体育礼仪的融合一方面丰富和发展了儒学礼仪的内容，使儒学礼仪走向多元化，另一方面现代体育礼仪以儒学为支撑，使其在思想、价值观念、行为规范等诸多方面更加完善。（2）道德是儒学与现代体育礼仪文化融合的基准点，无论是个人道德，还是社会公共道德与职业道德都是两者所倡导的，并作为行为规范的起点。（3）礼仪是儒学与现代体育礼仪文化的结合点，儒学倡导的传统礼仪讲究内涵而兼顾表形，西方现代体育礼仪文化则重视外在表现形态，礼仪的外在表现形态是儒学与体育礼仪文化的结合点。（4）礼仪的规范化与制度化是儒学与现代体育礼仪文化在社会实践中的内在要求，两者都倡导文明，同样也都为国家的长治久安服务，所以两者的融合有利益社会主义精神文明建设和实现国家提倡的“以德治国”的战略方针。（5）顺应时代要求，弘扬“和谐发展观”是儒学与现代体育礼仪文化的共同追求，两者在身体与道德和谐、人与人之间的和谐、人与社会的和谐、人与自然的和谐等方面有着一致性，所以两者的结合对于贯彻、执行“和谐发展观”，共建和谐美好家园与社会具有重要的现实意义。（6）体育礼仪文化的发展既要不断的进行传播与宣传，也要加强相关人才的专业化培养。在信息时代，对新型体育礼仪文化的宣传与传播要借助于广播、电视、网络、报刊以及音影制品等现代传媒方式进行全方位立体交互式传播，使更多的人通过不同的途径与方式了解与学习新型体育礼仪文化的知识与行为规范。可以通过高校专门培养或者进行社会机构的培训，也可以在学校体育教学中进行体育礼仪文化教育。（7）基于儒学的体育礼仪文化管理要加强组织建设、制度建设和机制建设。组织建设要健全组织管理机构，主要包括管理机构、教育培训机构、宣传交流机构、审计评价机构以及具体的操作机构等；制度建设主要包括职权划分、行为规范和运行程序等方面；机制建设主要包括管理机制、宣传机制、交流机制、人才培养机制、评价机制等方面。

五、儒学与体育礼仪文化传播研究的

体育礼仪文化是礼仪文化中的重要组成部分，在体育集中体现了礼仪文化的精髓。体育礼仪文化的发展演变体现了礼仪文化的发展和演变，同时从一个侧面反映出文化的发展和演变。中国传统体育礼仪文化发展和演变深受儒家文化的影响。儒家文化是以“礼”为中心的，儒家文化主要从其伦理观、动静观、内外观、中庸观等方面对中国体育文化产生影响，同时认为中国体育文化精神主要体现在对力量与勇气的赞美、对技巧与才智的推崇、浓厚的道德色彩、讲究礼仪形式等方面。中国体育礼仪文化是在儒家礼仪文化的熏陶下发展，并在近代以来深受西方体育礼仪文化的影响。在体育文化全球化的背景下，面对西方体育礼仪文化的强势和日益显现的体育礼仪文化缺失现象，中国有儒学特色的传统体育礼仪文化如何融入到以西方为代表的现代体育礼仪文化发展的大潮中，成为有强大生命力的体育礼仪文化，并且为创建“和谐”的体育环境贡献力量，是我们要思考和探讨的时代命题。我们通过搜集的相关文献资料和专家访谈了解体育礼仪文化的，并且对儒家文化、中国体育礼仪文化和西方体育礼仪文化加以比较和分析，认为首先要解决的是如何把中国传统体育礼仪文化传播出去，把具有儒学特色的体育礼仪文化的优越性展示给世人，让世界“放眼看中国”。通过对礼仪文化传播、体育礼仪文化传播和基于儒学的体育礼仪文化传播以及体育礼仪文化传播中存在的问题的探讨和研究，我们尝试着建构具有儒学特色的体育礼仪文化传播模式，这对于中国体育礼仪文化的传播和发展有着积极的意义。当今世界体育文化的全球化，为民族特色体育礼仪文化提供发展舞台的同时，也加剧了不同文化之间的竞争。奥林匹克文化的传播为代表的西方体育文化的强势传播加剧了世界体育文化的趋同，这是不利于体育文化发展的。如何维护并促进世界体育礼仪文化的发展并保存文化的多元化呢？儒学特色的中国体育礼仪文化中的“和而不同”、“群体本位”、“道德至上”的传播思想可以使中国体育礼仪文化融入世界体育文化体系中，同时也能在跨文化传播中减少“冲突”和“抵抗”。具有儒学特色的体育礼仪文化传播模式也对其他民族体育文化的传播具有重要的参考价值。

六、基于儒学的现代体育礼仪文化的体系结构与发展模式研究

推广普及体育礼仪文化既是社会文明进步的重要标志，又是体育现代化程度的衡量标准之一。形成一套既富有我国自己的传统特色，又符合国际惯例的礼仪规范，成为我国在国际化进程中树立新的礼仪之邦的国际形象的必须，更是提升我国体育内涵的必须。本研究综合运用了社会学、体育学、哲学、教育学、管理学、民族学、传播学、历史学等学科知识，进行跨学科交叉研究。在研究方法上涉及文献资料法、系统分析法、专家访谈法、历史研究法等方法，以儒学与体育礼仪文化的融合重构为研究对象，从儒学融入现代体育礼仪文化的必然性和必要性入手，从完善现代体育礼仪文化的内容体系、丰富现代体育礼仪文化的多元文化色彩和、构建有本土文化特色的体育礼仪和推广普及现代体育礼仪文化等方面，分析了现代体育礼仪文化对儒学的诉求以及儒学能为现代体育礼仪文化所提供的支撑，进而探讨了基于儒学的现代体育礼仪文化的体系结构并构建了现代体育礼仪文化的发展模式。

在基于儒学的基础上，把体育礼仪文化的体系结构分成了以体育礼仪理念为内核、以体育礼仪规范为外在表现形式的两个部分。把儒家思想中的“仁爱”、“和合中庸”、“谦敬节制”等观念作为奠定新的中华体育礼仪的基石，作为道德观、价值观和民族精神的主旨，也就是体育礼仪理念的核心；在基于传统礼仪的基础上，借鉴西方礼仪，构建适宜的、全面的、可操作的、创新的、变通的和美的规范体系。

本文在以人为本、兼具科学性与实用性、时代性与前瞻性、传承性与创新性的原则下，从系统的角度，基于影响体育礼仪文化发展的主要因素把体育礼仪文化的发展模式构建为管理系统、执行系统和评价系统三个部分。整个系统是动态的、开放的，又是严谨的、有序的。管理系统要责权分明、运作系统要务实高效，各系统要协调联动并保持系统的开放性、自检性以确保其可持续发展。为了确保体育礼仪文化的健康发展，本研究还尝试构建了评价指标体系并建议用多层次分析法和模糊综合评价法对其进行评价。

项目编号：1142ss07099

体育技术伦理研究

张建新　张克勤　晋隆冈　于承良　杨金田

科学技术的渗透不断地推动着体育技术的进步，体育技术的内在矛盾，影响着生于其中的人与人之间的伦理关系，产生了一系列值得思考的伦理问题。

一、体育技术发展的客观必然性

体育技术是人们改变或控制运动训练、竞赛及体育科研管理等环境（自然环境、社会环境、身体精神环境）的手段、活动和规则、制度体系，包括刚性（物性）技术和软性技术。前者主要指体育场馆、体育运动器材、服装以及体育中的高科技生物基因技术等等，其中生物基因技术具有直接性、内源性，其余是外在的，作用相对间接。后者指的是比赛规则、知识和制度体系，它对体育的发展起着规范和制约作用，是内在的，应具有科学性，体现公平与合理。两者间具有辩证的关系。其中，软性技术规范、制约和引导着刚性技术的应用和发展。而刚性技术的创新，不仅推动着体育的发展，还促进软性技术的不断调整和变革。两者之间的相互作用是体育发展的内在动力。

纵观体育发展史不难发现，基于体育和社会发展的客观需要，体育技术的发展具有客观必然性。

首先，体育是人们一种生存方式和生活方式。体育经历了一个由业余到职业化和商业化的过程，它改变了体育主体的追求目标和价值取向，体育背后的物质利益，加快了体育技术的发展，甚至走向极端。另外，体育具有的“健康、健美、教育、休闲娱乐、时尚品味、运动体验、压力宣泄、人际交往”等功能表明，体育日益融入了人们的日常生活，是现代人类的重要生活方式之一。良好的体育技术有益于体育功能的发挥。

其次，人类竞技运动水平已经逼近生理极限，单纯依靠运动员现有的自身条件来不断刷新纪录、突破极限是极为困难和不现实的，依赖体育技术的创新和发展是客观必然的选择，它促进了体育技术的向纵深发展，导致技术因素的重要性和作用日益突出。

再次，体育技术是体育发展的加速器。新材料、新技术（如纳米技术）和新工艺在体育中的广泛应用，使体育技术得到了很大发展：多元化、人性化的场馆质量；层出不穷的各种新式运动装备、器械以及运动服装；人体生命科学同计算机技术结合产生的新的训练手段和方法；生物基因技术广泛应用，使人们能够寻找到决定人类运动能力的基因，建立运动员身体素质功能诊断系统，实现对运动员的运动状态、运动潜力的准确评估和对运动训练有效控制等等。提高了训练和比赛的水平和质量，达到提高成绩，突破极限的目的。

作为软性技术，随着刚性技术的不断进步和发展，体育活动的各项规则、制度体系也处于动态调整之中，一方面不断适应体育发展中的新变化；另一方面进一步规范体育行为，规范体育刚性技术的应用，尽可能保证体育的健康发展。

二、体育技术的发展带来的伦理冲突

人类在得意于技术带来福祉的同时，必须对以生物基因技术为代表的体育技术的负面效果保持清醒。它不仅可以改变体育运动的形式，甚至可能导致体育性质的改变，冲击体育道德底线，破坏体育的教育价值，引发冲突和争论。

首先，体育技术的过度发展，导致体育技术主导化和异化，颠覆了体育主体同体育技术之间的关系，体育主体的被弱化，出现迷失。原有的体育文化、伦理道德面临挑战。尽管体育明星们的取胜法宝各不相同，但其共性都是以体育技术为手段的。南非"无腿飞人"奥斯卡·皮斯特瑞斯虽天生残疾，但因借助刀锋形状的高科技碳纤维假肢"猎豹"，自 2004 年至今已连续 26 次打破残疾人短跑世界纪录，并在 2008 年北京残奥会上夺得短跑金牌。然而，在申请参加 2008 年北京奥运会时，被国际田联否定，引人深思。

其次，国家和地区间的体育技术发展的不平衡性，导致了体育主体的地位有失公允。实践表明，世界体育强国同样也是经济和科技强国。

再次，兴奋剂的泛滥，破坏了奥林匹克运动的道德原则和秩序，是困扰奥林匹克运动的毒瘤。目前兴奋剂已经由天然药物转向人工合成药物，从 20 世纪 60 年代的刺激剂和麻醉剂到以后的合成类固醇、EPO、HGH、THG、基因兴奋剂……科技含量越来越高，隐蔽性越来越强，危害越来越大。一是长期大剂量服用兴奋剂将导致内脏器官解剖结构的器质性改变，引发各种严重疾病，损害着运动员的身心健康，甚至致命。二是兴奋剂的使用涉及面广、影响范围大，严重扰乱了体育比赛的正常秩序，践踏了奥林匹克运动的公平竞赛等原则，破坏了体育发展的道德秩序，淡化了体育的教育价值，不利于体育的正常发展。

虽然国际奥委会在兴奋剂问题上的立场坚定、态度坚决。但是，由于高科技兴奋剂的检测难度很大，时间更长，所需费用更多，同时还受到宗教、伦理和法律以及一些国家采取的双重标准等方面的影响，任重道远。

三、实现体育技术同伦理的融合

首先，体育技术同伦理的融合具有必然性。表现之一，这是体育发展的内在本质要求。体育原本就是精神与技术的结合，从其产生来看，它是西方文化运动和工业文明发展相结合的产物。作为文化现象，14—18 世纪的文艺复兴、宗教改革和启蒙运动是奥林匹克运动产生的思想基础。顾拜旦创办现代奥林匹克运动的初衷就是要展示体育的力与美，追求更快、更高、更强，通过体育体现正义和勇气，赢得荣誉享受乐趣。作为工业文明的产物。西方工业革命推动了近代自然科学的发展，促进了人们思想观念的更新，进一步解放和发展了生产力，从而为体育的发展奠定了较为雄厚的经济基础，提供了相应的技术保障。从其本质来看，"奥林匹克主义是增强体质、意志和精神并使之全面均衡发展的一种生活哲学。奥林匹克主义谋求体育运动与文化和教育相融合，创造一种以奋斗为乐、发挥良好榜样的教育作用并尊重基本公德原则为基础的生活方式。""奥林匹克的宗旨是使体育运动为人的和谐发展服务，以促进建立一个维护人的尊严的和平社会"。因此，为达到人的和谐发展的目的，体育必须实现与教育、文化相结合才能发挥其功能。表现之二，体育技术发展的缺少自纠性，具有不可逆性，往往会带来种种负面效果。对此，我们必须要保持清醒。因为“自然进化总是伴随着小事物运转的，……所以在它的单个的运动中能够允许无数的‘错误’，……现代技术这个宏大的事业，……不再容忍耐心和缓慢，压缩了自然进化的许多细碎的步子，使它一下子就能跨巨大的几大步，并且通过那种方式摒弃了大自然‘求稳’的重大优点。”同时，技术“倾向于独立，就是说，集聚它们自身的发动力，即一种自发的冲创力，藉此它们不仅变得像前述那样不可逆转，而且一往无前，并因此背离创造者最初的愿望和计划”。因此，寄希望于技术的自我修正显然是一种幻想，必须注入道德因素，把人类行为有效地控制在合理的范围之内，符合人类共同发展的需要，发挥体育技术的积极作用，避免各种负面效果的产生。

其次，实现体育技术同伦理相融合的基本途径。由于体育技术的主、客体之间的高度统一性，在体育发展的过程中，体育技术同伦理始终是相互作用、相互制约的。人是体育技术和伦理的第一责任人，体育技术的产生和应用必须考虑和满足体育主体的合理目标，两者的融合是必然的，不仅具有可能性，而且具有现实性。在体育发展的过程中，大多数体育主体都能够规范自己的行为，把体育技术的应用控制在体育道德的范围内，这是体育技术同伦理的融合过程。

第一，提高体育主体自身的道德水准和责任意识。由于“一方面，人们愿意画出自然过于宁静安逸、只有建设性的图景；另一方面，在人类建造家园上，人们只强调破坏，而无视它也丰富了自然文化。另外，我们现在看到了第三种危险：被视为人类傲慢的是自然流行的东西，一种膨胀的利己主义与物种竞争。”体育技术不但承载着人类的梦想和希望，而且还是人的欲望放大机，这加快了威胁的现实化的进程。因此，必须摒弃利己主义，加强体育主体的体育道德建设，不断提高责任意识，为人类未来发展而负责。

第二，建立和完善体育技术评价、监督管理机制。尽善尽美的技术是不存在的，任何一项体育技术都具有自身的不足和缺陷，隐含着对体育和社会未来发展的不同方面、不同程度的威胁。建立健全体育技术评价和监督管理机制，规范体育技术研究和应用，规避风险，是明智的选择。

第三，进一步深化对自然界和人类自身的认识，不断提高科学技术和体育技术水平。尽管体育技术存在自纠性不足，但是体育技术发展的脚步是不会停止的，技术的缺陷还要依靠技术发展来解决。因此，必须深化对自然和人类的认识，大力发展科学技术，发展生产力，不断提高技术水平。

总之，“人必须要依赖技术而生活，放弃技术和回归自然是荒唐的，甚至是不负责的；与之相反则恰恰产生出使用技术的责任感。至于在技术使用的过程中，哪些具体的生活必然是有问题的，哪些必然是令人满意的，这是不确定的，因为它依赖于文化的条件。”因此，立足人类，摒弃短视，放眼长远，实现体育技术同伦理的融合与统一，才能使技术回归理性，充分发挥对体育发展的积极作用，更好地满足人类对体育的共同需求，符合人类精神、符合奥林匹克主义精神、符合人类共同的愿望。

四、研究结论与建议

体育技术同伦理之间的内在矛盾具有客观性，两者之间的冲突与融合不断推动着体育事业和社会的进步。实现两者的融合是体育自身发展和社会发展的客观内在需要，具有必然性。必须做到：加强对体育主体的道德教育，提高其道德水平，规范体育行为；建立完善相应的体育技术评价和监督管理机制，严格审查体育技术的应用，提高体育技术应用的科学性和安全性。

项目编号：1154ss07111

和谐社会视野下体育法律与体育道德关系之研究

张彩红　李鸿辰　齐　慧　郑相国

近些年来，在体育事业取得辉煌成绩的同时，也出现了一些不和谐的音符，这些不和谐因素不仅制约我国体育事业的正常发展，甚至会影响到构建社会主义和谐社会目标的实现。如何看待和解决这些问题将关系到体育事业能否顺利发展。有的强调加强法治建设，有的强调加强道德建设。在和谐体育构建中体育法律与体育道德二者究竟存在着怎样的关系？我们究竟选择哪条路径实现体育和谐？这都是值得深思的问题。

一、和谐社会视野下体育法律与体育道德的内涵

社会主义和谐社会是以民主法治为首要特征的，全面贯彻依法治国方略，最终实现人的全面发展和社会的持续进步的理想社会，这就决定了和谐社会必然要求采取以法治为主要的治理方式。

（一）和谐社会视野下体育法律的内涵

体育法律，包括对体育社会关系进行调整的所有法律规范，比如宪法规范、民法规范、经济法规范、行政法规范、刑法规范等等，甚至还包括国务院以及中央各部委以及地方各级人大、各级政府所颁发的地方法规、条例、规章、规定等。体育法律是由权威性主体即国家机关经过一定的程序制定的，并由国家强制性力量的一种行为规范。

（二）和谐社会视野下体育道德的内涵

一般来说，体育道德就是指在体育领域中，通过社会舆论、内心信念和传统习惯等来评价人们的行为，调整运动员、教练员、体育组织、个体及这些个体与社会的关系的原则和规范的总和。

二、和谐社会视野下体育法律与体育道德功能优势和局限

（一）和谐社会视野下体育法律的功能优势与局限

1. 体育法律的功能优势

构建和谐体育需要强有力的法治保障，法律作为最强有力的社会规范，在我国新时期体育改革过程中尤起着关键性的作用。以法律的功能优势推进体育发展，这是我们必须关注的。我们认为在体育事业发展中体育法律功能优势主要有：指引功能、激励功能、利益调整功能、强制保障功能。

2. 体育法律的局限

体育法律的功能不是无限的，不可避免会存在一定适应性和涵盖性的限度，主要是法律的适用范围有限、法律的滞后性等局限。

（二）和谐社会视野下体育道德的功能优势和局限

1. 体育道德的功能优势

体育道德可以预防冲突的发生，可制约权力；体育道德对人有普遍的谴责，有助于人们对体育法律的遵守。

2. 体育道德的功能局限

道德的强制性弱于法律，减损了体育道德对体育秩序和效率的贡献；道德具有多元性，很难有一致的判断和评价；道德行为标准的模糊性，只具有一般倾向性；道德具有非建构性，自发而非自觉制定的，在社会的转型过程中，体育道德变化可能落后于社会变化。

三、和谐社会视野下体育法律与体育道德的关系

（一）法律与道德关系的理论考察

自然法学派强调法律与道德的联系，强调德法一体；分析实证主义法学派强调法律与道德的分离；综合法学派强调法律与道德之间有区别但应相符为用。

（二）体育法律与体育道德的关系

体育法律与体育道德之间存在着复杂的关系。在体育事业日益复杂的现代社会，体育法律与道德的区别与联系是什么、如何处理体育道德与法律的冲突与融合以及体育法律推进体育道德建设等问题都需要予以回答。

1. 体育法律与体育道德区别

体育法律与体育道德两者之间有着明显的不同，主要包括：调整范围不同，体育法律限于人们的外在行为，而体育道德既关注行为也关注内心；表现形式不同，体育法律表现为各种制定法，体育道德规范一般不诉诸文字；实施方式不同，体育法律是以国家强制力为后盾，体育道德实施主要依靠人们的自觉遵守、内心信念和社会舆论；评价标准各不相同，体育法律的评价标准是合法与否，体育道德的评价标准是对错与否、好坏与否；内容不同，体育法律是以权利义务为内容的，一般要求权利义务对等，体育道德一般只规定了义务，并不要求对等的权利。

2. 体育法律与体育道德的联系

体育法律与体育道德的功能是不同的。在各自的领域，他们既有各自独特的优势，也有自身不能克服的局限。虽然各自的优势都是对方不能替代的，但各自的局限却在一定程度上可以被对方克服。体育法律与体育道德二者又有着密切的联系：第一，体育道德建设需要体育法律的配合和保障；第二，体育法律的实施也需要体育道德的支持。

3. 体育法律与体育道德的融合——体育道德法律化问题

近年来，出于对体育道德的下滑和体育道德教育效率低下的深重忧虑，有些学者提出了体育道德法律化的主张。体育法律的确在实施过程中对体育道德的有一定的弘扬作

用，实践中也有一些道德要求上升为了法律。这是体育法律与体育道德在立法上的某种程度的融合问题。但必须强调的是，体育道德的法律化是将一种可以被普遍认同的道德标准，经过一定的程序使体育道德理性化、形式化，倾向于只将最低限度的道德要求转化为法律义务，而绝不是全方位地确认和推行道德。体育法律来推进体育道德，一定要谨慎为之。当前体育的当务之急和努力的方向应是如何使体育法律而不是体育道德成为最有影响力、最具权威性的社会规范。

4. 体育法律与体育道德的分离

体育执法、司法过程中遵循体育法律标准。有关体育道德方面的因素应在体育立法层面加以解决，而体育执法、司法过程中不应以体育道德作为衡量是非的标准，只能遵循体育法律标准，即应尽量避免体育道德评价在体育执法和司法过程的介入。

体育法律不禁止的领域适用于道德。人类的体育生活是多种多样的，人类的体育行为也是丰富多彩的。法律不可能囊括一切体育现象和行为。属于道德调整范围的归属于道德，使其在该系统内发挥自身的功能。在法律不禁止的领域就是法律的禁区，在这个领域不能用法律制裁代替道德惩罚。

（三）和谐社会视野下体育法律与体育道德的定位

1. 关于依法治体与以德治体

体育法治与体育德治的问题反应的是体育法律与体育道德关系宏观层面上的问题，即对体育的治理方略的选择是法治抑或德治。在体育治理的选择上，体育界现已达成依法治体的共识，但是针对现阶段体育道德滑坡的弊端，有的学者倡导以德治体。我们认为以德治体的提法不够科学和严谨，客观上也给依法治体带来一些混乱和弊端。

2. 体育法律与体育道德的定位

我们选择了依法治体作为治理体育的方略，体育法律与体育道德定位就很清楚了。在构建和谐体育过程中需要法律全方位治理，同时，体育道德建设也不容忽视。

四、构建和谐体育的最佳路径选择——体育法治之路

（一）和谐体育之法治构建的理论分析

民主法治被视为和谐体育的首要特征。体育要想达到和谐，需要民主法治，只有依照体育法律规则来治理体育，人们和政府的行为才有章可循，有法可依，体育才有和谐的基础。和谐体育的构建最终要以法治为保障。对于体育自身来讲其本身也有和谐的部分，当出现了不和谐的情况下，则需要通过法治的途径来解决。和谐体育理论本身也对体育法治提出新的要求。

（二）构建和谐体育的法治保障措施

1. 确立体育法治理念

确立体育法治理念，以前那种简单地认为法律是工具的观念必须改变。在新的形势下，构建和谐体育要着重培育人们对法律的确信，重视法律内涵的价值，上升为对法律的信仰之治。

2. 完善体育法律体系

完善的体育法律体系是使各种重要的体育社会关系获得良好法律调整的前提。构建和谐体育是需要协调各种体育利益关系，使之不断趋于和谐的过程，这必须借助于法律制度来推动和保障。法律制度完善而且合理，参与体育法律关系的主体之间就可能和睦相处，体育法律关系就可能和谐顺畅，反之，法律制度欠缺失当，参与体育法律关系的主体之间则必然冲突频发，影响体育的和谐发展。没有完善的体育法律体系，就会导致体育运动中出现无法可依的情形。

3. 力行依法行政

依法行政，就是要求体育行政部门的行政行为必须接受由代表机关制定的法律的约束，实际上通过对政府的行政行为实行法律的控制，来体现人民主权原则和人民当家作主的现代民主制度的要求。从和谐体育的角度来看，政府管理的效能如何，政府执法的状况如何，对于体育的状况都有着根本的影响。要构建和谐体育必须强调政府的依法行政。

4. 完善体育纠纷解决机制

当前，由于改革的深化和经济的高速发展，我国社会进入了经济转轨、社会转型的关键时期。受其影响，体育事业的改革也进入了关键时期。这个时期的主要特点是体育纠纷迅速增多。体育利益主体多元化、利益关系复杂，对构建和谐体育产生了极为不利的影响。面对纷繁复杂的体育矛盾纠纷，及时有效地解决是构建和谐体育的内在需求。

(1) 完善体育纠纷解决机制应坚持的理念

在当前形势下，完善体育纠纷解决机制应坚持。第一，以实现法治为理念。当今中国依法治国的方略已经正式载入宪法，获得崇高的宪法地位。依法治体已经成为体育界的共识，追寻和探索体育法治化道路，已成为体育界面临的迫切任务。第二，以社会和谐为理念。中国是追求和谐的国家，和谐也是当前中国社会管理和发展的主旋律。在制度设计时，既要保障法治，又要有利于和谐，把最终达致和谐作为我们的制度追求。第三，以理性发展为理念。理性发展可以称为可持续发展、科学发展，联系到体育纠纷解决机制上，就是要在科学论证的基础上，设计适合体育协调发展的纠纷制度。

(2) 建立多元化的体育纠纷解决机制

体育领域也存在着各式各样的纠纷，体育纠纷的解决也需要根据纠纷不同的类型建立多元化的纠纷解决机制，充分调动和发挥非诉多元化纠纷解决机制的作用，以诉讼为纠纷的最终解决方式，减少解决体育纠纷的社会成本。面对体育纠纷最重要的是如何构建一套体育纠纷解决机制，能够有效地、及时地解决这些纠纷。因此，应当注重制度的建设和完善，主要靠制度的作用而不是靠个别人的作用，才是纠纷解决的方向所在。

(3) 尽快建立我国的体育仲裁制度

无论从国内解决体育纠纷，还是与国际接轨的需要，建立我国的体育仲裁制度是一种必然发展趋势。在我国尽快建立体育仲裁制度，对于公正、及时地解决体育纠纷，保护当事人的合法利益，促进和谐体育的建设，有着十分重要的意义。

项目编号：1180ss07137

试论创建学习型和谐项目运动管理中心

常建平　汤起宇　胡　彪

一、创建学习型和谐运动项目管理中心的目标任务、内涵与实施途径

（一）学习型和谐运动项目管理中心的科学内涵

学习型和谐运动项目管理中心就是要创建相应的机制和手段，促进和保障全员学习、终身学习及中心和谐。学习型中心的本质特征和基本内涵是以终身学习理念为指导，推进学习实践，促进人的终身发展与完善；和谐的含义主要则是指中心各层面间的协调以及各层级内部的协调。

（二）创建学习型和谐运动项目管理中心的目标任务

- 形成一个团结、协调及和谐的组织基础。
- 在组织内部建立一种完善的“自学习机制”。
- 通过积极营造及努力发挥共同愿景（Building Shared Vision），团队学习（Team Learning），改变心智模式（Improve Mental Models），自我超越（Personal Mastery）和系统思考（System Thinking）等组织的五大要素的功能，不断促成组织成员拥有一个共同的目标。
- 充分调动一切积极因素，努力增强整个组织团体的创造活力；关注并协调各方面的利益关系，积极维护和实现社会公平；营造良好的社会氛围，形成和谐相处的人际关系与环境；加强组织的管理，切实维护群体的稳定。

（三）创建学习型和谐运动项目管理中心的主要内容及实施途径

- 将学习贯穿于运动项目管理中心各项工作的全过程，不断加强学习型团队的建设。
- 坚持系统思维和“和谐哲学”，积极促进项目中心管理者观念的变革和思维方式的转变。
- 将建设团队文化作为创建学习型和谐运动管理中心的一项重要的基础工作。
- 妥善处理各种人际关系，努力营造和谐的人际环境氛围。
- 加强建章立制，实施严格管理，保持并不断提高组织或团队诚信度。
- 充分调动一切积极因素，最大限度地有效激发团队的“活力”，特别是团队的创造性活力。

二、拳跆中心创建学习型和谐管理中心的初步尝试

（一）以提高职工素质，提高认知能力，提高管理水平为目的，促进学习

•以探求运动项目发展规律为主线，促进学习。着重对拳击、跆拳道两个运动项目的制胜规律进行了研究和总结。将拳击运动的制胜因素归纳为：“快、全、连、变、准、控”，把跆拳道运动的制胜因素概括为：“快、全、连、变、高、准、控”。对专项运动制胜规律和竞赛规则的研究，极大调动了拳跆中心全体成员学习、研究业务的积极性。

•以提高职工素质，提高管理水平为手段，促进学习。紧密结合改革开放和训练竞赛的生动实践，认真学习马克思列宁主义、毛泽东思想，深入学习中国特色社会主义理论体系。同时，认真学习和领会党的路线方针政策，国家体育总局有关训练、竞赛、市场开发等方面的精神，学习适应科学技术发展和社会变革的新知识等。

•以解决实际问题为着力点，促进学习。一是学以致用，把学到的科学理论和各种知识转化为解决实际问题的能力，转化为推动项目科学发展、促进中心和谐的能力。二是用以促学。要求全体干部带着实践中的问题进行学习，通过各种方式的学习，寻找解决问题的答案，在解决问题的同时进一步完善自己的知识结构。

•加强学习培训，促进学习。培训是学习的有效形式。一是要加强政治理论学习，提高认识，统一思想。树立大局意识、政治意识、责任意识，积极引导干部职工自觉践行“三个代表”的重要思想，树立科学的发展观，使人的积极性、创造性得到充分的发挥。二是在全体干部职工中开展文明礼貌、礼仪、礼节等为主要内容的主题教育活动，深化社会公德、职业道德、家庭美德的教育，从基本行为规范抓起，使干部职工明礼诚信、团结友爱。在干部职工中倡导文明、健康、科学的生活方式。三是加强业务学习活动。适应新时期、新阶段体育工作的新形势、新发展和新要求，学习新的技术，练就新的技能。四是学习一些必要的有关法律法规，增强法律意识，提高依法管理、依法办事的能力，克服管理工作和业务工作中的随意性，确保各项管理工作的合法性和合理性。

•以加强制度化、完善体制机制，促进学习。一是坚持领导带头，扎实推进学习型领导班子的建设。二是学习制度化，建立健全学习的长效机制，做到每周开好一次办公会，学习研究工作；定期或不定期举办学习讲座，解决学习不主动的问题；中心领导、部门领导带头写理论文章，破解学习难深入的问题；组织队伍间专题报告，破解“文人相轻”的问题；组织专题调研，解决学习与工作脱节问题。

（二）按照构建“学习型社会”及“和谐社会”的总体要求，以制度建设为重点，促进学习型和谐运动管理中心的建设

•坚持以人为本，大力营造和谐宽松的环境氛围。具体来说，应当做到这样几个方面：一是互相信任。二是互相沟通。三是互相谅解。

•加强制度建设，构建高效、规范、有序的工作机制。重点抓了四项制度：一是建立健全岗位责任制。二是建立健全干部选用制度。三是建立健全激励机制。四是建立健全和落实以民主集中制为核心的管理制度。

•以强化内部管理为基础创建和谐运动管理中心。注意理顺以下几方面的关系：在

制度化管理方面，注意处理好思想建设与制度建设的关系和规范管理与人性关怀的关系。在人员管理方面，处理好在编人员与聘用人员（队伍的聘用人员）的关系和管理层与全体员工的关系。在组织协调方面，处理好经营创收部门与行政管理、业务部门的关系。主要采取了三条措施：一是抓思想，促稳定。二是抓队伍，促建设。三是抓制度，促管理。

• 以优化外部环境建设促进和谐运动管理中心的创建工作。十分关注和重视与省市、解放军等单位关系的协调，整合和利用全国资源，积极发挥举国体制的优势秉承“请进来，走出去”的成功做法，按照“韬光养晦，和平崛起”的外交思想做好舆论工作和国际组织、国际裁判等方面的工作，在与对手增进了解和友谊的基础上建立战略关系。

• 构建和谐的工作环境，体现人文关怀。努力做好以下几方面工作：一是关心干部职工，对干部职工的进步及时给予表扬，对他们在工作中遇到的困难和挫折，及时给予关心与指导。二是关心干部职工的身体健康。定期为干部职工检查身体，适时地开展各类文体活动。三是关心和改善干部职工的待遇。积极争取政策做好落实工作，让干部职工享受到他们应当享受的政治、经济待遇，得到他们应当得到的东西。四是关心干部职工生活，积极想办法解决职工的后顾之忧，经常过问职工的生活冷暖，采取一定的切实有效的措施帮助困难职工解决生活中的困难，使干部职工深切地体会到组织的温暖。

（三）初见成效

• 运动水平明显提高，整体竞争力显著增强。3年多来，拳跆中心顺利实施了“三步走”战略，亚运会、世界锦标赛、奥运会三个阶段性目标得已实现，项目布局发生巨大变化。2006年多哈亚运会，超额完成既定任务指标。拳击打破1990年之后连续三届亚运会与金牌无缘的历史、一举夺得2金3铜；跆拳道实现亚运会金牌“零”的突破，一举夺得3枚金牌。世界锦标赛：2007年世界跆拳道锦标赛在北京成功举办，国家队获得2金1铜；拳击芝加哥世锦赛1金4铜。拳击和跆拳道两个项目双双顺利取得奥运会入场券。北京奥运会：取得了三金一银两铜的优异成绩。

• 基础性建设稳步推进。以提高实战能力为核心，推动以训练为重点的工作的同时，稳步推进基础性建设。使中心的综合性日常事务、规章制度、工作秩序等管理步入正轨。管理观念的科学化，工作人员素质的现代化，机构设置的合理化，管理方法手段的现代化，法规制度的科学化程度不断提高。

• 市场开发及其他各项工作全面推进。市场开发工作进一步得到重视和加强。另外，中心的人事、科技、教育、宣传、外事、行业作风等各个方面也取得显著的进展。

• 职工精神、办公环境面貌发生巨大变化。在精神层面，“立党为公，执政为民，和谐求实，开拓奋进”的理念深入人心；为国争光，为体育事业做贡献的目标，表达了中心全体职工共同的价值观。开拓进取之风，团结协作之风，艰苦朴素之风，顽强拼搏之风日渐兴起，绝大多数干部能够在本职岗位上兢兢业业、勤勤恳恳地工作。办公环境有了较大改善。一个崇尚学习、求真务实、开拓进取、团结和谐的中心正在形成。

（四）经验体会

• 围绕中心，服务大局，促进发展，不断增强创建学习型和谐运动管理中心的物质基础。

• 倡导学习、和谐理念，培育学习、和谐精神，牢固奠定创建学习型和谐运动管理中心的思想基础。

• 坚持以人为本是创建学习型和谐运动管理中心的着力点。

• 注重营造学习、和谐氛围。

• 必须将学习、和谐要求贯穿于中心各项工作的全过程。

• 加强制度建设。

三、结论与建议

（一）结论

• 创建学习型和谐运动项目管理中心，首先必须深刻理解其科学内涵。

• 创建学习型和谐运动项目管理中心的目标任务是：形成一个团结、协调及和谐的组织基础；在组织内部建立一种完善的“自学习机制”；充分调动一切积极因素，关注并协调各方面的利益关系，营造良好的和谐相处的人际关系与环境；加强组织的管理，努力增强整个组织团体的创造活力。

• 转变思维方式，促进观念变革；强化团队意识，创建组织文化；协调人际关系，增进团体凝聚；妥善化解矛盾，增强整体和谐；加强建章立制，完善管理权威；激发团队活力，培养创新精神是创建学习型和谐运动项目管理中心的主要内容及其实施途径。

（二）建议

• 要充分认识创建学习型和谐组织的重要性。创建学习型社会，构建和谐社会，这是时代的要求，是世界发展的潮流，也是我们全面建设小康社会的必然要求。学习型社会、和谐社会是宏观的，学习型组织、和谐组织是微观的。学习型社会、和谐社会是由无数学习型组、和谐组织织构成的。从领导者和组织者来说，必须认识其重要性并掌握其特点和规律性，必须将其摆上重要的议事日程。

• 系统规划，渐进推进，重点突破。要保证这项工作的目标和任务真正落到实处，还必须建立一套协调、灵活、高效的运行机制。行政推动机制是重要的有效的机制之一，就是通过建立创建工作的领导机构和管理机构，对创建工作进行统一领导，整体推进，其主要任务应是加强对创建工作的领导和协调，通过制定法规、政策，下达决定、意见，制定中长期规划和行动方案等行政组织手段，使创建工作步步推进，层层落实，使创建活动和各项载体建设能够顺利进行。学习要有针对性，突出重点，要坚持干什么学什么、缺什么补什么，学习掌握做好履行岗位职责必备的各种知识，努力使自己真正成为行家里手。

• 营造学习型和谐中心环境。努力拓展全员化、开放式、多层次的终身学习途径是建设学习型组织的核心内容，自觉做到爱读书读好书善读书，努力实现工作学习化、学习工作化。健全完善以人为本、公开透明、充满活力的激励与分配制度是构建和谐型组织的关键，努力实现快乐工作、工作快乐。在学习方面要坚持三项“自律”。即全员学习，全程学习，团队学习。

• 加强制度建设体系建设。建设学习型和谐中心是一项系统工程和不断推进的动态过程，要使活动走向经常性和规范化的轨道，就必须有相应的制度保障。建立完善的投入、激励、约束和评估制度。经费投入制度是物质保障，激励制度是动力，约束制度是规范，评价制度是考核效果。

• 在具体化过程中，扎实推进创建工作。从“小事”做起，从能作为的事做起，把“小事”做实。

项目编号：1116ss07073

武术和谐论

——武术在构建和谐社会中的功能与作用

栗胜夫　牛建强　冯宏鹏　刘昆太　陈　青　朱荣英　关铁云

一、武术与和谐

（一）武术和谐价值观发展的纹脉

（二）武德对武术人人格的提升

（三）武术吸收儒家文化精髓对人境界的提升

（四）武术文化中人身心和谐的集中体现

二、武术与自然

（一）“天人合一”思想在中国武术中的体现

（二）武术中人与自然的和谐

三、传统武术、竞技武术、学校武术

四、武术发展论

（一）新中国武术发展现阶段的不利因素

（二）武术发展的思考

（三）武术发展方略

针对中国武术的发展，笔者认为要把武术作为中国文化的一部分来传承，而中华武术又不仅仅是一种传统的传承，更是一种传统服务未来社会的手段，在传承中运用，在应用中发扬，这是中华武术发展的必然选择。脱离了历史的传承是一种无根的传承，而远离未来的传承更是一种短命的传承。对于中华武术来说，我们要从以下几个方面来思考中华武术的未来发展。

1. 要对中国文化有信心

21 世纪的今天是文化竞争的时代，现阶段文化竞争过程中，西方强势文化的入侵，导致中国社会出现“异常现象”，尤其是青少年对拜金主义的倾向以及人身观、价值观的迷茫和人文教育的缺失、民族精神的淡薄等方面凸显。如何改变这种不正常现象，是我国现阶段的重要任务。纵观中国文化，其有着悠久的历史、非凡的气度、刚健宽厚的进取精神等，这是其他国家文化不能比拟的，我们应该对中国文化要有信心。弘扬中国传统文化的重要性和必要性是不言而喻的。中国传统文化，是指在长期的历史发展过程中形成和发展起来，保留在中华民族中间具有稳定形态的中国文化，包括思想观念、思维方式、价值取向、道德情操、生活方式、礼仪制度、风俗习惯、中教信仰、文学艺术、教育科技等诸多层面的丰富内容。1988 年全世界 75 位诺贝尔奖获得者在巴黎聚会

讨论新世纪前途时说："21 世纪人类如果要过和平幸福的生活，就应该回到 2500 年前中国的孔子那里寻找智慧。"（汤一介《和而不同》）；英国哲学家罗素在《中国问题》中说："中国至高无上的伦理品质中的一些东西，现代世界极为需要。这些品质中文认为和气是第一位的，这种品质若能被全世界采纳，地球肯定会比现在有更多的欢乐祥和。"（张立文《和合文化的当代意义》）。作为中国人应该为之自豪，应该自觉的学习和弘扬中国优秀传统文化，更应该加以保护和继承其中优秀的文化精髓，使中国文化走向繁荣昌盛。通过中国本土文化的弘扬和发展，来改变社会出现的"异常现象"。武术不仅仅是体育，是技击术，更是一种文化。武术文化是中国文化的有机组成部分，通过对中国文化的彰显，本土文化在国人心中的地位日益加剧，使每一位国人对中国文化有深入的了解。在习练武术，学习武术文化的过程中，习练者将会自觉不自觉的上升得到文化自觉的高度来练习武术，这是武术发展的根本动力。

2. 对武术要有质的认识

对于武术我们应该给以正确的定位。武术属于体育，又高于体育。栗胜夫教授在《中国武术发展战略研究》一书中明确指出："中国传统武术是我国宝贵的文化遗产，是一项特殊的体育运动。在特定的历史环境中，武术从一种简单的生存格斗技能演变到融合儒、道、阴阳、八卦、五行、人文哲理等体系庞杂的，带有浓厚传统文化色彩的拳术运动，有人甚至称武术为'哲拳'。中国传统武术因具有独特的健身肌理和浓郁的文化氛围，而有别于现代体育运动。"武术被国家誉为国宝。武术专家、学者们一再呼吁，武术是中国传统文化的缩影。但是在社会现实中还有大部分人，不了解武术，对武术的认识只是停留在它的技术层面，而很少有人重视武术的文化功能。武术是中国文化的载体，是中国的国粹。丰厚的文化内涵，特殊的育人功能，鲜明的民族风格形成了世人公认的民族文化品牌。纵观中华武术悠久的演绎里程，她犹如千姿百态，万种风情的历史文化长卷，彰显着民族的个性特征，见证着中华民族的发展历程。中国武术曾在培养民族精神，捍卫中华文明方面做出了不可磨灭的贡献。历史的今天，世界不断走向开放，各族的文化在传播和交流中，走向了更为广阔的空间，同时也在文化的碰撞与交流中相互融合，在这种碰撞与融合中，民族文化的复兴是一个民族立于世纪之巅的生存之本。在这种交流与碰撞中，武术作为中华传统文化的优秀代表，必将以她鲜明的民族文化特征，多元的价值功能而显示出独特的优势，为弘扬民族文化，促进民族身份认同增光添彩。在社会主义和谐社会构建中，武术的"天人合一""和为贵"，"仁、义、礼、智、信、忠、勇"等修身原则，和谐理念，有利于促进人的全面发展，有利于国民素质的全面提高，有利于民族精神的振奋与弘扬。因此，我们应该发挥武术文化的价值功能，使武术文化为中国文化的发展做出应有的贡献。

3. 建议迅速启动全国第二次武术挖掘整理与传承工作

抓住了对传统武术的挖掘整理传承发展工作，就等于抓住了中华武术发展的关键。解决传统武术的萎缩与人才断层是一个关乎武术能否健康稳步发展的大事。面对现实，建议迅速启动全国第二次武术挖掘整理与传承工作，是解决传统武术持续萎缩的良策。早在 1983 年，国家进行过一次全国性的武术挖掘整理工作，启动的第二次武术挖掘整理与传承工作应是第一次的延伸和扩展，因为第一次挖整工作的主要对象是上了年纪的民间老拳师的拳路和这些老拳师所存放的武术古籍资料（包括实物）。20 年过去，当年的拳师大都已离世，我们决不能因为仅进行过一次全国性武术挖整工作就可以一劳永逸、万事大吉了。传统武术的挖整与传承是一桩系统工程，要常抓不懈。从措施上，需要举国上下通力合作，发挥政府的主导功能，调动地方体育部门的积极性，扎扎实实的打好这场挖整传承工作之仗。第二次挖整传承工作应该是更深入、更全面、更仔细。工作的核心是“形”与“神”的梳理，所谓“形”是指人与技术书籍等可以直接看得到的;所谓的“神”则是指武术的文化内涵与精神实质，当然也包括口头性的歌诀、礼节、理念等。对于传统武术的保护工作，坚持完整系统继承的原则，积极落实国家有关挽救民间文化遗产的文件精神，在总结第一次全国武术挖整工作经验的基础上，尽快设立第二次全国武术挖整与传承工作的专门组织机构。组建专家队伍，制定科学性、可操作性强的工作实施方案，以政府主导、社会参与的模式，着力作好对传统武术的保护工作。对此，我们要高瞻远瞩，有大局意识，要有发展战略眼光。在对民间杰出的武术家、优秀传承人进行深入细致调查的同时，需专人进行理论与技术的整理工作。要以对待国宝的责任心对待优秀的武术传人。拨专款帮助他们解决生活中的实际困难，必要时为他们树碑立传，让他们感到肩上任务的光荣及意义的重要，使其乐意收徒授艺，同时间赛跑，最大限度地减少我国传统武术的流失和消亡。

4. 武术整体发展要实现中国社会化

尽快实现武术的社会化。挖掘整理是不让传统武术失传，但是挖掘整理后不等于就传承和发展下来了，要真正意义上的学习和掌握，需要国民亲自去学习和掌握。尽快实现武术的社会化，目的是让更多的人群掌握了中国武术。社会化是社会学的主题之一，社会是由社会成员组成的，而作为社会成员必须具备一定的条件——发展人格和自我，这要经过一定的社会化才能够实现的。从人类文化学角度讲，人的生命全过程是在不断接受世代积累的文化遗产，保持社会文化的传递和社会生活的延续。由此可见，社会化就是一个社会文化内化的过程。因此，社会化是指作为社会个体的生物人在逐步适应社会生活的全过程。正是这一过程，促使社会文化得以积累和延续，使得社会结构得以维护和发展，人的个性才得以形成和完善。武术社会化是指：社会人对武术文化内化学习的过程。通过这一过程，促使中国武术发挥其功能，在当今文化竞争中，彰显中国传统文化的优越性，使中国社会人对中国传统文化上升到自觉学习掌握的程度，是对优秀的传统加以保护，传承和发展的过程。实现武术的社会化主要是教导社会人掌握武术基本技术和技击内容，以套路和格斗为主，包括功法练习为活动形式，同时注重内外兼修实现自身“内化”，从而达到壮内强外地健身作用和提高防身自卫能力的功效。武德是武术的价值核心，教导社会人遵守社会规范，培养尊师重道、勤修苦练、重义轻利等儒家仁学精神。而现代所提倡的武德同弘扬祖国文化联系起来，培养强烈的民族自豪感，维护中华民族的尊严，建立起新型的社会主义道德观，形成热爱祖国、热爱人民，忠诚党的武术教育事业，以国家和集体利益为重的武德思想。社会规范是现代社会保持有序发展的重要手段之一。通过武德的教育使社会人掌握并形成信念、习惯和传统美德以约束个人行为，调节各种社会关系。武术中反映的刚健有为、入世进取的精神，可以教导社会人树立生活目标，确定人生理想。社会通过多种途径指导社会人树立正确的生活目标和理想，以达到社会整合之目的，指明社会人积极进取的人生目标。通过武术可以培养社会人做一名合格的社会成员，使每个社会成员都获得适合自己身份、地位的社会角色。每一角色都有其权利义务及行为规范，社会化内容之一是使其成员按社会角色的要求行事。武术的社会化，不仅可以使社会人通过对武术运动的练习，增进身体健康，掌握一定的防身技术，更能通过武术运动为载体感受中国传统文化，使社会人对中国的优秀文化有长足的理解并与接受，在现阶段文化竞争的过程中，能为中国文化在世界范围内的文化竞争中能立于不败之地发挥其特殊的功能和意义。同时，在武术社会化实现的过程中，可以通过武术为载体，使社会人对中国传统文化深入了解，并积极的去接受它；可以使青少年对祖国文化增加自信，在改变中国青少年对拜金主义的倾向以及人生观、价值观的迷茫和人文教育的缺失、民族精神的淡薄等方面能起到重要的意义；为我国在社会转型的过程中，出现道德失范、价值丢失、文化失衡、人文精神失落的人们找到正确的价值目标，更能为中国文化在现阶段文化竞争的过程处于不败之地起到一定积极的作用。

5. 武术要真正进入学校教育体系

学校是培养人才的摇篮，教育的对象将是祖国发展的生力军，武术是中国文化的有机组成部分，只有从中小学生开始抓起，武术的发展才能获得生机。韩国龙仁大学张继生先生在《首届全国大学生跆拳道、武术科学报告大会》作讲座时提及：韩国发展跆拳道也是从青少年抓起，要求每一位青少年都要学习跆拳道，并且有相应的要求和规定；韩国的国民对跆拳道的练习，已经上升到了自觉理念。我们对于武术的发展，必须也要上升到文化自觉。2004 年人大会议期间，国务院总理温家宝在中外记者招待会上读到美国得克萨斯州的一群小学生给他写的一封信，问到了一系列关于中国的问题，最后一个问题是：“温总理，您会练武术吗?”武术作为中国的国粹，在外国人心中似乎每一位国人都会武术，但是武术在国内的发展究竟如何？如果中国的每一位国人，都能练上一两套武术，那武术的发展还会用文化遗产来保护吗？还需要把武术列为非物质文化遗产来继承发展吗？这给我们武术届的同仁们提出了一个值得思考的问题，如何大力推广武术、普及武术，让更多的人了解、认识、掌握武术。如果每一名中国人都能真正练上一两套武术，那中国的武术就会像日本的柔道、泰国的泰拳，韩国的跆拳道一样，那才真正称得上武术的发达。因此，我们要从学校抓起，大力发展学校武术。新中国成立以来，国家一直把武术作为正式开展的教育课程发展和传播，但是目前学校的武术教育状况不容乐观，甚至有些学校取消了武术课，更多的学校武术教育“名存实亡”。据调查，很多体育教育专业的毕业生武术专业技能较差，对他们而言，上好一节武术课是有难度的。目前，学校武术的发展出现了一种不正常现象，武术专业的学生因毕业没有教师资格证，毕业后大部没有资格从事学校武术教育事业。改革学校武术教育必须从实处着手，要摆脱不合理的想象，可以让更多武术技术好的高校武术毕业生能够获得资格，回到学校从事武术教育工作，这对武术的可持续发展有着重要的现实意义。因此，完善高等武术教育专业的相关环节是解决武术后备力量的有效途径之一；同时，也是完善武术学科建设的必要措施。

6. 武术要更新观念、改革创新

更新观念，改革创新，与时俱进，使传统武术为时代服务，武术的技击功能决定了传统拳师们在传承过程中对弟子的特殊要求。技不轻传的思想既是武术本身的必然，也是古往今来历史经验教训的总结。崇德尚武，品技兼优是武林各派对弟子们的一贯要求。培育一位精英，增添一份光彩;少一个败类，免一处忧患。漫长的封建社会使传统武术文化思想带有清晰的时代烙印，单一的家教模式、封闭的演练方法、神秘的保守理念、狭隘的门户之见等对武术的传播具有很强的阻碍。加强对传统武术的研究，就是要使传统武术与现代社会、现代文明的发展相适应、相结合，克服其保守和糟粕、流弊，挖掘、传承、弘扬其合理思想和有价值的成分和精华，做到吸取其精华弃其糟粕。历史的今天，封建社会流传下来的家教模式已不适合现代武术发展的模式，学校教育模式和武术社团模式的发展是社会发展的必然趋势，武术的教育观也随时代变迁和社会发展的客观需要而不断改进。我们研究传统武术，不是为了发思古之幽情，而是要解放思想，更新观念，从保护和继承的角度，探索和总结传统武术发展的客观规律，以战略高度，反思历史、审视现状、挖掘其现实意义，构思传统武术的保护与发展模式，回应时代所带来的严峻挑战。武术是民族文化的浓缩，诸子百家的精华部分在传统武术文化中均有体现。尽管她身上也带有一些封建烙印，但纵观整个武术的发展脉络，概括武术文化的思想趋向，和谐是她的终极目标，她所蕴涵的品质是以爱国主义为核心的民族精神，这是她被世人视为国宝的根本所在。根据我国武术的现状，来强调了对武术挖掘整理传承的重要性，但我们的目的绝不仅如此，挖掘的目的是传承，传承的目的是发展，而发展的动力是创新，我们要在创新中求发展，发展中谋创新。创新是时代赋予我们的新使命。遵循武术运动的发展规律，坚持多元并举的发展道路，需切实从健身、欣赏、技击、育人四个层面做考虑，是武术发展的正确方向。

7. 武术要走市场化道路

武术的市场化发展是武术在新时期发展的必然趋势，武术的市场化，可以解决武术发展的资金问题，这是武术发展的必备条件，在武术的发展过程中显得尤为重要。一些专家、学者就这一问题也做了许多社会调查和研究，提出了一系列的方针政策和对策。但是现实中的武术的市场化发展，并不是像专家学者所想象的那么好，也出现了许多不尽人意的现象，如武术比赛过程中，观众的观看兴趣不高，人数很少等现象，说明武术的市场化发展，还需要进一步加强。试想，武术要走市场化发展道路，其观众甚微，市场化道路的前景可想而知。观众少就会直接影响商家的投资数额和积极性，从而直接阻碍武术的市场化发展。究其原因，就是武术这一文化已经在国人心目中的地位直线下降。武术这一国粹，只有深深的扎根于国人的心中，武术比赛时观看的观众人数才会多起来，武术的市场化道路才会蓬勃发展起来。当然，武术的市场化发展，也取得一些成就，如河南举办的武林风，中央电视台举办的武林大会等。虽然这些活动给武术的市场化发展带来了积极的因素，但是武术要真正实现市场化，还要做出大量的工作，这就要武术界的专家和学者们献计献策来改革武术的发展，从文化这一层面做起。只有让武术文化在国人的心目中形成一种理念，形成文化自觉，武术的市场化道路才会指日可待。武术的市场化，是武术发展的基石，希望武术届的同仁们齐心协力，为武术市场化发展做出应尽的职责。

8. 要充分发挥国家职能引导武术发展的重要因素

在 20 世纪中后期，国家就很重视武术的发展，但是目前由于种种原因，在武术的继承和发展过程中出现了许多矛盾。如何使武术健康快速长远的发展，武术届的同仁们煞费心思，做出了许多客观可行的对策和方法。但是现阶段，武术的发展仍然不尽人意。武术在新形式下如何发展，仍然是众多武术专家和学者的研究课题。中国的政体是一党专政多党合作的政体，在做事情的决策方面，国家的职能和权力对该事物重视程度上是很重要的。作为中国优秀文化遗产的武术，如果国家政府充分重视，相关部门在武术的发展进程中就会给予积极的配合和支持，将会给武术的发展带来一片生机、活力。

同时，在武术进入中小学课堂的过程中，国家应起监督作用，不能轻视，更不能放松。在中国现实教育体制中不难发现，武术队与升学，考学关系不大，以至到了于人们误认为武术在学校中的开展，可有可无的状况。可见，武术在学校，特别是在我国中小学课程设置方面，没有体现出其必要性。相关人员表现出来态度不积极，工作的开展不是很令人满意。但是，国家如果在思想上重视武术在中小学的开展，认识到其进入中小学课堂的重要性和必要性，将对武术未来的命运、长远目标的打算上意义长远。中国国情决定做什么事情只要政府参与，所有的障碍都会一扫而尽，各个相关部门都会积极配合。武术被国家重视，同时，国家给予相应的支持和优惠政策，不仅给这件“事情”铺平了“道路”，同时能赢得相关部门的积极配合，以至大力支持。无形之中，在实现武术的繁荣发展就会相对缩短其“工期”。因此，在武术今后的发展过程中，得到国家的支持，无疑是武术发展的巨大动力因素之首。

9. 武术自身要和谐发展

坚持竞技武术与传统武术等协调发展的路子，为使武术走向世界，进入奥运会，我国早在 1982 年的全国武术工作会议上，就制定了“积极稳步地向国外推广”的发展方针。其后，为此目标做了大量工作。2001 年 7 月 13 日，申办北京奥林匹克运动会主办权的成功，圆了 13 亿中国人的奥运梦。中华民族的爱国热情受到激发，民族自尊心进一步增强。国人不仅就北京奥运会的成功举办表示关注，同时还对乘我国承办奥运会良机，使竞技武术进入奥运会投以极大热情，抱有无限希望。国家把主要精力投放于竞技武术也是情理之中，属特殊的背景所导致。传统武术是中国武术的母体，中华武术的发展，离不开传统武术这一丰富而厚实的基础资源，传统武术是根本，竞技武术是龙头，二者之间相辅相成，缺一不可。竞技武术坚持的发展方向是高、难、美、新，尽管是一小部分“超人”的表现舞台，但她给大众所奉献的却是新时代的风韵，高质量的精神享受。传统武术的主根源在民间，内容丰富，异彩纷呈，表现的是宗风的张扬，精神的深邃，文化的蕴含，是服务于社会的基础性运动，并且有着深厚的群众基础。传统武术与竞技武术是并蒂莲花，具有不可割舍的互补性，二者并重，相互促进，不失平衡，应是武术在今后一段时间发展永远不能动摇的方针。为了使传统武术的不公待遇尽快得到解决，国家相关职能部门应注重加快对传统武术挖整工作的具体部署，抓紧时间制定和出台符合传统武术运动特点的竞赛规则，增加传统武术的竞赛活动，扩大各民族间武术文化的交流范围，强化理论研究，开拓新的内容体系，提升精品意识，全面推进传统武术繁荣的新局面。21 世纪武术的发展主要以竞技武术、传统武术、社会武术、学校武术发展为主导。而这几方面是构成武术这一整体因素的基础，武术要想得到长足、健康的发展，既不能忽略某一方面，也不能只重视某一方面，必须使武术整体和谐发展。同时，竞技武术、传统武术在过去的发展过程中也存在一些问题，在武术今后的发展过程中，我们武术届的同仁们还要多多努力，为武术的发展多做贡献。

项目编号：1160ss07117

中国民族传统体育的现代流变及发展趋势

余水清　姜劲晖　孙　健　王德磊　温　力　王　岗　雷军蓉

根据我们的实际需要和现实条件，本课题采用个案法以中国武术和湖北恩施土家族、苗族自治州的民族传统体育项目、湖南平江县的九龙舞为代表进行研究。

一、相关概念界定

（一）民族传统体育概念的界定

"民族传统体育"是指世界各族人民在其生产和生活过程中所创造出来的兼有民族性和传统性的各种体育活动的总称。本文研究的是中国民族传统体育，它只包括中国56个民族中的传统体育项目。

（二）"中国民族传统体育的现代流变"的定义

"中国民族传统体育的现代流变"就是指在五四运动前后至今的近百年间，中国民族传统体育的流传变化。现代流变的核心是中国民族传统体育的现代化与国际化。

二、中国民族传统体育的现代流变

（一）中国武术的现代流变特点

1. 西方竞技体育与传统武术的结合，导致了竞技武术的诞生

一个多世纪以来，作为中国民族传统体育的杰出代表——武术，开始了传统武术的改良，从"技击术"到"体育"的转变拉近了武术与西方竞技体育之间的距离，并因此派生出了现代竞技武术。这一切根源于西方文化的渗透。

2. 竞技武术套路在规则的影响下，确立了自己的发展路线——高、难、美、新

通过革新《武术竞赛规则》向西方竞技体育靠拢，武术套路运动在内容上做了提炼，在评判标准上做了更有利于裁判评判的改进，在套路创编上也做了相应的变化，导致武术套路不断朝着"高、难、美、新"的方向发展。

3. 对武术技击价值的肯定促进了对抗性项目的发展

我们不能因为武术技击价值的削弱而无视它的存在，我们要把它作为武术最本质的特点来展现。在西方竞技体育主导的时代，我们一方面要跟上时代步伐，向主体靠拢，另一方面也要保持武术的技击特点。对抗性武术项目无疑解决了这个问题，成为竞技武术发展过程中必不可少的一部分。

4. 武术与教育相互渗透，促进了学校武术的发展和武术学校的出现

20世纪20年代，在"国势衰微"背景下，武术被作为一种尚武强国的重要教育手段推向学校，而武术学校是20世纪80年代武术发展过程中的时代产物。

5. 民间武术发展过程中的得与失——新拳种的出现和传统拳种的流失

新生事物往往代表了时代前进的方向，同时也反映了当代人们的价值取向，满足了人们新的需求。民间武术新拳种的出现是武术不断进步发展的结果，是武术富有生命力的表现。民间武术缺乏政府的强力保护和支持，部分拳种流失在所难免。

6. 武术组织机构的建立推动了武术的发展

武术规则的修订、武术比赛的筹办、武术科研的深入、武术发展方针的制定等有关事宜都必须要有一定的组织部门来负责，这些组织往往是当时武术界的最高权威领导机构，对一些决策的执行具有一定的强制性。这些武术组织机构为武术的发展努力开辟着"绿色通道"，起到了保驾护航的作用。

7. 社会重大历史事件的影响在不同程度上阻碍或推动了武术的发展

作为社会中的一分子，武术并不是独立存在的，而是受到了社会各方面因素的影响。历史重大事件的发生在某种程度上也左右着武术的发展。比如，加入奥运会的要求一直影响着武术内容和规则上的改变，而争取进入奥运会也成为了许多武术工作者的期许。

（二）湖北恩施自治州民族传统体育项目的现代流变特点

1. 从封闭逐渐走向开放

民族体育意识的觉醒，逐渐加强了各民族体育之间的交流，各项目之间取长补短，互相借鉴，对民族传统体育的宣传与发展起到了良好的促进作用。

2. 由自然性向规范性发展

有些民族传统体育项目之所以能够流传多年，其原因就在于在保留了各自民族原始基因的基础上不断地进行着完善和规范。

3. 发展历程中不可或缺的坚实后盾是政府

政府行为是现阶段乃至较长时期内振兴民族传统体育的必要手段。政府部门的力量左右着某个项目的发展状态和方向。

4. 项目的创新为其发展注入了新的活力

创新是事物发展的不竭动力。只有对民族传统体育项目进行不断地创新，赋予其更多新的内容，使之能够适应社会及人们新的需求，项目才会越走越远。

5. 竞赛是推动项目开展与普及的重要手段

竞争是竞技运动的灵魂。民族传统体育作为具有鲜明的身体活动特性的人体文化，其竞争性在现代社会仍然具有重要的价值。

6. "非物质文化遗产"成为某些民族传统体育项目的保护伞

7. "民间艺术大师"的授予是对传承者的鞭策与鼓励

（三）湖南民间舞龙（以平江县九龙舞为例）的现代流变特点

1. 百年传承，今朝危机

一些尚未知晓的民间绝技高招随着老艺人的去世而消失。同时受外来文化的冲击和国内现阶段艺术的影响，很多青年农民的审美观念发生了变化，认为九龙舞老掉了牙，成为放置阁楼的"老古董"，既不愿意欣赏，更不用说学习了，对于传承九龙舞艺术带来了一定的影响。随着年轻人外出打工的人逐年增多，龙队龙兵更新换代频率增高，同样给九龙舞的传承及保护造成了一定的困难。

2. 将“申遗”作为本项目生存和发展的重要举措

“申遗”，是申报世界文化遗产，争取进入世界文化遗产名录的简称。“申遗”意味着一种文化的自觉，特别是文化遗产抢救、保护、开发、利用上的觉醒。当地政府部门对九龙舞的“申遗”给予了大力支持。

三、中国民族传统体育的发展趋势

（一）中国民族传统体育的现代化和国际化趋势不可逆转

民族传统体育是现代体育的源头，以现代竞技体育为母体的奥林匹克运动能发展到今天的辉煌与规模，最初都是由各个民族传统体育演变进化发展起来的。奥林匹克运动的普遍性只有通过文化的多样性才能达到。因此，世界体育文化需要丰富多彩的中国民族传统体育文化的加入，为世界体育文化不断向前发展提供新鲜血液。

中国民族传统体育作为民族文化的一大宝贵财富，随着社会的不断发展，它必然为适应时代的需求吸收外来体育，形成中国传统体育与西方体育相融合的中华民族的现代体育。这样的中华民族传统体育才会有所发展，并能融入现代社会。

（二）中国民族传统体育项目将随着现代化进程的不断深入，在内容和形式上不断创新

许多民族传统体育项目在进行改造的过程中，在技术方法层面借鉴了现代体育理论与方法，在制度层面借鉴了现代体育的组织制度，在价值层面借鉴了现代体育奋发与竞争的精神价值。一些项目发展的实例都说明民族传统体育项目随着现代化进程的不断深入，在内容、形式等方面都会有不断的创新。

（三）在中国民族传统体育项目的国际化和现代化进程中，鲜明独特的民族文化特色成为推动其发展的最大优势

中国民族传统体育项目的发展过程中，体现出来的民族文化差异性，恰恰就是民族活力的源泉。正因为其独特，才弥显珍贵；在与其他民族体育文化形式的冲突和交融中，既成为映射其他民族体育文化特殊之处的参照物，又成为其他民族体育文化反省和学习的对象。

（四）市场化成为影响中国民族传统体育发展的双刃剑

在社会主义市场经济体制逐渐深入的状态下，中国民族传统体育由“自产自销”、自娱自乐的古老封闭形式逐步向消费品、市场化过渡，并极力地与世界文化逐步相融合，这是时代发展的必然趋势。然而市场化是一柄双刃剑。民族传统体育的许多特性通过市场化可以成为满足人们精神生活与文化消费的一个新的增长点；另一方面，由于社会转型，生活、生产方式的改变导致了原先的一些民族传统体育项目其赖以存活的特定的文化生态系统受到破坏，其存在与发展已经处于令人担忧的状态。

（五）学校教育是拓展民族传统体育生存空间发展的有效手段

学校是体育的摇篮，是体育从原始形态走向规范化、科学化和普及化的必由之路。

受现代文化和经济大潮的冲击，许多民族体育项目处于弃旧而未迎新的相对真空期，挽救和发展民族体育更是当务之急，所以进人教育体系从孩子们抓起是民族传统体育的必由之路。当前，应当采取各种有效措施来拓展我国民族传统体育教育，进一步加速中国民族传统体育现代化的进程，继承和发扬传统体育文化资源。

项目编号：1155ss07112

发挥民族传统体育优势
营造民族地区和谐社会

韦晓康　胡　悦　赵志忠　赵静冬　殷　俊

一、民族传统体育的发展现状

（一）民族传统体育的概况及其价值

少数民族传统体育是一种民族文化现象，是指我国各少数民族以民族或一定地域为单位，长期开展并因此而具有一定的历史传统和民族、地方特色的各种体育活动。本课题所谈的民族传统体育主要是以少数民族传统体育为主。民族传统体育兼有体育文化形态和民族文化内涵，因而除了像其他竞技体育一样具有强身健体功能的本质价值之外，也同时具有一定的经济价值、文化价值、社会价值。

（二）民族传统体育发展中所面临的问题

在竞技体育甚嚣尘上的当代世界，民族传统体育被局限在很小的范围之内，不幸被边缘化。其发展面临众多问题，主要有生存问题、可持续发展问题、经济问题以及被“同化”问题。

（三）民族传统体育在社会发展中所起的历史作用

其主要作用表现在：为人们的交往互动提供场所，是人们进行文化交流的中介，在民族传统体育的活动过程中，人们得以交流，有助于人际关系的和谐和民族文化的传播；是民族文化的重要载体，很多本民族的历史文化通过民族传统体育得以传承和发展；为现代体育的诞生提供资源，很多现代体育项目都是起源于民族传统体育。

（四）民族传统体育的发展现状

1. 由于奥林匹克运动的兴起、传播和普及，民族传统体育在与现代西方竞技体育的交锋中处于劣势，在“土洋体育”的斗争中被边缘化，只在很小的范围内得以保留。

2. 一些民族体育活动已成为当地影响最大的族际共享的民族体育文化

族际文化共享是指两个或者多数民族共同拥有一种文化现象。例如云南景谷和广西三江地区都是民族聚居区，景谷生活着汉族、傣族、彝族等多种族群，而桂北侗乡生活着侗、苗等民族，自然环境和生产生活方式趋近和融合，文化的相互渗透和涵化极易发生，极易形成为族际共享的民族体育文化。

3. 当地政府、民间组织在少数民族传统体育文化传承中发挥重要作用

少数民族传统体育文化发展至今天同样得力于政府的支持与民间社团的组织。景谷

问卷调查有43人知道景谷县有陀螺协会，并认为各种比赛是由陀螺协会办的，这说明陀螺协会的知名度是相当高的，也说明了该县政府的重视程度。在广西程阳地区的由政府、社区还是民族群众对民族体育事业提供主要支持调查中，有63%的人选择政府，24%的人认为在于社区，13%的调查者认为需要本民族群众的共同努力。

4．传承方式主要在家庭与社区，学科体系不健全，缺乏有效的教育传承机制

据景谷的陀螺文化传承问卷调查结果显示，家庭传承是最主要的传承方式，62.7%的受访者表示是在家庭生活中学习这项运动的，35.3%的是在所在社区中学习，只有2.0%的是通过学校教育习得。在广西侗乡抢花炮有关调查结果显示，社区传承是最主要的传承方式，65.9%的受访者表示是在社区生活中学习这项运动的，19.5%的是在所在学校中学习，而只有14.6%的受访者通过家庭习得，这说明学校教育在抢花炮这项民族传统体育传承中远未发挥应有的作用。

5．积极采取措施保护民族传统体育文化

“从1986年起，国家开展全国范围的民族传统体育挖掘整理工作，历时4年，收集到少数民族传统体育676项，汉族传统体育301项。”对挖掘、整理出来的优秀项目进行了改革、提高，1982年以来确定每4年举办一次全国少数民族传统体育运动会。有的地区还将民族传统体育与当地特有的自然风光和人文资源相结合，发展民俗旅游，既发展了民族经济，也使民族传统体育得以保留和传播。

二、民族地区和谐社会建设所面临的问题

（一）民族地区和谐社会构建中面临的法制问题

改革开放以来，相对于经济发展迅速的东部地区，西部地区的长期落后会使许多干部和群众产生很大的心理不平衡和失落感。长此以往，这种经济差距将会演变为政治、民族、社会等重大问题，会严重影响到我国社会主义和谐社会建设的整体进程。在语言、风俗习惯、宗教信仰等方面，由于相互了解和尊重不够，也会出现种种民族问题。

（二）民族地区和谐社会建设中面临的经济问题

由于历史发展，各民族地区自然条件的差别，中国各个民族的社会经济结构和经济发展极不平衡，中西部经济相对落后。落后的区域势必造成地区民族体育经费投入严重不足，使得民族体育活动多为民间组织，不能形成规模；另外，交通等基础设施的落后也影响了对民族体育的参与，限制了民族体育产业化发展进程，制约了少数民族体育的全面发展。

（三）民族地区和谐社会建设中面临的教育问题

文化是一种习得行为，通过传承逐渐发展成为与该社会其他成员相一致的行为模式，教育在文化传承中具有重要的作用。从目前调研的情况来看，诸如打陀螺、抢花炮等民族体育主要依靠社区、家庭来传承，学校体育对少数民族传统体育的重视程度不够，没有成为各级各类学校体育课教授的教材内容，更不可能根据地方民族文化特色因地制宜的进行体育教学，这直接影响了民族体育在青少年中的普及。

（四）民族地区和谐社会建设中其他制约因素分析

民族地区体育资源所依存的区域经济薄弱，资源转换能力不够，产业化结构初级化，城市化水平低，难以为第三产业发展提供舞台，致使民族体育资源的开发举步维艰。此外对民族传统体育的科学性研究总体还处于较低的层次下，少数民族体育的理论也是不系统的、不全面的，或者说是不均衡的，缺乏对少数民族传统体育的整体性研究。

三、营造民族地区和谐社会中，民族传统体育所起的特殊作用

（一）民族传统体育与民族地区和谐社会建设的关系

民族传统体育发展与和谐社会的构建息息相关，相辅相成，相互促进。

1. 建设社会主义和谐社会，离不开民族地区的和谐

胡锦涛同志在《提高构建社会主义和谐社会能力》的讲话里指出，“实现社会和谐，建设美好社会，始终是人类孜孜以求的一个社会理想”。我国少数民族人口较少，但分布地区却很广泛，且在漫长的边境线上，几乎都居住着少数民族。少数民族大多居住在民族地区，而民族地区在当今中国社会中的地位十分重要，民族社会的和谐也就成为整个社会和谐的关键。

2. 和谐社会的构建，为发展民族传统体育提供了契机

在建设社会主义和谐社会的过程中，国家和社会对民族地区、民族传统文化给予了比以往更多的关注，民族传统体育的发展因而有了政策上的倾斜、法制上的保障以及经济技术方面的支持。因此，构建社会主义和谐社会的实践也有利于民族传统体育的发展。第一，和谐社会建设使民族传统体育成为人们生活中的重要资源；第二，和谐社会建设有利于民族传统体育文化的保护、开发。

（二）民族传统体育在营造民族地区和谐社会中所发挥的具体作用

1. 作为体育锻炼项目，强身健体，人与人友好交往，提高人们的综合素质

建设民族地区和谐社会，人们的素质是关键。开展民族传统体育活动，能够提高人们群众的综合素质。据景谷有关打陀螺的目的问卷调查显示，94%的人选择了“强身健体”，80%的人选择了“广泛交友”，可见强身健体和广泛交友是景谷人打陀螺的最主要目的。三江程阳同样显示选择频率最大的是可以“广泛交友”，第二是“强身健体”，第三是“增强知识”，所以，这说明人们需要多开展群众体育活动，广泛交流，增进民族团结，达到强身健体的目的，体现了人与人友好交往的和谐理念。

2. 陶冶情操，丰富人们业余生活，有利于良好的社会风气的形成

中国民族传统体育多具有集体性特征，如打陀螺、抢花炮，没有年龄、职业等的限制，它为各族人民群众之间的交流和合作提供了场所和机会，激发了人们团结合作和积极进取的精神，使人际关系变得更和谐，有助于维护社会秩序，形成良好社会风气，推动少数民族和民族地区构建社会主义和谐社会的进程。

3. 扩大民族地区开放，促进少数民族和民族地区经济的发展

在景谷，打陀螺已经不仅仅是一项民间体育活动了，而是已经形成了一条促进经济

发展的产业结构链条，推动了景谷县陀螺经济的发展。北京喇叭沟门满族乡近几年来秉承“以文化带旅游、以旅游促文化”理念，成功举办了三届“满族民俗风情节”和两届“满族体育运动会”；而广西侗乡通过举办三月三花炮节活动，吸引桂、黔两省四县邻近的各族民众进行农副产品、轻工业产品、手工艺品等商业贸易和文化交流，拓展了民族地区的农村经济、活跃农村集贸市场，促进了民族振兴和繁荣。

4. 加强民族间交往，增强民族凝聚力和认同感，促进民族团结，有利于民族地区的和谐

“民族是社会的民族，民族总是随着社会的发展而发展变化的，民族的发展变化，取决于它的社会生产、分工及内部和外部的交往程度。”由此可见，民族间的交往是民族发展的一个重要因素。如广西三江地区的抢花炮、景谷县的陀螺赛、北京怀柔的珍珠球等民族体育活动，通过体育竞赛，加强了各民族、各村寨之间的交流，增添了情趣，活跃了节日气氛，为构建和谐社会起到了积极的作用。

（三）民族地区和谐社会下民族传统体育发展对策

1. 加强立法，研究保护措施和有效方式，为构建和谐社会提供制度保障

随着全球化趋势的加强和现代化进程的加快，我国的文化生态发生巨大变化，少数民族传统体育文化遗产受到越来越大的冲击，民族传统体育在与西方经济体育的对接中明显处于劣势，加强我国少数民族传统体育这个非物质文化遗产的保护已经刻不容缓。对少数民族传统体育进行保护符合少数民族的文化心理认同，有利于贯彻和执行党的民族和方针政策，民族地区的文化繁荣和社会稳定，对维系中华民族的文化传承具有重要意义。

2. 加强民族体育和谐文化建设，促进族际交往，形成民族地区和谐社会的良好氛围

“仪式既可以是义务性而贡献了社会团结与凝聚力，也可以增进个人的信心与解除其焦虑。”我们要将具有当地特色的传统体育、仪式活动打造成一个当地族际文化共享的和谐文化，逐渐向全国推广，以民族体育共同的思想基础和统一的意志，把不同民族、不同阶层、不同人群凝聚起来，用共享的民族体育文化去缓和民族矛盾，不断增强民族地区各民族的凝聚力、自信心和自豪感。这有助于避免不同民族思想认识上的片面性和极端化，有利于理顺民族情绪、化解民族矛盾、优化发展环境，促进各少数民族的交往与相互了解、增进感情、减少民族隔阂，使民族传统体育以其独特的人与自然和睦相处、人与人团结有爱的和谐特性成为维系着民族地区各民族团结奋进的精神纽带之一，在民族地区形成建设和谐社会的良好氛围。

3. 注入民族文化内涵，打造民族体育特色品牌，促进经济发展，为构建和谐社会提供物质保障

如何开发和更好地利用、发挥民族体育文化资源优势，使资源优势转换为商品优势，就目前而言，一定要将当地的民族体育活动资源与旅游产业开发结合起来，要利用好地理资源优势和节日假期，不仅在活动中注入民族文化内涵，弘扬传统精髓，使之源于传统，高于传统，还要注意节日的各种风俗、礼仪、习惯等民族特点，创造符合时代精神和现代体育气息的活动精品。

4. 加强理论研究，改革民族传统体育项目本身，使之更符合人体运动科学、更具时代性，更好地适应当下人们的需求，并可尝试向国际社会推广

民族传统体育的研究在中国起步较晚，至今未形成完备的体系。多数民众对于民族传统体育的了解甚少，存在将民族传统体育简单的等同于杂技、游戏等认识误区。所以应加强少数民族传统体育的各种形式的宣传，使各级政府尤其是体育部门重视民族体育工作，并建议国家体育总局和国家民委联合颁发加强民族体育工作的指导性文件，建议民族地区制订民族体育工作条例或办法等。并且有必要对某些项目进行研究和改进，但要坚持文化相对主义的立场，尊重民族文化背景、宗教信仰和风俗习惯保持民族文化特色的同时更符合运动人体科学，以满足当代人强身健体的需求。

5. 发展社区、学校、家庭民族体育一体化教育，推进少数民族文化发展，为构建和谐社会提供强大的精神力量

要加强学校、家庭特别是学校民族体育的教育力度，推进社区、学校、家庭民族体育一体化教育。一方面社区要成立规范的公民社会；另一方面社区动员家庭利用地理空间优势进行民族体育活动有关的经营、休闲、娱乐活动，变资源优势为体育经济优势，使三者紧密结合，相互依靠，相互渗透，实现优势互补，达到最佳的体育教育教学效果，逐步实现学校体育社会化和社会体育学校化，为构建社会主义和谐社会提供强大精神力量。

四、结论

（一）中国各民族都有自己的传统体育，这些传统体育项目历史悠久，形态多样，个性鲜明，是民族文化的重要载体，也是中华文明的重要组成部分，需要大力保护、传承

（二）在民族地区和谐社会构建中面临着法制、经济、教育及其他制约因素问题，可以利用民族体育这种族际共享的文化来调节民族矛盾，协调公民关系，维护社会秩序，促进经济发展，建立完备、科学、有效的教育体系和教育机制

（三）民族传统体育在营造民族地区和谐社会中起到了特殊作用

1. 民族传统体育以其“和谐”理念、和谐文化的一部分与和谐社会的构建息息相关，相辅相成，相互促进。

2. 民族传统体育作为体育锻炼项目，强身健体，陶冶情操，丰富人们业余生活，增强人与人友好交往，提高人们的综合素质，不仅为和谐社会建设提高效率，而且有利于良好的社会风气的形成。

3. 扩大民族地区开放，加强民族间交往，增强民族凝聚力和认同感，促进少数民族和民族地区经济的发展，有利于民族地区的和谐。

4. 大力发展民族传统体育，为构建民族地区和谐社会服务。

⑴ 加强立法，加大国家鼓励、扶持民族民间传统体育发展的力度，逐步建立比较完备的少数民族传统体育文化遗产保护制度，建立健全各级少数民族体育协会，增强全社会对少数民族传统体育文化遗产的保护意识，为构建和谐社会提供制度保障。

⑵ 加强民族体育和谐文化建设，提升其凝聚力和向心力，促进族际交往，形成民族地区和谐社会的良好氛围。

⑶ 注入民族文化内涵，打造民族体育特色品牌，促进经济发展，为构建和谐社会

提供物质保障。

（4）加强理论研究，改革民族传统体育项目本身，使之更符合人体运动科学、更具时代性，更好地适应当下人们的需求，并可尝试向国际社会推广。

（5）发展社区、学校、家庭民族体育一体化教育，推进少数民族文化发展，为构建和谐社会提供强大的精神力量。

项目编号：1157ss07114

西南少数民族传统体育的分类与编目研究

宋彩珍　白晋湘　刘少英　龙佩林　孙卫红
万　义　陆盛华　肖宪平　朱晓红

一、西南少数民族传统体育

西南地区世居少数民族 29 个：蒙古族、回族、藏族、苗族、彝族、壮族、布依族、瑶族、白族、土家族、哈尼族、傣族、傈僳族、佤族、拉祜族、水族、纳西族、景颇族、羌族、布朗族、仡佬族、阿昌族、普米族、怒族、德昂族、独龙族、门巴族、珞巴族、基诺族。

（一）中国西南地区少数民族传统体育主要项目

西南少数民族地区具有族群含量大，人口密度高等特点。独有的、复杂的地形地貌使这一地区各少数民族的本位文化相互间不断进行撞击，分化与选择性整合，从而缔造出多棱多面又具有统一风格特征的西南地区少数民族传统体育。据统计，该地区民族传统体育项目共有 470 余项，占全国民族体育项目总数的 48%，其中代表性的项目有 70 余项。

（二）中国西南少数民族传统体育项目整理调查用表

此表对现存少数民族传统体育项目的民族、项目名称、责任项、历史源流（包括文化源流与历史变迁、传播形式、流传区域）、竞技特点（包括参与人群、运动类型、运动规则、使用器具、功能）、资料附录（图片、视频资料、其他）、附注（关联项目、参考文献、信息来源、项目研究状况、项目整理人、整理时间）七大方面做细致深入的文字描述。以土家族的高脚项目为例。

<table>
<tr><td rowspan="3">一、民族</td><td rowspan="3">土家族</td><td rowspan="3">二、项目名称</td><td>中文名</td><td>高脚</td></tr>
<tr><td>英文名</td><td>stilts</td></tr>
<tr><td>别　名</td><td>高脚马</td></tr>
<tr><td rowspan="2">三、责任项</td><td>责任方式</td><td colspan="3">收集整理</td></tr>
<tr><td>责任者</td><td colspan="3">向鸣坤、秦可国、孔祥瑾、李天申、白晋湘、张　旭、龙佩林</td></tr>
</table>

<table>
<tr><td rowspan="3">四、历史源流</td><td>文化源流与历史变迁</td><td>高脚马原名实为两根长及肩部的竹子或杂木做成，起初取材于有杈的“竹马”。“马”小树干，底端约 50 厘米处以自然形成的短树杈供脚踏，因而又叫“自生马”，经过加工制成的叫“再生马”。双手各持一杆，脚踩踏杆，浅水行走不湿鞋袜。少年儿童们除用做游戏外，雨天则踩着去上学。</td></tr>
<tr><td>传播形式</td><td>农闲活动传播</td></tr>
<tr><td>流传区域</td><td>湘西土家族苗族自治州一带</td></tr>
</table>

（续表）

五、竞技特点	参与人群	土家族青少年儿童
	运动类型	（待定）
	运动规则	现在，高脚马已正式列为比赛项目，并拟定了《竞赛项目及其竞赛通则》，分男、女 50 米竞速、4×100 米男女混合接力及男、女对抗赛。 50 米竞速，在宽 2 米的田径跑道上进行。运动员骑高脚马的方法可踏板双向内，双向外，一只外一只内（俗称犟骡子），4×100 米男女混合接力，接力区为 3 米长，运动员必须在接力区交换竹马。 另外，还有高脚马角斗，高脚马花样和高脚马障碍赛等。 角斗。先于地面划出直径为 5~10 米的圆圈边线，通过圆心划出中线，两人于圈外中线两端处准备，裁判员发令，双方即入圈内进行角斗。可用身体各部位撞、顶、拐、挤或用竹马下端绊、扫等方法，迫使对方下马或出边线为胜，但禁止击对方头、腹、裆部位，更不准以踏板以上部位弹击对方，亦不准用拳、腿、膝、足撞击对方。双方进攻时都不能脚离踏扳。每局为九斗五胜或五斗三胜，胜一局得 5 分。高脚马以人踩上后顶端与肩齐，踏板离地面高度为男子 30 厘米，女子 25 厘米。 花样。踩高脚马的姿势很多，有单脚跳、换脚走，倒走路、一双内、一支外、单打塘、双打塘、夹夹脚、鹤鹰展翅、乌龙绞柱、观音坐莲、蜜蜂如巢等。比赛以花样多，失误少，姿势美评分见高低。 障碍赛。一般于野外进行，在一定距离的路线上，通过山林、田间小道、上下坡梯坎、小沟壑、溪水等。可逐人进行，根据时间记录，评定名次，也可众人同时出发，先到为胜。
	使用器具	高脚马原名实为两根长及肩部的竹子或杂木做成。起初取材于有杈的“竹马”。“马”小树干，底端约 50 厘米处以自然形成的短树杈供脚踏。
	功　能	在健身功能方面可以提高人的力量、速度、耐力、灵敏、协调以及平衡等身体素质，全面增强体质、增进健康。
六、资料附录	图　片	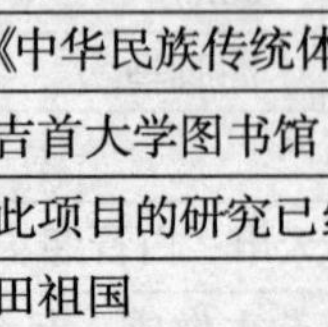
	视频资料	暂无
	其　他	暂无
七、附注	关联项目	踩高跷、踩脚马、跳高脚马
	参考文献	《中华民族传统体育志》《中华民族传统体育概论高级教程》
	信息来源	吉首大学图书馆
	项目研究状况	此项目的研究已经逐步成熟
	项目整理人	田祖国
	整理时间	2008 年 10 月 24 日

二、西南少数民族传统体育的分类

（一）当前少数民族传统体育项目分类研究成果及分析

据《中华民族传统体育志》记载，我国55个少数民族传统体育项目达676项，但是对于这些浩如烟海、璀璨多姿的少数民族传统体育项目，到目前为止还没有一个统一的分类方法。从近十年的相关研究成果来看，无论哪种类型的划分，都没能在原划分基础上建构起科学规范的分类原则和分类体系，这无疑会影响到民族传统体育更进一步的发掘、收集、整理和编目研究。

（二）少数民族传统体育项目分类体系的新构建

本研究在项群理论指导下，以《中图法》为基础对少民族传统体育项目分类。通过文献资料的整理、综合、分析、比较，我们以少数民族传统体育项目的特征、环境和器材等为标准，把具备相似特征和要求的项目放在一起进行比较，把少数民族传统体育项目分为跑跳掷类、球类、武术类、水冰雪及空中类、较力类、骑射类、棋牌类、舞戏类、其他等九大民族体育项群，保留了《中图法》原来分类具体而合理的地方，对个别类作了整理，也增加了一些类。以体育项目的特征分类的有跑跳掷类、武术类、较力类、骑射类、舞戏类，以体育项目开展环境分类的有水冰雪及空中类，以体育项目器材分类的有球类、棋牌类。

少数民族传统体育项目分类表（每类举5项为例）

<table>
<tr><td colspan="2">类别</td><td>少数民族传统体育项目分类</td></tr>
<tr><td colspan="2">球类</td><td>木球、马棒球、蹴球、珍珠球、打贝阔</td></tr>
<tr><td colspan="2">棋牌类</td><td>九子棋、三子棋、、三虎棋、擒敌棋、梅花棋子</td></tr>
<tr><td rowspan="3">武术类</td><td>拳术类</td><td>螳螂拳、秘踪拳、拦手、地趟拳、华拳</td></tr>
<tr><td>器械类</td><td>太极五星捶、五龙通花枪、四通捶、三皇炮捶、阴拔枪</td></tr>
<tr><td>气功类</td><td>养生术、导引与气功、马王堆气功、彭祖气功、青龙动气功</td></tr>
<tr><td colspan="2">摔跤举重类</td><td>角力（亦称较力）、搏克、五兵角抵、举鼎、千把转</td></tr>
<tr><td colspan="2">跳跃投掷类</td><td>拔距、 投石、 投壶、 掷行头、 扔包</td></tr>
<tr><td colspan="2">舞戏类</td><td>凤阳花鼓、腰鼓、秧歌、 老鹰抓小鸡、弹球</td></tr>
<tr><td colspan="2">骑射类</td><td>射箭、射弩、骑射、射潮、赛马</td></tr>
<tr><td colspan="2">水冰雪及空类</td><td>风筝、水嬉、龙舟竞渡、跳水寻物、 跳水</td></tr>
<tr><td colspan="2">其他类</td><td>风帆车、闯马城、骑马打仗、九连环、曳石（也叫太平石）</td></tr>
</table>

以上分类，同时也考虑到民族传统体育项目的传统性、民族性和娱乐性等特点，个别类名做了改动。有必要对这些项群的设立做个分析：

跑跳掷类：在《中图法》中“田径运动”包含了跑、跳、投掷等运动项目，因此我们把民族传统体育项目中有跑、跳、投掷类的项目都归入“跑跳掷类”，更改是为了符合传统文化。

球类：凡是民族传统体育中的球类项目都可以归入这一项群。类名同《中图法》，不需要改动。

武术类：武术是我国民族传统体育项目的代表，形式丰富多样，内容庞大，依据

《中图法》，给武术分出拳术、器械武术、武术气功三个下位类，进一步把武术项目细分，以达到分类的目的。

水冰雪及空中类：在《中图法》的基础上增加了空中类，《中图法》把一些空中技巧性的运动归入“体操运动”这类中，少数民族传统体育中也有一些空中项目，根据项目开展环境的相似性来分类，把空中类和水冰雪类的项目都归于“水冰雪及空中类”这一大类。

较力类：《中图法》把一些重竞技的运动项目，比如举重、摔跤等都归于“其他体育运动”。我国有很多民族也开展类似较量爆发力和力量的运动，比如中国式摔跤、搏克、举鼎等项目。单列出来，和射击、马术类区别开，设一个民族体育项群“较力类”，“较力”在字典里的解释是“角力、比武”的意思。

骑射类：《中图法》“其他体育项目”中有马术、射击和射箭等比赛类。我国少数民族中很多民族都能骑善射，有很多骑射方面的项目，单列出来，作为一个项群，凡是骑、射类的项目都可以入这类。

棋牌类：在《中图法》中同属于“文体活动”类，因为我国各少数民族棋牌活动丰富多彩，把棋牌类单独列出来，和其他一些休闲娱乐的项目分属不同的项群。

舞戏类：在遵循《中图法》分类的基础上，增加“舞戏类”这个项群，“舞”为舞蹈，“戏”为百戏、游戏，包括以表演、娱乐、游戏的身体活动方式达到健身目的为主的项目。

其他类：以上九大类未包含的但项目数目不多的，不便于单列的项目都归于此类。

三、西南少数民族传统体育项目的编目

编目是按照一定的标准和规则，对某范围内文献信息资源每种实体（Item）的外部特征和内容特征进行分析、选择、描述，并予以记录成为款目，继而将款目按一定顺序组织成为目录（Catalogue）或书目（Bibliography）的过程。在计算机编目的时代，编目规则主要用于信息源的选取和计算机显示格式的确定。我国少数民族传统体育项目及其文化的没有现成的编目体系可以借鉴。我国体育研究现有的编目实践为少数民族传统体育项目和体育文化的编目研究提供借鉴则多停留在文献资料编目的层面。本研究遵循坚持了科学性与实用的原则、与国际接轨的原则、简易的原则构建了西南少数民族传统体育项目编目体系。

分类研究中，已经在项群理论指导下，以《中图法》为基础对少数民族传统体育项目分类，把少数民族传统体育项目分为跑跳掷类、球类、武术类、水冰雪及空中类、较力类、骑射类、棋牌类、舞戏类、其他等九大民族体育项群。通过参见文献编目、图书馆编目、档案编目等方法，并借助支序分类学（英语：Cladistics 又称亲缘分支分类学）、生物分类法的树状关系图等方法遵循科学、便捷的原则将西南民族传统体育项目从运动类型进行编码。经过论证，运动类型编码由三级代码组成（部分由四级组成）。编码为：民族代码+运动类型代码+序号（三位数序号）。

（一）民族代码　采用国家自然科学基金委员会认定的民族代码：例如蒙古族（02），回族（03），藏族（04）。

（二）运动类型代码　以搏克 $D_2$001 为例，D_2 中的 D 是较力类一级分类代码，D_2 中的 $_2$ 是较力双人类二级分类代码，001 是蒙古族较力双人类项目编号。

（三）西南少数民族传统体育项目编目的结果（以蒙古族搏克 02D2001 为例）。

一级类目	二级类目	三级类目	四级类目		
代码	类别名称	代码	类别名称	（可能是个别项目）	个别项目
A	球　类	A_1	单人		
		A_2	双人		
		A_3	多人		
B	棋牌类	B_1	棋		
		B_2	牌		
C	武术类	C_1	拳术		
		C_2	器械	长	
				短	
				软	
		C_3	气功	静	
				动	
D	较力类	D_1	单人		
		D_2	双人	蒙古族博克 02$D_2$001	
		D_3	多人		
E	跑跳掷类	E_1	跑		
		E_2	跳		
		E_3	掷		
F	舞戏类	F_1	舞蹈		
		F_2	游戏		
G	骑射类	G_1	骑		
		G_2	射		
H	水冰雪空中类	H_1	水上		
		H_2	冰雪		
		H_3	空中		
I	其他类				

说明：1. 以搏克 02$D_2$001 为例，D_2 中的 D 是较力类一级分类代码，D_2 中的 $_2$ 是较力双人类二级分类代码，001 是蒙古族较力双人类项目编号。2. 由于民族传统体育项目武术类项目过多，故采用了四级类目

（四）计算机的录入

主要是将民族传统体育项目录入到网络数据库中去，该网络数据库为本课题团队自行开发设计出来的，计算机录入工作主要分为登录系统、进入数据库管理、选择项目管理、新添项目四个部分组成。

项目编号：1181ss07138

轴心时代的中国与希腊体育比较研究

杨 弢 许红霞 任松峰 张 巍 曹 萍 姜付高 陈祥奎

一、轴心时代的中国与古希腊体育项目的比较分析（略）

二、轴心时代的中国与古希腊体育运行模式（略）

三、轴心时代的中国与古希腊体育思想（略）

四、轴心时代的中国与古希腊体育差异原因比较分析

在世界体育文化的殿堂中，古希腊的体育和中国春秋战国时期的体育都占有重要的地位。前者是西方文化的起源，后者是中国传统体育文化的源头。它们基本上共处于相同的历史时期，但却形成了两种截然不同的体育形式。究其原因，是自然地理环境、政治经济制度、各自起源的社会文化背景的不同导致了两者走向了不同的道路。

（一）自然地理环境的差异是轴心时代中国与古希腊体育差异的外部条件

《尚书·禹贡》对中华民族所繁衍栖息的东亚大陆做过如下宏观的描述："东渐于海，西被于流沙，朔南暨声教，讫于四海。"中国文化是在三面陆地、一面临海，四周较为封闭的地域里发展起来的。东边是一望无际的太平洋，西南为难以跨越的青藏高原和横断山脉以及瘴疠弥漫的热带雨林，西北为茫茫无际的沙漠戈壁，北方为干旱的草原和西伯利亚针叶林。这些自然障碍将古代中国人与外界隔开，形成了相对封闭的地理环境。这种一面环海，其他三面与域外陆路交通极不便利的地理环境，造成了与外部世界相对隔绝的状态。

中国地域辽阔，地势西高东低，自西向东呈阶梯状逐级下降，同时具备山地、高原、丘陵、盆地和平原五大基本地貌类型，其中又以山地和高原的面积最广。辽阔的地域、复杂的地形，形成了多样的气候，"十里不同天，百里不同日"的现象在中国十分普遍，具备了从热带到寒温带的各种气候类型。复杂的地形和多样的气候，形成了各具特色的地缘文化和区域思想观念。春秋战国年代就形成了各具特色、对后世影响深远的齐鲁文化、燕赵文化、三秦文化、荆楚文化、吴越文化、巴蜀文化及岭南文化等。

中国的大部分处于中纬度，气候温和，又位于全球最大的陆地——欧亚大陆的东部，和全球最大海洋太平洋的西岸，西南距印度洋也不远，季风气候发达。从太平洋吹来的东南季风，给长江中下游地区带来了丰沛的降水，为农业文明的诞生和发展提供了有利的条件。由于农耕地属于冲积平原，条件优越，可以自给自足，没有向外的需求，只是继续在同一地域反复不舍地耕种，因此形成了静定的、保守的、崇尚和平的农耕文化。世世代代生息与自足自给的以小农经济为基础的社会环境中，已习惯于和谐、宁静及相对稳定的生活方式。由此形成的民族特性是对大自然依附性很强而征服不足，自强

不息、厚德载物是中华民族精神的代表。

原始朴素的和谐的理想，中和融通的宽和精神决定了中国传统体育的竞技性呈现出一种不同于古希腊体育带有强烈竞争性的形式，以和为贵的君子之交便成为中华伦理型体育竞争之主要特色。这种民族文化的心态也决定了中国古代体育养成向内，追求身心自我完善，伦理之上、不事竞事、注重养生、形体自娱的大陆体育文化形态。

古代希腊位于巴尔干半岛南端的欧、亚、非三洲交界处。东临爱琴海，与西亚的波斯帝国遥遥相对，西濒爱奥尼亚海，南隔地中海与北非的埃及相望。漫长曲折的海岸线和众多的海湾岛屿形成许多天然良港。这些自然条件为希腊人的海上交通、对外贸易以及文化交流提供了极大的便利。古希腊境内丘陵起伏，气候温和，但只有少许盆地适宜农耕，这使得希腊人的生活必须面向大海。这种自然条件在相当程度上决定了希腊民族的生活方式，陶冶了希腊民族的性格。温和舒适的气候，使希腊人以徜徉户外为莫大乐趣，酿就了希腊人喜欢户外体育活动的习惯和崇尚自然的审美情趣；与大海为伴的生活又养成希腊人心胸开阔、思变好动和敢于冒险、勇于竞争的性格。其优越的地理位置，使古希腊成为多种文化的交汇之处，并因此加快了社会发展的进程，在科学、文化、艺术和体育等领域里为人类作出了多方面的卓越贡献，成为西方文明的发祥地。

生活在这种地理条件中的希腊民族必然形成特殊的生活方式：近海居民主要依靠捕鱼、制盐和经商来谋生；山地居民主要从事游牧业而过活；平地居民只好仰仗农业来生存……这种狭小的地理空间和多样化的生产方式，再加上岛国周围不大不小的地中海条件，从远古起就驱使着希腊人发展航海业，他们乘船到东方的小亚细亚、两河流域和北非的埃及地区进行商贸活动。商贸与航海的发达极大地促进了人口的快速流动，瓦解着血缘机制，推动着生产关系向契约合作的方向转化。希腊半岛的特殊地理位置，使之自然形成了当时世界商贸的中心和枢纽。特别是血缘机制的摧毁为民主、平等、宽松的政治制度奠定了条件，也为自由公民的出现埋伏了种子。由此，我们可以看到这样一个与体育有关的历史逻辑背景，即：特殊的地理环境——发达的商贸活动——频繁的人口流动——血缘机制的彻底瓦解——自由公民的大量出现——契约合同制的生产方式——奴隶制条件下的民主政治——相对自由的信仰和行为——人性味极重的宗教文化——发达的体育、艺术、哲学和科学。

这些自然条件在相当程度上决定了希腊民族的生活方式，陶冶了希腊民族的性格。开拓、冒险、竞争、自强自立、侵略、敢于同自然搏斗是希腊民族的性格，古希腊人崇拜英雄和力量。在希腊人的审美观念的情趣中，超人的力量、协调的动作、完善的技艺、发达的肌肉都是人类最美好最崇高的东西，是使人得以体验快乐、欢愉、和幸福的要素。正是由于希腊民族的这种文化特性，使得竞技运动成为了他们生活的一部分。古希腊人敢于竞争，乐于竞争，以竞争方式来实现他们的愿望，显示自己的优劣，这是希腊人的个性，也构成了古奥运会的基本精神。

（二）政治经济制度的差异是轴心时代中国与古希腊体育差异的根本原因

在中国春秋战国年代，中国的政治体制是“集权专制”。这种政治格局与古希腊的“民主政治”完全不同。早在商朝时期中国就产生了这种“集权政治”。这种政治的特点之一就是有浓厚的血缘机制和氏族法规，有明显的宗法意味。这种政治背景之后，其所有制就是族长或氏家所有制。社会中不可能出现真正的自由和平等。这种专制集权背后一定是宗法制度和奴隶制度在起作用。如史料所记载："故天子建国，诸侯立家，卿置侧室，大夫有贰宗，士有隶子弟，庶人工商和有分亲，皆有等衰"。孔子所极力倡导的"礼"和"仁"，都是上述宗法等级制的翻版和进一步发展。"礼"的内容是森严的宗法等级制度的隶属关系，隶属观念和反躬自省的道德修养相结合，使个性的压抑达到最高强度，很难有自由意识的萌发，所以在春秋战国年代，很少有激烈的竞争体育活动。尽管在春秋战国时期中国也存在着产生"奥运会"的社会基础，体育已得到显著的发展，并不断有类似古希腊城邦那样有利于体育发展的良好条件，但"礼"的观念被植入体育伦理思想之中，各种体育活动都不同程度的受到了"礼"的束缚，影响了运动竞技的发展。

由此可见，宗法机制和等级机制是束缚体育竞技的产生与发展的。因为等级制就是要求人们从心理上自觉和不自觉地服从上尊下卑，宗法制度的存在决定了不平等的存在，也决定了公平竞争的毫无可能。竞技体育是一种必须以公平竞争为基础的文化。只要是公平竞争，就必须要求参赛者在身份、地位等方面完全相等，并没有什么上尊下卑之分，而这在中国绝对是大逆不道的。

虽然春秋战国时期的民间体育很盛兴，但往往也受宗法机制和等级机制的巨大压制，而不能整体性地受商业文化的洗礼，不能自觉变成古希腊的那种体育运动。而仅在同身份人群之间小规模、小范围、低水平地产生一些具有对抗性的体育活动的同时，其主要特征则是产生一种封闭的、非对抗性的、注重修身、养生性的、带有杂耍技艺性的运动方式。

马克思说："土地私有制的确是了解整个东方的一把钥匙，这是东方全部政治史和宗教史的基础。"中国古代奴隶制生产方式是亚细亚生产方式。"普天之下莫非王土，率土之滨莫非王臣。"中国的奴隶制是国家所有制、家庭奴隶制，奴隶主要是本家庭的成员，这种奴隶制的社会外壳就是氏族制，在氏族制的奴隶社会里奴隶以集体的形式存在，直接隶属于族长，间接臣服于国家。所有制上的一体化必然要求政治上的高度集权、思想领域的一元化。这时期的宗教也只有一个最高神的存在，在这基础上产生的伦理道德关系必然要以严格的等级制为内容，必然要排斥打击竞技体育独立发展所需的平等竞争意识。

公元前 8 世纪–公元前 6 世纪，古希腊原始氏族社会逐渐瓦解，奴隶制社会逐步形成，希腊进入奴隶制城邦时期，在这个历史时期，古希腊本土在只有十三万平方公里的土地上，建立了二百多个城邦国家。而且凡在当时有船只可及的地方，几乎都兴起了殖民者的希腊城市。但整个希腊没有统一的君主，各个城邦又各自独立、自成政体、相互之间彼此分离，形成了既统一又独立的政治社会结构。这种状况，历史学家阿德科克曾经说过："这些城邦显得具有某种个性……要求有权按照自己的意愿处理它自己的事。"

随着奴隶制的确立和巩固，希腊经济迅速发展。手工业发达，商业繁荣。初期的商品经济，要求打破城邦界限，进行经济、文化等方面的交流。这就为各个城邦之间共同的社会活动，包括祭祀庆典、竞技运动，提供了良好的发展的社会环境。古希腊奴隶制的自由民阶层有奴隶主、工商业奴隶主、小农和手工业者组成。他们在政治上和经济上有相对平等的权利，使他们在竞技运动中取得相应的平等资格，因而有可能在竞技比赛中进行公平竞争，充分展现自我，使竞技赛会成为他们显示传统观念、生活习俗和竞争能力的场所。

古希腊城邦奴隶制的这种政治、经济环境促进了竞技运动的发展，铸造了竞技运动的灵魂——平等、竞争的精神。古希腊的城邦奴隶制“为古代文化的繁荣，即为希腊文化，创造了条件。”

由于自身特殊的历史原因，这种政治经济体制为当时古希腊的商业、文学、艺术、哲学和科学发展与繁荣都提供了决定性的历史保障。同时也为希腊体育运动的蓬勃发展和体育盛会的诞生奠定了极其宝贵的社会条件。尽管古代奥运会不是为了某种直接的政治目的而诞生，但在当时的政治经济制度背景中，民主、平等和自由为这一体育盛会的出现起到了推波助澜的作用。古希腊社会里没有君临一切的专制政治和专制的君主，这种情况甚至在希腊的神话中都有明确的反映。即希腊神话里的神和人一样生活在充满世俗气味的环境之中，而不像东方的神话那样充满了过于浓厚的宗法意味。

而在古希腊的奴隶制是生产资料私有制，各城邦统治者在政治上相对独立，政治上的多元化必然要有思想上的多元化，才会有宗教的内在冲突，才能提供竞技体育独立发展要求借助的现成的文化形态。加之城邦民主制的政体，城市和商业贸易的发展，商品经济的自由竞争意识也为竞技体育的独立发展提供了丰富的养料。

（三）文化背景的差异是轴心时代中国与古希腊体育差异的重要原因

中国远在史前的上古时期，各部落氏族之间在战争、渔猎、采集等活动之前也都有专门的宗教仪式，其目的也“是指望获得某种成功而企图使神灵对自己发生好感的献媚”。但中国原始宗教的这些活动并不像希腊那样是欢乐的心情抚育出的欢乐行为，而是设法祈求上苍开恩、保佑和神助，具有明显的巫术性质。此外，中国原始的宗教活动仪式中只有歌舞活动，没有表现自我力量和健美的体育活动，这也是一个至今未曾引起人们关注的问题。古代中国人的宗教观念中，称至高无上的神为“帝”，是有意志的人格神，它们是“远离人间不食烟火”的“至高无上的权力化身”。我们从创造宗教的民族的心态中，不难发现东方的神中充满着强烈的“忧患意识”，而不是希腊的“崇高的喜剧精神”（黑格尔语）。从这一点，我们可以了解到，中国上古时期的宗教由于完全不同于希腊的宗教性质，从而注定缺乏驱使竞技运动产生的内在文化力量。

中国传统哲学及其各种学问所关心的一概是“天”“地”“人”问题。天地人同样构成了中国体育的根本依托。所谓天地就是“生”，《易·系辞下》说：“天地之大德曰生”，正因为“天地者，生之本也”，那么，作为天地之物的人，就必须“参天地，赞化育”。“天道”、“地道”和“人道”及其相互关系是中国哲学的基本骨架，中国的体育也直接继承着这种思想。也就是说“天”“地”“人”同样成为中国体育必须首先确定的基本活动构架。

由于“天”“地”“人”之间的变化关系在中国哲学中是以乾坤、阴阳、刚柔来对应解释的，那么，乾坤、阴阳、刚柔便成了中国体育的“运动神经”，制约、调动着每一个运动细节。

在中国哲学思想中，作为三道之一的人，必须与天地（即大自然）保持协同，才能保全性命、维持健康。于是，顺应自然的“天人合一”又构成了极其重要的中国哲学观念。而且这种观念使中国体育明显地刻上了“合一”的痕迹，这也就是为什么中国体育中出现了西方体育少有的模仿动物活动的肢体运动。庄子哲学“乐就是使精神比如身体一样，能翱翔于人际界限之上，而与整个大自然合为一体。如果说，儒家讲的是自然的人化，那么庄子讲的便是‘人的自然化’，前者讲人的自然性必须符合和渗透社会性才成为人，后者讲人必须舍弃其社会性使其自然性不受污染而与宇宙同构才恢复人”。庄子认为只有这种人才是真正自由的、绝对快乐的人，这种人由于与自然保持一致而“寿比南山”。因此，庄子哲学倡导人们“静坐”“坐忘”和“修炼”“成仙”，既构成一种哲学观念，又形成一种修身养性的处世方法。由于庄子“对于现实的一切是采取着不合作态度”，于是便“用自由的飞翔和飞翔的自由来比喻精神的快乐和心灵的解放”，从而达到“乘云气、骑日月，而游乎四海之外”的心灵境界。这也是为什么中国体育讲究“天人合一”的同时，特别强调“意念”的作用。意念，原本就是保持或追求人的思想自由驰骋。由于这种意念作用和修身锻炼，才使中国中国体育可能发展成为“气功”和所谓的“特异功能”，也才使中国体育如同中国艺术一样充满了“气”和“气势”。这是古希腊不可想象的。

春秋战国时期的中国社会文化环境并不利于带有强烈对抗与刺激色彩的竞技运动的充分发展。因此原始的朴素和谐的理想、中和融通的宽和精神决定了中国古代传统体育呈现出一种完全不同与西方的那种带有强烈刺激性的形式，只能走入与医疗、养生、保健等具有实用或保健意义相渗透的路。

而浩瀚的地中海所拥有的得天独厚的自然地理条件，深深地影响着古希腊文化的产生和发展，更对古希腊文化的特质产生着巨大的影响和作用，它使古希腊文化呈现出典型的海洋文化，具有高度的开放性。正是因为有了高度的开放性这一文化特质，使得古希腊文化得以大力地吸收其他民族文化要素，博采众长，青出于蓝，取得辉煌的成就。而古希腊商业经济的发展，对外贸易的频繁，有力地促进了希腊文化同其他文化的交流。在交流、交往中，学习、吸纳他族文化，传播本族文化，从而造就了希腊文化具有高度的开放性，从而促进了希腊文化的发展。

从古希腊文化发展的过程我们发现，古希腊文化的兴衰差不多是与雅典民主政治的兴衰相终始的。民主政治繁荣则文化繁荣，民主政治衰落则文化衰落，这表明了古希腊文化与民主政治之间有着密切而不可分割的关系。文化要兴旺发达，就必须要有思想的自由、言论的自由、创作的自由，就必须要有一个使人们能够充分发挥首创精神的环境。民主政治时代，文化事业在雅典能够受到国家和社会充分的重视，并且获得了繁荣所需要的物质上的保证。民主政治在雅典确立以后，文化生活与政治生活的关系更加密切了，文化生活成了雅典公民政治生活的一个不可缺少的部分，具有广泛的群众性质。这一时期，戏剧、艺术、哲学、竞技等文化活动，对公民而言，不只是闲暇之余的精神娱乐，而且是接受民主思想和社会道德的教育活动，而这些活动多是在祭典和节日中以集体的方式进行的。

奥林匹亚山上的几句铭文来诠释：“如果你想强壮，跑步吧！如果你想健美，跑步吧！如果你想聪明，跑步吧！”这样身心和谐发展的体育运动观念，把体育锻炼与人的生理状态、心智发展和审美情趣都密切联系起来。

就古希腊的宗教文化而言，作为一个泛神论的国家，古希腊时期的人们崇敬诸神，认为世间的一切都是由神和英雄人物创造的。当古希腊人还处于神会发展的原始阶段时，由于生产力的低下和知识的不足，他们还不能正确的认识和理解自然界的一切现象。他们在和自然界作斗争时，在强大的自然力面前就显得无能为力，因此他们只能“用想象和借助想象”去解释他们周围的一切自然现象，把大自然界的各种变化的动力都归之于神的意志和权力，并且把一切自然现象都加之以形象化、人格化直至神灵化，在他们看来，自然界的一切几乎无一不是神的化身，这样就创造了一系列关于神的故事。后来，随着人们对自然里的征服，又创造出许多关于英雄人物的传说。然而，这些产生于希腊土壤的神和英雄人物，实际上都是自然力的化身，他们的自然属性都很强，随着社会生活的发展，他们的社会属性及其在人们心目的地位也逐渐强大起来，以致在一定程度支配着人们的意识和行动。

在希腊人的心目中，最美的生活就是和神的生活接近的生活，那就是宗教祭祀节日中活动。每当农业丰收或橄榄、葡萄熟了的时候，人们就欢聚在一起进行祭神庆典活动。当初，这种祭神活动仅是一项隆重的礼节，用简单的舞蹈动作表示对神的崇敬和感激，到后来人们都要停止劳动，举行集会。随着这种仪式的发展，产生出了举行祭神歌舞、体育竞技和戏剧表演这样隆重的祭典盛会。对古希腊人而言，他们从来未想到为了敬神需要去苦修、守斋、祈祷与忏悔，他们一心只想与神同乐，给诸神看最健美的舞蹈和裸体竞技，用艺术和诗歌创造辉煌的作品，以壮观的戏剧和悲剧场面，表达人类最奔放、最庄严的情感，使人们能暂时与神明并肩共娱，欢度人间最幸福的时刻。

在古希腊，特别是在个希腊本土最繁荣的伯里克利斯时代，每年在雅典举行的此类节日活动竟有 60 多次。其中最主要的是为智慧女神雅典娜、酒神狄俄尼索斯等所举行的盛大祭祀庆典。而在希腊各地的其他城邦，不管其地域大小、人口众寡，也都有许多丰富多彩的祭祀庆典活动。因此，在泛希腊国土上，每年都有成千上百个祭祀节日，他们仅仅是在举行的时间、规模、日程等方面的安排不同而已。在这些祭祀庆典活动中，内容主要有隆重的祭祀仪式、史诗的朗诵弹唱、歌舞音乐以及伴有戏剧和竞技项目的表演等。这些活动常常带有体育竞技运动的特色，日益为人们喜爱，因而逐渐形成了许多地方性的竞技赛会。据史料记载，雅典自庇西特拉图时代（公元前 6 世纪中叶）起，祭祀性的竞技体育会就已经具有了全民众的性质。到了希腊全盛的古典时期（公元前 5 世纪——公元前 4 世纪中叶），正如雅典最著名的政治家伯里克利斯在一次演讲中所说的那样：“年复一年地举办竞技和祭献，我们便使得心灵有休息的种种可能，正如家庭环境的常规生活中，我们日常娱乐以驱除郁闷和倦息。我们没有忘记使疲惫了的精神获得休息，我们的生活方式是优雅的。”在这一时期，据有关资料统计，希腊人一年中大约有 1/5 的时间用来参加各种类型的祭祀竞技以及社交娱乐活动。

古希腊人的这类祭祀竞技活动，完全是同他们的现实生活密切相关的，而其中又以同神灵信仰与战争的联系最为紧密。所以希腊人认为，在世间一切事物中，如果他们败了，这是神灵“抛弃”的结果；如果胜利了，则是神灵“佑助”的结果。

在古希腊人看来，奥林匹亚斯山上的诸神与希腊人的战争胜败、祸福、生死如此息息相关，紧紧纠缠，那么他们又怎么不能不以各种激烈的竞技形式来向诸神展现自己的全部忠诚呢？又怎么能不渴求在战争中得到诸神的全力帮助而获得胜利呢！在体育运动竞技中的胜利，正好是战争中实力较量的胜利的预兆和缩影。因此，要获取竞技赛会上的胜利，正是古希腊人要获取战争胜利的心情的另一种表达方式。这就是所谓的“最高荣誉，莫过于用身手来赢得胜战”。而要保证能得到战争的胜利，就必须以对神灵的崇敬与祭祀来取得诸神的全力支持。这样，祭祀竞技活动便在古希腊国土上得到了广泛的开展。

不同的地理自然条件、政治经济制度、社会文化背景决定了轴心时代中国与古希腊体育的巨大差别，也决定了两种体育文化的不同发展方向：西方体育将继续沿着“更快、更高、更强”的道路向人类的极限冲击，而中国传统体育将在传统养生、保健、医疗体育和表演性方面向人们展示其独特的魅力。

项目编号：1145ss07012

国外体育法规的翻译与研究

凌 斌 刘 丹 高 原 高得莲 李 洁 刘 佳 桑 蕊 殷晓霞
曹志勋 张 敏 马翔翔 刘 艺 唐梦兰 陈思齐

一、美国体育法律法规

美国业余体育法
社团法人

§220501. 标题和定义
§220502. 组织机构
§220503. 目的
§220504. 成员资格
§220505. 权利
§220506. 名称、会徽、标志和徽章的专有权
§220507. 限制
§220508. 总部、主要办事处以及会议
§220509. 争议解决
§220510. 送达
§220511. 报告
§220512 完整的团队

第一章 全国管理机构

§220521. 作为全国管理机构的业余体育组织的认可
§220522. 资格要求
§220523. 全国管理机构的权力
§220524 全国管理机构的一般职责
§220525. 业余体育比赛的批准授予
§220526. 受限制的业余体育比赛
§220527. 对全国管理机构的控诉
§220528. 申请取代现任的全国管理机构
§220529. 对社团法人决定的仲裁

二、澳大利亚体育法律法规

奥林匹克标识保护法
第一章 引 言

第一部分 引言
第1条 简称
第1A条 简明纲要

第二章 版权和设计保护

第一部分 引言
第2条 说明
第2A条 关于奥运火炬和火焰的艺术作品可以被指定
第3条 本章约束王国
第4条 本法效力延至海外领地

第二部分　版权保护

第 5 条　奥运标志上的版权所有等

第三部分　设计的保护

第 6 条　奥运标志设计的所有

第 7 条　设计的专有权

第 8 条　对受保护设计专有权的侵犯

第 9 条　受保护设计专有权被侵犯时的救济

第 9A 条　《1974 年贸易惯例法》提供其他救济

第 10 条　设计的注册

第 11 条　已注册奥运设计保护期限的延长或缩短

第 11A 条　已注册火炬和火焰设计保护期限的缩短

第 12 条　奥运设计登记簿

第 13 条　授权

第 14 条　规定的形式

第四部分　其他规定

第 15 条　无效的处置或委托管理

第 16 条　特定许可的批准

第 17 条　《1968 年版权法》的适用

第 18 条　不依《1906 年设计法》注册的受保护设计

第 18A 条　AOC 保管许可登记簿

第 19 条　不依《1995 年商标法》注册的标记

第 20 条　一定现存权利的维继

第 21 条　财产取得的补偿

第三章　被保护的奥运表达

第一部分　引言

第一节　一般条款

第 22 条　本章的目的

第 23 条　定义

第 24 条　被保护的奥运表达

第 25 条　本章约束王国

第 26 条　本章的适用

第 27 条　本章的其他效力

第二节　为商业目的而使用等

第 28 条　表达或陈述的应用

第 29 条　类赞助支持

第 30 条　为商业目的而使用

第 31 条　排除—关于奥林匹克运动员以往参与活动的陈述

第 32 条　排除—体育组织和协会关于奥林匹克运动员准备或训练活动的陈述

第 33 条　排除—关于与体育的有关的个人服务的陈述

第 34 条　排除—关于向以往的队伍或运动会提供商品的陈述

第 35 条　单独不足以表明赞助或类赞助支持的特定使用

第二部分　被保护奥运表达的保护

第 36 条　对被保护奥运表达的使用的规制

第 37 条　违反第 36 条的人

第三部分　许可

第 38 条　AOC 许可

第 39 条　许可的限制

第 40 条　AOC 保管许可登记簿

第四部分　强制执行

第一节　救济

第 41 条　禁令
第 42 条　临时禁令
第 43 条　更正广告
第 44 条　损害
第 45 条　利润账目
第 46 条　货物的损害或运输
第 47 条　经 AOC 许可确定的救济程序
第 48 条　其他救济

第二节　货物的进口

第 49 条　定义
第 50 条　货物所有者的确定
第 51 条　由 AOC 进口的货物
第 52 条　反对货物进口的通知
第 53 条　准许 AOC 给予通知
第 54 条　CEO 可扣押货物
第 55 条　获取的通知
第 56 条　没收货物——经过准许
第 57 条　货物的放行——不申请禁令
第 58 条　禁令的申请——额外主体，解除等
第 59 条　要求没收被处置的货物
第 60 条　CEO 保留控制货物的权限
第 61 条　不完备的安全保障
第 62 条　国家（联邦）不因扣押货物而承担相应的损失等
第 63 条　有关 Christamas 岛的修改等

第三节　无因恐吓

第 64 条 无因恐吓的法律程序
第 65 条　对无因恐吓的反诉

第五部分　指定法院的管辖权等

第 66 条　指定法院
第 67 条　联邦法院的管辖权
第 68 条　其他指定法院的管辖权
第 69 条　程序的移转

第六部分　其他内容

第 70 条　州法和地区法律的共同运作
第 71 条　既有（在先）权利的保留
第 72 条　获得财产
第 73 条　政治交流的默示自由
第 74 条　本章对合同产生的效力
第 75 条　特定许可的生效

第四章　规　则

第一节　规则

第 76 条　规则

体育场所管理法案

第一部分　前言

1. 法案名称
2. 生效
3. 定义

第二部分　独任法人

4. 作为特定目的的独任法人的部长
5. 该法人的目的
6. 该法人的职能
7. 职能的履行——有利于生态可持续发展原则
8. 悉尼国际射击中心经授权纳入该法人
9. 附加场所的审批
10. 土地授权的法律后果
11. 土地征收

第三部分　悉尼国际射击中心信托

12. 定义
13. 信托组织机构
14. 受托人委任及信托程序
15. 信托职能
16. 射击中心管理协议

第四部分 杂项

17. 巡逻队
18. 法人公章
19. 法案审查
20. 条例

附表一：授予法人的土地

附表二：与委任受托人以及信托程序相关的条文

澳大利亚体育委员会法

第一部分　预备条款

款项

第 1 条　简称
第 2 条　生效日期
第 3 条　释义
第 4 条　外部领土的适用

第二部分　委员会的建立，目标，职能及权力范围

第 5 条　成立
第 6 条　目标
第 7 条　职能
第 8 条　权力
第 9 条　在澳大利亚体育研究所名义下履行特定职能的委员会
第 10 条　澳大利亚体育基金会
第 11 条　部长可做出的指示
第 12 条　如何获得个人和社区设施

第三部分　宪法和委员会的会议

第 13 条　委员会成员
第 14 条　请假离开
第 15 条　辞职
第 16 条　兼职
第 17 条　薪酬和津贴
第 18 条　权益披露
第 19 条　终止聘任
第 20 条　职位任命
第 21 条　委员会会议
第 22 条　委员会

第四部分　战略规划和年度业务计划

第 23 条　战略计划
第 24 条　批准及生效的战略计划
第 25 条　战略计划的更改
第 26 条　年度业务计划
第 27 条　计划的遵守

第五部分　协会董事

第 28 条　执行董事
第 29 条　执行董事的职责
第 30 条　董事
第 31 条　董事职责
第 32 条　执行董事任期
第 33 条　薪酬和津贴

第 34 条　兼职
第 35 条　请假离开
第 36 条　辞职
第 37 条　权益披露
第 38 条　没有规定的委任条款和条件
第 39 条　代理执行董事
第 40 条　32 条至 39 条适用于董事

第六部分　工作人员和顾问

第 41 条　雇员
第 42 条　顾问
第 43 条　资金划拨
第 44 条　预算
第 45 条　资金运用
第 46 条　借贷
第 47 条　合同
第 48 条　应用于第 11 部分的审计行为
第 49 条　投资
第 50 条　免税
第 51 条　免税基础
第 52 条　信托资产
第 53 条　部长报告
第 54 条　委员会代表团
第 55 条　代表团执行主任
第 56 条　部长可以通过签署文书委任以下人作为代表
第 57 条　公民运动中的保护
第 58 条　法规
第 59 条　解释
第 60 条　废除
第 61 条
第 62 条　资产或负债的转让
第 63 条　器械
第 64 条　资产，负债和器械的证明
第 65 条　免税规定
第 66 条　法定程序
第 67 条　资金调度
第 68 条　任期延续
第 69 条　前协会的雇员

体育赛事售票（公平获取）法案

第一部分　前言

1. 立法宗旨
2. 生效
3. 定义
4. “体育赛事”的涵义
5. 法束王权
6. 域外实施

第二部分　赛事的发布

7. 发布赛事的意图通知
8. 赛事的发布
9. 部长有权撤销赛事发布

第三部分　票务计划的批准

10. 提出票务计划提议的要求
11. 是否批准票务计划的决定
12. 没有被发布的赛事票务计划
13. 在发布一般适用于赛事时的更新提议
14. 对销售或发行票务的认可
15. 获准票务计划的可变性
16. 获准票务计划的取消

第四部分　指引

17. 指引

第五部分　违法

18. 在票务计划获准前举行比赛
19. 违反获准的票务计划
20. 违反售票条件出售比赛票
21. 可起诉性
22. 指控可能只能由部门长官提起
23. 实体法人的违法行为
24. 赋予实体法人意志
25. 非法人组织的违法行为

第六部分　被授权官员和执行

26. 被授权官员的任命
27. 身份证明
28. 基于同意或者委任状进入或者搜查房屋
29. 入室前进行宣告
30. 回答问题或者提交信息或文件的法庭命令
31. 根据命令获取文件
32. 被获取文件的复印件
33. 归还被获取的文件或者其他物品
34. 防止自证其罪的保护措施
35. 提供虚假或者误导性信息的违法行为
36. 干扰、阻碍或者冒充被授权官员的违法行为
37. 应向部门长官汇报的入室
38. 对行使权力行为的投诉
39. 文件送达
40. 保密条款
41. 出版或者提供信息的要求

第七部分　其他事项

42. VCAT 对于特定决定的审查
43. 部门长官的委托授权
44. 规章

第八部分　对《治安法庭法案 1989》的后续修正

45. 增补于《治安法庭法案 1989》第 4 编

三、丹麦体育法律法规（略）

四、俄罗斯体育法律法规

俄联邦现行全民体育及运动文化法

第一章　总则
第一条　本法的目的和任务
第二条　本法中涉及的基本概念
第三条　体育文化和运动领域的国家政策原则
第四条　国家为发展体育运动和体育文化采取的措施
第二章　俄罗斯联邦的体育文化和体育活动体系
第五条　俄罗斯联邦体育活动的主体
第六条　俄罗斯联邦体育文化部门国家权力机关的职权范围
第七条　俄罗斯奥组委
第八条　体育运动团体和体育运动组织

第九条　奥林匹克后备力量运动学校（体校）
第十条　各个体育项目的俄罗斯国家队
第十一条　俄罗斯联邦体育文化部、俄罗斯联邦各主体体育文化部、地方自治机关和体育运动团体之间的相互关系
第十二条　体育文化和体育运动发展的科学教学法和技术保证
第三章　体育健身工作和体育更高成就的发展
第十三条　国家权力机关、教育机构和其他组织参与公民的体育教育
第十四条　教育机构中的体育文化运动发展
第十五条　联邦政府及联邦主体政府青年事务执行机构参与到青年儿童的体育健康事业的组织工作中
第十六条　按照城乡和市属的居住状况组织体育培养工作
第十七条　俄罗斯联邦军队和执法机关的体能训练和体育
第十八条　残疾人体育保健和运动活动机构
第十九条　联邦执行机构卫生部门、俄罗斯联邦主体执行机构卫生部门、国家卫生系统机构参与体育运动的发展
第二十条　公民从事体育运动的健康保证
第四章　体育运动宣传
第二十一条　联邦执行机构机关、体育运动协会和大众传媒参与体育运动宣传
第二十二条　电视广播频道的体育运动宣传
第五章　运动员和体育运动机构、公共体育运动组织者的权利和责任，及其社会保障
第二十三条　业余运动员（体育活动参加者）的权利和责任
第二十四条　职业运动
第二十五条　体育活动合同
第二十六条　运动员向其他体育运动机构转会
第二十七条　体育运动机构的工作人员
第二十八条　体育运动领域的职业教育活动和医疗体育领域的职业活动
第二十九条　体育运动专门人才培养
第三十条　体育运动领域的体育运动机构工作人员，国家科学机构和国家教育机构的工作人员专业技能的提升
第三十一条　在自愿基础上领导体育运动工作的组织者
第三十二条　体育运动机构的运动员和工作人员的社会保障
第六章　体育运动领域的资源保障
第三十三条　体育保健类、运动类和体育技术类设备的建设和维护
第三十四条　进行体育运动、体育竞赛和体育运动娱乐活动时遵守安全规范，维护公民的身体健康、荣誉和尊严
第三十五条　体育产业
第三十六条　体育运动领域的课税
第三十七条　体育运动领域活动类别的授权，产品和服务的认证
第三十八条　支持体育运动机构的对外经济活动

第三十九条　在俄罗斯联邦领土境内的外国公民、无国籍人士在体育运动领域的权利

第四十条　参与国际性体育运动机构

第七章　结束语

第四十一条　责任人员对本联邦法律的责任

第四十二条　依据本联邦法律编制规范

第四十三条　有关本联邦法律实施后某些文件失效的交待

第四十四条　本联邦法的生效

五、芬兰体育法律法规（略）

六、蒙古体育法律法规（略）

项目编号：1129ss07086

1997—2006 年北美体育管理研究状况与趋势

——对 JSM 杂志的内容分析

吴贻刚　谢丹霞　忻唯武　张庆文　浦义俊

《体育管理学杂志》于 1987 年创刊，在北美乃至世界体育管理领域具有很高的知名度和权威性。已经成为传播体育管理知识的一个重要来源。该杂志发表的文章一定程度上代表体育管理研究的最新发展状况。本研究主要运用内容分析法和数理统计法，以 1997 至 2006 年间 JSM 所发表的 167 篇研究论文为研究对象，对其进行内容分析，从研究主体、研究主题、研究方法以及热点研究主题采用的研究方法四个方面展开具体分析，以全面获取北美体育管理学研究信息。

一、研究主体基本状况

(一) 研究主体国籍分布

地域性是社科理论学术期刊共有的属性，而国际性则反映了期刊的国际影响力。JSM 虽是北美体育管理学学会的官方刊物，但是该刊物除了发表美国和加拿大学者的论文外，也为其他国家的学者提供了发表论文的平台。为了深入地了解当今北美体育管理学研究主体所在国家上反映出来的结构性特征，本文根据论文第一作者的国籍情况进行了统计整理。

表 1　各个国家或地区研究者发表论文数量统计表

主体国别或地区	JSM 论文数	比例
美国	96	57.5%
加拿大	25	14.9%
英国	18	10.8%
澳大利亚	11	6.6%
新西兰	5	3.0%
韩国	5	3.0%
比利时	2	1.2%
南非	2	1.2%
希腊	1	0.6%
日本	1	0.6%
中国香港	1	0.6%
合计	167	100.0%

表 1 显示，从杂志发文的情况看，美国学者发表的文章最多，占 57.5%。每十篇文章中就有接近六篇出自美国人之手。其次是加拿大，占 14.9%，英国位列第三，占 10.8%，澳大利亚排第四，占 6.6%，接下来是新西兰和韩国，各占 3.0%。其他国家或地区所占比例均不足 2%，或者更少。需要指出的是中国香港有 1 篇论文发表，与日本、希腊、南非并列第八位。这种分布不均衡的情况可能受到语言和文化因素以及经济和政治因素的影响。就论文作者国籍分布状况看，体育管理杂志的国际性比较强。中国大陆学者应该利用这个国际化的平台，及早参与到国际体育管理学术交流。

（二）研究主体的专业背景

一个课题的研究要求研究人员具备多方面的学科知识，或者多方面学科人员的参与，学科研究力量的再整合趋势。体育管理学作为体育社会学科之一，也呈现出了这一特点。

我们根据作者所属机构的名称来判断其专业背景，所有与体育相关的专业，如体育管理学、体育社会学、体育教育学等均列入“体育学”栏目下，除“体育学”外其他栏目都是非体育类学科。

表 2　杂志第一作者专业背景统计表

专业 \ 期刊	JSM	比率
体育学	99	59.3%
管理学	26	15.5%
教育学	10	6.0%
经济学	9	5.4%
休闲学	9	5.4%
旅游研究	3	1.8%
社会学	1	0.6%
政治学	1	0.6%
心理学	1	0.6%
自然科学	1	0.6%
广告学	1	0.6%
其他	6	3.6%
总计	167	100%

表 2 显示，JSM 主体专业背景来源多样，体育学本专业排在第一，占绝对优势，第二的是管理学，教育学列第三，经济学和休闲学并列第四。此外，属于“其他”的学者所占比率也较多，其他还有来自旅游研究、社会学、政治学、心理学、自然科学、广告学的研究者。可以发现在所有的研究者中，体育专业的研究者还是占了一半以上，但非体育专业的研究者总数达到了 40.7%。由此可见，北美体育管理学研究获得了很大一部分的非体育领域的研究者关注，同时也验证了体育管理学研究是一种多学科的交叉性研究，需要运用不同领域的知识和理论。

（三）研究主体间协作

主体间协作是指论文由两位或两位以上作者合作撰写。本文对此进行了统计，结果显示当今北美体育管理学研究者以合作研究为主。在167篇论文中，73.7%的论文为两位作者以上。具体表现为：26.3%的论文有一位作者，46.7%的论文有两位作者，三位作者的占22.3%，由四位及以上研究者合作撰写的论文数仅占4.8%。

此外，从总的趋势来看，北美体育管理学研究中合作研究数量在逐步增多。对合作研究主体的专业背景统计显示：62.6%的合作者为专业内合作，有37.4%的论文是跨专业合作的成果。需要说明的是：此处的跨专业合作，不包括"体育学"内部各专业间的合作，而是特指"体育学"与其他非体育学科以及各非体育学科之间的跨专业合作。

（四）发表论文数较多的作者

发表文章的多少在一定程度上可以代表该学者在该领域的学术活跃性。为了更好地了解当今北美体育管理学较为活跃的研究者及所在机构，为我国开展国际间体育管理学学术交流提供参考，我们对167篇论文中发表论文数较多的作者及其基本情况进行了记录。在分析的167篇文章中，共有127位研究者以第一作者身份发表文章，其中有26人发表了两篇及以上文章。表3列出了26位发表论文数较多的研究者的姓名、专业、机构与国籍。

表3 发表论文较多的研究者统计表

序号	姓名	篇数	专业	机构	国家
1	Daniel F. Mahony	7	体育学	University of Louisville	美国
2	George Cunningham	5	体育学	Texas A&M University	美国
3	Sally Shaw	4	体育学	University of Otago	新西兰
4	Daniel S. Mason	4	体育学	University of Alberta	加拿大
5	Alison J. Doherty	3	体育学	University of Western Ontario	加拿大
6	James M. Gladden	3	体育学	University of Massachusetts	美国
7	Allen L. Sack	2	管理学	the University of New Haven	美国
8	B. Christine Green	2	体育学	The University of Texas	美国
9	Danny O´Brien	2	管理学	Griffith University	澳大利亚
10	Galen T. Trail	2	体育学	University of Florida	美国
11	Julie Stevens	2	体育学	Brock University	加拿大
12	John L. Crompton	2	经济学	Texas A&M University.	美国
13	John Amis	2	体育学	University Of Memphis	美国
14	Janet B. Parks	2	体育学	Bowling Green State University	美国
15	James E.S. Higham	2	旅游学	University of Otago	新西兰
16	Joon-Ho Kang	2	体育学	Seoul National University	韩国
17	Jess S. Boronico	2	体育学	Monmouth University	美国
18	Jacquelyn Cuneen	2	体育学	Bowling Green State University	美国
19	Karen E. Danylchuk	2	体育学	University of Western Ontario	加拿大
20	Ketra L. Armstrong	2	体育学	Ohio State University	美国
21	Laura Cousens	2	体育学	Brock University	加拿大

（续表）

序号	姓名	篇数	专业	机构	国家
22	Laurence Chalip	2	体育学	Texas University.	美国
23	Packianathan Chelladurai	2	体育学	The Ohio State University	美国
24	Stephen D. Ross	2	教育学	University of Minnesota	美国
25	Stephen McDaniel	2	体育学	University of Maryland	美国
26	Wendy Frisby	2	体育学	The University of British Columbla	加拿大

表3显示，在这26位发表论文较多的学者中，来自美国和加拿大的学者就有22位，比例达到了84.6%；其中发表两篇论文的学者中美国和加拿大的学者占85%，发表3篇及以上的学者中美国和加拿大的学者占83.3%，发表5篇及以上的学者中美国和加拿大的学者占100%。这进一步说明美国和加拿大学者是该杂志中的活跃程度和学术影响力最大的群体。

二、北美体育管理学研究热点主题的情况分析

（一）不同年度不同研究主题分布

北美体育管理学研究的范围比较广，我们的研究试图识别并确定每篇文章的研究主题，但是由于体育管理学研究主题本身的多样性，使得研究对象中部分文章的研究主题仍然难以准确归类或者出现一些比较少见的题材。在这种情况下，我们将其列入X“其他”类。

表4 各方面研究主题论文数量分布表

研究主题 \ 期刊	JSM 篇数	比率
体育组织研究与理论 U	19	11.7%
体育消费者与体育观众 E	15	9.2%
高校体育与运动管理 T	12	7.4%
体育管理研究理论与方法 R	10	6.1%
性别与差异、多样性 P	9	5.5%
教练人员 J	7	4.3%
运动员管理 K	7	4.3%
体育对经济、文化等各方面的影响 A	7	4.3%
体育特许证（权）与体育品牌 I	7	4.3%
大学体育管理教育 W	7	4.3%
体育赞助 G	6	3.7%
体育代理（中介）和体育公司 V	6	3.7%
体育与传媒 N	5	3.1%
国家的体育产业与体育发展 F	5	3.1%
体育场馆和设施 Q	5	3.1%
体育旅游 O	5	3.1%
其他 X	5	3.1%

（续表）

研究主题 \ 期刊	JSM 篇数	比率
体育法律和体育政策 B	5	3.1%
大众健身与体育 S	4	2.5%
其他工作人员 M	4	2.5%
俱乐部管理 C	3	1.8%
体育参与行为 D	3	1.8%
体育广告 H	4	2.5%
志愿者 L	3	1.8%
合计	163	100%

表 4 显示，十年来，北美体育管理学研究中“体育组织研究与理论”方面的研究主题出现频率最高，占到 11.7%。由此可以看出，当今北美体育管理学研究对“体育组织”的研究最为关注。

（二）热点研究主题在不同年度的数量变化

为了更好的了解北美体育管理学的前沿动态，本文将对该杂志中的热点主题进行较为详细的分析。本文将论文数量达到两位数即 10 篇及以上的主题定义为热点研究主题。

近几年来北美体育管理学者越来越重视对“体育消费者与体育观众”主题的研究，同时依然保持着对“体育组织研究与理论”相对稳定的研究率。北美体育管理学领域中对“高校体育与运动管理”主题的研究的重视程度降低了，对“体育管理研究理论与方法”主题的研究并不稳定。

三、研究方法的运用情况

本文在参考社会科学研究方法、体育社会科学研究方法以及管理研究方法的基础上，对 163 篇文章（其中 1999 年第 2 期 4 篇文章无法获取全文和摘要，因此无法判断其研究方法，故我们对研究方法分析的论文共 163 篇）中所用到的研究设计类型、具体研究方法、数据统计方法、研究的性质和资料分析方法进行了统计整理。

（一）研究设计类型分析

本文对 163 篇论文（另外四篇由于没有全文文本无法对其进行判断，故不在研究范围之内）所用到的研究设计类型进行了分析。统计结果表明，采用“调查研究”的论文篇数为 79，占总数 48.4%，接近了总数的一半。“文献研究等间接研究”位列第二，数量为 56，占 34.3%。“实地研究”数量为 20，约占 12.3%，“实验研究”和“复合研究”各位 4 篇，各占 2.5%。所谓复合研究方法，即采用了的是两种或两种以上研究设计类型。

（二）具体研究方法分析

本文对 163 篇文章所采用的研究具体方法进行了统计。结果表明，问卷研究法最为常用，占总数的 36.8%；“文献研究等间接研究”中的统计资料文献分析法、历史文献分析法分别排在第二和第三位，各占 16.0%和 15.3%。接下来运用较多的分别为个案分析法和访谈研究法，运用最少是内容分析法和实验研究法，另外 4 篇文章采用了复合型研究方法。此出需要说明的是：由于社会科学中多数文章在对概念界定以及做相关研究综述时都会使用到历史文献分析法，因此对于仅依靠历史文献分析法得出的综述型文章，我们才将其在“历史文献分析”条目下作了记录。若研究还采用了其他方法则仅记录其他方法，不记录历史文献分析法。

（三）数据统计方法运用状况的分析

本研究中，共有 100 篇文章用到了数据统计。有 43%的文章采用了描述性统计的方法，采用推断性统计的文章也占 43%，另外 14%的文章同时使用到了描述性统计和推断性统计。由此可见，当今北美体育管理学研究中所运用到的统计方法呈现多样性，在体育管理学的研究中，各种统计方法的运用也较为频繁。

（四）研究的性质

研究发现，163 篇文章中 35.6%的文章属于“定性研究”，有 64.4%的文章使用了定量方法，属于“定性与定量相结合”的研究。由此可见，体育管理学研究者大多采用定量的研究方法解答体育管理领域中各种现象和问题，可能是由于体育管理学具有学科交叉性所致。一般的观点是，管理学是介于自然科学与社会科学之间的一门学问。同样，体育管理学也并非是一门纯粹的体育社会科学，体育管理学研究更多地强调学科交叉，因而定性的方法已很难满足体育管理研究的需要，定性和定量相结合的方法更加受到学者的青睐。

（五）资料分析方法

我们将分析方法分为四类：定性分析、统计分析、数学模型分析、统计分析和数学模型分析相结合。在能够判断资料分析方法的 163 篇文章中，统计分析是本杂志运用最多的资料分析方法，共有 95 篇（不包括综合运用统计分析和数学模型分析的文章），占论文总数的 58.3%；定性分析运用的也较多（这里不包括定性和定量相结合的文章内的定性分析），有 48 篇文章；数学模型分析运用较少，为 5 篇；另外，综合运用数学模型和统计分析的文章也有 5 篇。

四、热点研究主题论文中所采用的研究方法

（一）“体育组织研究与理论”主题论文的研究方法分析

问卷研究法是该热点主题运用最多的具体研究方法，占到该主题研究方法的 32%；访谈研究法和个案研究法并列排在第二，各占 26%；历史文献研究分析法是运用最少的研究方法，占 16%；其他研究方法没有得到运用。

（二）“体育消费者与体育观众”主题论文的研究方法分析

问卷研究法是该热点主题运用最多的具体研究方法，占总数的 60%；访谈研究法次之，占 20%；实验研究法也有运用，占 13%；运用最少的是统计资料文献研究法，占 7%。

（三）“高校体育与运动管理”主题论文的研究方法分析

该主题运用最多的具体研究方法是问卷研究法，占 59%；其次是统计资料文献研究法，占 33%；最后是个案研究法，占 8%。

（四）“体育管理研究理论与方法”主题论文的研究方法分析

历史文献研究分析法是运用最多的具体研究方法，占 60%；其次是统计文献研究分析法和问卷研究法，各占 20%。可见，文献资料法在该主题的研究中占有主导地位。同时这一主题的研究性质的对比中，定性研究占 60%，定性与定量结合的研究占 40%。可见这一领域研究者更加偏向用定性的方法研究这一主题。

（五）“性别与差异、多样性主题”论文的研究方法分析

该主题运用最多的具体研究方法是问卷研究法，占 34%；其次是个案研究法和访谈研究法，各占 22%；最后是统计资料文献研究法和历史文献研究分析法，各占 11%。这说明该主题的研究方法较为多样化。同时在这一主题的研究中，定性研究占 44%；定性与定量结合的研究稍多，占 56%。

五、结论

（一）北美体育管理研究具有较高的国际化程度，中国学者参与体育管理国际学术交流有待加强。十年间共有 127 位学者以第一作者身份发表文章，来自美国和加拿大的学者占 84.6%；此外，英国、澳大利亚、新西兰、比利时、南非学者发表论文相对较多。亚洲有韩国、日本和中国香港地区的学者发表文章。10 年间，没有来自中国大陆的学者发表过文章。改革开放近 30 年，我国竞技体育、社会体育、体育产业蓬勃发展，成就巨大，但体育管理学术研究的国际化程度还很低，需要加强与国外同行的学术交流。

（二）当前，国际体育管理学术界关注的前沿问题是“体育组织”革新发展问题、“体育消费者”问题和“体育管理研究方法论”问题。既重视宏观的体育运作体制、机制改革研究，也重视体育消费个体心理与行为等微观研究，同时强调体育管理学科自身规范建设。这些问题也是我国体育体制改革，发展群众体育和体育产业所必须重视的问题。

（三）从热点研究主题分布来看，重视高校竞技体育发展研究是北美社会与教育发展的传统，重视性别与差异研究，是西方社会历史文化所决定。此外，职业体育和业余竞技体育的市场化运作研究越来越受各国所重视，主题包括“体育俱乐部与体育品牌”、“体育赞助”、“体育代理（中介）和体育公司”。

（四）重视研究的客观性和应用性，强调理论联系实际。研究方法以问卷、访谈和个案等“调查研究”为主。论证过程要求有详实的数据，或者历史资料支持，少有从理论到理论、从文献到文献的空谈式研究。

（五）结合各国体育发展现实情况与需求提出问题，既注重运用相关的管理理论分析解决现实问题，又重视从具体到抽象，从现象看本质，提高对现实问题的认识层次，体育管理研究的理论水平比较高。

项目编号：1147ss07104

图书在版编目(CIP)数据

国家体育总局体育哲学社会科学研究成果汇编. 2008 年 / 国家体育总局政策法规司编. -北京：人民体育出版社，2011
ISBN 978-7-5009-3785-2

Ⅰ. 国… Ⅱ. 国… Ⅲ. 体育-文集 Ⅳ. G8-53

中国版本图书馆 CIP 数据核字(2011)第 036343 号

*

人民体育出版社出版发行
中国铁道出版社印刷厂印刷
新　华　书　店　经　销

*

787×1092　16 开本　36.5 印张　800 千字
2011 年 6 月第 1 版　　2011 年 6 月第 1 次印刷
印数：1—2,000 册

*

ISBN 978-7-5009-3785-2
定价：75.00 元

社址：北京市崇文区体育馆路 8 号（天坛公园东门）
电话：67151482（发行部）　　邮编：100061
传真：67151483　　邮购：67118491
网址：www.sportspublish.com
（购买本社图书，如遇有缺损页可与发行部联系）